Brigitte Hohlfeld (Hrsg.)

Bitteres Ende - schwieriger Anfang

Zeitzeugenberichte zu den Jahren 1933 - 1955

Umschlagseiten:

- Die Ruinen zeigen die Augartenstraße in Mannheim mit Blick auf die Friedenskirche. Die anderen Fotos: „Jungvolkjunge“ Werner Diefenbacher.
- 15-jährige Marinehelfer aus Uelzen, Hameln und Alfeld/Leine, 1. Reihe rechts Karl Schneider
- Foto von Mutter und Geschwistern von Magdalena Steinbach (rechts), das dem Vater in die polnische Kriegsgefangenschaft geschickt worden war und das er gefaltet immer bei sich trug.

Gesamtherstellung: Verlag Waldkirch KG
Satz & Gestaltung: Verena Kessel

ISBN 978-3-86476-117-1

Seit 1542

Verlag Waldkirch KG
Schützenstraße 18
68259 Mannheim
Telefon 0621-129 15 0
Fax 0621-129 15 99
E-Mail: verlag@waldkirch.de
www.verlag-waldkirch.de

Brigitte Hohlfeld (Hrsg.)

Bitteres Ende - schwieriger Anfang

Zeitzeugenberichte zu den Jahren 1933 - 1955

Verlag Waldkirch

Inhalt

Flucht und Vertreibung

Als die Russen kamen

Berlin

In kleinen Städten und Dörfern im Westen

Zum Geleit

„Der Zeitzeuge ist der natürliche Feind des Historikers." Das unter Geschichtswissenschaftlern gern zitierte Bonmot drückt ein Konkurrenzverhältnis beim Interpretationsanspruch über die Vergangenheit zwischen professionellen Historikern und der sich selbstbewusst artikulierenden Erlebnisgeneration aus. Dabei haben die Historiker die alleinige Deutungshoheit in der Öffentlichkeit längst eingebüßt, zumindest auf dem Gebiet der jüngsten Vergangenheit und im medialen Feld.

Der Aufschwung der Zeitzeugen ist eng verknüpft mit der Gründung und Etablierung der Zeitgeschichte als Fach. Als ihren Gegenstand bezeichnete Hans Rothfels, einer der bundesdeutschen Gründerväter der Disziplin, die „Epoche der Mitlebenden". Gerade für die NS-Zeit, wo zentrale Aktenbestände lange unter Verschluss blieben, kam ihnen eine herausragende Bedeutung zu. Medial prominent in Erscheinung traten sie erstmals im berühmten Eichmann-Prozess in Jerusalem Anfang der 1960er. Nicht nur gegenüber dem Gericht, sondern gegenüber der durch Kameras und Journalisten vertretenen internationalen Öffentlichkeit legten die Überlebenden erschütterndes Zeugnis ab von der Verfolgung und Ermordung der europäischen Juden. Aus den Zeugen, die zur Wahrheitsfindung in einem formalisierten Strafprozess beitragen sollten, wurden so Zeitzeugen von Ereignissen, über die Akten keine oder nur euphemistisch verschleiert Auskunft geben.

Der Begriff Zeitzeuge kam in der Bundesrepublik jedoch erst in den 1970ern auf. Eine Dekade später war er bereits fester Bestandteil des öffentlichen Sprachgebrauchs. Das wachsende Interesse an der Alltagsgeschichte mit ihrer Methode der „Oral History" rückte die Zeitzeugen in den Fokus der Öffentlichkeit. Geschichtswerkstätten, aber auch universitäre Forschungsprojekte nutzten Interviews, um die Geschichte des Nationalsozialismus im Lokalen und Regionalen zu schreiben. Einen besonderen Stellenwert gewannen die Zeitzeugen im Geschichtsfernsehen. Sie wurden zum dramaturgischen Markenzeichen eines Genres, das ein Millionenpublikum fand und maßgeblich zum „Memory boom" seit den 1980ern beitrug.

Zeitzeugen eröffnen aus der Gegenwart einen Zugang zur Vergangenheit. Gleich einem „Wanderer zwischen den Welten" (Martin Sabrow) vermitteln sie das Gestern ins Heute. Den Referenzrahmen bilden dabei stets die moralischen und kulturellen Maßstäbe der Gegenwart. Um als Zeitzeuge öffentlich akzeptiert zu werden, bedarf es einer Orientierung an den gegenwärtigen gesellschaftlichen Werten. Was aber leisten Interviews und Berichte von Zeitzeugen? Sie erschließen die Geschichte aus einer anderen Perspektive, als es Behörden-, Firmen- oder Vereinsschriftgut vermag. Die Subjektivität, die in den Erinnerungen zum Ausdruck kommt, ist kein Defizit oder Mangel, sondern konstituierendes Merkmal dieser Quellen. Sie sind kein bloßes Komplement oder Ersatz einer fehlenden offiziellen Überlieferung. Interviews und Erinnerungsberichte dokumentieren, wie vergangene Ereignisse erlebt, erfahren und abgespeichert wurden. Dabei offenbaren sie einen Eigensinn der Betroffenen, die ihre Geschichte nicht bloß erleiden, sondern immer auch aktiv gestalten. Im besten Falle irritieren die Zeitzeugen unser Geschichtsbild und stellen die großen Erzählungen in Frage.

Jenseits des Erlebten sind Berichte von Zeitzeugen immer davon bestimmt, wie das Erzählte gedeutet wird. Und diese Deutung wird durch die Gegenwart geprägt, durch ihre kulturellen, sozialen und politischen Rahmungen. Vor dreißig oder fünfzig Jahren wurden die nationalsozialistische Herrschaft, die Verfolgung der Juden und anderer Gruppen, der Krieg und das Kriegsende anders gedeutet und bewertet als heute. Entsprechend unterschieden sich die privaten und öffentlichen Äußerungen der Betroffenen.

Mein Dank und meine Glückwünsche gehen an Frau Dr. Brigitte Hohlfeld, die für diesen Band eine beeindruckende Fülle an Zeugnissen von Mannheimerinnen und Mannheimern zusammengetragen hat. Ihre Schilderungen bereichern unseren Blick auf die Vergangenheit. Der Band knüpft damit an Publikationen wie die von Karl Heinz Mehler herausgegebene dreibändige Reihe „Mannheimer Zeitzeugen" an. Ich wünsche diesem Buch die gebührende Aufmerksamkeit und Wertschätzung inner- und außerhalb der Stadtgesellschaft. Es sollte Anstoß geben zu einer fortgesetzten Auseinandersetzung mit einer Zeit, die unsere Gegenwart bis heute prägt und – in Anbetracht der populistischen Herausforderungen der politischen Ordnung in Deutschland und Europa – uns weiter fordert.

Mannheim, im November 2018

Dr. Peter Kurz
Oberbürgermeister

Geschichte will erzählt sein

Warum wir so geworden sind, wie wir sind, verstehen wir, wenn wir unsere Geschichte vor Augen haben. Wir kennen das aus der Familie, wie die Geschichten von „früher“ uns unsere Identität erschließen: Wer wir sind, woher wir kommen, was uns heute noch prägt. Das gilt für Einzelne genauso wie für soziale Identitäten: Staaten, Gesellschaften, Generationen.

Genauso ist auch die Bibel geschrieben. Wir finden in der Bibel keine Aphorismen über Gottes Wesen, keine allgemeinen Sätze über ewige Wahrheiten. In der Bibel wird in weiten Teilen erzählt: Erfahrungen von Gottes Gegenwart, von der Suche der Menschen nach Gott und von Gottes leidenschaftlicher Zuwendung zu den Menschen. Diese Erzählungen stiften Identität und sind über die Grenzen von Raum und Zeit hinweg Grundlage von Gemeinschaft und Gemeinde.

Das Leben wird in der Schau nach vorwärts gelebt, aber in der Schau nach rückwärts verstanden, so hat es der Philosoph und Theologe Sören Kierkegaard auf den Punkt gebracht.

Insofern ist es eine wunderbare Idee und ein Dienst an unserer Gesellschaft, wenn dieses Buch den Erzählungen und Geschichten aus der Kriegs- und Nachkriegszeit von Menschen aus unserer Stadt und darüber hinaus Raum gibt. Diese Zeit des Umbruchs hat die Generation geprägt, die unser Land und unsere Stadt aufgebaut hat und die uns wichtige Antworten auf die Frage geben kann, warum wir so geworden sind, wie wir sind.

Ein großer Dank den Initiatoren, dass sie diesen Menschen eine Stimme geben, den Müttern und Vätern meiner Generation. Ein großer Dank, dass sie uns diese Geschichten erhalten und uns und unseren Nachkommen auf diese Weise zu verstehen helfen. Das ist ein unschätzbarer Beitrag für unser Miteinander, für die Frage, wer wir sind, woher wir kommen und was uns prägt.

Mannheim, im November 2018

Dekan Ralph Hartmann

Vorwort

100 Jahre nach der Unterzeichnung des Waffenstillstands im Wald bei Compiègne, die den Ersten Weltkrieg beendete, lebt niemand mehr, der aus eigener Erfahrung vom Grauen und Leid, aber auch von den hochfliegenden Hoffnungen und den bitteren Enttäuschungen erzählen könnte, die dieser Krieg im sehr konkreten, sehr alltäglichen Leben der Menschen in Europa angerichtet hat. Aber gerade solche persönlichen Erinnerungen prägen Haltungen: zum Krieg an sich, zu seinen Ermöglichungsgründen wie Nationalismus und Militarismus, zum Verhältnis der Nationen untereinander. Über 70 Jahre nach dem Ende des Zweiten Weltkriegs ist das noch anders. Es leben noch Zeitzeuginnen und Zeitzeugen, die erzählen können von zerbombten Städten, zerstörten Familien, zerbrochenen Leben, aber auch vom entbehrungsreichen Wiederaufbau, von der mühsamen Wiedergewinnung eines Platzes in der zivilisierten Welt. Und, um das vorwegzunehmen: Für alle, die uns von der Zeit zwischen 1933 und 1955 erzählt haben, gehört diese zu den einschneidendsten Erfahrungen ihres Lebens.

Teilhabe an Erinnerungen anderer Menschen ermöglicht das Eintauchen in fremde und unbekannte Welten. So lässt die vorliegende Sammlung von Zeitzeugenberichten eine breite Öffentlichkeit an Erfahrungen und Erlebnissen im Zusammenhang des Zweiten Weltkriegs und der unmittelbaren Zeit danach teilhaben: jene, die zu Zeiten des Kriegsausbruchs noch nicht gelebt haben, aber natürlich auch jene, deren eigene Lebensgeschichten in diesen Jahren begonnen haben. Den einen werden die Zeugnisse der Zeitzeugen eine gute Möglichkeit sein, eigenes Wissen und Kenntnisse durch persönliche Zeugnisse zu ergänzen, den Älteren werden die Erinnerungen anderer Zeitzeugen eine Verbindung und Brücke zu den eigenen Erinnerungen sein. Darüber hinaus bilden sich, so persönlich und individuell die Zeugnisse auch sind, darin eben das Empfinden und die Prägung einer ganzen Generation ab. Ein solches Bild festzuhalten, bevor es aus dem kollektiven Gedächtnis verschwindet, war das Hauptanliegen des Zeitzeugen-Projekts der ChristusFrieden-Gemeinde.

Dieses Zeitzeugen-Projekt, das im Wesentlichen im Jahr 2018 stattfand, ist eine Initiative von Dr. Brigitte Hohlfeld, Historikerin und Pädagogin von Beruf und Vorsitzende unseres Presbyteriums. In unzähligen Gesprächen mit einzelnen Gemeindegliedern, bei Veranstaltungen wie dem Gemeindefest und den regelmäßigen Geburtstagskaffees, nach der Kirche und in den Häusern der Menschen hat sie Menschen aufgesucht, die erzählen könnten und erzählen wollten. So ist ein großartiges Buch entstanden, das anrührt, erstaunt, persönliche Betroffenheit auslöst und neue Perspektiven öffnet. Wir danken für die vielen Stunden, die Brigitte Hohlfeld am Entstehen dieses Buches gearbeitet hat. Die Konzeption des gesamten Projekts, die Öffentlichkeitsarbeit, die Durchführung, die Interviews und das Redigieren der fertigen Texte – das alles hat sie weitgehend allein bewältigt.

Wichtig war ihr von Anfang an, das Projekt als Projekt der ChristusFriedenGemeinde zu verstehen. So ist es kein Zufall, dass 41 von 83 Beiträgen der insgesamt 88 Zeitzeugen von Gemeindegliedern stammen. Aber auch alle anderen Zeitzeuginnen und Zeitzeugen stehen in mehr oder weniger enger Verbindung zur Christuskirche – die die alliierten Luftangriffe wie durch ein Wunder fast unbeschadet überstanden hat in einer ansonsten vollkommen zerstörten Stadt und die deshalb in der Erinnerungskultur der Mannheimer Bevölkerung eine besondere Stellung einnimmt.

Und nicht nur die Christuskirche, sondern auch die an ihr beheimatete ChristusFriedenGemeinde ist ein guter Ort für ein solches Projekt. Erinnerungen wachzuhalten, ja das Erzählen an sich gehört zu den Grundbestandteilen christlicher Kultur überhaupt. Man könnte eine christliche Gemeinde geradezu als „Erzählgemeinschaft" bezeichnen. Und eine Gemeinde, die den Frieden Christi im Namen führt, dürfte wohl im Besonderen ein Ort der Erinnerung an eben diesen Frieden, aber auch an seine Gefährdung und Infragestellung sein.

Und noch einen dritten Aspekt möchten wir anführen, der das Zeitzeugenprojekt als ureigenes Anliegen der ChristusFriedenGemeinde ausweist. Die Methode der „oral history" hat seit ihrem Aufkommen in den 1930er Jahren die Geschichtswissenschaft auch in Deutschland seit den 60er Jahren zeitweise stark beeinflusst. Den „offiziellen" Quellen einer Epoche treten bewusst subjektive Eindrücke von Menschen zur Seite, die die „große Welt" womöglich weder gestaltet noch interpretiert, aber dafür in ihren Auswirkungen auf ihre „kleine Welt" besonders deutlich erlebt und erlitten haben. Kurz: Neben die „offizielle" Quelle treten der Mensch und seine Erfahrungen. Im Leben der ChristusFriedenGemeinde führte das dazu, dass viele Menschen in den Blickpunkt gerückt sind mit einem Abschnitt ihres Lebens, der schon lange zurückliegt und deshalb in ihrem und im Alltag der Gemeinde keine große Rolle mehr zu spielen schien. Für alle, die uns erzählt haben, bedeutete dies dann aber doch eine intensive Arbeit mit der eigenen Biografie, die für manche eine nachgerade seelsorgliche Dimension gewann.

Dafür, dass Brigitte Hohlfeld kostbare und lehrreiche, oft verblüffende, manchmal komische, aber auch traurige und leidvolle Lebensgeschichten unter uns nicht nur in einem Buch versammelt, sondern auch in den Fokus der Gemeinde gerückt hat, danken wir sehr herzlich.

Mannheim, am 9. November 2018

Pfarrerin Dr. Maibritt Gustrau
Pfarrer Stefan Scholpp

Einleitung

Es gibt eine Theorie, die besagt, dass 70 Jahre nach einem großen Krieg Schrecken und Verwerfungen einer solchen Katastrophe aus dem kollektiven Gedächtnis verschwinden, selbst bei denen, die sie erlebt haben. An so einem Punkt scheinen wir im Moment zu stehen, wenn man sich etwa die Fixierung von politisch Interessierten und Gleichgültigen, von politisch Verantwortlichen und Meinungsträgern auf rein nationale Interessen ansieht – übrigens ein Phänomen, das in vielen Ländern zu beobachten ist.

Am 1. September 2019 ist es 80 Jahre her, dass mit dem Einmarsch der deutschen Truppen in Polen der Zweite Weltkrieg begann. Was als „Blitzkrieg" vorgesehen war, um das bereits lange vor Hitlers sog. „Machtergreifung" proklamierte Kriegsziel zu erreichen, nämlich für die Deutschen „Lebensraum im Osten" zu erobern, weitete sich zu einem Weltkrieg aus, dem nach neuesten Schätzungen zwischen 50 und 60 Millionen Menschen zum Opfer fielen. Die meisten Menschen – Zivilisten und Soldaten – kamen, abgesehen von etwa 5 Millionen deutscher Soldaten und 1 Million deutscher Zivilisten, in Polen (6 Millionen) und der Sowjetunion (27 Millionen) ums Leben, wo der Krieg erklärtermaßen als Vernichtungskrieg geführt wurde. Das Blatt wendete sich ab 1942: Der Kriegseintritt der USA sei hier genannt, ebenso die Niederlage der 6. deutschen Armee in Stalingrad im Februar 1943 und die Errichtung der sog. „Zweiten Front" durch Briten und Amerikaner, die von Sizilien aus nach Norden vordrangen, um deutsche Truppen von der wichtigen Ostfront abzuziehen. Jetzt erfuhr die deutsche Bevölkerung am eigenen Leibe, was „totaler Krieg" wirklich bedeutete. Joseph Goebbels hatte ihn kurz nach der Katastrophe von Stalingrad in seiner berüchtigten Rede im Berliner Sportpalast ausgerufen. Die Bombardierung deutscher Städte bis in die letzten Kriegswochen 1945 hinein, die Tausende Zivilisten das Leben kostete, die Zerstörung unermesslicher kultureller Werte in den Jahrhunderte alten Städten war die Antwort der Alliierten auf das, was Goebbels 1940 nach der Zerstörung der englischen Stadt Coventry durch deutsche Bombenangriffe zynisch „coventrisieren" genannt hatte.

Innerhalb der deutschen Bevölkerung widerfuhr größtes Leid den Geflüchteten und Vertriebenen aus den deutschen Ostgebieten und Ost- und Südosteuropa. Sie wurden Opfer des wahnwitzigen Anspruchs der Nationalsozialisten, ethnisch „reine" Gebiete zu schaffen, eine vermessene Idee, wenn man bedenkt, dass jahrhundertelang die Kategorie der „Nation" für die Besiedlung des Ostens keine Rolle gespielt hatte. Nun flüchteten die Deutschen vor der Roten Armee aus ihrer angestammten Heimat oder wurden nach der Potsdamer Konferenz aus ihr vertrieben oder zur Auswanderung gezwungen und erlitten dadurch das gleiche Schicksal, das etwa den Polen widerfahren war durch die „Vierte Teilung Polens" aufgrund des sog. „Hitler-Stalin-Pakts" 1939. Das Los der Geflüchteten und Vertriebenen war dreifach schwer: Sie mussten meist alles zurücklassen, waren auf ihrem Weg in den Westen oft schwersten Bedrängnissen ausgesetzt – Schätzungen zufolge kamen von den 12-14 Millionen Deutschen, die ihre Heimat verlassen mussten, auf der Flucht 600.000 um – und wurden schließlich zwangsweise in Häuser und Wohnungen der Einwohner westlich von Oder und Neiße eingewiesen, die sie als „Hergelaufene" ablehnten und ihnen den Neubeginn oft sehr schwer machten.

Nun mussten sie mit der alteingesessenen Bevölkerung die Mühsal der Nachkriegszeit teilen: die Sorge um die tägliche Nahrung und Kleidung, beengteste Wohnverhältnisse, schwieriger Wiedereinstieg in zivile Berufe, häufige Ortswechsel in der Hoffnung, irgendwo anders wieder Fuß zu fassen, und das Leid um gefallene oder vermisste Männer, Väter, Söhne, Brüder.

Noch leben Menschen, die aus eigener Anschauung zu allen drei Aspekten berichten können, sei es, dass sie als Flakhelfer und Frontsoldaten den Krieg unmittelbar erlebt haben, sei es, dass sie mit ihren Familien aus ihrer Heimat geflüchtet oder aus ihr vertrieben worden sind, sei es, dass sie die Not der ersten Nachkriegsjahre erlitten haben bzw. Zeugen einer allmählichen „Normalisierung" des Alltags geworden sind. Daher wurde der Zeitraum „Nachkriegszeit" bis etwa 1955 gefasst, dem Jahr, in dem nach der Moskaureise Konrad Adenauers, des ersten Kanzlers der Bundesrepublik Deutschland, die letzten 10.000 Soldaten aus russischer Kriegsgefangenschaft zurückkehrten und damit die letzte Hoffnung vieler Familien zunichtemachten, wenn ihre Väter, Männer, Söhne, Brüder nicht dabei waren.

Ursprünglich war geplant, unter den Gemeindegliedern der ChristusFriedenGemeinde in Mannheim Menschen zu finden, die als Jugendliche oder Kinder in die Mühlen der gewalttätigen Ereignisse des 20. Jahrhunderts geraten waren und darüber erzählen wollten. Das ist auch gelungen. Aber schon nach wenigen Wochen hatte sich das Projekt herumgesprochen, und Menschen außerhalb der kirchlichen und politischen Gemeinde, ja sogar aus anderen Bundesländern, wollten auch über ihre frühen Jahre erzählen oder selbst darüber schreiben. Allen Berichten gemeinsam ist, dass sie Erlebnisse enthalten, die in „normalen", also friedlichen Zeiten, völlig unvorstellbar sind: Verfolgung aus politischen und rassischen Gründen, jahrelang Bombennächte in Kellern, Trennung „kinderlandverschickter" Schulkinder von ihren Familien, brennende Städte, oft monatelange Flucht, Einmarsch der Alliierten, besonders der Roten Armee, schwierigste Lebensbedingungen nach 1945 und vor allem der Verlust von Familienangehörigen. Daneben werden Situationen geschildert, die man als grotesk bezeichnen könnte und die in dieser Form wohl nur in dem allgemeinen Durcheinander nach Kriegsende möglich waren.

Die Absicht war es, den Zeitzeuginnen und Zeitzeugen eine Stimme zu geben. So ist ein Mosaik von Erzählungen entstanden, die, wie Ernst Bloch einmal in einem anderen Zusammenhang festgestellt hat, die „Gleichzeitigkeit des Ungleichzeitigen" abbilden. Während Jugendliche und junge Männer in einem erbarmungslosen Krieg verheizt wurden, waren Menschen in ländlichen Regionen im Westen Deutschlands bis 1945 kaum davon betroffen. Während hier noch an den Endsieg geglaubt wurde, hoffte dort der politisch oder rassisch Verfolgte auf ein schnelles Ende des Schreckens. Während die Geflüchteten nichts mehr besaßen, versuchten die Alteingesessenen, sie von ihren Häusern und Wohnungen fernzuhalten. Blochs Erkenntnis gilt auch für die Schilderungen der Jahre nach 1945: „Die" Nachkriegsgesellschaft hat es nie gegeben.

Alle Befragten konnten das Unrecht, das sie und ihre Familien hatten erleiden müssen, genau beschreiben, aber allen war bewusst, dass die Ursache dafür die NS-Herrschaft in Deutschland, die oft bedingungslose Gefolgschaft weiter Teile der Bevölkerung, besonders auch der Eliten, der Holocaust und der verbrecherische deutsche Vernichtungskrieg im Osten gewesen war. Offenbar gab es ein Bedürfnis, die teilweise traumatischen Erlebnisse beschreiben zu können. Eine Zeitzeugin, 1945 neun Jahre alt, sagte, sie sei dankbar, dass „mit uns ‚Kriegsversehrten' gesprochen wurde, um unserem oft ungeheilten Schmerz, unserer Trauer eine hörbare Stimme" zu geben. Und ein anderer, etwa gleichaltrig, resümiert: „Die Wirren des Zweiten Weltkriegs und der Nachkriegszeit sind heute mehr denn je erschreckend und belastend." Andererseits sprechen alle, die den Einmarsch der amerikanischen Soldaten erlebt haben, mit großer Hochachtung von der Art und Weise, wie diese ihnen, den Kindern und Jugendlichen, gegenübergetreten sind. Und etlichen, die damals schon fast oder ganz erwachsen waren, erschloss sich durch die Begegnung mit den Amerikanern nach den Jahren der nationalen Abschottung eine neue Welt. Die Begegnung mit den Soldaten der Roten Armee wurde in einem deutlich dunkleren Licht gesehen. Aber eine Zeitzeugin charakterisierte ihre Erlebnisse im Nachhinein so: „Sie taten das mit uns, was wir mit ihnen im Krieg getan hatten." Das verdeutlichen auch die Berichte von Bürgern der ehemaligen UdSSR über die Lebensumstände während der deutschen Besatzungszeit.

Die Zeitzeugenberichte können über die eigene Standortbestimmung hinaus den Nachgeborenen ein Gefühl dafür geben, einen Hinweis, warum ihre Eltern und Großeltern so geworden sind, wie sie sind. Die häufig beschriebene Sprachlosigkeit zwischen ihnen und ihren Kindern und Enkeln hängt auch damit zusammen, dass die eigenen Eltern, also die Generation der zwischen 1900 und 1925 Geborenen, nach dem Zweiten Weltkrieg nur noch „aufbauen, neu anfangen" wollten, wie einer der Erzähler angemerkt hat, um den eigenen Beitrag am Ungeheuerlichen nach Möglichkeit zu vergessen oder zu verdrängen. Man habe alle Kraft gebraucht, um den Alltag zu bestehen. Vielleicht können die Berichte gerade in der heutigen Zeit auch dafür sensibilisieren, dass die friedliche Entwicklung, wie sie Europa in den letzten 70 Jahren jedenfalls weitgehend erleben durfte, nur gelingen konnte, weil der eigene Staat, die eigene Nation nicht mehr die alleinige Richtschnur für politisches Handeln gewesen ist.

Über die Hälfte der 88 Zeitzeuginnen und Zeitzeugen hat die Erlebnisse selbst aufgeschrieben und der Herausgeberin zur Verfügung gestellt. Die anderen haben ihr erzählt. Daraus hat sie einen zusammenhängenden Text verfasst und sich diesen von den Erzählenden autorisieren lassen. Dabei ist es häufig vorgekommen, dass ihnen beim Lesen weitere Details einfielen, die sie dann ergänzen konnten. Nicht selten berichteten sie, dass sie durch ihr Erzählen oder Niederschreiben aufgewühlt worden seien, dass dies aber eine Befreiung gewesen sei. Bei der Präsentation der Zeitzeugenberichte wäre es denkbar gewesen, unter engen thematischen Kategorien die jeweils passenden Abschnitte aus den Texten zuzuordnen. Das hätte aber bedeutet, die Erzählungen zu zerstückeln, sodass sich von ein und demselben Zeitzeugen an verschiedenen Stellen Erinnerungsteile befunden hätten. Bewusst wurde auf dieses Vorgehen verzichtet. Die Menschen sollten in dem von ihnen gewählten Zusammenhang gehört werden, damit ihre durch die NS-Zeit geprägte Biographie im Ganzen wahrgenommen werden kann. Allerdings zeigte sich, dass sich in den Texten verschiedene Aspekte und Schwerpunkte herauskristallisierten, etwa „Flucht und Vertreibung", „zerstörte Städte", „Frontsoldaten", sodass eine grobe Zuordnung zu diesen Themen den Zugang zu den Zeitzeugenberichten erleichtern und das Interesse des Lesers anregen kann. In die Texte eingeschoben und deutlich im Schriftbild abgesetzt wurden Erklärungen einzelner Begriffe oder historischer Zusammenhänge, damit auch der mit der Geschichte nicht so Vertraute ohne große Mühe das Erzählte einordnen kann.

Ich danke allen Zeitzeuginnen und Zeitzeugen, die sich meist spontan, manchmal nach einigem Zögern bereit erklärt haben, aus der Zeit zwischen 1933 und 1955 zu erzählen. Es ist naturgemäß eine Mischung aus selbst Erlebtem, dem in der Familie Überlieferten und daneben möglicherweise auch Erkenntnissen, die in den Jahrzehnten danach aus verschiedenen Medien gewonnen wurden. Wie sich gezeigt hat, trifft auf die vielen, die weit vor dem Zweiten Weltkrieg geboren wurden und in diesem Band zu Wort kommen wollten, nur ganz bedingt zu, was Hitler 1938 in Reichenberg im Sudetenland in einer Rede über die deutsche Jugend vorausgesagt hatte: „... Und wenn diese Knaben mit zehn Jahren in unsere Organisation hineinkommen und dort zum erstenmal überhaupt eine frische Luft ... fühlen, dann kommen sie vier Jahre später vom Jung-Volk in die Hitlerjugend, und dort behalten wir sie wieder vier Jahre. Und dann geben wir sie erst recht nicht zurück in die Hände unserer alten Klassen- und Standeserzeuger, sondern dann nehmen wir sie sofort in die Partei, in die Arbeitsfront, in die SA ... und so weiter. Und ... dann kommen sie in den Arbeitsdienst und werden dort wieder sechs und sieben Monate geschliffen, alles mit einem Symbol, dem deutschen Spaten. Und was dann ... noch an Klassenbewusstsein oder Standesdünkel da oder da noch vorhanden sein sollte, das übernimmt dann die Wehrmacht zur weiteren Behandlung auf zwei Jahre, und wenn sie nach zwei oder drei oder vier Jahren zurückkehren, dann nehmen wir sie, damit sie auf keinen Fall rückfällig werden, sofort wieder in die SA, SS und so weiter, und sie werden nicht mehr frei ihr ganzes Leben."

Dank der demokratischen Entwicklung der Bundesrepublik, die im Mai dieses Jahres auf ihr 70-jähriges Bestehen zurückblickt, ist Hitlers böse Rechnung nicht aufgegangen. Die amerikanische Deutschlandpolitik im Zusammenhang mit der Neuausrichtung der Außenpolitik unter Präsident Truman hat sicher das Ihre dazu getan. Die Zeitzeuginnen und Zeitzeugen wurden letzten Endes doch „frei", wenn auch oft unter Schmerzen, so frei, dass sie im Alter über Leid, Not und Widrigkeiten in ihrer Kindheit und Jugend erzählen und Ursachen und Folgen reflektieren konnten.

Dass der Verlag Waldkirch spontanes Interesse an dem Zeitzeugenprojekt gezeigt hat, ist ein großer Glücksfall. Ich danke Frau Barbara Waldkirch für ihre Offenheit und Bereitschaft, immer wieder „neue" Zeitzeugen zuzulassen. Mein Dank geht ebenso an Frau Verena Kessel, die die Produktion des Buches betreut und kreative Vorschläge für seine Gestaltung entwickelt hat.

Mannheim, im Januar 2019 Brigitte Hohlfeld

Vom Staat verfolgt

Walter Brehm: Ich bin 100 Jahre alt

Am 27. Februar 1918 wurde ich in der Tullastraße in Mannheim geboren, die in der Nähe der Christuskirche liegt, in der ich getauft, konfirmiert und getraut wurde. Ich hatte eine unbeschwerte Kindheit und frühe Jugend. Auf dem Mosaikpflaster vor der Christuskirche spielten wir kleinen Buben gerne „Strich-Fangerles", ein Spiel, das wir uns selbst ausgedacht hatten. Man durfte dabei die in Mustern verlegten Steinchen nur nach einem bestimmten Schema berühren. Der Kirchendiener Häffner, der mit seinem großen Dobermann seine Runden drehte, passte auf, dass wir es nicht zu toll trieben. Mein Vater war Prof. Adolf Brehm, bis 1933 Beigeordneter der Stadt Mannheim. Meine Mutter Alice, geb. Stern, stammte aus einer alten jüdischen Kaufmannsfamilie. Ich hatte einen älteren Bruder Hans Hermann, der am 30. Oktober 2015 kurz vor seinem 99. Geburtstag starb und in seinem Wohnort Zürich beerdigt wurde.

Nach der Mittleren Reife begann ich eine kaufmännische Lehre bei einer Mannheimer Speditionsfirma und war nach der Kaufmannsgehilfenprüfung bis zum 1. April 1939 dort tätig. Dann wurde ich zum Arbeitsdienst zwangsverpflichtet und musste dort wegen des Kriegsbeginns statt einem halben Jahr bis zum 13. April 1940 bleiben. Am 10. Mai 1940 wurde ich zum Militär eingezogen und im Herbst desselben Jahres aufgrund meiner Herkunft von der Truppe entfernt. Mit Schwierigkeiten fand ich in Mannheim eine Stelle als Versandleiter bei einer Zweigfirma der Koepp & Co. aus Oestrich im Rheingau. Nach der Zerstörung der Niederlassung durch Bomben wurde ich aus Mannheim nach Oestrich versetzt und dort vom kaufmännischen Angestellten zum Chemiehilfsarbeiter degradiert.

Nach den schweren Bombenangriffen in Mannheim am 5. September 1943 nahm ich meine Mutter zum Schutz zu mir nach Oestrich. Beim zweiten Großangriff auf Mannheim am 23. September 1943 wurde unsere Mannheimer Wohnung durch Bomben völlig zerstört. Meine Mutter wurde am Ostersamstag 1944 nach Denunziation in Oestrich verhaftet. Sie wurde in Auschwitz ermordet, wie ihre Mutter Hedwig Stern geb. Loebstern bereits 1941 in Theresienstadt. Außerdem verloren die drei Schwestern meiner Großmutter und weitere Familienmitglieder in verschiedenen Konzentrationslagern ihr Leben.

Im Herbst 1944 wurde ich wieder eingezogen. Jetzt hatten die Machthaber den Plan, parallel zur niederländisch-belgischen-französischen Grenze einen breiten Graben zu errichten, eine Art Panzersperre, um den Vormarsch der bereits in der Normandie gelandeten Amerikaner zu verhindern. Ich wurde für etwa fünf Wochen in Dillingen an der Saar eingesetzt. Wieder zogen wir mit Schaufel, Spaten und Pickel los und wurden angesichts der vordringenden Amerikaner zur Eile angetrieben. Ein menschenfreundlicher Arzt, der für uns zuständig war, nahm sich unser an und verordnete uns reihum drei Tage Bettruhe, sodass man wieder zu Kräften kommen konnte.

Im Herbst 1944 kam ich in ein jüdisches „Mischlingslager" in der Niederlausitz. Unsere Aufgabe bestand darin, Giftgasbomben zu verladen. Die 500 kg schweren Bomben wurden dazu von je vier bis fünf Mann auf Rollen gewuchtet. Am Montag vor Ostern konnte ich mit einem Kameraden fliehen. Nach einer abenteuerlichen Flucht durch Deutschland erreichten wir am Ostersamstag im badischen Bauland das bereits von Amerikanern besetzte Gebiet und waren gerettet.

Nach dem Krieg war ich zunächst als Teilhaber einer Transportfirma tätig. Ab Anfang 1950 wechselte ich in die Stellung eines Versandleiters bei der Firma GEG, später COOP-Mühlen, auf der Friesenheimer Insel in Mannheim. Ab 1981 war ich Niederlassungsleiter der COOP-Spedition und war noch nach Renteneintritt bis 1988 als Aushilfe tätig.

Am 23. November 1953 habe ich meine Frau Eva, geb. Brettschneider, geheiratet, mit der ich bisher 65 Ehejahre verbringen durfte und die mich bis heute liebevoll betreut. Ich habe drei Kinder, vier Enkel und drei Urenkel.

Meine Hobbys waren Wandern, Radfahren und Schwimmen, die ich ohne sportlichen Ehrgeiz betrieb. Dank meinem Bruder in der Schweiz konnte ich auch Skifahren, das ich bis zu meinem 85. Lebensjahr noch aktiv durchführte. Auch das Tennisspielen war bis zu meinem 89. Lebensjahr eine regelmäßig betriebene Sportart. Heute gehe ich zweimal die Woche für vier Stunden Turnierbridge spielen und treffe mich regelmäßig mit guten Freunden. Seit meiner Pensionierung male und zeichne ich auch.

Besonders erfreue ich mich an dem harmonischen Zusammenleben mit meiner Frau und meiner Familie. Abgesehen von den normalen Altersbeschwerden lebe ich in guter körperlicher und geistiger Gesundheit.

Karla Spagerer: Verfolgung von Anfang an

Ich wurde 1929 in Mannheim geboren und bin als Kind und Jugendliche in einer politisch verfolgten Familie aufgewachsen. Dadurch wurde ich mit Erlebnissen konfrontiert, die für heutige Kinder und Jugendliche unvorstellbar sein dürften.

Meine Großmutter mütterlicherseits, Babette Ries, meine Mutter und die vier Brüder meiner Mutter waren alle Kommunisten. Die Großmutter war schon mit 42 Jahren Witwe geworden und musste mit einer kleinen Rente sich und ihre sechs Kinder versorgen. Zwar gelang es ihr irgendwie, ihre vier Söhne alle ein Handwerk erlernen zu lassen, aber eine grundlegende Änderung der politischen, wirtschaftlichen und gesellschaftlichen Verhältnisse in Deutschland erhoffte sie sich nur von der KPD. Während der Weimarer Republik war sie zeitweise Stadtverordnete, also Stadträtin, in Mannheim.

Meine Erinnerung beginnt im Jahr 1935, und obwohl ich erst knapp sechs Jahre alt war, haben sich viele Erlebnisse bei mir eingebrannt. Es war das Jahr, in dem die Verfolgung meiner Familie und meine Angst begannen. Ein Bruder meiner Mutter, Erwin Ries, war ein hoher Funktionär in der KPD, und er wusste, dass es nur eine Frage der Zeit war, dass die Nazis ihn und seine Frau Ricke abholen würden.

Noch in der Nacht des Reichstagsbrandes im Februar 1933, für den die Kommunisten verantwortlich gemacht wurden, wurden nach bereits vorbereiteten Listen Mitglieder der KPD verhaftet, gefoltert, umgebracht oder in Konzentrationslager eingeliefert. Die KPD wurde sofort verboten, viele Mitglieder emigrierten.

Auch Erwin und seine Frau beschlossen, in die Emigration zu gehen, zuerst ins Saargebiet, das nach dem Ersten Weltkrieg für 15 Jahre Frankreich als Besatzungsgebiet übergeben worden war, und von da über Paris und Helsinki nach Moskau. Meine Großmutter, meine Mutter und ich fuhren nach Saarbrücken, um uns dort von beiden zu verabschieden. Meine Großmutter hoffte, dass sie mit einem kleinen Mädchen als Begleitung nicht so auffallen würde. Ich spüre den Schmerz meiner Großmutter heute noch, als sie ihren Sohn zum letzten Mal im Arm hielt. Wir haben ihn nie wiedergesehen. Die letzte Nachricht über ihn erhielten wir von seiner Frau auf einer Postkarte: „E. ist auf einer Expedition in Murmansk."

Erwin Ries war bereits 1923 Mitglied der Kommunistischen Jugend und leitete 1930 den Bezirk Baden-Pfalz des Kommunistischen Jugendverbands. Bis Ende 1933 war er in der illegalen Bezirksleitung Baden in Mannheim. Nach seiner Ankunft in Moskau studierte er zunächst an der dortigen Internationalen Leninschule. Im Zuge der sog. stalinistischen „Säuberungen" wurde er im Oktober 1937 verhaftet und sofort aus der KPD ausgeschlossen. 1939 wurde er zu acht Jahren Lagerhaft verurteilt und kam im März 1942 in einem Gulag im Nordosten der Sowjetunion ums Leben, er wurde erschossen. Seine Frau Ricke studierte auch zunächst an der Leninschule, arbeitete dann bis zu ihrer Verhaftung 1941 in einer Trikotagenfabrik. Bis 1946 war sie in sibirischen Strafarbeitslagern inhaftiert. Sie durfte 1955 in die DDR ausreisen und war in Ost-Berlin im Museum für Deutsche Geschichte angestellt.

Im Grunde ist mein Onkel Opfer zweier Diktaturen. Wäre er in Deutschland geblieben, hätten ihn die Nazis umgebracht. Damit hatte er gerechnet, daher emigrierte er. Dass ihn dort aber die eigenen Genossen in den Gulag schickten, das hatte er nie vermutet. Er wurde nur 35 Jahre alt. Seine Frau Ricke blieb Zeit ihres Lebens trotz ihrer negativen Erfahrungen in der Sowjetunion überzeugte Kommunistin.

1936 verhaftete die Gestapo, die Geheime Staatspolizei, meine Großmutter. Sie kam in Untersuchungshaft im Mannheimer Schloss. Solange sie dort war, durften wir ihr Essen bringen. So bin ich nun täglich mit meiner Mutter mit der Straßenbahn vom Waldhof zum Schloss gefahren. Das Essen mussten wir abgeben, sehen durften wir meine Großmutter nicht. Bei der Hauptverhandlung konnte man meiner Großmutter nur nachweisen, dass sie in den Jahren nach 1933 Geld und Lebensmittel gesammelt hatte für Familien, deren Männer und Väter schon aus politischen Gründen inhaftiert waren. In solchen Fällen bekamen die Frauen vom Staat keinerlei Unterstützung. Pfennigweise hatte sich meine Großmutter daher bei Bekannten und Verwandten für diese Unglücklichen Geld erbettelt. Sie wurde dafür zu 18 Monaten Haft verurteilt und verbrachte sie im Frauenzuchthaus in Bruchsal. 18 Monate sind eine lange Zeit für ein Kind, das seine Großmutter liebt!

In Zuchthäusern herrschten im Gegensatz zu Gefängnissen haftverschärfende Bedingungen vor, z.B. die Verpflichtung zu Zwangsarbeit. In der Bundesrepublik wurden Zuchthäuser erst 1969 abgeschafft.

In der Zeit, in der meine Großmutter in Haft war, machte die Gestapo immer wieder Hausdurchsuchungen bei meinen Eltern. Gefunden haben sie nichts. Nach dem Krieg habe ich erfahren, dass bei uns in dem Siedlungshaus in der „Großen Ausdauer" öfter kommunistische Flugblätter zwischengelagert waren. Wenn man die gefunden hätte, hätte das für die ganze Familie sehr böse ausgehen können. Meine Mutter vermutete, dass die Hausdurchsuchungen im Zusammenhang mit der Familie meines Vaters standen. Dessen Eltern und alle neun Geschwister waren nämlich Nazis. Ein 18-jähriger Bruder meines Vaters hatte sich freiwillig zur Waffen-SS gemeldet. Er fiel bald, und in der Zeitung erschien ein Nachruf der Familie: „Mit stolzer Trauer geben wir den Heldentod unseres Sohnes bekannt." Ich erinnere mich noch, wie entsetzt ich darüber war. Wie konnten Eltern stolz sein, wenn ihr Sohn im Krieg ums Leben kam! Mein Vater stand zwischen den Fronten, er versuchte, bei Familienfeiern politische Gespräche zu vermeiden, tadelte aber nie die Einstellung meiner Mutter. Irgendwann fand mein Vater die ständigen Hausdurchsuchungen unerträglich und stellte seine Familie zur Rede: „Wenn das nicht aufhört und meiner Frau und Schwiegermutter irgendetwas angehängt wird, nehme ich alles auf mich!" Von Stund an hörten die Schikanen auf.

Als meine Großmutter nach 18 Monaten wieder zu Hause war, nahm sie natürlich gleich wieder Kontakt zu ihren Freunden auf. Das waren Georg Lechleiter, Jakob Faulhaber, Max Winterhalter, Paul Schreck und viele andere überzeugte Kommunisten. Große Angst hatte ich damals um meine Großmutter, als die „Gruppe Lechleiter“ verhaftet wurde, aber man konnte meiner Großmutter nichts nachweisen.

Georg Lechleiter, von Beruf Schriftsetzer, war 1918 Mitbegründer der KPD in Mannheim. 1922 in den Mannheimer Stadtrat gewählt, wurde er 1925 Mitglied des Badischen Landtags, dem er bis zu seiner Verhaftung nach dem Reichstagsbrand 1933 angehörte. Nach seiner Entlassung aus dem KZ Kislau arbeitete er zunächst als Erdarbeiter, fand aber 1937 wieder Arbeit als Schriftsetzer. Ab 1941 baute er systematisch eine der stärksten kommunistischen Widerstandsgruppen auf. Seine Gruppe erstellte eine illegale Zeitung und verteilte sie in Mannheimer Großbetrieben. Im Februar 1942 wurde eine große Anzahl Personen in Mannheim verhaftet und 19 Mitglieder der Gruppe zum Tode verurteilt, darunter auch Georg Lechleiter. Er wurde mit 13 anderen am 15. September 1942 in Stuttgart durch das Fallbeil hingerichtet. Bereits 1945 wurde in der Mannheimer Schwetzingerstadt ein Platz nach Georg Lechleiter benannt.

Zu meinen bittersten Erinnerungen gehört der Tag nach der Hinrichtung Lechleiters. Da kam seine Frau ganz früh am Morgen zu uns. Wir wohnten in der gleichen Straße wie Lechleiters. Ich wurde zu einer Plakatwand schräg gegenüber unserem Haus geschickt. An diesen Plakatwänden wurden immer die amtlichen Bekanntmachungen angeschlagen. Ich sollte schauen, wer in der vergangenen Nacht hingerichtet worden war. Und da stand unter anderem auch der Name Georg Lechleiter. Ich bin jetzt 89 Jahre alt, aber nie werde ich vergessen, wie ich das den Frauen mitteilen musste. Da saßen wir in unserer Küche, Frau Lechleiter, meine Großmutter und ich, und weinten, und wir versuchten Frau Lechleiter zu trösten. Aber gab es da Trost? Ich gehöre wohl zu den wenigen Zeitzeugen, die noch Männer und Frauen aus der Lechleiter-Gruppe persönlich gekannt haben. Ich kenne die Familie von Paul Schreck mit den fünf Kindern, die Kinder von Jakob Faulhaber, Ruth und Agnes, und Lisa, die Tochter von Max Winterhalter. Wir spielten zusammen und gingen später in die Waldhofschule, z.T. sogar in dieselbe Klasse. Vielen Mannheimern werden diese Namen nicht mehr bekannt sein, aber man darf sie nicht vergessen, sie hatten großen Mut, Widerstand zu leisten, auch wenn sie dabei keinen Erfolg hatten.

Mein Vater arbeitete bei einer jüdischen Firma, einem kleinen Familienbetrieb in den F-Quadraten, der von den beiden unverheirateten Schwestern Karlenbach geführt wurde. Als sich aufgrund der Nürnberger Gesetze 1935 abzeichnete, dass das Leben in Deutschland für Juden schwieriger wurde, riet mein Vater den beiden, Deutschland zu verlassen. Das wäre damals für sie ohne weiteres möglich gewesen. Aber sie antworteten nur: „Aber Ludwig, uns kann doch nichts passieren! Wir sind doch Mannheimer Bürger!“ Und dann kam der 9. November 1938, die „Reichspogromnacht“! Am Morgen danach fuhren wir gleich in die Stadt und wollten nach den Schwestern sehen. Aber es war niemand mehr da. Überall standen SA-Männer in ihren braunen Uniformen. Es wurden Leute abgeführt, ich sah Menschenzüge von – wie man hinterher erfuhr – Juden mit Köfferchen in der Hand, alte und junge, Kinder wie ich. Es wurde immer noch geplündert, überall lagen Möbel, Bilder,

Kinderspielzeug auf der Straße. Auch in der kleinen Firma war alles verwüstet. Wir sind dann gleich weiter gegangen. Als wir an der Synagoge vorbeikamen, stand da ein SA-Mann vor der Tür, daneben eine Tafel, auf der stand: „Besichtigung 10 Pfennig". Ich sagte laut zu meiner Mutter: „Erst machen sie alles kaputt, dann wollen sie auch noch Geld dafür." Meine Mutter hielt mir den Mund zu und zog mich schnell weiter. Kürzlich habe ich gehört, dass die Namen der Schwestern Karlenbach auf dem Glaswürfel am Eingang der Planken stehen.

Natürlich hatte ich wie alle anderen Kinder auch eine für das „Dritte Reich" typische Kindheit. Ich war im Bund Deutscher Mädel und war wie viele andere von den gemeinsamen Veranstaltungen angetan. Das Singen, das Wandern, der Sport gefielen mir sehr. Von der politischen Schulung verstand ich anfangs wenig. Sie interessierte mich am Anfang des Krieges – da war ich zehn Jahre alt – genauso wenig wie die Diskussionen in der Familie. Von der politischen Einstellung meiner Mutter und Großmutter wussten meine BDM-Führerinnen vermutlich nichts. Jedenfalls blieb ich unbehelligt. Erinnern kann ich mich jedoch daran, dass mir zu Hause immer wieder eingeschärft wurde, nichts darüber zu reden, was bei uns mit Freunden besprochen wurde. Warum dies geschah, wurde mir dann mit zunehmendem Alter immer stärker bewusst.

Kurz nach Kriegsbeginn waren plötzlich alle unsere jungen Lehrer weg. Sie mussten Soldaten werden. Lehrerinnen gab es kaum, höchstens Handarbeitslehrerinnen, denn im „Dritten Reich" mussten Lehrerinnen, wenn sie heirateten, ihren Beruf aufgeben, um Männern Platz zu machen. Aber 1939 herrschte auf einmal akuter Lehrermangel. Wir wurden nun von alten Lehrern unterrichtet, die schon pensioniert gewesen waren. Meine Klasse bekam einen alten Nazi-Lehrer, der bei der SA und noch dazu Ortsgruppenleiter war. Gerne unterrichtete er in Uniform. Zu seinen Aufgaben gehörte es auch, Familien die Nachricht von ihren gefallenen Vätern, Brüdern, Söhnen zu überbringen. Das war für ihn schlimm, wie er uns sagte. Oft schrie er uns unbeherrscht an, wenn ihm irgendetwas nicht passte: „BDM-Mädel wollt ihr sein? Drecksäue seid ihr!" Gleich nach Kriegsende hat er sich erschossen.

Da mein Vater nach der „Reichspogromnacht" keine Arbeit mehr hatte, beschlossen er und meine Mutter, eine Gastwirtschaft zu betreiben. Sie eröffneten sie am 1. April 1939, aber bereits am 1. September wurde er eingezogen. Nun stand meine Mutter alleine mit der Kneipe da. Aber sie schaffte es. Als ich aus der Schule entlassen wurde, 1943, half ich ihr in dem Betrieb, daher brauchte ich mein sog. „Pflichtjahr" auch nicht in anderen Haushalten abzuleisten.

Das Pflichtjahr wurde 1938 eingeführt. Schulentlassene Mädchen mussten es in einem Haushalt oder in der Landwirtschaft ableisten. Sie ersetzten vor allem auf Bauernhöfen oft die als Soldaten eingezogenen Männer. Ohne den Nachweis des Pflichtjahres konnte weder eine Berufsausbildung noch ein Studium begonnen werden.

Als die Bombardierungen in der zweiten Kriegshälfte stärker wurden, verbrachten wir oft die Nacht im Bunker Am langen Schlag in der Gartenstadt. Der war in Kabinen aufgeteilt mit je drei Betten übereinander. Gegen Kriegsende schliefen wir auch im Bunker, wenn es keinen Alarm gab. Das war sicherer, denn für den Weg von unserem Haus in den Bunker brauchten wir mindestens 20 Minuten. Am 27. März 1945, dem Geburtstag meiner Mutter, hörten wir im Bunker: „Mannheim ist von den Amerikanern besetzt." Die Tage zuvor hatten wir ständig im Bunker verbracht, nur eine Notbeleuchtung gab kümmerliches Licht. Nun trauten wir uns langsam und vorsichtig ins Freie, und da waren sie schon, die amerikanischen Soldaten! Sie kamen über Sandhofen und Waldhof in die Gartenstadt. Sie fuhren in offenen Jeeps mit dem Gewehr auf den Knien durch die Straßen. Da wussten wir, wir waren befreit. Die Angst vor Fliegerangriffen war weg und vor allem die Angst vor der Gestapo, das war ein unbeschreibliches Gefühl. Wir waren davongekommen!

Gleich nach dem Krieg lernte ich meinen Mann kennen. Er war mir aufgefallen, wenn er an unserem Haus vorbeilief. Er arbeitete, wie sich herausstellte, bei Bopp & Reuther, nachdem er aus dem Krieg zurückgekommen war. Als dort, wie oft in den Monaten unmittelbar nach dem Krieg, wegen Stromausfall längere Zeit nicht gearbeitet werden konnte, wurden die Arbeiter von den Amerikanern zwangsverpflichtet für irgendwelche Arbeiten im Freien. Doch Dauerregen ließ die Männer knöcheltief im Matsch versinken. Als ein Amerikaner sie immer wieder antrieb mit den Worten „let's go!", organisierte mein Mann einen Streik. Das Streiklokal war die Gastwirtschaft meiner Eltern. Nach heftigen lautstarken Auseinandersetzungen mit dem Besatzungssoldaten wurde mein Mann von ihm als „foreman" anerkannt, und so begann die Gewerkschaftskarriere meines Mannes: bereits 1946 freigestellter Betriebsrat bei Bopp & Reuther, dann hauptamtlich bei der IG Metall.

Wir wollten so schnell wie möglich heiraten. Ich war aber erst 18 Jahre alt, und erst mit 21 war man bis in die 60er Jahre volljährig. Man benötigte die Unterschrift des Vaters, doch der war, wie wir wussten, in russischer Kriegsgefangenschaft. Die Unterschrift der Mutter zählte nicht, da der Vater ja noch lebte. Also schrieben alle möglichen Verwandten auf der zugelassenen Postkarte, die nur 25 Wörter enthalten durfte, in das Kriegsgefangenenlager von meinem Heiratswunsch. Wir hofften, dass wenigstens eine Karte durchkam und mein Vater seine Erlaubnis schriftlich geben konnte. Und es kam tatsächlich vor meiner Hochzeit die erwünschte Karte aus dem Lager an, auf der er schrieb: „Ich habe gegen eine Heirat meiner Tochter Karla mit Herrn Kurt nichts einzuwenden." Kurt! Und mein Mann hieß doch Walter! Es war schwierig, dem Standesbeamten die Zusammenhänge zu erklären. Zu meinem großen Glück kam mein Vater am 22. November 1947 eine Woche vor meiner Hochzeit aus der Gefangenschaft zurück. Ich holte ihn, der abgemagert und zerlumpt war, mit einer seiner Schwestern am Bahnhof ab.

Mein weiteres Leben hat sich glücklich gestaltet. Mein Mann kam zu hohem Ansehen in Mannheim und darüber hinaus, er war lange Jahre Stadtrat und Landtagsabgeordneter, er erhielt den Bloomaulorden, was ihn als besonderen Mannheimer Bürger auszeichnet, wir haben zwei Söhne, Enkel und Urenkel. Aber was am Beispiel meiner Familie mütterlicherseits Menschen im 20. Jahrhundert zugemutet wurde, darf nicht vergessen werden. Es muss weitergegeben werden an alle jungen Menschen. Seid wachsam und denkt daran, auch die Nazis haben einmal klein angefangen!

Hitlerjungen, Flakhelfer, Frontsoldaten und Kriegsgefangene

Werner Diefenbacher: Meine Zeit als Pimpf des Fähnleins „Theoderich"

Gerne ergreife ich die Gelegenheit, im Rahmen des Zeitzeugenprojekts der Christus-FriedenGemeinde etwas aus meiner Kindheit und Jugend im „Dritten Reich" zu berichten. Ich bin Geburtsjahrgang 1925, ich wurde also in dieser Zeit „sozialisiert". Mein Geburtsjahrgang bedeutet aber auch, dass ich noch während des Krieges 1943 Soldat wurde und als Angehöriger der Deutschen Wehrmacht an der Front in Italien schwere Kämpfe miterlebt habe, dabei erheblich verwundet wurde und schließlich noch erfahren musste, was es bedeutet, als deutscher Soldat 1945 in Kriegsgefangenschaft zu geraten. Ich schreibe dies im September 2018, ich blicke also auf Ereignisse zurück, die über 70 Jahre zurückliegen. Ich bin mir durchaus bewusst, dass darin eine besondere Schwierigkeit liegt. „Das Gedächtnis ist ein schlechter Archivar. Es wählt aus und formt sich seine eigene Realität." So Harald Welzer vom Institute of Memorial Research. Aber der Zeitzeuge ist trotzdem wertvoll und unverzichtbar, weil er von Geschehnissen berichtet, von denen man sonst nichts wüsste. Aber er wählt aus, und indem er dies tut, nimmt er auch Wertungen vor. All dies bewege ich in meinem Herzen und will trotzdem versuchen, einiges aus einer längst vergangenen Zeit so objektiv wie möglich zu berichten.

Ich denke, es ist für mich richtig, mich dabei auf meine Zeit als Hitlerjunge zu beschränken. Als Angehöriger meiner Generation hat man immer das Gefühl, sich rechtfertigen zu müssen. „Was hast du damals gewusst, warum hast du geschwiegen, hättest du nicht dies oder jenes durchschauen können?", das sind die Fragen, die immer – bewusst oder unbewusst – gestellt werden. So glaube ich, dass ich, wenn ich versuche, aus meiner Jungvolkzeit zu erzählen, einige Verhaltensnormen jener Zeit deutlich machen kann, die mitten in die Zeit des Nationalsozialismus führen, wobei sich vieles erst in der Rückschau erschließt. Beim Schreiben dieser Erinnerungen hilft mir außerordentlich, dass ich damals eine Art Tagebuch geführt habe, in das ich Erlebnisse eingetragen habe, die mir wichtig erschienen, ohne Reflexion und Wertung, oft nur ganz kurze Bemerkungen, aber als Erinnerungsstützen sind sie außerordentlich wertvoll.

Zunächst scheint mir für die „Nachgeborenen" zur Information eine Vorbemerkung angebracht: Im Jahre 1934 wurden sämtliche Jugendverbände in Deutschland aufgelöst und in die Hitlerjugend überführt, „Gleichschaltung" nannte man das. Hitlerjugend ist dabei ein Oberbegriff. Die 10–14-jährigen Jungen waren Mitglieder des „Jungvolks", bis zum 18. Lebensjahr war man Angehöriger der „Hitlerjugend" (HJ). Die Mädchen waren ähnlich organisiert. Es gab entsprechend dem „Jungvolk" die „Jungmädel" und als Parallele zur HJ den „Bund Deutscher Mädel" (BDM). Die Gliederung dieser Jugendorganisationen entsprach exakt den Gliederungsformationen der Wehrmacht. So gab es im Jungvolk „Jungzüge" mit etwa 30 Jungen, „Fähnleins" mit vier Jungzügen und schließlich einen „Jungstamm" aus drei oder vier Fähnleins. Alle diese Organisationen waren in einer Stadt in einem „Bann" zusammengefasst, an dessen Spitze ein „Bannführer" stand. Ab 1937 war die Mitgliedschaft verbindlich. Die Angehörigen des Jungvolks wurden „Pimpfe" genannt, eine Bezeichnung von unklarer Herkunft, schon im 16. Jahrhundert für Jungens dieses Alters benutzt. Man sieht also, dass die gesamte deutsche Jugend in einem Zwangsverbund zusammengefasst war, der es ermöglichen sollte, sie im Sinne des Nationalsozialismus zu indoktrinieren.

Werner, 10 Jahre alt

Ich selbst bin 1935, also mit zehn Jahren, in das Fähnlein 14 „Theoderich" im Stadtteil Almenhof in das „Jungvolk" eingetreten. Das Fähnlein „Theoderich" war Teil des Jungstamms „Goten", die Fähnleins „Alarich" und „Teja" waren im Stadtteil Lindenhof beheimatet. Ich erinnere mich noch sehr gut, dass die Anschaffung der Uniform für meine Eltern ein finanzielles Problem war. Ein schwarzes Käppi, ein Braunhemd, Schulterriemen, schwarzes Halstuch mit Lederknoten, Gürtel mit Koppelschloss, kurze schwarze Hose. Im Winter wurde eine schwarze Bluse aus Tuch getragen und sogenannte „Skihosen". An jedem Mittwochnachmittag war um 16 Uhr „Dienst", Treffpunkt war der Platz vor der Schillerschule. Hier tat sich eine völlig neue Welt auf: Die vier Jungzüge mussten „der Große nach" antreten, die sogenannte „Richtung" musste eine völlig gerade Linie bilden und wurde scharf kontrolliert. Anschließend gab es „Formaldienst", Marschieren im „Gleichschritt", Richtungswechsel, ruckartiges Kopfwenden, „die Augen links" etc. Ich erinnere mich, dass ich als 10-jähriges Kind alles daran setzte, hier wie verlangt mitzumachen, aber dass ich schon damals spürte, dass es darauf ankam, in einer durch die Uniform gleichartigen Menge aufzugehen und bedingungslos zu gehorchen. Ich habe den „Formaldienst" gehasst und mich daran erinnert, wenn ich Jahre später in der Wehrmacht exakt das Gleiche machen musste, mit den gleichen Kommandos. Als Höhepunkt erfolgte dann ein sogenannter „Propagandamarsch" durch den Almenhof. Der Fähnleinführer an der Spitze, dann die schwarze Jungvolkfahne mit der weißen gezackten „Siegrune", gefolgt von sechs bis zehn Landsknechtstrommeln, wobei es der Traum eines jeden Pimpfen war, eine solche Trommel schlagen zu dürfen. Aus meinem Tagebuch und meiner Erinnerung entnehme ich, dass ich mit Stolz an diesen Märschen teilgenommen habe. Ich besitze ein Foto aus jenen Tagen, das unser Fähnlein auf einem solchen Marsch zeigt. das Foto zeigt auch einige Zuschauer, die vom Gehweg aus diesen Marsch beobachten. Mir scheint heute beim Betrachten dieses Bildes, dass diese Zuschauer etwas skeptisch schauen, vielleicht mit dem Gefühl, dass es eigentlich Kinder sind, die in diesen Zeiten, in denen unaufhörlich marschiert wurde, die Erwachsenen kopieren.

Lieder

Im Jungvolk wurde unentwegt gesungen, die Gemeinschaft bildende Kraft, die davon ausging, wurde gezielt genutzt. Mich hat dieses Singen damals erhoben, viele dieser Lieder haben sich bis heute in mein Bewusstsein eingebrannt. Unser Fähnleinführer der dreißiger Jahre hieß Helmut Weinhold, er hatte flachsblonde Haare und wurde von uns „Helles" genannt, er ist 1942 in Russland gefallen. Im Schulhof der Schillerschule gab es eine sehr große Treppe, geräumig genug, dem ganzen Fähnlein Platz zu bieten. Helles konnte sehr gut singen und vor allem hervorragend Gitarre spielen. Wir haben ihn alle sehr bewundert und hingen an seinen Lippen, wenn er uns Lieder beibrachte. Helles kam aus der „Bündischen Jugend", die aus der Wandervogelbewegung hervorging. Er hatte ein weit gespanntes Repertoire an Liedern, von denen viele nichts mit dem Nationalsozialismus zu tun hatten. In meinen frühen Jungvolkjahren habe ich die Atmosphäre dieses Singens regelrecht in mich eingesogen. Wenn der Helles uns mit einer Handbewegung zum Schweigen brachte, einzelne Strophen eines Liedes langsam vorsprach und schließlich mit der Begleitung seiner Gitarre die Melodie vorsang und dann nachsingen ließ, wurde ich von einer intensiven Stimmung erfass.

Er liebte seine Wandervogellieder, die sich oft gegen die Welt der modernen Zivilisation wandten und die unmittelbare Begegnung mit der Natur suchten, oft schwermütige Texte, deren Sinn sich mir nicht immer erschloss. Ich liebte über alles das Lied „Wilde Gesellen vom Sturmwind durchweht, Fürsten aus Lumpen und Loden". Ich hatte keine Vorstellung davon, was „Fürsten aus Lumpen und Loden" eigentlich darstellten, aber ich freute mich immer, wen ich den Refrain „Uns geht die Sonne nicht unter" schmettern konnte. Helles durchstreifte mit seinen Liedern die Jahrhunderte. Schwermütige Soldatenlieder aus dem Ersten Weltkrieg berührten mich sehr stark, die seltsame Verbindung des Soldatentods mit jugendlicher Unbekümmertheit erfasste mein Gemüt. „Argonner Wald, Argonner Wald, ein stiller Friedhof wirst du bald. In deiner kühlen Erde ruht, so manches tapfere Soldatenblut." Aber er liebte auch die Landsknechtslieder und Lieder aus den Bauernkriegen, „Vom Barette schwang die Feder, biegt und wiegt im Winde sich" war ein absoluter Renner, mit einer Melodie, die sie geeignet machte, als Marschlied gesungen zu werden.

Natürlich gab es auch ausgesprochene Nazi-Lieder, meist von geringer Qualität. „Unsere Fahne flattert uns voran, in die Zukunft zieh'n wir Mann für Mann". Einige stammen sogar aus der Feder des „Reichsjugendführers" Baldur von Schirach und stellten so etwas wie ein Pflichtprogramm dar. Aber insgesamt kann man sagen, dass das Singen im Jungvolk eine herausragende Rolle spielte und wichtig war, ein Gefühl der Zusammengehörigkeit zu erzeugen. Gerade die Mischung der Lieder aus vielen Jahrhunderten hatte eine bemerkenswerte Erlebnisqualität und war einer der Gründe, warum die Hitlerjugend so viele junge Menschen in ihren Bann ziehen konnte.

Fahrten, Zeltlager

Das Jungvolk veranstaltete viele „Fahrten", die sehr oft mit einem Zeltlager beschlossen wurden. An dieser Stelle muss daran erinnert werden, dass es in den dreißiger Jahren selten war, dass jemand ein Auto besaß. Ein Ausflug meiner Familie etwa nach Neckargemünd war ein herausragendes Ereignis, das nur mit vielen Vorbereitungen und durchdachter Organisation möglich war. Es gab nur ganz wenige Familien, die sich eine Urlaubsreise leisten konnten, die Gesellschaft jener Zeit war von nur geringer Mobilität. Mit ihrem Angebot an Fahrten stieß die Hitlerjugend daher auf eine sehr große Aufnahmebereitschaft. Die Fahrten in die nähere Umgebung erfolgten meistens mit dem Fahrrad. Der Tornister musste sorgfältig nach Vorschrift gepackt werden, in vielen Fällen, die über mehrere Etappen führten, waren Zeltplätze vorbereitet, eine glänzende Idee, wie ich in der Rückschau empfinde. Übernachtet wurde in großen Zelten, die meist etwa zehn Pimpfe aufnehmen konnten. Die Lager waren gut geeignet, dem Erlebnishunger von Jungen zu entsprechen. Das gemeinsame Schlafen im Zelt, das Waschen in einem Bach, die Flaggenhissung als Tagesbeginn. „Geländespiele" als Tagesbeschäftigung, zwei sich bekämpfende Parteien, Tarnung, Anschleichen, den Gegner überraschen. Meistens gab es „Lebensfäden", ein Wollfaden, der am rechten Handgelenk befestigt wurde. Wurde er abgerissen, war man „tot" und musste sich im Lager melden, eine sehr sinnvolle Idee, da es dabei mehr auf Geschicklichkeit als auf Kraft ankam. Absoluter Höhepunkt dieser Lager war der Abend, der mit einem großen Lagerfeuer regelrecht zelebriert wurde. Es war der Augenblick, an dem unser unvergessener Helles zur Gitarre griff und mit einem Lied begann, das damals so etwas wie einen Kultstatus hatte:

Flamme empor, Flamme empor,
Steige mit loderndem Scheine
Auf die Gebirge vom Rheine
glühend empor, glühend empor.

Bemerkenswerter Weise ist auch dies ein Lied, das von der Bündischen Jugend übernommen wurde. Es wurde in den Befreiungskriegen nach der Völkerschlacht bei Leipzig gedichtet und komponiert, sein fast kitschiges Pathos charakterisiert die Stimmung jener Zeit sehr gut. Aber es passte auch sehr in die Stimmungslage der Zeltlager und fügte sich ein in die Atmosphäre gemeinsamen Singens am nächtlichen Lagerfeuer. Ohne Zweifel haben diese Fahrten und Zeltlager viel dazu beigetragen, dass die Hitlerjugend für junge Menschen so attraktiv war, sie füllten eine „Marktlücke", schufen das Gefühl der Gemeinsamkeit und entsprachen dem Bedürfnis nach abenteuerlichen Erlebnissen.

Fähnleinführer

Ich habe im Jungvolk so etwas wie Karriere gemacht. Im Jahre 1942 wurde ich zum Fähnleinführer des Fähnleins „Theoderich" ernannt. Ich muss gestehen, dass ich unbändig stolz auf diese Beförderung war. Ich war als Junge eher klein, die meisten meiner Gleichaltrigen waren größer als ich. In einer Zeit, in der ein fast absurder Körperkult getrieben wurde, war dies von erheblichem Nachteil. Dass ich mich im Jungvolk durchsetzen konnte, hat mir viel bedeutet und mir ein Selbstbewusstsein gegeben, das meiner persönlichen Entwicklung sehr förderlich gewesen ist. Andere machten, was ich angeordnet hatte. Mir wurde „Meldung" erstattet. Beim Antreten rief mein Stellvertreter, der „Oberjungzugführer", mit lauter Stimme: „Fähnleinführer, Fähnlein „Theoderich" angetreten". Ich trug eine grünweiße Führerschnur und genoss diese Augenblicke. Heute weiß ich natürlich, dass ich mich damit willfährig in ein System einordnete, das mit der Verhaltensnorm von Befehl und Gehorsam darauf angelegt war, andere Menschen in einen Verbund einzufügen, in dem über sie verfügt werden konnte. Aber die Funktion des Fähnleinführers war in vieler Weise auch anspruchsvoll. Es galt, den wöchentlichen Dienst so zu gestalten, dass etwa 120 Jungen mit Interesse bei der Sache waren. Dabei war viel Phantasie und auch Planung erforderlich. Die vier Jungzugführer haben mich dabei unterstützt. Aber wir mussten eine Art Führungsteam bilden und Organisationsformen aufbauen, die die verschiedenen Altersgruppen der vier Jungzüge beachteten. Natürlich haben wir auch den damals geforderten Normen genügt: Gepäckmärsche, Luftgewehr schießen und den schon geschilderten „Formaldienst." Aber bei Kindern dieses Alters stößt das Befehlssystem sehr rasch auch an Grenzen. Wir haben sehr schnell gemerkt, dass wir Dinge bieten mussten, die diese Pimpfe interessierten und die ihnen Spaß machten. So haben wir Theaterspielen zu einem Zentrum gemacht, Scharaden etwa, bei denen in einzelnen Szenen jeweils ein Wort zu finden war, das dann am Schluss zu einem Begriff zusammen gesetzt werden konnte, an den „Plattfußindianer" erinnere ich mich noch heute sehr lebhaft.

All dies hat sich im Erfahrungsspielraum der dreißiger Jahre abgespielt, in dem es für mich im Alter von 15 oder 16 Jahren keinen Raum für ein distanzierendes Bewusstsein gegeben hat. Aber dies wird mir in der Rückschau und aus meinen Tagebuchnotizen deutlich, es gab durchaus auch Gegenwelten, die verhindert haben, dass mein Bild der Welt ausschließlich von der Hitlerjugend bestimmt gewesen ist. Dazu gehörte die Schule, in der mir einige Lehrer durchaus Horizonte eröffneten, die keineswegs von der herrschenden Ideologie bestimmt waren, der Lateinlehrer etwa, der uns das republikanische Rom eindringlich nahe brachte, oder unser Deutschlehrer, der sich in der Oberstufe ausschließlich mit klassischer Literatur beschäftigte. Unser Englischlehrer liebte das englische Königshaus über alles und machte daraus kein Hehl, in der Klasse 12 legte er an Shakespeare's Drama „Macbeth" eindringlich dar, wie das ausschließliche Streben nach Macht schließlich in den Untergang führt. Ein respektvolles Gedenken gebührt auch dem Pfarrer der Markusgemeinde auf dem Almenhof. Im Jahre 1939 wurde ich konfirmiert, und Pfarrer Specht wusste sehr wohl, dass alle seine Konfirmandinnen und Konfirmanden unter dem bestimmenden Einfluss der Hitlerjugend standen. Natürlich wandte er sich niemals auch nur mit einem einzigen Wort offen dagegen. Aber in einer offenen und bestimmten Art führte er uns in eine völlig andere Welt ein, auf eine Weise, die nicht nur mich beeindruckte und uns allen Achtung abnötigte.

Zusammenfassend kann ich daher feststellen, dass ich mich als Junge durchaus mit Freude und mitunter sogar mir Begeisterung als Teil der Hitlerjugend fühlte. Sie war eine gewaltige Bewegung, die die gesamte deutsche Jugend umfasste und einer einheitlichen ideologischen Ausrichtung unterzog, um sie dann – so stellt es sich in der Rückschau dar – in einen verheerenden Krieg zu führen. Dabei hatte sie Elemente, die für junge Menschen attraktiv und anziehend waren. Ich habe versucht darzulegen, dass dabei vieles von der Wandervogelbewegung und der Bündischen Jugend eingeflossen ist, 1934, das Jahr der großen „Gleichschaltung", hat hierbei eine wichtige Rolle gespielt. Für mich persönlich rückte dabei das Jungvolk in den Mittelpunkt, weil dies ein direktes Eingehen auf die Bedürfnisse und die Erwartungen von Kindern erforderte. Die aufgezwungene Ideologie war eigentlich schwach und substanzlos. Sie hat sich dementsprechend direkt nach dem Krieg völlig aufgelöst, und niemand hat auch nur ansatzweise versucht, sie wiederzubeleben. Trotzdem ist die Rückschau für den Betrachter, der wie ich „in die Jahre" gekommen ist, faszinierend. Wir leben in einer Zeit des Individualismus, die Gesellschaft zersplittert sich in Einzelinteressen, die Bereitschaft, mit übergeordneten Gruppierungen Bindungen einzugehen, schwindet, und dieses Manko wird zum gesellschaftlichen Problem. Von daher erscheint das Zurückblicken in eine Zeit, in der versucht wurde, ein ganzes Volk und vor allem seine Jugend in eine umfassende Gemeinschaft zu führen, geradezu phantastisch und zeigt, wie schwierig es selbst für den Historiker ist, eine ferne Epoche zu begreifen, vor allem auch, wenn er in der Nachschau wertet und urteilt.

Für mich hat die Einberufung in die Wehrmacht einen Bruch in meinem Bewusstsein bewirkt, nicht etwa, weil der Dienst so hart und strapaziös gewesen ist. Entscheidend war die Tatsache, dass etwas, was in der Hitlerjugend schon angelegt war, nämlich das Prinzip von Befehl und Gehorsam, zur entscheidenden Verhaltensnorm erhoben wurde. Die Brutalität, mit der verlangt wurde, den eigenen Willen völlig auszuschalten, hat mich anfänglich regelrecht gebrochen, ehe es mir gelang, innerhalb dieses Systems eine Lebensform zu finden, die es mir wenigstens teilweise ermöglichte, mich als eigene Person zu empfinden.

Werner Diefenbacher war als Soldat in Italien eingesetzt und kehrte im Oktober 1946 nach Mannheim zurück. Das Abitur hatte er bereits 1943 abgelegt. Er studierte Germanistik, Englisch und Geschichte in Heidelberg und unterrichtete diese Fächer an Gymnasien. Sein Name ist unauflöslich mit dem Lessing-Gymnasium in Mannheim verbunden, das er von 1971 bis zu seiner Pensionierung im Jahre 1989 leitete.

Gerhart Sammet: „Dein Körper gehört deiner Nation!"

Ich wurde am 6. Februar 1928 in Mannheim geboren und wuchs mit einem älteren Bruder und einer jüngeren Schwester am Stephanienufer auf.

Es ist bekannt, dass die Weltwirtschaftskrise Ende der 20er Jahre Not und äußerstes Elend in viele Länder brachte, und auch Deutschland blieb davon nicht verschont. 6 Millionen Arbeitslose, die nur geringste staatliche Unterstützung erhielten, waren u.a. der Nährboden, in den die NS-Ideologie fiel. Kein Wunder, dass die Zustimmung zum „Dritten Reich" aus weiten Teilen der Bevölkerung kam, vom einfachen Hilfsarbeiter bis zum Akademiker, höheren Beamten und Wirtschaftsführer. Und es ging ja auch aufwärts: Die VW-Werke in Wolfsburg entstanden, bei denen jeder mit kleinsten Raten einen „Käfer" ansparen konnte; KdF-Schiffe liefen vom Stapel, auf denen die Organisation „Kraft durch Freude" auch Arbeitern Kreuzfahrten auf Nord- und Ostsee ermöglichte; beim „Winterhilfswerk" sammelten Kinder und Jugendliche für die Ärmsten der Armen.

Die Autobahnen wurden gebaut, einer der ersten Abschnitte 1935 zwischen Mannheim und Heidelberg Die Arbeitslosigkeit war schnell kein Thema mehr. Dass die Erfolge aber auch eine hässliche Seite hatten, durchschauten die wenigsten. Die zu Tausenden produzierten „Käfer" wurden schließlich nicht ihren Sparern ausgeliefert, sondern dienten wie die KdF-Schiffe als Truppentransporter, auf den Autobahnen rollten Lkw an die Front und landeten Flugzeuge.

Hitlers sog. „Machtergreifung" beeinflusste sofort unsere Bubenspiele. Meine Mutter hielt jedenfalls in ihrem für mich geschriebenen Tagebuch am 3. Juni 1933 fest, ich hätte mit meinen Freunden ein Spiel erfunden, das wir „Hitlerles" nannten. Da war ich fünf! Wir rannten auf der Straße herum und kämpften gegeneinander. In unseren Kniestrümpfen steckten seitlich Stöcke, die wir auf dem Höhepunkt des Spiels herauszogen und damit in der Luft herumfuchtelten. Befragt, was das solle, sagten wir, dass wir es wie die SA mit ihren Schlagstöcken machten, die in den

Stiefeln steckten. Ich hatte nie einen der berüchtigten Einsätze gesehen, aber wohl etwas davon aufgeschnappt.

Ich kam mit 10 Jahren nicht nur in die Adolf-Hitler-Oberschule am Ring, da, wo heute das Dorint-Hotel steht, sondern am 20. April 1938, an „Führers Geburtstag", in das „Jungvolk". So nannte man die Pflichtorganisation für die 10- bis 14-jährigen Jungen. Ich wurde „Pimpf" im Fähnlein „Alarich", benannt nach dem Ostgotenkönig aus der Völkerwanderungszeit, den August von Platen in seiner Ballade „Das Grab im Busento" verherrlicht hatte. Pimpf zu sein erfüllte mich zunächst mit Stolz, denn ich trug nun die Jungvolk-Uniform: braunes Hemd, kurze schwarze Hose, schwarzes Halstuch, das durch einen Lederring zum Knoten gezogen wurde, und ein Koppel. Die Freude war vollkommen, als ich nach Bestehen der „Pimpfenprobe" das Recht erhielt, das HJ-Abzeichen der Hitlerjugend zu tragen, ebenso den Schulterstreifen und vor allem das Fahrtenmesser. Die Pimpfenprobe war der erste Schritt zur militärischen Erziehung der Jungen. Im „Leistungsbuch" für Jungvolk und HJ, das ich heute noch besitze, hieß es dazu: „In dieser Probe erfüllst Du zum erstenmal eine Pflicht. Du erfüllst sie gern, weil Millionen Deiner jungen Kameraden das gleiche tun. Du bist ein Soldat Adolf Hitlers geworden. Du bekommst Deinen ersten Befehl – ans Werk!"

Die Pimpfenprobe, die nach spätestens sechs Monaten abzulegen war, war nicht allzu schwer: Den 60-m-Lauf musste man in 12 sec schaffen, 2,75 m weit springen und den Schlagball 25 m werfen. Dazu kam: Tornisterpacken – wir sagten natürlich „Affen" wie die Soldaten –, Teilnahme an einer eineinhalbtägigen „Fahrt" – so wurden euphemistisch Märsche umschrieben –, Kenntnis des Horst-Wessel-Liedes, des HJ-Fahnenliedes und der „Schwertworte des Jungvolkjungen". Die hießen so:
„Jungvolkjungen sind hart, schweigsam und treu.
Jungvolkjungen sind Kameraden.
Des Jungvolkjungen Höchstes ist die Ehre."

Nach zwei Jahren kam eine weitere Probe mit höheren Anforderungen. In meinem Leistungsbuch ist vermerkt, dass ich im April/Mai 1940 über das Leben des Führers Bescheid wusste, ebenso über das Deutschtum im Ausland, dass ich die durch den Versailler Vertrag 1919 „abgetrennten Gebiete" und die nationalen Feiertage kannte. Ich brauchte im 60-m-Lauf 9,7 sec, sprang 3,80 m weit, warf den Schlagball 35 m, schaffte dreimal einen Klimmzug und je zwei Bodenrollen vorwärts und rückwärts, konnte Radfahren und schwamm die 100 m in 2 Min, 48 sec. Am 14. Mai 1940 nahm ich an einer Tages"fahrt" von 15 km mit 5 kg Gepäck teil, die von Heidelberg über Leimen nach Heidelberg führte, legte in Leimen bei der vorgeschriebenen Pause von „mindestens 3 Stunden" eine Kochstelle an und brachte Wasser zum Kochen, kannte die wichtigsten Baumarten, richtete eine Karte nach den Gestirnen ein und bestand auch den Prüfungsteil „Anschleichen und Melden".

Den Text der drei weiteren Pflichtlieder, die jetzt von uns auswendig verlangt wurden, sollte man gelesen haben, um eine Vorstellung davon zu bekommen, wie es das NS-Regime auf perfide Weise verstanden hat, Begeisterungsfähigkeit von Kindern und Jugendlichen mit nationalem Schwulst und kaum verbrämten Kriegszielen und Opferbereitschaft zu verbinden.

„Brüder in Zechen und Gruben, Brüder, ihr hinter dem Pflug,
aus den Fabriken und Stuben folgt unsers Banners Zug!
Einst kommt der Tag der Rache, einmal, da werden wir frei:
Schaffendes Deutschland, erwache, brich deine Ketten entzwei!
Hitler sind treu wir ergeben, treu bis in den Tod!
Hitler wird uns auch führen einst aus dieser Not!
Dann lasst das Banner fliegen, dass unsre Feinde es sehn!
Immer werden wir siegen, wenn wir zusammenstehn."

„Heilig Vaterland! In Gefahren deine Söhne sich um dich scharen.
Von Gefahr umringt, heilig Vaterland, alle stehen wir Hand in Hand.
Bei den Sternen steht, was wir schwören. Der die Sterne lenkt, wird uns hören.
Eh der Fremde dir deine Krone raubt, Deutschland, fallen wir Haupt bei Haupt.
Heilig Vaterland, heb zur Stunde kühn dein Angesicht in die Runde!
Sieh uns, all entbrannt, Sohn bei Söhnen stehn. Du sollst bleiben, Land, wir vergehn."

„Der Himmel grau, die Erde braun, da schritten die Männer zum Sturme.
Und die Glocke klang und die Glocke sang ihren letzten Gruß vom Turme.
Die Nacht war schwarz und die Flamme rot, da stritten sie um die Fahne.
Da kamen die Feinde, da kam der Tod, der streckte sie auf die Fahne.
Und die war rot und die war weiß und das Zeichen schwarz in der Mitten.
Noch einmal grüßten die Lippen leis; sie starben, wie sie gestritten.
Der Himmel blau und die Erde braun, eure Gräber und Kreuze, die mahnen.
Und wieder vom Turm klingt die Glocke Sturm: Nun tragen wir eure Fahnen."

Am 11. Dezember 1940 wurde mir bescheinigt, dass ich ein 3er-Zelt errichtet und an dem Aufstellen eines 12er-Zeltes mitgearbeitet hatte. Außerdem traf ich an diesem Tag aus 8 m Entfernung „sitzend am Anschusstisch" auf der 12er Ringscheibe mit einem Ringabstand von ½ cm 32 Ringe (20 waren mindestens gefordert).

Dass Schönes und für Jungen Interessantes wie etwa das Einnorden von Karten oder sportliche Betätigungen mit Gleichaltrigen auch mit Unangenehmem verbunden war, merkte ich nur zu bald. Jeden Mittwoch- und Samstagnachmittag war „Dienst". Wer nicht hinging, wurde das nächste Mal zu Hause abgeholt. Ich besitze noch das Heftchen, in das wir unsere Dienste einzutragen hatten. An einem Mittwoch steht z.B. „Marsch mit Fahnen von 14.30 bis 18 Uhr", an einem Samstag war ein Geländespiel angesetzt, ein andermal marschierten alle „Stämme" – in etwa die Jungvolkabteilungen der einzelnen Stadtviertel – mit ihren Untergliederungen, den „Fähnleins", von Militärkapellen angeführt, zur selben Zeit sternförmig in die Innenstadt oder zum „Capitol", wo der „Bannführer", der oberste Jugendführer einer Stadt, eine Ansprache hielt. Das war dann schon ein erhebendes Gefühl, einer von vielen Hunderten von Jungen zu sein!

Aber die vielen Dienste hielten mich vom Spielen zu Hause oder vom Lesen ab. Je älter ich wurde, desto lästiger wurden sie mir daher, vor allem als ich 1942 mit 14 Jahren automatisch Mitglied der HJ, der Hitlerjugend, wurde und das Spielerische immer mehr zurücktrat. Noch war mir allerdings nicht bewusst, was das von Baldur von Schirach, dem Reichsjugendführer, meinem Leistungsbuch vorangestellte Vorwort wirklich bedeutete:
„Körperliche E r t ü c h t i g u n g ist keine Privatsache des einzelnen. Die nationalsozialistische Bewegung befiehlt den g a n z e n Deutschen zu ihrem Dienst. Dein Körper gehört Deiner Nation, denn ihr verdankst Du Dein Dasein. Du bist ihr für Deinen Körper verantwortlich. Erfülle die Forderungen dieses Leistungsbuches, und Du erfüllst eine Pflicht gegen Dein deutsches Volk."

Baldur von Schirach entstammte einem alten deutsch-sorbischen Adelsgeschlecht. Mütterlicherseits stammte er von einem der Gründerväter der USA ab. Als 17-Jähriger begegnete er 1925 erstmals Hitler und wurde ein begeisterter Anhänger. Dieser machte ihn später zum Reichsjugendführer. Schirach führte 1936 die HJ als Pflichtorganisation ein. Ab 1940 war er Gauleiter von Wien und in dieser Funktion für die Deportation von 180.000 österreichischen Juden in Konzentrationslager verantwortlich. Während er im Frühjahr 1945 die Heeresteile aufforderte, Wien bis zum letzten Mann gegen die Rote Armee zu verteidigen, setzte er sich selbst über die Donau ab. Unter Pseudonym tat er bei der US-Armee Dienste als Dolmetscher, stellte sich aber im Juni 1945. Er war einer der 24 Hauptangeklagten in den Nürnberger Prozessen und wurde 1946 wegen Verbrechen gegen die Menschlichkeit zu 20 Jahren Haft verurteilt. Er wurde 1966 entlassen und starb 1974...

1943 kam für mich die Erlösung vom HJ-Leben. Mein Vater wurde nach Kaiserslautern versetzt. Er war bereits im Ersten Weltkrieg Offizier gewesen, war dann Bankbeamter geworden und hatte sich 1936, als Hitler mit größter Zustimmung der deutschen Bevölkerung entgegen den Vorgaben des Versailler Vertrages die Wehrmacht aufzubauen begann, nicht zuletzt aus finanziellen Erwägungen reaktivieren lassen. Er wurde Stabsoffizier, sein Dienstsitz war nun Kaiserslautern. Im Zusammenhang mit der neuen Tätigkeit musste er unangenehme Befragungen der Gestapo zu seiner Verwandtschaft über sich ergehen lassen. Die Schwester meines Vaters war nämlich mit einem Juden verheiratet und besaß mit ihm in Berlin eine kleine Trikotagenfabrik. Bereits 1934 erkannte der Schwager meines Vaters hellsichtig, was die sog. „Machtergreifung" evtl. für Juden bedeuten könnte. Er und seine Frau emigrierten mit ihrem Sohn Walter nach England und gründeten dort ihre Trikotagenfabrik neu. Mehrmals wurde nun mein Vater zur Gestapo bestellt und befragt, wie er zur „Blutschande" seiner Schwester stehe. Was blieb ihm anderes übrig, als das zu verurteilen, damit man ihn in Ruhe ließe.

Im September 1935 waren die „Nürnberger Gesetze" erlassen worden. Das „Gesetz zum Schutz des deutschen Blutes und der deutschen Ehre" bestrafte Eheschließung und Geschlechtsverkehr zwischen Deutschen und Juden mit Gefängnis oder Zuchthaus. Dadurch sollte die „Reinhaltung des deutschen Blutes" gewahrt bzw. mittelfristig wiederhergestellt werden, ein zentraler Bestandteil der NS-Rassenideologie.

Was für ein Irrsinn! Mein Cousin Walter, der nun in England aufwuchs und 1945 als englischer Besatzungsoffizier in Hamburg stationiert war, war nach der Logik des NS-Regimes innerhalb von nicht einmal 10 Jahren zu meinem „Feind" geworden!

Ich nutzte die Gelegenheit des Umzugs nach Kaiserslautern, um nicht mehr zu den HJ-Diensten mittwochs und samstags zu gehen. Ob man vergessen hatte, mich von Mannheim nach Kaiserslautern umzumelden, weiß ich nicht, ich jedenfalls machte niemanden darauf aufmerksam. So wurde ich von niemandem behelligt. Meine Mutter nahm es hin, schärfte mir aber ein, künftig am Mittwoch- und Samstagnachmittag unter keinen Umständen nach draußen zu gehen. Ein halbwüchsiger Junge wäre zu dieser Uhrzeit auf der Straße aufgefallen, denn jeder kannte die „Dienst"zeiten der HJ. Mir machte das nichts aus. Ich blieb gerne zu Hause, las viel und freute mich der wiedergewonnenen Freiheit. Als in der Schule einmal ein Fragebogen auszufüllen war, mit dem die eigene HJ-Tätigkeit erfasst werden sollte, schrieb ich bei meinem Banknachbarn ab: Name des Banns, Name des „Fähnleins" Name des Fähnleinführers usw. Nie mehr hörte ich etwas davon, vielleicht hatten die NS-Funktionäre mittlerweile andere Sorgen, schließlich marschierte die US-Armee bereits durch Frankreich auf die deutsche Westgrenze zu.

Doch bald hatte mein unpolitisches Leben ein Ende. Am 10. Januar 1944 wurde ich mit meiner ganzen Schulklasse als Flakhelfer eingezogen und an 3,7-mm-Geschützen zum Abschuss von Tieffliegern ausgebildet. Mit Scheinwerfern sollten wir die Piloten erst erfassen und ihre Flugzeuge dann abschießen. Doch erschienen in der Westpfalz damals kaum Tieflieger, nur alliierte Bomber flogen in 10.000 m Höhe über uns hinweg und bombardierten die großen Städte am Rhein und in Süddeutschland und auch Kaiserslautern am 19. August und 28. September. Zwar war uns und vor allem unseren Eltern zugesichert worden, dass wir auf unseren Flakstellungen geregelten Unterricht haben sollten, aber nur selten verirrte sich einer unserer Lehrer zu uns, bedingt durch unsere ständige Alarmbereitschaft.

Am 6. Juni 1944 hatte ich bei einem „Heimaturlaub" in unserem Radio, dem sog. „Volksempfänger", gehört, dass die Alliierten in der Normandie gelandet waren. Unvorsichtigerweise erzählte ich das meinen Schulkameraden bei der Flak. Einer davon schrie mich an und wollte mich melden. Für „Feindsender hören" wurden härteste Strafen verhängt. Bei meiner Verteidigung redete ich mich heraus, mein Vater, von dem ich das gehört hatte, sei Stabsoffizier, in einem Gespräch hätte ich es aufgeschnappt. Gott sei Dank ging alles glimpflich aus. Noch wenn wir nach Jahrzehnten Klassentreffen hatten, wurde mir vorher mitgeteilt, ob der damalige potenzielle Denunziant sich auch angemeldet hatte. Ich wollte den nicht mehr sehen, der mich 16-Jährigen und auch meinen Vater um ein Haar in so große Gefahr gebracht hätte, ein Jahr vor Kriegsende. Aber das Denunziantentum war typisch für das NS-Regime, ist wohl auch typisch für alle Diktaturen oder autoritären Regierungen. Meine Eltern jedenfalls luden schon lange nur noch Freunde ein, bei denen sie sich hundertprozentig sicher sein konnten, nach einem freien Gedankenaustausch nicht angezeigt zu werden.

Unsere Heimat-Flak wurde im Herbst 1944 nach Lachen-Speyerdorf verlegt. Dort gab es einen kleinen Flugplatz, dem in den letzten Monaten vor Kriegsende große Bedeutung zugemessen wurde. Wenige Tage nach unserer Ankunft wurde der Flugplatz mit einem wahren Bombenteppich belegt. Alles war übersät mit Bombentrichtern, und wir mittendrin. Kreuz und quer über den Flugplatz zogen sich Gräben und größere Löcher hin, die Soldaten, die vor uns dort stationiert gewesen waren, angelegt hatten. Sie waren der einzige Schutz gegen Splitter und Granatenteile bei einem eventuellen Angriff. Als ein solcher erfolgte, sprang ich in ein Loch, in dem schon ein anderer hockte. Auf mich sprang ein weiterer auf, dessen Rücken aber über den Rand hinaus ragte, sodass er durch herumfliegende Gesteins- und Erdbrocken Knochenbrüche davontrug.

Nach einem kurzen Zwischenspiel beim Reichsarbeitsdienst vom 13. Januar bis 17. März 1945, bei dem wir fürchterlich geschunden wurden, erhielt ich einen Entlassungsschein, mit dem ich mich in Fürth melden musste. Mir war klar, dass es sich um Fürth bei Nürnberg handelte, aber ich hatte mich, um Zeit zu schinden, für Fürth im Odenwald entschieden, da ich wusste, dass mein Vater mittlerweile seinen Dienstsitz in Fürth im Odenwald hatte. Ich machte mich irgendwie erleichtert dorthin auf. Mein Vater wurde grau vor Schreck, als ich bei ihm auftauchte, denn auch ihm war klar, dass ich mich in Fürth bei Nürnberg hätte melden sollen. Hätte er mich in seiner Umgebung behalten oder gar versteckt, wäre es das sichere Todesurteil für uns beide gewesen, wenn man mich entdeckt hätte. Wir kamen daher überein, dass ich den Unwissenden spielen, aber unverzüglich Richtung Fürth in Bayern aufbrechen sollte: Da „Fürth" nicht näher bezeichnet worden war, sei es doch naheliegend gewesen, dass ein Mannheimer Junge an den Ort im Odenwald denke.

Nach dem Krieg haben mein Vater und ich nie mehr über dieses Zusammentreffen gesprochen. Ihn hatte es nachträglich wohl bis in die Tiefen seiner Seele erschüttert, dass er seinen Sohn hatte wegschicken müssen, der sein Leben retten wollte. Vielleicht war ihm auch erst jetzt bewusst geworden, dass er Jahre seines Lebens einem verbrecherischen Regime geopfert hatte. Auch ich sprach die Sache nicht an, ich hätte es nicht ertragen, meinen Vater in Erklärungsnot zu bringen.

Ich machte mich also auf den Weg nach Fürth bei Nürnberg auf. Auf dem Weg dorthin geriet unser Zug im Neckartal immer wieder in Tieffliegerangriffe. Der Zug stoppte, und man versteckte sich in den parallel zu den Bahngleisen verlaufenden Gräben oder, wenn vorhanden, in den Durchlässen unter dem Bahndamm. Entsprechend lang dauerte die Fahrt. Als ich am 29. März in der Kaserne ankam, machte man mir die heftigsten Vorwürfe wegen meines späten Eintreffens. Noch in der Nacht brach die Kompanie auf, um, wie es hieß, der direkten Auseinandersetzung mit den vorrückenden amerikanischen Truppen zu entgehen, die dann am 18. April in Fürth einmarschierten. Unser Ziel war das etwa 120 km entfernte Regensburg, zu dem Zeitpunkt noch unbesetzt. In Ermangelung von Transportmitteln marschierten wir 20-30 km, immer in der Nacht, die vorrückenden amerikanischen Truppen auf Geschütz-Lautstärke in unserem Rücken. Nach wenigen Tagen konnte ich nicht mehr weiter. Meine Füße, nur notdürftig mit Fußlappen umwickelt, hatten sich in den harten, mit Nägeln beschlagenen Militärstiefeln aufgescheuert und waren nun blutend entzündet. Ich wurde in ein Lazarett eingeliefert, wo meine Wunden versorgt wurden. Unmittelbar nach Kriegsende wurde ich als gesund entlassen, kam aber am 12. Mai sofort in amerikanische Kriegsgefangenschaft. Da war ich 17 Jahre alt!

Mit 100.000 anderen Landsern teilte ich mir ein riesiges eingezäuntes Feld in Regensburg. Wir schliefen auf dem blanken Boden. Es herrschten unvorstellbare hygienische Verhältnisse – lediglich ein langer ausgehobener Graben mit Brettern darüber diente als Latrine. Als Ration, um zu überleben, gab es täglich ein Päckchen mit Corned Beef, Kaugummi, Zigaretten und vier Biskuits. Ein Glück war, dass ich in der riesigen Menschenmenge einen Teil meiner Klassenkameraden wieder traf. Immer wenn ein amerikanischer Lastwagen wieder eine neue „Ladung" Soldaten brachte, wurde das Lagertor im Zaun kurz geöffnet und die Gefangenen hineingetrieben. Ihr Gepäck – wenn sie denn welches hatten – warf der Fahrer ihnen danach über den Zaun hinterher. Bei dieser Gelegenheit fing ich eines Tages einen herrenlosen Rucksack auf, der, als ich ihn öffnete, nur Tabak enthielt, nichts als Tabak! Ich konnte mein Glück kaum fassen, besaß ich doch nun innerhalb des Gefangenenlagers eine solide Tauschwährung.

Die etwa 100.000 Kriegsgefangenen konnten von den Amerikanern natürlich für eine längere Zeit nicht angemessen versorgt werden. Sie wollten sie loswerden. Wir mussten nun zu einer Vielzahl von Kontrollen und Untersuchungen antreten und wurden uns dabei erst richtig bewusst, in welch ausgezeichnetem Zustand die amerikanischen Truppen waren: Sie hatten modernste Waffen, waren selber wohlgenährt, und mit ihren Schuhen, weichen Militärstiefeln mit Kreppsohlen, auf denen sie unserer Meinung nach wie auf Federn gingen, hätten sie viele Gewaltmärsche absolvieren können. Vor allem die ärztlichen Untersuchungen hatten den Zweck, Mitglieder der SS zu entdecken, die besonders linientreu die ideologischen Vorgaben in die Praxis umgesetzt hatten und an der Ostfront und bei der Judenverfolgung ungeheuer grausam aufgetreten waren. Bekanntlich hatten SS-Männer unter ihrer linken Achsel ihre Blutgruppe eintätowiert, und nur den wenigsten war es gelungen, sie sich rechtzeitig entfernen zu lassen.

Einfache Soldaten und besonders Jugendliche unter 18 bekamen die Chance, sofort entlassen zu werden. Davor wurde man allerdings noch kahl geschoren, sodass man wie ein Zuchthäusler aussah. Wir hatten sogar die Möglichkeit, mit einem Lkw an einen selbstgewählten Entlassungsort gebracht zu werden. Eng an eng gepresst standen wir auf der offenen Ladefläche und mussten aufpassen, dass unsere Köpfe nicht von der Ästen der Alleebäume getroffen wurden. Ich entschied mich dafür, den augenblicklichen Aufenthaltsort meiner Mutter und meiner 8-jährigen Schwester zu wählen, die im Sauerland lebten. Dort gehörte meinem Onkel, einem Bruder meiner Mutter, eine Art Waldhütte, und in dieser waren sie behelfsweise untergekommen, sodass nun auf engstem Raum viele Verwandte „wohnten" und dort das Kriegsende abwarteten. In unsere Wohnung in Kaiserslautern konnte ich nicht, ich wusste nicht einmal, ob es sie noch gab, ich hatte auch keinen Schlüssel. Wo mein Vater war, wusste ich nicht, auch von meinem älteren Bruder hatte ich nichts mehr gehört. So tauchte also auch ich Ende Mai/Anfang Juni in der Waldhütte auf.

Mein Vater war von Fürth im Odenwald aus in den letzten Kriegswochen noch in den Osten verlegt worden und geriet in Pilsen, heute Tschechien, damals im „Reichsprotektorat Böhmen und Mähren" gelegen, in amerikanische Kriegsgefangenschaft. Auch er wurde noch im Frühsommer entlassen und gab als Ziel Kaiserslautern an, was er auch erreichte. Da die Infrastruktur vollständig zusammengebrochen war – es ging keine Post, kein Telefon funktionierte, der Zugverkehr war noch nicht wieder aufgenommen worden –, musste er sich überlegen, wie er seine Frau im Sauerland von seiner Heimkehr verständigen konnte. Der Sohn eines Kriegskameraden erklärte sich bereit, mit dem Fahrrad zu meiner Mutter zu fahren und einen Brief zu überbringen. Und tatsächlich erreichte uns dieser Brief!

Glücklicherweise hatte der Bruder meiner Mutter geschäftliche Kontakte ins Ruhrgebiet, die immer noch funktionierten, und es gelang ihm tatsächlich, für meine Mutter, meine kleine Schwester und mich eine Mitfahrgelegenheit ausfindig zu machen, nämlich einen offenen Lkw, der Eierbriketts in den Raum Mannheim transportierte. Wir drei saßen oben auf den Eierbriketts und brauchten für die Fahrt am Rhein entlang zwei volle Tage. Es herrschte ein ungeheures Chaos auf den Straßen. Flüchtlinge und Vertriebene aus den Ostgebieten waren mit Ochsengespannen unterwegs, manche zogen nur einen armseligen Leiterwagen hinter sich her, entlassene Soldaten strebten in zerlumpten Uniformen ihren Familien zu, Evakuierte und Ausgebombte versuchten, in ihre Heimatstädte zurückzukehren, DPs, Displaced Persons, also ehemalige deutsche „Fremdarbeiter", wurden in ihre Heimatländer, Polen oder die Sowjetunion, zurücktransportiert. Da wegen der bereits um 19 Uhr beginnenden Sperrstunde kein Deutscher mehr auf der Straße sein durfte, musste die Fahrt unterbrochen werden. Wildfremde Leute nahmen uns in ihrer Wohnung auf und ließen uns in ihrem Schlafzimmer übernachten. Der einzige Schmuck in ihrem kärglich eingerichteten Wohnzimmer war eine leere Sarottischachtel, auf deren Oberseite ein Blumenbukett eingeprägt war. Die ins Wasser hängende Rheinbrücke bei Mannheim war streng bewacht, ohne Genehmigung durfte man sie nicht betreten, trennte sie doch die amerikanische von der französischen Besatzungszone. Aber auch hier hatten wir Glück, denn es gelang uns, sie ungesehen zu passieren. Mit einem Güterzug gelangten wir endlich nach Kaiserslautern, und so fand noch im Juni 1945 unsere „Familienzusammenführung" statt.

Allerdings waren wir nicht mehr komplett. Mein Bruder galt als „vermisst". An dieses Wort klammerten wir unsere Hoffnung, obwohl wir bereits im Sommer 1944 von einem seiner mit ihm eng befreundeten Kameraden einen traurigen Brief bekommen hatten.

Abschrift.

Gefr. Hermann Wagner, 16.VI.1944.
4 2 9 3 o A.

Sehr geehrter Herr Major, sehr geehrte gnädige Frau!

Als ich Ende März vom Protektorat aus ein Heimat-Lazarett aufsuchen musste, wartete man in der Batterie noch immer auf eine Nachricht über den Verbleib Ihres Sohnes Günther, wir Funker allerdings warteten schmerzlich auf sein Zurückkommen, obwohl ich persönlich wenig Hoffnung hegte. Indessen bin ich nach Lazarett-Aufenthalt und Urlaub vor wenigen Tagen zur Batterie zurückgekehrt und möchte Ihnen als den Eltern meines jungen Freundes nun ein paar gute Worte schreiben.

Günther kam in Frankreich zu uns, und ich war ihm schon nach kurzer Zeit sehr zugetan. Im Osten hatten wir dann wiederholt Gespräche, vor allem über Musik. Ich schätzte seine kluge, offene, herzliche Art sehr und gab ihm gute Ratschläge, wo ich nur konnte, denn es schien ihm anfangs schwer zu fallen, sich an der Front zurechtzufinden. Seit Weihnachten vertrat ich den in Urlaub befindlichen Unteroffizier und führte die Funker der Batterie. Günther sah ich erst am Beginn der Einkesselung wieder, als er von der betr. Abteilung, zu der er abgestellt war, zurückkam. Er hatte schon Schweres hinter sich, und ich munterte ihn auf, so gut ich es als Älterer und erfahrener Landser vermochte. Ausser einem kurzen Wiedersehen einmal unterwegs kam er wieder zu mir, nachdem die betr. Abteilung endgültig aufgehört hatte, zu bestehen. Er hatte sich verändert, war recht still geworden und schloss sich eng an mich an; seine Gelassenheit und sein goldiger Humor waren ihm dennoch geblieben. Am Tag des Ausbruches selbst bekam er morgens ein Pferd zu führen, auf dem ein Funkgerät gerettet werden sollte. Damit sah ich ihn davon gehen, verlor ihn aber wie meine meisten Kameraden in dem allgemeinen unheilvollen Durcheinander sehr bald aus den Augen. Als wir schon mitten im Ausbruch begriffen waren, von überallher schwerstes Feuer bekamen und entsprechende Verluste hatten, trafen wir beide plötzlich wieder zusammen und beschlossen wohl, beieinander zu bleiben. Auf meine Frage sagte mir Günther, dass er das Pferd habe laufen lassen, da er Mühe habe, sich selbst durchzubringen. Er sah sehr angegriffen und erschöpft aus, sodass ich sehr in Sorge war. Ich spornte ihn an, schneller mit mir zu kommen, damit wir bald in Sicherheit kämen. Der Beschuss war fürchterlich, das Grauen unvorstellbar. Ich rief ihm nochmals zu, sich hinzuwerfen und verlor ihn dann aus den Augen, da ich ja selbst auch wiederholt Deckung nehmen musste. Meine Bemühungen, ihn wiederzufinden waren erfolglos. Doch soll er später noch einmal gesehen worden sein. Ob nun Günther, der liebe gute Kerl gefallen oder in Gefangenschaft geraten ist, weiss niemand. Ich habe jedenfalls gehofft und immer wieder gehofft, doch vergeblich. So habe ich nun einen meiner liebsten Kameraden hingeben müssen, der mir unvergessen bleiben wird.
Es ist nicht meine Absicht, Ihren Schmerz erneut aufzuwühlen, doch glaube ich Ihnen diese Zeilen schuldig zu sein als Günthers Freund, als einer derjenigen, die mit ihm noch in den schrecklichsten Stunden beisammen waren. Nehmen Sie schliesslich die Versicherung meiner innigen Anteilnahme zu dem schweren Verlust, der Sie betroffen hat, entgegen. Mögen Sie Trost finden in der Hoffnung auf Günthers einsti-
b.w.

- 2 -

ge Wiederkehr, die eines Tages Wirklichkeit werden möge.

Gestatten Sie meine besten Wünsche und empfangen Sie als die Eltern meines jungen Freundes, vor deren Leid ich mich ehrfürchtig verneige meine herzlichen Grüsse

Hermann Wagner.

Trotz dieses Briefes und eines weiteren vom militärischen Vorgesetzten meines Bruders gingen wir nach der Kapitulation noch monatelang fast jeden Abend zum Kaiserslauterer Hauptbahnhof, wenn die Züge aus dem Osten mit entlassenen Kriegsgefangenen ankamen. Aber jeden Abend wurden wir enttäuscht. Dann wurden die Bahnhofsbesuche seltener, und schließlich stellten wir sie ein. Gesprochen wurde nie über den verschollenen Bruder. Nur einmal brach es in einem wilden Schmerzensausbruch aus meiner Mutter heraus: „Ihr sprecht nie mehr über Günther!" Mir krampft es heute noch das Herz zusammen, wenn ich an diese Szene denke, aber auch sie konnte nicht mehr über ihn sprechen. Mit „arbeiten", „aufbauen", „neu anfangen" wurde aller Kummer und alles Leid zugedeckt. Die tiefsitzende Enttäuschung und die maßlose Bitterkeit, einen Eid auf diesen skrupellosen „Führer" geleistet zu haben, verführt worden zu sein durch ein verbrecherisches System, missbraucht für einen mörderischen Krieg, machte uns für Jahrzehnte sprachlos.

Bis zur Währungsreform 1948 litten wir große Not. Es gab kaum etwas zu essen, wenn man nicht Schwarzmarktgeschäfte machen konnte. Gott sei Dank befanden sich unter den Offizierskameraden meines Vaters zwei Landwirte, bei denen ich ab und zu einen Rucksack mit Lebensmitteln holen konnte. Oft befanden sich Kohlköpfe, Kartoffeln und Gurken darin, nur ganz selten ein kleines Stück Speck oder eine Wurst. Umsonst gab es das natürlich nicht, ich erinnere mich, dass ich einmal eine silberne Schale bei einem Bauern ablieferte. Reguläre Einnahmen hatte mein Vater damals nicht. Er musste erst wie alle anderen seine Entnazifizierung abwarten und bekam dann eine Offiziersrente. Wer damals ernsthaft krank wurde und unterernährt war, hatte kaum Überlebenschancen. Sehr schnell erkannten aber weitsichtige Politiker in den USA, dass ein geschlagenes Volk für die Zukunft Europas verhängnisvoll sein würde. Aus Deutschland ein Agrarland zu machen, wie es der Morgenthau-Plan vorsah, würde nur zu neuen Verwicklungen führen. Mit der Truman-Doktrin wurden positive Zeichen gesetzt, die sich nicht zuletzt nieder schlugen im Marshallplan, in der Hoover-Schulspeisung und in den Carepaketen. Auch wir bekamen einmal eins von einem Schulfreund meines Vaters, der in die USA ausgewandert war.

Für mich galt es, meine unterbrochene Schullaufbahn fortzusetzen. Man schrieb bereits das Jahr 1946, und ich hatte seit 1944 keine Schule mehr von innen gesehen! Das galt nicht nur für mich, sondern für fast alle meines Jahrgangs und des Jahrgangs vor und nach mir. Entsprechend dürftig war unser Wissen. Kurz vor unserem Abitur 1947 sollten strengere Kriterien für das Bestehen der Reifeprüfung angewendet werden als in den beiden Jahren zuvor. Das Entsetzen, das Schüler und Eltern erfasste, kann dem nachfolgend abgedruckten Brief entnommen werden, den die Eltern an den Minister für Unterricht und Kultus der Landesregierung Rheinland-Pfalz schickten.

Nach dem Abitur machte ich eine kaufmännische Lehre bei der Firma Pfaff in Kaiserslautern, dem damals weltbekannten Nähmaschinenhersteller. Ein Samstag noch vor der Währungsreform ist mir in besonderer Erinnerung geblieben. Alle Beschäftigten produzierten Ledernähmaschinen für die Schuhindustrie, an diesem Tag für die Firma Salamander in Kornwestheim bei Stuttgart. Als Bezahlung stellte Salamander allen Mitarbeitern je ein Paar Lederschuhe zur Verfügung. Man beden-

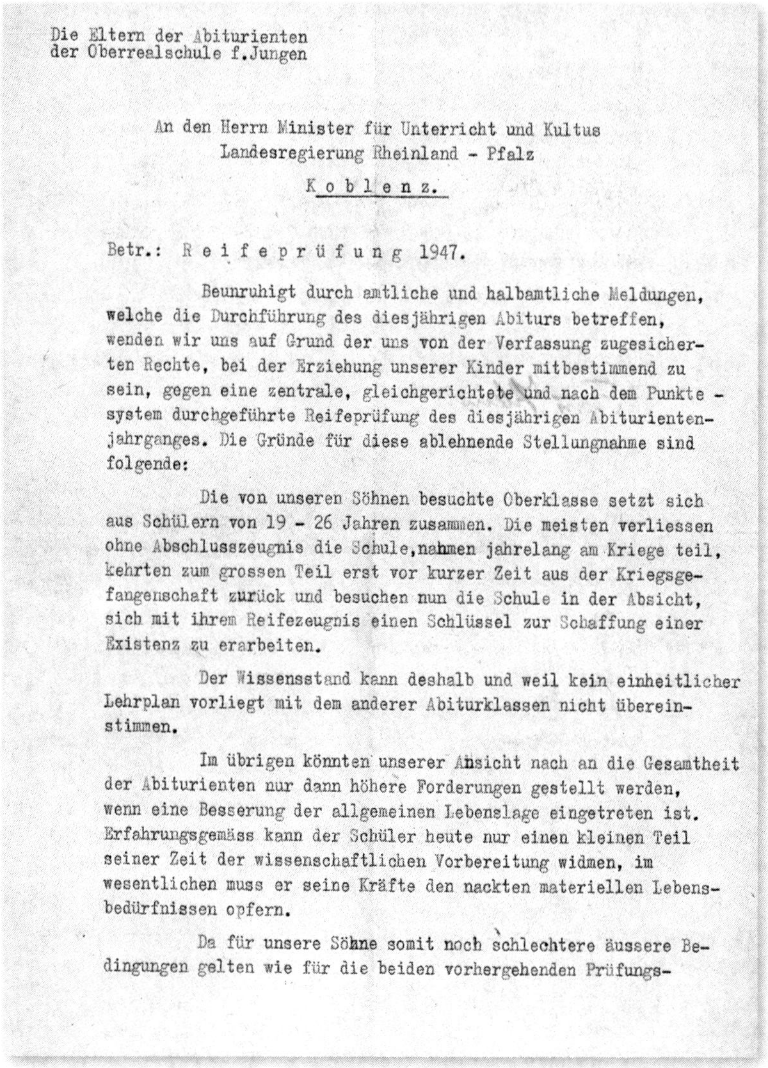

Die Eltern der Abiturienten
der Oberrealschule f.Jungen

An den Herrn Minister für Unterricht und Kultus
Landesregierung Rheinland - Pfalz
K o b l e n z.

Betr.: R e i f e p r ü f u n g 1947.

Beunruhigt durch amtliche und halbamtliche Meldungen, welche die Durchführung des diesjährigen Abiturs betreffen, wenden wir uns auf Grund der uns von der Verfassung zugesicherten Rechte, bei der Erziehung unserer Kinder mitbestimmend zu sein, gegen eine zentrale, gleichgerichtete und nach dem Punkte - system durchgeführte Reifeprüfung des diesjährigen Abiturientenjahrganges. Die Gründe für diese ablehnende Stellungnahme sind folgende:

Die von unseren Söhnen besuchte Oberklasse setzt sich aus Schülern von 19 - 26 Jahren zusammen. Die meisten verliessen ohne Abschlusszeugnis die Schule,nahmen jahrelang am Kriege teil, kehrten zum grossen Teil erst vor kurzer Zeit aus der Kriegsgefangenschaft zurück und besuchen nun die Schule in der Absicht, sich mit ihrem Reifezeugnis einen Schlüssel zur Schaffung einer Existenz zu erarbeiten.

Der Wissensstand kann deshalb und weil kein einheitlicher Lehrplan vorliegt mit dem anderer Abiturklassen nicht übereinstimmen.

Im übrigen könnten unserer Ansicht nach an die Gesamtheit der Abiturienten nur dann höhere Forderungen gestellt werden, wenn eine Besserung der allgemeinen Lebenslage eingetreten ist. Erfahrungsgemäss kann der Schüler heute nur einen kleinen Teil seiner Zeit der wissenschaftlichen Vorbereitung widmen, im wesentlichen muss er seine Kräfte den nackten materiellen Lebensbedürfnissen opfern.

Da für unsere Söhne somit noch schlechtere äussere Bedingungen gelten wie für die beiden vorhergehenden Prüfungs-

ke, Lederschuhe vor der Währungsreform! Das nannte man damals „Kompensationsgeschäft", Ware gegen Ware.

Bald wurde mir Kaiserslautern zu eng. Ich wollte weg. Ich blieb bei Pfaff, zunächst in Hamburg, dann im Auslandsgeschäft (USA). Als die Nähmaschinenproduktion aufgrund geänderten Konsumverhaltens und billiger Importe aus Südostasien einbrach, verließ ich nach 15 Jahren Pfaff. Ein glücklicher Umstand führte mich zu Bosch, wo ich 25 Jahre tätig war. Ich hatte inzwischen eine Familie gegründet und freue mich heute über Kinder, Enkel und Urenkel.

Wenn ich nun auf die ersten 20 Jahre meines Lebens zurückblicke, so wird es mir wie so vielen meiner Generation gehen: Ein zunächst autoritäres, dann immer mehr verbrecherisches Regime hat uns um eine unbeschwerte Kindheit gebracht,

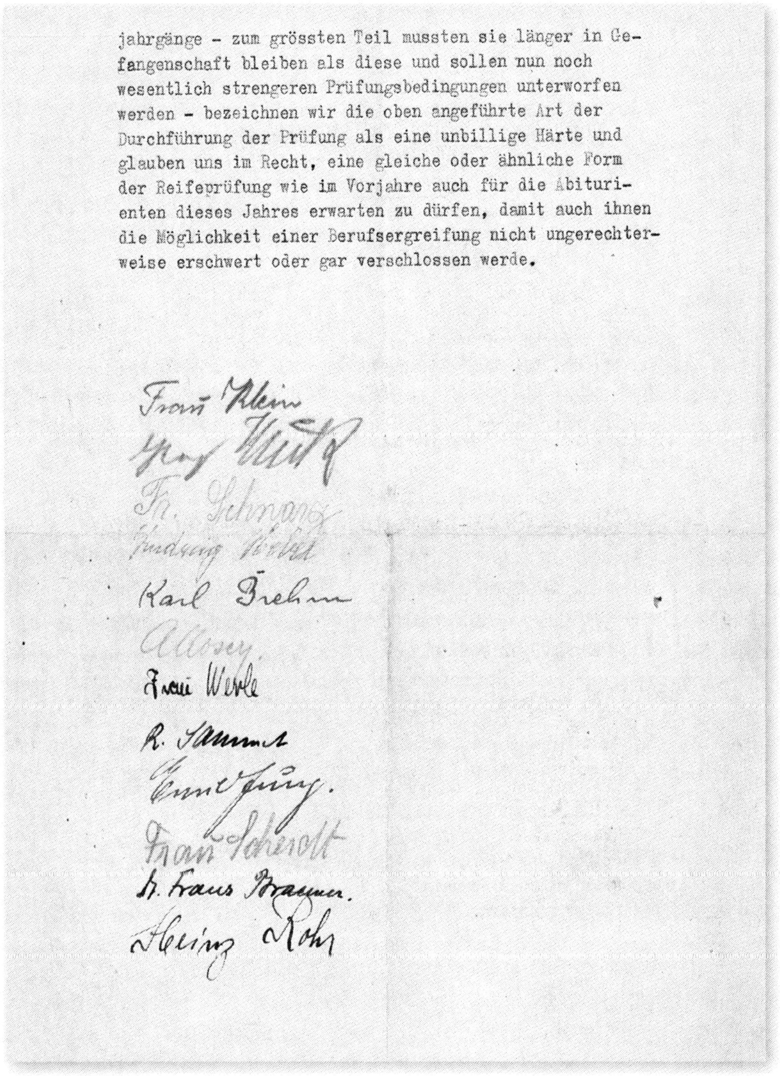

jahrgänge - zum grössten Teil mussten sie länger in Gefangenschaft bleiben als diese und sollen nun noch wesentlich strengeren Prüfungsbedingungen unterworfen werden - bezeichnen wir die oben angeführte Art der Durchführung der Prüfung als eine unbillige Härte und glauben uns im Recht, eine gleiche oder ähnliche Form der Reifeprüfung wie im Vorjahre auch für die Abiturienten dieses Jahres erwarten zu dürfen, damit auch ihnen die Möglichkeit einer Berufsergreifung nicht ungerechterweise erschwert oder gar verschlossen werde.

es hat uns in unserer Jugend mit Zwang, Elend und Tod überzogen und uns den Einstieg in einen Beruf unendlich schwer gemacht. Verwandte von mir wurden in die Emigration getrieben, fünf meiner Cousins und mein älterer Bruder sind gefallen oder vermisst. Und dann bekomme ich anlässlich meines 90. Geburtstages im Februar 2018 einen offiziellen Brief der Stadt Mannheim, in dem es u.a. heißt: „ … und sicherlich war vieles am Anfang Ihres Lebensweges im menschlichen Alltag beschaulicher und besinnlicher als heute.“ Wird hier nur der Pflicht Genüge getan, den alten Mitbürgern ab einem bestimmten Alter einige belanglose Sätze zu schreiben, oder hat der Verfasser solcher Zeilen keine Ahnung von historischen Zusammenhängen oder keinerlei Empathie? Alles ist gleich schlimm. Für mich und sicher für viele andere, die so etwas lesen müssen, grenzt ein solches Schreiben an schreckliche Gedankenlosigkeit. Ich hätte auf den „beschaulichen und besinnlichen Alltag“ zwischen 1933 und 1948 gerne verzichtet!

Karl Schneider: Jugendjahre bei der Kriegsmarine

Ich wurde am 4. Dezember 1927 in Hoyershausen, einem kleinen Dorf in der Nähe von Alfeld an der Leine, geboren und wuchs mit meinen zwei Geschwistern im ländlichen Geschäftshaushalt unserer Eltern auf. Nach der einklassigen Volksschule des Heimatdorfes besuchte ich ab 1938 die städtische Oberschule in Alfeld, davon drei Jahre als Pensionsschüler bei einem von den Nazis früh pensionierten Schulrat, danach, mittlerweile kräftiger, morgens und mittags je 10 km mit dem Fahrrad.

Wir waren 15 Jahre alt!

Drei Wochen nach meinem Geburtstag ist Weihnachten. Aber dieser Christabend 1942 war überschattet von dem sich abzeichnenden Untergang der 6. Armee in Stalingrad. Wie viele andere war auch unsere Familie direkt betroffen, zwei Vettern meiner Mutter waren bei den Eingeschlossenen, ebenso ältere Mitschüler unseres Gymnasiums.

Unvergesslich ist mir die schon traditionelle Weihnachtssendung im Deutschlandfunk mit den Rundrufen: „Hier Narvik, hier Belgrad, hier Kanalküste ..." mit den kurzen Interviews der dort Stationierten, den Fragen, wie sie feierten, den Grüßen an die Heimat. Und dann plötzlich: „Wir rufen Stalingrad" und die Antworten: „Wir halten aus, wir vertrauen auf den Führer ...". Beklommener habe ich kein Christfest in Erinnerung als dieses. Und in der Tat, alles war plötzlich ganz anders und auch wir selbst betroffen, als im Sommer darauf die Verordnungen erschienen, dass u.a. die Oberklassen der Gymnasien als Luftwaffen- oder Marinehelfer zum Einsatz in die Flakbatterien kommandiert werden konnten. So auch wir Schüler der 6. Klasse – heute Kl. 10 – unmittelbar nach den Sommerferien 1943.

Zuerst nur ein Gerücht, dann ging alles sehr schnell: Abtransport vom Güterbahnhof Alfeld – Ziel Wilhelmshaven. Transportbegleiter: Fähnrich Fortmann, M.A. Maat Schütte.

Mein Freund Konni und ich waren betroffen, ja, es war uns sogar peinlich, dass unsere Väter beim Abschied kaum die Tränen zurückhalten konnten. „Hoffentlich sieht es keiner."

Wir vom Jahrgang 1927, wie auch die am gleichen Tag eingezogenen gleichaltrigen Mitschüler aus Uelzen und Hameln, gehörten nun zur Batterie Schaar, einer der fünf Marine-Flakbatterien der „Festung Wilhelmshaven".

Wilhelmshaven wurde erst Mitte des 19. Jahrhunderts vom preußischen König Friedrich Wilhelm IV. gegründet, um an der Jademündung einen Hafen für die Reichsmarine anlegen zu können. Seit dem Deutsch-französischen Krieg 1870/71 wurde er mit etlichen größeren und kleineren Forts geschützt, die nach dem Ersten Weltkrieg nicht geschleift wurden. Im Zusammenhang mit der Umbenennung der Reichsmarine in Kriegsmarine 1935 wurden die Festungswerke reaktiviert und weiter ausgebaut.

Nach sechs Wochen intensiver Ausbildung wurden annähernd 40 Marineartilleristen abgezogen und durch uns ersetzt. Die 160 Mann starke Batteriebesatzung be-

Der erste Sonntag, 26.9.1943, Karl Schneider 1. Reihe rechts

stand nun aus 60 Aktiven, 50 Marinehelfern und 50 freiwilligen russischen Kriegsgefangenen, die zu Hilfsarbeiten, vornehmlich zum Munitionstransport, eingesetzt wurden. Eigenartigerweise hatten wir zu diesen fast engere Beziehungen als zu den Soldaten, vielleicht, weil uns das Heimweh verband.

Unser erster und der für die Batterie bis dahin größte Einsatz ist der Angriff von 400 viermotorigen Bombern in der Nacht zum 4. November 1943. Sie ist mir bis heute in teilweise fast minütiger Erinnerung geblieben. Der Alarm riss mich aus tiefem Schlaf, ich kam fast als Letzter auf meine Position in der sogenannten „Feuerleitung". Diese war ein optisches Großgerät unter einer Panzerkuppel inmitten der vier 10,5-cm-Geschütze und wurde unterstützt durch ein außen angeordnetes Radargerät. Besatzung: Batteriechef, Feuerleitoffizier, drei Artilleristen, vier Marinehelfer. Der Feuerleitoffizier stand über mir in der geöffneten Luke zum freien Himmel. Die Luftlagemeldungen kamen in einem merkwürdigen Kontrast zwischen der melodiösen Stimme unserer schönen Bremer Marinehelferin und den immer ernster werdenden Inhalten: „Ein Feindverband über Schiermonnikoog Kurs Ost", „ein Feindverband über Groningen Kurs Ost", „ein Feindverband über Borkum Kurs Südost", „ein Feindverband nördlich Norderney Kurs Süd" ... und dann „alle Feindverbände nähern sich der Festung, Achtung: Großalarm W.-Haven". „Geschütze klar melden! Leitstand klar melden! Kommando zur Feuergeschwindigkeit: Salventakt 4, Verzugszeit 3 Sekunden ..., erstes Ziel aufgefasst, direkter Anflug, Entfernung noch außer Bereich." Dann der Befehl: „Achtung, Ziel im Bereich ... Batterie: Feuer!"

Was waren es für Gefühle, die uns bewegten? Wohl weniger die Abwehr der todbringenden Bomber als das Erlebnis, zu einer gut schießenden erfolgreichen Batterie zu gehören. Wohl auch der unmittelbare Eindruck des gleichzeitigen donnernden Abschusses der vier Geschütze im Takt von 4 Sekunden und dann die erste

Treffermeldung: „Ziel brennt über der Batterie, Besatzung steigt aus, Batterietrupp ausrücken, Zielwechsel rechts."

In dieser Nacht schoss die Batterie Schaar 680 Salven, sie erzielte zwei Abschüsse und war an zwei weiteren beteiligt. Als wir den Leitstand verließen, leuchteten die Brände der Stadt am Horizont. Nach wenigen Stunden Schlaf wurde ich geweckt zum Dienst in der Wachstube. Als ich die Tür öffnete, sah ich die drei geretteten und gefangenen Bomberpiloten, gezeichnet vom Erleben der Nacht. Sie waren ja auch nur einige Jahre älter als wir. Acht ihrer Kameraden waren tot, sie selbst gingen einer mehrjährigen Gefangenschaft entgegen. Sie bewahrten eindrucksvoll Haltung, ihre Verunsicherung löste sich aber, als wir ihnen Kaffee und Zwieback anboten.

Wir waren 16 Jahre alt!

Das Jahr 1944 hatte begonnen. Es brachte auch für meine Freunde und mich unerwartete Veränderungen. Zunächst die Versetzung von Wilhelmshaven auf die Insel Borkum, dort in die Batterie Ostland, inmitten der Dünen gelegen und, wie es hieß, von den Besatzungen geschädigter Bomber gefürchtet, weil in der Abflugschneise. Doch bald wieder eine Versetzung. Dieses Mal in die Batterie Lüderitz am Borkumer Hauptbadestrand. Sie war schwer armiert für Luft- und Seezielschießen. Wir 60 Marinehelfer schliefen in einem Einraumbunker unter den Dünen, gebaut vor 1914, ohne jede Klimatisierung. Kein Wunder, dass wir fast jede freie Minute am Strand verbrachten, auch – wenn möglich – die täglichen drei Stunden Schulunterricht.

Karl Schneider sitzend vorne rechts

Inzwischen waren wir „alte Hasen", zu Oberhelfern befördert, mit Armstreifen am Kolani, der goldgeknöpften Jacke zur schicken blauen Marineuniform.

Dann im Juni die Invasion in der Normandie und die täglichen Gerüchte, es sei ein Ablenkungsmanöver, der Hauptangriff würde über die ostfriesische Inselkette erfolgen. So auch an jenem schicksalhaften 20. Juli 1944. Es war ein herrlicher Hochsommertag, wir waren alle im Wasser, als ein Kübelwagen mit zwei Offizieren am Strand hielt. Sie befahlen alle Wehrmachtsangehörigen über Megafone sofort auf Gefechtsstation. Gerüchte schwirrten, niemand wusste Genaues. Als „Posten-Ausguck" eingeteilt, suchte ich Stunde um Stunde den Horizont ab, bis dann, es mag gegen 8 Uhr abends gewesen sein, zum Antreten befohlen wurde und der Batteriechef eine Erklärung zum Alarm bekannt gab, nämlich das Attentat auf den Führer, und dass ab sofort nicht mehr mit dem Traditionsgruß „Hand an Helm oder Mütze", sondern mit erhobenem Arm zu grüßen sei, dem „Hitlergruß".

„Marineflak macht pleite, weil wir entlassen sind." So sangen wir zum Dienstende auf Borkum. Die einen mussten zum Arbeitsdienst, andere zur Wehrmacht und wir drei Alfelder hatten das große Los gezogen. Wir waren angenommen als Marineoffiziersanwärter des Sonderlehrgangs Tegetthoff für Radartechnik – benannt nach dem Kommandanten der österreichisch-ungarischen Kriegsmarine im 19. Jahrhundert – in Schloss Traunsee bei Gmunden. Schon die Fahrt durch die Pracht dieses Sommers in den Süden, den wir noch nie erlebt hatten, war paradiesisch schön: Würzburg, Regensburg, Straubing, Passau, Linz und dann ins Salzkammergut, keine der Städte nach fünf Kriegsjahren beschädigt.

Dann haben wir in fünf Monaten unglaublich viel gelernt: einschlägige Naturwissenschaft und die Besonderheit der Hochfrequenztechnik in Theorie und Praxis, aber auch den letzten Schliff zum Notabitur erhalten, und das alles in einem „Märchenschloss", wie ich nach Hause schrieb, „hier ist der Pferdestall eleganter als im Dorf das schönste Haus!" Ein Dutzend Maiden, wie man die im „Bund Deutscher Mädel" organisierten Mitglieder in deutschtümelnder Weise nannte, kümmerte sich um unser Wohlergehen, drei Marineoffiziere und vier Maate um die „Manneszucht", Wissenschaftler, Ingenieure und Studienräte um unser Wissen. Ja, es gab sogar Visionen: Der Beste unserer Ingenieure von der TH Wien träumte damals von den unglaublichen Möglichkeiten des „schwingenden Siliziums" anstelle der ausgereizten Röhrentechnologie – nun schon lange Wirklichkeit!

Mit der anderen Wirklichkeit, der katastrophalen Endphase des Krieges, wurden wir dann zum ersten Mal auf dem Bahnhof Wels konfrontiert. Die Durchgangszüge

Karl Schneider stehend rechts, 1944

kamen in den schneidend kalten Januartagen 1945 völlig unkoordiniert dort an. Wir erreichten einen der letzten „Fronturlauber-Züge" aus Budapest mit 18 Stunden Verspätung und bis auf den letzten Stehplatz voll besetzt, zur Hälfte von verstörten, fliehenden Zivilisten.

Nach abenteuerlicher Fahrt wurden uns noch einmal und – was wir damals nicht wussten – zum letzten Mal im Krieg zwei friedliche winterliche Tage zu Hause geschenkt.

Wir waren 17 Jahre alt!
Das erste Vierteljahr 1945 erlebte ich als einer der Teilnehmer des letzten Seekadetten-Lehrgangs der Kriegsmarine auf dem Dänholm, jener kleinen Insel zwischen Stralsund und Rügen. Während die Ausbilder wie gewohnt mit uns umgingen, veränderte sich das Umfeld von Tag zu Tag. In meiner Erinnerung am stärksten durch den Verkehr über den Rügendamm, der Straßen- und Eisenbahnverbindung zur Insel. Ab März hatte ich fast zweimal wöchentlich Streifendienst auf der Fahrstraße. Der Verkehr nahm fast täglich zu und bestand in der Hauptsache aus Fluchtfahrzeugen, zumeist Pferdefuhrwerken aus Ostpreußen und Pommern. In den Apriltagen und -nächten Fahrzeug an Fahrzeug, soweit man sehen konnte. Dazwischen nur wir zwei angehenden Seekadetten, 17 Jahre alt, karabinerbewaffnet und aufgefordert einzuschreiten, falls – wie es in der Wachvorschrift hieß – die Situation es erforderte.

Das Lehrgangsende, Anfang April, haben wir – ungeachtet der völlig veränderten Kriegslage – traditionsgemäß feierlich mit Marineoffizieren in Paradeuniformen und anschließendem festlichem Essen im Casino begangen. Die danach übliche Kommandierung auf Schiffe der Marine war aber kaum noch möglich, sodass die meisten von uns, wo immer erforderlich, eingesetzt wurden. In Erinnerung ist mir, schmerzlich bewegend, das Ausladen der völlig ungeeigneten Hilfsschiffe, die schwer Verwundete aus Kurland und Ostpreußen nach Stralsund brachten.

Die letzte offizielle Veranstaltung war die Feier zu Hitlers 56. Geburtstag am 20. April, wiederum im Casino. Der Festredner hielt eine merkwürdige Rede mit dem Hauptinhalt: „Wenn wir diesen Krieg verlieren, werdet ihr in Eurem weiteren Leben nie wieder lachen können. Ihr werdet sterben oder Heloten sein!" Heloten waren bekanntlich die im antiken Sparta lebenden, an die Scholle gebundenen Sklaven der Oberschicht.

Doch dann änderte sich plötzlich alles dramatisch am 25. April. Schon morgens hieß es gerüchteweise, wir würden auf Befehl des Großadmiral Dönitz als ein Marinebataillon nach Berlin eingeflogen und zur Verteidigung der Reichskanzlei eingesetzt. Und in der Tat: In größter Eile wurden wir für diesen Einsatz ausgerüstet und schon am Nachmittag in offenen Lastwagen zum naheliegenden Feldflugplatz Tutow transportiert.

Eine ziemlich genaue Erinnerung habe ich an die merkwürdigen Unterhaltungen mit meinen Kameraden während der Fahrt durch die schönen Alleen Mecklenburg-Vorpommerns an diesem sonnigen Frühlingstag. Wir kannten uns gut und vergleichsweise lange, weil wir nicht nur in Stralsund, sondern schon im zweiten

Halbjahr 44 bei einem Radarlehrgang der Kriegsmarine zusammen gewesen waren. Da gab es etliche Stimmen, die diesen Einsatz wie eine persönliche Ehrung annahmen und darüber spekulierten, welche Art Orden wohl für die Verteidiger Berlins verliehen würde. Der einzige Liebhaber amerikanischer Musik unter uns, den wir Amigo nannten, hatte ganz andere Gedanken und meinte, wenn er aus diesem Schlamassel herauskäme, würde er vier Wochen Holidays machen. Im Ganzen war die Stimmung aber merkwürdig gelassen, vielleicht weil wir ehemaligen Marinehelfer unseren mittlerweile schon nahezu zweijährigen Kriegsdienst bei unterschiedlichsten Einsätzen insgesamt gut überstanden hatten. Zunächst dann also zum ersten Mal auf einem großen Feldflugplatz. Hier ist mir in Erinnerung geblieben: die völlig ungewohnte wunderbare Verpflegung, aber auch das Warten über lange Stunden, unterbrochen durch russische Bombenangriffe auf das Rollfeld des Flugplatzes.

Über den Einsatz in Berlin gibt es einen Bericht unseres Bataillons-Kommandeurs, Kapitänleutnant Kuhlmann. Er schreibt, dass es zunächst eine kategorische Weigerung der Flugleitung gab, überhaupt noch Transportmaschinen nach Berlin starten zu lassen, weil sowohl auf dem Start- wie auf dem Landungsfeld chaotische Bedingungen herrschten. Danach habe aber ein offensichtlich hoher direkter Befehl an die Flugleitung den Start trotz aller Bedenken bewirkt. Kuhlmann schließt seinen ausführlichen Bericht über den Einsatz in Berlin und der Reichskanzlei mit der Frage: „Sind hier nicht ohne jede Aussicht auf Erfolg, junge, kriegsunerfahrene Menschen noch am Schluss des Krieges sinnlos geopfert worden? Ging es nicht nur noch darum, dass Leben einiger weniger, die allerdings die Verantwortung hatten, um wenige Tage oder gar Stunden zu verlängern?"

Zurück zur eigenen Erinnerung an diesen Flug nach Berlin, der für mich der erste im Leben überhaupt war, allerdings auch der einzige in der damals größten deutschen Transportmaschine, der JU 352, die bis zu 100 Leute transportieren konnte. Beim Start saß ich neben unserem Kompaniechef. Der Pilot gab Anweisungen durch das Mikrofon, unter anderem diese: „Wenn ich wegen der Flak kurven muss, kotzt mir nicht die Mühle voll. Nehmt dafür eure Gasmaskenbüchsen, ich muss Verwundete mit zurücknehmen!" Mit dieser Motivierung begann der Flug, den ich weitgehend schlafend verbrachte und erst aufwachte, als die Maschine zur Landung ansetzte. Als sich die Landeluke öffnete, fragte der Oberleutnant sofort, wie viele Maschinen schon gelandet seien, und bekam zur Antwort: „Keine!" und dass wir wieder zurück in Tutow seien. Unser Pilot hatte also, aus welchen Gründen auch immer, angeblich weil die Maschine beschädigt worden sei, die Landung in Berlin-Gatow nicht gewagt. Damit hat er sicherlich den meisten von uns 80 Seekadetten das Leben gerettet, denn schon am nächsten Tag war auch Gatow, als letzter Berliner Flugplatz, in russischer Hand. Gleichzeitig begann aber auch der Angriff über die Odermündung und damit auch auf den Flugplatz Tutow, den wir Verbliebenen in einem 50-km-Nachtmarsch nach Stralsund verließen.

Am 29. April dann eine völlig veränderte Welt für uns „Rückkehrer" auf dem Dänholm. Russische Panzer und Artillerie-Einheiten hatten das Gegenufer besetzt, die Unseren sprengten die Brücke zum Festland und versenkten das schöne Segelschulschiff Gorch Fock. Dabei wir wenigen in den Schützenlöchern am Ufer! Am nächsten Tag das vielleicht Wichtigste: Über einen Wehrmachtsempfänger hörten wir unter Wagner-Klängen die Nachricht, „dass der Führer, bis zum letzten Atemzug gegen den Bolschewismus kämpfend, in der Reichskanzlei gefallen sei!“ Heute gefragt, was uns dabei bewegte, war es wohl weder Trauer noch Erleichterung, sondern wohl mehr die Frage, wie es nun weitergehen würde. Die erste Antwort: Drei Tage später, um 4 Uhr morgens, erreichten wir als letzte Einheit über den Rügendamm die Insel. Einige hundert Meter unter einschlagenden Granaten! Unmittelbar nach unserer Ankunft in Altefähr sprengten Pioniere den Damm an der Rügenseite. Völlig unnötig, denn wenige Stunden später wurde die Insel mit 24 Stunden Räumzeit an die Russen kampflos übergeben.

Vor einigen Monaten ist mein Freund Bantje gestorben. Ohne ihn hätte ich die frühen Maitage 45 wohl nicht zu einem glücklichen Ende gebracht. Er war für unsere 17 Jahre überaus praktisch und gewitzt, ich wohl mehr ein verträumter Typ, der sich gern seiner Leitung anschloss. So erreichten wir Saßnitz mit einer von Soldaten zusammengestellten Lok und zwei Waggons an diesem traumhaft schönen 4. Mai, um dort in einem Tohuwabohu von Tausenden zu landen, deren Hoffnungen auf ein rettendes Schiff in Enttäuschung und Verzweiflung umschlugen. Nur mein Freund Bantje erspähte einen Ausweg. Da lief nämlich plötzlich der Oberleutnant Brandt vom Dänholm, der, als Saßnitzer Kind, zusammen mit einer schönen Marinehelferin und einem Bootsmaat auf dem Weg zu einem Liegeplatz eines Motorboots außerhalb der Stadt war und dem wir uns ungefragt anschlossen. Was unmittelbar folgte, wäre eine gesonderte abenteuerliche Geschichte, an deren zunächst glücklichem Ende wir in der Abendsonne unter den Kreidefelsen mit dem Motorboot dieser drei und einem überbesetzten angehängten Kutter zu zwanzigst guten Mutes ob der Rettung dahintuckerten. Irgendwann in der Nacht wachte ich auf, starker Wind, bewegte See, das Tau zum Motorboot war gerissen. Mit vereinten Kräften gelang es aber, der Schwierigkeit Herr zu werden, weiter ging es! Und wieder Schlaf und neues Erwachen, wegen des Feuerstoßes einer Maschinenpistole, hinterher geschossen dem entfliehenden Motorboot, das uns abgehängt hatte. Und wir allein im überladenen Rettungskutter, ohne Orientierung, Hilfsmittel und Verpflegung. Nur fünf oder sechs von den zwanzig, darunter einige Verwundete, waren ausgebildete „Mariner“. Gott sei Dank ein Navigator dabei und vier Matrosen! Wir ruderten Stunde um Stunde, ruderten, um das Boot vorm Kentern zu bewahren.

Irgendwann wurde es Tag, kein Ufer, kein Schiff, nur stürmisch bewegte See. War es am nächsten Abend oder am übernächsten Vormittag, die Erinnerung trügt vielleicht, nur eines weiß ich: Als ein Schiff in Sicht kam und uns offensichtlich auch entdeckte, war es uns zunächst fast einerlei, ob deutsch oder russisch, nur heraus aus der Wasserwüste! Umso größer die Freude: Es war ein deutsches Kriegsschiff, das uns aufnahm und auf dem wir am 8. Mai das Kriegsende mit „Hol-Nieder-Flagge" und Deutschlandlied erlebten. Damals wusste ich nicht, dass mein späterer Freund, der in Mannheim hochverehrte Kammersänger Franz Mazura, weltberühmter Hans Sachs und Wotan, auf dem Kriegsschiff als Fähnrich Dienst tat. Am 12. Mai lief die „Otto Wünsche" in Flensburg ein. Dort regierte noch wenige Tage der Reichspräsident Dönitz, der noch von Hitler als sein Nachfolger eingesetzt worden war.

Weltbewegendes Geschehen wird manchmal begleitet von kuriosen Erinnerungen: Als wir von Bord gingen, stand dort unser ungeliebter Ausbilder vom Dänholm, der sich, wie manche damals, wohl rechtzeitig abgesetzt hatte, und sagte doch wahrhaftig: „Seid ihr auch schon da, ihr faulen Säcke?"

Und noch einmal gingen wir bewaffneten Streifendienst, dieses Mal durch Flensburg, bis zum Ende der letzten Reichsregierung. Am 26. Mai marschierten wir nach Husum, dann ging es weiter mit der Bahn nach Heide zu einem der beiden zentralen Entlassungsstandorte nördlich des Nord-Ostsee-Kanals. Wir waren wohl dreihundert „Soldaten, Flieger und Matrosen" auf einem großen Bauernhof. Die Kühe waren auf der Weide und wir in den Ställen und Scheunen. Als Bauernsohn wurde ich zur bevorstehenden Ernte schon Ende Juni entlassen. Die Dokumentation der Prozedur erfolgte mit drei Stempeln hinterm Ohr (rot, gelb und schwarz) für Entnazifizierung, Entlausung und Empfang der Marschverpflegung. Verabschiedet wurden wir auf dem Marktplatz Heide von einem deutschen General und einem englischen Oberst, sie dankten uns gemeinsam für unseren Dienst. Der Heimtransport wieder einmal auf offenen Militär-Lkw. Am übernächsten Abend fuhr ich auf dem geliehenen Fahrrad einer Klassenkameradin nach Hause.

Dr. Karl Schneider studierte Agrarwissenschaften und chemische Technologien in Göttingen und Berlin. Er war bis zu seiner Pensionierung 1993 in der Zuckerindustrie tätig, zuletzt als Vorstandssprecher der Südzucker, anschließend bis heute für die Else-Kröner Fresenius Stiftung. Seine Frau Renate Schneider und er riefen 2009 die „Stiftung Christuskirche – Kirche Christi" ins Leben.

Hans Als: Seit dem 16. Lebensjahr dauernd im Kriegseinsatz

Am 31. Januar 1927 wurde ich in Zweibrücken geboren. Mein Vater war Elektromonteur, meine Mutter, wie damals weitgehend üblich, Hausfrau. 1934 wurde meine Schwester Rosemarie geboren. Wir wohnten im Haus der Großeltern mütterlicherseits, hier verlebte ich eine sorglose Kinderzeit. In Zweibrücken kam ich 1933 auch in die Schule. Als mein Vater 1935 eine Stelle in Pirmasens bei der Parkbrauerei annahm, zogen wir dorthin und lebten in einem Wohnblock der Firma, wo es eine Menge gleichaltrige Kinder gab, mit denen wir auf einer großen Wiese vor dem Haus wunderbar spielen konnten, besonders gerne Völkerball. Ab dem 1. April 1937 besuchte ich die Oberrealschule in Pirmasens.

Als am 1. September 1939 der Zweite Weltkrieg begann, befand ich mich zur Erholung in Locarno. Bei Ende des Ferienaufenthaltes konnte ich aber nicht nach Pirmasens zurückkehren, denn dieses lag in der sog. „Roten Zone". Ich kam zunächst bei einer Gerber-Familie in Schruns-Tschagguns in Österreich unter, das bekanntlich im März 1938 von Hitler „heim ins Reich" geholt worden war. Nahezu alle Österreicher hatten für den „Anschluss" gestimmt.

Bereits im Zusammenhang mit der Sudentenkrise 1938 war zwischen Basel im Süden und Aachen im Norden eine etwa 400 km lange und 10 km breite Zone entlang der deutsch-französischen Grenze festgelegt worden, die im Fall eines Krieges mit Frankreich von Zivilisten geräumt werden sollte. In dem Gebiet lebten ungefähr 1 Million Menschen. Bereits zwei Tage vor Beginn des Krieges begann die Evakuierung. Den Bewohnern blieben nur wenige Stunden, um die erlaubten 15 kg Gepäck zusammenzusuchen. Mütter mit Kindern unter 14 Jahren wurden mit Omnibussen ins Reichsinnere gebracht, die übrigen mussten in Marschkolonnen und Trecks mit Fuhrwerken die Rote Zone verlassen. Sie wurden vornehmlich in Oberbayern, Franken und der Pfalz untergebracht. Markante Gebäude in der „Roten Zone" wie etwa Kirchtürme wurden von den Deutschen vorsorglich gesprengt, um den evtl. vordringenden französischen Truppen keine Orientierungsmöglichkeit im Gelände zu geben. Nach dem Sieg über Frankreich und der weitgehenden Besetzung des Landes im Mai und Juni 1940 wurden die Evakuierten informiert, dass sie wieder zurückkehren könnten. „Heimkehrerausweise" wurden ausgegeben, damit die Rückkehr in geordneten Bahnen verlief. Im Juli und August 1940 war der größte Teil der Bewohner wieder da. Für Zerstörungen oder Plünderungen von Häusern und Wohnungen zahlte das Deutsche Reich Entschädigungen. Französische Kriegsgefangene wurden zu Aufräumarbeiten eingesetzt.

Mein Vater, der in Pirmasens zurückbleiben musste, teilte mir mit, dass meine Mutter und meine Schwester zunächst bei meiner Tante Else in München untergekommen waren. Ich fuhr sofort dorthin und bezog mit ihnen bald eine eigene Wohnung. Ich besuchte nun die Rupprecht-Oberschule in München, bis wir im Sommer 1940 nach Pirmasens zurückkehren konnten.

Luftwaffenhelfer

Im September 1943 endete meine unbeschwerte Schulzeit. Unsere ganze Klasse wurde als Luftwaffenhelfer in Burbach/Saar neben der Burbacher Hütte an einer 2-cm-

Flak eingesetzt. Wir waren im Wechsel 14 Tage im Einsatz und 14 Tage in unserer Schule in Pirmasens. Gott sei Dank erlebten wir während unseres Einsatzes keinen Luftangriff, aber fünf Kameraden, die nach uns Dienst hatten, hatten weniger Glück. Bei einem Luftangriff fiel eine Bombe direkt in ihre Stellung, sie waren sofort tot. Die nachträgliche Verleihung des Eisernen Kreuzes machte sie nicht wieder lebendig. Später wurden wir zu den 2-cm-Scheinwerfern nach Mörfelden verlegt in eine Stellung in unmittelbarer Nähe des Flughafens Frankfurt/Main. Dort musste ich ein Horchgerät bedienen, das drei Scheinwerfer fernsteuern konnte. Damit wurden anfliegende Flugzeuge erfasst. Hier sah ich zum ersten Mal inhaftierte Juden, die den Flugplatz sauber halten mussten.

Reichsarbeitsdienst

Da ich im Dezember 1944 zum Reichsarbeitsdienst einberufen wurde, erhielt ich am 8. Dezember 1944 ein Reifezeugnis mit folgendem Schreiben: „Besonderer Umstände halber wird das Reifezeugnis bereits jetzt ausgehändigt. Das Reifezeugnis hat jedoch erst von Ostern 1945 an Gültigkeit. Sollte der Inhaber vorher von der Wehrmacht entlassen werden, so ist er verpflichtet, sich mit dem Zeugnis bei der Schule zu melden." Meine Arbeitsdienstzeit musste ich in Marburg an der Drau, im Dreiländereck von Österreich, Ungarn und Jugoslawien, ableisten. Unsere Tätigkeit bestand hauptsächlich im Wacheschieben an der Grenze. Nach wenigen Wochen erschienen Mitglieder der Waffen-SS in unserem Lager, um uns für ihre Organisation zu werben. Da ich aber bereits Reserveoffiziersbewerber bei den Luftnachrichten war, konnten sie mich Gott sei Dank nicht verpflichten! Ich hatte mich – auf Anraten meines Vaters – zu dieser Waffengattung freiwillig gemeldet.

Soldat

Meine Zeit in der Wehrmacht zeigt, dass in den letzten Monaten des „Dritten Reiches" die Machthaber offenbar keine zielgerichtete Verteidigungsstrategie mehr zustande brachten. Ab dem 5. Januar 1945 gehörte ich zum Luftnachrichtenregiment des Oberbefehlshabers der Luftwaffe in Berlin-Kladow. Zunächst war der gesamte Dienst auf Auslese eingestellt, sodass nach zwei Wochen von 3000 Offiziersbewerbern noch 300 übrig waren, die die 1. Komp. O.B. Ausb. Abt (Ln) bildeten und erst einmal das Exerzieren lernten. Ab dem 2. Februar bekamen wir dann plötzlich in Döberitz westlich von Berlin eine verstärkte Infanterieausbildung. Bedingt durch das schnelle Vorstoßen der

Roten Armee, wurden wir am 8. Februar an den Sacrower See in Potsdam zum Schanzen geschickt. Die ausgehobenen Stellungen sollten wir im Notfall selbst verteidigen. Aber auch hier blieben wir nicht lange. Ein neuer Befehl bestimmte, dass alle Offiziersanwärter des Jahrgangs 1927 zur Infanterie versetzt würden, und so wurden wir am 19. Februar nach Marburg an der Lahn verlegt. Mit 12 Mann waren wir bei Familie Seip einquartiert, herzensguten Leuten, die oft unsere Verpflegung aufbesserten. Neben täglicher Ausbildung im Gelände gab es wöchentlich Schieß- und Nachtübungen, einmal einen Nachtmarsch von 15 km, wobei wir die erste Stunde mit aufgesetzter Gasmaske marschieren mussten. Vom 6. bis 9. März wurden wir mit der Wiederinstandsetzung des Marburger Bahnhofs betraut, der Mitte Februar durch einen Luftangriff getroffen worden war. Wir wurden dazu morgens um 3 Uhr geweckt und kamen erst um 18 Uhr in unser Quartier zurück.

Am 23. März unterrichtete uns unser Leutnant über das Verhalten vor und nach einem großen Marsch und machte geheimnisvolle Andeutungen über einen evtl. Einsatz. Der begann am nächsten Tag mit dem Befehl: „Fertigmachen zum sofortigen Abrücken!" Nachts um 23 Uhr wurden wir eingekleidet und ausgerüstet und brachen am 25. März früh um 5 Uhr auf. Die Quartiersleute gaben uns Kaffee und Kuchen und zwei Eier mit. Den ganzen Tag lagen wir noch in einer Scheune, wo wir mit neuen Waffen und 75 Schuss Munition ausgerüstet wurden. Um 20 Uhr war dann der Aufbruch zur Front. Nach einem 10-stündigen Marsch lagerten wir in einem Wald und marschierten am 26. März ab 19.30 Uhr Richtung Hanau weiter. In dem 12-stündigen Gewaltmarsch schafften wir 45 km und verbrachten den Tag wieder in einem Wald. Am 27. März abends begann der Abmarsch zur letzten Strecke in Richtung Front, und zwar in den Wald hinter Rommelshausen. Wir kamen morgens völlig erschöpft an, mussten aber sofort schanzen. Die Front rückte immer näher.

Gefangennahme

Mein Gruppenführer Unterfeldwebel Nothnagel bekam nun den Befehl, mit einem Teil seiner Leute auf Spähtrupp zu gehen, um festzustellen, ob wir bereits vollständig eingeschlossen waren. Wir zogen zu siebt los und stießen in südwestlicher Richtung auf zurückeilende Landser, die uns vom Vorstoß der amerikanischen Panzer berichteten. Wir versuchten daher, zu unserer Einheit zurückzukommen, und umgingen ein Dorf. Etwa 200 m hinter dem Dorf wurden wir von drei dicht über uns fliegenden Aufklärungsfliegern entdeckt und beschossen. Unter ständigem Hinwerfen und Zwischenspurts versuchten wir, die Wiese zu überqueren. Als uns zusätzlich noch ein Panzer mit seinem MG beschoss, konnten wir auseinandergezogen einen rettenden Quergraben in der Wiese erreichen. Eine schlimme Erfahrung, die Kugeln um sich herum einschlagen zu fühlen! Ein Kamerad neben mir wurde schwer verletzt. Während wir in dem Grabenwasser lagen, rollten auf der Straße in etwa 200 m Entfernung amerikanische Panzer und Mannschaftswagen ohne Halt vorbei. Dienstverpflichtete Franzosen gingen mit weißen Fahnen vorbei und wollten uns überreden, aus dem Graben zu steigen und mitzukommen, doch wir blieben liegen. Nach ungefähr fünf Stunden verließen wir den Graben. Unsere Waffen hatten wir liegen gelassen und unsere Waffenröcke ausgezogen. Im Dorf wuschen wir uns ein wenig und marschierten dann weiter durch den Wald. Dort stießen wir auf amerikanische Soldaten. Gott sei Dank waren wir waffenlos. Wir erhoben sofort unsere Arme, als die Amerikaner auf uns zusprangen. Es waren lauter Farbige. Sie durchsuchten uns gründlich und ließen uns unter einem Baum Platz nehmen, wo wir die Nacht verbringen mussten. Es war der 28. März, ich war 18 Jahre alt.

In amerikanischer Kriegsgefangenschaft – aus meinem Tagebuch, zum Teil wörtlich übernommen

29.3.: Die Amerikaner brachten uns nach Echzell im Wetterauskreis, wo die Zahl der Gefangenen stündlich wuchs. Übernachtung unter freiem Himmel.

Am 30.3. ging es weiter zu einem Lager südlich von Darmstadt. Am Ostermontag brachten sie uns über den Rhein nach Oppenheim. Hier blieben wir 2 Tage. Konserven als Verpflegung.

Am 2.4. mit der Bahn im offenen Waggon in das französische Stenay an der belgischen Grenze in ein großes Durchgangslager. Vor der Einteilung in Arbeitskompanien wurden wir mit weißem Pulver entlaust. Vernehmung mit Namensfeststellung.

5.4.: Um 10 Uhr war Abmarsch zum Bahnhof Stenay. Wir waren 1400 Mann und wurden zu je 40 Mann in Güterwagen untergebracht. Die Marschverpflegung war gut. Wir fuhren über Verdun, Chalons, Versailles nach Chartres. Diese Fahrt dauerte bis zum 6.4., 2 Uhr. In Chartres bestand unsere Bewachung, die uns zum Lager führte, zum größten Teil aus Franzosen, die in englische Uniformen gekleidet waren. Angefeuert durch die französische Bevölkerung, gab es auf dem Marsch viele Prügel. Jeder von uns versuchte, in der 6-reihigen Kolonne in die Mitte zu kommen, um vor Schlägen geschützt zu sein. Wir waren alle froh, nach 2-3 km das Lager erreicht zu haben. In dieser Nacht hatte ich weder Mantel noch Decke noch Stroh, ich schlief kaum.

Am 7.4. brauchten wir uns nur um das Essen zu kümmern, da wir zwischenzeitlich ein warmes Zelt mit Stroh gefunden hatten. Das Essen war gut, nur zu wenig. Morgens gab es Bohnenkaffee, Weißbrot und Marmelade, mittags Gemüseeintopf mit Fleisch und dazu Zitronenwasser, abends süße Suppen, Weißbrot, Käse, Speck.

8.4.: Der Gedanke an die Zukunft und die Lieben zu Hause taucht immer wieder auf. Um 14 Uhr konnte ich einen Gottesdienst besuchen. Man spürte wieder ein anderes Leben, da sich sonst alles um das Essen drehte.

10.4.: Wir müssen zur Aufnahme, werden dort durchsucht, und ich bekomme meine Gefangenennummer 31 6 748229. Dann mussten wir unser Geld gegen Quittung abgeben, ich hatte 150 RM. Danach folgte Wiegen, Datenfeststellung, Fingerabdrücke von allen 10 Fingern, zwei Impfungen, eine Unterschrift und das Ausfüllen der Rot-Kreuz-Karte. Im nächsten Lager warteten wir auf das Verhör und den erwünschten Abtransport. Abends lagerten wir in einer großen Halle. Ein evangelischer Pfarrer hielt einen Vortrag über „Blindes Schicksal oder persönlicher Gott?" vor ein- bis zweitausend Gefangenen.

11.4.: Nach dem Frühstück ist Zählung und Überführung in ein drittes Lager. Anfangs hatten wir keine Unterkunft, mein Kamerad Karlheinz und ich konnten dann getrennt in verschiedenen Zelten unterschlüpfen.

12.4.: Heute ging ein Arbeitskommando mit 500 Mann weg. Wir erhielten Decken und Platz in einem Zelt mit Stroh. Um 20 Uhr konnten wir einen Gottesdienst besuchen.

13.4.: Abends durften wir ins Kabarett, welches von Gefangenen gestaltet wurde.

15.4.: Morgens um 9 Uhr Hl. Messe in einer großen Halle. Ich traf dort Petry Herbert, Schweizer und Diehl. Diese Kameraden waren im Nachbarlager.

16.2.: Im Lager wird mit Unterricht angefangen. Morgens Englisch, mittags Lesestunde „Der verlorene Sohn" von Peter Rosegger.

17.4.: Um 8.30 Uhr ist englischer Unterricht für Fortgeschrittene, gehalten von einem Studenten.

18.4.: Ostern gehalten.

21.4.: Hl. Messe.

22.4.: Rolf, Roman und Gerhard kommen weg. Petry, Schweizer, Diehl und Killian sind nach Lager 7 gekommen. Karlheinz und ich müssen hierbleiben, wir zwei sind schwer niedergeschlagen!

23.4.: Rolf, Roman und Gerhard kommen nicht weg. Wir geben alle nochmals unsere Bewerbung zur B-Kompanie ab und werden am 25.4. angenommen.

26.4.: Wir warten auf den Abtransport. Um 12 Uhr ist es soweit. 80 Mann verlassen auf drei Lkw das Lager. Wir fahren über Versailles, am Schloss vorbei, nach Paris, am Arc de Triomphe vorbei, bis 20 km westlich von Paris. Unser Ziel ist ein Lazarett. Wir kommen in ein Lager mit 150 Mann. Für uns war das eine prima Veränderung.

Am 27.4. hatten wir einen freien Tag.

Am 28.4. war unser erster Arbeitstag. Morgens Malerarbeiten, mittags Aufräumarbeiten.

29.4.: Freier Tag, Hl. Messe, wir bekommen einen Rosenkranz von einem amerikanischen Pfarrer geschenkt.

Am 30.4. werde ich in ein großes Kommando eingeteilt. Zuerst wird Papier in den Anlagen gesammelt, dann erledigen wir Gelegenheitsarbeiten. Wir bauten einen Fahrradständer, kehrten Räume aus usw. So geht es 8 Tage weiter. Danach komme ich in die Ami-Küche. Nachts mussten wir Kartoffeln schälen und Gemüse putzen. An diesem Arbeitsplatz bin ich 3 Wochen. Die Arbeitszeit betrug 11 Stunden, von 20 bis 7 Uhr. Um 24 Uhr gab es gutes Essen, bestehend aus Fleisch und sogar Nachtisch. Morgens gab es dann noch Frühstück mit 2-3 Spiegeleiern, Grieß- oder Haferflockenbrei, Brot, Butter, Marmelade oder Brot in Fett gebacken oder Eierkuchen. Nach 3 Wochen war mir die Nachtarbeit zu beschwerlich, ich meldete mich wieder zur Tagarbeit. Jetzt kam ich für 8 Tage zu den Zimmerleuten. Wir bauten an einer Baracke, die als Kapelle gedacht war. Hier lernte ich die verschiedenen Werkzeuge kennen.

Als dann 100 Neue zu uns kamen, bot sich die Gelegenheit, zu zwei meiner Kameraden in ein 6er-Kommando zu kommen namens „medical supply“. Größtenteils wurden Kisten transportiert, gestapelt und geöffnet. Ich habe zwischenzeitlich schon allerhand gelernt. Anfang Juni hatten unsere Amis eine Konferenz. Man vermutete, dass sie in den Pazifik versetzt werden. Das hätte zur Folge, dass wir wieder unser Lager wechseln müssen. Für uns wäre das sehr schade, da unser jetziges Lager sehr gut ist. Man sagt, dass die Franzosen Kriegsgefangene vom Ami bekommen sollen. Wir selbst wollen aber auf keinen Fall zu den Franzosen, da uns bekannt ist, wie schlecht es unseren Kameraden dort geht.

26.6.: Wir sind immer noch hier. Dass wir aber weg sollen, ist sicher. Es geht um ein Lager, das aufgebaut werden muss. Vorige Woche mussten wir alle persönlichen Bilder abgeben. Das ist jedem von uns sehr nahe gegangen. Man nahm uns das Letzte, was wir noch von zu Hause hatten. Uns bleibt nur noch der Glaube an eine baldige Heimkehr. Sonst ist alles in Ordnung, ich denke, dass ich sogar zugenommen habe.

13.7.: Wir mussten das Lager verlassen und sind heute in Étampes, 50 km von Paris entfernt, angekommen. Wir arbeiten wieder in einem Lazarett. Mit drei

Kameraden musste ich in der Geschlechtskrankenabteilung arbeiten. Als wir uns gerade eingearbeitet hatten, wurden wir durch andere Kriegsgefangene abgelöst.

Hans Als mit Eltern und Schwester, 1944

Am 24.7. wurden wir auf die Lkw geladen, die neue Kameraden gebracht hatten, und nach Versailles verfrachtet. Dort kamen wir in ein großes Arbeitslager mit 1000 Mann. Wir waren allesamt in drei großen Autogaragen untergebracht. Ein 3-stöckiges Bett neben dem anderen. Das Essen war schlecht, Lkw brachten uns zur Arbeit. Am ersten Tag war ich mit 10 Mann in einem Revier, das wir saubermachen mussten. Am nächsten Tag mussten wir in den Kasernen gegenüber dem Versailler Schloss arbeiten. Am Sonntag hatten wir dann im Schloss von St. Germain zu tun. Um 17 Uhr hielt ein deutscher Geistlicher die Hl. Messe.

Wenn ich an dieses Lager denke, fällt mir folgendes Ereignis ein: Als wir eines Tages von der Arbeit zurückkamen, mussten wir alle auf dem Garagenplatz antreten. Unser Lagerkommandant, ein deutscher Jude, der es gerade noch geschafft hatte, in die USA zu emigrieren, teilte uns mit, dass sich eine Arbeitsgruppe geweigert hatte, länger zu arbeiten. Dieses Mal sei alles nochmal gutgegangen, das nächste Mal würden härtere Maßnahmen ergriffen werden. Wörtlich: „Es ist uns ein Leichtes, einen von euch mehr oder weniger über den Haufen zu knallen, ein Anruf, und 100 andere sind da!" Damit wir das nicht vergessen sollten, würden wir künftig nur noch Marketenderware bekommen, wie sie die Deutschen ihren russischen Kriegsgefangenen verabreicht hätten. Und dann bekamen wir nichts als eine Art Sandseife und russischen Tabak. Wir waren sehr geschockt, aber auch das ging vorbei.

Es gab aber auch schöne Momente in diesem Lager. Ich war wieder einmal zur Arbeit in einer amerikanischen Küche eingeteilt, zu Hilfsdiensten wie Kartoffelschälen, Geschirrspülen usw. In dieser Küche arbeiteten auch Frauen aus dem Elsass. Ich kam mit einer Frau ins Gespräch und erfuhr, dass sie demnächst nach Saarbrücken fahre. Daraufhin bat ich sie, einen Brief an meine Eltern mitzunehmen und in Deutschland abzuschicken. Die Frau tat dies und schrieb ihre Saarbrücker Adresse auf das Kuvert. Als meine Eltern die erste Nachricht ihres Sohnes erhielten, setzte sich mein Vater in den Zug und fuhr nach Saarbrücken, wo er sich ausgiebig mit der Frau unterhielt. Er gab ihr dann einen Brief für mich mit, den mir die Frau übergab. Das war ein freudiges Ereignis! Nach der Arbeit setzte ich mich auf mein Bett in der 3. Etage und las. Als meine Kameraden erfuhren, dass ich einen Brief von zu Hause erhalten hatte, scharten sie sich um mein Bett und wollten wissen, wie es zu Hause aussieht. Das war eine Freude, ich hatte als Erster Post erhalten!

Ende Juli wurde ich dann in eine andere Abteilung versetzt, zu den „Area Engineers". Hier arbeiten verschiedene Handwerksgruppen wie Elektriker, Klempner, Schreiner, Maler und Zeichner. Zuerst war ich als Dolmetscher bei den Schreinern, dann kam ich zu den Elektrikern. Bei denen bin ich geblieben. Die ganzen Arbeiten machten mir Freude, da ich ja später ins Elektrofach wollte. Die Dolmetscherei blieb mir trotzdem erhalten. Im Zeitraum von zwei bis drei Monaten habe ich doch einiges mitbekommen: Reparaturen, Neuinstallationen, Freileitungsbau, Straßenlaternen und vieles andere mehr. Ich hatte das Glück, mit einem erfahrenen Gesellen zusammenarbeiten zu dürfen, mit dem ich mich blendend verstand. Er behandelte mich nicht wie einen Stift, sondern als gleichwertigen Partner.

Wir waren in der Elektrogruppe 16 Mann. Plötzlich kam der Befehl, diese Gruppe auf 8 Mann zu kürzen. Ich hatte das Glück, bleiben zu dürfen. Als Gefangener hat man halt keinen Anspruch auf einen festen Arbeitsplatz.

7.10.: Wir hoffen alle auf eine baldige Entlassung. Vorige Woche, am 4. Oktober, sind alle nichtdeutschen Gefangenen weggekommen, darunter auch ein guter Kamerad aus Wien. Man hofft, dass die Leute, die in der englischen Besatzungszone wohnen, am 15.10. entlassen werden. Für uns, die wir aus der französischen Besatzungszone kommen, besteht noch keine Hoffnung. Da wir im Oktober sind und Mutter am 17. Geburtstag hat, wird man etwas mehr als sonst an zu Hause erinnert. Wenn man die Situation betrachtet, sieht man, dass wir ein billiges Dasein fristen müssen. Zum Essen haben wir genug, doch lieber bei schmaler Kost zu Hause sein als bei guter Kost in Gefangenschaft! Was die englische Sprache angeht, habe ich schon viel dazu gelernt. Wir hoffen, zu Weihnachten zu Hause zu sein.

Hier enden meine Tagebuchaufzeichnungen. Anscheinend hatte ich keine Lust mehr weiterzuschreiben. Alles wiederholte sich, Versetzungen in ein anderes Lager, neue Arbeit, neue Kameraden und immer wieder Hoffnung auf baldige Entlassung.

In amerikanischer Kriegsgefangenschaft – und so ging es weiter

Anfang 1946 wurden wir von Versailles an die belgisch-holländische Grenze verlegt, 20 km von Lüttich entfernt. Es begannen die schlimmsten Monate meiner Gefangenschaft. Unsere Aufgabe bestand darin, 10.000 tote deutsche Kameraden auszugraben, in Holzkisten zu legen und auf einen Lkw zu verladen. Die toten Deutschen sollten nicht neben amerikanischen Gefallenen liegen. Sie wurden auf einen Zentralfriedhof in Holland gebracht. Wir mussten dann in der ganzen Umgebung Tote ausgraben, die neben amerikanischen Soldatenfriedhöfen bestattet worden waren.

Das Ausgraben der Toten ging folgendermaßen vonstatten: Beim Gräberfeld mit 25 Reihen musste sich jeder von uns hinter ein Grabkreuz stellen. Dann wurde das Kreuz herausgezogen und vor das Grab gelegt. Jetzt kam der Befehl, mit dem Graben anzufangen. Ein amerikanischer Soldat lief ständig die Reihen entlang und sang Nazilieder. Es war ein emigrierter Jude aus Frankfurt. Wir gruben ohne Unterbrechung, bis wir in ca. 1,8 m Tiefe auf eine grün gefärbte Erdschicht stießen. Danach kam dann der Leichnam. Unsere toten Kameraden lagen, nur mit der Uniform bekleidet, in der Erde. Als wir das erste Mal auf eine Leiche stießen, sprang zuerst ein Kamerad aus dem Grab und sagte, dass er nicht mehr weitermachen könne. Ihm folgten dann alle anderen. Wir standen dann wie zu Anfang vor den Gräbern. Jetzt kam der Amerikaner zum ersten Gefangenen und fragte ihn, warum er nicht mehr weiterarbeiten wolle. Der sagte, er könne das nicht. Der Amerikaner zog daraufhin seine Pistole und fragte, indem er einen Schuss in den Boden abgab: „Yes or no?" Darauf sprang der Kamerad wieder in das Grab und arbeitete weiter. Nachdem auch der zweite zurück ins Grab gegangen war, folgten wir anderen den beiden nach. Jetzt wurden die Leichname freigeschaufelt, von einer anderen Gruppe hochgezogen, in Leinensäcke gelegt und danach in Holzkisten verstaut. Jetzt lief es ohne Beschwerden. Am nächsten Tag verteilte unser Aufpasser Schokolade und Zigaretten und war äußerst freundlich zu uns. So kam es, dass wir 2 ½ Tote pro Mann und Tag ausgruben. Einen Tag darauf warteten wir wieder auf Schokolade und Zigaretten. Nichts geschah! Unser Ami sang aber wieder, „Es zittern die morschen Knochen" und andere Soldatenlieder, mit denen die deutschen Truppen in fremde Länder einmarschiert waren. Wir rächten uns, indem wir nur 2 Tote ausgruben. Als es Zeit war, mit dem Graben aufzuhören, sprangen wir aus den Gräbern, um ins Lager zurückzugehen. Der Amerikaner fragte, was das solle. „Gestern habt ihr 2 ½ Tote ausgegraben und heute nur 2! Zurück in die Gräber, bis ihr 2 ½ ausgegraben habt!" Als wir uns sträubten, holte er Verstärkung herbei. Es waren Soldaten, die uns mit entsicherten Gewehren bedrohten. So gruben wir dann weiter, bis wir unser Soll erfüllt hatten.

Als plötzlich Handwerker gesucht wurden, um in Lüttich einen „motorpool" neu aufzubauen, meldete ich mich sofort als Schreiner. Dies war möglich, da mich ein älterer Schreinermeister unter seine Fittiche nahm. Ich musste nun Bretter an ein schon vorhandenes Holzgerüst nageln. Des Weiteren dolmetschte ich für den leitenden amerikanischen Major. Als die Schreinereiarbeiten nahezu fertig waren, beauftragte mich der Major, Elektriker im Lager anzuwerben. Ich gab mich daraufhin sofort als Elektriker aus. Der Major durchschaute mich, war mir aber wohl gesonnen und meinte, ich sei ein Schlawiner. Zusammen mit anderen Kameraden führte ich dann alle elektrischen Arbeiten im motorpool aus.

In Lüttich arbeitete ich bis zu meiner Entlassung. Die fand im ehemaligen Konzentrationslager Dachau statt, wohin wir kurz vorher transportiert worden waren. Es war der 2. Juni 1947, ich war 2 ¼ Jahre in Kriegsgefangenschaft gewesen.

Die Heimkehr

Mit den Entlassungspapieren erhielten ein Kamerad und ich eine Fahrkarte nach Hause. Bis Mannheim lief alles gut. Dort meldeten wir uns bei der amerikanischen Militärpolizei und baten um Hilfe, da wir wussten, dass ab Ludwigshafen die Franzosen zuständig waren und zurückkehrende Gefangene manchmal festgehalten oder beraubt wurden. Die Amerikaner hatten Verständnis für uns und setzten uns in einen Eisenbahnwagen, der für amerikanisches Militär reserviert war. So kam ich mit meinem Kameraden glücklich bis Pirmasens. Zu Hause wusste keiner von meiner Ankunft. Ich lief dann vom Bahnhof in die Blücherstraße, wo ich natürlich freudig empfangen wurde. Doch jetzt musste ich erfahren, dass mein Zimmer nicht mehr frei war, da meine Mutter unser Wohnzimmer und mein Zimmer als Pfarrbüro von St. Elisabeth zur Verfügung gestellt hatte. Ich bekam jedoch auf dem Speicher ein Mansardenzimmer. Es sprach sich in der Gemeinde schnell herum, dass der Hans wieder zu Hause war, und man besuchte das Pfarrbüro, um mich begutachten zu können. So kam ich dann auch sehr schnell mit der Jugend von St. Elisabeth in Kontakt, auch mit Doris Barz, meiner lieben Frau.

Später Schulbesuch

Nach einem Gespräch im naturwissenschaftlichen Gymnasium in Pirmasens wusste ich, dass mein Notabitur, das ich am 8. Dezember 1944 erhalten hatte, nicht mehr berücksichtigt werden konnte. Noch vor einem halben Jahr hätte ich das reguläre Abitur in einem viermonatigen Sonderkurs nachholen können. Ich war zu lange Kriegsgefangener gewesen und wurde quasi doppelt bestraft. Was nun?

1947 konnte man das Abitur erst nach 9 Jahren ablegen. Das bedeutete, dass ich die 8. und 9. Gymnasialklasse nachholen und dabei Französisch nachlernen musste - schließlich lebte ich in der französischen Besatzungszone. Ich hatte früher Englisch und Latein gehabt. Trotz dieser Schwierigkeiten entschloss ich mich, das Abitur nachzumachen. Man gestattete mir, nur den Rest der Unterprima und dann die Oberprima zu besuchen. Was das bedeutete, kann sich nur jemand vorstellen, der das schon einmal mitgemacht hat. Im 7. Gymnasialjahr hatte ich ja nur im ersten Halbjahr Schule gehabt und im zweiten Halbjahr eine Woche Luftwaffenhelfereinsatz, eine Woche Schule. Dass wir da nicht viel gelernt hatten, kann man leicht verstehen. So fing ich dann nach 2 ½-jähriger Unterbrechung wieder in der Schule an. In der 8. Klasse hatte ich Narrenfreiheit, man gab mir Zeit, mich einzuarbeiten. Meine Mitschüler hatten bis auf einen, Leo Felten, nur normale Schulzeiten erlebt und waren in meinen Augen kindisch. Ich fand mich aber langsam im Schulbetrieb wieder zurecht. Im Oktober 1948 erhielt ich dann das Zeugnis der Reife. Der Notendurchschnitt lag zwar leider nur bei 3, aber ich war hochzufrieden, das Abitur zu haben, und Notendurchschnitte, die über das künftige Leben bestimmten, gab es damals kaum.

Jetzt musste ich mir überlegen, wie es weitergehen sollte. Ich wollte Elektroingenieur werden. So bewarb ich mich bei den technischen Hochschulen in München und Karlsruhe. Der Immatrikulationsausschuss in München lehnte mich ab, weil die Hochschule für das Semester 1949/50 überfüllt war, die Karlsruher schrieben, ich hätte die Zulassungsfrist nicht eingehalten. Daraufhin bewarb ich mich bei der Ingenieurschule in Mannheim und wurde im Herbst 1949 ohne Vorsemester aufgenommen. Die Zeit bis zum Studienbeginn arbeitete ich bei Siemens Schuckert und bei Radio Bruckner. Da ich in Kriegsgefangenschaft gewesen war und dort nachweislich in meinem Fachgebiet gearbeitet hatte, akzeptierte die Ingenieurschule alles zusammen als praktische Arbeit.

Am 29. Juli 1952 erhielt ich mein Ingenieurzeugnis mit der Gesamtnote „gut". Da die Ingenieurschule später Fachhochschule wurde, habe ich mich nachdiplomieren lassen, und mir wurde aufgrund von § 99 des Gesetzes über die Fachhochschulen im Lande Baden-Württemberg der Diplomgrad „Dipl.-Ing. (FH)" verliehen.

Hans Als (1927 - 2013) arbeitete sein gesamtes Berufsleben bei der Mannheimer Niederlassung von BBC - später ABB -, ab 1961 in leitenden Positionen. Er betreute Anlagen im europäischen Ausland, in Afrika und in China. Über seine Firma konnte er mehrere Erfindungen im Bereich Kühlung und Entlüftung anmelden. Nach seiner Pensionierung bereiste er mit seiner Frau viele europäische Länder auf Wanderreisen oder bei Kreuzfahrten. Seinen vier Kindern und seinen Enkelkindern hinterließ er den vorliegenden Bericht über seine Zeit als Soldat und Kriegsgefangener.

Hans Kaiser: Eine alteingesessene Mannheimer Familie

Unbeschwerte Kindheit am Rhein

Ich wurde 1927 in Mannheim im Lanzkrankenhaus geboren und in dessen Kapelle getauft. Im Winter schob mich die Mutter im Kinderwagen über den zugefrorenen Rhein. Wir wohnten in der großväterlichen 5-Zimmer-Wohnung am Stephanienufer 16 – die Großmutter war bereits 1919 in einem der Hungerjahre nach dem Ersten Weltkrieg an Hunger gestorben. Im Nebenhaus wohnte die mit meinen Eltern eng befreundete Familie Sammet, deren Sohn Gerhart, auch ein Zeitzeuge in diesem Buch, genauso wie ich die Bäume am Rheinufer nicht nur wegen ihrer Schönheit bewunderte, sondern auch, weil man sie besteigen konnte. Wir spielten fast täglich miteinander. Er hatte ein Luftdruckgewehr, mit dem wir auf den pendelnden Perpendikel der Wanduhr im Flur schossen. Oder wir spielten in der halb gefüllten Badewanne mit Kriegsschiffen, bis ich einmal hineinfiel und mit einem viel zu großen Hemd von Gert ausgestattet wurde. Als ich sieben Jahre alt war, zogen wir zum Waldparkdamm. Von 1934 bis 1938 besuchte ich die Lindenhof-Volksschule und dann das Badische Realgymnasium I, zeitweilig in Adolf-Hitler-Gymnasium umbenannt, das sich dort befand, wo heute das Hotel Dorint steht. Eine Plakette an der Wand in der Tullastraße erinnert daran.

Gegenüber den Häusern lag sommers im Rhein ein auf Pontons gebautes Schwimmbad, etwas rheinabwärts am Ruderclub ein „Damenbad" und das viel frequentierte und bewirtschaftete „Familienbad Herweck". Da ich 1938 im Städtischen Hallenbad Schwimmen gelernt hatte, durfte ich allein in eines der Flussbäder. Mein Vater und sein Freund Dr. Kurt Weinreich trafen sich häufig in der Mittagspause im „Herweck". War ich auch dort, wurde mir ein Mittagessen spendiert. Zwischen dem Bürgersteig und der Fahrbahn führte an unserem Haus ein vom Schloss über den Schlossgarten kommender Reitweg vorbei, der viel benutzt wurde. Ich habe 1940 im Schlachthofgelände Reiten gelernt.

Unsere Familie ist seit 1767 in Mannheim ansässig. Als 1831 die neue badische Gemeindeordnung eingeführt wurde, die den Kommunen Selbstverwaltungsrechte gab, wurde einer meiner Ahnen, Johann Wilhelm Reinhardt, der erste Oberbürgermeister, damals noch Erster Bürgermeister genannt (Näheres ist nachzulesen in den Mannheimer Geschichtsblättern 21/2011, S. 5 ff.). Mein Urgroßvater Otto Reinhardt betrieb etwa dort, wo vormals die Burg Eichelsheim stand, eine Landwirtschaft mit Kalkbrennerei. Nach der Bebauung der Rennershofstraße wohnte dieser Familienzweig ständig auf dem Lindenhof.

Erste Kriegsjahre: „Jungvolk" und Ausbombung

Mein Vater, Jahrgang 1897, war Rechtsanwalt. Bei Kriegsbeginn wurde er als Reserveoffizier sofort eingezogen und blieb bis Kriegsende Soldat, erst bei einer Panzerabwehrabteilung und dann in Paris im Stab des Oberbefehlshabers West, Generalfeldmarschall von Rundstedt. Die Mutter, wie die meisten Frauen damals nicht berufstätig, wurde eingezogen als Truppenbetreuerin am Hauptbahnhof. Der Krieg machte sich außer durch die militärischen Aktionen bemerkbar durch die Rationierung aller Güter mit Bezugsscheinen und für uns Schüler dadurch, dass wir nun in unserem Gebäude die Mollschüler aufnehmen mussten, sodass wir im Wechsel mit diesen vor- und nachmittags unterrichtet wurden.

Von 1937 bis 1943 war ich, gesetzlich vorgeschrieben, im „Jungvolk" für 10–14-Jährige, einer Vorstufe der „Hitlerjugend", zuletzt als Jungzugführer. Die gesamten Uniformen, sommers und winters verschieden und bei Verschleiß oder Wachstum erneuerungsbedürftig, mussten auf Kosten der Eltern in einem Bekleidungshaus erworben werden: eine kurze und eine lange Hose, Koppel mit Fahrtenmesser, ein kurz- und ein langärmeliges Hemd, Halstuch mit Knoten, „Schiffchen" – ein Käppi in Form eines Bootes – und Mütze. Jeden Mittwoch- und Samstagnachmittag und bei sportlichen oder politischen Anlässen mussten wir auf dem Altersheimplatz – heute Meeräckerplatz – antreten, getrennt nach Jungenschaft, Jungzug, Fähnlein, Jungstamm. Wir marschierten dann gewöhnlich in Marschordnung im Gleichschritt und mit Gesang durch die Straßen in den Waldpark. Dort wurde weiter gesungen, Sport getrieben, oder es wurden Geländespiele gemacht. Hinzu kamen Heimabende und sportliche Anstrengungen. Dabei erwarb ich das Leistungs- und das Schießabzeichen für Kleinkaliberschießen. An manchem Sonntag standen wir in Uniform mit einer Spendenbüchse auf der Straße und baten Passanten um eine Spende, sie erhielten dafür ein Abzeichen oder ein Figürchen. Mitunter waren die Abzeichen, die zu einem Satz gehörten, unterschiedlich, und dann waren die Leute bestrebt, den ganzen Satz zu besitzen, und gaben entsprechend mehr. Das gesammelte Geld sollte, so hieß es, der NSV, der Nationalsozialistischen Volkswohlfahrt, oder dem Winterhilfswerk zukommen, Organisationen, die die Not der Bedürftigen lindern sollten. Heute wird manchmal geargwöhnt, dass das Geld auch in die Aufrüstung floss.

1942 wurde ich zusammen mit Gert Sammet in der Johanniskirche konfirmiert, 2017 feierten wir hier unser 75-jähriges Konfirmationsjubiläum.

Im August 1943 waren meine Mutter und ich im „Hirschen" in Schönwald, als ein Luftangriff das Haus am Waldparkdamm 6 in Brand setzte und das Löschwasser der Feuerwehr die Parterrewohnung meiner Großmutter – beide Großväter waren 1941 gestorben – unbewohnbar machte, weshalb sie zu uns in die Nr. 1 zog. Bei dem verheerenden Großangriff nur wenige Wochen später, am 6. September 1943, saß unsere ganze Hausgemeinschaft im Luftschutzkeller, die Frauen heulten bei jedem Einschlag auf, und eine schwere Sprengbombe, die vor dem Haus detonierte, machte auch die Nr. 1 unbewohnbar.

Dass in Mannheim, verglichen mit anderen Großstädten, relativ wenige Menschen durch Bombenangriffe ums Leben kamen, lag sicherlich auch daran, dass der seit 1933 amtierende NS-Oberbürgermeister Renninger das von der Reichsleitung angeordnete Bunkerbauprogramm zielstrebig in die Tat umsetzte. Das führte er auch 1948 bei seinem Spruchkammerverfahren als Entlastung an. Er wurde jedoch wegen seiner dezidiert nationalsozialistisch-antisemitischen Haltung als „Belasteter" eingestuft und zu zwei Jahren Arbeitslager verurteilt, die aber durch die Haft als abgeleistet galten.

Wir mussten nach der Ausbombung also eine neue Bleibe finden. Der Vater hatte, wie damals üblich, als Offizier einen „Burschen", der am östlichen Rand von Heppenheim am Berg ein kleines Haus besaß. Dort brachte uns – Großmutter, Mutter und mich – der aus Paris herbeigeeilte Vater in 2 ½ kleinen Zimmern unter, wo wir – auch wenn der Vater auf Urlaub kam – bis 1948 hausten.

Wenn mein Vater im Urlaub zu Hause war, erzählte er manchmal merkwürdige Begebenheiten aus Frankreich.

1940, als er noch bei der kämpfenden Truppe war, habe er in der Nähe von Reims einen französischen Capitaine gefangen nehmen müssen. Der – gleichen Ranges wie mein Vater – habe ihn mit „mon camerade" angeredet und, als er merkte, dass mein Vater fließend Französisch sprach, gebeten, einige Stunden nach Hause gehen zu dürfen, um wichtige Utensilien für die Gefangenschaft zu holen. Er wohne ganz in der Nähe. Er gebe sein Ehrenwort als Offizier, wieder zurückzukommen. Mein Vater ließ ihn gehen, und der Mann kam wieder zurück. Soviel zur Ehre eines Offiziers, wobei man aber wissen muss, dass dieser Ehrenkodex nur gegenüber englischen oder französischen Gefangenen galt, mit dem Vernichtungskrieg, wie er vor allem in der UdSSR geführt wurde, hatte das nichts zu tun. Beim folgenden Gespräch stellte sich heraus, dass der französische Offizier im Zivilberuf Geschäftsführer von „Veuve Clicquot" war, dem weltberühmten Champagner. Nach dem Krieg gelang es meinem Vater, zu diesem Ehrenmann einen brieflichen Kontakt herzustellen. Monsieur Latarget besuchte uns nach 1958 in Mannheim.

Der Fahrer meines Vaters, der französischen Sprache nicht mächtig, erklärte einmal bewundernd, die Franzosen müssten sehr gläubig und fromm sein, denn an jeder Brücke stehe ein Hinweisschild auf einen Wallfahrtsort: Poids Lourd. Das bedeutet aber „Lkw" und meinte nicht Lourdes!

Dass mein Vater trotz seines exzellenten Französisch aber, wenn es nötig gewesen wäre, nicht so leicht in Frankreich hätte untertauchen können, wurde ihm bewusst, als er einmal in Paris von einer französischen Familie zum Abendessen eingeladen worden war. Mein Vater erschien in Zivil und gab sich als Elsässer aus, was gar nicht so falsch war, da er 1897 im damals allerdings deutschen Straßburg geboren war. Im Gespräch wies ihn die Gastgeberin leichthin darauf hin, jedermann erkenne ihn als Deutschen, denn er trage den Ehering an der rechten Hand, die Franzosen aber stets links.

Luftwaffenhelfer, Arbeitsdienst, Wehrmacht

Zur gleichen Zeit wurde ich, erst 15 Jahre alt, aus der 5. Oberschulklasse als Luftwaffenhelfer eingezogen und kam zu einer 10-cm-Flakbatterie westlich von Oggersheim, später weiter nach Westen verlegt in eine Großraumbatterie. Zwar kam werktäglich ein Lehrer unserer Schule mit der Straßenbahn in die Stellung zum Unterricht, der Effekt war aber minimal. Ich erinnere mich nur, dass ich damals meine „Deutschschrift" in die Schrift mit lateinischen Buchstaben umgestellt habe. Wir erlebten weitere Luftangriffe, unsere Stellung wurde gottlob aber nur einmal getroffen, ohne dass größerer Schaden angerichtet worden wäre. Über das Leben in der Stellung hat mein Klassenkamerad Eberhard Fingado – obwohl streng verboten, aber merkwürdigerweise dennoch geduldet – einen Film gedreht.

Im September 1944 wurde ich als Flakhelfer entlassen und gleich zum Arbeitsdienst nach Klagenfurt einberufen. Der spätere Mannheimer Sozialbürgermeister Hans Martini war mein Bettnachbar. Nach Süden, also zur „Zweiten Front" der Alliierten in Italien, zurückkehrende englische Bomber warfen ihre übrig gebliebenen Bomben über Klagenfurt ab, und wir 16- jährige Jungen mussten die Opfer bergen.

Pimpf

Soldat

Im Dezember 1944 wurde ich schon wieder entlassen, aber im selben Monat erhielt ich den Gestellungsbefehl für die Wehrmacht und kam als Grenadier in die Darmstädter Kaserne.

Kriegsende und Gefangenschaft

Beim Herannahen der Amerikaner um den 20. März 1945 flüchteten wir, nachdem wir die Kleiderkammer ausgeräumt hatten, zu Fuß gen Osten durch den Odenwald, unser Hauptmann zu Pferd mit der Ausrede, er habe Hämorrhoiden. Am Waldrand bei einem Ort namens Hachtel gruben wir uns ein und harrten der heranziehenden amerikanischen Panzer. Ich schoss auf sie unsere letzte Panzerfaust ab, traf aber nicht. Sekunden später stand ein GI mit vorgehaltenem Gewehr über meinem Erdloch und nahm nicht nur mich gefangen, sondern auch meine Taschenuhr und meinen Füllfederhalter. Der GI sprach mich auf Englisch an, seine Eltern seien Deutsche gewesen. Ich erwiderte: „You are burn (statt „born") in Germany?" Diesen Fauxpas verzeihe ich mir noch heute nicht!

Ich war nun der Prisoner of War Number 31c/1725441. Unser Abtransport erfolgte im Sattelschlepper, dicht gedrängt, über die Pontonbrücke bei Mannheim. Meine Gefühle, als wir durch meine Vaterstadt fuhren, lassen sich nachvollziehen. Durch mehrere Gefangenenlager mit unvermeidlichen Erschwernissen kam ich schließlich über Lyon und Attichy in ein großes Lager in der Mitte zwischen Reims und Lyon. Das Terrain war ein deutscher Feldflugplatz gewesen. Auf ihm sollte das gesamte rollende Material der US-Army auf französischem Boden gesammelt und „eingemottet" werden, um es schließlich der französischen Regierung zu übergeben, da ein Rücktransport nach USA unwirtschaftlich erschien. Wir Prisoners of War sollten das Sammelgut konservieren. Wir taten es recht lässig, auch die Wache war nicht sonderlich interessiert. Wichtig war uns der Inhalt der Handschuhfächer der Fahrzeuge, meist Zigaretten, die wir sogleich kassierten.

Nachdem man auf meine Schulenglisch-Kenntnisse aufmerksam geworden war, war ich Telefonist am Stöpselschrank der Schreibstube. Alle Gespräche mussten über eine Zentrale in Paris vermittelt werden. Die meisten Vermittlungen, die ich herstellen musste, waren für einen GI zu seinem deutschen „Fraulein" in Bad Tölz. Eines Tages kamen auf den Sammelplatz zwei deutsche Scheinwerfer herein, die von uns für das Militärmuseum in Washington hergerichtet werden sollten. Die Elektrokontakte zwischen beweglichem Scheinwerfer und festem Fahrgestell mit Batterien wurden hergestellt durch bewegliche Bündel von Silberlamellen. Diese bauten wir fix aus, schmolzen sie ein und fertigten daraus Ringe. Meinen habe ich noch jahrelang besessen.

Abitur, Studium, erste Berufsjahre

Im September 1946 wurde ich aus der Gefangenschaft entlassen. Ich konnte 1947 am Heppenheimer Gymnasium in einen Sonderlehrgang eintreten, der für Kriegsteilnehmer eingerichtet worden war, und in einem Jahr die versäumten vier Oberschulklassen nachholen, sodass ich im Frühjahr 1948 Abitur machen konnte. Kurios war mein Abiturzeugnis: Der bereits pensionierte, aber wegen Mangels unbescholtener Lehrer reaktivierte Klassenlehrer rief mich zu sich und erklärte, in Mathematik hätte ich eine 1 verdient, in Deutsch aber nur eine 3 und im Übrigen überall die Note 2. Ob ich wegen der Optik mit einer Egalisierung einverstanden sei? Ich bejahte und hatte so ein Abiturzeugnis mit lauter Zweiern!

Als Kriegsteilnehmer konnte ich sofort in Heidelberg mit dem Studium der Rechtswissenschaft beginnen. Da es kaum Bücher gab und die wenigen vorhandenen sehr teuer waren, schrieben wir alle wichtigen Vorlesungen mit und fertigten daheim am Nachmittag ein sauberes Skriptum. 1952 bestand ich im 8. Semester die Erste Juristische Staatsprüfung, nach vier Jahren Referendariat im Januar 1956 die Zweite. Assessor war ich bei einer sehr resoluten Lehrerin, Frau Rechtsanwältin Dr. Emmy Rebstein-Mezger, die nach dem Motto arbeitete: Was heute herein kommt, muss, wenn irgend möglich, noch heute wieder raus. Das sollte ich bald am eigenen Leib spüren. Noch im ersten Sommer lehnte sie meinen Wunsch nach einem bereits geplanten Urlaub ab, ich müsse in der Zeit einen Termin beim Schifffahrtsgericht in St. Goar wahrnehmen. In der daher verschobenen Urlaubsreise mit dem Freund Dieter Haaß lernten wir am Gardasee ein Scharnow-Reise-Mädchen kennen, das mir so gut gefiel, dass wir 1959 heirateten und heute noch verheiratet sind. Sie hat mir zwei Söhne geschenkt, beide heute in sehr guten Positionen.

1957 wurde ich als Rechtsanwalt beim Landgericht Mannheim zugelassen mit der Berechtigung, auch vor dem Oberlandesgericht Karlsruhe und seinen Senaten in Freiburg auftreten zu dürfen.

Wenn ich auf die ersten 30 Jahre meines Lebens zurückblicke, bin ich dankbar, dass meine Familie und ich in schlimmer Zeit vor allzu Schlimmem verschont worden sind.

Dr. Hans Kaiser hatte bis in die neueste Zeit viele Ehrenämter inne: u.a. bis 1998 Mitglied des Vorstands der Rechtsanwaltskammer Karlsruhe und Vorsitzender der Prüfungsausschüsse für Rechtsanwaltsgehilfen, Gründer des Versorgungswerks der Rechtsanwälte in Baden-Württemberg und bis 1997 dessen Vorstand, 1961-2016 Vorsitzender aller Ausschüsse für Berufsausbildungsstreitigkeiten der Innungen im Handwerkskammerbezirk Rhein-Neckar-Odenwald. Daneben Kirchenältester und seit 1965 Mitglied der Räuberhöhle Mannheim.

Kurt Hauk: Ich hatte einfach nur Glück

Ich wurde 1927 in Mannheim geboren und bin mit einer älteren Schwester, einem älteren und einem jüngeren Bruder in der Weberstr. 11 aufgewachsen. Mein Vater war Schneidermeister mit einem eigenen Geschäft.

Kirchliche Jugend

Wir gehörten zur katholischen Kirchengemeinde St. Peter. Kurz nach meiner Ersten Heiligen Kommunion erschien Eugen Weiß, einer aus der aktiven Jugend, bei meinem Vater und fragte, ob ich Ministrant werden dürfe. Diese Frage war in der damaligen Zeit berechtigt, denn bekanntlich waren die Nationalsozialisten der Kirche, zumal der katholischen Weltkirche, nicht sehr zugetan. Aber mein Vater willigte gerne ein, und so wurde ich Ministrant. Dienstags und freitags fanden morgens um 7 Uhr Gottesdienste statt, in denen ich teilweise ministrierte. Wenn kurz vor 8 Uhr immer noch kein Ende abzusehen war, wurde ich unruhig, denn um 8 Uhr begann der Unterricht in der Pestalozzi-Schule, und dort zu spät zu kommen und als Entschuldigung die Dauer des Gottesdienstes vorzubringen, wäre nicht empfehlenswert gewesen. Aber ich hatte immer Glück, wenn ich einmal spät dran war, war mein Lehrer es zufällig gerade auch. Man wurde zwar nicht schikaniert, wenn bekannt wurde, dass man in die Kirche ging, aber kritisch wurde es doch gesehen. Wenn wir in den Religionsunterricht gingen, der in der Schule stattfand, wurde schon mal von Mitschülern gesagt, wir gingen zum „Juddekram".

Gut kann ich mich an den Morgen des 10. November 1938 erinnern. Auf meinem Schulweg sah ich, dass vor einem Haus in der Wespinstr. 16 oder 18 Möbel und Haushaltsartikel teils zerstört lagen, die in der Nacht vorher aus den Fenstern von Wohnungen mit jüdischen Mietern auf die Straße geworfen worden waren. Es war ein Radiogerät darunter, und ich 11-jähriger Bub hätte mich gerne danach gebückt, auch andere Gegenstände hätte ich ganz gut gebrauchen können, aber ich traute mich nicht, etwas aufzuheben. Erst später habe ich erfahren, was da passiert war. Es war bekannt, dass Mitglieder der SA auch in Mannheim an der sog. „Reichskristallnacht" entscheidend beteiligt gewesen waren. Umso entsetzter war mein kirchentreuer Vater, als er eines Tages vom Ortsverein dieser Organisation Post bekam, aus der hervorging, dass er Mitglied der SA sei! Er konnte sich nicht erklären, wie er da hineingeraten war, denn er war nie eingetreten. Er gehörte allerdings zu einem der vielen Kriegervereine, die Kriegsteilnehmer des Ersten Weltkriegs gegründet hatten. Diese waren, wie er nun erfuhr, en bloc in die SA überführt worden. Als ihm das klar wurde, trat er sofort wieder aus und wurde auch nicht weiter behelligt.

Natürlich war ich im „Jungvolk", in dem die 10-14-Jährigen zwangsweise organisiert waren, und nahm an den Gruppennachmittagen teil. Die fanden in einer Villa am Philosophenplatz statt, die nationalsozialistischen Besitzer hatten dafür einen Kellerraum zur Verfügung gestellt. Aber gleichzeitig gehörte ich unserer katholischen Jugendgruppe in St. Peter an, die aber offiziell nicht existieren durfte. Ich erinnere mich, dass wir einmal im Hof hinter der Kirche Tischtennis spielten, als der Kurat aufgeregt herausstürzte und uns das untersagte und Schläger und Bälle wegnahm. Erst später wurde mir klar, dass er Angst hatte, jemand aus der Nachbarschaft könne weitermelden, dass in unserer Gemeinde Jugendarbeit, wozu ja auch Spiele gehörten, betrieben würde. Nur die HJ, die Hitlerjugend, hatte das Privileg, Jugendarbeit zu veranstalten.

Bereits 1935 hatte Heinrich Himmler, Reichsführer der SS, angeordnet, dass allen „konfessionellen Jugendverbänden ... jede Betätigung, die nicht rein kirchlich-religiöser Art ist, insbesondere eine solche politischer, sportlicher und volkssportlicher Art untersagt“ ist. Ihnen wurde das „Wandern und Zelten in der Öffentlichkeit“ verboten und „jegliche Ausübung und Anleitung zu Sport ... aller Art.“

Kirchliche Jugendarbeit konnte sich nur im Untergrund entwickeln. Dennoch war unsere Gruppe oft gemeinsam unterwegs. Wir gingen zum Baden an den Rhein oder fuhren mit den Rädern herum. Einmal machten wir einen Fahrradausflug in die Pfalz. In der Nähe von Bad Dürkheim packte uns der Übermut, und wir klauten von einem Baum herrliche Äpfel. Der Bauer erwischte uns, packte mein Rad, gab es zwar nach langem Hin und Her wieder zurück, aber er zeigte uns an. Bald darauf erhielten wir eine Vorladung zum Mannheimer Amtsgericht. Unsere größte Sorge war, dass bei den Befragungen herauskommen würde, dass wir eine kirchliche Gruppe waren. Aber wir hatten Glück, nichts wurde in diese Richtung gefragt, nichts kam heraus, und wir kamen ohne Strafe, aber mit einer Ermahnung davon.

Bevor die Bahnhofsmission 1939 endgültig verboten wurde, waren wir Jugendlichen von St. Peter immer wieder im Bahnhofsgelände mit unseren Sammelbüchsen unterwegs. Wir liefen auch durch die Züge, wenn sie ein bisschen Aufenthalt hatten. Einmal vergaßen wir in unserem Eifer auszusteigen und mussten bis Weinheim mitfahren. Aber bald ging ein Gegenzug zurück.

Kaufmännische Lehre

1941 wurde ich aus der Volksschule entlassen und begann am 14. April bei der Baufirma Bilfinger meine kaufmännische Lehre. Ich hatte mehrere Abteilungen in der Firma zu durchlaufen: zuerst ein Vierteljahr in der Kasse, dann auf dem firmeneigenen Bauhof im Industriehafen, von wo aus die verschiedenen Baustellen angefahren wurden. Ich saß mit drei anderen im Lohnbüro und musste wöchentlich, später alle 14 Tage, die Löhne berechnen und das Geld in Lohntüten stecken. Vor unserem Bürogebäude lag der Hafen mit einem Schwimmbagger und etlichen kleinen Nachen. Die kamen mir wie gerufen. An einem Samstagnachmittag fuhr ich mit meinen Freunden aus der kirchlichen Jugendgruppe dorthin, wir kaperten eines der Boote und fuhren damit im Hafenbecken herum. Unser Gruppenführer hatte eine Klampfe dabei, und wir genossen die Stunden auf dem Wasser. Niemand war da, der uns hätte stören können.

Als von meiner Firma der Luftschutzbunker am Bahnhof gebaut wurde, wurde ich in das dort eingerichtete Lohnbüro versetzt und berechnete zusammen mit einem älteren Angestellten die Löhne. Mittlerweile hatten die schweren Bombardierungen von Mannheim begonnen. Ich erinnere mich, dass ich einmal auf dem Heimweg von meiner Nachtwache in der Hauptverwaltung der Firma das Eckhaus Werderstraße/Augustaanlage brennen sah. Aus allen Fenstern dieses großen Wohnhauses schlugen gleichzeitig die Flammen lichterloh heraus. Ein späterer Ausbildungsabschnitt führte mich dann ins Großkraftwerk. Als die Firma ihre Buchhaltung nach Heidelberg in eine Villa am Philosophenweg verlegte, weil Mannheim immer heftiger bombardiert wurde, musste ich nicht mit umziehen. Ich war nur als Gehilfe dabei, als in Ziegelhausen der Marktplatz vermessen wurde, da Bilfinger dort Baracken aufstellen wollte.

Bei der Weihnachtsfeier der Firma 1943, die mit einem Ball verbunden war, fasste ich den Entschluss, eine Tanzstunde bei Stündebeek zu besuchen. Mit 16 Jahren, so fand ich, gehörte das dazu. Anschließend an den Abschlussball begann ein Fortgeschrittenenkurs, für den ich mich ebenfalls anmeldete, doch dazu ist es nicht mehr gekommen.

Arbeitsdienst

Ich erhielt nämlich meine Einberufung zum Arbeitsdienst, wollte aber unbedingt vorher noch meine Kaufmannsgehilfenprüfung machen, denn die drei Lehrjahre waren um. Also stellte ich einen Antrag, dass die Prüfung vorgezogen werden möge. Ich erhielt zunächst eine abschlägige Antwort – natürlich mit dem „deutschen" Gruß „Heil Hitler", aber schließlich machte man doch eine Ausnahme, und so legte ich im März 1944 die Prüfung ab.

Im April „rückte ich ein", wie man damals sagte, und kam nach Dörrenbach bei St. Wendel im Saarland. Wir taten Dienst mit dem „deutschen Spaten", worunter vor allem Exerzieren, Marschieren, Grußbezeigungen usw. verstanden wurde. In ewiger Erinnerung ist mir die Definition eines Spatens, die uns in den ersten Tagen eingebläut wurde: ein Spaten besteht aus Spatenblatt, Stiel und Krücke! Nach einem Vierteljahr war der Reichsarbeiterdienst beendet. Alle wurden entlassen, nur nicht die, die sich nicht freiwillig für eine Waffengattung gemeldet hatten. Dazu gehörte auch ich.

Ich kam zunächst zu einer weiteren Ausbildung zum Hilfsausbilder nach Metz. Zurück in Dörrenbach, bekamen wir nun eine neu eingerückte Arbeitsdienstgruppe, die wir jetzt nach dem bekannten Schema ausbildeten: Exerzieren und Marschieren mit dem Spaten, Robben mit und ohne Spaten usw. Als das Vierteljahr um war, erhielt ich mit drei anderen Kameraden den Befehl, eine weitere Gruppe in Nürnberg abzuholen, die wir plötzlich nach Fladungen in der Rhön bringen mussten, wo wir kurz vor Weihnachten 1944 ankamen. Ich war nun Vormann, also Gruppenführer, und wurde in dieser Position plötzlich im März 1945 entlassen. Aber nicht, um nach Hause zurückzukehren, sondern um mit der ganzen Abteilung, lauter Vormännern, nach Berlin in Marsch gesetzt zu werden, um am „Endkampf" um die Hauptstadt teilzunehmen. Auf dem Weg von unserem Lager zum Bahnhof wurden wir bewaffnet, ich erhielt ein irgendwo erbeutetes tschechisches Maschinengewehr, bei dem ich keine Ahnung hatte, wie ich mit ihm umgehen müsste. Ich hatte nie vorher mit einem Gewehr hantiert.

Gefangenschaft

Mein Glück setzte sich fort. Unser Güterzug kam nur langsam voran, mal stand er auf Abstellgleisen, mal gerieten wir in einen Jagdbomberangriff und mussten lange auf eine neue Lok warten. An einem Flussufer, möglicherweise war es die Saale, kam plötzlich ein Gerücht auf: Die Amerikaner, die in unmittelbarer Nähe standen, würden uns neu einkleiden, mit uns nach Berlin fahren, und dann würden wir gemeinsam gegen „den Russen" vorgehen! Unsere Gruppe machte sich also ins nächste Dorf auf, das tatsächlich schon von US-Truppen besetzt war, die uns natürlich nicht neu einkleideten, sondern sofort gefangen nahmen. Sie brachten uns mit Lkw nach Helfta, einem Vorort von Eisleben in Thüringen, wo ich etwa 14 Tage in einem Gefangenenlager unter freiem Himmel zubrachte. Immer wieder wurden Berufe aufgerufen, etwa Bäcker oder Schreiner, und Gefangene meldeten sich, wurden entsprechend beschäftigt und besser versorgt. Als es plötzlich hieß, Jugendliche sollten sich melden, fühlte ich mich angesprochen, immerhin war ich gerade 18 Jahre alt geworden!

Man fuhr uns mit Lkw in ein riesiges Gefangenenlager in Sinzig bei Remagen am Rhein. Es werden wohl an die 100.000 Gefangene gewesen sein, die auf teilweise verschlammten Rheinwiesen zusammengepfercht waren. Baracken und Zelte gab es nicht, sodass man sich notdürftig Erdlöcher grub. Dieses Lager befand sich quasi in deutscher Selbstverwaltung, denn um die Ernährung sicherzustellen, hatten sich große Einheiten à 1000 Mann gebildet, die sich wieder in Hundertschaften untergliederten und diese in weitere Untereinheiten. Ich wurde von einem ehemaligen Wehrmachtsunteroffizier eingeteilt, um mit zwei, drei anderen Gefangenen Verpflegung für unsere Hundertschaft zu holen. Das war natürlich ein Vorteil, denn man konnte für sich vorab schon einmal etwas abzweigen. Doch einmal hätte es beinahe zu meinem Tod geführt. Wir mussten riesige Säcke mit Milchpulver in Empfang nehmen, und in meiner Gier stopfte ich mir einen großen Suppenlöffel davon in den Mund. Ich wäre beinahe daran erstickt und hatte lange damit zu tun, das staubige Zeug wieder herauszuwürgen.

Heimkehr

Im Juni 1945 bekamen wir plötzlich Papiere ausgehändigt, es waren die Entlassungsscheine, aber ich konnte sie nicht lesen, da wir in der Schule kein Englisch gehabt hatten. In meiner Aufregung und Freude hatte ich gar nicht bemerkt, dass der Text auch in Deutsch dabei stand. Wieder bestiegen wir Bahngüterwagen, die Gott sei Dank nach Süden fuhren. Es ging über die Mannheimer Riedbahnbrücke, und auf dem Rangierbahnhof hielt der Zug plötzlich. Ich nutzte die Gelegenheit, stieg aus, verbarg mich eine Weile unter einem Güterzug am Nebengleis und kehrte dann über den Neckarübergang nach Hause in die Weberstraße zurück. Welch ein Glück: Unser Haus stand beinahe als einziges im Block! Meine Eltern waren gesund, meine Schwester ebenfalls. Mein älterer Bruder, Jahrgang 1924, kam nach einigen Monaten aus Italien zurück. Mein kleiner Bruder aber, Jahrgang 1928, war zunächst Flakhelfer gewesen, seit Februar 1945 beim Arbeitsdienst und dann in französische Kriegsgefangenschaft geraten. Als er im Dezember 1945 nach Hause zurückkehrte, habe ich ihn zunächst nicht erkannt. So ausgemergelt, abgezehrt und abgerissen war er, mein kleiner Bruder! Noch heute kann ich meine Tränen kaum zurückhalten, wenn ich an diesen Moment denke.

Am 1. Juli 1945 fing ich wieder bei Bilfinger zu arbeiten an. Mein Vater hatte durch die vielen amerikanischen Soldaten in Mannheim neue Kunden bekommen, die sich ihre Uniformen ausbessern oder neue Blousons schneidern ließen. Bezahlt wurde er auch in Naturalien oder mit Zigaretten, sodass unsere Familie in den Jahren bis zur Währungsreform keinen Hunger leiden musste.

Aber etwas ist es, was mich heute am meisten beschäftigt: Wie ist es dazu gekommen, dass wir diese Hitler-Herrschaft hatten? Was ist da schiefgelaufen? Es hätte doch jeder wissen müssen, was Hitler und die Seinen wollten: Er hat es ja angedroht in seinem Buch „Mein Kampf", jeder konnte lesen, dass er Krieg wollte und die Juden vernichten. Es hat aber kaum einer gelesen, ich auch nicht!

Kurt Hauk arbeitete bis zu seiner Pensionierung 1987 bei Bilfinger. Der Kirchengemeinde St. Peter ist er bis heute treu verbunden. Er freut sich über seine große Familie: 7 Kinder, 18 Enkel und 7 Urenkel.

Wilhelm Gaus: Von der Sowjetunion nach Norwegen

Ich wurde im August 1920 in Krefeld geboren und wuchs in der Blumenstraße, die links und rechts von Rotdornbäumen gesäumt war, mit einem älteren und einem jüngeren Bruder auf. Da in unserer Familie die Marine in hohem Ansehen stand, wurde ich Mitglied der Marine-HJ, einer Sonderform der HJ, der Hitlerjugend, die den Nachwuchs für die Marine bereitstellen sollte. Kurz nachdem ich meine Lehre als Maschinenschlosser in einer mittelgroßen Maschinenfabrik in meiner Heimatstadt abgeschlossen hatte, begann der Zweite Weltkrieg.

Ich wurde sofort dienstverpflichtet und kam nach Wittenberg an der Elbe, wo die Arado Flugzeugwerke eine Produktionsstätte eröffnet hatten. In riesigen Hallen wurden nicht nur die eigenen Jagdflugzeuge produziert, sondern auch Tragflächen für andere Firmen, etwa für Heinkel oder Junker. Bei deren Herstellung war ich eingesetzt. Zunächst war ich erleichtert, nicht als Soldat gemustert worden zu sein, aber die Arbeitsbedingungen bei Arado waren bald unerträglich. Wir arbeiteten mit Stechkarte, die bei Arbeitsbeginn in eine Tafel zu „stechen" war. Bei Dienstschluss war sie oft nicht an ihrer Stelle, das bedeutete, dass ich das Werk nicht verlassen konnte. Als ich mich einmal bei einem Vorgesetzten darüber beschwerte, zeigte der sich wenig beeindruckt. Erst wenn alle angefangenen Tragflächen fertiggestellt seien, so wurde mir gesagt, gäbe es meine Stechkarte, dann könnte ich in meine Unterkunft gehen. Das ging nun wochenlang so.

Daher erschien es mir wie eine Erlösung, als ich am 1. Oktober 1940 zur Wehrmacht eingezogen wurde. Ich kam zu einer „bespannten Einheit", Pferde zogen die Geschütze, die Offiziere waren mit Reitpferden unterwegs. Ich wurde in Leipzig ausgebildet, und als ich mit einem Kameraden in unserer kargen Freizeit einmal den dortigen Zoo besuchte, trafen wir vor dem Aquarium zwei nette junge Mädchen, mit denen wir ins Gespräch kamen. Wir verabredeten uns für einen der nächsten freien Abende zum Kinobesuch und trafen uns an manchem Sonntag. Das Mädchen Ruth, das mir besonders gut gefiel, war 16 Jahre alt und lernte in einer Maschinenfabrik Bilanzbuchhalterin. Als ich bald nach Beginn des Krieges gegen die Sowjetunion nach Russland abkommandiert wurde, rief ich das Mädchen an, um mich zu verabschieden. Denn das ahnte man schon: Wenn es in den Osten ging, war die Gefahr, nicht wiederzukommen, besonders groß. Ich führte das Telefongespräch vor der Kaserne, und plötzlich hatte ich den Chef in meiner Leitung, der das Gespräch unterbrach und mich anherrschte: „Sie dürfen nicht privat telefonieren!" Ich erklärte ihm, ich wolle mich nur verabschieden, da war er dann ruhig.

Wir rückten schnell Richtung Moskau vor, kamen aber schon im Oktober vor Wjasma im heutigen Weißrussland zum Stehen. Hier hatten die deutschen Truppen einen riesigen Kessel um die russischen Truppen gebildet, die den Deutschen den Zugang nach Moskau verwehren wollten. Es fanden erbitterte Kämpfe mit großen sowjetischen Verlusten statt, aber aufgrund nicht genügend vorhandener deutscher Panzer und vor allem aufgrund des bald einsetzenden Dauerregens gelang es nicht, zur Hauptstadt vorzustoßen. Im Gegenteil, unsere Einheit wurde ständig angegriffen, viele Kameraden fielen, andere blieben verwundet liegen. Diese sollten nach Möglichkeit geholt werden, und das war die Aufgabe von Soldatentrupps, die von einem gepanzerten Fahrzeug geschützt wurden. Als ich einmal diese Aufgabe hatte, wurde plötzlich mein rechtes Bein starr. Zunächst konnte ich noch einige Meter humpeln, dann brach ich zusammen. Granatsplitter hatten mein Knie zerfetzt. Man brachte mich zurück und trug mich zunächst auf den Hauptverbandsplatz, der aus einer Ansammlung von Holzbaracken bestand. Man setzte mich auf einen Stuhl, und ich musste aus nächster Nähe miterleben, wie Kameraden mit den fürchterlichsten Verletzungen, etwa mit Bauchschüssen, operiert wurden. Grauenvolle Schreie, aber auch grauenvolle Anblicke, etwa als einem Soldaten mit einer Säge das Bein amputiert wurde! Nachdem ich notdürftig verarztet worden war, wurde ich ausgeflogen und kam nach Warschau in ein Lazarett. Mein Knie sah übel aus, ich konnte das Bein nicht bewegen, und daher wollte der zuständige Arzt meinen Unterschenkel amputieren. Doch dagegen wehrte ich mich heftig. Am nächsten Tag war dieser Arzt nicht mehr da, seine Nachfolger sprachen nicht von Amputation, sondern holten die Splitter aus meinem Knie heraus. Noch heute habe ich tiefe Löcher an dieser Stelle.

Ruth und Wilhelm Gaus

Nach der Entlassung aus dem Lazarett wurde ich zunächst einer „Genesenenkompanie" zugeteilt und zum Oberschützen befördert. Nachdem wir als gesund und einsatzfähig befunden worden waren, wurden wir zur Auffüllung an verschiedene Einheiten verteilt. Ich kam im Herbst 1942 auf eine Offiziersschule in Belgien, wo ich bald zum Leutnant befördert wurde. Mit allen anderen eben beförderten Leutnants wurde ich nach Berlin abkommandiert, wo in einem riesigen Saal Hitler eine seiner berüchtigten Ansprachen an uns hielt. Er nahm uns quasi als die unterste Führungsebene ins Heer auf und verlangte schreiend von uns: „Ihr seid es, die für Deutschland den Krieg gewinnen müssen!" Unendlich weit vorn stand er und war von meinem Sitzplatz aus kaum zu erkennen. Im Anschluss an dieses Ereignis erhielt ich sechs Tage Urlaub. Während einer abschließenden Untersuchung in einem Wiener Lazarett durchblätterte ich mein Adressbüchlein, und dabei stieß ich wieder auf die Adresse meiner Leipziger Ruth. Ich schrieb an sie und erhielt 14 Tage später einen langen Brief von ihr. Der Kontakt sollte nie mehr abreißen und führte schließlich zu einer 58-jährigen glücklichen Ehe.

Endgültig als gesund erklärt, kam ich zur Schulung in eine Kompanie, die sich in Tschenstochau befand, im sog. „Generalgouvernement" gelegen, jenem Teil Zentralpolens, der von deutschen Truppen besetzt war und ausgebeutet wurde. Wir junge Offiziere wurden von hier aus auf einzelne Armeeteile, die in der Sowjetunion kämpften, verteilt. Ich bekam Ende 1942 eine Kompanieführung in Rostow am Don. Hier waren wir in einer Schule untergebracht. Allen Soldaten war bekannt, dass von hier aus immer öfter Nachschub nach Stalingrad geschickt wurde, daher musste man sich jeden Tag die Bekanntmachungen am Schwarzen Brett ansehen.

Im November 1942 waren bei Stalingrad über 230.000 deutsche Soldaten, die 6. Armee, von der Roten Armee eingekesselt worden. Hitler verbot, aus dem Kessel auszubrechen, sondern auf das Ersatzheer zu warten, das jedoch nie kam. In einem erbitterten Straßen- und Häuserkampf starben mehr als 700.000 Soldaten, mehr als die Hälfte waren Soldaten der Roten Armee. Anfang Februar 1943 ergaben sich etwa 110.000 deutsche Soldaten und gingen in die Kriegsgefangenschaft. Nur etwa 6.000 sahen ihre Heimat wieder. Die Schlacht von Stalingrad gilt als einer der Wendepunkte des Zweiten Weltkriegs.

Eines Tages im Januar 1943 las ich den verhängnisvollen Zettel: „Wilhelm Gaus mit kleinem Gepäck melden!" Mit vier oder fünf anderen jungen Offizieren wurden wir Ende Januar zum Flugplatz gebracht. Schon das war ein hochtrabendes Wort für die von Eis und Schnee bedeckte Fläche, auf der eine kümmerliche Baracke zur Abfertigung stand. Der Diensthabende fragte uns erstaunt: „Was wollt ihr denn hier?" Als wir ihm meldeten, dass wir nach Stalingrad geflogen werden müssten, sagte er: „Heute kommt kein Flugzeug mehr. Seid froh!" Am nächsten Tag die gleiche Prozedur: „Wo wollt ihr hin?" Nach Stalingrad. Diesmal war zwar ein Flugzeug da, aber es konnte nicht starten wegen totaler Vereisung. Erst am Tag darauf ging es los. Die Maschine startete tatsächlich und erhob sich in die Luft. Ich saß hinter dem Funker und bemerkte, dass er plötzlich sehr aufgeregt wurde, etwas auf einen Zettel schrieb und diesen dem Piloten reichte. Unmittelbar danach änderte der Pilot die Flugrichtung und gab auch den Grund bekannt: Der Flugplatz von Stalingrad war am selben Morgen von der Roten Armee besetzt worden, kein einziges deutsches Flugzeug konnte mehr landen.

Wir wurden nun nach Woroschilowgrad geflogen und kamen gerade noch rechtzeitig an, ehe die 3. Gebirgsjägerdivision auf dem Weg von Finnland in den Kaukasus von der Roten Armee hier eingeschlossen wurde. Ich verbrachte mit der Einheit einige Wochen im tiefsten Schnee bei –20 °C. Wir gruben in unseren Stellungen 2 m tiefe Löcher, so war es einigermaßen erträglich. Wie eine Erlösung war es, als bekannt wurde, dass alle Soldaten, die eigentlich nach Stalingrad hatten kommen sollen, nach Deutschland transportiert würden, um zu einer neuen Armee zusammengestellt zu werden.

Ich landete in Halberstadt bei einer berittenen Einheit, und hier gab ich endlich meinen Wehrpass ab, den ich seit Rostow am Don immer noch bei mir trug. Es war Pflicht, dass die Wehrpässe beim Kommando der Einheit aufbewahrt wurden, denn so ließ sich auch feststellen, wenn Soldaten gefallen oder vermisst waren. Mein Gefühl sagte mir, dass ich bei dieser Einheit gut untergebracht sei. Und so kam es auch. Wir wurden nach Kristiansund an der Westküste Norwegens verlegt, und hier blieb ich als Kompaniechef bis zum Ende des Krieges. Die Kontakte zur Bevölkerung waren gut, ich konnte sogar einmal der norwegischen Polizei dabei helfen, zwei allzu abenteuerlustige Schulmädchen wiederzufinden, die ihre Freundschaft zu deutschen Soldaten allzu intensiv betrieben hatten.

Wer genau die amtlichen Verlautbarungen las, dem war klar, dass der Krieg für Deutschland verloren war. Und so machte ich einmal eine unvorsichtige Bemerkung, als ich nach einer Kompanierede aufschnappte, dass einer meiner Zuhörer den „Endsieg" beschwor. Ich sagte: „Wer das glaubt, glaubt auch an den Nikolaus." Die ganz jungen Offiziere, die überall in den Einheiten als Aufpasser fungierten, konnten aber Gott sei Dank nicht mehr tätig werden, denn das Kriegsende war nah. In den letzten Kriegstagen ließ ich nicht mehr den üblichen Dienst tun, sondern verkündete: „Wir gehen an den Fjord und singen!" Während wir das taten, kam aufgeregt ein Bursche aus der Schreibstube dahergelaufen und schrie schon von Weitem: „Der Krieg ist aus, der Krieg ist aus!"

Wir gerieten in englische Gefangenschaft, waren aber nirgendwo eingesperrt, sondern konnten uns frei im Ort bewegen. Es gab keine zentrale Verpflegung für uns, sondern wir versorgten uns selbst. Kurz vor dem Eintreffen der Engländer hatten die deutschen Soldaten nämlich ihre eigenen Verpflegungslager aufgesucht und alles Ess- und Trinkbare herausgeholt. So stand z.B. unter meinem Bett in der Kaserne eine ganze Kiste Cognac. Die Engländer nannten uns scherzhaft ihre „billigsten Gefangenen", weil wir unsere Verproviantierung in die eigenen Hände genommen hatten. Uns Offizieren waren übrigens nicht einmal die Pistolen abgenommen worden. Nach einigen Wochen wurden wir mit einem englischen Schiff nach Bremerhaven gebracht und hier aus der Gefangenschaft entlassen. Bei dieser Gelegenheit musste ich dann meine Pistole abliefern, ebenso die Schulterstücke, und auch meine Militärstiefel fanden einen anderen Interessenten. Ich kehrte nach Hause zurück, nach Krefeld, und war glücklich, dass auch meine Brüder unversehrt den Krieg überstanden hatten. Mein kleiner Bruder war als 16-Jähriger noch zu einem Kampfgeschwader, das in Italien stationiert war, eingezogen worden.

In Krefeld gab es für mich jedoch 1945 überhaupt keine berufliche Perspektive. Da forderte mich meine Ruth auf, doch nach Leipzig zu kommen, sie seien zwar ausgebombt worden, seien aber in eine große Altbauwohnung eingewiesen worden. So ging ich mit einem Freund schwarz über die „grüne Grenze". Es gefiel mir zwar sehr gut bei Ruth und ihrer Familie, aber das organisatorische Chaos, das in Leipzig damals noch herrschte, veranlasste meinen Freund und mich, wieder zurückzugehen. Beim Überqueren der Grenze wurden wir in einem Kornfeld von russischen Soldaten erwischt. „Stoj!", schrien sie, aber wir warfen uns auf den Boden. Schließlich standen wir wieder auf und gingen mit erhobenen Händen auf sie zu, weil wir Angst hatten, dass sie mit ihren Maschinengewehren in das Kornfeld schießen könnten. Sie durchsuchten uns und entdeckten das ganze Brot, das mir Ruths Familie als Wegzehrung mitgegeben hatte. Mein Freund und ich aßen es nun mit den beiden Russen gemeinsam auf, und danach ließen sie uns laufen.

Da sich die Verhältnisse in Krefeld immer noch nicht für mich positiv entwickelt hatten, beschloss ich 1946, als sog. „Rückwanderer" nach Leipzig zu gehen. Ich heiratete meine Ruth und arbeitete in meinem erlernten Beruf in einer Fabrik, die Schnitt- und Stanzwerkzeuge herstellte. Nach meiner Meisterprüfung wurde ich Ausbildungsleiter der Lehrwerkstatt. Einige Jahre später, als in der DDR die großen

Kombinate gebildet worden waren, wurden auch die Lehrwerkstätten zusammengelegt, und obgleich ich kein Mitglied der SED war, wurde mir die Gesamtleitung übertragen. Mit 30 Ausbildern und drei Obermeistern war ich für 300 Lehrlinge zuständig.

Am 17. Juni 1953 gab es auch in Leipzig Arbeitsniederlegungen.

Der 17. Juni 1953 ist in die Erinnerung der Zeitgenossen als „Volksaufstand in der DDR“ eingegangen. Dieser hatte einen Tag vorher in Berlin begonnen, als u.a. die Bauarbeiter der Stalin-Allee aus Protest gegen die vom Politbüro verfügte Normerhöhung ihre Arbeit niederlegten. Schnell weitete sich der Aufstand auf viele Städte der DDR aus. Nun wurden neben wirtschaftlichen auch politische Forderungen gestellt, etwa die Ablösung Walter Ulbrichts.

Auch in unser Lehrwerk drangen Aufständische ein und wollten die Lehrlinge dazu bewegen, sich ihnen anzuschließen. Doch einer der besonnenen Obermeister schaffte es, sie davon abzuhalten und die Aufständischen zu beruhigen.

Der scharfe politische Kurs unter Ulbricht mäßigte sich jedoch nach dem 17. Juni, und man erhielt leichter Genehmigungen, um im Westen Deutschlands seine Verwandten zu besuchen. Davon machte auch ich Gebrauch und stellte fest, dass sich mittlerweile auch in Krefeld das „Wirtschaftswunder“ deutlich bemerkbar machte und die wirtschaftlichen und vor allem die politischen Verhältnisse in der Bundesrepublik denen in der DDR haushoch überlegen waren. Da ich nach wenigen Tagen zurückkehren musste, nahm mein jüngerer Bruder für mich Kontakt zu meiner alten Krefelder Firma auf, bei der ich einst gelernt hatte, und legte meine Unterlagen vor. Jedenfalls erhielt ich wenige Tage später in Leipzig ein Telegramm von ihm mit folgendem Inhalt: „Habe Prüfung bestens bestanden. Dein Bruder Rudi“. Diesen Text hatten wir abgesprochen, wenn meine Bewerbung Erfolg haben sollte. Und so verließ ich die DDR. Meine Familie holte ich über die „grüne Grenze“ nach.

Nach einigen Jahren als Abteilungsleiter erhielt Wilhelm Gaus in seiner alten Krefelder Firma Prokura und war für sie im Auslandsgeschäft tätig, u.a. in den USA, in Südamerika, im Fernen Osten und in Afrika. Nach seiner Pensionierung zog er in den Bayerischen Wald, wo er ein Haus besaß, kehrte aber nach dem Tod seiner Frau in die Nähe von Kindern und Enkeln im Rhein-Neckar-Raum zurück.

Elfriede-Dorit Muhle: Kriegsgefangenschaft in drei Kontinenten

Man kann ziemlich genau sagen, dass sich im Zweiten Weltkrieg und in den Jahren danach bis 1955 insgesamt etwa 11 Millionen deutsche und österreichische Soldaten länger oder kürzer in Kriegsgefangenschaft befunden haben: in britischer, amerikanischer, französischer, sowjetischer, polnischer, jugoslawischer. Ob aber viele Gefangene dabei so weit herumgekommen sind wie mein 2010 im Alter von 88 Jahren verstorbener Mann Jürgen?

Jürgen Muhle, 1922 in Bielefeld als drittes Kind in der Familie eines Wäschefabrikanten geboren, verlor schon mit zwei Jahren seinen Vater, der erst 40 Jahre alt war. Es war kurz nach der Inflation, und so stand seine Mutter mit den drei kleinen Kindern vor einer ungewissen Zukunft. Dennoch schaffte sie es, ihre Kinder ein Gymnasium besuchen zu lassen, wo man die Begabung besonders der beiden Brüder Jürgen und Günther erkannte, ihren Fleiß und ihre gute Erziehung schätzte und sie förderte, wo immer das möglich war. Jürgen, der im Schulorchester Cello spielte, war aufgrund seiner hervorragenden Leistungen vom Schulgeld befreit. Die Firma Oetker, damals der größte Steuerzahler am Ort, sagte ihm sogar ein Stipendium zu, denn sein Ziel war es, zu studieren.

Afrika

Aber dieser Plan wurde jäh zerstört durch den Ausbruch des Zweiten Weltkriegs. Beide Brüder wurden eingezogen; Jürgen, der eben das Abitur gemacht hatte, musste mit 19 Jahren 1941 in den Krieg. Er gehörte zum Afrika-Korps des Generals Rommel und geriet am 8. Mai 1942 mit seiner Einheit in Tunesien in Gefangenschaft. Von den englisch geführten Lagern in Kap Bone und einigen anderen an der Westküste Afrikas gelegenen, kam er schließlich in ein Lager bei Casablanca, das den Franzosen unterstellt war. Von hier ging es in den äußersten Südosten Marokkos, nach Bouarfa, und anschließend nach Midelt im Norden des Landes, 1500 m hoch im Atlas-Gebirge gelegen.

Als Jürgen im Sommer 1943 in ein von den Franzosen „schwarz" geführtes Lager kam, also ein Lager, das nicht dem Internationalen Roten Kreuz gemeldet war, änderten sich die Lebensbedingungen gravierend. Die Gefangenen mussten auf Betonböden schlafen, die Ernährung war kümmerlich.

Auch das nächste Lager war „schwarz", es war das Arbeitslager „Foum Defla". Die Gefangenen wurden beim Bahnbau eingesetzt, sie mussten Steine für den Gleisbau tragen, jeweils mehrere hundert Meter weit. Die schwere Arbeit, die große Hitze, 40-50 °C, kaum etwas zu essen, kaum etwas zu trinken, ließ die Männer abmagern zum Skelett. Auch Jürgen erging es so. Viele Gefangene starben.

Erst allmählich sickerte die Existenz dieser Lager an das IRK durch, nämlich durch geflüchtete Gefangene, denen es gelungen war, sich nach Spanisch Marokko durchzuschlagen. Nach einem Jahr, im Frühsommer 1944, war auch für Jürgen der Aufenthalt in den „schwarzen" Lagern zu Ende. Er wurde in ein amerikanisches Lager gebracht, nach Oran, die algerische Hafenstadt am Mittelmeer, und bestieg wenige Wochen später mit vielen anderen Gefangenen ein Schiff nach Amerika.

Amerika

Nach 28 Tagen Überfahrt kamen sie in Norfolk/Virginia an. Es war Sommer 1944, Jürgen war jetzt 22 Jahre alt, in Europa war der Krieg noch lange nicht zu Ende. Eine achttägige Eisenbahnfahrt in Waggons schloss sich an, die in Phoenix/Arizona endete. Jürgen erzählte immer von der „Sandwüste", in der sich das Lager befand. Er musste für 80 Cent pro Tag arbeiten, mal in einer Autoreparaturwerkstatt, dann wieder als Baumwollpflücker. Zu essen hatten sie im Vergleich zu den französischen Lagern genug.

Als Kriegsgefangener

Im Herbst 1944 ging es nach Kalifornien, in einen Ort zwischen San Franzisco und Los Angeles. Auch hier war Jürgen in der Landwirtschaft tätig, er pflückte Tomaten, Apfelsinen, Zitronen und Grapefruits. Doch als er Tomatenpflanzen setzen sollte, stellte er sich dumm und pflanzte die Tomaten mit den Wurzeln nach oben ein. Daraufhin wurde er wenigstens von dieser Arbeit als dafür ungeeignet suspendiert.

In Kalifornien erlebte er auch das Kriegsende. Für die Gefangenen gab es merkwürdigerweise eine Änderung in der Ernährung: Das Essen wurde gekürzt, doch nicht so weit, dass einer verhungert wäre.

Als die Obsternte beendet war, wurden die Gefangenen wieder einmal verlegt, Jürgen kam zu einem Baukommando für deutsche Kriegsgefangene, das etwa 60 Meilen entfernt im Landesinneren lag. Nach dessen Auflösung im Winter 1945 wurden die deutschen Gefangenen durch den Gran Canyon nach New York transportiert und einem großen Kriegsgefangenenlager eingegliedert, in dem auch ehemalige deutsche Generäle inhaftiert waren. Diese unterschieden sich äußerlich nicht von ihren früheren Untergebenen, alle trugen die schwarze Gefangenenkleidung.

Im Frühjahr 1946 wurden die Gefangenen im Hafen von New York eingeschifft.

Europa

Nach 21 Tagen erreichten sie Antwerpen und wurden von hier nach Brüssel weitertransportiert, diesmal in ein englisches Lager. Am 1. Mai 1946, also fast auf den Tag genau vier Jahre nach dem Beginn seiner Gefangenschaft, wurden die Gefangenen auf einen 7-km-Marsch in ein Durchgangslager geführt, von dort ging es mit dem Schiff nach Tilbury in England und gleich weiter mit dem Zug nach Aylsham, ein kleines Städtchen an der Nordsee in der Nähe von Norwich. In den neun Monaten in einem sog. Stammlager verrichtete Jürgen handwerkliche Arbeiten und kam dann nach Colchester in Essex, nordöstlich von London gelegen.

In seiner Zeit in England ging es ihm nicht schlecht, Weihnachten 1946 wurden die Gefangenen sogar in englische Familien eingeladen, Jürgen kam zu Miss Cyldy. Am 27. Januar 1947 war für ihn dann die Gefangenschaft auf drei Kontinenten vorbei. Er wurde nach Hause entlassen.

Wieder in Bielefeld

Im Frühjahr 1941 war Jürgen eingezogen worden, jetzt kam er nach bald sechs Jahren wieder zurück. Die Wohnung seiner Mutter war durch Bomben zerstört, sie besaßen nichts mehr. Seine Schwester war mittlerweile verheiratet. Sein Bruder Günther, Jahrgang 1920, war in Russland vermisst.

Jürgen fing an, in einer Bauschlosserei zu arbeiten, um Geld für sein Ingenieur-Studium zu verdienen und seine Mutter zu unterstützen. Das in dem guten Jahr Ersparte ging aber durch die Währungsreform 1948 auch wieder verloren.

Trotzdem begann er sein Studium 1949 in Lage/Lippe. Da erinnerte er sich, dass ihm die Firma Oetker noch zu Schulzeiten ein Stipendium für sein Studium zugesagt hatte. Dort fragte er nun zaghaft an, ob diese Zusage noch gelten würde. Und tatsächlich, Dr. Oetker hielt das Versprechen! Jürgen bekam monatlich 100 DM, eine gewaltige Summe in Zeiten, als Monatseinkommen für Familien bei 300, höchstens einmal 400 DM lagen.

1951 war Jürgen fertig mit dem Studium. Endlich Ingenieur!

Zunächst arbeitete er in einer Eisengießerei und im Kesselbau, bis er bei einer Hannover-Messe von einem Direktor des Strebelwerks in Mannheim ein verlockendes Angebot bekam. So fing er 1954 in Mannheim an und war nicht viel später Leiter der Versuchsabteilung und befördert zum Oberingenieur.

Seine Mutter nahm er selbstverständlich mit nach Mannheim. Oft stand sie auch hier am Fenster wie vorher in Bielefeld, wo sie nach beiden Söhnen Ausschau gehalten hatte. Jetzt hoffte sie auf die Rückkehr von Günther. Dass er gefallen war, hat sie nicht mehr erfahren. Erst nach ihrem Tod 1957 bekam Jürgen die Nachricht, dass sein Bruder in Russland gefallen war.

Ich lernte meinen Mann 1959 in Frankfurt/Main im Palmengarten kennen. Und wie es dann weiterging, das ist nachzulesen in meinen Aufzeichnungen ...

In zerbombten Städten

Ursula Kollhoff: „Jungmädel" in Hamburg

Ich wurde am 10. Juni 1928 in Altona-Groß Flottbek geboren. Die Großeltern wurden in Dänemark geboren: Groß Flottbek, die Eltern wurden in Preußen geboren: Altona-Groß Flottbek, aber im Jahr 1937 wurden wir alle Hamburger: Hamburg-Groß Flottbek. Wir alle hatten nie das Haus gewechselt, wohl aber das Land!

Altona gehörte seit Ende des 30-jährigen Krieges zum Herzogtum Holstein, das in dänischem Besitz war. Der dänische König verlieh dem ursprünglichen Fischerdorf 1664 die Stadtrechte und gab ihm weitreichende Privilegien: Zuzugs-, Religions- und Gewerbefreiheit machten Altona zu einer der liberalsten Städte Europas. Das Herz von Handel und Gewerbe war der Freihafen. So entwickelte sich Altona schnell zur zweitgrößten Stadt unter dänischer Herrschaft. Nach dem Sieg der Preußen im Preußisch-dänischen Krieg fiel das Herzogtum Holstein 1866 an Preußen, und somit wurde Altona preußisch. Durch das Groß-Hamburg-Gesetz 1937 endete die Selbstständigkeit, und Altona wurde zu einem Vorort von Hamburg. Die überraschten Einwohner erfuhren das aus der Zeitung.

An meine frühe Kindheit kann ich mich kaum erinnern. Es ging bei uns noch dörflich zu. Ich weiß nur, dass ich mit den Nachbarskindern den ganzen Tag irgendwo spielte. Meine Eltern hatten einen Gasthof und kaum Zeit, sich um mich zu kümmern.

1934 kam ich in die Schule, 1938 wurde ich „Jungmädel". Man wurde nicht gefragt, ob man es wollte, es war irgendwie selbstverständlich!

Die NS-Organisationen für Mädchen waren nach dem Alter eingeteilt: 10-14 Jahre „Jungmädel", 14-18 Jahre „Bund deutscher Mädel (BDM)", ab 18 Jahren „Glaube und Schönheit". Natürlich sollten die Gruppenaktivitäten mit der vorherrschenden Ideologie vertraut machen, aber viele Kinder und Jugendliche empfanden die Nachmittage oder Wochenenden mit Gleichaltrigen als Flucht aus oft engen häuslichen Verhältnissen.

Also jede Woche einmal „Heimabend", hier sangen wir Volks- und Nazilieder, machten Gelände- und andere Spiele, trieben viel Sport und trugen eine Art Uniform: weiße Bluse, schwarzer Rock, weiße Kniestrümpfe und eine braune „Kletterweste" mit vielen Taschen. Dazu hatte ich noch Klavierunterricht und war beim Turnen. Außerdem wechselte ich in die höhere Schule, die in Altona war. Das heißt, ich musste jeden Morgen eine bestimmte S-Bahn erreichen, um pünktlich zu sein! Das war ein ewiger Kampf! Es war nämlich so, dass ich meine Termine selbst verwalten musste. Meine Eltern konnten sich nicht darum kümmern, sie waren mit der Gastwirtschaft voll ausgelastet.

Dann kam der Krieg. Mein Vater war Brandmeister bei der Freiwilligen Feuerwehr gewesen. Er war zwar schon im Ruhestand, aber bei Kriegsbeginn musste er seinen Platz wieder einnehmen. Das heißt, bei jedem Fliegeralarm musste er zur Polizeiwache, um eventuell einen Einsatzbefehl entgegenzunehmen. Meine Mutter ging mit mir ins Nachbarhaus, das 1936 gebaut worden und auf Anordnung schon mit einem richtigen Luftschutzkeller versehen war! Meine Schwestern, sehr viel älter als ich, waren kaum zu Hause, oder sie gingen in den als Schutzraum überhaupt nicht vorbereiteten Hauskeller.

Ich hatte sehr viel Angst!

Vor dem eigentlichen Fliegeralarm gab es „Voralarm“, etwa 20 Minuten vorher, damit man die öffentlichen Luftschutzkeller oder Bunker aufsuchen konnte. Wir Schulkinder hatten in der Nähe der Schule im Bunker zugewiesene feste Plätze. Aber wenn der Fliegeralarm erst kurz vor Schulschluss ausgelöst wurde, versuchten wir noch nach Hause zu kommen. Das hieß: rennen, um noch eine S-Bahn zu erreichen. Bei Alarm stellte sie ihre Fahrt beim nächsten Bahnhof ein. Erreichten wir noch unseren Heimatbahnhof, hieß es wieder rennen, denn bei Alarm durfte niemand auf der Straße sein! Wenn nachts Fliegeralarm war, hieß es auf die Uhr schauen – bei Alarm und bei Entwarnung. Je nachdem, wie lange der Alarm dauerte, begann die Schule am nächsten Morgen später. Trotz Alarm waren ja nicht immer Angriffe. Aber je länger der Krieg dauerte, desto öfter fielen auch Bomben.

Eine schwere Zeit hatte Hamburg im Juli 1943. Meine Mutter war im Mai verstorben, und eine Nachbarin und ihre kleine Enkelin nahmen mich mit an die Ostsee nach Kühlungsborn. An einem frühen Sonntagmorgen bezog sich der Himmel. Aber es sah nicht nach Gewitter aus! Die dunklen Wolken kamen aus Hamburg!

> *In der Nacht vom 24. auf den 25. Juli waren zunächst die westlichen Stadtteile bombardiert worden, also auch Altona. Vom 27. auf den 28. Juli traf es dann das Zentrum Hamburgs. Über 700 britische Bomber warfen 100.000 Spreng- und Brandbomben ab. Es gab riesige Flächenbrände, denen mehr als 40.000 Menschen zum Opfer fielen. Sie hatten sich zwar in Luftschutzkellern zu schützen versucht, konnten diese aber nicht mehr verlassen oder wurden, wenn es ihnen doch gelang, in den Feuersturm gerissen. Die Hälfte aller Wohnungen war zerstört, 750.000 Menschen wurden obdachlos, viele verließen die Stadt.*

Die Stadt wurde in den folgenden Tagen systematisch zerstört, denn bis in den August hinein wurden Angriffe geflogen! Wir in Kühlungsborn wussten nicht, wie es in Hamburg aussah, wir hatten keine Verbindung dorthin. Die Nachbarin sagte daher: „Ich muss sofort nach Hause!“

Ich wollte natürlich mit. Wir brachten am nächsten Tag die Enkelin zu ihren Eltern nach Stralsund, und am dritten Tag versuchten wir nach Hamburg zu kommen. Schon vor der Stadt fuhr der Zug nicht weiter. Also gingen wir zu Fuß Richtung Heimat. Die Straßen lagen voller Bauschutt, die Häuser brannten zum Teil noch, immer wieder stürzten Fassaden ein. Nach geraumer Zeit überholte uns ein Lastwagen, der in unsere Richtung fuhr. Er nahm uns ein ganzes Stück mit. Dann kam Fliegeralarm! Wir in den nächsten Bunker! Er war eigentlich voll besetzt. Die

Leute aus der Nachbarschaft dieses Bunkers hatten nämlich seit Tagen ihre Plätze nicht verlassen. Wir hatten Glück: kein Angriff! Nach der Entwarnung machten wir uns wieder auf den Weg. Morgens, gegen 6 Uhr, erreichten wir unser Zuhause! Meine Schwestern waren entsetzt, dass ich nicht in Stralsund geblieben war. Die ältere brachte mich noch am selben Tag zu einer Tante aufs Land in der Nähe. Da erlebte ich den nächsten Angriff, ein bisschen aus der Entfernung. Aber die Tante hatte nicht einmal einen Keller!

Am nächsten Morgen kam der Bürgermeister, um mich zu holen: Die Menschen in Zügen aus Hamburg, die auf dem kleinen Bahnhof hielten, mussten mit Broten und Getränken versorgt werden. Dazu wurden alle verpflichtet, die irgendwie greifbar waren. Einige Tage half ich mit, dann kamen keine Züge mehr.

Ein weiterer Tag ist mir deutlich in Erinnerung geblieben. Es war im Oktober 1944. Ich war seit Ostern auf der Frauenfachschule, um „Haushalt" zu lernen. Auch Kochen. Das einzige Fleisch, welches wir in dem ganzen Jahr verarbeiteten, saß an Knochen, aus denen wir Suppe zubereiteten! Vor dem Kochunterricht mussten wir erst mit unserem Musikprofessor in die nächste Bombenruine, um Holz zu suchen, damit wir den Herd anmachen konnten. An diesem Tag kam morgens schon Voralarm. Wir in den Bunker! Die Durchsagen im Radio meinten, die Flugzeuge würden weiterfliegen nach Berlin oder so. Daher verließen wir den Bunker und suchten wieder unsere Schule auf. Kein Lehrer da! Die waren wohl noch im Bunker?

Plötzlich kam Alarm! Wir rannten wieder zum Bunker. Die Flugzeuge waren schon über uns, Bomben fielen, aber wir erreichten den Bunkereingang. Dann eine Weile Ruhe. Es folgte eine Durchsage: „Wir können vorläufig den Bunker nicht verlassen! Auf der einen Seite ist die Tür verschüttet, auf der anderen Seite liegt ein Blindgänger in der Nähe der Tür!" Als wir nach Stunden den Bunker verlassen konnten – mit Stahlhelm auf dem Kopf und einer Decke um die Schultern – und zurück in die Schule kamen, mussten wir erst einmal die Fensterscherben beseitigen, und dann hatten wir „Servieren". Ein Wunder, dass die Lehrer noch nicht verhungert waren! Dann nach Hause! Der Altonaer Bahnhof war angegriffen worden. Unser Zug ging erst vom nächsten Bahnhof ab, also mussten wir dorthin laufen. Unser Zuhause sahen wir schon von weitem. Mehrere Männer verschlossen die Fenster, deren Scheiben rundherum entzwei waren, mit Brettern. Es war inzwischen Abend geworden. Der einzige Kommentar meiner Schwester: „Dich gibt es ja auch noch!"

Im Mai 1945 war dann der Schrecken vorbei, keine Angriffe mehr. Dafür Hunger! Meine Schwester war darum froh, dass ich einmal im Monat zu einer Tante aufs Land fahren konnte, um für ihre Familie Strümpfe zu stopfen. Da wurde ich dann auch verpflegt. Für meine Schwester hieß das: Eine weniger am Tisch! Bis dahin hatte ich auch noch mein „Pflichtjahr" abzuleisten. Aber zu den Mahlzeiten musste ich nach Hause gehen! Es war auch ohne mich nicht genug zu essen da für die drei Kinder der Familie!

Im Januar 1946 wurde alles gut. Ich lernte einen jungen Mann kennen. Er war schwerkriegsbeschädigt und noch in einem Lazarett untergebracht. Aber nach zwei Jahren waren wir verheiratet, und für mich begann ein ganz anderes Leben!

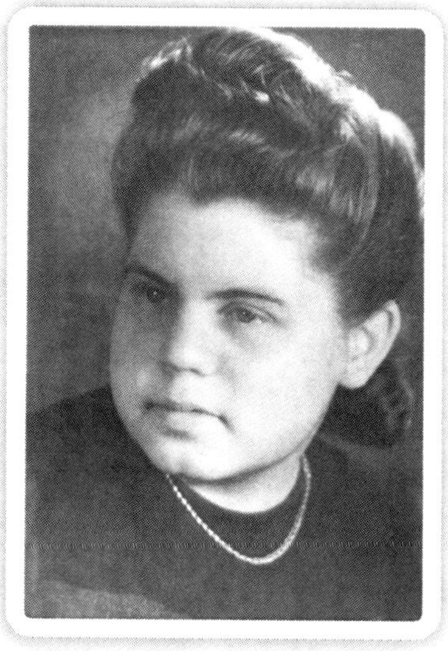

Heiner Kollhoff, geboren 1925, war zunächst 13 Jahre Beamter an der Sozialbehörde in Hamburg, bis er sich entschloss, seinen Lebenstraum zu verwirklichen und Schauspieler zu werden. Seine Frau Ursula stand voll hinter dieser Entscheidung und unterstützte ihn mental und sorgte für die Familie, zu der mittlerweile zwei Kinder gehörten. Sie hatte, wie ihr Mann später immer lachend erzählte, nur eine Bedingung gestellt: „Du musst wenigstens genauso viel verdienen wie als Beamter." Das traf auch ein. Heiner Kollhoff war stolz darauf, in seiner ganzen Berufszeit nie ohne Engagement gewesen zu sein, erst in Bonn und Essen, ab 1976 gehörte er zum Schauspielensemble des Mannheimer Nationaltheaters in der legendären Ära unter dem Intendanten Jürgen Bosse, der das Schauspiel bis 1988 leitete. Unvergessen sind allen damaligen Theaterbesuchern Heiner Kollhoffs Rollen in Ödön von Horvaths „Bergbahn" oder im „Bockerer", einer Tragikomödie von Ulrich Becher und Peter Preses, die im „Dritten Reich" spielt. Mit diesem Stück gastierte das Theater sogar in China, und Ursula Kollhoff war mit dabei. Heiner Kollhoff ist Ehrenmitglied des Nationaltheaters. Er starb 1993.

Immer führte Ursula Kollhoff aber auch ihr eigenes Leben. Sie war weiterhin berufstätig und engagiert sich ehrenamtlich bis heute bei den Johannitern und in der Christuskirche.

Werner Geiss: Ich war „kinderlandverschickt"

Ich wurde am 25.10.1931 in Mannheim geboren und wuchs mit einer zehn Jahre älteren Schwester und einem drei Jahre älteren Bruder in der Neckarstadt auf. Meine Eltern hatten einen Großhandel für Eier, Butter und Käse.

Ende August 1939 waren wir für eine Woche in dem ländlichen Gasthof Keil auf der Tromm im Odenwald in Urlaub. Wie jeden Morgen saßen wir auch am 1. September mit vielen anderen Gästen im Frühstücksraum. Jemand drehte das Radio, den „Volksempfänger", an, und da hörten wir die entscheidenden Sätze aus der berüchtigten Hitler-Rede: „Polen hat heute Nacht zum ersten Mal auf unserem eigenen Territorium auch mit bereits regulären Soldaten geschossen. Seit 5.45 Uhr wird jetzt zurückgeschossen! Und von jetzt ab wird Bombe mit Bombe vergolten!" Schweigen löste das eben noch fröhliche Urlaubsgeplauder ab. Wie auf Kommando standen alle Gäste und auch wir auf, eilten in die Zimmer, packten, beglichen die Rechnungen und fuhren nach Hause.

Der Hintergrund dieser Rede war der angebliche polnische Überfall auf den deutschen Radiosender in Gleiwitz, einer oberschlesischen Stadt unmittelbar an der deutsch-polnischen Grenze, am Tag zuvor. Wie man heute weiß, drangen, nachdem sie eine verschlüsselte Botschaft aus Berlin bekommen hatten, gegen 20 Uhr fünf oder sechs SS-Männer in Zivil, die polnische „Freischärler" mimten, in das Sendergebäude ein. Über den Sender wurde in deutscher und polnischer Sprache zu einem angeblichen Aufstand der polnischen Minderheit aufgerufen. Ein tags zuvor verhafteter Oberschlesier, der als polenfreundlich galt und den man in eine polnische Uniform gesteckt hatte, wurde im Sendergebäude tot aufgefunden – ob erschossen oder zu Tode gespritzt, blieb unklar – und sollte vor allem vor der Weltöffentlichkeit als „Beweis" für den polnischen Überfall dienen. Hitler konnte den Einmarsch in Polen nun als deutsche Reaktion darstellen. Das war wichtig, da die britisch-französische Garantieerklärung für Polen nur galt, wenn es angegriffen würde, aber nicht, wenn es selbst der Angreifer wäre. Allerdings verfing die Finte diesmal nicht: Großbritannien und Frankreich erklärten wenige Tage später dem Deutschen Reich den Krieg.

Mein Vater, Jahrgang 1896, der als ganz junger Mann bereits den Ersten Weltkrieg mitgemacht hatte, wurde 1940 für zwei Jahre eingezogen. Meine Mutter führte nun das Geschäft alleine weiter, allerdings unterstützt von uns drei Kindern. Ich musste meine Geschwister mit einem Leiterwagen zum Riedbahn-Bahnhof am Alten Messplatz begleiten, wenn Ware von Lieferanten ankam. Als aber meine Schwester nach Lahr kriegsverpflichtet wurde, um auf einer Beobachtungsstelle den Himmel mit dem Fernglas nach feindlichen Flugzeugen abzusuchen, und als mein Bruder als Flakhelfer eingezogen wurde, gab meine Mutter das Geschäft Mitte 1942 auf.

Mitte 1941 wurde mir mitgeteilt, dass mein „Pflichteinzug zum Jungvolk" nun unmittelbar bevorstünde. Alle Jungen aus der Neckarstadt im Jungvolk-Alter, 10 bis 14 Jahre, waren in einem „Jungstamm" in vier „Fähnleins" eingeteilt, die nach Helden aus dem „Nibelungenlied" benannt waren: Hagen, Gunther, Siegfried und Giselher, zu Letzterem gehörte ich. Wir hatten unsere Jungvolknachmittage, mussten antreten hinter dem Kindergarten im Erlenhof, machten ab und zu Märsche in die

Oststadt zum übergeordneten „Jungbann", gingen mit Fahrtenmesser, Brotbeutel und Feldflasche am Gürtel, der von einem Schulterriemen gehalten wurde, ins Zeltlager – einmal nach Lützelsachsen, ein andermal in den Hof einer Burg in der Pfalz – oder kämpften in sog. Geländespielen im Käfertaler Wald, z.B. das „Fähnlein" Giselher gegen das „Fähnlein" Hagen.

Im Keller: Mitte oben Werner Geiss, Mitte 1. Reihe seine Mutter

Schon bald nach den Kriegserklärungen Großbritanniens und Frankreichs 1939 folgten auch die ersten Luftangriffe auf Mannheim. Zunächst wurden sie in der Nacht geflogen. Es gab einen Voralarm. Der Fliegeralarm begann so gegen 21 Uhr, dann versammelte sich unsere ganze Hausgemeinschaft im Keller. Man unterhielt sich, auch erinnere ich mich, dass die Frauen, wenn es länger dauerte, weil die Entwarnung oft erst gegen Morgen 8 Uhr kam, in die Wohnungen hinaufliefen, Kaffee kochten und diesen und öfter auch einen Kuchen wieder mit nach unten brachten. Alles in allem also eine eher gemütliche Angelegenheit. Allerdings war bereits von unserem Keller ein Durchbruch in den des Nachbarhauses gemauert worden. Das war Vorschrift, um eine Fluchtmöglichkeit zu haben, wenn der Ausgang aus dem eigenen Keller bereits verschüttet sein sollte. Jedes Haus musste außerdem oben unter dem Dachfirst einen Sandkasten und mit Wasser gefüllte Eimer bereitstellen, damit eventuelle Brände schnell gelöscht werden konnten. Neugierig schauten wir Buben aus der Kellertür, um den Einsatz der Flak zu beobachten, die auch hinter der Humboldt-Schule positioniert war. Wir beobachteten, wenn sich mehrere Scheinwerferstrahlen oben am Himmel trafen und ein feindliches Flugzeug zum Abschuss anvisiert und verfolgt wurde, bis der Abschuss vermutlich außerhalb des dichten Wohngebietes erfolgen konnte, z.B. über dem Gebiet des heutigen Herzogenriedparks.

Auf mich war eine besondere Aufgabe zugekommen: Ich war vom „Jungvolk" als sog. Feuermelder ausersehen worden. Ich musste nach der Entwarnung mit meinem Fahrrad zur NS-Ortsgruppenleitung im Erlenhof fahren, um zu melden, wo es in der Umgebung unseres Wohnhauses brannte. Ich musste auch melden, wenn es nicht gebrannt hatte. Eines Tages wollte ich besonders schnell meine Pflicht tun. Ich hob mein Fahrrad aus dem Keller, stürzte aber so unglücklich, dass ich mir mit dem Lenker ein Stück von den beiden oberen Vorderzähnen abbrach. Natürlich radelte ich zuerst zur Ortsgruppenleitung und erstattete meine Meldung. Dort erhielt ich eine Bescheinigung, dass ich mir auf Kosten des Deutschen Reiches von einem Zahnarzt diese Zähne reparieren lassen könnte. Mit diesem Zettel ging ich am nächsten Tag zu unserem Zahnarzt, der mir aber erklärte, für eine solche Reparatur sei ich noch zu jung, ich solle in einigen Jahren wiederkommen. Das tat ich auch, da war ich 17 Jahre alt, es war kurz nach der Währungsreform. Ich wies dem Zahnarzt meine Bescheinigung vor, aber der lachte nur und erklärte sie für ungültig. Die Zeiten hätten sich schließlich geändert, auf meinem Zettel stände ja noch „Heil Hitler", da sei der Staat nicht mehr zuständig. Natürlich behob er den Schaden an meinen Zähnen, aber nicht auf Kosten des Deutschen Reiches bzw. seiner Rechtsnachfolgerin, der Bundesrepublik Deutschland, sondern auf Kosten meiner Eltern.

Im Frühjahr 1943 wurden die Bombenangriffe heftiger. Mein Vater, der mittlerweile aus dem Kriegsdienst entlassen war, arbeitete als Angestellter beim Milch-, Fett- und Eier-Wirtschaftsverband Baden in Karlsruhe. Im September 1944 erlitt er eine schwere Verletzung im Gesicht, als er auf der Autobahn bei Bruchsal in Tieffliegerbeschuss geriet. Er war dadurch arbeitsunfähig bis Ende Mai 1945. Meine Mutter und ich – die Geschwister waren ja zwischenzeitlich dienstverpflichtet – bekamen 1943 zunächst einen Platz im Ochsenpferchbunker, der bei uns der „14er- Bunker" hieß, weil er „an der 14." in der Neckarstadt-West lag. Die 19 Querstraßen zwischen Altem Messplatz und Ludwig-Jolly-Straße/Untermühlaustraße wurden im Volksmund durchgezählt. Ich erinnere mich, dass es ab und zu Bubenkämpfe zwischen der „14." und „16." gab. Wenn es aber um die Neckarstadt als Ganzes ging, hielten natürlich alle zusammen. Im Ochsenpferchbunker hatten wir zwei Sitzplätze. Als aber die schweren Angriffe zunehmend länger als zwei bis drei Stunden dauerten, wurden wir dem Tiefbunker hinter der Feuerwache zugeteilt. Wir erhielten zwei Betten in einem Sechserraum, in dem je drei Betten übereinander standen. Über mir im obersten Bett war ein älterer Mann untergebracht, der Mühe hatte, hinauf zu kommen. Meine Mutter duldete nicht, dass ich mit ihm tauschte, sie wollte mich in ihrer Nähe wissen. In diesem Bunker befanden wir uns auch bei den beiden verheerenden Luftangriffen auf Mannheim, in der Nacht vom 5. auf den 6. und vom 23. auf den 24. September, bei denen die Mannheimer Innenstadt und andere Ortsteile in Schutt und Asche gelegt wurde.

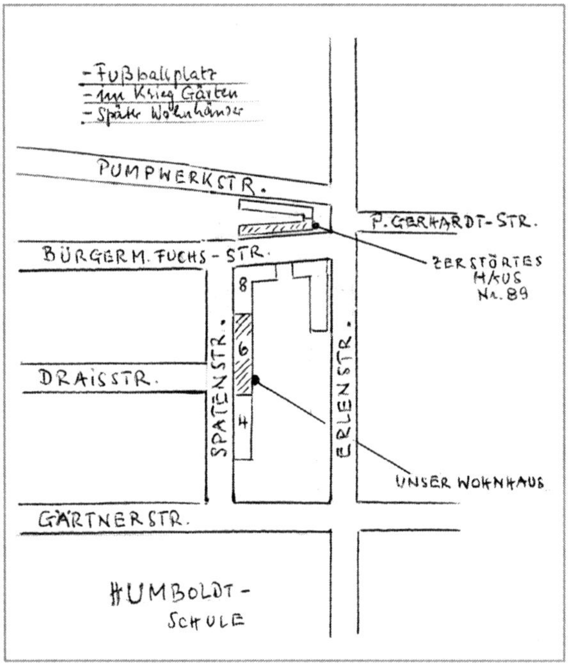

Dass in Mannheim trotz dieser heftigen Luftangriffe – allein im September 1943 etwa 400 Tote und 90.000 Obdachlose – und auch in denen in den Jahren danach vergleichsweise zu anderen Großstädten nur wenige Menschen umkamen, war auch der Tatsache zu verdanken, dass die Stadt über 150 Bunker verfügte

mit insgesamt 120.000 Plätzen. Da die Bunker meist überbelegt waren, bedeutete das einen hohen Schutz für die Mannheimer Bevölkerung.

In der Nacht zum 24. September wurde unser Tiefbunker von einer Luftmine getroffen, es entstand ein ungeheurer Krach, das Licht ging aus, die Menschen schrien laut. Als eine laute sonore Männerstimme „Ruhe!" rief, kehrte tatsächlich eine gespenstische Ruhe ein. Als wir den Bunker verlassen konnten, stellten wir erleichtert fest, dass unser Wohnhaus noch stand, aber das übernächste Haus war getroffen worden, 34 Hausbewohner waren im Keller umgekommen.

Ich wusste in dieser Nacht bereits, dass ich mich am anderen Morgen am Mannheimer Hauptbahnhof einzufinden hatte, denn ich sollte „kinderlandverschickt" werden.

Die „Kinderlandverschickung" (KLV), 1940 ins Leben gerufen, war zunächst eine Art soziale Fürsorge für Mütter mit kleineren Kindern aus Berlin, Hamburg und den Großstädten des Ruhrgebiets, um ihnen einige Monate Aufenthalt in Regionen zu ermöglichen, die vom Luftangriffen wenig betroffen waren, etwa Bayern, Österreich, Böhmen oder Ostpreußen. Ungefähr 2 Millionen Kinder, darunter 850.000 Schüler zwischen 10 und 14 Jahren, wurden davon erfasst, letztere im Rahmen der sog. Erweiterten Kinderlandverschickung. Darunter verstand man, dass ganze Schulklassen zusammen mit ihren Lehrern in ländliche Gebiete ausgelagert wurden. Die organisatorische und personelle Leitung dieser KLV-Lager hatte die Hitlerjugend (HJ), d.h. dass der Dienst im „Jungvolk" und in der HJ auch dort weitergeführt wurde.

Am Morgen des 24. September ging ich also mit meiner Mutter vom Erlenhof, wo wir damals wohnten, zum Hauptbahnhof. Wir waren zu Fuß unterwegs, denn das Straßenbahnnetz war durch die Angriffe weitgehend zerstört worden. Immer wieder mussten wir vor allem am Ring über Schuttberge klettern. Abwechselnd trugen wir den Koffer. Am Bahnhof hatte sich eine riesige Menschenmenge versammelt: 120 Schüler der Mannheimer Hauptschulen, ihre Lehrer und ihre Mütter. Meine Mutter steckte mir noch 5 Mark zu, dann weinte sie wie die meisten anderen auch. Ich war da noch keine 12 Jahre alt und wusste nicht, dass ich meine Eltern mehr als zwei Jahre nicht wiedersehen würde. Unser Ziel war der kleine Ort Wehr im Hotzenwald, einer Region des Südschwarzwalds in der Nähe von Waldshut. Hier wurden wir mit unseren Klassenlehrern im „Wehrahof" untergebracht, einem großen Hotel. Zunächst schien alles recht idyllisch. Morgens hatten wir unseren regulären Unterricht, nachmittags gab es Freizeitbeschäftigungen, angeleitet von der Lagerleitung. Mit dem Dorf, also beispielsweise der dortigen Schule und deren Schülern, hatten wir keinen Kontakt, wir waren für uns.

Die Lagerleitung führte zunehmend ein strenges Regiment. Am Schwarzen Brett wurden Schüler „wegen Ungehorsam" namentlich genannt, die irgendwelche kleineren Verfehlungen begangen hatten. Dazu gehörte zum Beispiel, wenn die tägliche Spindkontrolle ergeben hatte, dass man seine Wäsche nicht ordentlich übereinander gestapelt hatte. Ich musste daher einmal drei Wochen lang kehren, und da ich dies am letzten Tag ein wenig liederlich gemacht und den Dreck in einer dunklen Ecke zusammengefegt hatte, wurden mir noch einmal drei Wochen aufgebrummt.

Wir wuschen uns auch im Winter nur mit kaltem Wasser und benutzten Toiletten, die in den langen Schwarzwaldwintern oft zugefroren waren. Dann mussten sie von den „Ungehorsamen" geöffnet werden. Bestraft wurde man auch, wenn die Bettwäsche, die vermutlich schon sehr alt war, einen Riss bekommen hatte. Da war ich dann oft der Retter in der Not. Ich verstand mich damals nämlich aufs Stopfen und Nähen – auf einer Postkarte an meine Eltern, die ich Jahrzehnte später bei der Auflösung ihres Haushalts fand, hatte ich gebeten, mir neben Schuhen doch Stopfgarn zu schicken – und konnte solche Risse so zusammenflicken, dass sie nicht bemerkt wurden, wenn die Laken in die Wäschereikontrolle kamen.

Wenn wir im Frühjahr zum Sammeln von Brennnesseln geschickt wurden, diente das der eigenen Ernährung, aber als wir im Herbst 1944 an der französischen Grenze Sanddornbeeren sammeln mussten, leisteten wir, wie es hieß, einen wichtigen Beitrag zur Gesunderhaltung der deutschen Soldaten, die so mit Vitamin C versorgt werden konnten. Wir lebten hier einige Tage in riesigen Baracken und gerieten, als wir mit dem Zug wieder nach Wehr fuhren, in der Gegend von Freiburg in heftige Tieffliegerangriffe, die wir auf freiem Feld, in eine Ackerfurche geduckt, überstanden. Im darauffolgenden Winter wurden wir auch von Jagdgesellschaften bei Hasenjagden als „Treiber" eingesetzt.

In der Nähe von Wehr liegt das Dorf Öflingen, der Heimatort der Familie Weck, die bis heute allen Hausfrauen als Erfinder der Weck-Gläser und damit des „Einweckens" bekannt ist. Wir Schüler bekamen von unserer Lagerleitung den Auftrag, in unserer Unterkunft für die Firma Prospekte zu falten. Wir mussten sie nach einer bestimmten Ordnung legen, dann in Äpfelkisten stapeln und schließlich mit einem Pritschenwagen nach Öflingen fahren. Der Weg ging zeitweilig auch bergab, und so ließen wir den Wagen rollen und saßen vorne drauf. Einmal landeten wir im Straßengraben, die Äpfelkisten entleerten ihren Inhalt in den Dreck, und wir mussten anschließend noch einmal die riesige Menge an Prospekten falten und kamen natürlich namentlich an das Schwarze Brett.

Kurz vor Kriegsende waren plötzlich Lagerleitung und Lehrer nicht mehr da. Meine Mitschüler der „Stube 21" beschlossen, auf eigene Faust Richtung Mannheim zu gelangen. Auf einen Pritschenwagen legten wir einen leeren Schrank mit den Türen nach oben, in den wir unsere Habseligkeiten packten. Wir kamen nur bis in das Nachbardorf Hasel, bekannt für seine Tropfsteinhöhle, das kurz danach von den Franzosen, besetzt wurde. Ich wurde Zeuge, wie einer in eine Gruppe Bauern, die in einiger Entfernung den Einmarsch verfolgten, einfach so hineinschoss. Da wir nun nicht weiter konnten, haben wir zehn bis elf Buben uns auf Bauernhöfe verteilt. Andere Mitschüler fanden ebenfalls Unterkunft in den umliegenden Dörfern. Hier verrichtete ich von morgens 4 Uhr bis zum Abend Bauernarbeit, ich mistete den Schweinestall aus, machte bei der Heuernte mit und tat alles, was nötig war. Es war schwere Arbeit. Als Lohn gab es das Essen. Ob meine Eltern und Geschwister noch lebten, ob unser Wohnhaus noch stand, wusste ich nicht.

Im September 1945 tauchten amerikanische Sattelschlepper auf, die uns Mannheimer Buben auf allen Bauernhöfen einsammelten und uns auf ihre Anhänger verluden, auf denen wir eng an eng standen. Ich vermute, dass die Lehrer, die es geschafft hatten, sich nach Mannheim durchzuschlagen, darauf hingewiesen hatten, dass sich noch Mannheimer Schüler im Südschwarzwald befanden. Ich erinnere mich auch deshalb noch genau an die Fahrt, da die Amerikaner einen Umweg über Bühl machten, es war nämlich Zwetschgenzeit, und sie wollten die berühmten Bühler Zwetschgen kennenlernen. Endlich kamen wir in Mannheim an. Meine Familie lebte noch, das Wohnhaus stand. Ich war noch keine 14 Jahre alt und zwei Jahre auf mich allein gestellt gewesen, jedenfalls ohne die Fürsorge meiner Eltern. Jetzt, so hofften wir alle, würde sich das Leben wieder normalisieren.

Im Spätherbst 1945 wurde die Uhlandschule als „Volksschule" wieder eröffnet, ich wurde der 8. Klasse zugeteilt und aus ihr im Juli 1946 entlassen. Was sollte nun aus mir werden? Ich kam viel in der zerstörten Stadt herum und sah natürlich auch die zerstörten Brücken, und da kam mir die Idee, Brückenbauingenieur zu werden. Daher wollte ich als Erstes eine Maurerlehre beginnen. Meine Mutter fand den Plan nicht so überzeugend, sondern ging mit mir zum Direktor der „Vereinigten Realgymnasien Mannheim", Herrn Schulze-Diesdorf. Das von den Amerikanern beschlagnahmte Lessing-Gymnasium war mit dem Tulla-Gymnasium zusammengelegt worden, und in dem teilzerstörten Gebäude des Letzteren wurden nun beide Schulen in abwechselndem Schichtunterricht morgens bzw. nachmittags unterrichtet. Der Direktor war recht skeptisch, denn immerhin fehlten mir einige Jahre gymnasialer Bildung. Meine Mutter schilderte beredt die Zumutungen, denen ich zwischen 1943 und 1946 ausgesetzt gewesen war, aber immer wieder sah er mich prüfend an und sagte seufzend: „Aber der Bub kann doch gar nichts!" Schließlich ließ er sich aber erweichen und nahm mich in die Untertertia, nach heutiger Zählung die 8. Klasse, auf. Er gab mir ein Jahr Zeit, um Mathematik, aber vor allem Latein nachzulernen, wovon ich natürlich keine Ahnung hatte. Wenn ich am Ende des Schuljahres in keinem Fach eine Fünf hätte, so der Direktor, würde er mich behalten. Mit vielen Nachhilfestunden bei dem Sohn (Lehrer) des Gaswerkdirektors in unserer Nähe schaffte ich es tatsächlich, ohne eine Fünf in die Obertertia versetzt zu werden, und konnte 1952 mit meiner Klasse Abitur machen. Bis heute verbindet mich mit den noch Lebenden eine echte Freundschaft.

Nach dem Abitur machte Dr. Werner Geiss zunächst eine kaufmännische Lehre bei Bopp & Reuther. Nach deren Abschluss arbeitete er erst ein Jahr im Verkauf, beschloss dann aber, an der Mannheimer Schlosshochschule Betriebswirtschaft zu studieren. Die Eltern gewährten ihm Kost und Logis, die Firma unterstützte ihn ebenfalls. Nach dem Abschluss des Studiums ging er als Diplom-Kaufmann zurück zu Bopp & Reuther und wurde bald Personalchef des Betriebes und später zuständig für die Finanzen. Einer seiner Chefs, Hans Reuther, eröffnete ihm Freiräume, sodass Werner Geiss neben seiner Arbeit auch noch promovieren konnte. Er ist Zeit seines Berufslebens ein begeisterter „Bopp & Reutherianer" geblieben.

Rainer Laih: Kindheit im zerstörten Mannheim

Ich bin gebürtiger Mannheimer, 1934 geboren, und lebte zunächst in Neuostheim. Wegen der Nähe zum Flugplatz und dem damit verbundenen Lärm verlegten wir unser Domizil in die Oststadt.

Der 1926 gegründete Flugplatz, von dem 1930 nur etwa 2000 Passagiere gestartet waren, entwickelte sich nämlich rasant: 1937 waren es bereits 11.600 Fluggäste, also entsprechend viele Flugbewegungen.

Von Frühjahr 1940 an bis 1952 wohnten wir in der Viktoriastr. 6 zur Miete, dann zogen wir in eine Mietwohnung in die Richard-Wagner-Str. 6 wegen Eigentümerwechsels 1939/40. 1939/1940 wurde mein Vater kurz als Flakhelfer auf dem Scharhof eingezogen, aber als Teilnehmer des Ersten Weltkriegs durfte er bald seine Lehrertätigkeit wieder aufnehmen. Er war zuständig für die Fächer Deutsch, Geschichte und Englisch.

Im September 1943 flog die Royal Airforce ihren bisher schwersten Großangriff auf Mannheim. Die Innenstadt wurde erheblich zerstört, fast 400 Menschen starben, 90.000 wurden obdachlos. Auch die Oststadt hatte es heftig getroffen: Auf meinem Schulweg von der Viktoriastraße in die Pestalozzi-Volksschule waren alle vier Eckhäuser zerstört. Ich war furchtbar erschrocken, als ich an den Trümmerbergen vorbei musste. Immer häufiger gab es nun Bombenalarm, und wir rannten in den Bunker unter dem ehemaligen Tennisplatz an der Goethestraße – heute steht hier das Nationaltheater – oder, wenn die Zeit nicht mehr reichte, in den Bunker unter der Christuskirche, in die Katakomben.

Nach dem verheerenden Angriff 1943 beschlossen meine Eltern, dass meine Mutter mit mir Mannheim verlassen solle. Wir fanden bei Verwandten Unterkunft in Gefrees, einer Kleinstadt im Fichtelgebirge, wo ich die Volksschulklassen 3 und 4 absolvierte. Hierher kamen keine feindlichen Flugzeuge, kein Bombenalarm riss einen aus dem Schlaf. Bis zum Januar 1945 war ich hier ein glücklicher Junge, der sich mit den Töchtern von Onkel und Tante mütterlicherseits bestens verstand. Ein Spielhäuschen und jede Menge Wintersportgeräte sorgten für den Zeitvertreib. Im Winter 1944/45 rückte der Krieg auch auf Gefrees zu, es kamen Flüchtlingstrecks aus dem Osten und zugleich britische Jagdbomber, die gehörig für Unruhe sorgten. Im April 1945 besetzten die amerikanischen Truppen den Ort und mit ihnen die ersten Dunkelhäutigen, die uns Kinder mit Orangen, Kaugummi, Schokolade und Erdnüssen verwöhnten, um uns die Angst vor ihnen zu nehmen.

Als wir Ende 1945 nach Mannheim zurückkamen, stand glücklicherweise noch das Haus in der Viktoriastraße. Es hatte aber viele Kriegsschäden, die nur mühsam beseitigt werden konnten, denn es gab kein solides Baumaterial, sondern rings umher nur Trümmer. Mit Bizellakunststoffglas konnten wir wenigstens die Fenster abdichten. Zwar gab es Lebensmittelkarten, aber kaum Nahrung. In Erinnerung ist mir, dass wir auf die Milchkarte täglich ¼ Liter Vollmilch oder ½ Liter Magermilch erhielten, beides offen ausgeschenkt, manchmal auch nur Milchpulver, manchmal, wenn man zu spät dran war, gar nichts mehr. Wenn man Glück hatte, gab es auf die Brotkarte quittengelbes Maisbrot oder Schwarzbrot aus undefinierbarem Getreide mit kleinen Steinchen drin. Ab und zu kamen die Amerikaner auf Lkw und ließen durch deutsche Kriegsgefangene am Charlottenplatz Essensreste aus ihren Kantinen – Suppe oder Brei –, aber auch Kaugummi oder kleine Schokotäfelchen verteilen.

1945 war mein Vater zunächst arbeitslos, da er auf seine Entnazifizierung warten musste. Weil er gut Englisch sprach, war es für ihn nicht schwierig, einen befristeten Posten als Dolmetscher zu finden. So landete er in Rheinau bei der RTO (Railways Transportation Organisation), einer amerikanischen Güterabfertigungsstelle, die mit der Deutschen Reichsbahn zusammenarbeiten musste. Hier lernte er die neuartige Zigarettenwährung kennen, denn sein Grundgehalt in Reichsmark war ohne ein Zubrot viel zu niedrig, um eine Familie zu ernähren. So wechselte manche Packung Zigaretten ihren Besitzer, manchmal geschenkt, manchmal im Tausch gegen kleine Soldaten aus Elastolin oder Liniol, Gemischen aus Holzmehl und Leim oder Kunstharz, oder Schützengräben und Bunker aus Pappe, alles Spielzeug von Buben während des „Dritten Reiches". Vor allem Spielzeugkanonen und Hitlers Mercedes aus Metall waren beste Tauschobjekte. Wir hatten nun eine begehrte Währung: Biete Chesterfield oder Camel, suche Teile für die Modelleisenbahn Spur 0 oder ein Musikinstrument. Eine Elastolin-Musikkapelle mit Kesselpauker hoch zu Ross erbrachte sogar eine ganze Stange Zigaretten und somit den Gegenwert für eine alte diatonische Ziehharmonika. Leider wurde das Arbeitsverhältnis bei der RTO 1947 aufgelöst: Mein Vater hatte einen Unfall mit dem Puffer eines Güterwagens und trug eine 10 cm lange Wunde auf dem Kopf davon. Bis zur Währungsreform im Juni 1948, mit der die Deutsche Mark (DM) eingeführt wurde, dauerte dieser „Schwarze Markt". Jetzt waren Lebensmittel wieder leichter zu bekommen, vorausgesetzt, dass man das neue Geld besaß. Jeder erhielt bekanntlich zunächst 40 DM „Kopfgeld", womit man nicht allzu weit kam, aber bereits am Tag nach der Währungsumstellung gab es in den Geschäften wieder vielfältige Angebote. Zwar gab es immer noch Lebensmittelmarken, aber diese wurden großzügiger gehandhabt. Im Frühjahr 1949 war auch die Entnazifizierung erfolgreich beendet, und mein Vater konnte wieder seinem alten Beruf an der Wirtschaftsoberschule in R 2,2 nachgehen.

Da bei Kriegsende durch die Bombardierungen aus amerikanischen oder britischen Flugzeugen die Mannheimer Innenstadt fast völlig zerstört worden war, fuhr zu den Schutthalden ein Spezialbähnchen mit offenen Loren, die den Abraum aus der Stadt hinaus schafften. So entstand parallel zur früheren Rennwiese – ab der Bundesgartenschau 1975 der erweiterte Luisenpark – aus der Oststadt heraus in Richtung Neuostheim ein neuer Rad- und Fußweg. Es war ein erster Anfang zu den neuen Sportplätzen. Für uns Kinder war die Schuttbahn mit den Loren für kurze Zeit ein willkommenes Spielgerät in schweren Zeiten. Wir rannten neben ihr her und sprangen auch wohl mal auf, was natürlich streng verboten war. Meistens beschäftigten wir uns aber mit weniger gefährlichen Spielen, am liebsten mit allem, was Räder besaß, wie Roller, Rollschuhe, Fahrräder, oder mit den nach Kriegsende nicht mehr benötigten kleinen Transportwagen für eine Abfahrt in den Luisenpark. Wir sammelten Kastanien und plünderten Obst von Trümmergrundstücken. Natürlich war auch Fußball gefragt oder eine Art von Völkerball (Abschießen mit einem alten Tennisball). Wenn Mädchen dabei waren, war auch Hüpfen angesagt, manchmal auch auf vorgezeichneten Rechtecken. Bei Sonnenschein führte uns

Lorenbahn

der Weg mit dem Fahrrad durch den Waldpark ins Strandbad zum Schwimmen an den Rhein. Gerne hörten wir auch Schallplatten, Schlager, Jazz von Louis Armstrong und Tanzmusik von Erwin Lehn oder Kurt Edelhagen waren Favoriten. An Samstagen gingen Vater und Sohn in die Alster-Lichtspiele in O 3 im Hause des ehemaligen Modehauses Neugebauer, natürlich nur, falls es jugendfreie Filme gab! Wichtig war die Wochenschau, denn Fernsehen gab es ja noch nicht.

1946 im Frühjahr begann nach bald einem Jahr schulloser Zeit offiziell wieder der Schulunterricht. Für mich hieß das die Einschulung in die Sexta des Tulla-Gymnasiums, das nur Knaben besuchten. Wir hatten Schichtunterricht im Halbtagsintervall mit dem Lessing-Gymnasium, dessen Haus von den Amerikanern besetzt war, also eine Woche vormittags Unterricht, eine Woche nachmittags. Englisch war die erste Fremdsprache, Latein die zweite. Wir hatten Lehrer, die noch nach altem Gusto unterrichteten. Jeden Tag in der Großen Pause bekamen wir die sog. Schulspeisung. Besonders gerne erinnere ich mich an die Nudelsuppe, den Kakao und die Buchteln.

Der amerikanische Präsident Herbert Hoover hatte diese Speisung für die sog. Bizone im besetzten Deutschland initiiert, also für die amerikanische und britische Besatzungszone, sie hieß daher nach ihm auch Hooverspeisung. Zwischen 1946 und 1949 haben etwa 3,5 Millionen Kinder und Jugendliche zwischen 6 und 18 Jahren davon profitiert. Sie sollten täglich 350 zusätzliche Kalorien erhalten. Das Essen wurde in den Schulen ausgegeben, die Lehrer hatten dafür zu sorgen, dass die großen Schüler den kleinen nichts wegnahmen. Abwechselnd gab es Haferflockenbrei, Hülsenfrüchte, Nudeln mit Tomatensoße und einmal in der Woche Kakao und ein weißes Brötchen. Jedes Kind hatte sein Besteck und Geschirr aus Blech dabei, letzteres war oft eine Konservendose mit zwei Löchern am Rand, durch die ein Bindfaden gezogen war. Die Dose baumelte am Schulranzen.

Kuppel der Christuskirche mit Loch

Wie viele andere Kinder aus der Oststadt gehörte ich zur Jungschar an der Christuskirche. Unsere Gruppe hatte als Zeichen das Ankerkreuz und wurde von der Tochter des Pfarrers Mayer geleitet. Anfänglich, als die Konfirmandensäle noch defekt waren, fanden die Gruppensitzungen im ehemaligen Bunker statt. Das Pfarrhaus Ost war ganz zerstört, das Pfarrhaus West konnte wie auch bald der Konfirmandensaal West eingeschränkt genutzt werden. Ansonsten war der Zustand der Christuskirche recht ordentlich. Die kleinste und einzig noch vorhandene Glocke rief zum Gottesdienst, für Kinder um 11 Uhr. Die Steinmeyer-Orgel war noch splittergeschützt. Der Kirchturm hatte einen Schaden durch Granatenbeschuss erlitten, als die Amerikaner von Ludwigshafen her im April 1945 nicht gleich in Mannheim einmarschieren konnten, da die abziehenden deutschen Soldaten die Rheinbrücke gesprengt hatten. Wegen der unterschiedlichen Unterrichtsstunden – mal vormittags, mal nachmittags – waren die Teilnehmer der Jungschar auch unterschiedlich zusammengesetzt. Gesangbücher waren nicht vorrätig, sondern mussten von zu Hause mitgebracht werden. Frau Mayer hatte auch oft handgeschriebene Liedtexte vorbereitet. Das Neue Testament wurde in Form eines Spardrucks in DIN A 6 bei Bedarf verteilt und gleich wieder eingesammelt. Über das Alte Testament wurde zwar gesprochen, es blieb jedoch immer auf dem Altar liegen.

Im Sommer 1948 wurde die Jungschar vom Konfirmandenunterricht abgelöst. Ich habe in Erinnerung, dass wir 42 Teilnehmer waren, nur aus der Westpfarrei.

Da die Konfirmation nach der Währungsumstellung stattfand, war das Fest für 20 Personen nur eine Frage des Geldes, nicht des Wollens. Unter Mitwirkung einer Köchin mit Hilfskraft wurde gewährleistet, dass alle Gäste, die zum Mittagessen zu Hause eingeladen waren, an der Einsegnungszeremonie in der Kirche auch teilnehmen und, falls gewünscht, um 15 Uhr die Abendmahlsfeier (wandelnde Kommunion) besuchen konnten. Es gab Tomatensuppe und später einen Braten mit Kartoffeln und Spätzle mit Gemüse, das wir von unserer bäuerlichen Verwandtschaft

Als Konfirmand

in Oftersheim bekommen hatten. Zum Nachtisch wurde selbstgemachtes Eis serviert. Meine Konfirmationsgeschenke waren ein neues Rabeneick-Fahrrad und ein Gesangbuch von 1882. Angeblich konnte damals kein aktuelleres Exemplar aufgetrieben werden. Außerdem hatte unsere Oma mütterlicherseits sich bereit erklärt, einen finanziellen Beitrag zu leisten. Sie hatte schon immer betont, für ihren Enkel etwas Gutes tun zu wollen.

Nach dem Fest fanden zwar noch einige wenige Zusammenkünfte der ehemaligen Konfirmanden statt, aber die Tendenz unserer Freizeitbeschäftigung ging bereits in Richtung Tanzschule bei Otto Lamadé. Das Leben normalisierte sich also, Mannheim lebte wieder auf. Den vielen Bunkern sei's gedankt! Der Wasserturm legte bald sein Notdach wieder ab und bekam wieder seine Amphitrite auf der Spitze.

Ich machte 1955 mein Wirtschaftsabitur und studierte nach einer kaufmännischen Lehre an der damaligen Wirtschaftshochschule Mannheim, der heutigen Universität, und an der berühmten Hochschule für Welthandel in Wien. Nach Abschluss meines Examens war ich dann Diplom-Kaufmann und war bis zu meiner Pensionierung 1994 als Leiter des Rechnungswesens (Prokurist) bei dem Teigwarenhersteller 3 GLOCKEN in Weinheim beschäftigt.

Der Christuskirche war ich immer noch verbunden. Ich gehörte während drei Legislaturperioden dem Ältestenkreis an, zuerst unter Pfarrer Baier, dann unter Pfarrer Dr. Meyer, und habe 1994 bis 2000 die Finanzen des Hilfsvereins der Christuskirche verwaltet.

Seit 1965 bin ich verheiratet und wohne am Josef-Braun-Ufer.

Karl-Heinz Trumpp: Zwischen Bombenangriffen und Trümmern

Im März 1940 wurde ich als jüngstes von drei Kindern in Mannheim geboren, nach einer Schwester Inge(borg), 1922-99, und einer Schwester Lilly, geb. 1936.

Karl-Heinz Trumpp mit Schwestern

Meine erste für mich prägende Erinnerung an den (Luft-)Krieg in Mannheim war die Nacht vom 23. auf den 24. September 1943, als 300-400 feindliche Flugzeuge die Stadt, deren Zentrum bereits drei Wochen vorher weitgehend zerstört worden war, nochmals heftig bombardierten. Das Dach des Hauses in der Collinistr. 14 wurde durch eine Sprengbombe und unsere darunter liegende Wohnung durch Stab- und Phosphorbomben fast völlig zerstört. Ich erinnere mich, dass ich von meinen Eltern oder unserem Mädchen Emma an der Außenfassade des Straßenbahndepots gegenüber auf eine Kiste oder etwas Ähnliches gesetzt wurde, während aus dem Dachstuhl und den Fenstern unserer Wohnung die Flammen loderten. Die Eltern und Nachbarn versuchten noch, Möbel und Hausrat aus dem Haus zu schaffen. Meine Schwester Inge war damals schon als Wehrmachtshelferin an der Ostfront und meine Schwester Lilly im Rahmen der Aktion Landverschickung in Dühren bei Sinsheim bei einer Bauernfamilie untergebracht, da in Mannheim kein Unterricht mehr stattfand. Inge kam selten auf Urlaub, Lilly lebte nur in den Ferien bei uns.

Unsere Familie wurde nun in die teilweise beschlagnahmte Wohnung des Kürschnermeisters Winkler im 1. Obergeschoss der Lameystr. 36, dem Haus der Magdeburger Versicherung, eingewiesen. Wir durften Küche, Badezimmer und Wohnzimmer mitbenutzen, zwei Schlafzimmer standen zur Alleinbenutzung zur Verfügung: das eine für meine Eltern, Lilly und mich, das andere für das Mädchen Emma und Inge. Das Ehepaar Winkler war offenbar nur sporadisch in der Wohnung, ich kann mich jedenfalls nicht an sie erinnern.

Meine Mutter fuhr mehrmals im Monat mit dem Zug vom Bahnhof bei der Feuerwache in der Neckarstadt nach Lampertheim, um dort auf dem Feld mitzuhelfen, und brachte dann je nach Jahreszeit Spargel, Kartoffeln, Gemüse oder auch mal ein Stück Fleisch, Wurst oder Schinken, Eier u. a. mit, manches Mal durfte ich mitfahren. Ab 1944 bis Anfang 1945 musste sie mit mir im Kinderwagen oft auch zu Fuß nach Lampertheim gehen, da nur noch sporadisch Züge fuhren. Meine Mutter war bis 1935 Kranken- und Kinderkrankenschwester gewesen und hatte die Bäuerin und deren Zwillingsschwester aus Oberflockenbach in Heidelberg bei deren Krankenhausaufenthalten gepflegt. Dafür waren die beiden Frauen ihr dankbar und gaben ihr daher Lebensmittel.

Ich war praktisch bis Kriegsende Einzelkind, da es in der Nachbarschaft keine weiteren Kinder gab und meine Schwester Lilly immer nur kurz bei unserer Familie in Mannheim während der Ferien weilte. Die Fliegerangriffe setzten ihr gesundheitlich derart zu, dass unsere Mutter sie, soweit ich mich erinnere, immer sehr bald wieder nach Dühren schickte. Die Eltern waren nicht in der NSDAP, und daher erhielt die Familie auch keine Bunkerausweise. So wurde es jedenfalls bei uns erzählt. Der für unser Haus Lameystraße 36 zuständige Blockwart war auch zeitweise Bunkerwart beim Tennisbunker, sodass meine Mutter mit mir immer in den Katakomben der Christuskirche Schutz suchte und fand. Meine Mutter und ich wurden auch deswegen von den Bunkerwarten zurückgewiesen, da ich große Rachenmandeln hatte und nach dem Rennen in den Bunker sehr husten musste. Die Aufseher verwehrten mir dann den Zutritt, da ich Tuberkulose hätte und ansteckende Personen nicht in den Bunker dürften. Dass es in Mannheim schon mehrere Jahre keinen Hals-, Nasen- Ohrenarzt mehr gab, der meine Mandeln operativ hätte entfernen können, galt nicht als Einwand. Ob unser Mädchen Emma mit in der Christuskirche war, ist mir nicht erinnerlich. Emma absolvierte in unserer Familie das „NS-Pflichtjahr in der Familie“, das alle schulentlassenen Mädchen ableisten mussten. Zu den Katakomben der Christuskirche ist unbedingt unser Kirchendiener Karl Häffner zu erwähnen, der mich, wenn ich bei verspätetem Bombenalarm alleine losgeschickt wurde, nach Klopfen an der Luftschutztüre in die Katakomben zog. Herr Häffner soll auch die nicht gezündeten Phosphor- und Stabbrandbomben von der Orgelempore schubkastenweise aus der Christuskirche gebracht haben.

Als Emma einmal meine Schwester Inge in der Kaiser-Wilhelm-Kaserne in der Schreibstube abholte, lernte sie dort einen Soldaten kennen, der hier diente und den sie nach dem Krieg ehelichte. Sie starb erst 2015 und war bis zu ihrem Tod mit meiner Familie eng verbunden. Dass sie so lange bei meiner Mutter blieb, ersparte ihr wahrscheinlich die Arbeit in einer Waffenfabrik während der NS-Zeit.

Am Sonntag, dem 9. April 1944, fielen nachts ohne Voralarm Bomben auf das gegenüber liegende Eckhaus Hilda- / Lameystraße und eine weitere Bombe auf den Gehweg vor unserem Haus, Lameystraße 36. Diese Bombe drang unter einem Kellerfenster in den Keller ein, schlug sich an einer Gasleitung den Zünder ab und explodierte daher nicht. Am Montag mussten dann zwei Männer in gestreifter Kleidung, vermutlich Strafgefangene aus dem KZ Sandhofen, diesen Blindgänger ausgraben und ihn aus der Grube mit einer Vorrichtung wie zwei Dreibeine mit einer Doppel-T-Schiene und einem Flaschenzug auf einen Wehrmachts-Lkw ablegen. Zwei Wachposten waren in der Nähe, einer in der Lameystraße, einer in schwarzer Uniform und Blechschild unter dem Kinn in der heutigen Kolpingstraße. An das Entfernen des Blindgängers erinnere ich mich deshalb so lebhaft, weil ich von meiner Mutter drei Butterbrote bekam, von denen ich eines aus der Hand essen sollte, aber die beiden anderen in Butterbrotpapier eingepackten Stullen sollte ich an den beiden Wachen vorbeitragen, die eine militärische Dienststelle bewachten, und zwar dann, wenn die eine Wache fast am Haus 34 ihre Kehrtwendung machte und die andere um die Ecke in der heutigen Kolpingstraße zur Toreinfahrt lief, also nicht sichtbar war. Dann sollte ich die Stullen in den Graben werfen und weiter mit der leeren Einkaufstasche in die Lachnerstraße zu Dr. med. Fritz Jelito gehen und dort ein Rezept für meinen Vater abholen. Ich tat, wie mir geheißen, begriff es aber nicht, da wir damals selbst kaum Brot, erst recht kaum Butter hatten. Wäre es herausgekommen, dass meine Mutter Strafgefangene versorgte, wäre sie streng bestraft worden.

Während der Gottesdienste in der Christuskirche saß ich mit meiner Mutter immer hinten rechts unter der Empore, auf der sich heute die Marcussen-Orgel befindet. Hauptsächlich wenn Pfarrer Dr. Weber predigte, waren beim Läutekasten Männer mit schwarzen Ledermänteln anwesend. Wahrscheinlich waren es Gestapobeamte. Am Morgen des 3. September 1944 kam der Fliegeralarm nicht oder zu spät. Meine Mutter und ich schafften es daher nur noch bis Lameystraße 32, als die Bomben schon in der Stresemannstraße einschlugen. Nachdem in dem dortigen Luftschutzraum die Türe hinter uns geschlossen worden war, erzitterte das gesamte Haus, es waren beängstigende Geräusche zu hören, dann ging das Licht aus, und aus der Backsteinwand zum angebauten Haus Lameystraße 34 trat aus den Mauerfugen Wasser aus, das sehr schnell anstieg bis zur Höhe der Sitzfläche einer dort stehenden Holzbank. Die Stahltüre und die Ausstiegsklappe ließen sich von innen nicht mehr öffnen, erst nach einer Ewigkeit – es sollen 245 Minuten gewesen sein – wurde die Klappe von außen aufgebrochen. Das Haus Lameystraße 34 des Dramaturgen Dr. Ernst Leopold Stahl hatte auf der Straßenseite einen Volltreffer von einer 1.000 kg Bombe der US-Air Forces erlitten, und die Hälfte des Hauses sowie der Dachstuhl waren auf die Lameystraße gestürzt. Durch die Sprengkraft stürzte auch das seitliche Treppenhaus unseres Hauses ein. Man konnte ab diesem Zeitpunkt nur noch über den Hof und den Kellereingang zur Steinwendeltreppe in die Küchen der einzelnen Geschosse gelangen und von den Küchen dann in die übrigen Wohnungen.

Anfang Februar 1945 wurde Mannheim in mehreren Wellen ständig angegriffen, so dass meine Mutter und ich nicht mehr die Kellergewölbe der Christuskirche verließen. Danach war in unserer Wohnung keine einzige Glasscheibe mehr vorhanden, und auch unsere Kochkiste mit dem letzten Essen existierte nicht mehr. Unser Mädchen Emma war zu diesem Zeitpunkt zu ihrer Verwandtschaft zurückgekehrt, da meine Mutter für sie nicht auch noch die Verantwortung übernehmen wollte. Die Kochkiste wurde bei uns im Zweiten Weltkrieg in Zeiten der Luftangriffe, des knappen Brenn- und Heizmaterials (Holz, nur kurz verfügbarer Strom oder Gas) genutzt, um angekochtes Essen fertig zu garen bzw. warm zu halten. Die Kochkiste war ein Eigenbau aus einer Kiste, die mit einer Decke ausgelegt und mit Zeitungspapier oder ähnlichem ausgestopft war und in der zwei Kochtöpfe Platz hatten. Lebensmittelkarten und Zuteilung (Bezugsscheine) bei Ausbombungen für Kleidung, Schuhe, Holz, Glas, Kohle usw. gab es nur für Betroffene und gemeldete Bewohner. Für meinen Vater gab es ab Herbst 1944 keine Lebensmittelkarten mehr, nachdem er untergetaucht war.

Am 1. März 1945 wurden bei den Luftangriffen auch Flugblätter abgeworfen, in denen die deutsche Bevölkerung zum Verlassen der Stadt aufgefordert wurde. Zusätzlich griff die US-Artillerie von Worms her die deutsche Artillerie an, die im unteren

Luisenpark in dem Bereich zwischen Theresienkrankenhaus und unserer Wohnung zwei Geschütze eingegraben hatte. Da beschloss meine Mutter am 6. März, mit mir in einem der letzten OEG-Züge nach Heidelberg zu fahren und von dort mit einem Lazarettzug in Richtung Dühren bei Sinsheim zu dem Bauern zu flüchten, bei dem meine Schwester Lilly nun schon mehrere Jahre lebte. Wir kamen nur bis Wieblingen, dort wurde die OEG von Tieffliegern angegriffen und in Brand geschossen. Es wurde auf alles geschossen, was sich bewegte. Meine Mutter zog mich in einen Graben und von dort in eine große Röhre für Schmelzwasser, sodass wir von oben nicht gesehen werden konnten. Zu Fuß erreichten wir Heidelberg in der Nacht. Der Sanitätszug stand noch da, es ragten drei oder mehr Waggons mit Rote-Kreuz-Zeichen auf Fenstern, Türen und dem Dach aus dem Gaisberg -Tunnel. In diesen Waggons lagen stöhnende, zum Teil schreiende verletzte Soldaten. Meine Mutter und ich, der ich wegen einer akuten Mittelohrentzündung hohes Fieber und große Schmerzen hatte, durften in den mittleren Teil des Zuges einsteigen. Nach kurzer Zeit griffen Tiefflieger die letzten aus dem Tunnel ragenden Wagen trotz Rote-Kreuz-Kennzeichnung an und schossen sie in Brand. Alle Verletzten in diesen Wagen kamen bei dem Angriff ums Leben.

In Dühren lebten meine Mutter, Lilly und ich bei ihrer Bauernfamilie. Im Frühjahr 1945 fand dort auch kein Unterricht mehr statt. Auch die Verwandtschaft der Bauern war zu ihnen aus dem Osten geflohen, sodass wir nur in einer Ecke des niedrigen Ziegenstalles unterkamen – es war durch die Tiere nachts wenigstens warm. Mitte der Osterwoche Ende März 1945 waren Lilly und ich gegen Mittag auf dem Hof und konnten von dort die zur Bergkuppe ansteigende Straße bis hin zur Kirche sehen. Plötzlich hörte ich sehr laute, mir nicht bekannte Geräusche von der Straße oben bei der Kirche. Mitten auf dem dortigen Straßenabschnitt tauchte ein Ungetüm mit einem langen Rohr auf. Aus dem oberen Teil des Kirchturms erschienen gleichzeitig weiße Leuchtspuren und laufend Schüsse in Richtung des Ungetüms, welches größer und größer wurde und sich schließlich als Panzer entpuppte. Dieser blieb stehen, drehte sich auf der Stelle und richtete das lange Rohr in Richtung Kirchturmspitze. Dann gab es einen entsetzlichen Donner, und der Kirchturm fiel samt der MG-Stellung des Volkssturmes oder der SS in sich zusammen. Unsere Mutter holte Lilly und mich sofort in den Stall und schloss die Türe. Durch die Ritzen konnten wir beobachten, wie sich der Panzer wieder in die vorherige Richtung zurückdrehte und dabei sein Geschützrohr waagrecht absenkte. Dann bewegte er sich unter lautem Rasseln seiner Ketten bergabwärts auf unseren Bauernhof zu, gefolgt von weiteren Panzern. Der erste Panzer fuhr in unseren Hof und hielt vor dem Misthaufen an. Nun öffnete sich oben eine Klappe, ein olivfarbener Helm unter einem Netz, darunter ein Kopf mit dunkler Gesichtsfarbe, weißen Augäpfeln und blendend weißen Zähnen mit roten Lippen kam zum Vorschein. Dann sprang eine menschliche Gestalt von hünenhafter Größe aus der Klappe und lief direkt auf die Stalltüre zu, hinter der wir uns verbargen. Das war der erste dunkelhäutige Mensch, den ich je sah. Er hatte ein freundliches Lachen im Gesicht und hielt in den Händen dunkelbraune, schmale Brettchen und größere Päckchen, welche sich als Schokolade und Kekse aus seinem Notproviant entpuppten. Dieser Hüne sagte plötzlich auch nicht mehr „boy“, sondern „Junge“ und andere deutsche Wörter. Wir öffneten vorsichtig und sehr langsam die Stalltüre – für meine Mutter und uns Kinder war das das Ende des Krieges, jedoch noch nicht das Ende der kommenden schlimmen Zeit.

Etwa Ende April 1945 kehrten wir nach Mannheim in die beschädigte Wohnung in der Lameystraße 36 zurück. Ich kann mich nicht erinnern, wann mein Vater wiederkam. Er war vollständig abgemagert und hatte an einem Schulterblatt einen tiefen, eitrigen Furunkel. Mein Vater, seit dem Ersten Weltkrieg Leutnant der Reserve, war bis zum 31. September 1939 Miteigentümer und Geschäftsführer einer Drogen- und Chemikaliengroßhandlung im Mannheimer Industriehafen. Nur für wenige Wochen wurde er zur Mannheimer Schutzpolizei eingezogen, dann wurde er bis Oktober 1944 UK gestellt, war also unabkömmlich, und ging seiner früheren Tätigkeit wieder nach. An seinem Arbeitsplatz hielt er in vielen Nächten Brandwachen wegen der bald einsetzenden Fliegerangriffe. Als die Lackfabrik neben seiner Firma fast vollständig durch einen Volltreffer zerstört wurde, flogen die brennenden und explodierenden Lack- und Nitrofässer auf das Gelände seiner Firma und vernichteten deren Gebäude und die restlichen noch vorhandenen Waren fast vollständig. Ende Oktober 1944 wurde mein Vater noch zu einem Volkssturmbataillon einberufen, kam aber aufgrund einer lebensbedrohenden Krankheit Ende November in eine Klinik. Mit Beginn des Jahres 1945 galt er als verschollen und wurde zu diesem Zeitpunkt auch noch von der Wehrmacht gesucht. Erst später habe ich von Verwandten erfahren, dass meine Mutter, die immer eine sehr resolute Frau war, ihren Ehemann bei seiner Schwester in Heidelberg in einem sechsstöckigen Mehrfamilienhaus in einer Dachmansarde bis zum Einmarsch der Alliierten hatte untertauchen lassen. Von der Volkssturmkompanie soll kein Mann überlebt haben. Nach dem Krieg begann mein Vater mit seinem Großonkel und einem von den Amerikanern eingesetzten Treuhänder, die Drogen- und Chemikaliengroßhandlung im Industriehafen mit einem sechs- bis siebenstelligen RM/DM-Darlehen wieder aufzubauen. Nach der Währungsreform am 20. Juni 1948 und dem ersten Schlaganfall meines Vaters, der selbstschuldnerisch für das Firmendarlehen gebürgt hatte, kündigte die Bank 1949 das Darlehen, sodass das Unternehmen verkauft werden musste. Nach einem weiteren Schlaganfall Mitte der 50er Jahre war mein Vater halbseitig gelähmt und starb 1959. Aus dem Verkauf der Anteile von seiner Drogen- und Chemikaliengroßhandlung hatte meine Mutter eine kleine Rente, vermietete ein Zimmer unserer Wohnung und hielt sich durch Wäschewaschen und Bügeln über Wasser.

Die Oststadt lag 1945 in Trümmern, jedoch gab es hinter den Trümmerbergen Gärten, in denen im Mai die Obstbäume blühten, an welchen später dann Kirschen, Pfirsiche oder andere Früchte hingen. Diese wollten gepflückt werden. Ich erinnere mich daran, dass ich am Philosophenplatz mit meinem roten Kinderrad, das ich nach der Rückkehr aus Dühren bekommen hatte, nach der Sperrstunde unterwegs war und dass meine Papiertüte riss, in der ich vollreife Kirschen hatte. Beim Auflesen der Kirschen bemerkte ich einen Jeep, der langsam direkt auf mich zufuhr. Ich stellte mich ihm mit fuchtelnden Händen in den Weg und deutete dem uniformierten Fahrer an, er solle um meine Kirschen einen Bogen fahren. Die bereits eingetretene Sperrstunde hatte ich vollständig vergessen. Der neben dem Uniformierten sitzende Zivilist sprach mich in fließendem Deutsch an, wo ich wohnen und was ich jetzt noch auf der Straße machen würde. Ich erzählte die Wahrheit, dass ich die Kirschen hinter einer Ruine vom Baum gepflückt hätte und sie für uns ein Essen wären. Auf Englisch gab der Zivilist dem Fahrer eine Anweisung. Mich erinnerte er an die schon begonnene Sperrzeit und meinte, der Fahrer würde mein rotes Kinderrad auf die Rückbank legen, ich solle meine Kirschen in der Zeit in

Werderplatz mit den zerstörten Häusern 1 bis 5 vom Kirchturm der Christuskirche her aufgenommen, Frühjahr/Sommer 1945

einen zwischen den Sitzen hervorgeholten leeren Karton einsammeln, und dann würde er mich nach Hause bringen. Der Schreck fuhr mir derart in die Glieder, dass ich kaum noch meine Kirschen aufheben konnte. Als aber alle ganz gebliebenen Kirschen im Karton verstaut waren, musste ich zu meinem roten Kinderrad auf die Rückbank klettern. Zuerst fuhr der Jeep in die Kantstraße und hielt an einem Haus, an dessen Eingangstüre die amerikanische Fahne hing. Der Zivilist ging in das Haus, und die beiden vor dem Haus stehenden Uniformierten salutierten. Als er nach nicht einmal einer Minute wieder aus dem Haus kam, salutierten die beiden Soldaten wieder, und ab ging es in sehr schneller Fahrt in die Lameystraße. Ich musste den Zivilisten durch die Hofeinfahrt zum Garten und dann von hinten in das Haus zur Steinwendeltreppe führen. Da erst holte er sich seinen Fahrer aus dem Jeep und ließ diesen mit mir vorausgehen. Oben in der Küche angekommen, wurde ich schon sorgenvoll erwartet. Der Zivilist erklärte meiner Mutter, dass ich um meine Kirschen gekämpft hätte und dabei aber immer höflich geblieben wäre. Er hatte außer meinem Karton mit den aufgelesenen Kirschen noch einen weiteren Karton in den Händen, in welchem Kaffee, Kondensmilch, Käse und Schinken in Dosen, Zigaretten, ein Paar Nylonstrümpfe für Damen und weitere Raritäten waren. Unser Wohltäter war, wie wir später erfuhren, der Sicherheitschef der Amerikaner.

Was die amerikanische Besatzung für die Christuskirche tat, wurde in unserer Familie im Herbst 1945 oft besprochen. Die Festschrift zum 75-jährigen Jubiläum der Einweihung fasst es auf den Seiten 83 und 84 zusammen:

„Für die Christuskirche hatten die dort stattfindenden Gottesdienste (der Amerikaner) einen Vorteil, dass Bombenschäden bevorzugt behoben werden konnten und die Kirche sonntäglich aus amerikanischen Kohlevorräten geheizt wurde. Bereits am 2. Juli 1945 heißt es in einem Schreiben der Evangelischen Kirchengemeinde an einen Mannheimer Glasermeister: „Gestern abend hatten die Amerikaner in der Christuskirche eine Orgelfeierstunde. Der Herr Major bemerkte bei der Besichtigung der Orgel, dass der Spieltisch durch den Regen naß geworden war und frug, warum die Fenster der Orgelempore noch immer fehlen. Als ihm der Glasmangel bezeichnet wurde, sagte er, er stifte das Glas sofort, unter der Bedingung, dass bis zur nächsten Orgelfeierstunde am kommenden Sonntag die beiden Fenster der Orgelempore montiert sind. Ich bitte Sie, nun schnellstens die Arbeit auszuführen, denn die Kirche darf sich in diesem Fall nicht blamieren...". Ein Jahr später, im Juli 1946, schreibt die Kirchengemeinde an den Evangelischen Oberkirchenrat: „Pfarrer Dr. Weber hat sich bei amerikanischen Freunden darum bemüht, dass aus Amerika etwa 100 Platten Kupfer in Stärke von 0,8 mm für die Wiederherstellungsarbeiten der Christuskirche geschenkt werden..." und „Pfarrer Dr. Weber hat durch Vermittlung von Amerikanern Bezugsscheine von 25 cbm Holz erhalten, die zur Herstellung des Pfarrhauses ausreichen..." Und im März 1947 lässt der Mannheimer Oberbürgermeister durch den Oberbaudirektor Platen dem Evangelischen Kirchengemeinderat Mannheim mitteilen: „Herr Major Reilly bittet, dass die Stufen, die in die Christuskirche führen, in Ordnung gebracht werden. Er glaubt bestimmt, dass sich diese kleine Schönheitsreparatur ohne großen Kostenaufwand und Materialverbrauch ausführen ließe und dadurch diese schöne Kirche im Herzen der Stadt ein würdiges Aussehen bekäme." Erwähnt sei auch, dass die Amerikaner in ihren Gottesdiensten für „ihre" Kirche sammelten. So wurden beispielsweise in der Zeit von April bis September 1946 14000,—Reichsmark für die Reparatur der Orgel gespendet.

Im Hause Bassermannstraße 40 (heute Gemeinnützige Berufsförderungsgesellschaft der Nordbadischen Bauwirtschaft mbH) war nach der Besetzung von Mannheim durch die US- Streitkräfte ein Offizierskasino. Nach der Mittagessenszeit – etwa um 15.30 Uhr – entsorgten die meist dunkelhäutigen Köche in mehreren Eierkisten das nicht ausgegebene Essen, getrennt nach Kartoffeln/Reis, Gemüse, Fleisch / Fisch usw., in Ölpapier verpackt, indem sie diese Eierkartons hinter dem Anwesen die Böschung herunter in den Luisenpark gleiten ließen. Die stets anwesenden Militärpolizeiposten achteten streng darauf, dass nur Kinder sich einen solchen Eierkarton „ergattern" konnten! Wenn ältere Personen sich dieser Stelle näherten, konnte es passieren, dass die Militärpolizeiposten mit ihren Gewehren in die Luft Schüsse feuerten. Solch ein Eierkarton enthielt für unsere Familie fast für eine Woche Essen!

Im Frühsommer 1946 landete ich mit meinem roten Kinderfahrrad im Rinnstein, als ich am Friedrichsring gegenüber T 6 (heute Nationaltheater), damals noch Bunker und Kriegsgefangenenlager, mit einem kleinen Lkw der amerikanischen Armee seitlich in Berührung kam. Das rechte Knie bekam sehr viel ab, und meine mit mir radelnde Schwester brachte mich zum Chirurgen in der Erzbergerstraße 10. Zwischen Werderstraße und Mollstraße zum Haus Erzbergerstraße 10 hin gab es nur Trümmergrundstücke. Was mir jedoch immer in lebhafter und gleichzeitig schlechter Erinnerung bleiben wird, ist Folgendes: Aus meinem Knie wurden die kleinen Steinchen ohne Betäubung vom diensthabenden Arzt mit einer Pinzette einzeln herausgeholt (die große Narbe an der Außenseite des rechten Kniegelenkes ist heute nach 75 Jahren noch sichtbar).

Meine Schwester Inge aus der ersten Ehe meines Vaters mit Elise Katharina geborene Löwit, einer Tochter von Ottokar Löwit, dem Gründer des Mannheimer Straßenbahnamtes im Jahre 1900, galt in der NS-Zeit als Halbjüdin. Sie war verpflichtet, einen sogenannten „Kleinen Ahnenpass" zu führen, und durfte keinen „Arier" heiraten. Trotzdem hatte die Wehrmacht sie schon sehr früh als Arbeitskraft eingezogen: Als Wehrmachtshelferin musste sie in der Kaiser-Wilhelm-Kaserne in Mannheim Dienst tun. Als der Krieg gegen die UdSSR begann, wurde Inge zur Heeres-Stabshelferin befördert. Während dieser Tätigkeit hatte sie das Glück, ihren späteren Ehemann Josef (Josel) Miklis kennenzulernen. Er war ein in Oberschlesien geborener, im Afrikafeldzug unter General Rommel schwer verwundeter und hoch dekorierter Panzerkommandant, den man im Lazarett in Marienbad wieder zusammengeflickt und dann an die Ostfront geschickt hatte. Da die Oberschlesier nicht zu den „Ariern" zählten, konnten beide im August 1944 in Königshütte in Oberschlesien heiraten. Sie waren an verschiedenen Frontabschnitten bei der kämpfenden Truppe eingesetzt. Inge konnte mit den Stabsoffizieren in einem Heeresflugzeug entkommen, bevor sich der Kessel um Heiligenbeil, südlich von Königsberg, schloss. Auch Josel konnte mit seinen Panzern ausbrechen. Beide wurden nach kurzer Gefangenschaft nach Heilbronn entlassen. Sie besuchten uns in Mannheim Anfang 1946. Da Josel auch seine Eltern wiedersehen wollte, reisten beide gemeinsam zum Entsetzten meines Vaters und meiner Mutter über die Tschechoslowakei nach Brzeziny bei Chorzòw (Königshütte) aus. Kurz darauf schloss sich der Eiserne Vorhang, und Josel als Schlosser- und Galvanomeister musste eine polnische Fahrradfabrik aufbauen und leiten. Erst im Jahre 1961 konnten wir über das Rote Kreuz, Familienzusammenführung und Kinderdienst (ARGE der Spitzenverbände der Freien Wohlfahrtspflege in Hamburg-Osdorf) eine Ausreise der beiden mit ihren zwei Kindern aus Polen in die BRD bzw. Berlin erreichen.

1947 mussten wir die Wohnung in der Lameystraße 36, in die wir ja zwangsweise eingewiesen worden waren, räumen. Inzwischen hatten meine Eltern eine Wohnung in der Nietzschestraße gefunden, in die wir Weihnachten 1948 einzogen, nachdem sie sie auf eigene Kosten wieder instandgesetzt hatten.

Meine Schwester Lilly machte nach der Mittleren Reife eine Industriekaufmannslehre beim Braunkohlekontor in Mannheim. Anschließend besuchte sie noch eine sechs Monate dauernde Haushaltsschule im Schwarzwald und fuhr dann zu unserer Tante mütterlicherseits nach Italien, die dort schon seit 1930 als Säuglings- und Kinderschwester in einer begüterten Familie tätig war. Unsere Tante verhalf meiner Schwester zu einer Stelle zuerst im Deutschen Konsulat in Neapel und anschließend als Erzieherin der Tochter des dortigen deutschen Konsuls.

Ich selbst wurde zu Ostern 1946 in der Pestalozzischule mit 40 bis 45 Jungs eingeschult. Zu Beginn hatten wir im Keller Unterricht. Der Heizkessel wurde als Tafel genutzt. Nach der 4. Klasse wechselte ich auf das Lessing-Gymnasium. Da mein Vater zu dieser Zeit schon schwer krank war, verließ ich nach der Untertertia das Gymnasium, um eine Drogistenlehre zu absolvieren, die ich mit sehr gutem Erfolg abschloss. Schon in der Grundschule waren meine Leistungen im Schreiben und Lesen sehr schlecht. Durch einen Artikel im Mannheim Morgen vom 8. März 1950 über Wortblindheit (heute Legasthenie) wurde meine Mutter auf diese Anomalie aufmerksam. Ich wurde in der Beratungsstelle für Eltern und Jugendliche begutachtet. Dabei wurde auch eine Spitzenphobie festgestellt. Das ist eine Phobie, die durch die von den Flugzeugen im Krieg zur Markierung der Ziele abgeworfene Munition (auch Christbäume genannt) hervorgerufen wurde. Ich konnte ab Mitte 1944 bei verspätet gemeldeten Nachtangriffen nicht mehr alleine zur Christuskirche geschickt werden, da ich mich beim Erscheinen dieser „Christbäume" am Himmel mit dem Gesicht zu einer Mauer oder Wand stellte, die Augen zuhielt und mich nicht mehr vom Fleck bewegte. Noch heute, wenn ich einen Eisengitterzaun vor Augen habe, der gleichmäßig endende, spitze Eisenstangen hat, muss ich die Augen mit den Händen abdecken, da mir der Anblick Schmerzen verursacht.

Wie karg das Leben nach 1945 war, kann man sich heute kaum noch vorstellen. Zur Grundschulzeit, also etwa bis 1950, wusch ich bei einem Brüderpaar, das in der Nachbarschaft unserer Wohnung in der Nietzschestraße eine Fahrschule mit mehreren angestellten Fahrlehrern betrieb, jeden Samstag deren 8 bis 10 VW-Käfer. Für jedes Fahrzeug bekam ich 1,00 DM, später 1,50 DM. Dieses Geld floss in die Familienkasse. Während der Lehrzeit arbeitete ich nach Feierabend in einem Fotolabor zusätzlich zwei bis vier Stunden. Neben meiner anschließenden Tätigkeit in der BASF fuhr ich bei Verwandten mit einem Gaststättenbetrieb an den Wochenenden Hähnchen aus, um meine Mutter zu unterstützen.

Ich wünsche allen nachfolgenden Generationen, dass deren Kindheit und Jugend nie von derartigen Belastungen überschattet werde, wie sie uns zugemutet worden sind.

Karl-Heinz Trumpp wurde als Drogist und Industriekaufmann ausgebildet, war danach fünf Jahre im Personalwesen bei der BASF tätig und absolvierte während seiner 43-jährigen Tätigkeit in einem mittelständischen Mannheimer Bau- und Wohnungsunternehmen berufsbegleitend das ordnungsmäßige Studium an der Verwaltungs- und Wirtschafts-Akademie Rhein-Neckar in Mannheim, das er mit dem Betriebswirt (VWA) abschloss. Ferner legte er vor dem Prüfungsausschuss der Industrie- und Handelskammer Rhein-Neckar in Mannheim die Prüfung als Bilanzbuchalter mit Erfolg ab. Bis zu seiner Pensionierung arbeitete er zuerst als Leiter der Lohnbuchhaltung, übernahm dann zusätzlich die Leitung der Finanzbuchhaltung und war ab Juni 1983 als Prokurist mit der Verantwortung für das Finanzwesen zuständig. Für die Landesvereinigung Baden-Württembergischer Arbeitgeberverbände hat er sich in der Selbstverwaltung der AOK ehrenamtlich engagiert und diese Aufgabe zwei Jahrzehnte für die Arbeitgeberseite wahrgenommen.

Während seiner gesamten Berufsjahre und darüber hinaus war er an der Christuskirche ehrenamtlich tätig: Er leitete u. a. den Evang. Hilfsverein, hat die Mannheimer Sozialstation mit gegründet, hat bei den Wahlvorbereitungen für die Wahl der Kirchenältesten 1977 bis 2013 mitgewirkt und hatte die Tätigkeit des Almosenpflegers über 30 Jahre inne.

Helmut Staudt: Pfarrerssohn in der Mannheimer Schwetzingerstadt

Schutt in der Schwetzingerstadt

Als ich Mannheim zum ersten Mal sah, 1947 mit sieben Jahren, war es zu einem großen Teil eine Ruinenstadt, dazwischen wohl einige erhaltene Straßenzüge, aber zumeist ruiniert, zerbombt, zerstört. An einigen Stellen wurde auch gebaut, nein, noch nicht gebaut, sondern erst mal der Schutt entfernt, die brauchbaren Backsteine herausgeholt und in einer Ecke sorgfältig geschichtet für den Neubau. Die grauen Förderbänder, so etwa zehn oder ein paar mehr Meter lang, mit dem kräftigen Gummiband, auf das wir uns auch mal gerne setzten und hochschaukelten, waren wohl die modernsten Werkzeuge, die es gab. Ein, zwei Tage lang stand das Gerät an einem Grundstück, bis es allmählich hinunter ragte in den Keller und darauf wartete, bis der letzte Schutt drauf geschaufelt war. Dann zog man es hoch, zwei, drei Männer schoben und hoben es nach oben, und ein müder Lkw fuhr es zur nächsten Ruine. Sofern es noch funktionierte – und es funktionierte oft nicht, denn offensichtlich waren ihm acht Stunden lang Schutt hochrollen zu viel, daher streikten diese Rollen gerne. Ehrlich, sie standen oft still, nicht nur in der Mittagspause. Aber irgendwer setzte sie dann doch wieder in Gang. So „entschuttete" sich in den folgenden Jahren langsam die Schwetzingerstadt, und in den anderen Stadtteilen, etwa dem schwer betroffenen Lindenhof, lief es ebenso.

Und wohin ging der Schutt? Mannheims Trümmerberg wuchs nicht in die Höhe wie in Stuttgart, sondern füllte die Tiefen, die Rheinauen. Dort, wo wir heute so gern spazieren gehen, am Ende der Speyerer Straße bis hinauf zur Jugendherberge und zum Ruderclub wurde die flache Rheinaue aufgeschüttet. Vielleicht hätte sich unser Rheinregulierer Tulla darüber mächtig gefreut, dass hundert Jahr nach ihm eine so massive Rheinbegrenzung und -befestigung erfolgt. Mag auch sein, da freuen sich in hundert Jahren schlaue Ausgräber und Archäologen, wenn sie Geschirr, Mobiliar und Münzen aus den 30er Jahren des 20. Jahrhunderts suchen. Jedenfalls fuhren diese Schuttverlader unermüdlich und schütteten ihre staubige Last direkt dem Vater Rhein zu Füssen. Wir wissen's heute kaum, aber vermutlich gab es noch einige andere Abladestellen für die enormen Mengen Schutt und Trümmer.

Spielen in Ruinen

Warum es mit dem Aufbau so zögernd ging, verstand ich erst später. Zunächst waren die allseits geleerten Keller willkommenes Spielgelände für uns, raues Abenteuerland. Die Keller forderten geradezu heraus, dass wir sie erkundeten, wir kalkulierten, was darin gewesen sein könnte, ob es gar noch irgendwelche Reste gab. Ja, die alten Leitungen, die Reste mit dem Rost, die ließen sich doch mit irgendeiner Zange abzwängen und dann zu Geld machen. Nach der Währungsreform im Juni 1948 waren 20 Pfennige durchaus etwas wert, dafür gab's schon zwei Eis, Wassereis, aber rot gefärbt! So war die Jagd nach Schrott immer ein Motiv, die kaum vom Schutt befreiten Fundamente genauer zu untersuchen. Meine Eltern sahen das zwar nicht gern, aber sie konnten es auch nicht verhindern.

Die nächste Phase war, dass wir uns die „Gänge" aneigneten, also das Gelände, durch das man gehen oder schleichen konnte, dann eine alte Tür aufzwängen und probieren, ob es da nicht noch weiter geht und was zu holen ist. Ach, es gab meist nicht viel zu holen. Aber gleich nahmen wir das Ganze in Besitz, heute würde man sagen, wir haben unsere „claims abgesteckt". Im günstigsten Fall haben wir uns dort „eine Hütte" gebaut, einen halbwegs noch überdachten Keller genutzt und uns darin eingerichtet. Woher der Sessel und der Tisch kamen, dann die Bank und der Ofen, ich weiß es nicht. Dann noch die Zeltplane, um uns an der Seite zu schützen. Wir haben uns da eben einen alternativen Wohnraum eingerichtet und dazu den damals bekannten Schlager gesungen „Wer kann das bezahlen? Wer hat so viel Geld? Wer hat so viel Pinke-pinke? Wer hat das bestellt?" Glücksmomente in Ruinen.

Wenn dann tatsächlich die Maurer kamen und uns verjagten, weil sie aufbauen wollten, dann war das ein Unglückstag für uns. Aber warte, vielleichte kommen die Arbeiter morgen noch gar nicht, haben woanders Dringenderes zu tun. So war's manchmal, Fristverlängerung, bis wir unsere „Möbel" im Nachbargrundstück fanden und uns dort neu einrichteten. Was soll's!

Schaffung von Wohnraum

Der Aufbau ging schleppend voran, überall entstand erstmal nur das „Untergeschoss", das erste Stockwerk. Meist zogen da die alten Besitzer ein, sie bauten mit auf, legten Hand an, wie man sagte, verstanden von irgendwoher die Fensterrahmen zu beschaffen, manchmal sogar mit Glas. Dann stolz eine Klingel mit Namen. Ein Jahr später dann das nächste Stockwerk, wieder mit viel Eigenleistung. So ging es aufwärts, im wahrsten Sinn des Wortes, bis zum fünften Stock oder Dachausbau, vielleicht so anno 1952 oder 53. Da sah es in unserem Stadtviertel schon recht manierlich aus, und auf die wenigen verbliebenen Ruinen wurde mit Verachtung gedeutet: Wann machen die endlich was!

Übrigens war vor den Toren der Schwetzinger Stadt, im Fahrlachgebiet, längst ein Ersatzwohngebiet entstanden, die „Ausgebombten", d.h. etliche Einwohner Mannheims, die durch Bombenabwurf der Alliierten ihre Wohnungen verloren hatten, bauten sich in ihren Gärten die Hütten aus, richteten sich gemütliche Wohn-/Schlafzimmer ein, mit ganz eigenem Garten-Charme. Auch Stromleitungen hatte jemand gelegt, sie hingen quer durch die Apfel- und Pfirsichbäume. Ich war oft zusammen mit meinem Vater für Hausbesuche bei seinen Gemeindegliedern in diesem alternativen Stadtgebiet, das wohl um 1960 zugunsten eines Industriegebiets aufgelöst wurde.

Verdrängung des Erlebten

Dort erfuhr ich auch, warum es mit dem Aufbau der zerstörten Häuser nicht recht voranging: Es fehlte nicht nur an Mitteln und Geld – dafür gab es zumindest bis zur Währungsreform den Schwarzmarkt –, es fehlte vor allem an Arbeitskräften. Sechs Millionen Deutsche waren als Soldaten eingesetzt, etwa ein Zehntel der Bevölkerung – und von ihrem stärksten Zehntel, Männern zwischen 18 und 45 Jahren, waren viele gefallen, viele andere in Kriegsgefangenschaft und weitere noch vermisst. Diese drei Worte „gefallen, Gefangenschaft, vermisst" sind mir gut in Erinnerung.
Jede Familie war in irgendeiner Weise davon betroffen. Überall fehlte „der Mann" – egal ob es ein Jugendlicher war oder ein Großvater. So etwa ab 1948 besserte sich die Situation, besonders im Jahr 1949 wurden viele aus der Kriegsgefangenschaft entlassen, kehrten heim – und gingen am nächsten Tag zur Arbeit. Nie habe ich

gehört, dass einer zur Erholung geschickt wurde. Das Wort Rehabilitation gab es damals noch gar nicht oder nur in Lehrbüchern. Trauma-Bewältigung? „Ja, er hat Schlimmes erlebt, aber jetzt ist es vorbei." Das waren die Sätze, die da gesagt wurden, ohne dass sie gefüllt waren. Denn das Schlimme wurde nicht ausgesprochen, danach hat keiner gefragt, nein, es wurde ein kräftiges Essen hingestellt: „Iss dich gesund, es geht alles vorbei." „Es ist vorbei", damit atmete man auf. Ja, das war auch ein Schlager der damaligen Zeit, ich glaube, er kam noch aus der Kriegszeit: Es geht alles vorüber, es geht alles vorbei, ein kalter Dezember und auch ein Mai... - oder so ähnlich.

Mein Vater, damals Pfarrer an der Friedenskirche, machte meist einen Besuch bei solchen Familien, wie er überhaupt viele Hausbesuche machte und daher die Bewohner unseres großen Stadtviertels zwischen Traitteur- und Möhlstraße recht gut kannte. Er sagte nie „meine Schäfchen", sondern respektvoll „Gemeindeglieder". Bei einem solchen Besuch versuchte er zuweilen, dem „Rückkehrer" etwas über sein Schicksal zu entlocken - und gleichzeitig ein bisschen sein eigenes mit ihm zu teilen. Ohne eine psychologische Ausbildung, doch ein Ansatz zur sog. Bewältigung. Aber weil die Mutter, die Frau, die Schwester(n) natürlich meinten, sie sollten den Pfarrer nicht allein mit dem armen Rückkehrer lassen, haben diese oft genug, zwar ohne bösen Willen, aber doch ein gedeihliches Gespräch unterbrochen. „Ja, der Krieg war schlimm, jetzt sind wir froh, dass er Arbeit hat." Solche Erinnerungen habe ich von manchem Tischgespräch im Ohr. Mein Vater wollte die Menschen entdecken und ihnen Zukunft geben. Daher waren seine Gottesdienste auch recht gut besucht.

Die Flucht unserer Familie

Ja, mein Vater konnte mitreden, denn unsere Familie war 1944 aus ihrer Heimat in Südosteuropa vertrieben worden, wir waren nicht ausgebombt, aber genauso arm dran. Die Ursache dafür war der Krieg. Als im August 1944 der rumänische König überlegte, dass es angesichts der Verluste der deutschen Armeen, der „Wehrmacht", wie sie hieß, besser wäre, die Seiten zu wechseln, nahm er heimlich Verbindung mit den Russen auf, erklärte sich zu ihrem Verbündeten und verbot seinen Soldaten, noch auf der deutschen Seite zu kämpfen. So kam es zur schnellen Frontverschiebung von 4-500 km innerhalb von drei Wochen. Ohne rechte Vorwarnung standen die russischen Truppen schon Ende September statt in der Ukraine auf ungarischem Boden und besetzten die deutschen Ansiedlungen in der Batschka. Nur wenige konnten noch rechtzeitig fliehen, ihre Flüchtlingswagen waren in den Donaudörfern die Vorboten dessen, was kommen sollte.

Zwar verboten die deutsch-ungarischen Behörden zunächst zu flüchten, aber dann geschah es doch: Paradox genug, ein SS-General sorgte nach vielen Telefonaten für den sog. „Führerbefehl", dass die Deutschen die Orte verlassen dürften, ja sollten, schnellstens, weil diese wohl Kampfgebiet würden. So machten sich denn am 7., 8. und 9. Oktober 1944 ca. 200 000 „Donauschwaben" auf, beluden ihre Pferdefuhrwerke und suchten den Weg nach Westen, zumindest über die Donau.

Nach den Türkenkriegen waren Ende des 17. Jahrhunderts deutsche Siedler vornehmlich aus Süddeutschland und Lothringen in die weitgehend entvölkerte ungarische Tiefebene gezogen, um das Land wieder zu bebauen. Sie wurden als

Donauschwaben oder Banater Schwaben bezeichnet und gehörten zum ungarischen Reichsteil der österreichisch-ungarischen Doppelmonarchie. Nach dem Ersten Weltkrieg wurde die Doppelmonarchie zerschlagen, der größte Teil des Banats kam an das vergrößerte Rumänien, die Batschka wurde zu einem Teil des neu gebildeten Staates Jugoslawien. In der zunächst rein katholischen Batschka – Kaiserin Maria Theresia hatte nur Katholiken die Ansiedlung erlaubt – entstanden unter Kaiser Joseph II., ihrem Sohn, neun evangelische Gemeinden, darunter auch der Ort, aus dem meine Familie stammte. Joseph II. hatte 1781 sein berühmtes Toleranzedikt gegen den Papst durchgesetzt. Heute gibt es aufgrund von Auswanderung und Überalterung kaum noch Deutsche in dem Gebiet, sodass eine jahrhundertealte deutsche Kultur so gut wie ausgestorben ist..

Unsere Familie gelangte via Budapest nach Wien, eine Flucht, die ich sehr bewusst erlebte. Ich erinnere mich sehr genau, als wir an der Donau ankamen, die wir überqueren mussten, um zunächst in Sicherheit zu sein. Es gab nur eine einzige Fähre! Am östlichen Ufer warteten aber 200.000 verzweifelte Menschen mit ihren Pferdegespannen! Mein Vater sprach beim evangelischen Bischof in Wien vor, uns wurde als vorläufiges Quartier eine Diakonische Anstalt bei Linz angewiesen. Dort lebten wir zwar eng, aber immerhin sicher, erlebten den Einmarsch der Amerikaner, die Kapitulation der Deutschen und den Einzug der Russen, als nach den Beschlüssen von Potsdam einige amerikanisch besetzte Teile Österreichs den Russen als Besatzungszone überlassen wurden. Da sich nach dem Ende des „Großdeutschen Reiches" 1946 wieder der Staat Österreich bildete, wurden wir als Deutsche ausgewiesen und mussten das Land binnen weniger Wochen verlassen. Dafür gab es sogar einen Transport(-zug), mit welchem wir Mitte April 1946 in Tauberbischofsheim ankamen.

Neue Heimat Baden

Mein Vater hatte sich immer geweigert, Soldat zu werden, konnte das gut damit begründen, dass die Dörfer Seelsorger brauchten. Zum Glück wurde er auch in Österreich nicht von den Nazi-Behörden entdeckt, sondern arbeitete wieder als Pfarrer. In Baden angekommen, wandte er sich an den Evang. Oberkirchenrat in Karlsruhe, wo man nicht schlecht staunte, einen gesunden jungen Mann zu sehen, während alle anderen seines Jahrgangs „in Gefangenschaft, vermisst oder gefallen" sind, wie man ihm sagte. Nur ein Drittel der Pfarrstellen war noch besetzt, ausschließlich von älteren Pfarrern. So wies man ihm Neckarbischofsheim und Umgebung zu. Wir durften in einem Teil des alten Pfarrhauses wohnen.

Jedoch das Seltsame geschah: Nach einem Vierteljahr stand ein hagerer Heimkehrer vor der Tür des aktuellen Pfarrhauses, einer, von dem man seit Jahren nichts mehr gehört hatte, der eher als tot denn als vermisst galt. Die Russen hatten den als krank eingestuften Gefangenen aus Gnaden nach Hause entlassen. Der Amtsinhaber übernahm selbstverständlich am nächsten Tag wieder seine Geschäfte im Kraichgau.

Und mein Vater wurde gebeten, sich nun um die vielen Flüchtlinge zu kümmern, die da aus dem Osten kamen. Die Ungarn haben in diesen Jahren fast eine halbe Million Deutsche abgeschoben. Viele kamen hier in Nordbaden an, bekamen notdürftig eine Behausung zugewiesen, mal ein Zimmer, mal eine Baracke. Nicht großartig, aber immerhin. Für die deutschen Alteinwohner hieß es „zusammenrücken". Bekanntlich fiel ihnen das nicht leicht, und sie begegneten den Flüchtlingen häufig ablehnend.

Die Geflüchteten oder Vertriebenen, die „Ausgebürgerten" und die „Eingewiesenen" warteten jedoch auch auf einen Seelsorger und Pfarrer, der sie verstand, der sie tröstete, ihnen Wegweisung und Hoffnung gab, jenseits aller behördlichen Maßnahmen. So war mein Vater ab November 1946 unterwegs in Nordbaden, immer nur mit Bahn oder Bus, an ein Auto war gar nicht zu denken. Einmal holte er sich auf den kalten Bahnhöfen oder wo immer eine Erkältung, die zur Lungenentzündung ausartete. Danach ging's gleich wieder weiter, immer die Flüchtlinge suchen, diese sammelten sich sofort zu einem Gottesdienst und zu einer Wegweisung. Mein Vater hat darüber einen bewegenden Bericht geschrieben, der mir erhalten ist.

Friedenskirche 1945, von der Seckenheimer Straße fotografiert

Inneres der Friedenskirche, links die „Notkirche" unter der Empore

Schließlich geschah es in Mannheim, wohl im Herbst 1947, als er sich beim damaligen Dekan nach dem Verbleib von Flüchtlingen erkundigte, dass dieser ihn festhalten wollte und ihm einfach eine Stelle anbot. Da mein Vater bis zu einem gewissen Grad des Reisens und Übernachtens irgendwo müde war, nahm er das Angebot an und wurde schließlich zur Friedenskirche geschickt, wo man ihn sehr gerne aufnahm.

Ein Gedicht des damaligen Frauenkreises kündet heute noch über jene Freude. Doch eine rechte „Unterkunft" war noch nicht vorhanden, nur ein Sofa im Arbeitszimmer für den neuen Pfarrer. Denn Kirche und Pfarrhaus waren total zerstört, bzw. das Pfarrhaus hatte schon ein Dach erhalten, damit es nicht reinregnet, und unten waren zwei Räume „ausgebaut", wie man sagte. Für eine Familie reichte das nicht. So blieben wir noch über ein Jahr im Kraichgau, Vater kam am Sonntagnachmittag mit dem Zug und fuhr am Montag zurück. Auch wir besuchten ihn ein paarmal, konnten aber erst im Dezember 1948 ein Zimmer dort beziehen. Mittlerweile war unter der Empore eine „Notkirche" entstanden.
2010 habe ich gereimt in Erinnerung an die damalige Zeit:

Helmut Staudt mit seinen Eltern, 1949/50

Mannheimer Kindheit 1948

Räuber und Gendarm
war unser liebstes Spiel in den Ruinen
zu klauen gab's fast nichts
als Scherben und ein bisschen Schrott
stolze Verhaftung dann
's war einer gegen viere
Im alten Luftschutzkeller
hingen noch die Eisentüren
das wär für ein Gefängnis
doch ein prima Ort.

Und nebenan baut Manfred eine Hütte
mit Brettern, Planen wie ein Zelt
sogar ein Sofa und ein richt'ger Ofen
woll'n hoffen, dass es auch im Winter hält.

Und in der Kirche dort auf der Empore
das best' Gelände für 'ne kleine Jagd
mit Hindernissen über Eisenträger -
nein, d u bist heut der Has und i c h der Jäger
Durchs Kirchenfenster krabbeln wir
und seilen uns dann ab
Die Kanzel lockt uns noch zu frechen Tönen
Gesänge halb und ganz Geschrei
Ein Pfiff? Haut ab, das war jetzt klar zu laut
da kommt wer - oh mit einem Prügel
Wartet ihr nur, ich krieg euch
ihr gehört doch alle fest verhaut
ihr wart es sicher die da letzte Woche
den teuren Kupferlüster uns geklaut.

Wir rennen Gänge her und hin,
im Turm die breiten Treppen hallen kalt.
Verschlossne Türen? Hausen hier Gespenster?
Da unten gibt's zur Straße hin
noch ein kaputtes Fenster
Gib acht die Splitter -
und der Rahmen gibt kein' Halt.

Wir krabbeln über abgelegte Orgelpfeifen
und Bänke hoch gestapelt wie ein Berg
und schaun darin 'ne lange dunkle Höhle
Was besser spielen? Riese oder Zwerg?

Helmut Staudt studierte nach dem Abitur Evangelische Theologie in Heidelberg, Berlin, Marburg und Göttingen. Nach einem Studienjahr in den USA am Pittsburgh Presbyterian Seminary leistete er das Vikariat ab in Seckenheim und Pforzheim und war anschließend im kirchlichen Entwicklungsdienst drei Jahre in Tansania. Danach bekleidete er eine Pfarrstelle an einem der ersten ökumenischen Gemeindezentren, in Karlsruhe-Bergwald, und war zugleich Regionalbeauftragter für Mission und Ökumene, nach diesen 15 Jahren Stipendienreferent beim Diakonischen Werk und Lutherischen Weltbund in Stuttgart. Schließlich war er nochmal drei Jahre Pfarrer in Furtwangen/Schwarzwald.
Derzeit ist Helmut Staudt außer bei der Akademie für Ältere in Heidelberg als ehrenamtlicher Betreuer viel mit konversionswilligen Iranern beschäftigt. Er ist verheiratet und hat fünf Kinder. Ökumene im zweifachen Sinn war immer sein Anliegen: Zusammenarbeit mit Katholiken und Orthodoxen und andererseits Ökumene weltweit.

Peter Schulz: An meine Dresdener Enkelkinder Jonas und Sophie

Vorwort

Wie liegt die Stadt so wüst, die voll Volks war
All ihre Tore stehen öde
Wie liegen die Steine des Heiligtums vorn auf allen Gassen zerstreut
Er hat ein Feuer aus der Höhe in meine Gebeine gesandt und es lassen walten ....
Bringe uns, Herr, wieder zu dir, dass wir wieder heimkommen
Erneue unsre Tage wie vor alters
Ach Herr, siehe an mein Elend!

Zu diesen Texten, entnommen den Klageliedern Jeremias, komponierte der Kreuzchorkantor Rudolf Mauersberger, der die Zerstörung Dresdens miterlebt hatte, am Karfreitag 1945 eine Trauermotette. Sie ist immer wieder zu hören in Veranstaltungen, etwa in Dresden, Hamburg, Pforzheim oder in anderen Orten, die ihrer Zerstörung durch Bomben gedenken; so immer wieder auch in meiner Geburtsstadt Darmstadt; denn der Text lässt sich auch auf Darmstadt übertragen.

Ich sehe einen kleinen Jungen, fünf Jahre alt, an der Hand einer Frau, die nicht seine Mutter ist, durch das zerbombte Darmstadt laufen. Da noch nicht alle Straßenbahnschienen von Trümmern freigeräumt sind, müssen sie über Kilometer auf schmalen, ausgetretenen Pfaden laufen, die links und rechts von noch stehengebliebenen Hauswänden gesäumt sind, von Hauswänden, die jederzeit in sich zusammenbrechen können.
Die beiden sind auf dem Weg in einen behelfsmäßig wieder hergerichteten Milchladen. Der Junge freut sich schon auf das Sahnehörnchen, das als Belohnung auf ihn wartet. Die Trümmer ringsum, die Menschenleere zwischen den ausgebrannten Häusern, die Gestalten, die hin und wieder aus den zerstörten Kellern kommen, irritieren ihn nicht. Es kennt das nur so. Eine heile, unversehrte Stadt und das pulsierende Leben in ihr – so wie es Darmstadt noch vor wenigen Jahren gewesen war – hatte er bisher nie erlebt.

Dieser Junge, längst erwachsen geworden, schreibt 70 Jahre später einen Brief an seine Enkel.

Lieber Jonas, liebe Sophie!

1. Erinnert Ihr Euch noch? Als wir vor wenigen Wochen bei unserem Besuch bei Euch in Dresden gemeinsam mit Eurem Vater im Stadtmuseum Dresden auf den Spuren der Geschichte Eurer Geburtsstadt waren? Damals stießen wir auch auf die schrecklichen Bilder der Zerstörung der Stadt Dresden am 13. Februar 1945, des Zusammenbruchs der ausgeglühten Frauenkirche.

Ich erinnere, dass Euch ein Foto besonders erschütterte: Eine Aufnahme aus dem Jahr 1957, die vor der Kulisse des Trümmerfeldes des Neumarktes die Ruine der Frauenkirche zeigte; und davor eine friedlich grasende Schafherde – als sei die Zeit stehen geblieben –, als habe der US-amerikanische Finanzminister Morgenthau seine Überlegungen von einer Deindustrialisierung Deutschlands, den „Morgenthau-Plan", durchgesetzt.

Längst ist der Neumarkt wieder aufgebaut, die letzten – äußeren! – Spuren der Zerstörung der Altstadt werden getilgt, ... und die Frauenkirche?
Eine „Bürgerinitiative für den Aufbau der Frauenkirche“ sandte 1990 einen „Ruf aus Dresden“ in die Welt:
„... *Wir wollen uns nicht damit abfinden, daß dieses einmalige und großartige Bauwerk Ruine bleiben soll oder gar abgetragen wird. Wir rufen auf zu einer weltweiten Aktion des Wiederaufbaues der Dresdner Frauenkirche zu einem christlichen Weltfriedenszentrum im neuen Europa. In diesem Gotteshaus soll in Wort und Ton das Evangelium des Friedens verkündet ... werden ...*“.

Und Ihr wisst:
Der Ruf aus Dresden hatte einen weitaus größeren Erfolg, als die Urheber zu hoffen wagten: Über 11 Jahre hinweg wurde die Kirche mit Spenden aus aller Welt Stück für Stück wieder aufgebaut – getreu den Vorgaben George Bährs und unter weitestgehender Verwendung historischer Materialien. Am 30. Oktober 2005 wurde der Wiederaufbau – früher als geplant – durch die festliche Weihe der Kirche abgeschlossen. Dresdens Herz schlägt wieder. Schafe weiden längst nicht mehr auf dem Neumarkt, sondern in der Dresdner Heide – und Ihr lebt glücklich und zufrieden in einer nun wieder prosperierenden Stadt und könnt – so Gott will – unbesorgt in eine friedvolle Zukunft blicken.

2. Wie aber lebt es sich mitten in Krieg und Bombenhagel, wie unter Trümmern und in Not?
Liebe Enkel, ich habe das erlebt!

Seit unserem Besuch im Stadtmuseum Dresden bin ich auch entschlossen, Euch davon zu berichten; zu berichten nicht etwa als „Besitz für immer“, als „Lehre aus der Geschichte“, sondern einzig und allein, dass Ihr seht, wie die Kindheit Eures Großvaters aussah, die Kindheit eines Kindes, das während des Zweiten Weltkrieges und in einer dann kriegszerstörten hessischen Stadt aufwuchs. Euer Vater würde scherzhaft dazu sagen: „Väterchen erzählt wieder vom Krieg.“

Nicht alles, was sich bei mir als eigene Erinnerung ausgibt, ist es wirklich! Vieles ist tatsächlich so erlebt, manches tut lediglich so, geht aber auf Erzählungen Dritter zurück, wieder anderes ist bloße Einbildung, die im Laufe der Zeit als Tatsache dahergekommen ist. Ich habe niemanden mehr, der das zurechtrücken, korrigieren könnte; niemanden, der aus der Fülle der gedachten Ereignisse den wahren Erlebniskern herausschälen könnte: Großeltern und Eltern leben nicht mehr; zudem wären sie – so wie auch meine Schwester – aus ganz unterschiedlichen Gründen (Trauer, Schuldverstrickung, selbstauferlegtes Schweigen aus Scham, ganz sicher auch Sprachlosigkeit) kaum dazu in der Lage.

Aber: Kommt es darauf an?
Wie in Platons Höhlengleichnis die Menschen die bloßen Schatten für wahr halten, halte ich nicht lediglich das real Erlebte, sondern auch das angeblich Erlebte, sei es, weil mir davon berichtet wurde, sei es, weil ich es mir als erlebt eingebildet habe, für wahr – und all das hat meine Persönlichkeit geprägt, nicht nur die tatsächlich erlebten Ereignisse.

Geboren wurde ich am 17. Dezember 1943 in Darmstadt, hineingeboren in eine Stadt, die seit dem Sommer 1943 beinahe täglich unter Luftangriffen litt und deren Zentrum in der „Brandnacht“ 11./12. September 1944 durch einen Großangriff alliierter Bomber sowie durch den anschließenden verheerenden Feuersturm in eine Trümmerwüste verwandelt wurde. Über 11.000 Tote waren zu beklagen. Das hierbei wohl erstmals erprobte Fächerbombardement soll – so überliefern es Quellen – eine Probe zur Zerstörung Dresdens gewesen sein.

Der Hauptbahnhof, in dessen Nebengebäude wir in einer Beamtenwohnung der Reichsbahn wohnten (mein Großvater mütterlicherseits war Bahnhofsvorsteher), war nicht Hauptziel der Luftangriffe, sondern die etwas entferntere Altstadt mit ihren dicht zusammenstehenden Fachwerkhäusern. Ziel der Angriffsstrategie war nämlich „... der Zusammenbruch der Moral ... durch die Angst vor ausgedehnten und intensiven Bombenangriffen sowie die Schaffung eines Flüchtlingsproblems bislang unbekannten Ausmaßes...“.

Dennoch musste meine Mutter bei jedem Luftalarm den nahegelegenen „von Richthofen-Bunker“ (heute: „Mozartturm“) aufsuchen; ob es Tag war oder Nacht – und es blieben nur wenige Minuten zwischen Bombenalarm und den ersten zerstörerischen Bomben. Immer war es ungewiss, welchen Stadtteil der Angriff treffen sollte, einen entfernteren oder den eigenen.
Eine große Stofftasche war immer griffbereit. In der lagen bereits die wichtigsten Dinge, die notwendigen Windeln und etwas Babynahrung, und ich, der gerade geborene Sohn, wurde obenauf gelegt. Ob und wer meine Mutter dabei unterstützte, weiß ich nicht: mein Vater war an der Front, mein Großvater im Einsatz am Bahnhof – und mit ihrer Mutter, meiner Großmutter, hatte sie sich (ich denke aus Glaubensgründen!) überworfen.
Die Tasche, über die während meiner Kindheit immer wieder gesprochen wurde, fand ich wieder, als wir nach dem Tod meiner Eltern deren Haushalt auflösten.

Ob wir – meine Mutter und ich – auch noch während des großen Luftangriffs auf Darmstadt, der schrecklichen „Brandnacht“, in der Stadt waren, weiß ich nicht: Meine Mutter floh mit mir im Laufe des Jahres 1944 vor den Bomben aus Darmstadt und suchte Schutz in Zoppot (heute: Sopot in Polen), ein äußerst gefragter Ostseebadeort in der Vorkriegszeit. Einen Grund dafür, dass es gerade Zoppot sein sollte, 1200 km von Darmstadt entfernt, mitten im Krieg, kann ich nicht finden. Darmstädter Kinder kamen gewöhnlich zur „Kinderlandverschickung“ in den nahegelegenen und von Bombenangriffen weitgehend unberührten Odenwald, Darmstädter Familien suchten dort Zuflucht.
Warum nur Zoppot?
Sicher bin ich mir, dass mein Großvater als Reichsbahner meiner Mutter die Suche nach zumutbaren Verbindungen (was ist während eines Krieges, in dem der Bahnbetrieb immer wieder durch Luftangriffe unterbrochen wird, schon zumutbar?!) und den Kauf der notwendigen Fahrkarten (gab es während dieser Zeit noch einen „normalen“ Bahnbetrieb von West nach Ost?) erleichtert hat.

Aber ins entfernte Zoppot?
Längst verlief der Flüchtlingsstrom in entgegengesetzter Richtung: Der Verlauf der sowjetischen Sommeroffensive 1944 hatte bereits gewaltige Fluchtbewegungen der

deutschen Bevölkerung im Osten ausgelöst; Millionen Deutsche flohen gen Westen, zunächst – wie ein Großteil der Verwandtschaft meines Vaters – aus Ostpreußen, schließlich aus Schlesien und Pommern.

Und wir fuhren gen Osten? Verstehen kann ich das nicht!
Könnte – noch zu dieser Zeit?! – ein ungebrochener Glaube an den Endsieg („Wenn erst die Wunderwaffe eingesetzt wird!") eine Erklärung sein? Immerhin scheint das Verhältnis meiner Mutter zum Nazi-Regime noch ungebrochen gewesen zu sein: Sie war höherrangige BDM-Führerin, und ein Eintrag in eine meiner Urkunden (Geburts- oder Taufurkunde) bei „Religion der Mutter": „Gottgläubig" stützt meine Vermutung; denn die offizielle Einführung des Begriffs war 1936 der „Versuch, eine religiöse Identifikationsformel für Nationalsozialisten jenseits der Kirchen und sonstigen Glaubensgemeinschaften zu schaffen" und galt als „Ausweis besonderer Nähe zum Nationalsozialismus."

Das sehe ich übrigens auch als Grund für das Zerwürfnis zwischen meiner Mutter und meiner Großmutter, ihrer Mutter: Meine Großeltern waren streng katholisch, hatten auch deshalb meine Mutter bewusst in Mainz in ein katholisches Gymnasium gegeben. Der Austritt ihrer Tochter aus der katholischen Religion und die Vergötterung eines verbrecherischen Regimes muss vor allem für meine Großmutter in ihrer bodenständig schlichten Gläubigkeit unfassbar und höchst sündhaft gewesen sein; und sie litt bis zu ihrem Tod – wie ich aus vielen Gesprächen weiß – unter der Angst vor dem „Fegefeuer", weil sie sich mitschuldig gemacht habe.

Angenehmer wäre mir die folgende – m.E. auch nicht unplausible – Erklärung: Zu der Zeit unserer Flucht aus Darmstadt war mein Vater als Regimentskommandeur zur Verteidigung Königsbergs eingesetzt. Seinen Tagebuchaufzeichnungen ist zu entnehmen – und das weiß ich auch aus heftigen Auseinandersetzungen, die er und ich uns um die Sinnhaftigkeit des militärischen Widerstandes in den 60er Jahren leisteten –, dass er den Krieg bereits verloren gegeben hatte und nur noch dafür kämpfte, dass möglichst vielen – auch seinen masurischen Eltern und Geschwistern samt Familien – die Flucht vor der sowjetischen Armee in den Westen gelingen könnte.
Da scheint es mir bei einer Entfernung zwischen Zoppot und Königsberg von knapp 200 km nicht ganz unschlüssig, dass meine Mutter mit ihrem „Erstgeborenen" die weitestmögliche Nähe zu ihrem Mann suchte – zumal sie nunmehr wieder schwanger war.
Am 11. Januar 1945 gebar sie in Zoppot meine Schwester.

Mit dem beinahe ungebremsten Vordringen der Roten Armee war aber bald klar, dass Zoppot für uns – nunmehr drei – doch kein so sicherer Zufluchtsort war.
Es galt, die „Rückflucht" zu organisieren.

Ich mag mir die Ängste, die Mühen, die den Ort langsam lähmende Hysterie nicht vorstellen. Zehntausende waren auf der Flucht an der Danziger Bucht um Danzig, Zoppot und Gdingen nach tagelangen Märschen, mit dem Allernotwendigsten ausgestattet, gestrandet und harrten bei Eiseskälte, Schnee und Sturm aus, in der Hoffnung, auf einem Schiff oder mit einem Zug die Flucht weiter in den Westen fortsetzen zu können.

Wie sollte es meiner Mutter, die gerade eine Tochter geboren hatte und einen Einjährigen versorgen musste – auf sich gestellt – gelingen, Zoppot zu verlassen und nach Darmstadt zurückzukehren?
Glück oder Zufall – sie war für uns drei an Karten für das ehemalige KdF-Kreuzfahrtschiff, nunmehr Lazarettschiff „Wilhelm Gustloff" gelangt, das am 30. Januar 1945 (meine Schwester war da gerade 19 Tage alt!) ca. 10.000 Menschen über die Ostsee nach Schleswig-Holstein evakuieren sollte. Die Karten lagen jahrelang „nichtentwertet" im „Familienarchiv" meiner Eltern – jetzt sind sie verschwunden.

Glück oder Zufall (meine Mutter hätte in ihrer Denkart vielleicht „die Vorsehung" als Erklärung bemüht)? – nein! Gottes Fügung ließ plötzlich meinen Großvater aus Darmstadt auf der Bildfläche erscheinen. Seine Autorität schaffte es, meine Mutter davon zu überzeugen, dem Seeweg nicht zu vertrauen (welche Landratte fühlt sich schon auf schwankenden, glitschigen Schiffsplanken wohl?), sondern mit der Reichsbahn den Weg zurück nach Darmstadt zu wagen. Seine Position als Bahnhofsvorsteher erleichterte es sicherlich, kurzfristig die notwendigen Formalitäten zu erledigen –

- und schon saßen wir zu viert in einem überfüllten Zugabteil nach Westen
- oder war es vorne beim Lokführer oder beim Heizer
- vielleicht auch bei bitterster Kälte in einem zugigen Viehwagen, durch dessen Ritzen beißender Wind und Flugschnee drangen (etwa so wie bei unzähligen Transporten, die in den Jahren 1942/43 Tausende vom Darmstädter Güterbahnhof nach Osten „ins Ungewisse verfrachteten").

Kurz: Ich weiß es nicht!
Ich weiß aber, dass uns diese Umdisposition höchstwahrscheinlich das Leben gerettet hat, denn die „Wilhelm Gustloff" wurde bald nach Erreichen der offenen See von einem sowjetischen U-Boot gesichtet, von vier Torpedos angegriffen und versenkt; mehr als 9.000 Menschen ertranken im eiskalten Wasser der Ostsee.

Ich weiß nicht, wie viele Tage wir mit dem Zug unterwegs waren; ich weiß nicht, wer unterwegs die medizinische Versorgung für meine 19 Tage alte Schwester, die an Diphtherie erkrankt war, besorgte; ich weiß nicht, wie die Notdurft der Hunderten von Passagieren, wie meine Windeln entsorgt wurden; ich weiß nicht, woher die notwendige Versorgung kam; ich weiß nicht, wie oft der Zug halten und wie oft wir ihn verlassen mussten, um uns vor Tieffliegerangriffen zu schützen.
Ich weiß nichts über diese Flucht! Keiner hat je darüber gesprochen!
Ich weiß aber, dass diese Flucht unnötig war und dass sie nicht zu vergleichen ist mit der Flucht der aus dem Osten Vertriebenen.

3. Bei unserer Rückkehr nach Darmstadt erwartete uns, was einen in einer völlig zertrümmerten Stadt erwartet:
Bei 99 Prozent Zerstörung glichen Alt- und Innenstadt einem Trümmerfeld; rund 66.000 von damals rund 110.000 Einwohnern waren obdachlos geworden und hausten, soweit sie nicht in den weniger zerstörten Außenbezirken untergekommen waren oder Unterschlupf im Odenwald gefunden hatten, in notdürftig hergerichteten Trümmerwohnungen, in Kellerlöchern oder zugigen Gartenhäuschen. Die Versorgung war aufs Allernotwendigste beschränkt.

Und wir, die Rückkehrer aus Zoppot?

Da der Hauptbahnhof nicht im Zielgebiet der alliierten Luftflotte gelegen hatte, war er weitgehend unversehrt geblieben, somit auch das angrenzende Amts- und Wohngebäude, in dessen erstem Stock die komfortable Dienstwohnung meines Großvaters lag. Aufgrund der Wohnungsnot der Stadt waren zwar bereits zwei Familien zwangseingewiesen worden, für meine Mutter, meine Schwester und mich blieb aber in den meinen Großeltern verbliebenen Zimmern noch genügend Raum. Das änderte sich auch nicht wesentlich, als mein Vater 1946 aus englischer Kriegsgefangenschaft zurückkehrte: Von da an lebten wir als Familie bis zum Umzug nach Frankfurt/M. 1957 in zwei kleinen Zimmern: ein Zimmer war Studierzimmer meines Vaters, Wohnzimmer und – abgetrennt durch einen breiten Bücherschrank – Küche mit einer 2-Flammen-Kochplatte sowie Waschgelegenheit (ohne fließendes Wasser); das andere Zimmer diente als Ess- und Schlafzimmer für uns alle vier sowie als Spielzimmer für meine Schwester und für mich. Die Toilette auf dem Flur der Wohnung teilten wir ebenso mit den übrigen Bewohnern wie die Badegelegenheit in einem kohlebeheizten Wäschekessel im Keller (festgelegte Badezeiten jeweils am Samstag!).

In diesen Räumen, die zu unserer Wohnung wurden, sollte sich nun, da die Familie mit der Rückkehr meines Vaters wieder zusammengefunden hatte, ein (unter Nachkriegsbedingungen) normales Familienleben entwickeln.
Dazu musste zunächst die Existenz gesichert werden. Ein „Dach über dem Kopf" hatten wir, woher aber sollte die finanzielle Grundlage für die Sicherung eines Existenzminimums kommen?

4. Mit dem Ende des Krieges hatten meine Eltern ihre Berufe verloren: Mein Vater war nicht mehr Soldat, meine Mutter nicht mehr BDM-Führerin. Die Eltern trafen die Abrede, dass mein Vater sein einst abgebrochenes Mathematikstudium an der TH Darmstadt wieder aufnehmen sollte, während meine Mutter sich um den Gelderwerb kümmern wollte. Und alsbald begannen beide, die vereinbarten Rollen auszufüllen:
Mein Vater setzte sein Studium – mitten unter „frischgebackenen" Abiturienten – fort, engagierte sich in der evangelischen Studentengemeinde und setzte auf einen frühestmöglichen Abschluss.
Meiner Mutter, einer eher unbekümmerten und lebenszugewandten jungen Frau (schließlich war sie gebürtige Mainzerin!), kam zugute, dass ihr ein künstlerisches Talent mitgegeben worden war. Sie malte feinziselierte Blumenbilder (etwa in der Art des „Großen Rasenstücks" von Dürer), stellte Scherenschnitte her, entwarf Kinder-Bilderbücher und hatte damit auch leidlichen Erfolg; doch es reichte nicht zum Überleben, sodass sie zudem eine Aushilfsstelle in einer Darmstädter Buchhandlung annehmen musste.
Wer aber könnte sich in dieser Zeit um meine Schwester und mich kümmern? (Wir sind mittlerweile im Jahr 1947 oder 1948; meine Schwester wäre demnach etwa drei, ich etwa vier Jahre alt).

Jonas und Sophie, liebe Enkel,
Ihr hättet dafür schnell eine Lösung und würdet fragen: „Warum nicht in die Krippe, den Kindergarten oder den Hort?" – Die Antwort ist ganz einfach: Krippe oder

Hort gab es damals in Darmstadt nicht, für den Kindergarten waren wir – nach Darmstädter Maßstaben – noch zu jung.
Meine Eltern fanden eine andere Lösung, eine Lösung, unter der besonders ich sehr gelitten habe; aus Tagebuchaufzeichnungen weiß ich aber, dass es auch meiner Mutter beinahe das Herz zerriss:

5. Die Eltern und Geschwister meines Vaters waren samt ihren Familien auf der Flucht aus Masuren in dem kleinen Dorf Oedelsheim an der Oberweser gelandet. Die Eltern und die Schwester mit ihrer Familie hatten Zuflucht bei einem Bauern gefunden, der gleichzeitig eine Gastwirtschaft und Pension betrieb, der Bruder mit Familie bei dem „Großbauern" des Ortes – oder waren sie dort zwangseingewiesen worden? Jedenfalls hatten sie Unterkunft – und für einen spärlichen Lebensunterhalt war auch gesorgt, da in Feld und Wald genügend Arbeit wartete. Mein Großvater, der als Lehrer in Masuren auch Bienenvölker gehalten hatte, war zudem als Imker willkommen.

Was lag näher, als mich dort, vor allem bei meiner Tante Lotte und ihrem Mann Onkel Herbert nebst zwei etwa gleichaltrigen Cousinen sowie meinen Großeltern, Opi und Omi (alle waren in zugigen Dachstuben des Bauernhauses untergekommen), unterzubringen. Ob meine Schwester auch dabei war oder ob meine Eltern für sie eine andere Lösung gefunden hatten, weiß ich nicht.

Aber jetzt setzen schemenhaft meine ersten eigenen Erinnerungen ein, sodass ich nicht mehr in allem auf Berichte Dritter angewiesen bin.

Ich sehe mich einsam, voller Heimweh, weinend und verzweifelt in einem abgedunkelten Raum in einem Bett liegen; ich soll Mittagsschlaf halten, aber vor Kummer will der Schlaf nicht kommen; und niemand reagiert auf mein Rufen. „Das haben sie davon", sage ich zu mir, greife nach dem Salztopf auf dem Tisch neben meinem Bett und schütte Unmengen in den Muckefuck, den man mir als Nachmittagskaffee hingestellt hat, „das haben sie davon!"

„Das haben sie davon!"
Da muss ich nachmittags mit in den Wald kommen, um Bucheckern zu sammeln, die zu Öl gepresst werden sollen, damit wieder etwas Öl zum Braten vorrätig ist. „Wenn du fleißig sammelst, Peterle („wenn ich das schon höre, Peterle!!!"), bekommst du auch ein Stück Schokolade, das deine Mama für dich im Päckchen geschickt hat", sagte meine Tante. „Die Cousinen haben doch schon in den letzten Tagen immer wieder von der Schokolade „gefressen", warum muss ich für die Schokolade, die für mich gedacht ist, erst etwas leisten?", dachte ich mir, wagte aber nicht, das auszusprechen, da ich vor dem (m. E.) sadistisch veranlagten Onkel Herbert Angst hatte, verstockte und weigerte mich zu sammeln.

„Das hast du davon!",
sagte dieser zu mir, „mit Schokolade ist es vorerst nichts", und gab stattdessen jeder Cousine ein Täfelchen. „Zum Abendessen stehst du mit dem Kopf zur Wand!" Dass ich Tage später doch noch zu Schokolade kam, machte die Angelegenheit für mich nicht besser.

Wie sollte ich mich gegen diese Ungerechtigkeit wehren, wer könnte mir helfen, meine Eltern waren für mich unerreichbar!
Jahrzehnte mussten ins Land gehen, bis ich für das Gefühl der Hilf- und Herrenlosigkeit, das mir in diesem Moment die Kehle zuschnürte, Worte fand; Worte, die aus dem Gedicht „Heimatlos" des zu früh verstorbenen Dichters Max Herrmann-Neiße stammen:
„... Die herrenlosen Katzen in den Gassen,
die Bettler, nächtigend im nassen Gras,
sind nicht so ausgestoßen und verlassen
wie jeder, der ein Heimatglück besaß
und hat es ohne seine Schuld verloren..."

Liebe, Geborgenheit, Nähe, die ich bei meinen Eltern hatte, fehlten mir. Ob sie mir von den Verwandten keiner geben wollte oder konnte, weiß ich nicht. Vielleicht haben der Verlust ihrer ostpreußischen Heimat, ihre Erlebnisse auf der monatelangen Flucht, das Nicht-Willkommen-Sein als Flüchtlinge im Dorf sie an Emotionen gehindert, vielleicht lag es auch am ostpreußischen Menschenschlag.

Aber da gab es noch Tante Hildchen.
Tante Hildchen war eine fröhliche, unbesorgte junge Frau, die aus Thüringen geflohen war und bei der Familie ihrer Schwester, der Frau des Dorfarztes, lebte. Tante Hildchen kam einmal in der Woche auf den Bauernhof, auf dem meine Tante Lotte untergekommen war, und besorgte die Wäsche der Bauersfamilie. Damit verdiente sie sich eine Art Taschengeld, da sie – wie ich erst sehr viele Jahre später erfuhr – aufgrund eines Spruchkammerbescheides weder ihren Beruf als Landwirtschafts-Lehrerin noch einen anderen Beruf ausüben durfte.
Tante Hildchen und ich, wir mochten uns. Bei ihr durfte ich mich austoben, sie hatte Verständnis für meine „Dumme-Jungen-Streiche", sie fing mich auf meine Aufforderung: „Fang mich doch, fang mich doch!" und steckte mich spaßeshalber mit dem Kopf in den Wäschekessel, ich spritzte sie mit dem Wasserschlauch nass. Und immer hatte sie eine Kleinigkeit für mich dabei: ein Stück Kuchen, ein Wurstbrot, eine Birne.
Von diesen Begegnungen zehrte ich die folgenden Tage.

Auch die Stunden bei Opi im Bienenhaus und – natürlich! – an der Honigschleuder genoss ich. Mit Opi konnte man über vieles sprechen: über die gelben Füße, die die Bienen hatten, wenn sie zum Stock zurückkehrten; über die Form der Waben, über die Faulheit der Drohnen, über die Scheu der Bienen vor Opis Pfeife und weshalb man sich an Bienenstiche gewöhnen kann;
auch über Onkel Herbert hätte ich gerne mit ihm gesprochen; das aber war kein Thema! Leider!

6. Nach Wochen oder Monaten – jedenfalls im November 1949 – kam mein Vater, um mich nach Hause zurückzuholen: Ich war erlöst, hatte aber kein besonders gutes Gefühl. Schon in den Tagen zuvor hatten die Erwachsenen sich oft im Flüsterton unterhalten, dabei immer wieder zu mir geschaut, waren verstummt, wenn ich zu nahe kam; und manchmal verdrückte auch einer eine Träne in den Augenwinkeln.

Die Atmosphäre in der Wohnung meiner Tante war für mich immer angespannt und unangenehm - ich hatte auch ganz bestimmt meinen Anteil daran! -, doch nun war etwas verändert - ungreifbar, wie unter einem Trauerschleier.

Nach einer spannenden Fahrt - erst mit dem Weser - Dampfer, dann mit einem langsamen Personenzug und schließlich mit einem D-Zug (so richtig unter Dampf!) - kamen wir in Darmstadt an. Ich erwartete eine stürmische Begrüßung meiner Mutter; doch sie war nicht zu Hause. Die erste Enttäuschung!
Mein Vater, der die ganze Fahrt über merkwürdig still gewesen war, stellte den Koffer im Arbeitszimmer ab, nahm meine Schwester (da war sie doch wohl in Darmstadt geblieben?!) und mich an der Hand und fuhr mit uns in der Straßenbahn ins Elisabethen-Krankenhaus. Ich sehe uns noch über die Flure gehen - an Ärzten und Schwestern vorbei, die uns mitleidig ansahen - und ein Krankenzimmer betreten. Da lag meine Mutter, bleich und kraftlos, beinahe ohne Stimme und nahm mich in den Arm und drückte mich - soweit sie es noch vermochte - an sich.
Hier setzt - vielleicht zu meinem Glück - meine Erinnerung aus.

Einige Tage später - es ist wohl Nacht - sehe ich mich in meinem Bett, eine Straßenbahn kreischt gerade in die Endstationsschleife, sie wirft Schatten bis in unser Schlafzimmer herein - und Lichtreflexe wandern über die Zimmerdecke, da meine ich, eine weiche, wohlbekannte Stimme aus weiter Ferne zu hören: „Peter, Peter!"
Wenige Minuten später betritt mein Vater das Zimmer, Tränen in den Augen, und eröffnet meiner Schwester und mir: „Mama ist im Himmel!"

Peter Schulz mit Schwester

Der Krebs hatte meine Mutter schon früh erfasst. Mit großer Disziplin hat sie Krankheit und Schmerzen ertragen, auch damit mein Vater sein Studium abschließen konnte.
Die Tragweite des Todes unserer Mutter wird uns erst viel später klar. Gespürt haben wir aber schon, dass etwas Furchtbares geschehen sein muss.
Wenn nur nicht das unerträgliche Mitleid vieler uns Fernstehender gewesen wäre, das ich bis heute immer noch kaum von Voyeurismus unterscheiden kann!

7. Mein Großvater in Darmstadt nahm mich gelegentlich auf seinen Schoß, um mich zu trösten; und Baldo, sein Schäferhund, den auch ich unbändig liebte, verfolgte das jeweils aufmerksam.

Immer dann stimmte mein Großvater, auch er wie meine Mutter ein gebürtiger Mainzer, das Lied an *„Heile, heile Gänsje, es is bald widder gut, ...“*.
So auch am Tag nach dem Tod meiner Mutter.
Wie immer sang mein Großvater auch diesmal zusätzlich die erst nach dem Krieg hinzugedichtete vierte Strophe – und ihm liefen die Tränen über die Wangen:

Wär ich einmal der Herrgott heut,
Dann wüßte ich nur eins:
Ich nähm´ in meine Arme weit
Mein arm´, zertrümmert Mainz
Und streichelte es sanft und lind
Und sagt: „Hab nur Geduld.
Ich bau dich wieder auf geschwind,
Du warst ja gar nicht schuld.
Ich mach´ Dich wieder wunderschön,
Du kannst, Du darfst nicht untergeh´n.“
Heile, heile Gänsje, ist bald wieder gut.
Kätzje hot e Schwänzje, ist bald wieder gut.
Heile, heile Mausespeck,
In hundert Jahr ist alles weg.

Meinem Großvater hätte ich das Folgende nicht sagen können, weil ich es zu seinen Lebzeiten noch nicht wusste, auch sicherlich noch nicht wissen konnte; ich hätte es ihm auch nicht sagen können, weil ich ihm damit wehgetan hätte; ich weiß noch nicht einmal, ob er es verstanden hätte:

Ich halte die Zeile:
„Ich bau dich wieder auf geschwind, Du warst ja gar nicht schuld...“ für unangemessen.

Ich halte die „Täter-Opfer-Teilung“, wie sie sich angesichts der Trümmerwüsten in Deutschland unmittelbar nach dem Kriegsende entfaltete und wie sie noch immer in mancher Gedenkveranstaltung anlässlich der Zerstörung unserer Städte aufschimmert (etwa: Darmstadt, 11./12. September 1944, Dresden, 13. Februar 1945), für unhistorisch.
Der Schuldfrage dürfen wir uns nicht entziehen!

Dem Gedenken an die Zerstörung Ausdruck zu verleihen, schaffte auf unvergleichliche Weise Rudolf Mauersberger mit seiner Trauermotette „Wie liegt die Stadt so wüst“; es gilt aber auch, der Ursachen und des (eigenen) Anteils dazu zu gedenken sowie die notwendigen Folgerungen daraus zu ziehen.

Und da halte ich es mit Dietrich Bonhoeffer, der bereits 1940 in einem „Schuldbekenntnis der Kirche (hier im Auszug)“ formulierte:

„Ich bin schuldig des ungeordneten Begehrens, ich bin schuldig des feigen Verstummens, wo ich hätte reden sollen, ich bin schuldig der Heuchelei und der Unwahrhaftigkeit angesichts der Gewalt, ich bin schuldig der Unbarmherzigkeit und der Verleugnung der Ärmsten meiner Brüder, ich bin schuldig der Untreue und

des Abfalls von Christus. Was geht es euch an, ob andere schuldig sind? Jede Sünde eines anderen kann ich entschuldigen, nur meine eigene Sünde bleibt Schuld, die ich nie entschuldigen kann (...).

Die Kirche bekennt, den Namen Jesu Christi mißbraucht zu haben, indem sie sich seiner vor der Welt geschämt hat und Mißbrauch dieses Namens zu bösem Zweck nicht kräftig genug gewehrt hat: Sie hat es mit angesehen, daß unter dem Mantel des Namens Christi Gewalttat und Unrecht geschah. Sie hat aber auch die offene Verhöhnung des heiligsten Namens ohne Widerspruch gelassen und ihr damit Vorschub geleistet. Sie erkennt, daß Gott den nicht ungestraft lassen wird, der so wie sie seinen Namen mißbraucht (...).

Peter Schulz mit Vater

Die Kirche bekennt, die willkürliche Anwendung brutaler Gewalt, das leibliche und seelische Leiden unzähliger Unschuldiger, Unterdrückung, Haß und Mord gesehen zu haben, ohne ihre Stimme für sie zu erheben, ohne Wege gefunden zu haben, ihnen zu Hilfe zu eilen. Sie ist schuldig geworden am Leben der schwächsten und wehrlosesten Brüder Jesu Christi (...).“

Liebe Enkel,
lieber Jonas, liebe Sophie!
Nun ist alles doch viel ausführlicher geworden als ich es zunächst entworfen hatte, und vieles werdet Ihr auch nicht sofort verstehen. Ein lustiger Brief mit vielen „Bubenstreichen“ ist es auch nicht geworden.
Ich verspreche euch eine Fortsetzung, die sicher auch fröhlicher stimmt.
Euer Großvater.

Prof. Dr. Peter Schulz, geb. 17. Dezember 1943 in Darmstadt, Besuch des humanistischen Gymnasiums in Frankfurt/M. und Wuppertal, vier Jahre Dienstzeit bei der Bundeswehr, Studium der Rechtswissenschaften und Promotion in Verfassungsgeschichte in Frankfurt/M., Rechtslehrer und Rechtsberater, Geschäftsführer im Wissenschaftsbereich, Hochschullehrer (Verfassungsrecht und Verfassungsgeschichte) in Mannheim und Meißen, seit 1984 mit Familie wohnhaft in Mannheim.

Brigitte Kämmerer: Eine Schulzeit in Nordrhein-Westfalen 1942-1955

Geboren und aufgewachsen bin ich in Nordrhein-Westfalen, in der Industriestadt Hagen-Haspe. Mein Vater war der Besitzer einer kleinen Sensenfabrik, die seit zweihundert Jahren im Besitz unserer Familie war. Da unsere Sensen zur Sicherstellung der Ernährung der Bevölkerung dienten, wurde mein Vater als Leiter eines „Wehrwirtschaftsbetriebes" vom Wehrdienst zurückgestellt.

Brigitte, rechts, mit Mutter und Geschwistern, 1943

1936 geboren, wurde ich im Herbst 1942 in die Volksschule eingeschult. Die ersten Bombenangriffe auf Hagen habe ich mit meiner Mutter und meinen beiden kleineren Geschwistern z.T. im Keller unseres Mietshauses oder im städtischen Luftschutzbunker unbeschadet miterlebt. Als dann aber die Angriffe heftiger und häufiger wurden, wurden im Sommer 1943 alle Schulen geschlossen und die Schüler mitsamt ihren Müttern in den Harz evakuiert. Mein Vater, der völlig angstfrei jeden Angriff in unserer Wohnung stoisch über sich ergehen ließ, lehnte es kategorisch ab, seine Familie evakuieren zu lassen.

Da bot sich für mich, das Schulmädchen, eine wunderbare Lösung: In der Heimatstadt meiner Mutter, in Iserlohn, nur 20 km von Hagen entfernt, wohnte eine alleinstehende verwitwete Tante meiner Mutter. Da Iserlohn bis dahin offenbar kein lohnendes Ziel für Bombenangriffe war, lief dort der Schulbetrieb bis Anfang 1945 ungestört weiter. Also nahm Tante Johanna mit großer Selbstverständlichkeit und Liebe mich kleine Brigitte bei sich auf. Ich lebte dort in allem Frieden, bestens versorgt – mein Vater hatte ja Dauerverbindung zur Landwirtschaft, und meine Tante konnte exzellent kochen! –, lernte neue Freundinnen kennen und kümmerte mich um den Krieg recht wenig.

Im Herbst 1944 wurde mein Vater doch noch eingezogen, er musste nach Hamm zur Musterung, wurde aber glücklicherweise nach drei Wochen endgültig für UK, unabkömmlich, erklärt und durfte zurück nach Haspe zu Familie und Fabrik. Ein kindliches Briefchen, das ich meinem Papi damals geschrieben habe, habe ich bei alten Fotos wiedergefunden.

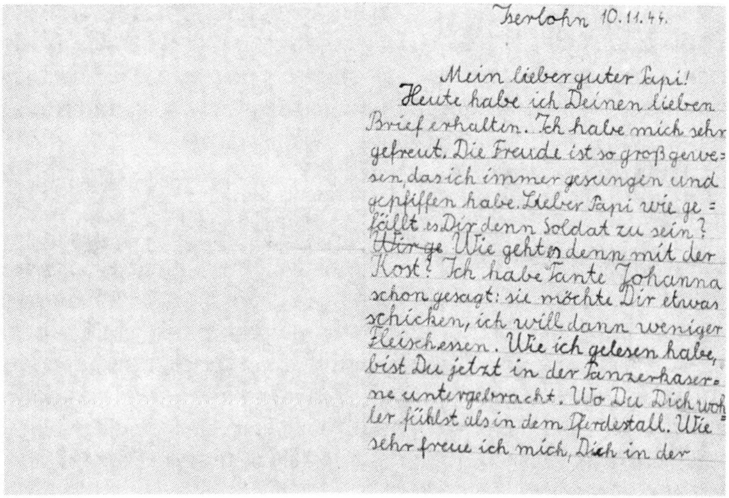

Iserlohn 10.11.44.

Mein lieberguter Papi!
Heute habe ich Deinen lieben Brief erhalten. Ich habe mich sehr gefreut. Die Freude ist so groß gewe=sen, das ich immer gesungen und gepfiffen habe. Lieber Papi wie ge= fällt es Dir denn Soldat zu sein? ~~Wirge~~ Wie geht es denn mit der Kost? Ich habe Tante Johanna schon gesagt: sie möchte Dir etwas schicken, ich will dann weniger Fleischessen. Wie ich gelesen habe, bist Du jetzt in der Panzerkaser=ne untergebracht. Wo Du Dich wohler fühlst als in dem Pferdestall. Wie sehr freue ich mich, Dich in der

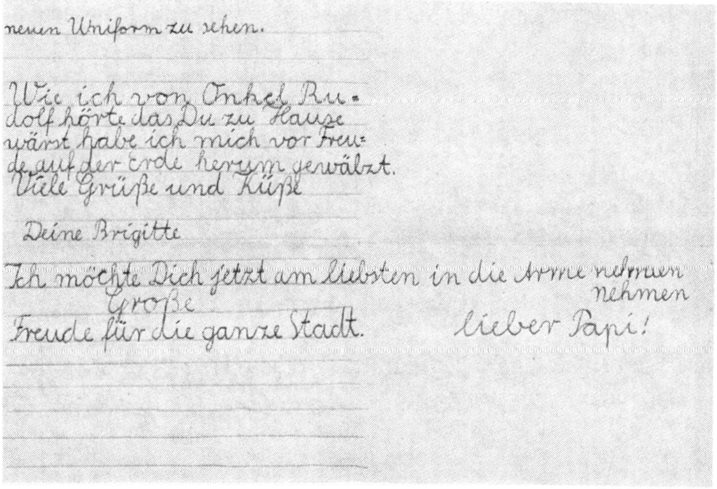

neuen Uniform zu sehen.

Wie ich von Onkel Ru=dolf hörte das Du zu Hause wärst habe ich mich vor Freu=de auf der Erde herum gewälzt. Viele Grüße und Küße

Deine Brigitte

Ich möchte Dich jetzt am liebsten in die Arme nehmen nehmen
Große Freude für die ganze Stadt. lieber Papi!

Dass das Haus, in dem meine Eltern wohnten, am 1. Dezember 1944 durch eine Luftmine teilzerstört wurde und unbewohnbar war, musste ich zu meinem Glück nicht selber miterleben. Meine Eltern holten mich zu Weihnachten für ein paar Tage zu sich nach Haspe, wir kamen da behelfsmäßig bei Verwandten unter, bis sie vom Wohnungsamt eine vorübergehend leerstehende Wohnung zugewiesen bekamen, deren Besitzer, eine Dame mit zwei Töchtern, im Harz evakuiert waren.

Nach den Weihnachtsferien zurück in Iserlohn, ging der Schulbetrieb normal weiter bis April. Als die Amerikaner sich näherten, war für uns mit einem Schlag die trügerische Ruhe zu Ende. Während in allen großen Industriestädten im Umkreis die weißen Fahnen aus den Fenstern hingen, glaubten die Stadtoberen in unserer verträumten Stadt, sich verteidigen zu müssen und den Einmarsch der amerikanischen Soldaten verhindern zu können. Dadurch erlebten wir hautnah einen Artilleriebeschuss und ein Bombardement, das sich bis dahin niemand hatte vorstellen können. Das Haus in der Hauptdurchgangsstraße, in dem ich mit meiner Tante im Untergeschoss wohnte, gehörte einer älteren, ebenfalls alleinstehenden, mit uns verwandten Dame, die, als die Amerikaner mit ihren Panzern an unserm Haus vorbei fuhren, neugierig aus ihrem Fenster hinausguckte und dabei tödlich von einem Metallsplitter getroffen wurde. Damit wurde eigentlich meiner Tante und mir der Ernst der Lage richtig bewusst.

Meine Tante wollte jetzt nicht mehr mit mir allein im Haus bleiben. Sie ließ mich, da das elektrische Licht nicht mehr funktionierte, mit einem brennenden Kerzenstummel im Keller zurück, lief kurz zum Nachbarhaus, in dem ein älteres Ehepaar und eine junge Frau mit drei Kindern wohnten, um für sich und mich um Aufnahme zu bitten. Die paar Minuten, die ich da allein mit diesem fast heruntergebrannten Stück Kerze im Keller saß, draußen die Schießerei und das Wissen, dass da oben die tote Oma Metzler lag, sind mir vorgekommen wie Stunden und haben mir entsetzliche Angst gemacht.

Als Tante Johanna zurückkam, raffte sie ein paar Sachen zusammen, nahm mich an der Hand und lief mit mir ins Nebenhaus. Da sah ich zum ersten Mal die ganze Straße entlang Häuser, aus deren Fenstern brennende Lohen emporstiegen. Ich war glücklich, als ich bei den Nachbarskindern in Kartoffelkisten provisorisch gebettet wurde.

Irgendwann war Ruhe, und offenbar hatte sich auch Iserlohn endlich ergeben. Ich hatte schreckliche Angst um meine Eltern und hatte in meinem damaligen kindlichen Unverstand nur eine Frage: Hat sich Hagen ergeben oder verteidigt? Überglücklich erfuhr ich ziemlich bald, dass meinen Eltern nichts passiert war. An eine Rückkehr nach Hause war allerdings noch nicht zu denken.

Dann kamen die Amerikaner auf ihren Panzern in unsere kleine Stadt. Inzwischen war der 8. Mai vorbei. Ich wohnte wieder mit Tante Johanna in unserer unbeschädigten Wohnung, ich lag bei offenem Fenster, es war wunderbares Wetter, abends laut singend in meinem Bett, als zwei Soldaten an unserm Hoftörchen neben dem Schlafzimmer rappelten und lauthals Einlass forderten. Meine Tante, zitternd, musste die beiden hereinlassen, sie gingen durch das ganze Haus, machten aber oben, wo die tote Oma lag, schnell kehrt und holten sich zur Erleichterung meiner völlig verschreckten Tante aus dem Keller ein Glas eingemachte Kirschen. Dann gingen sie zurück, wieder an meinem Fenster vorbei und warfen mir grinsend einen Riegel Schokolade aufs Bett. „Have you chocolate?“, „Have you chewing gum?“ waren dann die ersten englischen Sätze, die zu sprechen wir Kinder lernten.

Im Sommer 1945 durfte ich endlich wieder zu meinen Eltern nach Haspe. Wir hatten uns in der zugewiesenen Wohnung gemeinsam mit den zurückgekehrten Besitzern gemütlich eingerichtet. Jedes irgendwie verfügbare Zimmer musste damals an Ausgebombte und Flüchtlinge vermietet werden. Erstaunlicherweise haben wir uns trotz der Enge alle gut vertragen! Mein Vater konnte mit unsern Sensen alle gut versorgen. „Kompensationsgeschäfte!“, dieses Wort kannte ich, ohne seinen Sinn zu verstehen! Die Sensenhändler aus dem Sauerland brachten Lebensmittel. Unsere belgischen und holländischen Geschäftspartner brachten so seltene Geschenke wie Luftballons und Bälle und Schreibhefte für uns Kinder mit und ein paar neue Sandalen für meine Mutter – große Glückseligkeit!

Die Schulen waren weiterhin geschlossen, z.T. zerbombt, von Schulpflicht war keine Rede, obwohl nach und nach alle Familien mit ihren Kindern zurückkehrten. Da kam wieder ein ungeheurer Glückszufall auf mich zu. Der Schwager meines Vaters, ein Bundesbruder von ihm, ein Studienrat für Mathematik, kam aus der Gefangenschaft zurück, fand natürlich zunächst keine Anstellung und war glücklich, in unserer Fabrik beim Aufbau einer neuen Lagerhalle vorübergehend arbeiten zu können. Nach Feierabend gab er meinem gleichaltrigen Vetter und mir Schulunterricht, so intensiv, dass wir das Wissen der verpassten Schuljahre spielend aufholen konnten.

Im Februar 1946 wurden die Schulen wieder eröffnet, soweit überhaupt unbeschädigter Schulraum zur Verfügung stand. Meine Heubingschule, in der ich die erste Klasse besucht hatte, war zum Glück heil geblieben, und ich kam mit 40 neunjährigen Kindern, die mit den unterschiedlichsten Vorkenntnissen von irgendwo zusammengetrommelt wurden, in eine vierte Klasse. Von diesen 40 Kindern waren überhaupt nur zwei in der Lage, die Aufnahmeprüfung fürs Gymnasium zu machen, denn viele hatten durch monatelange Flucht nur sporadisch Schulunterricht gehabt.

Dank der Nachhilfe meines Onkels konnte ich demnach Ostern in die Sexta des „Neusprachlichen Mädchengymnasiums Hagen-Haspe" eingeschult werden. Ich war in meiner Klasse die Jüngste, bin es auch bis zum Abitur geblieben. Die meisten Mädchen waren Jahrgang 1935 und 1934.

Das Gebäude dieses Gymnasiums gab es überhaupt noch nicht, es war seit Jahren in der Planung gewesen und wurde erst eröffnet, als ich das Abitur schon ein Jahr hinter mir hatte. Also wurde ein Provisorium geschaffen, das sich immerhin zehn Jahre lang hielt und bewährte: Das altehrwürdige, unversehrte „Math.-nat. Gymnasium für Knaben Hagen-Haspe" auf dem Kirmesplatz teilte seine Räume mit uns. Ich habe neun Jahre lang Schichtunterricht gehabt, wechselweise eine Woche von 8:00 bis 12:45, eine Woche von 13:00 bis 17:45. Samstags hatten wir nur alle 14 Tage Vormittags-Unterricht, aber dann drei Doppelstunden. Der „Kirmesplatz" war ein großer Aschenplatz, auf dem die Turnstunden im Sommer bei gutem Wetter abgehalten wurden.

Die große Turnhalle im Schulgebäude hatte an einem Ende eine Bühne. Dort wurde gleich nach dem Krieg für kurze Zeit das ausgebombte Stadttheater von Hagen einquartiert. Während meiner Schulzeit waren manchmal größere Schüleraufführungen geplant, die für Jungen und Mädchen gedacht waren. Dann wurden wir von unserm Lehrpersonal in die Turnhalle geleitet, streng nach Geschlechtern getrennt, auf der rechten Bankreihe saßen die Mädchen, links die Jungen! Wir hätten uns nie getraut, diese unsichtbare Grenze zu durchbrechen! Wenn sich kleine Techtelmechtel zwischen Jungen und Mädchen ergaben, dann höchstens beim Schichtwechsel oder mit kleinen Briefchen unter der Schulbank!

1946 war unser Direks Herr Dr. Vollheim. Er war Prothesenträger, er hatte ein Bein wegen seines Nikotinabusus abgenommen bekommen und war deshalb nicht eingezogen worden. Ansonsten waren unsere ersten Lehrkräfte „Fräuleins", natürlich, die Männer waren ja alle im Krieg gewesen, teilweise gefallen oder noch in der Gefangenschaft. Dann kam als erster Mann der Deutsch- und Geschichtslehrer, Herr Dr. Ackermann, zurück. Er kam in die Schule in einer Wehrmachts-Uniform, an der seine Frau die Uniformknöpfe durch einfache Knöpfe ersetzt hatte. Vielleicht war ihm sein alter Vorkriegsanzug zu weit geworden, ich weiß es nicht. Er war ein schicker, zackiger Typ, für den wir alle schwärmten. Er war Hauptmann gewesen, was er uns gern erzählte, und seine größte Freude war es, uns Schlachtordnungen zu erklären. Bei ihm habe ich ausführlichst die griechische Mythologie nahe gebracht bekommen. Und in der Quarta lernten wir bei ihm mit großer Begeisterung die Schiller-Balladen „Die Bürgschaft" und „Die Kraniche des Ibikus".

Meine Schulzeit war trotz der heutzutage unvorstellbaren Einschränkungen glücklich und erfolgreich. Unsere Lehrer waren selten krank, und ich kann mich nicht an Unterrichtsausfälle erinnern. Ich hatte guten Deutsch-und Mathe-Unterricht, neun Jahre Englisch, sieben Jahre Französisch, sechs Jahre Latein. In Geschichte sind wir leider zweimal nur bis zur Weimarer Republik gekommen, dann war immer das Schuljahr zu Ende, aber das war wohl damals überall in Deutschland so. Über das „Dritte Reich" wurde überhaupt nicht gesprochen. Leider hatten wir bei unserm Schultyp große Defizite in den naturwissenschaftlichen Fächern, mit einem Jahr Chemie, drei Jahren Physik, drei Jahren Biologie. Da musste ich während meines Medizinstudiums eine Menge nachholen.

Ich weiß, ich habe mit meiner ganzen Familie unglaubliches Glück gehabt, diesen schrecklichen Krieg mit seinen grausamen Ereignissen so unbeschadet überlebt zu haben. Dafür bin ich sehr dankbar!

Dr. Brigitte Kämmerer studierte in Würzburg Medizin, wo sie im Anatomie-Präparierkurs ihren Mann kennenlernte. Nach der Medizinalassistentenzeit und Approbation in ihrer Heimatstadt in NRW arbeitete sie einige Jahre als Assistenzärztin in der Radiologiepraxis ihres Mannes, Dr. Klaus Kämmerer.

Evakuiert

Hans Hohenadel: Von der Sowjet- in die NS-Diktatur

Meine politische Familie

Um ein Haar wäre ich 1934 in der Sowjetunion geboren worden, und das kam so:

Mein Vater, Jahrgang 1890, war von der Weltwirtschaftskrise, die Ende der 20er Jahre begann, genauso betroffen wie viele andere. Er zählte zu den über 6 Millionen Arbeitslosen in Deutschland und musste mit seiner zweiten Frau und den beiden Töchtern aus erster Ehe – seine erste Frau war gestorben – zunächst von Arbeitslosengeld und dann von „Krisenfürsorge" leben, die für zwei Erwachsene und ein Kind etwa 50 RM im Monat betrug. Daher entschloss er sich, mit seiner Familie das Land zu verlassen. Das hing auch mit seinem Erlebnis des Ersten Weltkriegs zusammen, den er größtenteils in den Schützengräben in Frankreich verbrachte. Mit einem Gott, auf den sich alle kriegführenden Nationen beriefen, hatte das grausame Gemetzel nichts mehr zu tun, und daher trat er 1919 aus der Kirche aus. Mein Vater wurde Mitglied der KPD, und was lag daher näher, als in das Sehnsuchtsland aller damaligen Kommunisten zu gehen, in die Sowjetunion! Er war gelernter Dreher, hatte bis zu seiner Entlassung bei den Motorenwerken Mannheim (MWM) gearbeitet und unterschrieb nun einen Fünfjahresvertrag für eine Traktorenfabrik in Charkow in der heutigen Ukraine. Anfang 1931 reiste er mit der Familie dorthin, die Töchter Wilhelmina, genannt Helma, und Gisela waren elf bzw. neun Jahre alt und lernten nun in der Schule Russisch.

Großh. Steuereinnehmerei Mannheim-Stadt.

Forderungszettel über Verwaltungsgebühren.

Bez. Amt Mannheim

Hebrolle des Gr.

vom Monat 1919 OZ 37

Geschäftsnummer 1236

Herr

Fr

schuldet an Verwaltungsgebühren für

2 M 40 Pf

Dieser Betrag muß längstens in **vierzehn Tagen**, vom Tage der Zustellung an gerechnet, bezahlt werden.

Zahlstelle:

Steuereinnehmerei Mannheim-Stadt, Schloß (linker Flügel) Kassenzimmer Nr. 1.

Kassenstunden: 8–12 und **2–4** Uhr; am Samstag nachmittags und am letzten Werktag des Monats nachmittags geschlossen.

Man beachte die Bemerkungen auf der Rückseite.

Abgezählt bereithalten!

Man zahle bargeldlos!

Verwaltungsgebühren für den Kirchenaustritt

Doch schon bald musste er feststellen, dass die politischen und gesellschaftlichen Verheißungen, wie er sie in Friedrich Engels' berühmtem Werk „Die Lage der arbeitenden Klasse in England", im noch berühmteren „Kommunistischen Manifest" von Karl Marx und bei August Bebel in dessen „Die Frau und der Sozialismus" gelesen hatte, nicht im entferntesten auf die Verhältnisse in der Sowjetunion zutrafen. Im Gegenteil: Josef Stalin, der Generalsekretär der KPdSU, war im Begriff, eine menschenverachtende Diktatur zu errichten. Daher wollte mein Vater 1934,

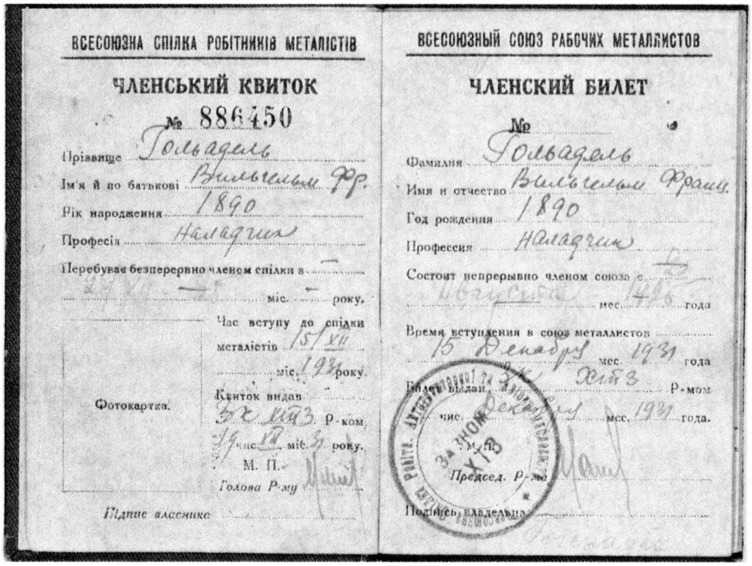

ВСЕСОЮЗНА СПІЛКА РОБІТНИКІВ МЕТАЛІСТІВ

ЧЛЕНСЬКИЙ КВИТОК

№ 886450

Прізвище ...

Ім'я й по батькові ...

Рік народження 1890

Професія ...

Перебуває безперервно членом спілки з ... міс. ... року.

Час вступу до спілки металістів ... міс. ... року

Квиток видав ... Р-ком ... чис. ... міс. ... року.

М. П.

Голова Р-му

Фотокартка.

Підпис власника

ВСЕСОЮЗНЫЙ СОЮЗ РАБОЧИХ МЕТАЛЛИСТОВ

ЧЛЕНСКИЙ БИЛЕТ

№

Фамилия ...

Имя и отчество ...

Год рождения 1890

Профессия ...

Состоит непрерывно членом союза с ... мес. ... года

Время вступления в союз металлистов ... мес. 1931 года

Билет выдан ... Р-мом ... чис. ... мес. 1931 года.

Председ. Р-ма

Подпись владельца

Werksausweis in kyrillischer Schrift

also ein Jahr vor Vertragsende, so schnell wie möglich nach Deutschland zurück. Doch das war nicht so einfach, man wollte den Facharbeiter nicht gehen lassen. Und nun komme ich ins Spiel. Meine Mutter, immer schon eine energische und durchsetzungsstarke Frau, war damals hochschwanger mit mir. Sie wurde beim Politkommissar des Traktorenwerks vorstellig, und tatsächlich erreichte sie es, dass die ganze Familie nach Deutschland ausreisen konnte. Es war eine der letzten deutschen Familien, denen das gestattet wurde.

Bekanntlich begann Stalin bereits, die Zeit des „Großen Terrors" vorzubereiten, die mit dem ersten Moskauer Schauprozess 1936 einsetzte. In den nächsten beiden Jahren ließ er nicht nur vermeintliche politische Gegner liquidieren, sondern auch ausländische Kommunisten und ordnete an, ethnische Minderheiten wie etwa die Wolgadeutschen hinter den Ural zu deportieren.

Kaum in Mannheim zurück, wurde ich geboren. Mein Vater bemerkte sehr schnell, dass er vom Regen in die Traufe gekommen war, von einer Diktatur in die andere. Aus seiner sowjetischen Zeit wusste er allerdings früher als seine KPD-Genossen, wie es in Diktaturen zugeht, und so hielt er sich politisch vollkommen zurück. Er wurde nicht wieder aktiv, stand aber trotzdem unter Beobachtung der Gestapo. Passiert ist ihm jedoch nichts. Möglicherweise hielt auch seine Tochter Helma, die 1939 in Mannheim Abitur gemacht hatte, ihre Hand schützend über ihn, denn sie war in die NSDAP eingetreten und arbeitete als „Tippfräulein" im Mannheimer Rathaus. Ein interessantes Dokument ist mir von ihr geblieben, ein amtsärztliches Zeugnis, das auch Auskunft über den Rassenwahn der Nazis gibt: Beruflich kam mein Vater zunächst nicht wieder auf die Beine, er arbeitete mal hier, mal dort, bis er 1940 wieder bei MWM anfangen konnte.

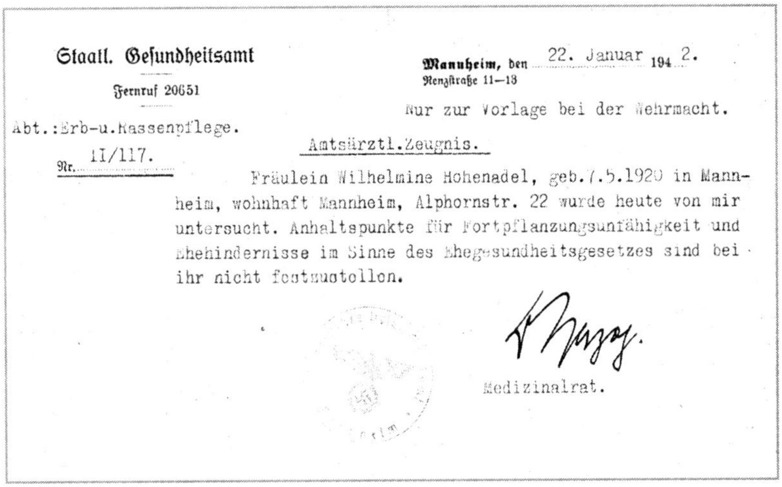

Staatl. Gesundheitsamt

Fernruf 20651

Mannheim, den 22. Januar 1942.
Renzstraße 11–13

Nur zur Vorlage bei der Wehrmacht.

Abt.: Erb-u. Rassenpflege.
Nr. II/117.

Amtsärztl. Zeugnis.

Fräulein Wilhelmine Hohenadel, geb. 7.5.1920 in Mannheim, wohnhaft Mannheim, Alphornstr. 22 wurde heute von mir untersucht. Anhaltspunkte für Fortpflanzungsunfähigkeit und Ehehindernisse im Sinne des Ehegesundheitsgesetzes sind bei ihr nicht festzustellen.

Medizinalrat.

Helma musste nach 1945 erst einmal auf ihre Entnazifizierung warten. Als sie nach etwa drei Jahren ihre Entnazifizierungsurkunde in Händen hielt, konnte sie bei der Stadt Mannheim wieder anfangen. Sie wurde Sekretärin von Stadtdirektor Tronser, der auch für das Nationaltheater zuständig war, und war mit Künstlerverträgen befasst. Als 1965 bei meiner Schwester eine schwere Krankheit diagnostiziert wurde, beging sie Selbstmord.

Meine Schwester Gisela war zwar erst 13 Jahre alt, als die Familie die Sowjetunion verließ, aber die sozialistische Ideologie ließ sie nie mehr los. Während des Krieges war sie so unvorsichtig, kommunistische Flugblätter zu verteilen, und wurde dabei gefasst. Sie kam ins Konzentrationslager Struthof bei Schirmeck im Elsass. Da sie perfekt Russisch sprach, wurde sie als Dolmetscherin immer wieder in größere Bauernhöfe geschickt, auf denen gefangene Russen als „Fremdarbeiter" eingesetzt waren. Sie wurde im März 1945 durch amerikanische Truppen befreit und starb ein halbes Jahr später an einer Lungenkrankheit, die sie sich im Konzentrationslager geholt hatte. Ich habe sie ein letztes Mal in einem Krankenhaus in Heidelberg gesehen, wo sie mir matt durch eine Glasscheibe zuwinkte. Sie wurde auf dem Mannheimer Hauptfriedhof beerdigt und liegt heute im Bereich der KZ-Gedenkstätte.

Im Bunker

Ich bin als Nachzügler wohlbehütet in der Alphornstraße aufgewachsen. Als der Zweite Weltkrieg anfing, war ich fünf Jahre alt. Schon bald begannen probeweise einmal pro Woche die Bunkergänge. Wir gehörten zum Tiefbunker an der Neckarschule, der noch einen zweiten Eingang im Bereich der Hildaschule hatte. Meiner Erinnerung nach war er für 5-10.000 Menschen eingerichtet. Wenn man nicht rechtzeitig nach dem Voralarm da war, wurden die Eingänge verschlossen, aber das machte zunächst nichts. Es kamen kaum feindliche Flugzeuge, und außerdem wusste man, dass Mannheim von einem gut ausgebauten Flak-System umgeben war. Da würde uns schon nichts passieren! 1942 wurden die Bunkergänge häufiger, drei- bis viermal pro Woche gab es Alarm. Wenn der Vollalarm losging, d.h. wenn die Bomber etwa über Kaiserslautern waren, hatte man noch 15 Minuten Zeit, um zum Bunker zu kommen. Daher gingen wir immer schon bei Voralarm mit unserem Köfferchen mit den wichtigen Papieren los. Wenn der Bunker wieder geöffnet wurde, begann für uns Buben eine wundervolle Zeit. Wir sammelten Granatsplitter, die in allen Regenbogenfarben auf der Straße herumlagen. Ich bewahrte sie in einem Kästchen auf. Oft tauschten wir auch, wenn wir eine bestimmte Farbe noch nicht hatten.

Meine Mutter, die ja schon bei der Ausreise aus Charkow viel Durchsetzungsvermögen bewiesen hatte, wurde Bunkerwart. Sie hatte die Aufgabe, die Türen rechtzeitig zu schließen und später wieder zu öffnen. Man traute ihr auch zu, eine Panik der vielen Eingeschlossenen zu verhindern, denn 1943 wurden die Einschläge heftiger, der Bunker wackelte regelrecht hin und her, Teile des Verputzes fielen von der Decke. Da schrien die Leute vor Angst. Als Bunkerwart konnte meine Mutter eine eigene Zelle für sich und ihre Familie beanspruchen. Der Raum war etwa 4x4 m groß, links und rechts von einem schmalen Gang standen je drei Stockbetten, die wir uns mit der Familie der anderen Bunkerwartin teilten.

Mein Vater war nicht mit uns im Bunker. Er war schon vor dem Krieg beim THW, dem Technischen Hilfswerk, gewesen und musste sich nun immer schon bei Voralarm an der entsprechenden Dienststelle einfinden und ausrücken, um Brände zu löschen oder Leute aus zerstörten Häusern zu holen. Er stammte aus einer Familie mit sieben Söhnen. Einer seiner Brüder war zu schwach, aber alle anderen waren im Ersten Weltkrieg eingezogen worden. Mein Vater hatte als einziger überlebt, wenn auch verwundet, die fünf Brüder waren innerhalb eines Vierteljahres in den mörderischen Materialschlachten bei Verdun und an der Somme gefallen. Daher empfand er es wie Hohn, als dem „Revolverdreher“ Wilhelm Hohenadel 1934 „im

Im Namen des Führers und Reichskanzlers

Dem Wilhelm Hohenadel, Revolverdreher, in Mannheim

ist auf Grund der Verordnung vom 13. Juli 1934 zur Erinnerung an den Weltkrieg 1914/1918 das von dem Reichspräsidenten Generalfeldmarschall von Hindenburg gestiftete

Ehrenkreuz für Frontkämpfer

verliehen worden.

Mannheim, den 13. November 1934.

Der Polizeipräsident

I.V.

Nr. H 1431/34.

BAD. POLIZEIPRÄSIDIUM MANNHEIM

Namen des Führers und Reichskanzlers" das Ehrenkreuz für Frontkämpfer verliehen wurde.

1944 kamen die Bombenangriffe fast täglich. Auch meine Schule, die Neckarschule, wurde mehrmals getroffen. Wir führten es darauf zurück, dass die Flakstellungen mittlerweile aufgelöst und die Besatzungen, meist Gymnasiasten, an die Ostfront geschickt worden waren. Wenn wir morgens das Klassenzimmer betraten, lagen die Bänke umgekippt auf dem Boden, Druckwellen hatten sie umgeworfen. Die Tintenfässer lagen zerbrochen daneben, die Tinte war ausgelaufen, Fensterscheiben waren ohnehin nicht mehr vorhanden. Daher wurde die Schule geschlossen.

Verschickt aufs Land

Als meine Mutter und ich am 5. November 1944 aus dem Bunker kamen und in unsere Straße einbogen, gab es unser Wohnhaus nicht mehr. Es hatte einen Volltreffer bekommen. Wir besaßen nur noch das, was wir mit in den Bunker genommen hatten. Meine Mutter und ich wurden in eine Drei-Zimmer-Wohnung eingewiesen, in der eine einzelne Frau wohnte. Sie musste uns ein Zimmer abgeben, aber ein Bett hatten wir nicht, wir schliefen auf dem blanken Boden. Genau in dieser Nacht bekam ich Mittelohrentzündung, ich litt an höllischen Schmerzen und hatte 40° C Fieber. Meine Mutter brachte mich zu einem Ohrenarzt auf den Planken, der die Trommelfelle durchstach. Sofort war der Schmerz weg. Als wir zwei Tage später zum Nachtermin vor der Praxis auf den Planken standen, waren Praxis und Arzt verschwunden. Ein Volltreffer!

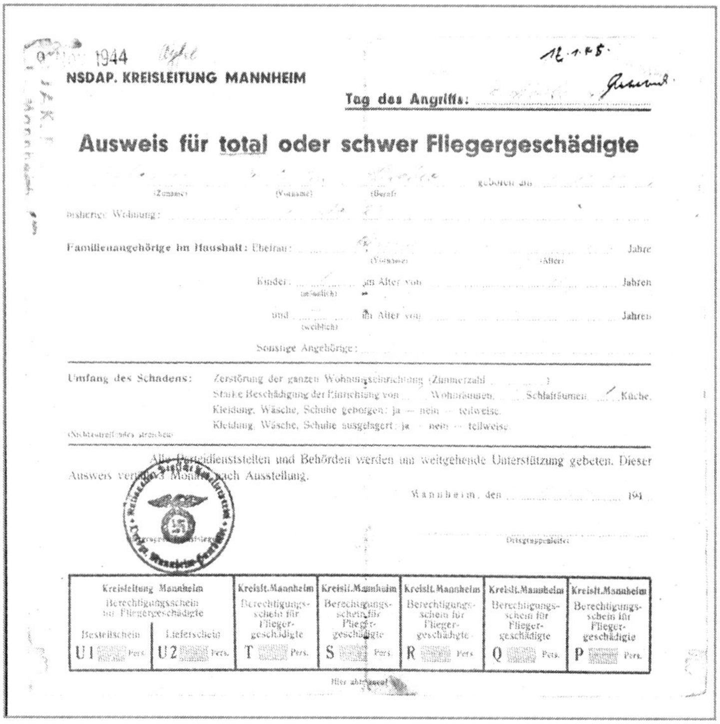

1944

12.1.45.

NSDAP. KREISLEITUNG MANNHEIM

Tag des Angriffs: ....

Ausweis für total oder schwer Fliegergeschädigte

.... (Zuname) (Vorname) (Beruf) geboren am ....

bisheriger Wohnung: ....

Familienangehörige im Haushalt: Ehefrau: .... (Vorname) .... (Alter) Jahre

Kinder: .... (männlich) im Alter von .... Jahren

und .... (weiblich) im Alter von .... Jahren

Sonstige Angehörige: ....

Umfang des Schadens: Zerstörung der ganzen Wohnungseinrichtung (Zimmerzahl ....)
Starke Beschädigung der Einrichtung von .... Wohnräumen, ... Schlafräumen .... Küche.
Kleidung, Wäsche, Schuhe geborgen: ja — nein — teilweise.
Kleidung, Wäsche, Schuhe ausgelagert: ja — nein — teilweise.
(Nichtzutreffendes streichen)

Alle Parteidienststellen und Behörden werden um weitgehende Unterstützung gebeten. Dieser Ausweis verliert 3 Monate nach Ausstellung.

Mannheim, den .... 194..

....
Ortsgruppenleiter

Kreisleitung Mannheim Berechtigungsschein für Fliegergeschädigte		Kreislt.Mannheim	Kreislt.Mannheim	Kreislt.Mannheim	Kreislt.Mannheim	Kreislt.Mannheim
Bestellschein	Lieferschein	Berechtigungsschein für Fliegergeschädigte	Berechtigungsschein für Fliegergeschädigte	Berechtigungsschein für Fliegergeschädigte	Berechtigungsschein für Fliegergeschädigte	Berechtigungsschein für Fliegergeschädigte
U1 Pers.	U2 Pers.	T Pers.	S Pers.	R Pers.	Q Pers.	P Pers.

Hier abtrennen!

Ausweis für Fliegergeschädigte

Es war völlig klar, dass ich nicht in Mannheim bleiben konnte. Ich kam – wie alle Mannheimer Schüler – in die „Kinderlandverschickung", KLV. Wer konnte, suchte sich einen privaten Platz bei Verwandten, andernfalls wurde man mit seiner Klasse ausgelagert und von Lehrern und HJ- bzw. BDM-Mitgliedern betreut. Ich hatte Glück, denn ich kam bei einer Tante in Eltershofen nahe bei Schwäbisch Hall unter. In dieser Gegend war die Schule noch nicht geschlossen worden, aber der etwa 500 Einwohner umfassende Ort hatte keine eigene Schule, ich musste daher täglich 3-4 km nach Gelblingen gehen. In Eltershofen hatte ich den ersten Kontakt mit der Kirche. Meine Tante war stundenweise als Kirchendienerin beschäftigt, und daher nahm sie mich oft mit. Besonders faszinierte mich die Orgel, für die ich Zehnjähriger den mechanischen Blasebalg treten durfte.

Mein Onkel war Dorfschmied. Ich erinnere mich, dass einmal ein Wehrmachts-Lkw vor der Schmiede stand, die sieben oder acht Soldaten drum herum. Mein Onkel schweißte irgendetwas an dem Fahrzeug. Ich schaute ihm aus dem Fenster heraus zu. Plötzlich hörte ich ein Brummen, das schnell näherkam: Ein amerikanisches Jagdflugzeug flog direkt auf das Haus zu, in einer Entfernung von vielleicht 300 m schoss die Bordkanone auf die Gruppe vor dem Haus. Die Soldaten und mein Onkel brachten sich in Deckung, dann drehte das Flugzeug ab. Menschen waren nicht zu Schaden gekommen, wohl aber der Lkw, der eine beträchtliche Anzahl von Geschosseinschlägen hatte. Mein Onkel schweißte weiter, auch die neuen Löcher, und schließlich fuhren die Soldaten davon.

Das Kriegsende

Weihnachten 1944 besuchte mich meine Mutter in Eltershofen. Da es in Mannheim mittlerweile völlig unerträglich geworden war, beschloss sie zu bleiben, allerdings wechselten wir zu einer anderen Verwandtschaft nach Untergruppenbach bei Heilbronn. Dort erlebten wir das Kriegsende.

Etwa acht Tage vor Ende des Krieges in Untergruppenbach gab es eine wilde Schießerei zwischen deutscher Artillerie und US-Einheiten, die von den Höhen herunter kamen. Etliche Häuser des Dorfes wurden getroffen. Als wir aus dem Keller des Bauernhauses kamen, glaubten wir, unseren Augen nicht zu trauen. Eine Granate hatte den Misthaufen voll getroffen, und die dem Hof zugewandten Wände des Wohnhauses waren von oben bis unten mit Mist bedeckt. Es stank bestialisch. Allerdings viel schlimmer war, dass der Stall zerstört war. Von den etwa zehn Kühen war die Hälfte von Granatsplittern getroffen worden. Sie brüllten vor Schmerz. Ich sah in 3-4 m Entfernung die Tiere: Aus ihren Körpern spritzte seitlich aus vielen Löchern das Blut heraus, es war wie ein Strahl. Einer Kuh nach der anderen knickten die Vorderbeine um, sie sanken nach vorn auf den Boden und verendeten. Auch die Schweine und Hühner waren tot. Die Amerikaner besetzten den Ort, und wir mussten innerhalb einer halben Stunde das Haus verlassen. Meine Mutter wurde im Keller vergewaltigt. Nach drei Tagen konnten wir in ein total verwüstetes Haus zurückkehren.

Mein Vater, der wegen seiner Zugehörigkeit zum THW in Mannheim geblieben war, hatte an Weihnachten 1944 seinen Stellungsbefehl erhalten. Er wurde zusammen mit 15-jährigen Buben als „letztes Aufgebot" in der Nähe von Heilbronn eingesetzt, um den Vormarsch der Amerikaner aufzuhalten. Es gelang ihm aber, zu desertieren und sich im April 1945 in das inzwischen besetzte Mannheim durchzuschlagen. Da der Postverkehr vollkommen eingestellt war, erfuhren wir nichts voneinander, bis mein Vater im Sommer plötzlich mit dem Fahrrad in Untergruppenbach auftauchte. Er holte meine Mutter und mich nach Hause. Ich, immerhin jetzt 10 Jahre alt, saß auf der Querstange seines Rades, meine Mutter hatte das Rad meiner Tante ausgeliehen. Am ersten Tag kamen wir bis Sinsheim, denn die um 18 Uhr beginnende Sperrstunde trieb uns mit 30-40 anderen Leuten in den dortigen Bahnhof, wo wir natürlich in der Nacht kein Auge zumachten. Am nächsten Tag kamen wir dann nach Mannheim - heim konnte man nicht sagen, denn wir hatten ja nur das eine Zimmer, in dem es nicht einmal Betten gab. Erst 1947 erhielten wir eine Zwei-Zimmer-Wohnung in der Zehntstraße, die wir allerdings erst notdürftig zusammenflicken mussten.

Mein Aufenthalt in der Schweiz

Im Herbst 1945 wurde der Schulbetrieb in Mannheim wieder aufgenommen, und ich kam in die Humboldt-Schule. Als ich gerade 12 Jahre alt geworden war, also 1946, hatte ich das große Glück, für ein halbes Jahr zur Erholung in die Schweiz geschickt zu werden. Und das kam so:

Meine Mutter war Ende der 20er Jahre vor ihrer Heirat in einer reichen jüdischen Familie Wirtschafterin gewesen, unterstützt von Küchenhilfen und Dienstmädchen. Die Familie Kolmar wohnte in einer herrschaftlichen 15-Zimmer-Wohnung in der Nähe des Nationaltheaters. Sie führte ein großes Haus, berühmte Schauspieler gingen ein und aus. Meine Mutter hatte für Heinz Rühmann gekocht und für Willy Birgel. So kam sie auch mit klassischem Theater und klassischer Musik in Berührung, was für Leute ihrer Herkunft damals noch nicht selbstverständlich war. Die Liebe dazu hat sie auch an uns Kinder weitergegeben. Die Familie Kolmar hatte gleich nach der sog. „Machtergreifung" 1933 das Gespür dafür, dass auf die Juden schlechte Zeiten zukämen, und daher wanderte sie rechtzeitig über England in die USA aus.

1945 tauchte bei uns plötzlich ein amerikanischer Offizier auf, der Sohn der Familie, der in Heidelberg stationiert war, uns immer wieder einmal besuchte und Lebensmittel mitbrachte, an die wir sonst nie gekommen wären. Offenbar hatte er die Wirtschafterin seiner Eltern in guter Erinnerung.

Durch Vermittlung dieser Familie kam ich also in die Schweiz. Zunächst war ich ein Vierteljahr bei einer Lehrersfamilie im Kanton St. Gallen. Der Mann hielt nichts davon, dass ich eine Schweizer Schule besuchte. Er fand, ich solle mich möglichst viel in der Natur aufhalten. Und so streifte ich nun allein in den Bergen herum, sah Gämsen, Dachse, Murmeltiere. Weitere drei Monate verbrachte ich in Samaden in der Nähe von St. Moritz in einem Hotel. Auch hier sollte ich mich nur erholen. Da mir das aber irgendwann langweilig wurde, half ich den Küchenmädchen. Die nahmen mich dafür in ihrer Freizeit mit zum Skifahren. Außerdem steckten sie mir viele leckere Sachen zu, sodass ich meinen Eltern etliche Pakete schicken konnte.

Mein beruflicher Werdegang

Nach meiner Rückkehr aus der Schweiz besuchte ich noch zwei Jahre die Humboldt-Schule und hatte 1948 mit 14 Jahren meine Volksschulpflicht erfüllt. In einer kleinen Dreherei in der Innenstadt machte ich eine dreijährige Lehre als Dreher, damals ein hochgeachteter Handwerksberuf, und arbeitete dort noch ein Jahr als Geselle, bis mich mein Vater bei MWM, seinem Betrieb, unterbrachte. Hier gefiel es mir recht gut, nur den Ton und das feldwebelhafte Auftreten eines Vorarbeiters ertrug ich nicht und gab ihm häufig kontra. Als er eines Tages zu mir sagte: „Wenn du nochmal dein Maul aufreißt, schlag ich dir eine rein!", überkam mich die Wut, und ich packte ihn an seinem Kittel und hob ihn hoch. Ich war damals schon Gewichtheber! Natürlich wurde ich fristlos entlassen.

Mit meinen Papieren wurde ich nun bei Daimler Benz vorstellig, aber als man mir einen Stapel Formulare reichte, die ich ausfüllen sollte, ging ich weiter zu Bopp & Reuther, wo ich nur danach gefragt wurde, an welchen Maschinen ich bisher gearbeitet hätte. Bereits am nächsten Tag konnte ich anfangen.

Bis zum Vorruhestand arbeitete ich 32 Jahre bei dieser Firma, die jahrzehntelang der präziseste Hersteller von Messinstrumenten war. Ich war in der Spezialdreherei OR (für Ovalradzähler, die z.B. in Atomkraftwerken verwendet werden). Fast 20 Jahre bildete ich Lehrlinge aus und war in den letzten sieben Berufsjahren Vollautomateneinrichter.

Was für politische Extreme in meiner Biographie, aber auch was für ein Aufstieg in unserer Familie! Mein Großvater war im Mannheimer Hafen ungelernter Sackträger gewesen, ein schwerer, starker Mann, der, als Kräne eingesetzt wurden, seine Arbeit verlor und nur noch Hilfsarbeiter war. Er war 1884 Gründungsmitglied des 1. Mannheimer Athletenvereins gewesen. Meine Liebe zum Gewichtheben habe ich sicher von ihm. Mein Vater konnte schon eine Lehre machen, er wurde Dreher. Ich erlernte den gleichen Beruf, war aber dann bereits Ausbilder. Mein Sohn ist Diplom-Kaufmann geworden und hat Prokura für eine Heidelberger Weltfirma. Und mein 15-jähriger Enkel? Er findet Schule im Moment lästig, aber ich glaube, er wird auch noch begreifen, wie wichtig eine gute Ausbildung für ein erfülltes Leben ist.

Ingeborg Klump geb. Schmidt: Chaos in Mannheim

Ich wurde am 11. Juli 1929 in Mannheim geboren und wuchs mit einem ein Jahr älteren Bruder in unserem Haus in der Mollstr. 32 auf. Mein Vater hatte ein Malergeschäft, und als solider Handwerksmeister hielt er – wie damals wohl die meisten seines Berufsstandes – nichts davon, dass Mädchen ein Gymnasium besuchen sollten. „Mädchen heiraten ja doch!", hieß es. Obwohl mein Lehrer von der Pestalozzischule zu uns nach Hause kam, um meine Eltern davon zu überzeugen, mich ins Gymnasium zu schicken, blieben sie zunächst hart. Ich aber auch, denn ich machte eine Art „Hungerstreik", und so gaben sie schließlich nach und meldeten mich 1939 zur Aufnahmeprüfung am Liselotte-Gymnasium, damals ein reines Mädchengymnasium, an. Selbstverständlich hatten sie meinem Bruder ein Jahr vorher sofort erlaubt, ein Gymnasium zu besuchen.

Beim ersten Luftangriff auf Mannheim 1941 wurde auch das Haus Ecke Mollstr./ Seckenheimer Str. von einer Luftmine getroffen. Wir Schulkinder gingen hin, denn es hatte sich unter uns herumgesprochen, dass es auch Tote gegeben habe. Und tatsächlich lagen aufgereiht nebeneinander Körper unter Planen. Wie im Film kam mir das vor, wo ich schon einmal so etwas gesehen hatte. Im Nachhinein denke ich, dass ein junger Mensch die Dimension des Schrecklichen im Zweiten Weltkrieg gar nicht recht erfassen konnte, es war eher ein Abenteuer. Natürlich war der Schulalltag vom Nationalsozialismus geprägt. Ein seltsames, eigentlich makaberes Aufsatzthema in den ersten Gymnasialjahren ist mir in Erinnerung. Wir mussten bei der Aufsatzart Gegenstandbeschreibung eine Stabsbrandbombe beschreiben! Jeder Montag begann auf dem Schulhof mit der Fahnenweihe. Wir standen um die Fahne herum, eingeteilt in Klassen, der Direktor in der Mitte, immer in Uniform! Ich muss ein eigenwilliges Kind gewesen sein, denn ich hatte mir ein „Witzeheft" angelegt, in das ich politische Witze schrieb, die ich irgendwo aufgeschnappt hatte. An einen erinnere ich mich genau. Als der Stellvertreter Hitlers, Rudolf Heß, 1941 nach England geflogen war, um auf eigene Faust Friedensverhandlungen anzubahnen, und dabei in Kriegsgefangenschaft geraten war, gab es folgenden Witz: Heß schickt eine Postkarte nach Hause, auf der sich außer der Adresse nur ein senkrechter Strich befindet. Man rätselt, was das bedeuten soll. Schließlich sagt einer, das sei ein Komma. „Komm a" auf Mannheimerisch, „komm auch". Ich hatte dieses Witzeheft in der Schule dabei, mein Lehrer entdeckte es und nahm es mir ab. Passiert ist weiter nichts.

Meine Mutter war als „Blockwartin" für das Geviert Moll-, Sophien-, Karl-Ludwig-Straße und den entsprechenden Teil der Augustaanlage zuständig. Sie musste ständig kontrollieren, ob in allen Häusern die vorgeschriebenen Vorräte an Sand und gefüllte Wassereimer bereitstanden, um im Brandfall sofort löschen zu können. Mehrmals verhinderte sie durch ihr beherztes Eingreifen größere Brände. Außerdem musste sie nachprüfen, ob von einem Keller zum anderen die Mauern durchgebrochen worden waren, damit man im Fall, dass aus dem eigenen Keller kein Entrinnen mehr möglich war, in den benachbarten kriechen konnte. In unserem Haus in der Mollstraße wohnten zehn Parteien, davon mehr als die Hälfte jüdische Familien. Fünf hatten Deutschland rechtzeitig verlassen, so wohnte am 9. November 1938 noch eine Familie im Haus. Als sich an diesem Abend SA und HJ vor dem Haus versammelten und gewaltsam ins Treppenhaus eindrangen, erschien meine

Mutter, die Hausbesitzerin. Sie stellte sich dem Haufen entgegen und rief laut und deutlich: „Verlassen Sie sofort mein Haus!" Und dann holte sie Christian Schrade zu Hilfe, den Erbauer der Christuskirche in Mannheim, der auch im Haus wohnte, und gemeinsam konnten sie die Eindringliche bewegen, das Haus zu verlassen. Später wurde die jüdische Frau dann doch noch abgeholt.

Im September 1943 war ich mit meiner Klasse für 14 Tage in Oberfinkenbach im Odenwald im schuleigenen Landschulheim. In diese Zeit fielen die verheerenden Luftangriffe auf Mannheim, bei denen der größte Teil der Innenstadt zerstört wurde. Daher wurde unser Aufenthalt im Odenwald ausgedehnt, auf nicht enden wollende sechs Wochen. Als ich zurückkam, hatte ich kein Zuhause mehr, denn auch unser Haus war getroffen worden. Meine Mutter und mein Bruder waren bei Bekannten in der Beethovenstraße untergekommen, mein Vater, Jahrgang 1901, war zur Flak in Sandhofen eingezogen worden. Wie alle Mannheimer Schulen sollte auch mein Gymnasium komplett zur Kinderlandverschickung aus der Stadt ausgelagert werden, wir sollten an den Schluchsee im Schwarzwald kommen, aber ich weigerte mich. Ich hatte schon die sechs Wochen im Schullandheim kaum ertragen, in denen ich 24 Stunden am Tag mit allen Mädchen meiner Klasse zusammen sein musste, und jetzt sollte es so weitergehen! Offenbar hatte mein Vater Verständnis, denn er hörte sich auf seiner Flakstellung unter seinen Kameraden um, ob jemand vom Land seine Tochter aufnehmen könne. Denn verlassen mussten alle Schulkinder die zerstörte Stadt, das war Vorschrift. Tatsächlich fand sich ein Mann, der bis zu seiner Einberufung zur Flak in Bad Rappenau eine Tankstelle betrieben hatte. Dort wohnte seine Frau mit der fünfjährigen Tochter, und bei ihr kam ich unter. Wir mochten uns auf Anhieb. In der Halle, dem ehemaligen Lager der Tankstelle, hatten wohlhabende Mannheimer Bürger ihre wertvolle Habe untergebracht, Teppiche oder edle Möbel. Jeden Tag fuhr ich nun morgens mit dem Zug ins Gymnasium im 5 km entfernten Bad Wimpfen, mittags lief ich zurück, denn erst am Abend gab es wieder einen Zug. In dieser Zeit war ich auch eine eifrige Sammlerin von allem Verwertbaren, das in der Schule abzuliefern war. Und so enthielt eins meiner Zeugnisse den Eintrag, dass ich Papier, Knochen, Lumpen, Altmetall und Heilkräuter in größeren Mengen abgeliefert hätte.

1944 hatte ich meine Volksschulpflicht erfüllt, und daher kehrte ich nach den Weihnachtsferien 44/45 nicht wieder nach Bad Rappenau zurück. Keiner fragte nach, keinen kümmerte das. Ein seltsamer Heldenmythos erfüllte mich, ich dachte, wenn meine Mutter und mein Bruder vielleicht sterben müssen, will ich es auch. Zunächst war es aber noch nicht so weit, denn wir waren dem Hoch- und Tiefbunker in der Karl-Ludwig-Straße zugeteilt, der dort stand, wo die Landesbank heute ihren Anbau hat. Mein Bruder, damals 16 Jahre alt, war als Luftwaffenhelfer in Sandhofen eingezogen worden. Er traute den amtlichen Sirenen für Vor- und Hauptalarm schon lange nicht mehr, und daher hörte er immer die Nachrichten in deutscher Sprache im „Feindsender" BBC, in dem nicht nur die Ziele der alliierten Bomber bekanntgegeben wurden, sondern auch die Einheiten, die sie flogen, und sogar die Flugzeugtypen. Ich erinnere mich, dass wir eines Tages nach Verlassen des Bunkers etwa zehn zerfetzte Leiber vor dem Eingang sahen. Die Menschen hatten es wohl nicht mehr in den Bunker geschafft. Als am Ende des Krieges die Sirenen überhaupt nicht mehr funktionierten, suchten wir wochenlang in den Katakomben der Christuskirche Schutz. Meist waren um die 50 Leute darin. In Erinnerung ist mir, wie eines Tages, als wir dort hockten, der Pfarrer – es war wohl Rudolf Mayer – Brot, Rotwein und Hartwurst verteilen ließ, die er aus irgendwelchen Armeebeständen „organisiert" hatte. Ein paar Tage später gab es auch Zucker und Erbsen, und von allem konnte man mitnehmen, solange der Vorrat reichte.

Von meinem Vater hatten wir schon länger nichts mehr gehört. Die Flakstellungen bei Sandhofen waren zerschossen, mein Vater verschollen. In den letzten Kriegswochen, so etwa ab Mitte März, ging es in Mannheim drunter und drüber. Es wurde deutlich, dass die Zivilbevölkerung vor den vorrückenden amerikanischen Truppen nicht geschützt werden könnte, und so verließen viele Menschen die Stadt. Das war auch unser Plan. Vorher lief ich noch nach Neuostheim, um nach meiner Oma zu sehen, und machte mich dann wieder auf den Heimweg. In Erinnerung ist mir, dass flüssiger Phosphor bläulich über den Asphalt züngelte, man musste höllisch aufpassen, um nicht damit in Berührung zu kommen. Eine Frau, der ich begegnete, rief mir aufgeregt nach: „Kind, geh bloß heim!"

Als ich zu Hause ankam, war schon alles für unsere Flucht aus Mannheim vorbereitet. In einem Leiterwagen befand sich unser Flüchtlingsgepäck, vor allem ein Teppichläufer. Dieser wurde über meinen Bruder gebreitet, der im Leiterwagen kauerte, und das übrige Gepäck über ihn getürmt. Am 18. März, zwei Tage vor seinem 17. Geburtstag, verließen wir Mannheim zu Fuß, immer in der Angst, dass die Feldjäger, die die Trecks nach wehrfähigen Männern für das „letzte Aufgebot" absuchten, ihn entdecken würden. Unser Ziel war Bad Rappenau, die Tankstelle, wo ich über ein Jahr verbracht hatte. In Höhe des Mannheimer Flugplatzes waren die letzten Kontrollposten, und dann konnten wir erstmal aufatmen. Wir kamen bis Heidelberg-Handschuhsheim, wo wir mit vielen anderen in der Backstube eines Bäckers die Nacht verbrachten. Als wir am anderen Morgen aufbrachen, warnte er uns vor einer Allee, über die wir ziehen mussten. Wir sollten darauf achten, dass die Kinder nicht auf die Bäume gucken sollten, denn links und rechts der Straße waren etwa 30 junge Männer aufgehängt worden. Ich habe sie alle gesehen. In Heidelberg waren wir Teil eines riesigen Flüchtlingszuges, der sich nach Osten bewegte. Krankenwagen an Krankenwagen reihte sich aneinander, aber in ihnen befanden sich nicht die Verwundeten und Kranken, sondern Ärzte und „Goldfasane", wie man hochdekorierte Offiziere und höhere Parteifunktionäre wegen ihrer fantasievollen Uniformen und Orden nannte. Die Verletzten wurden in allem, was Räder hatte, hinterher geschoben, ich sah sie in Leiterwagen und sogar in Kinderwagen. Es bereitete mir eine gewisse Genugtuung, als wir an einem Krankenwagen vorbeikamen, der von einem Tiefflieger voll getroffen worden war. Da war keiner mehr am Leben.

Die Frau des Tankstellenbesitzers in Bad Rappenau, die mittlerweile ihr zweites Kind bekommen hatte, nahm uns auf. In den letzten Märztagen erschien eine Artillerieeinheit und wollte auf dem Gelände der Tankstelle drei Geschütze aufstellen, um den Vormarsch der Amerikaner aufzuhalten. Das wäre unser sicheres Verderben gewesen. Energisch stellte sich die Frau den Soldaten entgegen und rief: „Nur über meine Leiche!", und tatsächlich zogen sie ab. Zwei Tage später kamen die Amerikaner, zunächst Panzer und Jeeps. Wir waren unruhig, „wann kommt die Infanterie?", die wir besonders fürchteten. Aber sie kam nicht. Da begriffen wir, dass amerikanische Infanteristen nicht zu Fuß gingen, sondern gefahren wurden! Dafür kamen die aus verschiedenen Lagern befreiten Polen, die auf dem Weg in ihre Heimat waren. Sie nahmen alles, was sie sahen, man verstand das auch irgendwie, schließlich hatten die Deutschen in ihrem Land schrecklich gewütet. Auch unsere Habe, die wir für wertvoll gehalten und im Odenwald ausgelagert hatten, sahen wir nicht wieder. Wer sie mitgenommen hatte, erfuhren wir natürlich nie.

Nach der deutschen Kapitulation am 8. Mai fuhren wir einige Male mit dem Fahrrad nach Mannheim, um uns ein Bild von der Lage dort zu machen. Von meinem Vater brachten wir nichts in Erfahrung. In Rappenau hatten sich mittlerweile die Amerikaner auf die Jagd nach Kriegstrophäen gemacht. Bei uns in der Tankstelle erschien ein junger Soldat, Chemiestudent, wie er sagte, und wollte unbedingt ein Hitlerbild. Wir hatten keins, und auch unsere Wirtin musste passen. Sie hatte das Bild des „Führers", das in jedem Ladenlokal, so auch in der Tankstelle, hatte hängen müssen, mit unserer Hilfe verbrannt. Das war gar nicht so einfach gewesen, denn das Fotopapier brannte schlecht. Aber sie hatte „Mein Kampf", jenes Machwerk, das Hitler 1925 während seiner Haft auf der Festung Landsberg am Lech geschrieben hatte. Dieses Buch war allen Ehepaaren aus Anlass ihrer Hochzeit überreicht worden. Mein Bruder händigte dem Soldaten das Buch aus und bekam dafür einen kleinen Koffer voll „Pallmall", ein Vermögen, da man mit den Zigaretten auf dem Schwarzen Markt bestens über die Runden kam. Auch ich stieg jetzt in den Handel ein und verscherbelte Kordeln und Leistungsabzeichen, die ich als „Jungmädel" erhalten hatte, gegen Zigaretten.

Im Sommer 1945 wohnten wir immer noch im Wohnhaus neben der Tankstelle. Eines Tages erschien ein vollkommen abgezehrter Mann an der Haustür, der nach „Clärle" fragte. So hieß unsere Wirtin. Ich rief sie herbei, und sie fragte den Fremden: „Was wollen Sie?" Er antwortete: „Aber ich bin doch dein Mann!". Er war aus französischer Kriegsgefangenschaft entlassen worden. Ein paar Tage später erschien auch mein Vater. Er war wegen seines Alters entlassen worden, ebenfalls aus französischer Gefangenschaft, und hatte ein schweres Magenleiden davongetragen. 1946 wurde er als einer der ersten mit einer neuartigen Methode operiert und wurde auch wieder gesund. Bis zur Währungsreform erhielt er Sonderzuwendungen und kam auch dadurch wieder auf die Beine.

Anfang 1946 kehrten wir nach Mannheim zurück. In unserem Haus in der Mollstraße wurde die Decke abgedichtet, dennoch tropfte es immer noch herein. Die Versorgungslage war sehr schlecht, unser Pallmall-Vorrat mittlerweile aufgebraucht. Am alten Schlachthof hatten die Amerikaner ein großes Versorgungslager. Wenn man sich mittags dort einfand, bekam man immer Nahrungsmittel. An das Weihnachtsfest 1946 habe ich eine besonders positive Erinnerung. Es gab Pellkartoffeln, Senfsoße und hartgekochte Eier! Mein Vater mit seinem Malerbetrieb hatte wohl den einen oder anderen Gegenstand günstig eintauschen können.

Im März 1946 fanden im Karl-Friedrich-Gymnasium zentrale Prüfungen statt, denen sich alle Gymnasiasten unterziehen mussten, um herauszufinden, welcher Klasse sie zuzuordnen seien, denn die meisten hatten seit 1944 keinen regelmäßigen Unterricht mehr gehabt. Nun begann wieder der schulische Alltag, wenn auch in beschädigten Gebäuden und mit Schichtunterricht. Zwar wurden wir demokratisch „umerzogen", aber das ließen wir uns gerne gefallen, zumal die Hooverspeisung uns davon überzeugte, dass der „American way of life" nicht zu verachten war: jeden Tag ein sättigendes Eintopfgericht, einmal wöchentlich ein Stück Schokolade, Kakao und ein weißes Brötchen!

Nach meinem Abitur 1950 konnte ich mir meinen Jugendwunsch, Lehrerin zu werden, nicht erfüllen. Meine Eltern wollten das nicht finanzieren. Mein Bruder machte in diesen Jahren sein Ingenieursstudium. So besuchte ich eine Höhere Handelsschule und bekam eine verantwortungsvolle, gutdotierte Stelle bei der BASF. Dort war man hocherstaunt und verstand mich überhaupt nicht, als ich 1962 kündigte, um an der PH Schwäbisch Gmünd das Lehramtsstudium aufzunehmen. Ich gehörte dem ersten Semester an, das nicht mehr an der LBA, der Lehrerbildungsanstalt, seine Ausbildung machte, sondern an der Pädagogischen Hochschule studierte. Eine Aufwertung des Lehramtsstudiums! Nach den beiden Staatsexamina bekam ich eine Stelle in Mosbach, wo ich mich neben dem Unterricht auf das Ergänzungsstudium für Realschulen vorbereitete. Ich habe an der dortigen Realschule bis zu meiner Pensionierung Deutsch und Geschichte unterrichtet.

Beate Mochayédi-Bergdolt geb. Bergdolt: Flucht aus Mannheim und Rückkehr

Am 17. Mai 1935 wurde ich im Theresienkrankenhaus in Mannheim geboren. Meine früheste Kindheitserinnerung geht zurück zu einem Familienurlaub in Sellin an der Ostsee im August 1939: Ich stehe im Meer, als eine große Welle mich umwirft, ganz unter Wasser drückt und dann an Land spült. Nach Mannheim zurückgekehrt, bekam ich Masern und lag in meinem Kinderzimmer im Bett, als meine Mutter Martha Bergdolt, Jahrgang 1913, hereinstürzte, sich laut weinend über mich warf und rief: „Es ist Krieg, es ist Krieg!"

Kein Wunder, dass sie völlig außer sich war. Sie erzählte mir später, dass sie ihren Vater, der im Ersten Weltkrieg von 1914 bis 1918 ununterbrochen als Soldat diente, erst mit fünf Jahren als einen fremden Mann kennen gelernt hatte. Sie erzählte auch von dem schrecklichen Hunger, vor allem im letzten Kriegsjahr, dass ihr Vater einmal ein Kommissbrot nach Hause geschickt habe, das besonders willkommen war, weil ihre Mutter für sich und die drei Kinder sonst immer nur Kartoffelscheiben auf den Ofen gelegt hatte, die mit Salz gegessen wurden und in der Familie „Kartoffeln mit duppdupp" genannt wurden.

Auf der Schaukel hinter dem Haus

Wir wohnten 1939 in der Philosophenstr. 5, der heutigen Spinozastraße. Die ersten Fliegerangriffe, an die ich mich erinnere, müssen wohl 1942 gewesen sein. Auf dem Dach der Lanzvilla, die mit Tarnfarben angestrichen war, standen Fliegerabwehrkanonen, die Flak. Die Sirenen heulten, wenn die feindlichen Fliegerverbände im Anflug waren, ich habe heute noch dieses monotone Brummen im Ohr. Wir saßen dann in einer Ecke unseres Kellers, der abgedichtet war mit zwei schweren eisernen feuerfesten Türen, die heute noch in Gebrauch sind. Da saßen wir dicht an dicht zusammen mit unseren Mitbewohnern, der Familie des Rechtsanwalts Lindeck.

Um mich etwas abzulenken, fragte er mich, ob ich „Zwetschgenbäumchen" buchstabieren könne, und brachte mir einen Zungenbrecher bei, den ich bis heute liebe und gerne weitersage: „Q-u-etsche-Quetsche-b-emche-bemche = Quetschebemche!" Und das sagt man ganz schnell zehnmal.

Von unserem Keller aus gibt es eine Tür in den Garten, in der ich bei Angriffen neben meinem Vater stand. Oben am Himmel konnten wir die „Christbäume" sehen, die Leuchtraketen, mit denen die feindlichen Flugzeuge ihr angepeiltes Ziel ausleuchteten. Als nun die Angriffe immer häufiger wurden, schliefen wir nicht mehr nachts in Mannheim. Meine Mutter lief mit mir zum OEG-Bahnhof nach Neuostheim, von wo aus wir nach Heidelberg zu einer Tante meiner Mutter zum Schlafen fuhren. Als 1943 bei ihr im Haus in der Mönchhofstraße vorübergehend eine Wohnung frei wurde, konnten wir dort einziehen. Meine Mutter war hochschwanger, und bald kam mein Bruder zur Welt. Wir bekamen dann ganz am Stadtrand von Heidelberg im Maulbeerweg, der an das freie Feld grenzte, eine Wohnung. Aber auch dort saßen wir bei Fliegeralarm im Keller. In dieser Zeit hatte ich Scharlach, und daher wurde mein Brüderchen zu meiner Tante gebracht. Eines Nachts saß meine Mutter wie so oft während meiner Krankheit an meinem Bett, als plötzlich die Fensterscheiben auf uns fielen. Ein Bombenangriff! Meine Mutter nahm mich auf den Rücken und rannte auf die Straße. Alle Häuser im Maulbeerweg brannten, die Straße lag voller Trümmer. Sie hetzte mit mir in die Mönchhofstraße, von Haus zu Haus, aber überall waren Kinder in den Kellern, man konnte uns nicht aufnehmen, da ich ja die Kinder angesteckt hätte. Im letzten Haus wohnten zwei Männer, bei denen ich im Keller auf einer Pritsche bleiben durfte. Meine Mutter eilte nun zur Tante, um zu sehen, ob ihr und dem kleinen Bruder nichts geschehen war. Dort brannte zwar der Phosphor im Vorgarten, aber das Haus war nicht getroffen.

Dann fanden wir für einige Monate Aufnahme in Sinsheim bei einem Vetter meines Vaters. Schließlich landeten wir im schönen Odenwald, in Mörlenbach, wo wir ein sog. „Behelfshaus" beziehen durften. Wie der Name sagt, so war es auch: zunächst noch ohne Wasser und Elektrizität, aber wenigstens ohne Fliegerangriffe! Das Haus im Wolfsgartenweg gibt es heute noch. Es liegt auf einem kleinen Hügel. Auf der anderen Seite des Weges befand sich ein Berg mit bröckelndem Sandstein. In diesen wurde nun ein U-förmiger Bunker hineingeschlagen. Man erwartete nämlich den Einmarsch der feindlichen Soldaten. Ein Arbeiter schlug mit einem Pickel den Sandstein ab, meine Mutter und unser Hausmädchen schafften das Geröll mit dem Schubkarren weg.

Inzwischen war es das Jahr 1944. Mein Vater ging morgens mit einer Petroleumlampe zum Bahnhof Mörlenbach und fuhr nach Mannheim zur Arbeit in das Geschäft meines Großvaters, das in der Breiten Straße lag. Abends kam er wieder heim. Doch eines Tages erschien er erst um 3 Uhr mitten in der Nacht. Völlig erschöpft und rußgeschwärzt fiel er auf das Sofa. Er war den ganzen Weg von Mannheim nach Mörlenbach zu Fuß gelaufen. Und er brachte böse Nachrichten: Alles war verloren, das Geschäftshaus und das Haus in der Philosophenstraße waren zerstört und abgebrannt.

Im Frühjahr 1945 wurde auf der großen Wiese neben der Mühle und unserem kleinen Haus plötzlich eine riesige Panzerabwehrkanone aufgestellt in Richtung auf die Straße nach Bonsweiher, von wo ja auch später die amerikanischen Panzer kamen. Alle Frauen und Kinder aus den umliegenden Häusern gingen zu den deutschen Soldaten und bettelten, dass sie doch wieder abziehen sollten samt ihrer großen Kanone, was sie schließlich auch taten. Das war ein großes Glück für uns, denn wenn es mit den Amerikanern hier zu einem Gefecht gekommen wäre, wäre vermutlich auch von uns nicht viel übrig geblieben. Bald waren die amerikanischen Truppen da. Wir saßen mit allen Nachbarn in dem selbst gehauenen Bunker. Als die Soldaten hereinkamen, grüßte ein kleiner Bub mit „Heil Hitler!", was sie aber Gott sei Dank nicht störte. Bald konnten wir unsere Häuser wieder betreten.

Der Krieg in Deutschland war nun bald zu Ende, aber der im Pazifikraum ging noch einige Monate weiter.

Das Deutsche Reich war mit Japan und Italien im Antikominternpakt verbündet, der sich zunächst gegen die Sowjetunion wandte, aber auch eine Aufteilung der Welt in Interessenssphären vorsah: Deutschland sollte „Lebensraum im Osten" bekommen, Italien mit dem Mittelmeer als Binnenmeer ein zweites Imperium Romanum errichten und Japan die Hegemonie im Pazifik haben. Als japanische Flugzeuge im Dezember 1941 die in Pearl Harbour auf Hawaii stationierte US-Flotte zerstörten, traten die USA in den Zweiten Weltkrieg ein. Mit dem Abwurf der Atombomben auf Hiroshima und Nagasaki war der Krieg dann endgültig vorbei.

Im August 1945 kapitulierte auch Japan. Dies wurde offenbar von den Amerikanern, die im Dorf im „Gasthof Krone" untergebracht waren, ausführlich gefeiert. Es war mitten in der Nacht, als unten auf dem Weg vor unserem Haus ein Jeep hielt. Vier Soldaten sprangen heraus und kamen in unser Haus. Mein Vater musste sie durch alle Räume und in den Keller führen, meine Mutter saß mit meinem Bruder auf dem Schoß auf einem Stuhl, von einem Soldaten mit Gewehr bewacht. Die Eindringlinge nahmen alles mit, was sie gebrauchen konnten: einen Fotoapparat, eine Kiste Wein, das erste von meiner Mutter selbstgebackene Brot. Als wir am Morgen noch in den Betten lagen und uns von dem Schreck zu erholen suchten, schrie meine Mutter plötzlich laut auf und eilte in die Küche. Sie hatte dort ihre lederne Schmuckschatulle versteckt, sie war weg. Auch beim Bürgermeister waren die Soldaten eingefallen und hatten reiche Beute gemacht. Er und mein Vater erstatteten Anzeige, die Militärpolizei kam auch und nahm alles auf. Meine Mutter und die Frau des Bürgermeisters mussten eine Front Soldaten abschreiten, um die Schuldigen zu identifizieren, aber die hatten sich offenbar längst aus dem Staub gemacht. Wir haben unsere Sachen nie wiedergesehen, aber wir bekamen eine Entschädigung in Reichsmark.

In der Nachkriegszeit gab es auch auf dem Land in Mörlenbach viel Hunger. Wir kannten zwei Bauern, bei denen wir einmal in der Woche Milch holen durften. Einmal war ich mit meinem kleinen Bruder bei Bauer Weber, der zwei Kühe besaß. Frau Weber schenkte uns nicht nur die Kanne voll Milch ein, sondern gab jedem von uns ein Stück Brot mit auf den Heimweg. Zu Hause erzählte ich meiner Mutter: „Stell dir vor, die Frau Weber hat uns Butter aufs Brot gegeben!" Es kommen mir jetzt noch die Tränen, während ich das schreibe.

Ab 1945 besuchte ich in Rimbach das Martin-Luther-Gymnasium. Vorher war ich in vier Volksschulen gewesen, zunächst in der Pestalozzischule in Mannheim, 1943 in der Mönchhofschule in Heidelberg, dann in Sinsheim und schließlich in Mörlenbach, wo wir am Beginn des Unterrichts die 1. Strophe des Deutschlandlieds und dann das Horst-Wessel-Lied singen mussten. Mein Klassenzimmer in dieser Schule diente am Sonntag den Evangelischen als Raum für den Gottesdienst. Mörlenbach war katholisch, das 4 km entfernte Rimbach evangelisch. Der seit dem Augsburger Religionsfrieden 1555 geltende Grundsatz „cuius regio, eius religio" – „Wem das Land gehört, der bestimmt den Glauben (seiner Untertanen)" – wurde hier besonders deutlich. Die bei uns manchmal arbeitenden Handwerker, mit denen wir teilweise sogar befreundet waren, wussten allen Ernstes nicht, dass Evangelische auch an Christus glauben! Bei Pfarrer Hörnle, meinem Religionslehrer, hatte ich auch den Vorkonfirmanden- und Konfirmandenunterricht. Wir lernten jede Woche etwa drei Stunden für diesen Unterricht, viele Kirchenlieder und den ganzen Kleinen Katechismus mit Luthers Fragen, die mit „Was ist das?" begannen und teilweise für uns unverständlich beantwortet wurden, etwa „Du sollst nicht begehren deines Nächsten Weib!" Und dann gab es einen besonderen Festgottesdienst in Rimbach: Der hessische Kirchenpräsident Martin Niemöller, der im KZ gewesen war, hielt die Predigt, und wir sangen das von Beethoven vertonte „Die Himmel rühmen des Ewigen Ehre". Diese Zeit in Rimbach hat mich im Glauben tief geprägt.

Ich fuhr mit dem Fahrrad oder dem Zug ins Gymnasium. Wegen der nachkriegsbedingten Umstellungen der Schuljahre hatten wir vier Monate Sexta, vier Monate Quinta, ein Jahr Quarta, sechs Monate Untertertia, sodass ich also in 20 Monaten gleich vier Schuljahre durchlaufen hatte. In guter Erinnerung ist mir Fräulein Fromm aus Siebenbürgen, unsere Biologielehrerin. Da es keine Bücher gab, sagte sie zu uns: „Kinder, bringt mir alle Pflanzen, die ihr findet!" Und dann befand sich in der nächsten Stunde ein Berg Grünzeug auf dem Tisch, und wir bestimmten jede Stunde zehn Pflanzen. Noch heute erkenne ich sie bei meinen Spaziergängen im Odenwald. Im Sommer 1946 oder 1947 gab es besonders viele Äpfel im Odenwald, daher waren die Züge voll mit Mannheimern, die ganze Säcke voll gesammelt hatten, auch halbfaule Früchte waren darunter. Die Säcke standen auf den engen Zugkorridoren. Wenn wir kleineren Schüler dann an unserer Haltestelle aussteigen mussten, hoben uns die Leute zum Fenster hinaus auf den Bahnsteig, damit wir nicht an den Säcken vorbei mussten, in denen es nur so von Wespen wimmelte, die uns hätten stechen können. Ich erinnere mich an einen Slogan, den man sich zurief: „Deutschlands letzter Schrei: Apfelbrei!" Auch meine Familie mochte ihn und strich ihn sich sogar aufs Brot, und noch heute esse ich gerne eine Scheibe frisches Brot mit Apfelbrei. Eine Delikatesse!

Da wir im November 1948 nach Mannheim zurückkehren wollten, besuchte ich im neuen Schuljahr einige Monate das Gymnasium im badischen Weinheim, während Rimbach ja hessisch war. Ich war zwar nach der Obertertia versetzt worden, war aber erst 13 Jahre alt, das „Nesthäkchen" in der Klasse mit meist 15 Jahre alten Mädchen, eine war sogar schon 17. Vorher war ich immer eine gute Schülerin gewesen, aber nun verstand ich, besonders in Mathematik, gar nichts mehr, sodass ich im Liselotte-Gymnasium in Mannheim lieber noch einmal in die Untertertia zurückging, zumal ich sie in Hessen ja nur ein halbes Jahr besucht hatte. Das Schulhaus des „Liselotte" war zerstört, und so waren wir im Elisabeth-Gymnasium zu Gast und hatten abwechselnd eine Woche vormittags und eine Woche nachmittags Unterricht. Ich fuhr mit dem Fahrrad durch die Planken, wo viele offene Kellerlöcher mit Eisengittern abgesperrt waren, damit niemand hineinfiel. Am Paradeplatz regelte ein Schutzmann im weißen Mantel den Verkehr. Viele unserer Lehrer waren kriegsbedingt alt, aber sehr engagiert. Professor Meiß unterrichtete im Wahlfach Griechisch. Als er nach einer schweren Erkrankung in Rente ging, ließ er uns aber nicht im Stich, sondern unterrichtete uns kostenlos einmal wöchentlich zu Hause und wollte nur das Fahrgeld für die OEG. Für die zweite Stunde fuhren wir zu ihm nach Heidelberg. Es war ein so guter Unterricht, dass ich nach dem Abitur das Graecum am Karl-Friedrich-Gymnasium mit Auszeichnung bestand. Schade, dass ich so viel davon vergessen habe! Religion hatte ich bei Frau Dr. Faulhaber, der ich verdanke, dass sie mich für das Ev. Studienwerk Villigst vorschlug, von wo ich ein Stipendium bekam.

Bereits in den Jahren 1946-48 hatte mein Vater unser Haus in der Spinozastraße in einer Art Baugemeinschaft, wie es heute auch wieder üblich ist, zusammen mit einem Herrn Kalesch, der eine Baugenehmigung hatte, weil er bei den Amerikanern arbeitete, wieder aufgebaut. Er wohnte im 1. Stock mit seinen drei Kindern und einer Haushälterin, seine Frau war im Bunker bei einer Panik umgekommen. Das Dachgeschoss wurde vom ältesten Bruder meines Vaters aufgebaut, der mit Frau und drei Kindern einzog. Wir lebten im Erdgeschoss, das wir mit zwei weiteren Familien teilen mussten, im früheren Schlafzimmer wohnte eine Dame mit ihrer Tochter, im Kinderzimmer eine Dame mit einem Sohn, der den ganzen Tag im Radio Jazz hörte. Uns standen das Wohn- und Esszimmer zur Verfügung, Bad und Küche waren gemeinsam. Mit der Zeit fanden unsere Mitbewohner Gott sei Dank eigene Wohnungen.

Meinem Vater habe ich zu verdanken, dass ich bald selbstständig wurde. Noch in Mörlenbach schenkte er mir die ersten Skier. Wenn ich auf der Wiese neben unserem Haus übte, rannten die Gänse aus der benachbarten Schützenmühle schreiend hinter mir her. In Mannheim meldete mich mein Vater sofort im Skiclub an. Jedes Jahr zwischen dem 26. Dezember und dem 6. Januar durfte ich mit zu Ski-Jugendfreizeiten. Die erste fand auf der Todtnauer Hütte am Feldberg statt, wo wir zu 20 Kindern unter dem Dach ein Matratzenlager hatten. Morgens wurde zuerst im Kreis trainiert, dann Aufstieg mit den Skiern auf der Schulter, nachmittags im Café am Herzogenhorn, wo wir uns mit warmer Limonade für den Heimweg rüsteten. Das Leben normalisierte sich also allmählich. Dazu gehörte für mich auch, dass mein Vater mich im Tennisclub Grün-Weiß in Feudenheim anmeldete und ich einen Tanzkurs in der Tanzschule Koch in Neuostheim machte. Unvergesslich der „Mittelball" im Café Kossenhaschen, wobei unsere Eltern auch „Bailalabamba" lernen mussten, einen Hüpfetanz, und natürlich der Abschlussball im Rosengarten. Ich trug ein türkisfarbenes Kleid mit einer großen Schleife auf dem Po. Es gab auch noch „Hausbälle", Tanzabende zu Hause, zu denen wir uns gegenseitig einladen durften. Bei mir fand ein Faschingsball statt. Der Dekorateur aus dem Herrenbekleidungsgeschäft meines Großvaters hatte die zwei großen Zimmer fastnachtlich geschmückt, ich trug ein Kostüm „Lady Hamilton".

In all den Kriegs- und Nachkriegsjahren waren es meine Eltern, Lehrer und Pfarrer, die mich zu leben lehrten. Mein Vater sagte einmal zu mir: „Du musst lernen, für dich selbst zu sorgen und unabhängig zu sein." Das bin ich geworden im guten Sinne. Als Ärztin war ich unabhängig und konnte für meine Patienten sorgen, so wie für mich gesorgt wurde, mit Gottes Hilfe.

Dr. Beate Mochayédi-Bergdolt arbeitete bis zum Jahr 2000 in eigener Praxis als Internistin und Psychotherapeutin. Sie ist seit fast 55 Jahren verheiratet mit dem Chirurgen Dr. Ziya Mochayédi.

Klaus Cantzler:
Der Zweite Weltkrieg aus der Sicht eines Schuljungen

Beim Ausbruch des Zweiten Weltkrieges am 1. September 1939 war ich acht Jahre alt. Entsprechend kindlich und später jugendlich war meine Wahrnehmung des Geschehens. Die politische und menschliche Dramatik hat meine Gefühle nur teilweise erreicht, meine vielen neuartigen und außergewöhnlichen persönlichen Herausforderungen und Erfahrungen standen für mich im Vordergrund.

Ich erlebte den Krieg in mehreren Phasen an verschiedenen Standorten. Zunächst in Mannheim, meiner Heimatstadt. Schon in den Jahren vor Kriegsbeginn musste mein Vater, als Chemiker in der damaligen Firma IG Farben Industrie in Ludwigshafen – heute BASF – beschäftigt, besondere Militärübungen absolvieren. Als sich 1938 die Aussicht auf einen Krieg verdichtete, wurde er als Reserveoffizier „eingezogen“ und im Grenzgebiet zu Frankreich stationiert. Die Stimmung war gespannt, die Familie suchte im nahen Odenwald Ersatzquartiere für den Ernstfall. Man war sich im Klaren, dass Mannheim im möglichen Krieg gegen Frankreich wegen seiner Lage und wirtschaftlichen Bedeutung sehr exponiert war. In den Kellern der Häuser wurden Luftschutzräume ausgebaut. Hitler trommelte im Radio und heizte die Stimmung auf. Wenn ich da einmal ein Stück Rede hörte, war der achtjährige Knabe immerhin von der Stimmgewalt beeindruckt. Bald wurden Lebensmittelkarten ausgegeben.

An eine politische oder den Krieg vorbereitende Propaganda in der „Volksschule“ (Pestalozzischule) und ab 1941 im Karl-Friedrich-Gymnasium kann ich mich nicht erinnern. Im KFG war die Stimmung unpolitisch, nur der Geschichtslehrer legte Wert auf den Hitlergruß, wenn er das Zimmer betrat. Als politische Aktion mussten wir allerdings Heilkräuter sammeln, was in der Stadt nicht ganz einfach war.

Mit dem Überfall auf Polen begann ein Krieg, dessen grauenvolle Auswirkungen wohl nur wenige Deutsche ahnten. Der junge Schüler machte sich darüber ohnehin keine tieferen Gedanken. Der Krieg machte sich in Mannheim schon bald, wohl ab 1941, durch Fliegerangriffe bemerkbar, die Sirenen tönten immer häufiger (bei heutigen Probeläufen geht mir der Ton noch immer noch durch Mark und Bein), Spreng-und Brandbomben zerstörten Wohnhäuser, Bewohner wurden verletzt oder kamen ums Leben. Zum Glück hatte die Stadt Mannheim durch ein Netz von Bunkerbauten für Schutzräume gesorgt, sodass die Zahl der menschlichen Opfer deutlich geringer ausfiel als in anderen Städten.

Unsere Familie wohnte in der Oststadt in der Nähe der Christuskirche. Wenn die Sirenen ertönten, suchte meine Mutter mit ihren zwei Söhnen – mein Vater „diente“ in Frankreich und später in Nordafrika – zusammen mit anderen Nachbarn Schutz im Keller der Kirche. Die Architektur schien stabil (hat sich ja auch so bewährt!), und zu einem Bunker war der Weg recht weit, zumal mein jüngerer Bruder noch im Kinderwagen transportiert werden musste. Für Sitz- und Liegegelegenheiten war gesorgt. Vom nächtlichen Weg zu unserem Schutzraum bleibt für mich der Eindruck der Leuchtfeuer am Himmel unvergesslich: Die ersten Bombenflugzeuge setzten Lichtsignale („Christbäume“) zur Abgrenzung der Angriffsflächen, die Flakscheinwerfer suchten nach ihren Zielen. Erste Bombenabwürfe und Flakschüsse waren teilweise schon zu hören. Wenn wir nach der Entwarnung nach Hause zurückkehrten, war die Sorge groß, ob das Haus noch steht oder welche Schäden es wohl erlitten hat. Häufig waren es zerborstene Fensterscheiben, gelegentlich gab es auch größere Schäden, einmal gelang es uns, eine ins Dachgeschoss eingedrungene Brandbombe auf die Straße zu werfen, bevor sie weiteres Unheil anrichten konnte. Das Haus blieb zunächst mithilfe von Notreparaturen einigermaßen bewohnbar, bis es 1943 total zerstört wurde. Dies erlebten wir nicht mehr unmittelbar, da wir zur Sicherheit ein Notquartier in Weinheim gefunden hatten.

Da die Oststadt zu Beginn der Bombenangriffe nur partiell zerstört wurde, machten junge Burschen wie ich sich noch ihren besonderen Sport aus den Schäden. Man stieg nach einem Angriff früh aus dem Bett und ging auf die Straße, um Splitter zu sammeln. Es herrschte der Wettbewerb, wer dabei besonders erfolgreich war: Zahl und Größe der Splitter von Flakgranaten oder gar Bombensplitter waren die Trophäen. So überspielten wir Kinder das Elend der Zerstörungen und menschlichen Leidens. Neben der Schule war meine Hauptaufgabe natürlich, im Haus zuzugreifen und mich mit um die Versorgung zu kümmern. Dazu gehörte, was nach den Angriffsnächten erstaunlich schnell möglich war, an einer zentralen Stelle in der Stadt, meist beim Roten Kreuz, warme Suppe oder ein Eintopfgericht für die Familie zu beschaffen.

Wie alle anderen Jungen war ich ab 10 Jahren Mitglied des „Jungvolks“ und damit ein „Pimpf“. Wir hatten wöchentlich unsere Übungen: in Reih und Glied zum Appell antreten, im Gleichschritt marschieren, aber auch Sport und Geländespiele. Der Elan ließ im Laufe des Kriegs nach.

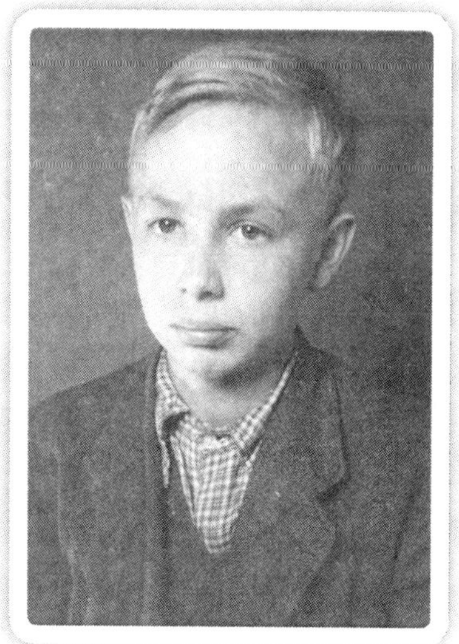

Ein neues Gemeinschaftserlebnis ergab sich durch die Kinderlandverschickung (KLV). In durch Luftangriffe besonders gefährdeten Städten wurden ab Ende 1940 die Schulen am Ort aufgelöst und die gesamte Schule in KLV-Lager umgesiedelt. Die Umsiedlung war kein Zwang, die Eltern konnten für die Kinder auch Schulen an von Luftangriffen nicht betroffenen Plätzen suchen, wie z.B. Heidelberg in unserer Region. Aber die Kapazitäten waren begrenzt. So entschlossen sich meine Eltern, mich mit meiner Klasse des Karl-Friedrich-Gymnasiums in ein Lager im Kurhaus Herrenwies im nördlichen Schwarzwald ziehen zu lassen. Ein Teil unserer Lehrer begleitete uns und setzte den Unterricht dort fort. Wir waren meist in Viererzimmern untergebracht, und die Versorgung mit Essen etc. war nach meinem Empfinden angemessen. Das „Jungvolk“ rief regelmäßig zum Dienst auf, oft zu sportlichem Training oder Geländespielen im Wald, aber auch zu langen Märschen. Man nahm das hin. Die Ehrenwache einiger ausgewählter Pimpfe beim täglichen Aufzug der Hakenkreuzfahne vor dem Haus gehörte auch dazu. Insgesamt war die Atmosphäre kameradschaftlich. Ab und zu kam aber doch etwas Heimweh auf, die unsicheren Verhältnisse zu Hause weckten Sorgen, anmerken ließ man sich das aber nicht.

Nach etwa einem Jahr bin ich ausgeschieden. Ich konnte in einem Internat in Heidelberg unterkommen und von dort aus das Kurfürst-Friedrich- Gymnasium besuchen, bis meine Mutter mit ihren beiden Buben nach Hinterzarten im Schwarzwald zog. Dort lebten wir bis nach Kriegsende in einem Haus meiner Großmutter. Mein Vater musste nach seiner Freistellung vom Militärdienst bei der Firma in Ludwigshafen präsent sein; alle verbliebenen Kräfte waren zur Bewältigung der Schäden durch Luftangriffe gefordert. Der Jüngling Klaus war nun als Stütze der Familie sehr mit Viehhüten, Feldarbeit und Holzspalten gefordert, um die schwache Versorgung mit Lebensmitteln und Brennstoff zu verbessern. Eigene Anpflanzungen im Garten lieferten dürftigen Ertrag. Rückblickend waren alle Anstrengungen und Nöte letztlich eine interessante Herausforderung.

Als externer Schüler besuchte ich die Birklehofschule, solange dort der Unterricht stattfand. Immer wieder brachten aber auch Taffliegerangriffe Kriegsgeschehen in den ländlichen Schwarzwald. Einen Bunker, den ich im Garten gegraben hatte, benutzten wir selten, bei sich abzeichnenden Angriffen flüchteten wir meist in den Wald. Erschüttert waren wir mit vielen im Dorf, als ein polnischer Gefangener, der auf einem Hof arbeitete, von der Polizei erschossen wurde, weil er eine Beziehung zu einer Frau hatte.

Der Einmarsch französischer Truppen besiegelte das Kriegsende. Die Einberufung zum Militär blieb mir damit knapp erspart. Farbige Soldaten waren eine ganz neue Erfahrung. An schwerwiegende Störungen kann ich mich nicht erinnern.

Nach einigen Monaten konnten wir in ein anderes Quartier in Weinheim zurückkehren. Dort schloss uns mein Vater in die Arme, den der Krieg so lange von uns getrennt hatte. Von Weinheim aus besuchte ich wieder das KFG in Mannheim. In unser mit spärlichen Mitteln und dank der Hilfe von Freunden wieder hergestelltes Mannheimer Haus konnten wir zwei Jahre später einziehen.

Dank schuldet unsere Familie ihrem Schicksal, den Krieg so überstanden zu haben. Und dankbar bin ich, dass wir Deutsche seit über 70 Jahren in Frieden leben dürfen.

Dr. Klaus Cantzler, geboren 1930 in Mannheim, lebt mit seiner Frau, einem Sohn und einer Tochter sowie vier Enkeln in Mannheim. Nach dem Abitur im Karl-Friedrich-Gymnasium studierte er Jura in Heidelberg, Paris und Cambridge/England. Danach arbeitete er bei der Badischen Anilin-und-Sodafabrik, heute BASF SE, Ludwigshafen. Zunächst war er als Jurist tätig, später als Leiter der BASF Japan Ltd. in Tokio, wo er mit seiner Familie sieben Jahre verbrachte. Zuletzt war er als Direktor der BASF für das Geschäft in Osteuropa verantwortlich. Nach seiner Pensionierung widmete er sich als Vorsitzender des Förderkreises verstärkt den Reiss-Engelhorn-Museen in Mannheim.

Eleonore Kopsch geb. Theiß: „Hat nicht der gnädige Gott über dir Flügel gebreitet?"

Ich wurde im November 1932 in Ludwigshafen geboren, wo ich eine sorglose Kindheit erlebte. Als wir 1938 in ein neues Haus am Hindenburgpark einzogen, das mein Großvater für meine Mutter hatte bauen lassen, schien das Glück grenzenlos. Es hatte zwei Kinderzimmer, eins für mich, eins für das bald zu erwartende Geschwisterchen. Aus der Leitung floss kaltes und warmes Wasser, es gab ein gefliestes Bad, Zentralheizung, große Wohnräume. Ein Vorgarten und der Garten hinter dem Haus luden ein zum Spielen.

Kurz – das Haus war auf dem neuesten technischen Stand, sogar der Keller. Er hatte weißgetünchte Räume, aber es gab auch Besonderes in ihm. Mein Vater erklärte mir nämlich, als ich einmal mit ihm dort unten war, dass es ein Luftschutzkeller sei und uns in einem Krieg schützen würde. Ein Krieg? Ich konnte mit dieser Information nichts anfangen, fragte aber nicht nach. Offenbar hatte auch die Gasschleuse damit zu tun, die mir mein Vater zeigte, und ein Viereck in einer Kellerwand in der Größe einer Hundehütte, das mit leicht herausnehmbaren Steinen geschlossen war. Das sei ein Durchgang, so sagte mein Vater, durch den man in den Nachbarkeller kriechen könne. Kriechen? Alles sehr merkwürdig.

Es bewegte mich jedoch nicht weiter, da man von unserem Haus aus das Ziel meiner Träume sah: die Pestalozzi-Volksschule, die ich im kommenden Jahr würde besuchen dürfen. Endlich in die Schule, und nur ein Sprung von der Wohnung aus!

Kriegsjahre 1939-1943: Kinderglück trotz aufregender Veränderungen

Ostern 1939 kam ich in die Schule, aber nicht in die mir angekündigte, denn diese war inzwischen in ein Lazarett umgewandelt worden. Mit diesem Wort konnte ich nichts anfangen, kannte nur den armen Lazarus. Ich fragte aber nicht weiter. Meine Schule war die viele Straßen entfernte Rupprecht-Schule, die eine Mädchen- und eine Jungenabteilung hatte. Gott sei Dank hatten wir zwei durch einen Zaun getrennte Pausenhöfe, so konnten einem die Jungen nichts tun. Eigentlich schade, so denke ich heute, denn dann wäre ich vermutlich Helmut Kohl begegnet, der dort ebenfalls Schüler war.

Am 5. September 1939, wenige Tage nach Kriegsbeginn, heulten zum ersten Mal die Sirenen. Meine Großeltern wurden nun Abend für Abend vom Chauffeur ihrer Firma gebracht, damit sie bei einem Fliegerangriff sofort den sicheren Luftschutzkeller aufsuchen konnten. Mein Großvater schien ein Gespür für die Zeitläufte gehabt zu haben, denn er war mit seiner Firma am Bau des „Westwalls" beteiligt und hatte wohl gewusst, warum ein Luftschutzkeller nötig sein konnte. Ich musste mein Kinderzimmer abtreten, in dem nun die Großeltern schliefen. Auch sonst gab es Veränderungen: Eimer mit Wasser und Sand standen in allen Stockwerken, um Brände schnell ersticken zu können, die Fenster wurden jeden Abend verdunkelt, was an heißen Tagen besonders unangenehm war. Ab Sommer 1940 häuften sich die Angriffe, Bomben fielen, der Tochter einer Bekannten meiner Eltern wurden die Beine abgequetscht. Gasmasken, für jedes Familienmitglied eine, baumelten unheilverkündend im Luftschutzkeller an den Wänden.

Mein Leben mit Schule und Freundinnen ging aber fröhlich weiter. Schnell konnte ich lesen, bekam zu Weihnachten 1939 ein Grimmsches Märchenbuch – das Buch Nr. 2, wie mein Vater mit seiner akkuraten Schrift darin vermerkte – und tauschte den Lesestoff eifrig mit den Freundinnen aus. Wenn es im Unterricht etwas langweilig wurde, zeigten wir uns unter der Bank Bombensplitter. Besonders begehrt waren solche mit möglichst vielen Zacken.

Zu meinem achten Geburtstag im November 1940 bekam ich ein neues Klavier. Eine Lehrerin war schnell gefunden, und da ich viel und gerne übte – die Hausaufgaben waren schnell erledigt –, machte ich schnell Fortschritte. Stolz und glücklich war ich, als mein Vater seine Geige hervorholte, auf der er seit Jugendtagen nicht mehr gespielt hatte, und nun musizierten wir gemeinsam. Oft, so sagte meine Mutter, hätten Leute interessiert aufgeblickt, wenn sie an den Fenstern vorbeigingen. Gerne hielt ich mich auch draußen auf. Das alte Fahrrad meiner Mutter wurde reaktiviert, und meine Kusine und ich veranstalteten Wettrennen im Freihändig-Fahren.

Ab 1940 forcierte die Stadt Ludwigshafen ihren Bunkerbau – wegen der BASF fürchtete man zu Recht besonders viele Luftangriffe. Das war wohl der Anlass, dass meine Mutter, meine Schwester und ich 1941 nach Lorsch übersiedelten, wo wir in einer Pension wohnten und ich eine einklassige Schule besuchte. Als aber im Juni mit dem Beginn des Russlandfeldzugs das Kriegsende nicht mehr abzusehen schien, kehrten wir wieder nach Ludwigshafen zurück. Im Winter 1941/42 breitete sich eine Diphtherieepidemie aus, die auch mich ergriff. In riesigen, zu Schlafsälen umfunktionierten Klassenzimmern lagen Kinder, die nach ihren Eltern schrien, ich mitten unter ihnen. Wochenlang durften uns unsere Eltern nur durch eine Glasscheibe betrachten.

An meinem 10. Geburtstag wurde ich „Jungmädel". Unsere Führerin war eine etwa 15-jährige Oberschülerin, mit der wir vor allem sangen und Blockflöte spielten. Meine Mutter hielt nicht viel von Blockflöten, aber die Mutter meiner besten Freundin Gudrun, die MS-krank war und im Rollstuhl saß, hörte sich geduldig unser Flöten an. Wir saßen ihr zu Füßen und gaben unser Bestes.

Im 4. Schuljahr erhielten wir eine Lehrerin, die in NS-Uniform unterrichtete. Häufig ließ sie uns im Heimatkundebuch „Füllhorn der Westmark" lesen, in dem etwa von dem „verbrecherischen Raubkönig" Ludwig XIV. die Rede war, dem „unsere" Liselotte von der Pfalz zum „Opfer" hatte gebracht werden müssen. Anfang Februar 1943 ließ sie uns eines Tages lange in unserer Bank stehen und las uns etwas Unverständliches über den Heldentod vor. Ich merkte mir nur das Wort „Stalingrad".

Viel aufregender für mich war die Aufnahmeprüfung für die Oberschule für Mädchen. Sie dauerte eine Woche, und neben Diktat, Aufsatz und Rechnen wurde Turnen geprüft. Ich war mir nicht sicher, ob meine guten Deutschkenntnisse und meine Rechenfertigkeit wohl ein Ausgleich wären für mäßige Leistungen im Geräteturnen, und so stand ich etwas ängstlich mit 100 anderen kleinen Mädchen am letzten Tag vor den Sommerferien im Schulhof der Oberschule, wo die Ergebnisse verkündet wurden. Gott sei Dank, ich hatte bestanden und fieberte nun dem Tag entgegen, an dem die neue Schule beginnen sollte. Das sollte der 6. September 1943 sein!

Die Sommerferien verbrachten wir nicht wie sonst in einer Pension im Schwarzwald, denn dort konnte mit unseren Lebensmittelmarken unsere Ernährung nicht mehr gesichert werden. Daher waren wir bei bäuerlichen Verwandten, wo auch Kinder schon auf dem Feld zu arbeiten hatten. Früher als sonst heimgekehrt, erlebten wir vom 9. auf den 10. August den ersten schweren Angriff auf Ludwigshafen mit 88 Toten. Vorsichtshalber ließen die Eltern einige Möbelstücke und andere Gegenstände nach Lorsch bringen, wo Verwandte meiner Mutter das von meinem Urgroßvater gebaute große Haus bewohnten. Die Sachen wurden in einem geräumigen Dachzimmer untergestellt.

Es war der 5. September, und ich fieberte dem nächsten Tag entgegen. Ich sah mich bestens vorbereitet mit einem neuen blau-weiß karierten Dirndl mit rot-weiß karierter Schürze, genäht aus Stoff für Bettwäsche, den meine Mutter „auf Bezugsschein“ hatte kaufen können. Meine langen Zöpfe wollte ich als „Gretchenfrisur“ tragen, also über den Kopf gelegt und festgesteckt. Doch es kam alles ganz anders. In dieser Nacht fand der verheerende britische Luftangriff auf Mannheim und Ludwigshafen statt. Allein in meiner Stadt gab es 127 Tote und 55 000 Obdachlose. Wir saßen in unserem Luftschutzkeller, aber sicher fühlte ich mich nicht. Der Kellerboden bewegte sich auf und ab, alles wackelte und klirrte, und ich war völlig hysterisch vor Angst. Keiner konnte mich beruhigen. Als wir gegen Morgen den Keller verließen, sahen wir durch den Rauch, dass unser Haus noch ganz war.

Die Oberschule! In dem allgemeinen Durcheinander machte ich mich auf zur Straßenbahnhaltestelle, wo ich mich mit meiner Freundin Gudrun verabredet hatte. Sie kam auch, aber die Straßenbahn nicht. So gingen wir zu Fuß auf den Schienen Richtung Innenstadt. Als wir aus der – wie uns schien – noch intakten Marienkirche plötzlich meterhohe Flammen aufschießen sahen, rannten wir in Panik zurück nach Hause.

Hier war schon alles im Aufbruch. Mein Vater hatte auf seinem Fahrrad einen schweren Koffer, auf dem Rad meiner Mutter saß meine kleine Schwester, Taschen hingen an der Lenkstange. Ich bekam ebenfalls auf mein Rad einen Koffer geschnallt und trug meinen Schulranzen. So ging es zum Bahnhof Oggersheim, denn der Hauptbahnhof war nicht mehr benutzbar. Tatsächlich stand hier ein Zug nach Norden, mein Vater schob uns mit dem Gepäck hinein und kehrte in unser Haus zurück. Lange überlegte ich, wie er das wohl mit den drei Fahrrädern gemacht hatte. Unser Ziel war Lorsch, genauer das Haus der Verwandten. Die waren über unser Eintreffen nicht glücklich. Aber meine Mutter machte eine große Szene, die mir noch gut in Erinnerung ist: „Dies ist das Haus meines Großvaters, meine Kinder und ich haben ein Recht, in diesen Zeiten hier zu sein.“ Da wusste ich, dass meine Kindheit zu Ende war.

Kriegsjahre 1943-1945: Eine unbeschwerte Kindheit war das nicht mehr

Wir zogen in das Dachzimmer zu unseren Möbeln. Welch eine Wendung! Statt des gefliesten Bades ein Donnerbalken neben dem Misthaufen, zu dem ich vor allem in der Dunkelheit höchst ungern ging. Das Wasser musste an der Pumpe im Hof geholt und dort auch wieder entsorgt werden. Statt einer modernen Küche hatten wir nur einen Küchenherd im Dachzimmer, der beim Kochen Hitze verbreitete, die uns in diesen Septembernächten nicht schlafen ließ. Nun durften wir auf einem Herd in der Waschküche kochen, auf dem sonst Saufutter bereitet wurde.

Ich kam nach Bensheim in die Oberschule und fuhr die 6 km meistens mit dem Zug. Das war nicht der erhoffte Anfang, denn die Schule hatte schon einige Zeit vorher begonnen, Freundschaften hatten sich gebildet, und ich kam als „Neue" dazu. Aber auch in Ludwigshafen wäre es nicht mehr so gewesen wie früher: Der Schulbetrieb war eingestellt worden, die Schüler „kinderlandverschickt". So kam meine beste Freundin Gudrun zunächst nach Bad Bergzabern und dann nach Thüringen, betreut von Lehrern, die, wie man später hörte, beim Vordringen der US-Armee ihre NS-Parteiabzeichen wegwarfen und sich ohne ihre Schüler in Sicherheit brachten. Als Gudrun endlich im Sommer 1945 zurückkam, erfuhr sie, dass ihre behinderte Mutter nach Landau abtransportiert worden war und, wie es hieß, bei einem Luftangriff „umgekommen" sei.

Was um uns herum geschah, was wir aus Gesprächen aufschnappten, führte dazu, dass wir, so würde ich heute sagen, sehr schnell älter geworden sind. Wir konnten nicht kontinuierlich heranwachsen. Bei vielem fragte man lieber nicht nach, um die Erwachsenen nicht in Erklärungsnot zu bringen. So teilte jemand meiner Mutter mit einem Blick auf mich leise mit, der Mann der Milchfrau sei ins KZ gekommen. Ein anderes Mal fragte im Zug eine Frau ihre Nachbarin, ob sie schon gehört habe, dass etwas Schreckliches geschehen sei, ich hörte das Wort „Normandie". Zwei andere Fahrgäste sprachen kurze Zeit später halblaut davon, dass „es ihn aber nicht getroffen habe" – es war nach dem 20. Juli 1944, dem Tag von Stauffenbergs fehlgeschlagenem Attentat auf Hitler. In dieser Zeit wird es wohl auch gewesen sein, dass sich mein Vater, der uns ab und zu besuchte, abends über mich in meinem Bett beugte, um zu sehen, ob ich schliefe. Ich tat so, und dann hörte ich eine krächzende Stimme aus dem Radio: „Jagdverbände im Anflug" – die Eltern hörten den streng verbotenen „Feindsender" Radio London. All das war für die 11-Jährige verstörend, ich konnte mit keinem darüber sprechen.

Ein nachhaltiges Erlebnis war ein Tieffliegerangriff auf unseren Mittagszug. Wir ließen uns aus den Wagen fallen, rutschten den Bahndamm hinunter und warfen uns mit dem Gesicht auf den Boden. Als ich einmal aufblickte, konnte ich direkt in das Auge des Piloten sehen.

1944 wurde unser Haus in Ludwigshafen bis auf die Kellerdecke zerstört. Der Luftschutzkeller hatte also gehalten! Gerettet wurde wenig, u.a. eine große weiße Tafeldecke, in deren Mitte ein eingewebter Christuskopf mit Dornenkrone prangte, dazu die entsprechenden Servietten, ebenfalls mit Dornenkrone und den Abendmahlsgeräten in den Ecken, und nie benutzte Kretonne-Unterhosen meiner Mutter aus ihrer Aussteuer.

Im Januar 1945 starb mein Friesenheimer Großvater, der Vater meines Vaters, an einer Lungenentzündung. Er hatte noch miterleben müssen, wie sein großes Mietshaus, sein ganzer Stolz, in Trümmer ging, und war danach in eine beschlagnahmte Wohnung eingewiesen worden. Meine Mutter wollte mit uns Kindern zur Beerdigung, mein Vater war dagegen wegen der ständigen Fliegerangriffe auch tagsüber. Schließlich setzte sich meine Mutter durch, und noch während wir am Grab standen, gab es Fliegeralarm. Die Trauergäste stoben auseinander, dem nahen Bunker zu, meine Mutter erlitt einen Schock und konnte nicht mehr gehen. Mein Vater und ein Verwandter packten sie links und rechts und schleiften sie wie eine Schaufensterpuppe zum Bunkereingang. Ich war in großen Ängsten, wie ich sie wieder nach Lorsch zurückbringen könnte. – Für eine Zwölfjährige eine große Belastung.

Nachdem im Februar 1945 eine Luftmine auch noch die Betondecke unseres Kellers zerstört hatte, war von der einstigen Pracht nichts mehr übrig – außer einem Stück Papier. Es war das erste Blatt der Hochzeitsbibel meiner Eltern! Alle Eintragungen waren noch zu lesen.

Nun musste mein Vater auch in Lorsch bleiben, allerdings in welchem Zustand! Er kam mit einer Lungen- und Rippenfellentzündung zu uns und schwebte wochenlang zwischen Leben und Tod. Penicillin gab es nicht, der alte Arzt verordnete Dauerfrischluft, und so stand das Fenster in unserem Dachzimmer Tag und Nacht offen. Meine Mutter saß im Mantel neben dem Bett. Wir Kinder wurden aus dem Haus gebracht, meine Schwester zu Nachbarn, ich kam beim Kinobesitzer unter, mit dessen Nichte ich in eine Klasse ging. Da wir seit der Beschießung des Zuges nicht mehr nach Bensheim fahren durften, hatten wir seit Anfang Januar 1945 keinen Unterricht mehr. Wir verkauften die Karten für die abendliche Kinovorstellung und sahen viele Filme, darunter auch solche wie „Jud Süß".

Im März 1945 war für Lorsch der Krieg zu Ende. Als die Amerikaner einmarschierten, mussten wir alle in den Keller, selbst mein kranker Vater wurde hinuntergetragen. Einige Männer zogen dem Feind mit einer weißen Fahne entgegen, und so wurde nicht gekämpft. Nur einen einzigen Artillerieschuss gaben die Amerikaner ab, hoch über die Giebel der Häuser hin. Aber das Haus meines Urgroßvaters war ein Stockwerk höher, und genau durch diesen Stock fuhr das Geschoss. Es kam bei einer Wand unseres Dachzimmers herein und ging bei der gegenüberliegenden Wand wieder hinaus. Und dazwischen das Bett, in dem bis vor kurzem mein Vater gelegen hatte!

Nachkriegszeit 1945-1952: Hunger

Da das Radio abgegeben werden musste, der Postverkehr weitgehend eingestellt war, machte sich mein Vater Mitte Mai 1945 mit dem Rad auf den Weg nach Ludwigshafen, um die Lage zu erkunden. Er kam im Zimmer seines verstorbenen Vaters unter. In Lorsch tauchte mein 42-jähriger Onkel auf, den ich als strahlenden Mann mit dichtem schwarzem Haar in Erinnerung hatte, schlohweiß. Er berichtete Verstörendes: Die über den Rhein abziehenden deutschen Soldaten, die den Befehl hatten, die Rheinbrücke zu sprengen, hatten ihn vor die Wahl gestellt, entweder selbst die Schiffe, Kräne, Bagger und Lkw der Firma im Rhein zu versenken oder sie den Soldaten zur Sprengung zu überlassen. Er entschied sich für Ersteres, hatte er so doch die Chance, das, was drei Generationen erarbeitet hatten, später wieder heben zu können. Das ist auch gelungen.

Von der Verwandtschaft bekamen wir ein Gartenbeet zugeteilt, um Gemüse anzupflanzen. Doch wegen weiter zu erwartendem Hungern verdingte sich meine Mutter bei den bäuerlichen Verwandten in Fehlheim bei Bensheim, wo sie die befreiten Kriegsgefangenen aus Polen und Russland ersetzen sollte. Beim Kühetränken verlor sie fast ein Auge.

Als im Herbst in Ludwigshafen die Schule wieder begann, zog ich zu meinem Vater. Auf dem Schulhof wurden wir zum Steineklopfen eingesetzt. Wir entfernten den Mörtel von den Backsteinen, die dann zum Wiederaufbau verwendet wurden. Ich bekam Gelbsucht wegen der – wie ich meinte – nachts über das Bett springenden Ratten, und ein Lkw der Firma meiner mütterlichen Familie, der schon über den Rhein durfte, brachte mich zurück nach Fehlheim. Hier blieb ich, auch als meine Mutter nach Ludwigshafen zurückkehrte, denn inzwischen hatten die in der NS-Zeit enteigneten Englischen Fräulein in Bensheim ihre Schule wiedereröffnet. Die Verwandten waren über den zusätzlichen Esser nicht begeistert. Bereits um 11 Uhr aßen sie zu Mittag und stellten mir, die erst später aus der Schule kam, das Essen auf einem Blechteller in den Kachelofen. An den Freitagen war dann aus der Milchsuppe durch das stundenlange Warmhalten nur noch eine harte Kruste geworden. Anderes gab es nicht. Offenbar sprach es sich herum, wie lieblos sie mich behandelten, denn wenn ich durch die Dorfstraße ging, sagten die Bauersfrauen: „Der reichste Bauer im Dorf gibt dem Flüchtlingsmädchen nicht einmal ein Stück Butter!" Der einzige Lichtblick war meine Freundschaft mit der Fehlheimer Lehrerstochter, die ebenfalls mit mir mit dem Fahrrad auf den vereisten Feldwegen die fünf Kilometer zu den Englischen Fräulein fuhr. Mit ihr spielte ich nachmittags regelmäßig vierhändig Klavier.

Samstags begab ich mich auf eine stundenlange Heimfahrt: mit dem Zug bis Weinheim, dann mit der OEG bis Mannheim an die Kurpfalzbrücke, zu Fuß durch die zerstörte Stadt über die Notbrücke und den Rhein, wo meine Mutter mich erwartete. Als mein Vater eine Werkswohnung der BASF mit zwei Dachzimmern erhielt und meine Mutter es mit Schmiergeldern geschafft hatte, dass auf dem Dachboden für meine Schwester und mich ein kleiner Raum abgetrennt wurde, kam ich nach Ludwigshafen zurück. Jetzt wurde auch unser Lorscher Domizil aufgelöst und die dort zu Beginn des Krieges untergestellten Möbel nebst dem Klavier mit einem von Pferden gezogenen Pritschenwagen durch den Käfertäler Wald nach Ludwigshafen zurückgebracht. Der Wald wimmelte von Amerikanern, und ich, die ich zwischen den Möbeln hockte, fürchtete vor allem, dass sie das Klavier wegnehmen würden.

Ab Ostern 1946 besuchte ich die Oberschule in Ludwigshafen, in die ich eigentlich 1943 hätte eintreten sollen. Meine beste Freundin Gudrun hatte kaum Blicke für mich, ich war wie so oft zu spät in eine Gruppe gekommen, wo sich andere schon gefunden hatten. Nur im Konfirmandenunterricht fühlte ich mich wohl. Wir verehrten alle den Pfarrer, und hier lernte ich eine neue Freundin kennen, die jetzige Frau Wegerle, mit der ich bis zum heutigen Tag eng verbunden bin.

Mit ihr stillte ich auch den Hunger nach Kultur. 1948 traten wir in den Beethovenchor ein, verehrten dessen Leiter Hermann Meinhard Poppen und hatten bei der Matthäuspassion sogar einen Auftritt mit dem damals seine Weltkarriere beginnenden Bariton Dietrich Fischer-Dieskau. Wir waren ständig in Mannheim in der „Schauburg", wo das Theater notdürftig untergekommen war, und schwelgten in Mozart, Verdi und sogar Wagner. Unseren Hinweg von fünf Kilometern legten wir immer zu Fuß zurück, um Geld zu sparen, zurück fuhren wir dann auf Geheiß der Eltern mit der Straßenbahn. Statt den Schulweg mit der Straßenbahn zu machen, fuhr ich mit dem Fahrrad und hatte so Geld, mir im Goethe-Jubiläumsjahr 1949 eine 10-bändige Goetheausgabe – allerdings mit Wasserschaden – zu kaufen. Eine Fahrt an den Bodensee mit dem Rad, einem alten Rucksack und einem Kochtopf stillte im Sommer 1949 das Fernweh. Das alles und die Tanzstunde, was zu einem „normalen" Jugendleben gehört, begann, Einzug in mein Leben zu halten.

Eleonore Kopsch studierte nach dem Abitur 1952 Germanistik, Geschichte und evangelische Religionsphilologie in Mainz, Freiburg, München und Göttingen. Nachdem sie drei Kinder großgezogen hatte, unterrichtete sie bis zu ihrer Pensionierung 1994 am Liselotte-Gymnasium in Mannheim. Über die Region hinaus ist sie bekannt als Kennerin des Herrschergeschlechts der Wittelsbacher, über das sie Vorträge hält und Seminare veranstaltet.

Die UdSSR – von den Deutschen besetzt

Aus dem Archiv von KONTAKTE – KOHTAKTbI e.V.: Wir kümmern uns um die „vergessenen" Opfer

Im Zweiten Weltkrieg starben nach dem Überfall Deutschlands auf die Sowjetunion am 22. Juni 1941 ca. 27 Millionen Bürger der Sowjetunion unmittelbar an den Kriegsfolgen oder wurden von den Besatzern ermordet. Wir von KONTAKTE-KOHTAKTbI e.V. – Verein für Kontakte zu den Ländern der ehemaligen Sowjetunion – sind davon überzeugt, dass diese Kontakte ohne Erinnerung an diese Opfer und die Überlebenden nicht möglich sind. Wir kümmern uns um die „vergessenen" Opfer, die nach deutschen Gesetzen keine Anerkennung als NS-Opfer bekamen: Die sowjetischen Kriegsgefangenen, von denen über drei Millionen in deutschen Lagern starben, die jüdischen Überlebenden, die nicht lange genug im Versteck oder Ghetto gelebt hatten oder deren Ghetto nicht den gesetzlichen Vorgaben entsprach, und die Überlebenden der verbrannten Dörfer in Belarus. Ihr Schicksal gilt in Deutschland und Belarus weiterhin als allgemeines Kriegsschicksal. Wir zahlen eine kleine Geldsumme – 300 € – als Geste der Anerkennung des erlittenen Unrechts aus und schreiben einen Brief, in dem wir unsere Scham über das Geschehene und die Nichtanerkennung ausdrücken. In diesem Brief bitten wir die Empfänger, uns einen Bericht über ihre Erlebnisse zur Geschichtsaufklärung in Deutschland zu schicken.
Die folgenden Texte sind briefliche Reaktionen alter Menschen aus der ehemaligen UdSSR auf die Überbringung der 300 €.

Dmitrij Wasiljewitsch M. aus Estland

Ich bin 1921 im Bezirk Chilinow im Gebiet Iljinskoe geboren. Ich wurde 1940 aus der Stadt Chabarowsk in die Armee einberufen und habe in einem Schützenregiment gedient. Im Juli 1941 wurde unser Regiment an die Front geschickt. In der Nähe von Smolensk wurden wir eingekesselt. Es war schon spät im Herbst. Wir haben den Befehl bekommen, uns zu retten. Es ist schwer wiederzugeben, wie es war, als wir ohne Essen durch den Wald gewandert sind. Eines Tages sind wir durch ein Feld von einem Waldstück zum anderen gegangen, und obwohl draußen Nacht war, war es wegen der Schüsse hell. Durch Kugeln sind viele Soldaten gefallen. Überall lagen Leichen. Wir gingen, ohne ans Überleben zu denken, es war alles egal, wir sind direkt in den Tod gegangen. Von überall her schossen die deutschen Waffen. Wer noch am Leben war, lief vorwärts. Ich ging auch mit, ohne über mein Leben nachzudenken. Viele sind sowieso gestorben, wenn nicht an den Kugeln, dann am Hunger. Natürlich bin ich auch nicht mehr weit gegangen. Ich bin gestürzt und war bewusstlos. Das war nicht wegen der Kugeln, sondern wegen der Müdigkeit. Ich kann mich nicht erinnern, wie ich in die Baracke in einem Lager für Kriegsgefangene in Rshew [Dulag 250] gelangte. Man hat die Menschen, die im Wald aufgesammelt wurden und die todmüde waren, ins Lager für Tote gebracht.

Es war spät im Herbst. Viele Menschen sind an Kälte und Hunger gestorben. Der Hunger hat die Menschen dazu gebracht, dass sie die Haut von den Toten geschnitten haben, sie gebraten und gegessen haben. (Ich sage Haut, weil unsere Körper wegen der Erschöpfung nichts anderes mehr hatten). Als die deutschen Wächter das bemerkt haben, haben sie diejenigen, die das menschliche Fleisch gegessen haben, sofort getötet. Wir haben fast überhaupt kein Essen bekommen. Wir haben nur überlebt, weil in dem Schuppen, in dem wir gewohnt haben, Weizen aufbewahrt worden war. Der Weizen war nicht mehr da, aber in den Spalten auf den Fußboden konnte man noch welchen finden. Wir haben die Holzplatten entfernt und haben den Weizen zusammen mit Erde gesammelt, und wir haben es so gegessen. Dank dieses Weizens sind einige wenige von uns am Leben geblieben. Die Deutschen haben gesagt, dass sie auch nur wenig Essen bekämen, und das noch mit Verspätung. Die Stadt sei abgebrannt und sie hätten kein Essen für uns. Es ist schrecklich, wenn ich mich an diesen Moment in diesem Lager erinnere. Es gab noch einen Schuppen. Da wurden die toten Soldaten hingebracht, dann wurden sie in einem Graben begraben. Und so kam der Moment, an dem ich in den Schuppen mit den Leichen gebracht wurde. Sie haben mich für tot gehalten. Ich bin nachts wach geworden. Es war dunkel. Ich habe den neben mir liegenden Menschen berührt, er war tot. Der an meiner anderen Seite war auch tot. Ich erschrak, als ich verstand, dass ich im Schuppen mit den Toten bin. Morgen werden sie uns in den Graben werfen. Ich bin aufgestanden, habe die Tür gefunden und bin nach draußen gegangen. Diese Tür war ja nicht verschlossen. Ich bin in die Baracke gegangen, wo die Lebenden waren. Plötzlich stand vor mir ein Deutscher. Er hat die Waffe an meine Brust gehalten und hat geschossen. Aber die Pistole war nicht in Ordnung und etwas hat nicht funktioniert und ich bin am Leben geblieben. Ein zweites Mal hat er nicht mehr geschossen. Ich bin in den Schuppen gegangen, wo die Menschen noch am Leben waren. Ich weiß nicht, wie viele in der Baracke waren. Vielleicht Tausend? Mit der Zeit sind wir weniger und weniger geworden.

Ich habe nur einige kurze Phasen aus dem Leben der Kriegsgefangenen in dieser Zeit beschrieben.

Dann haben sie einige von uns zur Arbeit gebracht und haben uns bewacht. Eigentlich war es nicht mehr sinnvoll, wir konnten nicht mal gehen. Wir mussten den Platz mit den zerstörten Gebäuden aufräumen und auch die zentralen Straßen von Steinen frei machen. Ich erinnere mich, dass wir, als wir einen Ziegelstein bewegen wollten, vorher knien, uns zusammenreißen und ihn dann hochheben mussten. In der Nähe war eine Grube mit Teig. Früher war hier eine Bäckerei gewesen. Natürlich war das schon voll mit Müll, Sand, Schmutz usw. Wir sind als Gruppe dorthin gegangen und haben diesen Teig gegessen. Es war uns völlig egal, dass er voll mit Sand, Müll, Schmutz usw. war. Wir sind ungefähr 10 Tage lang zu dieser Arbeit gekommen und nach 10 Tagen waren wir schon kräftiger. Wir waren 17 Menschen. Wir wurden danach in Güterwaggons in ein Dorf, Olscha, im Gebiet Smolensk transportiert. Wir wurden in einer Schule untergebracht. Die Fenster eines Klassenraums wurden vergittert. Wir wurden bewacht. Zwei von uns sind auf dem Weg gestorben. Uns wurde befohlen, sie rauszuwerfen. Der dritte ist vor Ort gestorben. Sein Name war Wanja Sashmilin aus Rjasan. Wir haben ihn begraben. Jetzt waren wir nur noch 14.

Hier haben wir den Schnee geräumt. Bei der Arbeit wurden wir bewacht. Hier wurden wir ein bisschen besser ernährt, obwohl das nur Gemüsereste waren. Sie haben die Reste gekocht, sodass wir mindestens etwas Warmes bekommen haben. Die Bewohner des Dorfes haben uns auch manchmal Essen mitgebracht. Natürlich, wenn man so was erlebt hat, ist es schwer, sich an so was zu erinnern, und man möchte das auch nicht.

Es war nur die Barmherzigkeit Gottes, dass ich am Leben geblieben bin. Obwohl ich damals Gott nicht kannte, kannte er mich und hat mich gesehen. Alles das, was ich erlebt habe, ist unmöglich zu beschreiben, man kann es nicht mit Worten wiedergeben. So ein Schicksal hatten alle Kriegsgefangenen, nicht nur ich. Das kann nur derjenige verstehen, der das durchgemacht hat. Allein, wenn man sich daran erinnert, bekommt man schon schreckliche Angst. Als ich ein bisschen mehr Kraft hatte, bin ich aus dem Lager geflohen und zu den Russen gegangen. Dafür, dass ich in Gefangenschaft war, wurde ich für acht Jahre nach Sibirien in andere Lager geschickt. Diese Zeit ist unmöglich zu beschreiben. Das Wichtigste möchte ich noch erwähnen. In den sibirischen Lagern habe ich Gläubige getroffen, die die Waffen nicht in die Hand nehmen wollten. Sie haben mir erzählt, dass es Gott gibt, und er hat alles geschaffen und lenkt auch alles. Ich habe mich daran erinnert, wie ich über dieses Feld marschiert bin, überall Schüsse und ich wurde nicht verletzt, das heißt, dass jemand mich geschützt hat. Wer hat mich in diesem Schuppen geweckt? Diese Gläubigen haben mir die Bibel gegeben. Ich habe sie gelesen und habe erkannt, dass es Gott gibt. Nachdem ich meine Militärbescheinigung bekommen habe, haben mir die Ärzte eine Bescheinigung gegeben, dass ich Invalide erster Klasse bin. Denn bis jetzt ist mein Gehör gestört, mein Herz, meine Niere und meine Leber sind krank, und überhaupt ist meine Gesundheit zerstört.

Ich bin Gott für alles dankbar. Ich werde mit Gott in Ewigkeit leben. In diesem Brief habe ich nur wenige Beispiele gegeben, was der Krieg und was die Feindschaft zwischen den Menschen bringt.

Jesus Christus hat Frieden und Liebe für alle Menschen gebracht, unabhängig davon, was für eine Nationalität sie haben.
Er ist für uns alle gestorben und hat uns alle gleich geliebt.

Übersetzung aus dem Russischen von Dmitri Stratievski

Nina Jegorowna Sch. aus Belarus, Bezirk Witebsk

Guten Tag!
Ich möchte meine Kindheitserinnerungen an das Erlebte mit Ihnen teilen. Ich war vier Jahre alt, als in mein Leben das schreckliche Wort Krieg trat. Warum, weshalb, wofür? Man wusste nur eines: Etwas Schreckliches war gekommen. Unsere Stadt Witebsk wurde eingenommen, eine Besatzungseinheit kam in unser kleines Dorf am Rande von Witebsk. In unserem neuen Haus, das mein Vater gebaut hatte und in dem wir erst einen Winter gelebt hatten, machten sich die Deutschen breit. Wir wohnten mit ihnen zusammen, sie taten uns nichts, aber wir hatten große Angst.

Ich weiß noch, wie ein deutscher Soldat mich als kleines blauäugiges Mädchen auf seinem Arm durchs Zimmer trug. Wahrscheinlich hatte er zu Hause auch Kinder, und wir erinnerten ihn an seine Familie.

Aber so lebten wir nicht lange, bald mussten alle Bewohner ihre Häuser verlassen und wurden alle zusammen in ein Haus gepfercht. Wir schliefen auf dem Boden, in einer Reihe auf dem Stroh, wie in einer Kaserne. Im Herbst 1943 wurden alle Bewohner aus dem Dorf gejagt und in einer bewachten Kolonne Richtung Witebsk getrieben. Wie einen Schwarzweißfilm sehe ich das düstere Bild von den leidvollen Menschen vor mir, die einen laufen, die anderen fahren, jeder wie er kann, Erwachsene und Kinder mit Bündeln auf dem Rücken. Sie gingen gerade ins Lager, in das „Fünfte Regiment“ – alle standen unter Schock. So viele Menschen!

Die ersten Tage im Lager war ich gesund, sah, wie um mich herum Kinder krank wurden und starben. Dann erwischte es auch mich. Erst die Masern, dann Scharlach, Mumps, eine Lungenentzündung... Mir tat das Atmen weh, niemand glaubte daran, dass ich überleben würde. Ich erinnere mich, wie ich irgendwo lag, ohne aufzustehen, wollte nichts essen, konnte nicht weinen, weil die Krankheiten mich schon alle Kraft gekostet hatten, zerfressen von Läusen, Wanzen und Flöhen. Ich erinnere mich, wie meine Mutter mit einem Lappen meinen schmutzigen Körper abrieb, aber sie verteilte nur den Dreck.

Dann wurden wir aussortiert und zusammen mit unseren Eltern mit einem Zug irgendwo Richtung Westen gebracht. Auch an die Fahrt im dreckigen, durchlöcherten Viehwaggon erinnere ich mich. Lange fuhren wir, an manchen Stationen standen wir stundenlang, ohne Wasser, ohne Essen, manchmal gab es etwas Balanda, die man nicht herunterbekam. Wenn wir hielten, blieb die Tür verschlossen, man durfte nicht raus, seine Notdurft verrichten.

Der letzte Halt war Litauen, Alytus. Es war Winter, furchtbare Kälte. Wir mussten irgendwohin weiter. Mein Vater ließ mich mitten auf dem schneebedeckten Feld stehen, sagte: „Hab keine Angst, ich komme gleich wieder, ich lass dich nicht allein.“ Aber ich hatte Angst. Ich wollte schreien und weinen, stand da wie angewurzelt. Dann kam mein Vater zurück. Danach erinnere ich mich an nichts mehr.

Aus dem Konzentrationslager Alytus holten sich die Deutschen die Menschen zum Arbeiten. Meine Familie wurde getrennt. Meine Mutter arbeitete bei einem Bauern auf dem Feld, mein Vater arbeitete für die deutsche Armee, mein großer Bruder mit seinen 10-11 Jahren bei einem anderen Bauern, hütete das Vieh, bekam nur ein bisschen Essen dafür. Geld gab es keins, bloß ein Stückchen Brot, etwas gekochtes Gemüse.

Ich überlebte meine Lungenentzündung, zum Sommer 1944 ging es mir besser. Mit meinen sechs Jahren musste ich wieder laufen lernen, weil meine Beine mich nicht mehr trugen, ich brauchte eine Stütze. Ich hatte immer Hunger, freute mich am meisten über Brot.

Im Herbst 1944 kehrten wir nach Witebsk zurück. Die Stadt lag in Trümmern. Wir standen vor dem Nichts; unser Haus, unser ganzer Hof war zerstört. Wir zogen in

eine kleine Scheune mit winzigem Fenster ganz oben, es gab weder Brot noch Kartoffeln oder Getreide. Ich weiß nicht, wie wir überlebten.
Dann bauten wir Stück für Stück wieder unseren Hof auf: Kauften eine junge Kuh, dann kamen Hühner dazu, ein Ferkel. Das Vieh lebte mit uns in der Scheune. So lebten wir ein paar Jahre lang zusammen.
Die harten Nachkriegsjahre!

Meine Eltern haben es in ihren fast 40 Jahren, die sie nach dem Krieg gelebt haben, nicht geschafft, alles wiederaufzubauen, was sie verloren hatten.

Ich bin jetzt 80 Jahre alt, 38 Jahre davon habe ich mit Kindern gearbeitet, als Grundschullehrerin. Ich habe zwei Söhne, beide sind Professoren in Witebsk.

Ich danke Ihnen, den Mitgliedern des Vereins, den Mitarbeitern, den Spendern, allen, die an diesem wohltätigen Werk mitgewirkt haben. Ich wünsche Ihnen Gesundheit, Frieden und alles Gute.

Übersetzung aus dem Russischen von Jennie Seitz

Jakow Trofimowitsch S. aus der Ukraine, Bezirk Dnipropetrowsk

Guten Tag, liebe Hilde Schramm, Eberhard Radczuweit und andere Mitarbeiter von „Kontakty",

ich wünsche Ihnen und Ihrer Familie im Neuen Jahr 2005 und für die weiteren Jahre Gesundheit, Glück und alles Gute, was es überhaupt auf Erden gibt!

Ich habe mich sehr gefreut, als ich Ihren Brief im Namen von „Kontakte" und Ihres Staates erhalten habe. Ich bekam sogar Tränen in die Augen. Ich bedanke mich ganz herzlich für Ihr Schreiben sowie für die humanitäre Hilfe, die ich im Juni 2004 erhalten habe. Für mich sind 300 Euro eine Menge Geld. Dank dieser Summe ist es mir gelungen, meine Schulden fast vollständig zurückzuzahlen. Vielen Dank!

Ich will ein bisschen über meine Person berichten. Nach der Befreiung aus der Gefangenschaft und dem anschließenden Kriegsdienst in der DDR kam ich im März 1950 nach Nikopol zurück. Ich arbeitete an einer Grundschule als Lehrer, weil ich vor dem Krieg eine pädagogische Schule absolviert hatte. Meine Frau, die ich nach dem Krieg kennenlernte, war in einem Technikum als Lehrerin tätig. Später studierte ich im Fernstudium Physik und Mathematik und arbeitete danach als Physik- und Mathematiklehrer an der Oberschule. Das Leben war schwer, mein Gehalt enorm klein. Ich leistete Überstunden.

Meine Frau und ich haben sehr friedlich gelebt, zwei Töchter groß gezogen. Sie arbeiten heute auch als Lehrerinnen, und jede verdient monatlich ca. 43 Euro. Die Töchter leben ebenfalls in Nikopol zusammen mit den eigenen Familien. 1994 starb meine Frau. Ich lebe bereits 11 Jahre allein in einer Dreiraum-Wohnung. Wir hatten 45 Jahre zusammen gelebt, friedlich und versöhnlich. Nach dem Tod meiner

Frau hatte ich einen Herzanfall und verlor außerdem das Sehvermögen auf dem rechten Auge. Mein linkes ist infolge einer Kriegsverletzung ohnehin blind. Gute Leute liehen mir 3.000 Hriwna (ca. 430 Euro) für eine Augenoperation in Kiew. Ich bin dorthin mit meinem Enkel gefahren. Die Laseroperation war erfolgreich. Jetzt kann ich sehen und sogar ohne Brille diese Zeilen schreiben.

Ich lebe allein, kümmere mich um mich selbst. Ich kann selbst kochen und für meine Töchter und meinen Enkelsohn etwas Leckeres zubereiten. Jetzt wurde unsere Rente ein bisschen erhöht. Ich bekomme monatlich 450 Hriwna (ca. 64 Euro). Ich bemühe mich, mit dieser Summe zu überleben, obwohl die Preise ständig steigen. Ich muss ganz viel für Medikamente und für die Miete ausgeben. Ich lese sehr gern, spiele ein bisschen Geige. Im Sommer bin ich auf meiner Datscha und baue Gemüse und Obst an. Ich mag die Arbeit.

Ich bitte um Entschuldigung für die ausführliche Beschreibung. Es war ein Anlass zum Kennenlernen.

Mit aufrichtiger Hochachtung
Jakow S.

Meine Kriegserinnerungen 1941-1945. Gefangennahme
Ich, geb. am 21.03. 1921, lebte vor dem Krieg in Nikopol. Am 22.06.1941 begann der Krieg. Ich machte gerade die Prüfungen an der Pädagogischen Schule. Um 4:00 Uhr wurde Kiew bombardiert. Uns wurde gesagt, dass der Krieg beginnt. Am 13. August bin ich in die Armee einberufen worden. Unsere Armee zog sich zurück. Die Faschisten stießen vor. Wir, eine Gruppe von Neumobilisierten, ohne Waffen, in ziviler Kleidung, gingen mit den Truppen nach Rostow, etwa 400 km entfernt. Es gab keine Kampfhandlungen. Unsere Kolonnen wurden ständig bombardiert. Ende August befahl man uns, mit dem Zug zum Kaukasus zu fahren und uns dem 792. Infanterieregiment anzuschließen. Hier haben wir geübt, die Stadt Kertsch und die Halbinsel Kertsch im Rahmen einer geplanten Invasion zu stürmen. Ende Dezember kam unser Regiment nach Taman. Nach dem dritten Anlauf befreiten wir in der Nacht vom 2. auf den 3. Januar Kertsch. Die deutschen Truppen haben fast kampflos mit Lkw und Motorrädern die Stadt verlassen.

Drei Tage lang griffen wir die deutschen Stellungen an. Die Deutschen hatten diese Zeit gut genutzt und die eigenen Stellungen befestigt. Wir waren jedoch nur mit Gewehren bewaffnet. Es kam zu blutigen Kämpfen mit großen Verlusten auf unserer Seite. Wir bekamen Verstärkung, aber die Deutschen unter Manstein waren sowieso in der Übermacht und in der Kriegstechnik uns überlegen. So haben wir vier Monate lang große Verluste erlitten. Am 12. Mai 1942 wurden wir von Manstein endgültig besiegt. 172.000 Soldaten und Offiziere, darunter ich, wurden gefangen genommen. Kurz darauf kam ich in ein Lager bei Shitomir [Stalag 358]. Da gab es bereits Tausende Gefangene, die zum Teil halbtot waren. Es gab einmal täglich Balanda, eine dünne Suppe aus Kraut, Steckrübe und Kartoffelschalen. Die Sterberate war schrecklich hoch. Jeden Tag musste man Dutzende Leichen mit einem Fuhrwerk in einen Wald transportieren, um sie dort in Massengräber zu werfen. Waren die Gruben voll, wurden sie einfach zugeschüttet. Das geschah täglich. Eine Mannschaft transportierte Leichen, eine andere beschäftigte sich mit der Bestattungsarbeit. Die Träger wurden natürlich aus den Gefangenen rekrutiert.

Wir wurden ganz oft geschlagen, auch grundlos. Das haben die Polizisten [Kollaborateure d.Ü.] getan. Die Deutschen haben selten jemanden geschlagen. Die lächelten nur und fotografierten. Zum Glück gelangte ich Ende Mai in eine Gruppe von Gefangenen, die als arbeitsfähig eingestuft worden waren. Wir, etwa 300 Männer, wurden zum Bahnhof begleitet. Wir sind in vergitterte Güterwaggons eingestiegen. Die Waggons waren total voll. Man konnte nur stehen. In der Mitte stand ein Holzklo. Wir waren drei Tage unterwegs, niemand wusste, wohin wir fahren. Zweimal gab man uns zu essen, in der Stadt Chelm in Polen und im Hof eines Gefängnisses in Deutschland. Wir kamen nach Dortmund und wurden zu einem Sonderlager nahe der Berggrube „Minister Stein" abtransportiert. Das Lager war ganz neu und stand leer: Zwei Reihen Stacheldraht und Wachtürme an den Ecken. Wir bekamen Suppe, ein Stück Margarine und sogar etwas Brot. Wir wurden in Baracken untergebracht. Es wurde angeboten, sich zur Polizei oder als Dolmetscher zu melden. Es meldeten sich jene freiwillig, die etwas Deutsch konnten. Ich habe mich nicht gemeldet. Ich hasste die Polizisten und habe es auch etwas zweifelhaft gefunden, Dolmetscher zu werden. Ein paar Tage lang wurden wir recht gut ernährt, weil wir Halbverhungerte für die Bergarbeit noch nicht geeignet waren. Wir bekamen gelbe Arbeitskleidung mit den aufgenähten Buchstaben „SU" und Schuhe. Ende Juni-Anfang Juli 1942 begann unsere Arbeit im Bergbau. Ich habe im 6. Abschnitt 140 Meter unter der Erde gearbeitet (so wurde uns gesagt). Die deutschen Bergleute nutzten uns als Hilfskräfte. Meine deutschen Kollegen hießen nach meiner Erinnerung Richard und Karl. Sie waren gut. Als sie merkten, dass ich Lehrer bin und ein bisschen Deutsch kann, begannen wir heimliche Gespräche miteinander zu führen. Sie arbeiteten mit Stemmhämmern, ich schaufelte Kohle. Es war schwer, ich war abends todmüde. Die Mehrheit der Bergleute verhielt sich gegenüber den Kriegsgefangenen ganz gut. Sie hatten aber Angst vor Kontakten zu uns. Das war streng verboten. Sie hatten auch Angst, uns Essen zu geben. Ein Arbeiter wickelte ein belegtes Brötchen in Zeitungspapier und warf es weg, so als ob er schon satt sei. Wir hoben es gerne auf. Einmal hat mir ein deutscher Kumpel eine ganze Tüte mit gekochten Kartoffeln zugeworfen. Manchmal wurden uns auf diese Weise auch Zigaretten übergeben. Es offen zu geben, trauten sie sich nicht, besonders, wenn in der Grube ein Steiger [dt. geschrieben, d.Ü.] mit der Lampe erschien.

Im Laufe der Zeit wurde allgemein bekannt, dass ich ein Lehrer bin, etwas Deutsch spreche und gut im Bergwerk arbeite. Der Steiger erlaubte dem Schlosser Franz, mich als seine Aushilfe einzustellen. Ich habe selbstständig Hochdruckrohre transportiert. Zudem machte ich unsere Baracke ordentlich sauber und bekam dafür von dem Polizisten eine zusätzliche Suppe. Außerdem bastelte ich Schmuckkästchen. Ich brachte die Kästchen dem Franz. Er tauschte sie irgendwo gegen zwei Pfund Brot. Franz war ein guter Mensch. Er sagte halb im Ernst: „Nach dem Krieg darfst du meine Tochter heiraten!" Seine Tochter war damals 17. Ich bin Franz sehr dankbar. Es sind 60 Jahre vergangen. Vielleicht ist er schon tot. Für ein Schmuckkästchen brauchte ich zwei Wochen. Andere Gefangene bastelten auch etwas in der Freizeit. Viele konnten aber wegen Entkräftung nichts anderes mehr tun. Sie wurden ins Stalag Nr. 326 geschickt. Ich weiß nicht genau, was es bedeutet. Die Nummer kann auch falsch sein. Sie kehrten nicht mehr zurück. Wir trafen ständig neue Kameraden, wie an der Front. Die US-Luftwaffe hat die Grube, die Stadt und unser Lager oft bombardiert. 1944 mehrten sich die Luftangriffe. In unseren Stollen wurde jedoch weiter gearbeitet. Die zerbombten und verbrannten Teile reparierten wir schnell. Anfang April brannte unsere Grube inklusive Holzlager fast vollständig aus. Unser Lager war auch getroffen worden. Meine Baracke brannte. Etwa am 5. April 1945 durften wir unter Bewachung in den Wald gehen, um selbst etwas Essbares zu sammeln. Am 9. April ganz früh zeigten uns Soldaten die Richtung, wohin wir flüchten konnten. Der Polizist bekam eine weiße Decke als Fahne. Bald sahen wir die deutschen Stellungen: Maschinengewehre, automatische Pistolen. Der Polizist zeigte seine weiße Decke. Die Soldaten eröffneten nicht das Feuer. Ich bin bis heute dafür sehr dankbar. In einer Stunde hatten wir eine Stadt erreicht, die in Flammen stand. Die Kirche brannte besonders hell. Auf der Straße explodierten Minen und Geschosse. Ein paar Männer aus unserer Gruppe kamen uns Leben, sieben wurden verletzt. Ich war an beiden Beinen verwundet. Farbige US-Soldaten aus einer Panzerdivision halfen allen mit Verbandmitteln. Sie zeigten uns auch den Weg. Das war die Stadt Beckum. Wir verteilten uns und suchten nach Essbarem. Eines Tages wurden wir eingesammelt und in Privathäuser in Lippstadt einquartiert. Ich erinnere mich an ein provisorisches Krankenhaus und eine Kantine. Später kam ein sowjetischer Offizier. Wir sollten in die sowjetisch besetzte Zone in ein Durchgangslager kommen. Hier wurden wir verhört. Es wurde gefragt, wann, wo und unter welchen Umständen wir in Gefangenschaft gerieten. Sie suchten nach jenen, die freiwillig in Gefangenschaft gegangen waren oder als Polizisten dienten. So wurde ich „gefiltert", und seit Ende April durfte ich bei einer Luftwaffeneinheit auf einem Flugplatz bei Strausberg dienen. Zuerst war ich Soldat. Als die Offiziere ihre Familien hierher gebracht hatten, wurde eine Schule organisiert. Ich arbeitete dann als Lehrer. Das war bereits in Thüringen, in Altenburg, Weimar, Wittenberg, Falkenberg. Meine Einheit wechselte häufig die Stellung. Jedes Jahr hatte ich Urlaub und fuhr in die Ukraine, nach Nikopol. 1949 heiratete ich. Im März 1950 wurde ich aus dem Militärdienst entlassen.

Ich war zweimal verwundet: an der Front und während des Fluchtversuchs. Ich bin Kriegsinvalide der 2. Gruppe. Mein Leben nach dem Krieg habe ich oben beschrieben.

Ich freue mich sehr, diese Zeile zu schreiben. Ich habe den Eindruck, dass ich Sie sehe und ein Gespräch führe. Im Laufe der Nachkriegszeit, in diesen 60 Jahren, habe ich nur viermal mit einem Deutschen gesprochen. Das war in Leningrad, Jalta, Kislowodsk und in Nikopol.

Einige Zeilen auf Deutsch (etwas gebrochen): Liebe deutsche Freunde! Ich bin sehr dankbar. Sie haben mich nicht vergessen.

Ich bitte um Entschuldigung für eine zu ausführliche Beschreibung. In der Sowjetzeit durfte man Deutschland nicht besuchen. Jetzt ist es ja möglich, aber in meinem Alter....

Jakow S.
23.01. 2005
Übersetzung aus dem Russischen von Dmitri Stratievski

Aleksej Grigorowitsch B. aus der Ukraine, Gebiet Tschernigiw

An den Leiter von „Kontakte“ Eberhard Radczuweit.
Ich danke Ihnen für die finanzielle Unterstützung, die Sie mir haben zukommen lassen. Ich, Aleksej B., wurde aufgrund meiner jüdischen Nationalität in den Jahren des Zweiten Weltkrieges von den Nazis verfolgt.

Die Deutschen besetzten unser Dorf in der Ukraine im August 1941. Ich war damals sechs Jahre alt. Ich kann mich noch erinnern, wie sie den Davidstern an unsere Tür malten und dass meine Mutter und meine Großmutter am Arm die gelbe Binde mit dem Davidstern tragen mussten.

Einen Monat später wurden fast tausend Juden, die in der Kreisstadt nicht weit von unserem Dorf lebten, erschossen. Unter ihnen waren auch unsere Verwandten. Bald begann auch in den Dörfern unseres Bezirks die „Säuberung“ von den Juden. Mit Hilfe von Polizaj wurden die Frauen, Alten und Kinder aufgegriffen, in die Kreisstadt gebracht und im Waldstück „Balandijka“ getötet. Eines Tages geriet auch ich, als ich mit anderen Kindern auf der Straße spielte, in so eine „Säuberung“. Ich wurde gefasst und auf einem Wagen zum Erschießen in die „Balandijka“ gebracht. Neben mir fuhren noch einige Wagen mit Kindern, die in den Nachbardörfern aufgegriffen worden waren.

Einer der Polizaj war ein ehemaliger Kamerad meines Vaters, der an der Front war, und er hatte offensichtlich Mitleid mit mir. Als wir an einem Wald vorbeifuhren, kam er zu mir und flüsterte mir leise zu: „Hau schnell ab, kleiner Jude!“ Ich ließ nicht lange auf mich warten und versteckte mich unbemerkt zwischen den Bäumen. Der Polizaj schoss über meinem Kopf in die Luft, und als sein Kollege, der ebensolche Kinder auf einem anderen Wagen transportierte, zu ihm gelaufen kam, erklärte er ihm, dass ich abgehauen sei.

In der Nacht ging ich zurück in unser Dorf und fand meine bitter weinende Mutter bei den Nachbarn, die sie während der Hetzjagd bei sich versteckt hatten. Sie hatte gedacht, dass sie mich nie wiedersehen würde.

Fast drei Jahre lang hielten meine Mutter, meine Großmutter und ich uns vor den Nazis versteckt. Im Sommer war es nicht so schwer: wir konnten in einer Erdspalte oder im Wald ausharren und uns von den Beeren im Wald ernähren. Im Winter war es viel schwerer. Aber – und ihnen gilt unser Dank – die Dorfbewohner versteckten uns und setzten damit ihr eigenes Leben und das Leben ihrer Familien aufs Spiel. Die Deutschen erschossen die ganze Familie, wenn sie bei jemandem versteckte Juden fanden. Ich bin den Menschen in meinem Dorf unendlich dankbar, ich habe es ihnen zu verdanken, dass ich am Leben geblieben bin.

Wir hatten Glück. Wir haben überlebt. Im März 1944 befreite die Rote Armee das Dorf, in dem ich lebte.

Übersetzung aus dem Russischen von Valerie Engler

Nino Silagadze-Spinn: Mein Großvater fiel auf der Krim

Mein Vater Akaki Silagadze wurde in Westgeorgien in dem kleinen Dorf Laskhana am 29. Oktober 1938 geboren. Zu dieser Zeit hatte Georgien eine sehr schmerzhafte Periode der Zwangskollektivierung hinter sich.

Wie in der übrigen Sowjetunion fand auch in Georgien, der „Georgischen SSR“, ab 1929 die Zwangskollektivierung der Landwirtschaft statt, die bis 1936 weitgehend abgeschlossen war. Zwar leisteten die meisten Bauern Widerstand, indem sie etwa ihr Vieh schlachteten oder ihre landwirtschaftlichen Geräte zerstörten, aber das half ihnen nichts. Es kam zu Deportationen in andere Gegenden oder Einweisungen in Lager.
Die Folge der Kollektivierung war auch in Georgien ein Rückgang der Lebensmittelproduktion. Trotzdem wurden große Mengen der Ernte zwangsweise requiriert, was in der ganzen Sowjetunion zu Hungersnöten mit Millionen von Toten führte. Die Regierung, damals schon von Josef Wissarionowitsch Stalin geführt, verkaufte die Lebensmittel auf dem Weltmarkt, um so Devisen für die Industrialisierung der rückständigen UdSSR zu erzielen. Dafür wurden Fünfjahrespläne vorgegeben, die zu erfüllen Pflicht und die zu übertreffen ein Muss war.

Die Großeltern – das Foto wurde aus zwei Einzelfotos zusammenmontiert

Auch meine Großeltern waren davon betroffen. Mein Großvater war Zimmermann und Schreinermeister und oft nicht zu Hause. Er musste auf den Großbaustellen überall in dem großen Land arbeiten, die die kommunistische Partei in Auftrag gegeben hatte. Meine Großmutter musste im Kollektiv arbeiten, wegen der zerstörten landwirtschaftlichen Maschinen alles mit der Hand, und auf meinen Vater passten seine Großeltern väterlicherseits auf. Sie wohnten alle als Großfamilie zusammen.

Im Sommer 1941 hatte mein Großvater fast alle Materialien, die er für einen Hausbau gebraucht hätte, zusammen. Meine Großmutter erwartete ihr zweites Kind, die Familienplanung war perfekt.

Da platzte diese Nachricht wie eine Bombe herein: Hitler-Deutschland hat die Sowjetunion überfallen.

Am 22. Juni 1941 begann der Krieg, der bereits seit dem Sommer 1940 auf Weisung Hitlers vorbereitet worden war. Er setzte sich damit über den deutsch-sowjetischen Nichtangriffspakt vom August 1939, den sog. „Hitler-Stalin-Pakt“, hinweg, in dem bekanntlich die beiden Diktatoren Europa unter sich aufgeteilt hatten. Nach schnellen Besetzungen westlicher Länder sah sich Hitler stark genug, um das alte Ziel, für Deutschland „Lebensraum im Osten" zu erobern, anzugehen. Der Krieg im Osten wurde als Vernichtungskrieg geführt und kostete neuesten Schätzungen zufolge etwa 8-9 Millionen sowjetische Soldaten und 16-18 Millionen Zivilisten das Leben.

Georgien war direkt vom Krieg nicht betroffen gewesen, also nicht besetzt, aber dass Menschen und Material für die Front gebraucht wurden, machte das Leben für Georgien sehr schwer. Wer kämpfen konnte, wurde eingezogen, es waren 700.000 Leute aus einem Land mit insgesamt 3 Millionen Einwohnern. In Laskhana blieb der Kolchosedirektor mit Mitte 50 als jüngster Mann im Dorf.

Mein Großvater musste Anfang September 1941 seine schwangere Frau und seinen knapp 3-jährigen Sohn verlassen in der Hoffnung, dass der Krieg nicht lange dauern und er bald wieder nach Hause kommen würde.
Schon drei Monate später kam die Nachricht, dass Levan Silagadze nach dem Bombenangriff in Kertsch unauffindbar verschwunden und höchstwahrscheinlich nicht mehr am Leben sei.

Die Stadt Kertsch, im äußersten Osten der Halbinsel Krim gelegen, wurde bereits im November 1941 von deutschen Truppen eingenommen, im Dezember von der Roten Armee zurückerobert und im Mai 1942 abermals von der Wehrmacht besetzt.

Unter diesem Verlust hat meine Großmutter ihr ganzes Leben gelitten. Sie verlor ihr ungeborenes Baby und wollte auch selber nicht mehr leben. Sie hat mir einmal erzählt, dass sie am Fluss Zcheniszkali gestanden habe und hineinspringen wollte.

Mein Vater schaffte es, sie zurück ins Leben zu holen, und zwar durch eine Krankheit. Er bekam die Röteln. Im Dorf war kein Arzt mehr, und sein Zustand wurde jeden Tag schlimmer.
Oma in ihrer Verzweiflung fiel ein, dass eine ihrer Freundinnen vor Kurzem einen hohen Parteifunktionär im Nachbarort Zageri, der Bezirkshauptstadt, geheiratet hatte. Sie schrieb ihr einen Brief und bat sie um Hilfe, ob sie für ihren kranken Sohn ein Antibiotikum besorgen könnte. Sie sei, so schrieb sie ihr, ihre letzte Hoffnung.
Der Kolchosedirektor von Laskhana nahm den Brief persönlich nach Zageri mit. Er konnte sich sogar mit Omas Freundin treffen und ihr die Situation erklären. Und nun hatte meine Oma Glück: Die Freundin bekam mit Hilfe ihres Mannes die Dosis des Antibiotikum Sulfidin, die mein Vater brauchte, und dieses Medikament rettete ihm das Leben.
Im Volksmund ist bis heute in Georgien zu hören, wenn jemand in letzter Sekunde gerettet wird oder gerade noch etwas schafft: „Wie ein Sulfidin auf die letzte Minute erreicht".

Nun sah auch meine Oma wieder einen Sinn in ihrem Leben. Sie musste für ihren kleinen Sohn da sein, der sie immer an ihren gefallenen Mann erinnerte. Sie stürzte sich in die Kolchosearbeit, arbeitete von morgens bis abends auf den Feldern und wurde ein Beispiel für andere. Dafür wurde sie nach Kriegsende mit der höchsten Stalinmedaille ausgezeichnet. Die Inschrift auf der Medaille lautete: „Für eine beispielhafte Arbeit während des Vaterländischen Krieges 1941-1945 – wir haben gewonnen." Es gab eine feierliche Verleihung. Sie und die Medaillenempfänger aus den anderen 32 Kolchosen im Bezirk wurden zur Parteizentrale nach Zageri eingeladen. Sie war sehr stolz auf diese Medaille und trug sie an den sozialistischen Feiertagen: dem 1. Mai, dem 9. Mai, dem Tag, an dem die Deutschen gegenüber der Sowjetunion die Kapitulation unterzeichneten, und dem 7. November, dem Tag der Revolution. Und ich bin stolz darauf, dass meine Oma mir diese Medaille geschenkt hat, sie erinnert mich immer an diese tapfere, liebe Frau, die, als meine Geschwister und ich in Tiflis zur Schule gingen oder studierten, mit uns in einer Wohnung lebte, um für uns zu kochen und auf uns aufzupassen. Ich glaube auch zu wissen, warum ausgerechnet ich diese Medaille bekommen habe. Sie gab sie mir nämlich, als ich 1998 in Tiflis heiratete, einen Österreicher mit deutscher Mutter. Damals sagte meine Oma zu mir: „Was wohl dein Opa dazu gesagt hätte? Aber jetzt sind wir ja Freunde!"

Ihre Arbeit hatte aber auch einen Nachteil: Meine Oma hatte fast keine Zeit für meinen Vater, der mit fünf Jahren auch seine Großeltern verlor. Nun galt er zwar nach georgischer Tradition als „Mann" im Hause, aber es war keiner mehr da, der auf den „Mann" aufpassen konnte. Ab diesem Zeitpunkt musste meine Oma ihn daher mit in die Kolchose nehmen, und er musste ihr bei der Arbeit zuschauen. Sie setzte ihn einfach auf dem Feld an einem bestimmten Punkt auf den Boden, und da musste er sitzen bleiben, bis sie mit ihrer Arbeit bei ihm angelangt war. Er erzählte mir, dass er froh war, als er endlich so groß war, um in die Schule gehen zu können. Im Dorf gab es eine Grundschule, die ein Kind mit sechs Jahren besuchen musste.

Aber nach der Schule gab es für ihn keine Freizeit. Seine Mutter war von der schweren Arbeit in der Kolchose so müde, dass sie den Haushalt ohne die Hilfe meines Vaters nicht mehr schaffte. Mein Vater musste die Hühner füttern, die einzige Kuh versorgen und zum Abendessen Feuer machen und den vorbereiteten Topf auf den Herd stellen. Ein sechsjähriges Kind! Ganz schlimm waren für ihn die Ferien. Da die Arbeiter auf der Kolchose nicht versorgt wurden, mussten die Verwandten ihnen das Essen bringen. Mein Vater kochte nun am Morgen Essen, brachte es zu meiner Oma aufs Feld und aß dort mit ihr zusammen. Er kann sich nicht daran erinnern, dass er mit anderen Kindern jemals unbeschwert gespielt hätte. Eine Kindheit war das nicht!

Oma erzählte meinem Vater immer wieder, was für Pläne ihr Mann und sie gehabt hatten, wie er mit den anderen Männern des Dorfes weggegangen war, um gegen Hitler-Deutschland zu kämpfen, und wo sie ihn auf der Dorfstraße zum letzten Mal gesehen hatte. Das hat sich meinem Vater unauslöschlich eingeprägt.
Als der Krieg zu Ende ging und manche Männer zurückkamen, saß mein Vater nach der Schule oft auf dem Dorfplatz und schaute immer wieder in die Richtung, wohin sein Vater, nach der Erzählung seiner Mutter, in den Krieg gezogen war.
Mein Opa ist aber nicht zurückgekommen, wie viele andere im Dorf auch nicht. Er war damit einer von den 350.000 Georgiern, die im Krieg gefallen oder im Lager oder bei der Zwangsarbeit in Deutschland ums Leben gekommen sind.
Die, die zurückkamen, waren von Krieg oder Zwangsarbeit gezeichnet: verwundet, halb verhungert, traumatisiert.

Das Leben musste aber weitergehen. Mein Vater kam 1949 im Nachbardorf auf eine weiterführende Schule und war überrascht, dass so viele junge Männer mit ihm, dem damals 11-Jährigen, zusammen auf diese Schule gingen. Dies waren Jungs, die während der Kriegsjahre mit ihren 14, 15 Jahren die fehlenden Männer in den Kolchosen ersetzen mussten und nun versuchten, ihre fehlende Schulbildung nachzuholen.

Auch nach dem Krieg war das Leben im Dorf schwer. Es fehlte an allem, die Dorfbewohner mussten sich selbst versorgen und gleichzeitig die Abgabepflicht der Kolchose erfüllen, nämlich für die Städte Nahrung zu schicken, die dort rationiert wurde.

Die Sommer der Jahre 1948-1951 waren so trocken, dass es immer schwerer wurde, sich selbst zu ernähren. Oma versuchte Hühner zu halten und mit dem Verkauf das Allernötigste zu besorgen. Dafür ging sie in die 7 km entfernte Bezirksstadt Zageri, wo am Sonntag der Bazar stattfand. Am Anfang versuchte sie noch, dies alleine zu schaffen, aber viel konnte sie nicht mit sich schleppen. Sie musste ja die ganze Strecke zu Fuß gehen.
Deswegen kam bald noch mein Vater mit, dem es Spaß machte, mit den Waren zu handeln. Oma merkte schnell, dass ihr Akaki mit zehn Jahren besser verkaufen konnte als sie, und so durfte er bald alleine nach Zageri gehen, mal mit einem Hühnchen, mal mit ein paar Kilo Maismehl oder roten Bohnen.

Im Sommer 1951 traf meine Oma ihre Freundin in Zageri wieder, die, die ihr damals das Antibiotikum besorgt hatte. Sie zeigte Interesse, wie Oma mit dem Kind alleine das harte Leben im Dorf schaffte, und empfahl ihr, nach Zageri zu ziehen, wo Lebensmittel und Gebrauchsgegenstände verkauft wurden, zwar rationiert, aber es gab sie wenigstens, während im Dorf kaum etwas zu kaufen war.
Die Freundin half ihr, in Zageri in der Parteizentrale der KPdSU eine Stelle als Putzfrau zu bekommen, mit dem Lohn konnte Oma eine Einzimmerwohnung mieten und sich und ihren Sohn sparsam versorgen.

Mein Vater ging 1951 in eine neue Schule in Zageri, und das Leben verlief jetzt in geordneten Bahnen.

Anfang März 1953 wurde der Radiolautsprecher aus der Parteizentrale in Zageri laut. Da damals die wenigstens Menschen ein Radio besaßen, wurden wichtige Nachrichten durch Lautsprecher auf die Straßen und Plätze übertragen. Am 5. März also informierte die kommunistische Partei über einen großen Verlust, dass Stalin, „unser besorgter Vater, von uns gegangen ist. Das Herz des größten Menschen unserer Epoche, des Genossen Stalin, hat aufgehört zu schlagen. Er führte unser Land zum Sieg über den Faschismus." Er hinterlasse eine starke Sowjetunion mit Atomwaffen, damit in Zukunft niemand mehr wagen würde, gegen das Land zu kämpfen. Und weiter hieß es – das kann mein Vater noch genau zitieren: „Der unsterbliche Name Stalin wird immer in unseren Herzen bleiben."
Es wurde Staatstrauer angeordnet, und die Schulkinder mussten Lieder und Gedichte über Stalin lernen. Jeder einzelne Schüler hatte bei der Trauerfeier in der Schule eine Strophe aufzusagen. Die meines Vaters ging so:
„Es weinen die Herzen von Negern
und bitten dich um einen Gefallen:
Bevor du gehst, liebender Vater,
errette uns noch von Sklaverei!"

In diesem Sommer schloss mein Vater die 8. Klasse ab und musste sich entscheiden, ob er weiterhin in die Schule geht. Sehr viel konnte er da nicht mitbestimmen, denn Oma wurde in die Schule gebeten und ihr die Empfehlung der Partei nahegelegt, ihr Sohn solle doch eine Winzer- und Landwirtschaftsschule besuchen, da der Region so viele Spezialisten fehlten. So kam mein Vater auf die technische Schule, aber anschließend wurde er von der Regierung in die Kolchose des Nachbardorfes geschickt.

Akiki Silagadze in georgischer Tracht

Er tat seine Arbeit dort sehr ungern, Fünfjahrespläne zu dokumentieren und auf dem Papier diese zu übertreffen, machte ihn unglücklich. Man muss wissen, dass die Pläne so hochgesteckte Ziele hatten, dass das „Soll" unmöglich zu erfüllen war. Daher wurden auf dem Papier nicht nur die Zahlen der Produktion vermerkt, sondern etwa auch gemeinschaftliche Kolchosfeiern eingerechnet und mit Punkten bewertet. Es hieß: „Den Plan erfüllt der Bleistift." Hätte mein Vater, der natürlich auch zu solchen Machenschaften gezwungen war, das aber öffentlich gemacht, wäre er wegen „Sabotage" sofort ins Gefängnis gekommen.

1959 hatte er das Glück, den Kulturbeauftragten für die Region Zageri zu treffen. Dieser hatte den Auftrag, Theater, Musik und Tanzfolklore in Zageri aufleben zu lassen. Meinem Vater lag Theater und Tanz im Blut, er bekam eine Stelle im neueröffnetem Zageri-Volkstheater und die Aufgabe, den Kindern die georgischen Volkstänze beizubringen. Er tat es gerne, obwohl er nicht viel verdiente. Um eine Familie zu ernähren, reichte das Geld niemals. Deswegen machte er nach seiner Heirat eine kaufmännische Ausbildung, und im Jahr 1970 bekam er die Leitung eines – natürlich staatlichen – Lebensmittelgeschäftes.

Eine wichtige Aufgabe war es, dafür zu sorgen, dass immer alle Artikel vorrätig waren, eine in der Mangelwirtschaft der Sowjetunion fast unlösbare Aufgabe. Sollte dies nicht der Fall sein, wurde man ermahnt oder bei Wiederholung gar entlassen. Aber mein Vater schaffte es immer irgendwie. Wenn ein Kontrolleur kam und feststellte, dass ein Artikel nicht da war, sagte mein Vater: „Er ist gerade ausgegangen. Wir wollten eben nach Kutaisi fahren, um Nachschub zu holen." Vielleicht half ihm dabei aber auch das Papier?
Bis 1970 gab es große Lücken in der Versorgung, ab Anfang der 70er Jahre wurde die Versorgung in Zageri immer besser. Ich kann mich an keine leeren Regale erinnern. 1975 konnte mein Vater endlich den Traum seines gefallenen Vaters erfüllen: Er schaffte es, für sich und seine Familie, zu der auch noch seine Mutter gehörte, ein Haus zu bauen. Anfang der 80er Jahre wurde mein Vater sogar befördert. Er wurde Verwalter eines zentralen Lagers für Haushaltswaren und Kleidung für den Bezirk Zageri.

Aber in der sozialistischen Wirtschaft, wo vieles nur auf dem Papier stand, konnte es nicht für lange Zeit gut gehen.
Daher war mein Vater war froh, als sich 1990 die Sowjetunion auflöste und ein unabhängiges Georgien die europäische Richtung wählte. Auch meine Oma hat das noch erlebt und war glücklich über diese Wendung.
Die jüngste Tochter meines Vaters ist in seine Fußstapfen getreten und betreibt in Zageri einen eigenen kleinen Laden.

Anfang November 2018 feierten wir den 80. Geburtstag meines Vaters. Es war ein Fest mit der großen Familie und vielen Freunden, insgesamt 120 Personen, so, wie man solche Feste in Georgien eben feiert. Fünf Ferkel und ein Kalb wurden verspeist, dazu etliche Fische, und der Wein, von meinem Vater gekeltert, wurde traditionell aus den Trinkhörnern getrunken. Mein Bruder hat sogar einen professionellen Filmer verpflichtet. So ist für immer dokumentiert, dass aus dem kleinen Akaki, dem Nazi-Deutschland den Vater genommen hat, ein geachteter Mann mit einer großen Nachkommenschaft geworden ist.

Nino Silagadze-Spinn ist eines von fünf Kindern von Akaki. Mitte der 90er Jahre kam sie nach Abitur und Studium der Lebensmitteltechnologie in Tiflis als Au pair nach Deutschland und lernte hier ihren deutsch-österreichischen Mann kennen. Sie ist mittlerweile deutsche Staatsbürgerin und lebt mit Mann und Sohn in der Nähe von Stuttgart. Eine andere Schwester, gelernte OP-Schwester, ging in die USA und hat einen amerikanischen Pass. Die anderen drei Kinder leben mit ihren Familien in Tiflis und Zageri.

Flucht und Vertreibung

Elisabeth Gabrisch geb. Sticinsky: Wie die Neuordnung der „ethnographischen Verhältnisse" meine Kindheit und Jugend bestimmte

Ich wurde 1931 in Riga geboren, der Hauptstadt Lettlands.

Riga hatte eine bewegte Geschichte. Es wurde 1201 vom Deutschen Orden gegründet, einer staatenähnlichen Organisation, die sich nach dem Scheitern der Kreuzzüge ein neues Betätigungsfeld in Osteuropa suchte, um dort die letzten Heiden zu christianisieren. Riga wurde bald Hansestadt, daher ließen sich hier viele deutsche Kaufleute nieder, die in den folgenden Jahrhunderten die Stadt wirtschaftlich, politisch und kulturell prägten. So bekannte sich die Stadt bereits 1522 zur Reformation. Die städtische Oberschicht, also Ärzte, Kaufleute, Pfarrer und höhere Beamte, gehörten durchweg der deutschen Minderheit an, wurden als Deutschbalten bezeichnet, ebenso wie die Gutsbesitzer auf dem Land. Riga und die Provinz Livland waren infolge ihrer günstigen Lage an der Ostsee jahrhundertelang umkämpftes Gebiet. Nach dem Ende des Deutschen Ordensstaates gehörte es zunächst zu Schweden und wurde 1710 von Peter dem Großen erobert. Bis zum Ende des Ersten Weltkriegs war Livland mit Riga also Teil des Russischen Reiches. Im November 1918 erklärte sich der Staat Lettland mit seiner Hauptstadt Riga für unabhängig.

Diese Zusammenhänge muss man kennen, wenn man verstehen will, wie die politischen Ereignisse das Schicksal unserer Familie beeinflusst haben, nachdem im August 1939 der deutsch-sowjetische Nichtangriffspakt abgeschlossen worden war.

Der berüchtigte Hitler-Stalin-Pakt regelte in einem geheimen Zusatzprotokoll, dass nach dem Sieg über Polen Europa entlang einer Demarkationslinie in Einflusssphären geteilt werden sollte. Der westliche Teil Polens, also im Wesentlichen die im Versailler Vertrag an Polen abgetretenen deutschen Gebiete Westpreußen, die Provinz Posen und die Freie Stadt Danzig, wurden Deutschland zugesprochen, der östliche Teil und die baltischen Staaten Estland, Lettland und Litauen der UdSSR. In seiner Rede am 6. Oktober 1939 vor dem Deutschen Reichstag äußerte Hitler seine Absicht, „eine neue Ordnung der ethnographischen Verhältnisse zu schaffen, d.h. eine Umsiedlung der Nationalitäten, sodass sich bessere Trennungslinien ergeben."

Wir wären also in den Einflussbereich Stalins gekommen. Mit dem Pakt war daher auch eine sog. Umsiedlung verbunden. Die etwa 60.000 Baltendeutschen aus Lettland und die 15.000 aus Estland mussten ihre Heimat verlassen, in der sie und ihre Vorfahren jahrhundertelang gelebt hatten. Am 9. Oktober 1939 – Polen war bereits vollständig von Hitlers und Stalins Truppen besetzt – erschien daher in der Rigaschen Rundschau der Aufruf zur „Rücksiedlung". Mein Vater war zu der

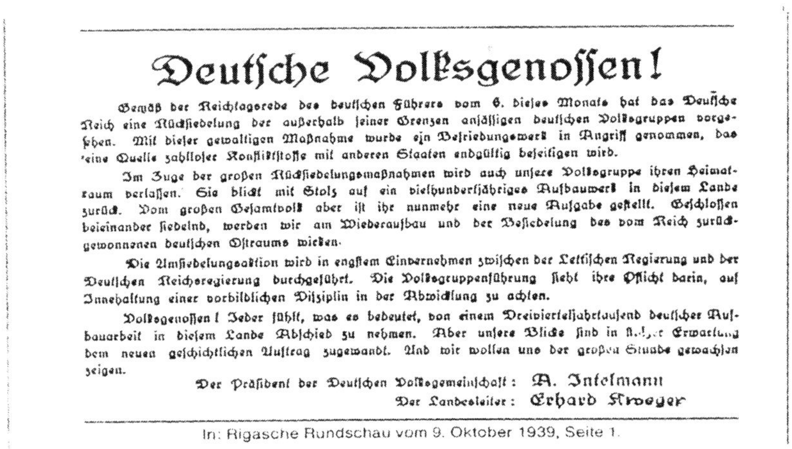

Deutsche Volksgenossen!

Gemäß der Reichstagsrede des deutschen Führers vom 6. dieses Monats hat das Deutsche Reich eine Rücksiedelung der außerhalb seiner Grenzen ansässigen deutschen Volksgruppen vorgesehen. Mit dieser gewaltigen Maßnahme wurde ein Befriedungswerk in Angriff genommen, das eine Quelle zahlloser Konfliktstoffe mit anderen Staaten endgültig beseitigen wird.

Im Zuge der großen Rücksiedelungsmaßnahmen wird auch unsere Volksgruppe ihren Heimatraum verlassen. Sie blickt mit Stolz auf ein vielhundertjähriges Aufbauwerk in diesem Lande zurück. Vom großen Gesamtvolk aber ist ihr nunmehr eine neue Aufgabe gestellt. Geschlossen beieinander siedelnd, werden wir am Wiederaufbau und der Besiedelung des vom Reich zurückgewonnenen deutschen Ostraums wirken.

Die Umsiedelungsaktion wird in engstem Einvernehmen zwischen der Lettischen Regierung und der Deutschen Reichsregierung durchgeführt. Die Volksgruppenführung sieht ihre Pflicht darin, auf Innehaltung einer vorbildlichen Disziplin in der Abwicklung zu achten.

Volksgenossen! Jeder fühlt, was es bedeutet, von einem Dreivierteljahrtausend deutscher Aufbauarbeit in diesem Lande Abschied zu nehmen. Aber unsere Blicke sind in [illegible] Erwartung dem neuen geschichtlichen Auftrag zugewandt. Und wir wollen uns der großen Stunde gewachsen zeigen.

Der Präsident der Deutschen Volksgemeinschaft: A. Intelmann
Der Landesleiter: Erhard Kroeger

In: Rigasche Rundschau vom 9. Oktober 1939, Seite 1.

Aufruf zur Umsiedlung in der *Rigaschen Rundschau* vom 9. Oktober 1939, Seite 1
(Übertragung für Leser, die nicht mehr die Frakturschrift lesen können, im Anhang S. 125)

Zeit Präses des Juristenvereins und musste die Umsiedlung juristisch begleiten. Der lettische Staatspräsident Ulmanis gab den abziehenden hohen deutschen Beamten eine Abschiedsaudienz, an der auch mein Vater teilnahm. Süffisant merkte Ulmanis an: „Mit nichts sind Sie vor 700 Jahren nach Latvija gekommen und mit nichts ziehen Sie jetzt wieder ab." Darauf erwiderte der meinen Vater begleitende Rechtsanwalt Schwartz schlagfertig: „Aber, Herr Staatspräsident, wir lassen wohl doch einiges zurück, was wir in diesen 700 Jahren geschaffen haben."

Da wusste Ulmanis noch nicht, dass nur wenige Monate später die Sowjetunion Lettland besetzen und Hunderttausende Letten deportieren würde. Auch Ulmanis war unter ihnen. Er starb, wie erst nach dem Zerfall der UdSSR bekannt wurde, 1942 in einem sowjetischen Gefängnis.

Auf dem Schiff

Auch unsere Familie war natürlich von der „Rücksiedlung" betroffen. Wir bestiegen zusammen mit etwa 2000 anderen Baltendeutschen am 2. Dezember 1939 mit unserem Handgepäck das KdF-Schiff „General Steuben", das dünaabwärts in die Ostsee fuhr und einige Tage später in Gdingen – die Nazis hatten die Stadt neben Danzig in „Gotenhafen" umbenannt – anlegte. An die Schifffahrt erinnere ich mich genau. Die See war stürmisch, und außer mir und meinem Vater, die an Deck umherspazierten, waren alle aus unserer Familie krank: meine Mutter und meine beiden jüngeren Schwestern. Von Gotenhafen wurden wir Umsiedler in leerstehende Ferienhäuser des Ostseebades Kolberg gebracht, wo wir noch in dem schönen Münster Weihnachten feiern konnten. Kurz vor Silvester wurden wir dann in verdunkelten Zügen unter großen Strapazen nach Posen gebracht, der Hauptstadt des einen Regierungsbezirks vom sog. „Reichsgau" Wartheland. Alle drei Regierungsbezirke wurden von der Warthe durchflossen, daher der Name „Warthegau". Hier sollten die „rückgesiedelten" Deutschen eine „neue" Heimat finden, nachdem man die ansässigen Polen in das „Generalgouverenement" mit den Zentren Warschau und Krakau vertrieben hatte. Auch unserer Familie wurde eine ehemals polnische Wohnung zugewiesen. Sie war vollkommen leer, aber unsere eigenen Möbel, das sog. Großgepäck, kamen einige Wochen später auf Kosten des Reiches nach.

Mein Vater musste nicht nur die berufliche Qualität der umgesiedelten Juristen begutachten, sondern auch seine eigene Anerkennung als Volljurist betreiben. Schließlich wurden seine lettischen Staatsexamina anerkannt, und so konnte er sich in Posen als Notar niederlassen. In der Stadt lebten damals 100.000 Deutsche, für die insgesamt drei Notare zuständig waren. Mein Vater hatte bewusst auf ein Richteramt verzichtet, um, wie er sagte, „die grausame Strafjustiz gegen die polnische Bevölkerung nicht mitmachen zu müssen." 1944 wurde er eingezogen und als Leutnant der Reserve einer Dolmetscher-Kompanie zugewiesen. Als ehemaliger Staatsbürger Lettlands, wo 1891 Russisch als Amtssprache eingeführt wurde, sprach er diese Sprache natürlich fließend. Er wurde auf den Balkan abkommandiert, um russische Radiosendungen abzuhören. Gott sei Dank wurde er zur Verteidigung Berlins von dort abgezogen und kam am 27. März 1945 in Prenzlau an. Er geriet in englische Gefangenschaft, aus der er im Juli 1945 entlassen wurde.

Als sich im Januar 1945 die Rote Armee immer näher auf den Warthegau zubewegte, war unsere Mutter mit uns drei Kindern immer noch in Posen. Obwohl abzusehen war, dass die Russen in kürzester Zeit die Stadt einnehmen würden, untersagte der Gauleiter der Zivilbevölkerung strengstens, sich nach Westen aufzumachen. Am 20. Januar wurden meine Schwester und ich bei – 20 °C zum Schneider geschickt, um den geänderten Wintermantel meiner Mutter abzuholen. Als wir nach Hause kamen, war meine Mutter schon am Einpacken des Nötigsten. Das Gerücht hatte sich nämlich verbreitet, dass die Russen unmittelbar vor Posen standen. Meine Mutter wollte aus unserem Tresor bei der Bank noch wertvolle Gegenstände holen, musste aber umkehren, da sich vor der Tür eine riesige Menschenschlange befand, die offenbar Ähnliches vorhatte. So sah sie auch nie wieder das goldene Zigarettenetui, das ihr Vater vom letzten russischen Zaren Nikolaus II. geschenkt bekommen hatte. Ihr Vater war in Riga Direktor einer höheren Mädchenschule gewesen, war also russischer Beamter und musste 1915, als im Ersten Weltkrieg deutsche Truppen Riga erobert hatten und Livland an das Deutsche Reich angegliedert worden war, mit seiner Familie nach St. Petersburg umziehen. Nach einem entsetzlichen Hungerjahr wurde er aus dem russischen Beamtenverhältnis entlassen, konnte mit den Seinen nach Riga zurückkehren und bekam zum Abschied besagtes Etui. Es hatte als seitlichen Verschluss einen Saphir.

Sehr traurig war ich nicht, dass wir Posen verlassen mussten, waren doch nun endlich die ungeliebten BDM-Nachmittage vorbei. Ich war wie alle 10-Jährigen ab 1941 Mitglied des Bundes Deutscher Mädel, doch alles in dieser Organisation missfiel mir sehr: der viele Sport, die Gewaltmärsche zur Abhärtung, das Übernachten in primitiven Zelten und vor allem das Sammeln für das Winterhilfswerk. Man musste mit Sammelbüchsen und Abzeichen fremde Leute ansprechen. Ich wollte mich weigern, aber meine Eltern zwangen mich dazu, denn sonst hätte ich die Oberschule nicht weiter besuchen können.

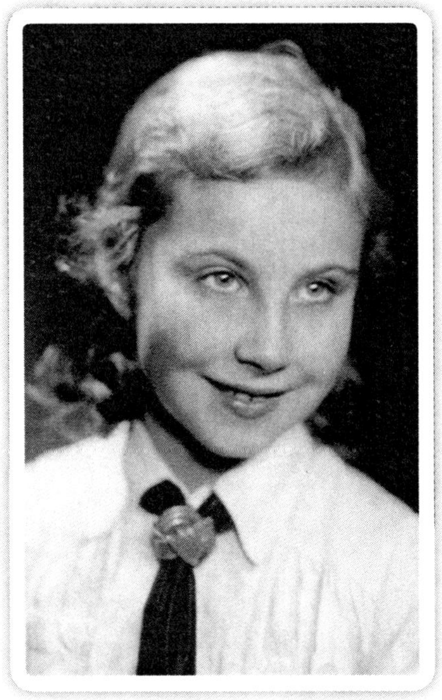

Elisabeth als „Jungmädel"

Noch am Abend des 20. Januar ging meine Mutter mit uns drei Kindern und wenigem Gepäck zu ihrer Schwester, die unweit wohnte. Ihr Mann hatte eine Spedition und besaß daher einen Lkw. Der war zwar defekt, war deshalb nicht eingezogen worden, aber es gelang dem Onkel, ihn fahrbereit zu machen. Noch in der Nacht fuhren wir los: meine Mutter mit uns drei Mädchen, Onkel und Tante mit drei Kindern, unsere Großmutter und eine Frau, ebenfalls mit drei Kindern, das jüngste 13 Tage alt. Der Gauleiter und die höheren NS-Funktionäre hatten sich bereits einen Tag vorher nach Westen abgesetzt. Da wir motorisiert waren, gelang es uns voranzukommen, während viele andere der noch etwa 70.000 in Posen wohnenden Deutschen auf die kaum vorhandenen Evakuierungszüge angewiesen waren. Milch für das Baby bekamen wir unterwegs, und in Ermangelung einer Heizquelle wärmte der Onkel die Babyflasche unter seiner Achsel.

Wir landeten zunächst in Cottbus, aber nach einer Woche drängte meine Mutter zur Weiterfahrt, denn mein Vater hatte ihr immer eingeschärft, für den Fall des Falles möglichst weit nach Westen zu gelangen, und das hieß: auf jeden Fall über die Elbe. Daher machten wir uns also wieder auf den Weg, nur wenige Tage vor dem 15. Februar, als Cottbus, wie einige Tage vorher Dresden, einen furchtbaren Luftangriff über sich ergehen lassen musste. Unser Ziel hieß Stadtilm in Thüringen, wo die Mutter des Babys Verwandte hatte. Meine Familie und die meines Onkels und meiner Tante kamen bei Bauern bei Kranichfeld unter, wo wir auf dem Hof mitarbeiten mussten. Obwohl meine Mutter nie dergleichen hatte tun müssen, schlug sie sich bewundernswert. An meinem 14. Geburtstag, dem 5. Mai 1945, wurde das Dorf von den Amerikanern besetzt. Wir wagten uns wieder aus dem Wald heraus, in dem wir zwei Tage aus Angst vor den Siegern verbracht hatten. Unsere Großmutter hatten wir im Leiterwagen mitgenommen.

Im August kamen dann die Russen.

Auf der Potsdamer Konferenz hatten bekanntlich die Amerikaner das von ihnen besetzte Thüringen und Westsachsen gegen einen Sektor des von der Roten Armee besetzten Berlin eingetauscht, und daher waren sie abgezogen.

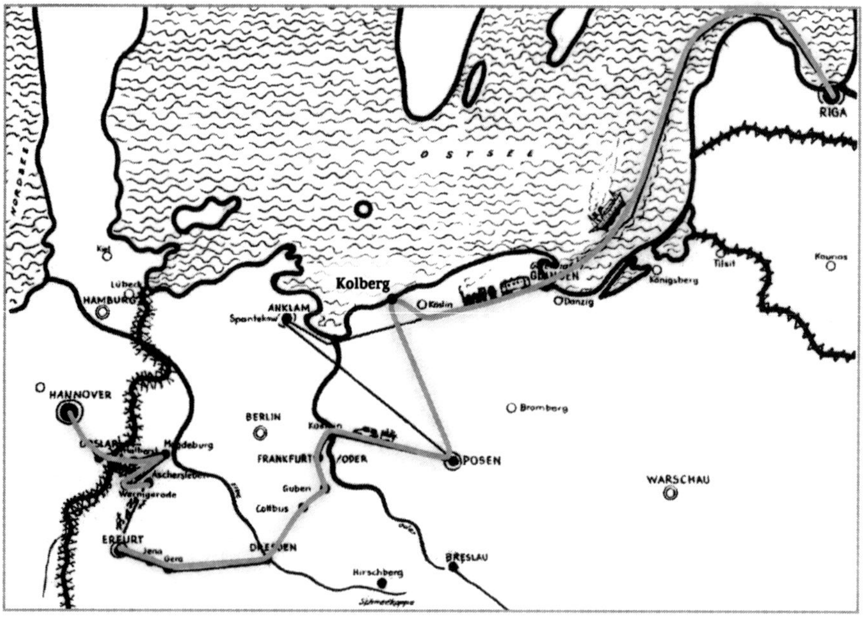

Unterwegs von Riga nach Hannover, graue Linie

Alle Bewohner des Bauernhofes mussten sich vor dem Haus aufstellen. Da meine Mutter, ihre Schwester und ihr Schwager fließend Russisch sprachen, konnten sie die Soldaten von ihrer Friedfertigkeit überzeugen, und keinem von uns und auch nicht der Bauernfamilie ist irgendetwas passiert. Es gelang meiner Mutter und ihrer Schwester, für sich und ihre Familien einen Zuzug nach Weimar zu bekommen. Wir zogen in die Wohnung eines verhafteten SS-Offiziers. Meine Mutter arbeitete als russische Dolmetscherin am Weimarer Bahnhof, meine Tante und mein Onkel an anderen Stellen. Wir sechs Kinder waren den ganzen Tag allein in der Wohnung, kochten irgendetwas und verkauften einmal die Uhr meiner Schwester gegen Esswaren. Eine Schule hatten wir seit unserem Aufbruch aus Posen nicht mehr von innen gesehen.

Aber meine Mutter drängte weiter nach Westen. In Hannover wohnte eine weitere Schwester unseres Vaters, deren Adresse auch die Anlaufstelle meines Vaters sein sollte. Ihr russischer Chef war meiner Mutter, weil sie seine Sprache sprach, einigermaßen wohlgesonnen, und so gelang es ihr, im November 1945 von ihm eine

Bescheinigung zu erhalten, sodass sie mit uns Kindern die sowjetisch besetzte Zone legal verlassen konnte. Die Familie meiner Tante blieb in Weimar zurück. Mit dem Zug ging es tagelang über Bebra und Göttingen nach Hannover. Mein Vater war bereits aus der englischen Kriegsgefangenschaft entlassen worden und wartete auf uns bei seiner Schwester, die schon 1918 Riga verlassen hatte. Uns wurden in einem Vorort von Hannover zwei Zimmer angewiesen in einer Villa bei zwei Lehrerinnen, die entsetzt waren, dass sie drei Kinder mit aufnehmen mussten – „Was, und Kinder haben Sie auch noch?" –, und an Unfreundlichkeit nicht zu überbieten waren. Nicht einmal die Toilette durften wir zeitweise benützen. Um in dem eiskalten Winter 1946/47 unsere Zimmer etwas heizen und kochen zu können, fällte mein Vater, dieser gewissenhafte Jurist, im nahegelegenen Wäldchen einen Baum, nachdem er sich vergewissert hatte, diese Tat würde gesetzlich unter Mundraub fallen. Meine Mutter war da flexibler und machte Kompensationsgeschäfte mit dem Wenigen, was sie auf dem Schwarzmarkt anbieten konnte. Erst 1949, ein Jahr nach der Währungsreform, bekam unsere Familie eine eigene kleine Zweizimmerwohnung zugeteilt.

In Hannover besuchte ich ein halb zerstörtes Gymnasium. Wir Flüchtlingskinder wurden gut aufgenommen und hatten bis zu meinem Abitur 1951 eine – den Umständen entsprechende – glückliche Schulzeit. Wir wurden überwiegend von Frauen unterrichtet, es gab nur einige wenige Kriegsheimkehrer. Aus Raummangel gab es abwechselnd Vor- und Nachmittagsunterricht. Ab und zu hatten wir „Kohleferien", das heißt, die Schule wurde mangels Heizmaterial wochenlang geschlossen. Sehr dankbar waren alle Schüler für die Schulspeisung, die, von Amerikanern organisiert, uns über den größten Hunger hinweghalf. Es gab sie auch während der Kohleferien.

Ich wurde Medizinisch technische Assistentin an der berühmten Tierärztlichen Hochschule Hannover und war in der Parasitologie und später in Göttingen in der Radiologie in Forschungsaufgaben eingebunden. Zu Beginn meines Studiums der Chemie und Biologie für das Höhere Lehramt in Hannover lernte ich meinen Mann kennen, der in Mannheim eine Kleintierpraxis übernehmen konnte. Er stammte aus dem oberschlesischen Königshütte, war mit 17 Jahren als Flakhelfer zur deutschen Wehrmacht eingezogen worden, kam in russische Kriegsgefangenschaft, konnte aber fliehen. Nach einer tagelangen Fahrt in Güterzügen kam er erschöpft und verhungert in seiner Heimatstadt an, die nun zu Polen gehörte und Chorzow hieß. Er machte dann unter schwierigsten Bedingungen Abitur und studierte Tiermedizin in Breslau, also im polnischen Wroclaw, und arbeitete als Zootierarzt in Kattowitz. Von einem Symposion in Wien kehrte er nicht mehr ins kommunistische Polen zurück. Bis zu seinem Tod 1995 hatte er Angstträume – „Ich habe meinen Pass verloren!" – von den heimlichen Vorbereitungen dieser Flucht. Nach unserer Heirat 1966 haben wir zusammen die „Kleintierklinik Dr. Gabrisch" in Mannheim, U 6, 11, aufgebaut. Mein Studium hatte ich abgebrochen.

Elisabeth Gabrisch engagierte sich neben ihrer Berufstätigkeit jahrzehntelang in der ehemaligen Christusgemeinde ehrenamtlich, etwa im Ältestenkreis und im Besuchskreis, und ist ihr heute noch innig verbunden. Mit der Familie ihres Sohnes, zu der zwei Enkelkinder gehören, lebt sie im selben Haus.

Christiane Schmidt: Erinnerungen an die Kriegs- und erste Nachkriegszeit – für meine Mutter, den Menschen, den ich am meisten bewundere

Eine Erinnerung aus der Schulzeit

Ein Nachmittag 1950: Ich lernte murmelnd für Geschichte: 'Im März 1945 drangen russische Truppen in Pommern ein'. Meine Mutter, die das hörte, meinte: „Das brauchst du doch nicht zu lernen. Du weißt doch: Es war der 3. März, als wir in der Mühle von Beverdick waren." Meine Antwort: „Das sind doch ganz andere Russen, so etwas Ähnliches wie die Hethiter." Unser Lehrer war gar nicht auf den Gedanken gekommen, uns, die wir zum großen Teil aus Pommern, Schlesien, der Tschechoslowakei gekommen waren, nach unseren Erlebnissen zu fragen, nach unseren Erinnerungen an 1945, auch unsere Eltern redeten darüber nicht mit uns. Alle hielten unser Schweigen für ein gutes Zeichen, einen Beweis für unsere gesunde Fähigkeit, das Schlimme vergessen zu haben, allein die Gegenwart wahrzunehmen.

Erst Jahrzehnte später kamen häufig unsere Erinnerungen in den Sprechstunden von Traumatherapeuten ans Licht.

Frühe Kindheit

Ich bin 1936 in Pielburg, einem kleinen Fischerdorf südlich der Ostsee, geboren. Vor unserem Haus dehnte sich ein See aus (Länge 10 km, Breite 1 km), morgens fiel mein Blick auf ausgespannte Netze, in den perlenden Wassertropfen spiegelte sich das Sonnenlicht, ein Bild des Friedens.

Vom Krieg spürten meine Brüder und ich lange Zeit nichts. Aufregend waren die Entdeckungen in der Nachbarschaft. In den dunklen Fluren standen große Bassins für Fische, der Fischgeruch war vertraut, heimatlich. Ich hielt es für einen großen

Nachteil, dass es bei uns im Haus anders roch. Auf der anderen Straßenseite gab es einen Laden, über dessen Tür in Großbuchstaben das Wort KOLONIALWAREN-HANDLUNG prangte, ein Wort, das ich noch Jahre später für ein Synonym für Lebensmittelladen hielt.

1940 bekam ich von meiner Patentante, die in Eger Deutsch- und Geschichtslehrerin war, ein rotes Kleid geschenkt, das von meiner Mutter das „Friedenskleid" genannt wurde. Ich beschloss natürlich sofort, Deutschlehrerin zu werden, um mir Friedenskleider leisten zu können: Frieden – ein ökonomischer Begriff. Später habe ich dann für die Entscheidung meiner Berufswahl andere Begründungen suchen müssen.

Jeden Morgen ging ich zu meinem Großvater, der im selben Haus wohnte, und wir steckten Fähnchen in eine Landkarte, verschiedene Farben für Russen, Deutsche, Franzosen. Ich verstand nichts. Ich fragte auch nicht. Es war ein Spiel wie „Mensch, ärgere dich nicht", wobei mein Großvater keine Emotionen verriet, obwohl er ein cholerischer Typ war. Die Karte, die die verzweifelte Situation der deutschen Truppen verriet, ihren Rückzug, den Vormarsch der Russen, sagte mir nichts. Was sich mein Großvater bei diesem Spiel dachte, kann ich mir nicht vorstellen.

Da auf der anderen Seite des Sees der Truppenübungsplatz Groß-Born lag (ich habe später öfter ehemalige Soldaten getroffen, die diesen Ort kannten), konnten mein anderthalb Jahre jüngerer Bruder und ich Fallschirmübungen beobachten. Wir zählten die wie Punkte aussehenden Soldaten und beneideten sie wegen dieses spannenden Spiels.

1943 wurde ich eingeschult, verspätet, weil ich ein schwächliches Kind war. Ich erinnere mich nicht an den Hitlergruß, die Einübung, an die sich viele Gleichaltrige erinnern, nicht einmal an den Namen des Führers oder ein Bild. Hitlers Geburtstag wurde in der Schule nicht gefeiert, dafür der des Lehrers, wozu wir aus der „Hasenschule" Bilder abpausten.

Ins Dorf kamen Ausgebombte aus Berlin, Frauen mit Koffern, die von Schaufenstern in Berlin erzählten und sich in dem Fischerdorf unglücklich fühlten. Es gab das Gerücht, in den großen Koffern seien die toten verbrannten Kinder, was meine Mutter zwar nicht bestätigte, aber sie sagte, viele hätten in Koffern ganz schlimme Erlebnisse. Daran müsse ich immer denken.

Erste Kriegserinnerung

Eines Morgens schnappte ich in der Küche ein Wort auf: „eingekesselt". Soldaten waren in Russland (wie ich sehr viel später erfuhr: in Stalingrad, Februar 1943) eingekesselt worden. Alle Gesichter verrieten Schrecken. Meine Mutter führte mich ins Kinderzimmer und überließ mich meinen Gedanken. Die Haupterinnerung an meine Kindheit sind Erinnerungen an unverständliche Worte, an Erklärungen, die ich nicht verstand. Meine Eltern gehörten der Bekennenden Kirche an, bei uns lebte versteckt eine Jüdin. Stalingrad hatte deshalb auch eine positive Seite: Das Ende des Krieges, der noch über zwei Jahre dauern sollte, schien in Sicht. Meiner Mutter war zwar immer klar, dass das Kriegsende für sie und ihre vier Kinder Gefahr bedeutete, aber dass es auch eine Befreiung war.

Einige Wochen später wurde auch mein Vater Soldat. Wir sahen ihn dann noch einmal nach der Geburt meines jüngsten Bruders im August 1943 und dann erst wieder im März 1946, als alles überstanden war.

Die ersten Trecks

Im November 1944 fuhren die ersten Trecks durch unser Dorf, vollbeladene, von Pferden gezogene Wagen, auf denen oben auf Möbeln und Gepäck Frauen und Kinder saßen, Menschen aus dem Osten, aus West- und Ostpreußen auf dem Weg in den Westen, in Richtung Oder. Der Name dieses Flusses wurde für mich zu einem Zauberwort, das erst viel später Realität annahm. Es war ein trüber Tag, meine Mutter hatte ihre Hand auf meiner Schulter, und ich spürte, wie sie zitterte. Es war meine erste Erfahrung, dass auch meine Mutter Angst hatte, eine Angst, über die weder damals noch später geredet wurde.

Zwei weitere Erinnerungen aus diesen Monaten, die sich dann später zu einem sinnvollen Bild fügten:
Mein Großvater, der immer schon viel fotografiert hatte, verschickte als Weihnachtsgeschenke in großen Mengen Bilder an Verwandte, die jenseits der Oder wohnten, ein guter Schachzug, so dass wir – im Unterschied zu anderen Flüchtlingen – nach dem Krieg über reiches Bildmaterial verfügten.

Meine Mutter fuhr mit mir im November an die Ostsee, ich sollte dieses Meer sehen, weil wir vielleicht irgendwann wegziehen würden, was aber niemand wissen dürfte. Leider wurde der Ausflug eine Enttäuschung – für beide; ich weiß nicht, was ich mir vorgestellt hatte, auf keinen Fall Wasser, das es auch bei uns zu Hause gab.

Die erste Flucht

Im Januar 1945 brachen wir zur ersten Flucht auf. Ein befreundeter Bauer versprach, uns mitzunehmen auf die große Reise zur anderen Seite der Oder, wo er Verwandte hatte.

Christiane mit Mutter und Brüdern 1944, 4 Monate vor der Flucht

Unsere Fahrt endete nach einigen Kilometern, da die Straßen völlig verstopft waren. Auch an Rückkehr war nicht mehr zu denken. Wir kamen in einem verlassenen Haus unter, die erste und einzige Hausbesetzung meines Lebens. Wir spielten mit dem Spielzeug von unbekannten Kindern und gewöhnten uns an ein Provisorium, das mit der Zeit etwas an Normalität gewann, eine meiner wichtigsten Erfahrungen aus dieser Zeit, die Gewöhnung an Außergewöhnliches. Manchmal wundere ich mich, ein Gefühl, was wieder beim Schreiben dieses Berichts hochkam, dass ich trotz allem diese Erlebnisse irgendwie bewältigt habe. Meine Mutter fuhr noch einige Male mit dem Fahrrad in unser zurückgelassenes Haus und holte das, was wir vermissten, was dann kurz danach endgültig verloren war.

Der Krieg rückte näher, abends war in der Ferne Feuerschein zu sehen, dumpfer Kanonendonner zu hören. Ich weiß nicht mehr, welche Erklärungen für diese Phänomene abgegeben wurden. Am Morgen des 2. März beschloss unsere Mutter, mit uns vier Kindern (meine Brüder waren 7 ½, 5 ½ und fast 2 Jahre alt), den väterlichen Großeltern und einigen Nachbarn aus unserem Dorf – trotz Kälte und Schnee –, das Dorf zu verlassen. Ich weiß nicht, welcher Plan hinter diesem Vorhaben stand. Wir erreichten bei einbrechender Dunkelheit ein brennendes Dorf, kein Mensch war zu sehen, auf der Straße Kuhkadaver, zum Teil verkohlt. In den Ställen brüllten Kühe vor Schmerzen, weil sie nicht gemolken wurden. Dieses Szenario wurde dann für Jahre das Ambiente meiner Angstträume. Wir suchten Schutz in einem Haus, auf dem Tisch noch warmer Grießbrei, über den wir uns hermachten. Plötzlich drangen deutsche Soldaten ein, die erklärten, wir müssten das Haus auf jeden Fall am nächsten Morgen sehr früh verlassen, weil die Russen, die in einigen Stunden hier sein würden, uns als die Besitzer dieses Gutshauses erschießen würden.

Früh brachen wir auf. Es war der 3. März 1945, eine Woche, bevor ich neun Jahre alt wurde. Ich kann mich – was ich heute seltsam finde – an kein Gefühl erinnern, weder an Müdigkeit, Erschöpfung noch Angst. Der Kanonendonner schien ganz nah zu sein. Von diesem Zeitpunkt an sind meine Erinnerungen überlagert von Erzählungen, eigenen späteren Vorstellungen, Deckerinnerungen. Ganz furchtbare Bilder sind ersetzt worden durch andere, die in sich einen Sinn ergaben.

Wir erreichten irgendwann ein Bachbett, legten uns in den Schnee, über uns Kanonenkugeln, es war eine der letzten völlig sinnlosen Schießereien, ein verzweifelter Versuch von Deutschen, noch irgendetwas zu verteidigen, Russen am Eindringen in ihre Häuser zu hindern. Seitdem friere ich eigentlich fast immer, finde Hitze herrlich, über die andere jammern.

Plötzlich erhob sich ein alter Mann aus unserer Gruppe, das Schießen hörte sofort auf, Soldaten auf der anderen Bachseite wurden sichtbar. Wir stolperten über den gefrorenen Bach, ein Koch (?) mit blutigem Messer zeigte mit verständlichen Gesten, er wolle uns Kinder schlachten; im Schnee Blutlachen, getötete Soldaten, die ersten anonymen Toten, die ich sah. Im Unterschied zu heutigen Kindern kannte ich keine Filme, Fiktionalität nur aus Büchern. Realität war plötzlich ganz nah.

Wir wurden in einen Raum geführt, der vollgestopft mit Frauen und Kindern war. Ein russischer Soldat sagte auf Deutsch „Frieden“ und schenkte uns Kindern Bonbons. Ich wusste zum Glück nicht, dass der Krieg noch zwei Monate dauern sollte und dass das ganze folgende Jahr wenig Ähnlichkeit mit Frieden hatte. Meinen Brüdern wollte der Soldat, selbst fast noch ein Junge, die „Stalinorgel", die „größte" russische Kanone, zeigen. Die beiden „großen" Brüder waren begeistert. Mir fehlte jedes Interesse. Unheimlich fand ich, dass alle Frauen ihr Gesicht mit Asche beschmiert hatten, ein naiver Versuch, wie ich später erfuhr, sich vor Vergewaltigung zu schützen. Das Wort kannte ich damals noch nicht.

Rückkehr

Der Weg zu unserem Zuhause war ein mühsamer Weg durch hohen Schnee, uns kamen häufig Autos mit Russen entgegen, sie fuhren in westlicher Richtung, da für sie der Krieg noch nicht zu Ende war. Sie riefen auf Deutsch 'Frieden'. Die Angst, in Hohlwegen von entgegenkommenden Panzern überfahren zu werden, habe ich eigentlich nie verloren. Sie ist nur schwächer geworden, hat sich in meine Träume zurückgezogen.

Endlich war unser Haus sichtbar. Es stand noch.
Allerdings war es völlig verwüstet. Russen (oder Deutsche?) hatten es als Quartier benutzt, auch als Pferdestall. Alle Nahrungsmittel, eingewecktes Obst und Gemüse, ausgeleert, die Toilette war außer Betrieb, Wäsche und Kleidung aus den Schränken gezerrt. Die erste Nacht verbrachten wir alle auf unserem Speicher, auch andere Dorfbewohner, die zurückgekehrt oder nie geflohen waren. Dann begann das Aufräumen, der Beginn eines Robinson-Lebens.

Kurzer Rückblick

Mein Elternhaus

2010 haben wir Geschwister unserer 1950 geborenen Schwester eine Reise in unseren Geburtsort geschenkt und versucht, diesen Weg zu finden, was nicht gelungen ist, das Ziel, die Mühle von Beverdick, wo wir das Kriegsende erlebten, jetzt ein Gartenlokal, haben wir erreicht, alles andere stimmte mit meiner Erinnerung nicht mehr überein. Nur eines wurde mir klar, die Kondition von 1945 hatte ich 2010 nicht mehr!

Leben unter Russen und Polen

Es begann ein Jahr, an das ich viele Erinnerungen habe, die schwer zu bündeln sind. Es war ein Jahr, das völlig anders war als alle vergangenen und zukünftigen Jahre, ein Jahr der völligen Unsicherheit. Trotzdem habe ich das Gefühl von familiärer Geborgenheit nicht verloren, vielleicht ist es sogar in diesem Jahr gewachsen. Das Jahr war geprägt von schlimmen Erlebnissen, Begegnung mit Tod und Krankheit und dem Versuch, trotz allem ein normales Leben zu leben.

Schule

Es gab keinen Lehrer mehr, stattdessen für mich und meinen Bruder Privatunterricht durch meine Mutter. Es musste ein Unterricht sein, der von der Lehrerin fast keine Zeit erforderte, uns aber förderte. Wir lernten Texte auswendig, schrieben sie aus dem Kopf auf, schrieben Aufsätze über Gelesenes. Meine Mutter hat zwar bis zu ihrem Tod abgestritten, dass wir die Nummern von Weihnachtsliedern addieren, mit der Summe der Osterlieder multiplizieren mussten und Quersummen und Teilbarkeit von Liednummern feststellen sollten. Ich bin überzeugt, mir das nicht ausgedacht zu haben. Auf jeden Fall haben wir beide, als wir im Westen waren, die Aufnahmeprüfung fürs Gymnasium bestanden, was mich doch leicht an vielen neuen pädagogischen Konzepten zweifeln lässt.

Mein Großvater begann mit mir ein Bibelstudium. Die alte Familienbibel, von der mein Vater erzählte, er habe sie nicht einmal mit gewaschenen Händen anschauen dürfen, war das Studienobjekt. Mit dicken Buntstiften durfte ich Schönes unterstreichen, Abzulehnendes durchstreichen. Mit neun Jahren war praktische Bibelkritik mein Hobby, was mir vieles später sehr erleichterte. Ich war von vielen Zweifeln verschont. Ich finde es wirklich sehr schade, dass ich dieses bunte Werk zurücklassen musste, was mir geholfen hatte, Angst erträglich zu machen.

Irgendwann kehrte der Lehrer für einige Wochen zurück. Ich habe nur eine einzige Erinnerung, ich schrieb für eine Klassenkameradin einen Aufsatz, wofür ich ein Stück Kernseife erhielt, eine Kostbarkeit. Es gab keine Läden mehr, keine Waschmittel, keine Seife. Ich glaube, ich bin für keine geistige Leistung in meinem Leben annähernd so reich belohnt worden. Meine Mutter hielt ein strenges Verhör über die Herkunft der Seife, ich konnte sie aber überzeugen, nichts Ehrenrühriges getan zu haben.

Versorgung

Es gab bis zum Herbst, der Ansiedlung von Polen aus dem östlichen Teil des Landes, keine Läden, also nur Tauschhandel.

Mein Großvater hielt Gottesdienste, verwendete seine Kenntnisse, die er als Sanitäter im Ersten Weltkrieg erworben hatte; mit Hilfe von Verbandsmaterial, Rasierklingen und reinem Alkohol versorgte er seine Patienten. Meine Mutter hielt Beerdigungen. Wir haben weite Strecken zurückgelehnt, wir schoben unseren kleinen Bruder im Kinderwagen über holprige Wege, in Vorfreude auf etwas zu essen. Dass wir zum Schutz unserer Mutter auf diese Weise unterwegs waren, habe ich erst später begriffen. Außerdem kamen zu uns Ratsuchende. Ich saß auf der Veranda, gab vor zu lesen und hörte durchs Küchenfenster Wörter wie Abtreibung, Vergewaltigung, Flucht, Minen auf den Feldern.

Unsere Ernährung war bescheiden: Morgens Milchsuppe, angereichert durch geriebene Kartoffeln oder Mehl. Die zweite Mahlzeit bestand aus Brot, Brennnesseln oder Plötzen, kleinen Fischen, die fast nur aus Gräten bestanden. Manchmal gelang es, etwas zu organisieren, was den Übergriffen der Russen entgangen war.

Das Problem war, dass ständig kleinere oder größere Gruppen von russischen Soldaten auftauchten, die auf der Suche nach ihrer Einheit mordend, stehlend, Schrecken verbreitend unser Dorf heimsuchten. Kein Huhn war vor ihnen sicher, kein zubereitetes Essen. Ständig musste alles versteckt werden.

Krankheit und Tod

Es war eine Zeit der ständigen Bedrohung, die aber von mir nicht so empfunden wurde. Ich lebte bisweilen völlig in der Gegenwart, in die dann etwas Entsetzliches einbrach.

Noch im März fanden meine Mutter und ich den Bauern, der uns bei der ersten Flucht geholfen hatte, blutüberströmt im Schnee, erschossen. Es war für mich der Einbruch des Unheimlichen in mein Leben. Ich erinnere mich noch heute an seine großen Hände, von denen ich den Eindruck hatte, sie seien so groß, dass ich darin Platz hatte. Dass Russen ihn hatten töten können, war für mich unfasslich.

Aber es gab noch andere Todesfälle, Mütter, die mit ihren Kindern den Tod wählten, um der drohenden Gefahr zu ergehen. Die Geschichte, die mich am meisten aufwühlte, erfuhr ich erst im Herbst 1946. Eine Mutter hatte zwei ihrer Kinder vergiftet, selbst den Suizid überlebt. Es gelang ihr, in den Westen zu fliehen, ihren Ehemann und einen aus dem Krieg zurückgekehrten Sohn – ein weiterer Sohn war gefallen – zu finden. Meine Mutter hat das Ehepaar besucht, um ihnen zu helfen, wieder zueinander zu finden. Sie sagte bei ihrer Abreise – das habe ich heute noch im Ohr –: „Was wir damals für richtig hielten, kann hier niemand verstehen."

Im Sommer bekam ich die Krätze, eine Hautkrankheit, bei der Schorf in alle Körperöffnungen kriecht. Wochenlang lag ich in einer schwarzen Schmiere (wo meine Mutter die ergattert hatte, weiß ich nicht) und wartete auf den Tod. Ich habe es überlebt, sogar ohne Narben.

Der Russe im Straßengraben

Mein Bruder Ernst und ich hatten viel Freizeit, wir drangen in aufgegebene Häuser ein, ergatterten Weckgläser, aber auch gefährliche Dinge, z. B. eine Schachtel mit Fieberthermometern, die wir mit kleinen Sägen aufschnitten, um dann mit den Quecksilberkügelchen zu spielen, was selbst meine beherrschte Mutter in Schrecken versetzte.

Eines Tages fanden wir auf unseren Streifzügen einen toten Soldaten unter Gebüsch im Straßengraben. Aus Angst, man halte uns für die Mörder (sicherlich wäre das keinem eingefallen, aber das war unsere Überzeugung), schwuren wir uns einen heiligen Eid, über unsere Entdeckung zu schweigen, einen Eid, den wir über 55 Jahre gehalten haben. Mein Bruder wollte dem Soldaten unbedingt die Stiefel ausziehen, aber ich konnte ihn von dieser Leichenfledderei abhalten, weil mir klar war, das werde alles notwendigerweise verraten. Wie sollten wir den Besitz von Stiefeln erklären?

Am 65. Geburtstag meines Bruders habe ich in einer Rede diese Geschichte erzählt. Danach kam heraus, dass mein Bruder seit Jahrzehnten von schlimmsten Angstträumen geplagt war, die seit meinem Bericht aufhörten.

Der Bombenfall

Eines Nachts fiel in unseren See eine Bombe. Viel später erfuhren wir, russische Flugzeuge könnten mit einer Bombe an Bord nicht landen. Es war also sehr menschenfreundlich, dass die Bombe nur in unseren See fiel.

Am nächsten Tag war das Ufer übersät mit toten Fischen, glänzend schön mit aufgedunsenen Bäuchen. Mein Bruder und ich sammelten sie auf, trugen sie in die Regentonne, die schönsten betteten wir zwischen Wäsche. Der Geruch blieb nicht aus, aber wir beide konnten den Ort nicht mehr angeben, wir hatten vergessen, wo wir unsere Schützlinge geborgen hatten. Wir waren eben trotz allem Kinder.

Das Kosakenfest

Irgendwann, zwischen März und Mai 1945, drangen Kosaken in unser Haus ein. Sie brachten Lebensmittel mit, Wodka, ein Grammophon.

Sie kochten, sie feierten ein Fest. Ich habe damals zum ersten Mal Männer allein tanzen sehen. Es waren auch Frauen im Raum, die nicht tanzten. Irgendwann scheint alles aus dem Ruder gelaufen zu sein. Es war die Nacht, in der meine Mutter vergewaltigt worden ist, aber dieses Ereignis ist in eine Schicht abgesunken, die mein Bewusstsein nicht mehr erreicht. Stattdessen erinnere ich mich an Schüsse, daran, dass meine Mutter und mein Großvater eine Leiche am See verbuddelt haben, was alles nicht sein kann. 1945 konnten Deutsche nicht heimlich einen Russen vergraben, ohne dass Sanktionen folgten. Erst später habe ich etwas von Deckerinnerungen erfahren, die eine Schutzfunktion haben.

Erinnerung an ein Schreckenserlebnis

Eines Nachts wachte ich auf, um mein Bett russische Soldaten mit Taschenlampen. Plötzlich riss einer meine Bettdecke weg. Sie müssen sofort gesehen haben, wie klein ich war. Einer deckte mich ganz behutsam wieder zu. Ich hoffe doch sehr, dass sie sich alle später sehr schämten.

Eine positive Erinnerung

Im Zimmer meines Vaters hingen ein Kruzifix und ein Holzbrett mit hebräischen Buchstaben, dem Anfang des Alten Testaments. Soldaten, die in unser Haus eingedrungen waren, bekreuzigten sich beim Eintritt in den Raum auf orthodoxe Art, ganz langsam, von rechts nach links, wobei dann die rechte Hand über dem Herzen liegen blieb.

Mir hat diese Ehrfurchtsbezeugung großen Eindruck gemacht und später geholfen, zu einem gerechten Urteil zu kommen.

Die neue Infrastruktur

Mit der Übersiedlung der Polen aus dem Osten ihres Landes in den Osten von Pommern veränderte sich einiges. Es gab Rudimente einer Infrastruktur, Post, Läden. Wir hatten zwar kein Geld, aber Besteck, Schmuck, Wäsche. Da meiner Mutter und meinen Großeltern klar war, wir würden irgendwann in den Westen gehen, waren sie zum großzügigen Tauschhandel bereit. Es gab jetzt andere Lebensmittel, Zucker, Salz, auch Seife, ein etwas besseres Leben, dafür die Angst vor den großen polnischen Jungen.

Eine Erinnerung aus späterer Zeit

Dieses Leben in Todesnähe und Ausnahmezustand führte später häufig zu seltsamen Situationen. Im Sommer 1946 kam ich beim Sonntagsblatt - Austragen in eine leere Küche, auf dem Tisch ein Kuchen, von dem ich mich gleich bediente. Ich war gerade dabei, für meine Geschwister etwas einzupacken, als die Bäuerin hereinkam und ein großes Geschrei erhob, worauf ich als Entschuldigung vorbrachte: „Ich dachte, Sie seien tot oder die Russen hätten Sie verschleppt." Dass das aus meiner Sicht eine vernünftige Entschuldigung war, konnte meine Mutter später zum Glück klären.

Die zweite Flucht

Irgendwann im November 1945 erhielten wir die postalische Nachricht, unser Vater sei aus englischer Gefangenschaft entlassen worden und im Westen Pfarrer. Meine Eltern hatten verabredet, sich nach dem Krieg bei den mütterlichen Großeltern in der Nähe von Marburg zu treffen.

Der Übergang über die Oder

Am 17. Februar (es war der kalte Winter 1946) gelang es meiner Mutter, durch Bestechung einen Platz in einem offenen Viehwagen zu ergattern, der zur Oder fuhr. Es gab das Gerücht, dass die Polen Kinder und Alte abschieben, die jüngere Generation aber, zu der meine Mutter, Jahrgang 1908, gehörte, zur Feldarbeit in Pommern zurückbehalten wollten. Deshalb blieb nur die Flucht, auf Ausweisung konnten wir nicht hoffen. Später führte das dazu, dass wir keine anerkannten Vertriebenen waren, sondern ehrlose Flüchtlinge, da wir „freiwillig" gegangen waren.

Den letzten Nachmittag verbrachten wir bei den Großeltern mit herrlichen Spielen, damit meine Mutter in Ruhe packen und Kleidung für uns zurechtlegen konnte. Sie selbst zog am nächsten Tag einen schwarzen Anzug unseres Vaters an, der so gerettet wurde.

Früh brachen wir auf. Ich erinnere mich nicht an den Abschied von den Großeltern, die ich erst ein Jahr später wiedersehen sollte.

Ich erinnere mich überhaupt an kein Gefühl. Wir erreichten die Oder, der Zug fuhr langsamer, Polen mit Messern bestiegen den Waggon und warfen alles Gepäck nach draußen. Wir hatten nur noch, was wir auf dem Leib trugen.

Als wir die Oder überquerten, sagte meine Mutter: „Diesen Augenblick muss du im Gedächtnis behalten, du wirst diesen Fluss nie wieder sehen." Ich habe ihn wieder gesehen, aber viel später.

Pasewalk

Ich habe keine Erinnerung, wie ich die nächsten 14 Tage überstanden habe, ohne Wasser zum Waschen, fast ohne Essen, ohne Getränke – außer schmutzigem Schnee. So erreichten wir Pasewalk. Meine Mutter musste mit anderen aus überfluteten Kellern Kartoffeln herausholen. Meine drei Brüder lagen auf dem nassen kalten Bahnhofsfußboden, schlafend, und ich umkreiste sie wie ein treuer Wachhund – ich weiß nicht, ob nur einen Teil der Nacht oder mehr. In dieser Nacht habe ich etwas gelernt – Verantwortung, mit dem Gefühl der Überforderung. Beides hat mich mein Leben lang begleitet.

Die Fahrt in den Westen

Mit hohem Fieber setzte ich die Fahrt fort. Ob es Angstträume waren, die mich von da ab verfolgten, oder Realität, weiß ich nicht: Tote Kinder wurden aus Zügen geworfen, und ich schrie, ich sei lebendig. Es muss für alle eine Zumutung gewesen sein. Irgendwann an einem Morgen saßen wir dann in einer kleinen Bahnhofshalle in der Nähe von Marburg, Anzefahr.

Das Wunder

Außer uns saßen noch drei Diakonissen in dem Raum. Meine Mutter gab mir ein Marmeladenbrot und sagte dabei meinen Namen. Sofort stürzten die Diakonissen auf uns zu, sie hätten einen Pfarrer, der auch eine Tochter Christiane habe, ob wir das seien. Wir waren es. Die Diakonissen gaben ihre Reisepläne auf, und wir hatten nur noch einen Fußmarsch von 4 km zu bestehen.

Unterwegs sahen wir eine Frau weinen, als sie uns sah, allerdings, wie sich viel später herausstellte, nicht aus Mitleid mit uns, sondern mit den Leuten, die uns aufnehmen müssten.

Wir wurden in der Schwesternstation herzlich aufgenommen, mit Brötchen, Kakao und Honig bewirtet und dann wie im Märchen zu Betten mit weißer Bettwäsche geführt. Ich hielt es doch für notwendig zu sagen, wir seien aber sehr schmutzig, was sehr belacht wurde, da es offensichtlich war. Die Glocken läuteten, wir stürzten ans Fenster, sahen unsern Vater im Talar und wollten gleich zur Kirche laufen. Doch unsere Mutter sagte nur: „Darauf haben wir fast drei Jahre gewartet, jetzt kommt es nicht auf eine Stunde an." Das war unsere Mutter, die sich nicht von Augenblicksgefühlen hinreißen ließ, sondern den großen Zusammenhang bedachte.

Auch diese Stunde ging vorüber, und dann waren wir wieder eine Familie.

Christiane Schmidt studierte nach dem Abitur Germanistik, Latein und Philosophie und unterrichtete bis zu ihrer Pensionierung 1999 am Elisabeth-Gymnasium in Mannheim.

Hildegard Urban geb. Huhn: Flucht aus Breslau – über Niederbayern nach Mannheim

Ich wurde am 22. September 1928 in Breslau geboren als Jüngste von fünf Geschwistern und besuchte dort bis Oktober 1944 ein Gymnasium. Als sich abzeichnete, dass sich das Kriegsgeschehen immer mehr innerhalb der Reichs-

Hildegard, rechts, mit ihrer BDM-Gruppe

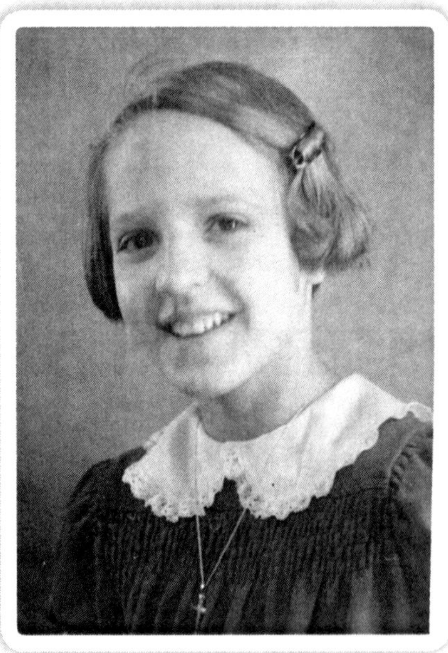

Konfirmation

grenzen abspielen würde, wurden alle Breslauer Gymnasien geschlossen, und wir Schülerinnen einschließlich vieler Lehrer wurden zum Kriegseinsatz verpflichtet. Auch das Theater stellte seinen Betrieb ein, und die Schauspieler wurden zu dem „Unternehmen Barthold" eingezogen, sie mussten in der Nähe Breslaus Gräben schippen, um eine neue Verteidigungslinie aufzubauen.

„Unternehmen Barthold" war ein Deckname für Anstrengungen, seit Sommer 1944 östlich von Breslau einen 5 m breiten und 3 m tiefen Panzergraben zu schaufeln, der mit einem Drahtverhau aus Stacheldraht versehen war. 80 m dahinter sollte ein mannstiefer Schützengraben entstehen. Für die Schanzarbeiten wurde die Zivilbevölkerung dienstverpflichtet. Da aber die zur Verteidigung vorgesehenen Maschinengewehre

nicht geliefert wurden, waren die Gräben kein Hindernis für die Rote Armee. Der Protagonist eines Romans über die Besiedlung Schlesiens im 13. Jahrhundert war der Namensgeber der Aktion.

Ich kam in eine Großwäscherei, die für die Wehrmacht arbeitete, und musste dort graue Barchenthosen, die feucht und heiß aus den Waschmaschinen kamen, für die Bügelpressen zusammenlegen. Es war eine schwere Arbeit, aber nicht das irritierte mich am meisten, sondern mein neues Umfeld. Die Arbeiterinnen tauschten unverblümt und teils in abstoßender Sprache Horrorgeschichten über ihre Beziehungen zu Männern aus, für mich, ein bis dahin „behütet" aufgewachsenes Mädchen, ganz furchtbar! Gott sei Dank, muss man beinahe sagen, wurde ich Anfang Dezember 1944 sehr krank und musste nach meiner Genesung nicht mehr in die Wäscherei zurückkehren, sondern wurde in einer Schule zum Luftschutzdienst eingeteilt. Wir waren acht Mädchen, und je zwei mussten abwechselnd Patrouille gehen. Breslau galt ja als „Luftschutzkeller Deutschlands", und wenn wirklich einmal eine Bombe gefallen war, lief die umwohnende Bevölkerung neugierig zusammen, um sich die Sensation anzusehen.

Das sollte sich schnell ändern, denn im Januar 1945 wurde Breslau zur „Festung" erklärt. Mein Vater, damals 60 Jahre alt, wurde trotz eines lahmen Beins aus dem Ersten Weltkrieg mit anderen alten Männern und 15-jährigen Hitlerjungen zum „Volkssturm" eingezogen, um die Stadt zu halten. Ich war dabei, wie er von den „Kettenhunden", wie die Feldjäger wegen ihrer um den Hals gehängten Blechplaketten hießen, aus unserer Mitte herausgeholt und zurückgeschickt wurde, als wir die Stadt Ende Januar 1945 verlassen wollten.

Das Ziel der Wehrmacht war es, eine Verteidigungslinie entlang der Oder zu errichten, auf die bereits von Südosten her die Rote Armee vorrückte. Neben dem Volkssturm waren 24.000 Soldaten in Breslau stationiert. Am Morgen des 20. Januar befahl der NS-Gauleiter der „nicht wehrtauglichen" Bevölkerung, die Stadt Richtung Westen zu verlassen. Neben den Bewohnern Breslaus befanden sich viele Flüchtlinge aus den Dörfern östlich der Oder in der Stadt, die bereits vor der Sowjetarmee geflohen waren, und sehr viele Frauen und Kinder aus dem westlichen Deutschland, die in den Jahren 1943/44 nach Breslau evakuiert worden waren, um den ständigen Bombenangriffen auf ihre Heimatstädte zu entgehen. Sie alle sollten nun so schnell wie möglich Breslau verlassen, aber nichts war vorbereitet, keine Züge standen bereit, Panik breitete sich an den Bahnhöfen aus. Der Gauleiter ordnete nun an, dass sich Frauen, Kinder und Greise trotz der eisigen Kälte zu Fuß auf den Weg machen müssten. Tausende Kleinkinder und alte Leute erfroren dabei. Die „Festung Breslau" ergab sich erst am 6. Mai 1945. Man nimmt an, dass etwa 20.000 Zivilisten, die es nicht mehr aus der Stadt geschafft hatten, 6.000 deutsche Soldaten und 13.000 Rotarmisten umkamen.

Als ich am Morgen des 20. Januar 1945 vom Nachtdienst aus der Schule nach Hause kam, fuhren Lautsprecherwagen durch die Straßen und forderten Frauen und Kinder auf, umgehend die Stadt zu verlassen. Ich wurde am Vormittag desselben Tages von meiner Mutter zu meiner verheirateten Stiefschwester in einen entfernten Breslauer Vorort geschickt, um sie und ihre beiden kleinen Töchter zu uns zu holen, damit wir gemeinsam fliehen könnten. Aber ihre Wohnung war schon verrammelt, sie befand sich bereits auf der Flucht. Wie wir später erfuhren, war sie mit ihren Kindern und einer Freundin und deren Kindern geflohen und am 13. Februar in den Angriff auf Dresden geraten. Meine Nichte kam mit Teilen einer Phosphorbombe in Berührung und hat heute noch die Narben davon. Als ich vor dem Haus meiner Schwester stand, hörte ich im Osten ganz deutlich Kanonendonner, und daher wollte ich so schnell wie möglich zu meiner Mutter zurück. Aber es ging kein Bus mehr. Ich stand an der Haltestelle und weinte, als ein Wehrmachtsauto vorbeikam und mich in die Stadt mitnahm. Meine Mutter war bereits am Packen für die Flucht, aber das geschah völlig kopflos, sie packte z.B. eine Tischdecke ein, die ich heute noch besitze.

Nach einem langen nächtlichen Fußmarsch aus der Stadt heraus bei eisiger Kälte und begleitet von Kanonendonner fanden wir um Mitternacht einen Unterschlupf bei Bauern, wo wir uns aufwärmen und ausruhen konnten. Am nächsten Morgen erwischten wir einen Zug nach dem südlich von Breslau gelegenen Waldenburg, wo Verwandte von uns wohnten. Wir glaubten ja, in Kürze wieder nach Breslau zurückkehren zu können! Die Sicherheit währte aber nur kurz, und bald mussten wir Waldenburg wieder verlassen und durften unter Androhung von Entzug der Lebensmittelmarken nicht mehr in der Stadt bleiben. Wir erreichten einen Zug in Richtung Westen, aber in Trautenau im Sudetenland war die Fahrt schon wieder zu Ende. Zwei Tage lang harrten wir mit Hunderten von anderen Flüchtlingen und vielen verwundeten Soldaten auf dem Bahnhof aus, bis wir wieder eine Gelegenheit zur weiteren Flucht fanden.

Unter Zurücklassung eines Koffers fanden wir Platz im Gang eines völlig überfüllten Zuges mit Flüchtlingen aus Kroatien, die schon eine Woche unterwegs waren. Meine Mutter weinte um den verlorengegangenen Koffer mit einigen unserer letzten Habseligkeiten. Bei dem Zug handelte es sich um einen „wilden" Flüchtlingstransport, der nirgendwo gemeldet war und daher auch keine Versorgung durch das Rote Kreuz erhielt. Ab und zu gelang es uns doch, beim Halt auf einem kleinen Bahnhof etwas Essen zu bekommen. Als ich einmal auf einem Bahnsteig an einer solchen Ausgabestelle anstand, setzte sich der Flüchtlingszug plötzlich in Bewegung. Ich schrie und rannte neben ihm her, und erst Soldaten, die sich im allerletzten Wagen befanden, bemerkten meine Not, ergriffen meine Arme und zogen mich hinein. Meine Mutter war natürlich außer sich, als sie mich auf dem Bahnsteig kleiner werden sah, und ich selbst habe noch jahrelang Albträume gehabt.

Der Zug war zehn Tage unterwegs, die Fahrt wurde immer wieder unterbrochen von Luftangriffen, während derer wir den Zug verlassen und an der Böschung in Deckung gehen sollten, und hielt schließlich in Langenisarhofen in Niederbayern, einem Ort an der Mündung der Isar in die Donau. Das war aber nicht unser endgültiger Aufenthaltsort. Am Bahnhof standen Leiterwagen mit vorgespannten Pferden, die zum Transport von alten Leuten und kleinen Kindern gedacht waren. Wir anderen liefen in das etwa 10 km isaraufwärts gelegene Straßendorf Niederpöring. Hier mussten wir uns am Geländer, das die Straße von der Böschung zur Isar hinunter begrenzte, in einer langen Reihe aufstellen. Da standen wir nun Anfang März bei heftigem Schneetreiben, müde, halb erfroren und hungrig, und uns gegenüber die einheimischen Bauern, die uns anstarrten und offenbar unseren „Nutzwert" für

Schloss Niederpöring

die Arbeit auf ihrem Hof taxierten. Es war eine entwürdigende Prozedur, wie auf einem amerikanischen Sklavenmarkt im 18. und 19. Jahrhundert, und ich werde es nie in meinem Leben vergessen!

Übrig blieben 12 Leute, die keiner haben wollte, darunter meine Mutter und ich, eine Frau aus Ostpreußen mit zwei Kindern, eine ältere Frau mit Tochter und Enkelkind und das Ehepaar Kurze mit Tochter und Freundin. Wir wurden in ein Gasthaus geführt, wo man uns Brot und Milch gab. Weil wir Letztere lange nicht getrunken hatten, bekamen wir alle fürchterlichen Durchfall. Dann wies man uns in die Dorfschule ein, deren Klassenzimmer mit Stroh aufgeschüttet worden war. Hier sollten wir schlafen. Nach zwei Tagen erschien der Bürgermeister, ein vierschrötiger Bayer, aber offenbar ein Menschenfreund, der uns einen anderen Aufenthalt vermittelte: das Schloss Niederpöring, einen uralten Kasten, der allerdings eine wunderschöne Freitreppe hatte. Durch eine riesige Halle ging es in den 1. Stock, wo wir in einem großen Raum mit einem langen Tisch, 20 Stühlen und einem Kachelofen unterkamen. Wir schliefen auf dem Boden. Schon am nächsten Tag nahm Herr Lermer, der Schwager und Verwalter des Schlossbesitzers, Ritter von Leeb, Kontakt zu den Bauern des Dorfes auf, wo wir Strohsäcke holen konnten. Aber wir waren Großstädter, keiner von uns hatte je auf einem Strohsack geschlafen, geschweige denn ihn gestopft. Hinter dem großen Raum befand sich eine Küche mit einem Riesenherd. Wir holten Holz im Wald, das aber nicht brannte, da es noch nass vom Schnee war.

Auch mein Vater war inzwischen zu uns gekommen. Es war ihm gelungen, aus dem Volkssturm in Breslau entlassen zu werden, und er hatte sich mit einem Flüchtlingstreck zu einer Tante durchgeschlagen, deren Adresse alle Familienmitglieder als Anlaufstelle kannten. Über das Rote Kreuz hatte er erfahren, dass meine Mutter und ich in Niederbayern gelandet waren, dass meine zunächst in Dresden gestrandete Stiefschwester mit ihren Kindern in ein Lager im Sudetenland gekommen und von dort in die spätere DDR ausgewiesen worden war. Auch meine Schwester Charlotte, die nach dem Abitur zur Luftwaffe dienstverpflichtet worden und zum Schluss in Litzmannstadt (heute Lodz) stationiert gewesen war, hatte den Krieg überlebt. Sie hatte sich einem Soldatentransport angeschlossen, dem ein Freund von ihr angehörte und dem es gelungen war, sich nach Westen durchzukämpfen. Sie hatte sich nach Bad Reichenhall entlassen lassen und dort bald geheiratet. Meine beiden Brüder galten als vermisst, die Frau des einen Bruders war mit ihrem einjährigen Kind irgendwo auf der Flucht.

Aber es gab auch Glücksmomente, jedenfalls für unsere Mitbewohner Kurze. An einem einzigen Tag standen plötzlich Verwandte des Ehepaars Kurze vor der Tür: der Sohn mit Frau und Schwiegermutter und der Sohn der Freundin des Ehepaars Kurze. Die mussten nun für eine Weile auch alle versorgt werden. Wir aber fragten uns: Warum sind es nicht auch meine Brüder und Schwestern, denn zu diesem Zeitpunkt glaubten wir noch lange, dass meine Schwester mit den Kindern in Dresden umgekommen sei. Mein älterer Bruder Hermann, der schon verheiratet war und drei Kinder hatte, war sehr lange in russischer Kriegsgefangenschaft. Er wurde erst entlassen, als der damalige Bundeskanzler Konrad Adenauer 1955 bei seiner Moskaureise die Freilassung der Gefangenen erreicht hatte. Er kam sehr krank zurück und ist nicht lange danach gestorben. Mein zweiter Bruder Gerhard schlug sich nach der Entlassung aus der Wehrmacht nach Breslau durch zu unserer Wohnung und wurde von den neuen polnischen Bewohnern aus dem Haus gejagt – ein schlimmes Erlebnis für ihn. Er landete bei seiner Frau und seinem kleinen Sohn bei den Schwiegereltern in der DDR. Sein Sohn Wolfgang lebt jetzt in Potsdam und ist einer der ganz wenigen Verwandten, die ich noch habe – außer natürlich meinen Kindern, Enkeln und Urenkeln.

Im Schloss Niederpöring war bereits während des Krieges eine Saarländerin mit ihren zwei Kindern einquartiert worden, die nach Kriegsende schnell in ihre Heimat zurück wollte. Sie hatten im Erdgeschoss einen Raum mit anschließender Küche. Der Raum war sogar mit Möbeln ausgestattet, die der Pfarrersköchin von Niederpöring gehörten, die sie an die Leute vermietet hatte. Als wir nun einzogen, kam die Pfarrersköchin und überprüfte misstrauisch, ob die Saarländerin auch wohl kein Möbelstück mitgenommen hatte!

Auch unserer Ernährung nahm sich der Schlossverwalter an. Er legte bei Bauern ein gutes Wort für uns ein, und so konnten wir bei ihnen „hamstern", mal gab es ein Ei, mal ein Brot, und als wir irgendwoher eine Flasche organisiert hatten, auch Milch. Meine Mutter ging zu Bauern auf den Hof und machte Flick- und Näharbeiten. Oft half ich dabei und erlernte so das Nähen. Dafür bekamen wir Brot, Butter und Speck. Da wir offiziell im Ort gemeldet waren, erhielten wir Lebensmittelmarken. Als ich mit unseren Brotmarken einmal beim Bäcker war, fragte man mich, ob ich wohl mit „Ausschussbrot" zufrieden sei, dafür brauchte ich nur „halbe Marken". Ich erfuhr, dass es sich dabei um Brot handelte, dessen Rinde beim Backen gerissen war und das die verwöhnten Bauersfrauen dem Bäcker nun nicht mehr abnahmen! Seither kauften wir nur noch Ausschussbrot. Bei der Mühle gab es weißes Mehl, aber man bekam es nur in ein mitgebrachtes „Sackl". Nun nähte meine Mutter aus Taschentüchern „Sackl", und die wurden uns auch tatsächlich mit wunderbarem Mehl gefüllt. Im Schlossgarten durften wir uns in einer Ecke ein Stück Land urbar machen. Mein Vater grub riesige Wurzeln aus, und wir Städter bauten Gemüse und Kartoffeln an, vielfach belacht von den Bauern! Der Verwalter lieh mir seine Pilzbücher, die einzige Lektüre, die mir zur Verfügung stand, und so entwickelte ich mich zur Pilzexpertin und trug im Sommer und Herbst nicht unwesentlich zur Versorgung bei.

Dass die Dorfbewohner nicht viel von uns Flüchtlingen hielten, war deutlich zu merken. Als sie noch dazu erfuhren, dass wir evangelisch waren, waren sie noch reservierter. Eine Bäuerin fragte mich allen Ernstes: „Bist du denn Christin?" Auf meine überraschte Gegenfrage, wieso sie das bezweifle, sagte sie: „Ihr seid's doch evangelisch!" Ab und zu kam ein evangelischer Pfarrer von weit her ins Dorf und suchte seine Glaubensgenossen auf. Er schenkte meinem Vater eine Bibel, die ich noch heute besitze.

Immer wieder erschienen plötzlich Trecks mit Pferd und Wagen aus dem Osten und mussten untergebracht werden, für die Dorfbewohner natürlich auch nicht sehr angenehm. Als der Krieg am 8. Mai 1945 zu Ende war, riefen die Treckenden: „Jetzt geht's heim!" und machten sich mit ihren Fuhrwerken, von uns beneidet, davon. Aber schon bald kamen sie zutiefst enttäuscht zurück, denn sie waren nicht über die neugezogenen Grenzen gelassen worden. Es handelte sich vor allem um die Oder-Neiße-Linie, die bereits in den alliierten Kriegskonferenzen als deutsche Ostgrenze vorgesehen war.

Bekanntlich waren bei der letzten, der Potsdamer Konferenz, in der zweiten Julihälfte 1945 entscheidende personelle Veränderungen gegenüber den drei vorangehenden Treffen in Teheran, Casablanca und Jalta eingetreten. Der amerikanische Präsident Roosevelt war kurz vor Ende des Krieges gestorben, an seine Stelle war Truman getreten. Churchill hatte während der Konferenz die Unterhauswahlen verloren und war von Attlee abgelöst worden. Die beiden Neuen waren nicht in dem Maß vertraut mit den vorigen Abmachungen, sodass sie nicht wussten, dass es zwei Flüsse namens Neiße gab, die Lausitzer und die Glatzer Neiße. Von letzterer, die östlich von Breslau in die Oder mündet, war im Zusammenhang mit der neuen deutsch-polnischen Grenze bisher immer die Rede gewesen, aber Stalin klärte seine Konferenzpartner darüber nicht auf. So wurde fast das gesamte Niederschlesien dem „westverschobenen" polnischen Staat zugeschlagen.

Ich war seit Oktober 1944 nicht mehr in der Schule gewesen, aber hätte doch gerne mein Abitur gemacht. Die einzige Schulmöglichkeit gab es in Osterhofen, wo 1946 die Englischen Fräulein eine 3-klassige Mittelschule für Mädchen wiedereröffnet hatten. Ich fuhr nun werktags um 6 Uhr morgens mit dem Milchauto nach dem 10 km entfernten Plattling, um dort den Bus nach Osterhofen zu erreichen. Aber es war alles schrecklich. Ich war ja nun schon 18 Jahre alt und fürchterlich gekleidet mit abgetragenen Sachen und Holzschuhen, während die Bauerntöchter, die die Schule besuchten, gut und modern gekleidet waren, denn im Tausch gegen Lebensmittel war inzwischen alles zu haben.

Hier konnte ich nicht bleiben, ich wollte nur noch weg, auch aus der Gegend. Über Beziehungen hatte ich am Krankenhaus in Hamburg-Eppendorf eine Ausbildungsstelle zugesagt bekommen, aber meine Eltern ließen mich nicht weg. Ich war ja noch nicht volljährig. Sie erlaubten mir aber, zu Freunden und Verwandten, die nach der Flucht auch im Westen gelandet waren, zu fahren, oft per Anhalter. So war ich jeweils einige Wochen in München, Hannover, Münster und Dortmund und suchte dort eine Ausbildungsmöglichkeit, leider vergeblich. Schließlich landete ich 1948 bei einer Tante in Berlin, die dort wieder mit Molkereiprodukten handelte. Ich erinnere mich an eine Behelfsbude, die als Laden und Anlieferungsstelle diente. Alles Geld, das wir tagsüber einnahmen, stopften wir in eine riesige Ledertasche. Es war viel Geld, das wir abends zählen mussten, denn die Leute aus dem Osten mussten 6:1 umtauschen, um an begehrte Westwaren zu kommen. Wir wohnten sehr beengt, denn die Tante war mehrere Male ausgebombt worden, hatte es aber immer geschafft, einen Koffer mit den Familienfotos zu retten. Nun nahm sie die gesamte Verwandtschaft aus dem Osten auf, sogar einen 7-jährigen fremden Jungen, dessen Eltern umgekommen waren. Auf dem Schwarzmarkt tauschte und organisierte sie Stoffe und Schuhe. Nach der Berliner Zeit half ich noch kurze Zeit einem Vetter in Schwerte an der Ruhr, der in Breslau zwei Parfümeriegeschäfte gehabt hatte und neu anfangen wollte, kehrte aber Ende 1949 zu meinen Eltern nach Niederpöring zurück.

Dass ich das niederbayerische Dorf verließ, hängt damit zusammen, dass ich meinen Mann kennengelernt hatte. Er hatte in unserem Schloss seine Mutter wiedergefunden, und so waren wir auch bekannt geworden. Nach unserer Verlobung ging er nach Mannheim, wo er wieder versuchte, ein Handelsunternehmen aufzubauen, so wie es sein Vater in Breslau gehabt hatte. Das gelang ihm auch. Mannheim war im Krieg stark zerstört worden, und so wohnte er schwarz in Mannheim, da er keine Zuzugsgenehmigung bekam. Er hatte einen „Schlafplatz" am Böcklinplatz. Als ihm ein Leerzimmer im Souterrain eines Hauses in der Dürerstr. 93 angeboten wurde, griff er zu, und wir heirateten am 9. Dezember 1950. Meine Mutter brachte das Hochzeitsessen aus Bayern mit, meine Tante hatte den Stoff für das Brautkleid ertauscht, das ich selbst im ehemaligen Tennisplatzbunker am Goetheplatz, wo die Arbeiterwohlfahrt Nähmaschinen auslieh, fertig genäht habe. Meine Schwester säumte noch am Hochzeitstag den Brautschleier. Ein Freund meines Mannes, Arzt in Dortmund, kam mit seinem wackligen Ford, um uns zur Thomaskirche zu fahren. Dort wurden wir von Pfarrer Blail getraut.

Unser Leerzimmer war feucht, Schimmel blühte an der Wand, und nachdem mein Mann jeden zweiten Tag zum Wohnungsamt gelaufen war, erhielten wir eine Zwei-Zimmer-Wohnung mit Küche und riesiger Terrasse in Neuostheim. Nach der Geburt unseres ersten Sohnes konnten wir zunächst eine Drei-Zimmer-Wohnung in der Oststadt beziehen, die später auf fünf Zimmer erweitert werden konnte, nachdem wir inzwischen drei Kinder hatten. Das war nur möglich, weil mein Mann durch einen Kredit von Geschäftsfreunden den nicht unerheblichen Baukostenzuschuss leisten konnte, der später abgewohnt werden konnte. Hier lebe ich immer noch.

Da ich immer noch meiner unterbrochenen Ausbildung nachtrauerte, besuchte ich zwei Jahre lang abends und samstags die Akademie für Bürowirtschaft in Grünstadt und gab danach Unterricht im Berufsbildungswerk Mannheim in bürotechnischen Fächern, zuletzt in einer Klasse mit psychisch kranken Jugendlichen und einer für Bürokaufleute. Ich war froh darüber, denn 1988 starb mein Mann, und zwei meiner Kinder waren noch in der Ausbildung.

Mein Mann wollte Breslau nie mehr wiedersehen. Ich fuhr 1989 mit meiner Schwester und meinem ältesten Sohn das erste Mal hin und traf dort auf eine sehr abweisende Bevölkerung. 2008 flog ich noch einmal in meine alte Heimat, und alle drei Kinder begleiteten mich. Da erlebte ich eine ganz andere Stadt und bin jetzt mit der Situation ausgesöhnt, denn die jungen polnischen Menschen dort fühlen sich wie ich auch als Europäer. In Mannheim bin ich jetzt zu Hause, aber Breslau, Schlesien bleibt meine Heimat. Und noch eins werde ich nie vergessen: Ich habe sie verloren, weil mein Land einen verbrecherischen Krieg geführt hat, um „Lebensraum“ im Osten zu erobern.

Hildegard Urban hat 2007 eine im Verlag Kohlhammer erschienene Schrift vorgelegt, die sich in Kooperation mit dem Historischen Institut der Universität Mannheim mit Flucht und Vertreibung und den Wegen nach Mannheim im Spiegel von Zeitzeugeninterviews befasst. Ihr war es damals darum gegangen, Studierende der Universität und Zeitzeugen miteinander in Kontakt zu bringen. Das Thema hat sie nie losgelassen, und als sie hörte, dass anlässlich des 80. Jahrestags des deutschen Angriffs auf Polen, mit dem das ganze Unheil begann, die ChristusFriedenGemeinde ein größeres Projekt in Angriff nahm, hat sie sich sofort gemeldet. Sie ist der Gemeinde seit langen Jahren eng verbunden und war 17 Jahre Mitglied des Ältestenkreises.

Marianne Altenheimer geb. Berg: Von Breslau (630.000 Einwohner) nach Waltersbrück (400 Einwohner)

Ich wurde am 19. April 1938 in Breslau geboren, ein Jahr später meine Schwester Ursula. Wir bewohnten in der Victoriastr. 19 im 2. Stock eine 5-Zimmer-Wohnung, Küche, Bad und WC.

Vor der Flucht: immer wieder kleine Abschiede

Als der Zweite Weltkrieg begann, geriet unsere heile Welt aus den Fugen. Mein Vater wurde sofort als Soldat eingezogen. Ich kann mich nicht erinnern, ihn während des Krieges einmal gesehen zu haben. Das war schon schlimm genug, aber meine Mutti war so mitgenommen von den Ereignissen, dass sie uns zwei kleine Töchter nicht versorgen konnte. So gab sie mich für einige Zeit in die Familie ihres Bruders Erich, der in Sorau, einer Kreisstadt in der Niederlausitz, aber östlich der Neiße gelegen, eine Stellmacherei betrieb, die schon sein Vater gegründet hatte. Die Familie, zu der die zwei Töchter Ruth und Gerda, Jahrgang 1935 und 1936, gehörten, lebte im Elternhaus meiner Mutter. Wie lange ich dort blieb, weiß ich nicht mehr, aber es muss über Weihnachten gewesen sein, denn Onkel Erich, der noch nicht eingezogen war, hat mir ein Puppenbett geschreinert. Anfang 1944 wurde der Onkel von der Wehrmacht freigestellt, er war also UK, wie man sagte, da sein Betrieb für die Wehrmacht arbeiten musste, es handelte sich vermutlich um die Herstellung von Gewehrschäften.

Zunächst verlief die Kleinkinderzeit glücklich – wenn man vom abwesenden Vater einmal absieht –, aber im vierten bzw. dritten Lebensjahr erkrankten meine Schwester und ich an Hilus-Tbc, einer Erkrankung der Lymphknoten. Wir kamen für längere Zeit in eine Heilstätte. Meine Schwester war wohl noch länger in dem Sanatorium als ich, denn auf einem Foto aus dem Jahr 1942, das anlässlich der Beerdigung unserer Großmutter von allen ihren Enkelkindern aufgenommen wurde, fehlt sie.

Marianne und Ursula vor dem Wohnhaus

Nachdem sie wieder gesund geworden war, besuchten meine Schwester und ich weiter unseren Kindergarten, immer wieder unterbrochen von Fliegeralarm, sodass wir uns immer öfter im Keller aufhielten.

Der 1. August 1944 war für mich ein großer Tag: Ich wurde eingeschult und ging stolz in die Schule in der Augustusstraße. Doch bereits am ersten Schultag gab es Ferien bis auf Weiteres, da der gesamte Schulbetrieb eingestellt wurde. Damit wir dem ständigen Fliegeralarm entgehen konnten und um mir den Schulbesuch zu ermöglichen, gab uns unsere Mutter zu einer befreundeten Familie nach Trebnitz, eine malerische über 800 Jahre alte Kleinstadt im Katzengebirge, 20 km nördlich von Breslau. Die Familie Werner bestand aus der Mutter und zwei Buben im Alter von 13 und 14 Jahren.

Hier besuchte ich die evangelische Schule, denn in Schlesien waren die Volksschulen noch nach Religionszugehörigkeit getrennt. An die Schulzeit in Trebnitz erinnere ich mich nicht gerne. Ich war ja mehrere Monate gar nicht in der Schule gewesen, hatte also noch gar keine Buchstaben und Wörter gelernt. Das interessierte die Lehrerin aber nicht, jedes Mal, wenn ich nicht schnell genug lesen konnte, gab sie mir eine Ohrfeige, mit dem Ergebnis, dass ich nun überhaupt nicht mehr den Mund aufmachte. Gott sei Dank besuchte uns unsere Mutti jeden Sonntag und gab uns dadurch Trost.

Die Flucht in Etappen

Die Rote Armee rückte bereits Anfang Januar 1945 auf unsere Gegend vor, und daher erging der Befehl, dass Trebnitz am 18. Januar von Zivilisten geräumt werden sollte. Nur ein Volkssturmbataillon aus alten Männern und Hitlerjungen und einem Geschütz blieb zur Verteidigung zurück, ein vergebliches Unterfangen, denn am 25. Januar wurde die Stadt besetzt und fünf Tage geplündert und gebrandschatzt. Die historische Altstadt wurde dabei weitgehend zerstört.

Unsere Gastmutter hatte am 18. Januar bereits meinen Ranzen und den meiner Schwester gepackt und wollte mit ihren Söhnen und uns die Stadt verlassen. Doch ich schrie und weinte und weigerte mich, mit ihr zu kommen, ich hoffte, dass meine Mutter uns holen würde. Gott sei Dank erschien sie im letzten Augenblick und holte uns nach Hause, nach Breslau zurück.

Wir kamen gerade rechtzeitig, um am 20. Januar den Befehl des NS-Gauleiters Hanke zu hören, dass Breslau zur „Festung" erklärt worden sei und die Zivilbevölkerung die Stadt sofort verlassen müsse. Diese „Evakuierung" war die reinste Katastrophe. Nichts war vorbereitet, an den Bahnhöfen herrschte Panik, da es gar nicht genügend Züge gab, um die Menschen wegzubringen. Daher ordnete der Gauleiter an, dass die Zivilisten, meist Frauen, Kinder und alte Leute, die Stadt zu Fuß verlassen müssten.

So machte sich auch unsere Mutter mit uns beiden Mädchen zu Fuß auf den Weg. Es herrschte eine Eiseskälte, es lag hoher Schnee. Wir schlossen uns Ochsen- und Pferdetrecks an, die aus dem Osten kamen und mit Frauen und Kindern vollbesetzt waren. Aus Angst, uns in dem Gedränge zu verlieren, hatte meine Mutter meine Schwester und mich wie ein Pferdegespann mit Seilen zusammengebunden und sich die Schnur an ihrem Handgelenk befestigt. Zur Vorsorge trugen wir auch unsere Schwimmausweise um den Hals, auf denen unsere Namen, die Geburtsdaten und eine Adresse angegeben waren für den Fall, dass wir doch verloren gehen sollten. Es war eine Adresse in Nordhausen im Harz.

Drei Tage und drei Nächte waren wir zu Fuß unterwegs. Eine riesige Menschenschlange kroch durch den Schnee. Immer wieder gab es Tieffliegerangriffe, dann warfen sich alle in den Schnee, und es herrschte ein ungeheures Geschrei und Gestöhne. Schließlich hatten wir das Glück, dass uns zurückflutende Soldaten in ihr Fahrzeug einsteigen ließen. Sie nahmen uns mit bis Sorau in der Niederlausitz, wo wir bei Tante Liesel unterkamen, der Frau von Onkel Erich, dem Stellmachermeister, der mittlerweile wieder eingezogen worden war.

Doch die Rote Armee rückte zügig nach Westen vor, was bedeutete, dass wir nach wenigen Tagen der Ruhe Sorau verließen. Es war der 13. Februar 1945. Jetzt waren wir zu sechst: Tante Liesel mit ihren zwei Töchtern und meine Mutter mit uns beiden. Wieder hatten wir Glück, dass uns ein Soldatenfahrzeug aufnahm, aber als meine Mutter mit uns vier Kindern aufgeladen war, fuhr das Auto los, und Tante Liesel stand mit dem Kinderwagen, in dem sich unser Gepäck befand, noch unten. Ein entsetzlicher Schreck! Gott sei Dank hatten die beiden Frauen rechtzeitig unser nächstes Etappenziel besprochen. Es sollte der kleine Ort Triebel im östlichsten Vogtland sein, wo die jüngste Schwester meiner Großmutter mit Mann und Tochter wohnte. Dahin brachte uns unser Lastwagen, und auch Tante Liesel tauchte am Abend mit dem Gepäck bei uns auf.

Als meine Mutter sich am nächsten Morgen am Bahnhof erkundigen wollte, ob und wann ein Zug westwärts ginge, kam ihr ein Soldat in Strümpfen entgegen, die Stiefel in der Hand, der ihr zurief: „Um Gottes Willen, hauen Sie ab, die Russen kommen!“ Sie rannte nach Hause, holte uns alle, es gelang uns, in einen Güterwaggon zu kommen, in dem wir die nächsten zwei Tage und zwei Nächte stehend verbrachten. Wir hatten den Eindruck, dass der Zug 50 km hin und dann wieder her fuhr, mal nach Norden, dann wieder zurück, man schien nicht zu wissen, wohin wir Flüchtlinge gebracht werden sollten. Als sich das Gerücht verbreitete, dass Dresden unser Ziel sei, die Stadt, die wenige Tage vorher in einem alliierten Bombenhagel untergegangen war, entschieden meine Mutter und meine Tante sich zum Handeln. In Hoyerswerda stiegen wir mit unserem Gepäck aus.

Von hier ging es zunächst zu Fuß weiter, streckenweise auch mit einem Militär-Lkw, dann wieder zu Fuß. So erreichten wir schließlich Nordhausen am Harz, wo die Schwiegereltern des ältesten Bruders meiner Mutter wohnten. Es handelte sich um eine ruhig dahinlebende Beamtenfamilie, die nicht sehr erfreut war, dass wir ihr ins Haus schneiten: zwei klagende Frauen, die eine strapaziöse Flucht hinter sich gebracht, die allen Besitz verloren hatten, die nicht wussten, ob ihre Männer noch lebten. Dazu vier Kinder im Alter von 10, 9, 7 und 5 Jahren!

Ankunft im Westen

Etwa 14 Tage blieben wir hier, dann drängte es meine Mutter und meine Tante weiter nach Westen. Wir landeten im hessischen Witzenhausen, wo eines der großen Flüchtlingslager entstanden war. Um sich die Herausforderung an den Ort vorzustellen, seien zwei Zahlen genannt: Vor dem Krieg hatte Witzenhausen etwa 5.000 Einwohner, im September 1945 waren es über 10.000. Und wir waren sechs von ihnen!

In der Erinnerung ist es mir so, als ob wir Flüchtlinge wie Vieh über die Dörfer getrieben wurden. Wir landeten in Waltersbrück, einem kleinen Dorf mit etwa 400 Einwohnern, im heutigen Schwalm-Eder-Kreis gelegen. Bei einem Bauern bekamen wir sechs Personen ein Zimmer, in dem drei Betten standen. Als Anfang 1946 plötzlich mein völlig ausgemergelter Vater auftauchte, „wohnte“ auch er bei uns.

Die Dorfbewohner ließen uns ihre Abneigung deutlich spüren. Mein Vater hatte aus der Gefangenschaft im Osten eine Knochen-Tbc mitgebracht, und daher war ihm eine Kur in Falkenstein im Taunus zugebilligt worden. Die Dörfler hielten ihn für einen Simulanten, der nicht arbeiten wolle. Anfang 1947 verschlechterte sich seine Lage, er kam nach Fritzlar ins Krankenhaus, im Juni nach Marburg, wo er am 10. Dezember 1947 starb. Da war ich noch keine 10 Jahre alt. Bei seiner Beerdigung auf dem Waltersbrücker Dorffriedhof schnappte ich auf, wie eine Frau zu einer anderen sagte: „Also war er doch wohl krank gewesen!"

Wir kommen zurecht

Meine Mutter und wir Kinder arbeiteten zunächst bei Bauern auf dem Feld, meine Mutter nähte auch für das Altenheim. Dank der Fürsprache eines Bekannten aus Waltersbrück, der Beziehungen zu guten Firmen in Kassel hatte, bekam meine Mutter dort eine entwicklungsfähige Stelle: Sie stieg vom „Springer" zur Chefsekretärin beim Vorsitzenden auf. Täglich fuhr sie nun 50 km mit dem Zug hin und zurück. Wir Schwestern mussten notgedrungen selbstständig werden. 1950 bestanden wir die Aufnahmeprüfung für die Quinta der Realschule in Borken, was bedeutete, dass wir ein Jahr Englisch nachlernen mussten. Ostern 1953 wurde ich in Waltersbrück konfirmiert. Wir waren 11 Konfirmanden, von denen 10 keinen Vater mehr hatten!

Ursula und Marianne 1950

Zum 2. November 1953 bekam meine Mutter für uns die Zuzugsgenehmigung nach Kassel. Was für eine Erleichterung! Hier machten meine Schwester und ich 1955 die Mittlere Reife. Gerne wäre ich weiter zur Schule gegangen, aber das konnte sich meine Mutter nicht leisten, zumal damals noch Schulgeld bezahlt werden musste.
Ich lernte bei einer Gebäudeversicherung, schloss als Jahrgangsbeste ab und machte, als ich schon bei der Firma Wintershall arbeitete, ein Fernstudium als Versicherungskauffrau. Hier war ich bis zu meiner Heirat 1973 in herausgehobener Position tätig.

Meine Mutter, die ich nur als starke Frau erlebt habe, wurde 100 Jahre alt. Onkel Erich, Mutters Bruder, der Mann von Tante Liesel, der Ende 1944 noch eingezogen worden war, ist nicht zurückgekommen. Über sein Ende ist nichts bekannt.

Marianne Altenheimer genießt heute die Fürsorge ihrer Familie, zu der neben ihrem Mann zwei Kinder und zwei Enkelinnen gehören.

Rudolf Sowieja: Vom Dorf Kallen in Niederschlesien in das Dorf Krossen in Sachsen-Anhalt

Am 12. November 1939 wurde ich in Kallen geboren, einem Dorf im Kreis Ohlau in Niederschlesien, südöstlich von Breslau. Einige wenige Großbauern beherrschten den Ort, in dem ich mit einer sechs Jahre älteren Schwester und einem zehn Jahre älteren Bruder aufwuchs. Mein Vater hatte bei einer Baufirma gearbeitet, war aber eingezogen worden und wurde bei Stalingrad als vermisst gemeldet. Meine Mutter war Tagelöhnerin.

Im Januar 1945 sprachen die Erwachsenen darüber, dass die Russen näherkämen, und so war es auch. Man hörte die Stalinorgeln immer deutlicher, und daher gingen wir in den Keller. Wir saßen eng an eng, wir vier, eine Tante mit ihrer Tochter, eine Nachbarin und eine Cousine, die das zur „Festung" erklärte Breslau verlassen hatte. Unser Haus wurde von einer Granate getroffen, der Eingang des Kellers war verschüttet, wir waren also gefangen. Meine Mutter und meine Tante versuchten, das Eisengitter vor den Kellerfenstern aufzubrechen, was mit Unterstützung des Volkssturms, der von außen tätig war, schließlich auch gelang. Das Haus war unbewohnbar, und so zogen wir ein paar Häuser weiter zu den Großeltern väterlicherseits. Da wurde es nun wirklich eng, da die Schwester meines Vaters mit ihren zwei Töchtern dort auch schon Zuflucht gesucht hatte. Ich weiß das Datum noch genau, es war der 30. Januar, der Geburtstag meiner Oma, der immer groß gefeiert worden war. Diesmal aber war keinem zum Feiern zumute, es war alles viel zu eng.

Zudem erschien der Bürgermeister von Kallen, der die Anordnung verkündete, dass die zivile Bevölkerung den Ort verlassen müsse. Wir sollten Gepäck für drei bis fünf Tage mitnehmen, dann könnten wir wieder zurück, dann wären die Russen in die Flucht geschlagen.

Meine Großeltern entschieden sofort, dass sie nicht mitgehen würden, dafür seien sie viel zu alt. Auch ein Teil der Großbauern wollte da bleiben, um das Vieh zu versorgen. So machte sich nun ein Treck auf den Weg, der aus 70-80 Leuten bestand. Bauern mit Pferdewagen boten Kindern und alten Leuten Platz, die anderen mussten zu Fuß gehen. Meine Mutter und meine Tante schoben ihre Fahrräder nebenher, an deren Lenkern schwere Taschen hingen. Viel Gepäck war es nicht. Wir kamen nicht weit, im Nachbarort übernachteten wir in einer Schule und brachen am nächsten Tag nach Wansen auf, wo es eine Bahnstation gab. Von hier aus sollten uns Züge in Sicherheit bringen. Tagelang waren wir in den Personenzügen unterwegs, wurden oft auf Abstellgleise geschoben und landeten schließlich Ende Februar, Anfang März in einem Ort im heutigen Tschechien. Wir wurden in einem ehemaligen Lager für Kriegsgefangene einquartiert, das bereits von Tschechen übernommen worden war. In riesigen Räumen versammelten sich die Familien, meist junge Mütter mit Kindern, um mehrere Betten. Mein Bruder war uns auf der Fahrt abhanden gekommen. Er war damals 16 Jahre alt und von den berüchtigten Feldjägern für den „Endkampf" requiriert worden. Meine unglückliche Mutter hatte es nicht verhindern können.

Nach wenigen Tagen wurden wir von den Tschechen in Güterwagen gesteckt, die uns über Prag in das völlig zerstörte Dresden brachten. Da wir hier nicht bleiben konnten, ging die Fahrt weiter über Bad Elster, Bad Brambach, Eger nach Asch. Hier endete die Reise im April 1945, wir waren wieder im heutigen Tschechien. Wir kampierten wochenlang auf einer Kegelbahn. Von Asch aus, das nahe an der deutschen Grenze liegt, machten abenteuerlustige junge Leute, unter anderem auch meine Schwester, Abstecher nach Selb, das bereits von den Amerikanern besetzt worden war.

Im Mai ging es plötzlich weiter. Wir wurden wieder in Güterwagen verladen. Gepäck hatten wir kaum noch, die beiden Fahrräder waren uns längst abhanden gekommen. Wir wurden nach Zeitz in Sachsen-Anhalt gebracht, wo wir in die Moritzburg einzogen. Es war zwar ein Schloss, aber hundekalt und völlig ungeeignet für die Flüchtlingsscharen. Es gab kaum etwas zu essen, wir hungerten erbärmlich und wurden nach etwa sechs Wochen verteilt: Eine Schwester meines Vaters mit ihrer Tochter kam nach Borna bei Leipzig, eine andere blieb mit ihren zwei Töchtern in Zeitz, und meine Mutter, meine Schwester und ich kamen nach Krossen in Thüringen.

Wir wurden beim Bauern Steuer und seiner Frau eingewiesen, die einen mittleren Bauernhof mit 20-30 ha, 10 Kühen und 4 Pferden bewirtschafteten. Wir bekamen ein Zimmer, ich musste mir mit meiner Schwester ein Bett teilen. Es waren besondere Bauern, bei denen wir gelandet waren, denn sie hatten alle fünf Söhne Abitur machen und studieren lassen. Einer starb mit 20 Jahren an Schwindsucht, die anderen wurden nach ihrem Studium als Offiziere eingezogen. Der Geologe und der Agrarwissenschaftler waren gefallen, der Arzt und der Tierarzt kamen zurück und eröffneten Praxen diesseits und jenseits der Zonengrenze.

Rudolfs Kommunion 1949 mit Schwester und Mutter

Meine Mutter arbeitete sofort mit in der Landwirtschaft, daher mussten wir uns um die Ernährung nicht viele Sorgen machen. Meine Schwester ging nach Ende ihrer Schulzeit in eine Zigarrenfabrik, und ich kam 1946 in Krossen in die Schule. Das war ein armseliger Anfang. Eine Zuckertüte wie die anderen Kinder hatte ich nicht, die Gemeinde gab vielmehr jedem Flüchtlingskind einen Schuhkarton mit drei Äpfeln drin. Ich war in meiner ganzen Schulzeit auf mich allein angewiesen, meine Mutter hatte keine Zeit, sich um mich zu kümmern, und wenn nicht die Bauersfrau Liddy mich ab und zu aufgefordert hätte, ja recht brav zu lernen, weiß ich nicht, was aus mir geworden wäre. Ich betrachtete sie als Art „Pflegemutter".

Freizeit nach dem Unterricht gab es für mich nicht. Ich half auf den Feldern und im Hof, schüttete Mist auf, pflügte, verzog Rüben im Frühjahr und sortierte sie im Herbst, wendete das Heu und stellte die Getreidegarben auf, fädelte Tabakblätter auf Schnüre und sägte und hackte die zwei jeden Sommer gefällten Pappeln zu Feuerholz. Mein Lohn war das Essen. Besonders gerne fuhr ich in den Ferien zu einem kinderlosen Bruder der Bäuerin Liddy, der mit seiner Frau in Quaschwitz, einem winzigen Dorf in der Nähe von Neustadt an der Orla, eine Landwirtschaft und einen Schankbetrieb besaß. Dort half ich gerne, die Leute waren herzensgut und gaben mir jedes Mal 200-300 Mark, ein Vermögen für mich. Sie hätten ihren Besitz gerne an mich übergeben, aber Anfang der 50er Jahre begann die Kollektivierung, und so sagten sie zu mir: „Landwirtschaft hat keine Zukunft!"

So sah das offenbar auch unser Bauer Steuer, der als Privatbauer durch ein ständig steigendes Abgabesoll für die Kollektivierung gefügig gemacht werden sollte. Er ertrug das nicht mehr und brachte sich um. Meine Mutter fand ihn erhängt in seiner Scheune. Wie auf dem Land üblich, wurde er im eigenen Haus bzw. dem Keller aufgebahrt, die Nachbarn verabschiedeten sich von ihm, und seine eigenen Pferde zogen ihn auf dem eigenen Wagen zum Friedhof.

Von meinem Bruder hörten wir erst wieder 1947. Er war unversehrt aus dem Krieg gekommen, hatte sich zu einem weitläufigen Verwandten meines Vaters in Duisburg entlassen lassen und über den Suchdienst des Roten Kreuzes erfahren, wo wir abgeblieben waren. Als er uns 1947 besuchte, wurde er von einem Gendarm als „Ortsfremder" angesehen, der hier nichts verloren habe, mit dem Dienstmotorrad zum Polizeipräsidium nach Zeitz gefahren und sofort in die Bundesrepublik zurückgeschickt. In den Jahren danach hatte er aber immer wieder eine Einreiseerlaubnis nach Krossen. Er kam 1961 bei einem Unfall in seiner Zeche ums Leben.

Meinem Bruder verdanke ich es aber, dass ich nicht in dem Bauerndorf hängenblieb. „Du musst etwas aus dir machen!", sagte er bei seinen Besuchen. Regelmäßig überwies er nun an meine Tante Emmy, die in Westberlin lebte, Geld. Ich besuchte sie häufig, was vor dem Mauerbau ja möglich war, und ging mit ihr einkaufen. Sie legte Wert darauf, dass ich das Geld vor allem in meine Garderobe investierte. Nach meiner achtjährigen Grundschulzeit kam ich an die Oberschule in Eisenberg. Als uns im 10. Schuljahr ein neuer Bildungsweg vorgestellt wurde, nämlich zugleich mit einer Berufsausbildung ein Ingenieurstudium zu absolvieren, war ich elektrisiert. Das war mein Weg! Ich verließ die Oberschule, besuchte die Ingenieurfachschule und war mit 20 Jahren Bauingenieur.

Meine Großeltern, die in Niederschlesien zurückgeblieben waren, wurden 1947 aus dem nunmehr polnischen Gebiet ausgewiesen. Sie gelangten nach Worbis im Eichsfeld, der katholischen Enklave in der DDR, und wohnten im dortigen Pfarrhaus. Meine Großmutter, eine fromme, kirchentreue Katholikin, war glücklich. Nach dem Tod meines Großvaters holte meine Tante sie nach Borna. In ihren letzten Lebensjahren sah sie in mir, wenn ich sie besuchte, immer den bei Stalingrad vermissten Sohn. „Da bist du ja, Karl," sagte sie und strahlte. Meine Mutter starb 1961, bis zu Konrad Adenauers Moskaureise 1955 und der Heimkehr der letzten 10.000 Soldaten aus russischer Gefangenschaft hatte sie gehofft, dass ihr Mann zurückkehren würde.

Rudolf Sowieja war in mehreren Kombinaten im Raum Halle als Bauingenieur tätig, viele Jahre in leitender Position. Als er zusammen mit seinem Lebenspartner 1986 einen Ausreiseantrag in die Bundesrepublik stellte – das Bauwesen spielte ideologisch keine entscheidende Rolle –, wurde er im Gegensatz zu diesem nicht entlassen, sondern vom Abteilungsleiter zum „Mitarbeiter“ mit entsprechender Gehaltskürzung heruntergestuft und als Reserveoffizier degradiert, nämlich vom Hauptmann zum einfachen Soldaten. Das ertrug er gleichmütig. Nach der Ausreise 1989 wurde sein Studienabschluss unbürokratisch anerkannt, er war zunächst kurz in einem Baubüro in Ludwigshafen beschäftigt und arbeitete dann bis zu seiner Pensionierung beim Staatlichen Straßenbauamt Speyer.

Helma Trechmann geb. Schwebs: Vertrieben aus Stettin

Am 18. Juli 1938 wurde ich als drittes von vier Kindern in Stettin geboren. Ich wuchs dort in einem Haus mit acht Wohnungen auf, das meinen Großeltern gehörte, die auch im Haus wohnten. Mein Vater war Kraftfahrer in der Fleisch- und Wurstfabrik seines Onkels. Gleich um die Ecke befand sich eine ausgedehnte Laubenkolonie, in der auch meine Großeltern einen großen Garten hatten. Daher fand im Sommer das Alltagsleben weitgehend im Freien statt. In meiner Erinnerung nur ein einziges Mal, es war wohl der 1. Mai eines Jahres, sah ich die Beflaggung aller Häuser unserer Straße mit Hakenkreuzfahnen. Gewünscht war auch, dass sich in den Wohnungen ein Hitlerbild befand, das unsere hing hinter dem Ofen. Unsere Familie tat da nur das Nötigste, und das aus nachvollziehbarem Grund: Ein Bruder meines Vaters, der in den Jahren der durch die Weltwirtschaftskrise bedingten Arbeitslosigkeit in Dresden Arbeit gefunden hatte, wurde dort 1933 beim Verteilen einer kommunistischen Zeitung erwischt und im Gefängnis umgebracht. Den Totenschein erhielt seine Frau erst im Frühjahr 1934.

Meine frühe Kindheit verlief weitgehend angenehm. 1941/42 verbrachte ich sogar einmal vier Wochen mit meiner Mutter und den Geschwistern in Ahlbeck auf der Insel Usedom. Dorthin waren wir als kinderreiche Familie zum Urlaub „evakuiert“ worden. Aber bereits 1943 fielen auch auf Stettin erste Bomben, die das Schloss und das sogenannte Bollwerk mit einem alten Wohnviertel zerstörten und einen tiefen Krater hinterließen. In diesem Jahr verbrachten wir noch vier Wochen auf „Gut Langenfelde“, Kreis Grimmen. Hier kam uns mein Vater besuchen und brachte seinen Stellungsbefehl mit. Ende dieses Jahres wurde er, Jahrgang 1903, eingezogen. Ich erinnere mich, wie wir ihn zur Kaserne brachten. Solange er in der Nähe war, schickte er uns Kindern immer seine „eisernen Rationen“, die darin enthaltene Schokolade und die Dosen mit Scho-Ka-Kola interessierten uns besonders.

Scho-Ka-Kola ist eine stark koffeinhaltige Schokolade, die es seit 1935 gab. Sie wurde im Zweiten Weltkrieg vorzugsweise den „eisernen Rationen“ von Flugzeugbesatzungen beigefügt, weshalb sie auch Fliegerschokolade genannt wurde.

1944 wurden die Bombenangriffe häufiger. Meine Mutter, die immer den streng verbotenen „Feindsender“ BBC hörte, der in deutschsprachigen kurzen Meldungen Bombenangriffe auf deutsche Städte bereits beim Start der Flugzeuge in England bekanntgab, weckte uns dann, denn der Tiefbunker, dem wir zugeteilt waren, lag 20 Minuten Fußmarsch entfernt. In einer Nacht im August 1944 heulten die Sirenen ununterbrochen, als meine Mutter uns aus dem Bett holte. Während sie meinen Bruder – 4 ½ Jahre – anzog, konnte ich mich schon selbst fertig machen. Meine ältere Schwester war auf der Insel Rügen mit ihrer ganzen Schulklasse „kinderlandverschickt“, mein damals 17-jähriger Bruder, der eine Druckerlehre machte, blieb oft einfach im Bett liegen, was allerdings streng verboten war. Meine Mutter hatte für den Bunkergang immer eine Tasche griffbereit im Flur stehen, darin waren die Familienpapiere und zwei Flaschen Wasser. Meine Tante, die Schwester meiner Mutter, und meine Cousine waren noch nicht fertig, als wir losgingen, und wollten nachkommen.

Als wir nach der Entwarnung den Bunker verlassen konnten, brannte es überall lichterloh. Offene Flammen schlugen aus den Fenstern. Meine Mutter leerte über unseren Köpfen die beiden Wasserflaschen aus und versuchte mit uns über die Laubenkolonie zu unserem Haus zu gelangen. Auf dem Boden lag immer wieder Phosphor, mit dem wir auf keinen Fall in Kontakt kommen durften. Während bis auf vier Häuser in unserer Straße alles zerstört war, war unser eigenes Haus „nur" von einer Brandbombe getroffen worden. Diese war im Dach eingeschlagen und dann Gott sei Dank nicht durch die Wohnungen, sondern durchs Treppenhaus nach unten gefahren, wo sie in einem dort befindlichen „Sandkasten", wie sie in allen Stockwerken aufgestellt sein mussten, verlosch. In unserem Garten saßen die Obdachlosen der umliegenden Häuser. Meine andere Oma und eine Tante, die eine Querstraße weiter wohnten, verbrachten den Angriff in einem Splittergraben. Ihr Haus wurde total zerstört, wie alle anderen Häuser in ihrer Straße.

Als wir in den Gärten nachsahen, ob was kaputt war, kam mein Cousin, nahm mich huckepack und sagte, ich solle die Augen schließen, ich müsste das alles nicht sehen. Es war ja noch nicht aufgeräumt und die Menschen, die es nicht in einen Schutzraum geschafft hatten, lagen tot auf der Straße. In den darauffolgenden Tagen wurden die Keller der zerstörten Häuser ausgeräumt und die verkohlten Leichen auf die Erde gelegt. Sie sahen aus wie verkohlte ca. 50 cm lange Holzstücke. Einen Mann erkannten wir an seiner Uniformkordel, die nicht mit verbrannt war. Da kam niemand, der uns Kinder weggeschickt hätte, sie waren alle mit sich selbst beschäftigt. Meine Mutter hat nie erfahren, was ich da gesehen habe.

Bei dem Angriff im August wurden Altstadt und Hafen zu großen Teilen zerstört, und 40.000 Stettiner wurden evakuiert. Die Stadt wurde in den nächsten Monaten zur „Festung" erklärt, um den Vormarsch der Roten Armee aufzuhalten. Diese umging jedoch Stettin im Süden und rückte auf Berlin vor.

Meine Tante, die es nicht bis in den Bunker geschafft hatte, sondern im Keller des gegenüberliegenden Hauses verschüttet worden war, kam erst am Abend nach Hause. Sie verließ mit ihrer Tochter Stettin und zog zur Familie ihres Mannes nach Torgelow, Kreis Ückermünde. Ein paar Monate später zogen wir auch dorthin.

Ende April bestiegen wir in Torgelow einen Zug, der uns in den Westen bringen sollte. Er fuhr nur noch bis Anklam. Von dort wurden wir mit dem Schiff nach Lassan an der Peenemündung gebracht. Hier sahen wir nachts die Bombardierung von Peenemünde, wo sich seit 1936 die Heeresversuchsanstalt der Luftwaffe befand, die mit der Entwicklung von Raketen befasst war. Bis zum Schluss hoffte die NS-Regierung bekanntlich, durch die V 2, die „Vergeltungswaffe", den Krieg noch zu gewinnen.

Dann zogen die Russen friedlich und Mundharmonika spielend in die Stadt ein, die sich mit weißer Beflaggung ergeben hatte. Doch kurz darauf befahl der russische Kommandant, dass alle „Flüchtlinge" den Ort verlassen und in ihre Heimatorte zurückkehren mussten. Aus Stettin waren wir ca. 20 Personen mit Kindern. Der einzige Mann in der Gruppe bekam ein Dokument in russischer Sprache in die Hand, das freies Geleit bis Stettin garantieren sollte. Wir machten uns auf den Weg. Unser Hab und Gut, für das extra Kisten angefertigt worden waren, ließen wir zurück.

Nach kurzer Strecke, wir konnten die Häuser noch sehen, wurden wir das erste Mal von Russen überfallen, und die Frauen mussten ihren Schmuck hergeben. So ging es dann weiter. Am 17. Mai kamen wir abends, es wurde schon dunkel, in Stettin an und suchten in einer nahegelegenen Gartenkolonie Unterschlupf. Es ist auch gut gegangen, die Frauen sind „verschont" geblieben, und wir konnten am nächsten Tag weitergehen bis zu einer „Kommandantur", wo wir registriert wurden. Es war der 18. Mai 1945.

Es hatte den Anschein, dass sich alles normalisieren würde, und so machten wir uns auf den Weg nach Hause.

In unserer Straße standen nur noch zwei Häuser, eins davon war das meiner Großeltern. Dann wurde unsere Mutter krank. Ein deutscher Arzt operierte sie in einem deutschen Krankenhaus. Meine Oma mütterlicherseits – die andere war beim Einmarsch der Russen gestorben – holte uns nach Blankensee, ein westlich gelegenes Dorf, wo die bäuerliche Welt noch in Ordnung war, auch was die Ernährung betraf. Als meine Mutter wieder gesund war, kehrten wir nach Stettin zurück.

Im Spätsommer 1945 wurde von einem Tag auf den anderen alles anders. Wir bekamen plötzlich keine Zuteilungen mehr, man konnte nur noch mit Zloty bezahlen, es kamen immer mehr Polen in die Stadt. Wir gehörten plötzlich zu Polen!

> *Zwar hatte es im Potsdamer Abkommen vom Juli 1945 noch geheißen, dass die vorläufige deutsche Ostgrenze „von Swinemünde und von dort die Oder entlang bis zur Einmündung der westlichen Neiße" verlaufen sollte, aber Stalin hielt sich nicht daran. Er übergab Stettin, das mit der Altstadt und den meisten Stadtteilen westlich der Oder lag, den Polen. Diese sollten – so war es in den alliierten Konferenzen abgemacht worden – für den Ostteil ihres Landes, das der Sowjetunion zufiel, im Westen auf Kosten Deutschlands entschädigt worden. Dass diese „Westverschiebung Polens" auch Stettin umfassen sollte, war nie vorgesehen, aber Stalin schaffte vollendete Tatsachen.*

Für uns begann nun eine fürchterliche Zeit. Zloty besaßen wir nicht und konnten uns auch keine beschaffen. Meine Mutter und meine Tante suchten alle Wollreste im Haus zusammen und strickten und häkelten Strümpfe und Bettschuhe, die meine Schwester und ich auf dem Schwarzen Markt verkauften. Für das eingenommene Geld kauften wir Brot und Graupen, für mehr reichte es nicht. Als keine Wolle mehr da war, sammelten wir Kristall und Porzellan, was wir tragen konnten und was den polnischen Frauen gefallen konnte, zusammen, um es zu Geld zu machen für Brot und Graupen. Einmal wurde uns das eingenommene Geld von einem polnischen Mädchen gestohlen. Wir mussten ohne Brot nach Hause gehen.

Auf dem Weg zum Schwarzmarkt sahen wir eines Tages einen alten Mann, der einen großen Leiterwagen zog, auf dem unzählige nackte Leichen übereinandergestapelt lagen, die er wohl zum Friedhof brachte. In dieser Zeit starben die Menschen in Stettin an Ruhr und Typhus wie die Fliegen, denn es gab ja keine medizinische Versorgung mehr und keine Nahrungsmittel. Wir wurden regelrecht ausgehungert.

Weihnachten 1945 besaßen wir nichts mehr zum Verkaufen und hatten somit auch nichts mehr zu essen, und wir waren krank aufgrund der Unterernährung und hatten am ganzen Körper Eiterbeulen. In unserer Verzweiflung legten wir uns alle ins Bett, denn zum Heizen hatten wir natürlich auch nichts. Nur unser polnischer Schuhmacher, den wir noch aus besseren Tagen kannten, brachte uns ein Brot. Der einzige Lichtblick in dieser Zeit war, dass mein ältester Bruder, der noch Anfang 1945 17-jährig eingezogen worden war, plötzlich bei uns auftauchte. Er war in Dänemark in Kriegsgefangenschaft geraten, dann nach Ostfriesland entlassen worden und hatte sich von da zu uns durchgeschlagen, weil er uns auf keiner Liste des Roten Kreuzes gefunden hatte.

Als meine Mutter Anfang Januar 1946 von einer Verwandten erfuhr, dass diese mit ihrer Familie demnächst „auf Transport" sei, beschloss auch sie, mit uns vier Kindern das nun polnische Stettin so schnell wie möglich zu verlassen. Sie meldete uns für den Transport in den Westen an. Sie richtete und reparierte Wäsche und Kleider, soweit möglich. Kurz bevor es losgehen sollte, wurden wir im Haus von einer bewaffneten Bande polnischer Jugendlicher überfallen, die aus unserer Wohnung alles mitnahmen, was sie fassen konnten, sodass wir nur noch besaßen, was wir auf dem Leib trugen. Am 28. Februar 1946 verließen wir Stettin: Unsere Mutter, zwei Brüder, eine Schwester und ich. Am Bahnhof wurden wir zunächst entlaust, obwohl wir keine Läuse hatten, und dann einem Sechserabteil zugewiesen, in dem 17 Personen untergebracht waren. Wir waren wochenlang unterwegs, denn Flüchtlingstransporte wurden nicht vorrangig im Eisenbahnverkehr behandelt. Nun schon auf dem Gebiet der SBZ, der Sowjetisch Besetzten Zone, wurden wir bei den oft langen Aufenthalten von Mitarbeitern des Roten Kreuz auf dem Bahnsteig betreut.

Name (bei Frauen auch Geburtsname)
Schwebs
Vornamen (Rufname unterstreichen)
Helma
Geburtstag 18.7. 1938
Geburtsort (Land, Kreis) Stettin/Pommern
Kinder unter 16 Jahren
Vorname Geburtstag
1.
2.
3.
4.
5.
6.

Ständiger Aufenthalt im Bundesgebiet (Berlin-West)
seit: 1. 4. 1946
Wohnort und Wohnung
Mannheim
Neckarauer Str.127
Unterschrift des Inhabers
Mannheim, 21. 2. 1957
Ort Datum
Stadtverwaltung Mannheim
Ausstellende Behörde
Dienststempel
Unterschrift

Flüchtlingsausweis A

Irgendwann hielt der Zug und wir konnten aussteigen. Wir waren in Bad Segeberg in Schleswig-Holstein angekommen. Wir wurden von Helfern des Roten Kreuzes empfangen und in ein Lazarett gebracht. Ich erinnere mich, dass ich an einen Tisch gesetzt wurde und vor mir ein Teller Milchsuppe stand. Das war das Beste, das sie mir geben konnten. Mehr weiß ich von dem Aufenthalt im Lazarett von Bad Segeberg nicht, obwohl wir mindestens zwei Wochen dort waren. Meinem kleinen Bruder, damals sechs Jahre alt, ging es besonders schlecht. Ihn wollten die Ärzte dabehalten, bis er wieder zu Kräften gekommen wäre, aber das ließ meine Mutter natürlich nicht zu. Endlich kamen wir an unserem Bestimmungsort an: Heide in Holstein, wo wir am 9. April 1946 als Flüchtlinge registriert wurden.

In Schleswig-Holstein, das 1939 etwa 1,6 Millionen Einwohner hatte, lebten im Oktober 1946 2,6 Millionen Menschen. Dazu gehörten neben Evakuierten aus dem zerstörten Hamburg vor allem Flüchtlinge aus Pommern und Ostpreußen.

Aber obwohl Heide überfüllt war mit Flüchtlingen, die Stadt war für mich nach allem, was ich erlebt hatte, das Paradies. Zunächst wurden mein kleiner Bruder und meine Schwester für vier Wochen in ein Heim zur Erholung geschickt, und dann wurde ich endlich eingeschult. Ich war ja mittlerweile fast acht Jahre alt und hatte noch nie eine Schule von innen gesehen. Was machte es mir aus, dass in meiner 1. Klasse über 70 Schüler saßen! Was interessierte mich der Schichtunterricht, mal von 8 bis 10 Uhr, die andere Woche von 10 bis 12 Uhr! Hauptsache, ich konnte endlich schreiben und lesen lernen, rechnen konnte ich schon ganz gut.

Als wir kurz vor Weihnachten 1946 ein Zimmer bekamen, 16 m² in der Drei-Zimmer-Wohnung von zwei älteren Damen, waren wir glücklich. Die Küche durften wir nicht benutzen, wir kochten in unserem Raum. Es gab kein Bad im Haus, die Toilette für alle Bewohner des Hauses befand sich im Keller. In dem einen Zimmer spielte sich alles ab, schlafen, kochen, „baden", Hausaufgaben machen, lernen. Eine der Damen war die Witwe eines reichen Bauern aus der Marsch, die andere war ihre gehbehinderte Schwester, die unverheiratet geblieben war. Das einzige, was wir von ihnen bekamen, war ab und zu eine Speckschwarte.

Der Winter 1946/47 war sehr kalt und schneereich. Unser Ofen musste mit Torf geheizt werden wie die übrigen Zimmer auch, aber wir hatten kein Geld, um genügend Torf zu kaufen. Eis befand sich sogar an den Innenwänden. Durch Zufall entdeckten wir später, dass die Damen in ihrem Speicher bis unters Dach Torf gestapelt hatten, aber sie gaben uns nichts davon. Flüchtling zu sein war also schon damals ein hartes Los, es interessierte kaum einen von den Einheimischen, dass wir dieselbe Sprache sprachen wie sie und aus demselben Kulturkreis stammten, ja sogar die Religion war identisch, war doch Heide mehrheitlich genauso evangelisch wie wir, die wir aus Stettin kamen!

Zum Kochen benutzten wir einen zweiflammigen Gaskocher. Das Gas war rationiert und wurde nur zu bestimmten Zeiten „geliefert". Als eines Tages der Gasstrom versiegte, bevor die Kartoffeln gar gekocht waren, trugen meine Mutter und mein Bruder den Topf Kartoffeln, die sie zu Kartoffelbrei verarbeiten wollte, zu einer Nachbarin, die einen Herd hatte, der mit Holz u.a. befeuert werden konnte, um die Kartoffeln gar kochen zu lassen. Meine Schwester, mein kleiner Bruder und ich waren allein im Zimmer, als es plötzlich klopfte. Mein Vater stand vor der Tür, der schwerkrank aus der Kriegsgefangenschaft im russischen Donezbecken entlassen worden war. Nach einer langen Odyssee von Arzt zu Arzt entfernte man 1949 einen taubeneigroßen Nierenstein, und von da an ging es aufwärts mit ihm und mit uns allen. Ich bestand die Aufnahmeprüfung für die Oberschule und bekam sogar eine monatliche „Lernbeihilfe".

Nur schwer konnte ich mich von Heide trennen, als wir 1952 nach Mannheim zogen. Es war ein tränenreicher Abschied.

In Mannheim besuchte ich das Elisabeth-Gymnasium, das ich mit der Mittleren Reife verließ. Ich wollte selbstständig sein und einen Beruf erlernen.

Helma Trechmann war zunächst in verschiedenen kaufmännischen Büros tätig und erwarb 1962 das Sekretärinnen-Diplom. Bis zu ihrer Pensionierung arbeitete sie als Sekretärin und Sachbearbeiterin 35 Jahre in der Firma Rhein Chemie in Mannheim-Rheinau. Für ihre Tochter hat sie die Geschichte ihrer Flucht und die Anfänge in Heide aufgeschrieben. Sie starb im September 2018 kurz nach der Autorisierung ihrer Kriegs- und Nachkriegserlebnisse.

Hans-Joachim Giesler: 15- und 16-Jährige als Ernährer der Familie

Ich wurde 1929 in Stettin geboren. Mit einem jüngeren Bruder und einer kleinen Schwester wuchs ich in einem streng religiösen Elternaus auf. Regelmäßige Gottesdienste an Sonn- und Feiertagen waren selbstverständlich.

Mitglied im „Jungvolk"

Trotz dieser religiösen Prägung ließen meine Eltern zu, dass ich 1939 mit 10 Jahren Mitglied des „Jungvolks" wurde. Ich war sehr stolz auf meine Uniform, die ich bei den „Diensten" und den beeindruckenden Aufmärschen trug. Nur wenn an Sonntagen Ausbildungsmärsche oder andere Veranstaltungen anberaumt wurden, lehnten meine Eltern meine und meines Bruders Teilnahme, der mittlerweile auch dazu gehörte, ab. Am Sonntag ging man in die Kirche, der Gottesdienst war wichtiger als alles andere. Unsere Jungvolk-Führer nahmen das hin, nie gab es Schwierigkeiten für uns Brüder und unsere Eltern.

Der erste große Luftangriff auf Stettin erfolgte meiner Erinnerung nach in der Nacht vor dem 20. April 1944, dem Geburtstag des „Führers". Um ihn besonders zu feiern, waren mehr als 1000 Jungvolk- und HJ-Jungen zwei Tage vorher auf einem großen Platz zusammengekommen. Mein Bruder und ich fühlten uns besonders gut, waren wir doch vor Kurzem „Jungenschaftsführer" geworden und befehligten nun 10 bis 15 Jungen. Der Angriff traf unseren Stadtteil besonders stark. Wir erlebten ihn im normalen Keller eines dreistöckigen Anwesens. Bei jedem Bombeneinschlag in der Nähe wurde das Haus erschüttert. Die Türe vom Keller in den Hausgang musste mit aller Kraft zugehalten werden. Wir wohnten an einer Straße, die auf einen kleinen Hügel führte, auf dem ein städtischer Wasserspeicher stand. Der wurde voll getroffen, und nun ergoss sich eine Wasserflut die Straße hinunter. Das war unser Glück! Die Hausbewohner und Nachbarn bildeten mit Eimern eine Menschenkette und löschten den Dachstuhlbrand, der mittlerweile auch unser Haus ergriffen hatte. Das ganze Ausmaß der Zerstörungen sah man am nächsten Morgen: In der Wohnung waren Wände durch Risse beschädigt und Fensterscheiben durch Druckwellen zerstört. Vom Fenster aus sah man am Horizont brennende Anlagen und riesige Rauchwolken.

Evakuierung aus Stettin und erste Rückkehr

Kurz darauf wurden die Schulen evakuiert, und da der Bruder meiner Mutter ein kleines Häuschen in Neustettin besaß, 150 km weiter östlich, zog sie mit uns Kindern dorthin. Wir kamen aber auf Dauer nicht bei ihm unter, sondern erhielten zwei Zimmer in einem Aussiedlerhof außerhalb des Ortes. In Neustettin besuchte ich weiter die Realschule und hätte Ostern 1945 die Mittlere Reife machen sollen. Doch dazu ist es nicht mehr gekommen, denn im Januar 1945 rollte die russische Front auf die Stadt zu. Auf dem Aussiedlerhof waren wir von den aktuellen Informationen über den Frontverlauf abgeschnitten. Meine Mutter entschloss sich daher, mit uns drei Kindern, 15, 14 und 7 Jahre alt, den Weg nach Neustettin anzutreten. Wir packten zusammen, was wir tragen konnten, und schleppten uns bei Neuschnee und eisiger Kälte zum Bahnhof Neustettin. Unterwegs stellten wir fest, dass die Stadt menschenleer wirkte, viele Leute hatten sie anscheinend schon verlassen! Wir bekamen einen Zug und erreichten todmüde und erschöpft Stettin.

Dort konnten wir wieder in unsere alte Wohnung ziehen, die Schäden waren inzwischen von Fachleuten behoben worden.

Verlassen Stettins und zweite Rückkehr

In Stettin gab es längst keinen Schulbetrieb mehr, und ich wurde zu sporadischen Übungen des „Volkssturms" herangezogen, des „letzten Aufgebots" aus Jugendlichen und älteren Männern. Es wird Ende März gewesen sein, dass meine Mutter aufgefordert wurde, mit ihren Kindern Stettin zu verlassen. Sie benötigte eine besondere Erlaubnis, dass auch ich mitfahren durfte, denn ich war ja „Volkssturmmann". Wir bestiegen einen Zug, der uns nach Stralsund brachte. Von dort aus wurden wir zu einem stillgelegten Fliegerhorst auf der Halbinsel Darß-Zingst gebracht und kamen in den leer stehenden Kasernen unter. Am 28. April 1945 erlebten wir hier den Einmarsch der Russen.

Da sich herausstellte, dass sowohl Stralsund als auch meine Heimatstadt Stettin zum sowjetischen Einflussgebiet gehören würden, beschloss meine Mutter, mit uns Kindern nach Stettin zurückzukehren. Hier würden wir wenigstens in unserer eigenen Wohnung leben und nicht im Lager. Das dachten viele Stettiner, und so bestiegen wir einen Zug, voll besetzt mit Flüchtlingen, die zurück wollten. Ich erinnere mich an eine gefährliche Situation auf der Rückfahrt. Als der Zug an einem Bahnhof hielt, tauchten plötzlich russische Soldaten auf, die meinen Bruder und mich von unserem Güterwagen herunterholen wollten. Meine Mutter befahl uns, bei ihr zu bleiben, und Gott sei Dank fuhr der Zug ab. Die Fahrt endete in einem Vorort von Stettin.

Wir begaben uns sofort zu unserer Wohnung, aber die war bereits von irgendwelchen Leuten ausgeräumt worden. Nachbarn wussten eine Stelle, wo Möbel gestapelt waren, und da suchten wir dann einiges zusammen: Bett, Tisch, Stühle. Bereits Ende Mai wurde die Versorgungslage desolat. Meine Mutter hatte kein geregeltes Einkommen, um etwas zu kaufen, Tauschobjekte für den Schwarzen Markt besaßen wir nicht mehr. So machten mein Bruder und ich uns auf an den Stadtrand, wohin wir kilometerweit laufen mussten, und schlichen gebückt durch die Furchen der Kartoffelfelder, um Frühkartoffeln einzusammeln. Wir hatten Rucksäcke und Beutel bei uns, füllten sie, trugen sie nach Hause und gingen täglich wieder los. Der Tagesablauf war in dieser Zeit vor allem der Suche und dem Erwerb von Lebensmitteln gewidmet. So gelang es uns, eine größere Menge Kartoffeln zu erbeuten, die auch als Vorrat für den Winter gedacht waren. Meine Mutter und meine kleine Schwester arbeiteten in einer Gärtnerei und brachten von dort Gemüse mit. Dennoch scheint es mir heute, als ob wir dauernd Wassersuppe mit Wenigem darin gegessen hätten.

Stettin kommt unter polnische Verwaltung

Im Spätsommer kamen die Polen. Ihnen war aufgrund der Bestimmungen des Potsdamer Abkommens das ehemals deutsche Gebiet bis zur Oder zugestanden worden, das sie als Ersatz dafür erhielten, dass sie ihre Ostgebiete an die UdSSR hatten abtreten müssen. Die Soldaten der Roten Armee zogen ab. Ich kann mich nicht erinnern, dass die Polen unsere Familie besonders schikanierten.

Die polnische Stadtverwaltung versuchte vielmehr, die Versorgung zu regeln und die zerstörte Infrastruktur wieder in Gang zu setzen. Ein Schlosser suchte für 14 Tage Leute zum Reparieren, und da meldeten mein Bruder und ich uns für diese Arbeit. Wir erhielten dafür auch einen Lohn. Als im Herbst im Umland Erntehelfer gebraucht wurden, gingen wir beide dorthin, wohnten die Woche über auf dem Bauernhof, bekamen dort zu essen und durften am Wochenende sogar Essbares mitnehmen. Ich erinnere mich, dass ich meiner Mutter gelbe Erbsen brachte.

Im Spätjahr bekamen mein Bruder und ich den Tipp, auf die Lastadie zu gehen. Lastadien sind Verladekais, an denen die Schiffe ursprünglich Ballast an Bord nahmen, um im Falle von größerem Seegang den nötigen Tiefgang zu haben. Die Stettiner Lastadie war ein Industrieviertel mit Lagerhäusern und Speditionen. Aus den zerstörten Behältern einer zerschossenen Zuckerfabrik war die braune Melasse ausgelaufen, eine Vorform des Kristallzuckers, und hatte sich zentimeterdick auf den Hof ergossen. Es war aber nicht leicht, dorthin zu gelangen, denn die Brücke über die Oder, die zum Hafengebiet führte, war zerstört. Nur Träger aus Stahl ragten aus dem Wasser, über die wir unter Lebensgefahr kletterten. Einige Menschen schaufelten die Melasse in Behälter und störten sich nicht an dem toten Pferd, das mitten in der Masse lag! Auch mein Bruder und ich nicht.

Ausweisung aus Stettin, Ankunft in Husum

Im Frühjahr 1946 wurde uns die schriftliche Mitteilung der polnischen Stadtverwaltung zur Ausweisung mitgeteilt: Wir hatten uns zu einem bestimmten Zeitpunkt am Bahnhof Torney einzufinden. Wir durften alles mitnehmen, was wir tragen konnten. Ich war schwerkrank, hatte Typhus, war im Grunde nicht transportfähig, aber natürlich ließ mich meine Mutter nicht zurück. Sie und mein Bruder stützten mich auf dem Weg zum Bahnhof, und wir bestiegen einen Zug, der nach Bad Segeberg in Schleswig-Holstein fuhr. Meine Familie wurde weiter nach Husum transportiert, wo ich sofort in ein Krankenhaus kam, das ich erst nach fünf Wochen wieder verlassen konnte.

Meine Mutter und meine Geschwister waren mittlerweile aus dem Lager in Husum in ein Bauerndorf gebracht worden, 20 km von Husum entfernt, wo ihnen zwei Zimmer in einer Schule zugewiesen wurden. Hierhin wollte ich, als mich das Krankenhaus entließ. Ein Krankenhausfahrer, der im Nachbardorf wohnte, nahm mich in seinem Fahrzeug mit, aber dann hatte ich noch mehrere Kilometer zu laufen. Ich war so geschwächt, dass ich viele Stunden dazu brauchte und immer wieder vor Erschöpfung Pausen machen musste. Ich war jetzt 17 Jahre alt.

Mein Bruder, mittlerweile 16, nahm eine Stelle im Straßenbau an, ich bekam eine Arbeit beim Bauern. Alles war ungewohnt für mich, vor allem die Stallarbeit und das Melken, aber ich wurde gut verpflegt und konnte am Wochenende auch für meine Familie einiges mitnehmen.

Umzug nach Rohrbach im Saarland

Ende 1946 kam mein Vater aus amerikanischer Kriegsgefangenschaft zurück. Er war in einem Lager an der französischen Atlantikküste gewesen. Er hatte unseren Verbleib über die Schwester meiner Mutter ausfindig gemacht, die in Berlin wohnte und deren Adresse allen Familienmitgliedern als Anlaufpunkt eingeimpft worden war. Über einen Bruder meiner Mutter, der schon in Neustettin Meister in einer Landmaschinenfabrik gewesen war und eine ähnliche Stelle in Rohrbach bei Saarbrücken gefunden hatte, erhielt mein Vater, der in Stettin Prokurist in einer Pferdespedition gewesen war, auch in dem Betrieb eine Arbeitsstelle. Die Familie entschloss sich, dorthin umzuziehen. Mit meinem Bruder und mir ging er im Frühjahr 1947 in St. Ingbert zum Arbeitsamt, und da gab es genau zwei Lehrstellen: als Schlosser, wofür sich mein Bruder entschied, und als Elektriker. Ich war nicht glücklich darüber, aber ich hatte keine andere Möglichkeit!

Und nun ging es mit unserer Familie bergauf.

Anfang der 90er Jahre habe ich mit meiner Frau eine Busreise nach Stettin gemacht. Wir waren überrascht, wie viel aufgebaut worden war, was sich alles verändert hatte und dass einige öffentliche Gebäude, z.B. Kirchen, vorbildlich restauriert worden waren. Andererseits haben wir noch Straßenbahnen gesehen, die aus unserer Jugendzeit zu stammen schienen. Das Haus, in dem meine Familie gewohnt hatte, stand noch, aber wir wagten es nicht zu klingeln, denn wir hatten auch keinen Dolmetscher dabei.

Hans-Joachim Giesler besuchte nach seiner Lehr- und Gesellenzeit eine dreijährige Abendschule mit dem Abschluss als Industriemeister. 1969 bewarb er sich beim Sozialministerium Baden-Württemberg und erhielt eine Stelle bei einer staatlichen Behörde in Mannheim, wo er bis zu seiner Pensionierung 1994 arbeitete. Mit seiner Frau Marianne ist er seit 1956 verheiratet, zur Familie gehören drei Töchter, sieben Enkel und vier Urenkel, zu denen ein guter persönlicher Kontakt besteht.

Marion Christoph geb. Kosmehl: Unsere Vertreibung aus Pommern 1944 bis 1947 – was mir meine Großeltern erzählten

Unsere Familie mütterlicherseits stammt nachweislich seit dem 17. Jahrhundert aus allen Teilen Pommerns: Vorpommern, Hinterpommern – das erste westlich der Oder gelegen, das zweite östlich – und der Uckermark. Der Ursprung der Familie ist in Groß Küdde, Kreis Neustettin in Hinterpommern. In vierter Generation waren wir gebürtig aus Stettin, der Hauptstadt Pommerns.

Am 15. Februar 1944 wurde ich während eines großen Bombenangriffs der Engländer in Stettin-Unterwiek geboren. Sofort nach meiner Geburt verbrachten wir ununterbrochen sechs Wochen im Luftschutzkeller. Tag und Nacht fanden die Bombenangriffe statt, so war eine Rückkehr in die Wohnung nicht möglich.

Getauft wurde ich am 9. April 1944 in der Peter-und-Paul-Kirche in Stettin, der ältesten Kirche der Stadt aus dem Jahr 1124. Wieder Fliegeralarm, und die Taufgesellschaft musste in den Luftschutzkeller flüchten. Die Kirche wurde kurz danach von einer Bombe getroffen und teilweise zerstört.

Mein Vater stammte aus Schlesien und war Marinesoldat in Stettin. Die Marinebasis im Dammschen See, einer Ausweitung der Oder kurz vor ihrer Mündung, war Hauptversorgungsstützpunkt der U-Boote. Ich erinnere mich an einen Vorfall, den mein Vater mir einmal erzählte. Er war Zahlmeister für die Besatzung und hatte gerade die Zahlungen für eine U-Boot-Mannschaft vorgenommen, als es Fliegeralarm gab. Alle mussten schnellstens in den Luftschutzbunker rennen, das Geld konnte nicht mehr ordnungsgemäß verwahrt werden. Die Basis wurde durch eine Bombe getroffen, und das Geld verbrannte, die Besatzung überlebte. Der Wahnwitz war, dass mein Vater zu drei Tagen „Bau" verurteilt wurde, da das Geld nicht gerettet worden war. Der Mensch konnte umkommen, Hauptsache, dem Geld geschah nichts!

Evakuierung aus Stettin

Die Bombenangriffe waren so schlimm, dass im Oktober/November 1944 Frauen mit Kindern und ganz alte Leute mit dem Schiff aus Stettin evakuiert wurden – durch den Dammschen See über Usedom, Rügen, Hiddensee nach Damgarten. Das war der westlichste Ort Vorpommerns, das benachbarte Ribnitz gehörte bereits zu Mecklenburg. Auf der Höhe von Rügen wurden die Schiffe von englischen Bombern angegriffen, aber unser Schiff hatte Glück. In Damgarten kamen meine Mutter und ich in ein Lager. Es herrschten schlimme Zustände, fast keine Lebensmittel, für Kleinkinder schon gar nicht, und die Unterkünfte waren miserabel.

Meine Oma hatte uns nicht begleiten können, sie war beim Hauptpostamt Stettin zwangsverpflichtet und musste beschädigte Pakete für die Soldaten an der Front neu verpacken. Bei Androhung der Todesstrafe durfte sie den Arbeitsplatz nicht verlassen. Doch plötzlich tauchte sie in Damgarten auf, keiner weiß, wie sie es geschafft hatte, dorthin zu kommen.

Fußmarsch durch ganz Pommern

Das Lager wurde im März 1945 aufgelöst. Wo sollten wir hingehen? Nach Stettin konnten wir nicht mehr zurück, unser Haus war zerbombt, und, wie man hörte, ließen die Russen, die Stettin schon besetzt hatten, niemanden mehr zurück in die Stadt.

So machten wir uns zu Fuß auf den Weg zu meinen Urgroßeltern nach Luckow bei Casekow, etwa 20 km südwestlich von Stettin, also westlich der Oder, bzw. 15 km westlich von Gartz an der Oder entfernt, in der Uckermark. Unser Weg führte uns durch ganz Vorpommern und die Uckermark bis nach Luckow. Meine Mutter war zu dieser Zeit hochschwanger. Wir hatten nur das bei uns, was wir tragen konnten, und vor allem persönliche Papiere. Wir wanderten nie alleine, sondern immer in Gruppen mit mehreren Personen. Nachts mussten wir im Freien oder in Scheunen nächtigen, immer voller Angst, die Russen tauchten auf. Sie griffen sich die jungen Frauen, und kaum eine kam mit dem Leben davon. Daher setzten sich die jungen Frauen und Mädchen bei unseren Aufenthalten in die Mitte und alle alten Frauen darauf, sodass jene für die Russen nicht sichtbar waren. Auf diese Weise konnten viele junge Frauen gerettet werden, auch meine Mutter.

Wir waren etwa zehn bis zwölf Wochen unterwegs, bis wir in Luckow ankamen. Meine Urgroßeltern bewohnten dort ein kleines Häuschen, da mein Urgroßvater Inspektor auf einem der großen Güter war.

Mein Vater war zu der Zeit vermisst, und mein Opa war noch am 25. April 1944 – kurz vor Kriegsende – nach Stargard, östlich der Oder gelegen, abkommandiert worden, um das dortige Postamt zu retten. Wir wussten nicht, ob beide noch am Leben oder den Russen in die Hände gefallen waren.

Der Tod meines Bruders, meiner Mutter und meiner Urgroßmutter

Die Russen zogen durch die Dörfer und plünderten, Lebensmittel und vor allem Uhren. Nachts kamen sie mit dem Jeep, immer zu dritt oder viert, und suchten Frauen. In dem kleinen Haus meiner Urgroßeltern gab es in der Diele eine Klappe in den Keller. Meine Oma versteckte dort jede Nacht meine Mutter. Da sie mich sahen und meinen im Juni 1945 geborenen kleinen Bruder, vermuteten sie, dass die dazugehörige Mutter in der Nähe sein musste. Nacht für Nacht schlugen sie daher meine Oma mit dem Gewehrkolben, aber sie verriet das Versteck nicht.

Marion mit ihrer Mutter, 1944

Bald hatten wir nichts mehr zu essen und keine Milch für uns kleine Kinder. Mein Urgroßvater hatte in einer Miete Kartoffeln und Kohl versteckt, davon ernährten wir uns kümmerlich, auch ich, damals etwa 16

Monate alt, aber mein Bruder verhungerte und starb mit sechs Wochen. Meine Oma begrub ihn an der Friedhofsmauer.

Mitte August erkrankte meine Mutter schwer, man sagte, es sei Hungertyphus – es war Fleckfieber. Wenn nun die Russen kamen, sagte meine Oma nur „Typhus", und weg waren sie. Das verstanden sie und hatten vor der Krankheit wohl eine Heidenangst. Am 27. September 1945 starb meine Mutter. Sie konnte nur 20 Jahre alt werden, und ich war eineinhalb Jahre alt. Es gab ja keine Medikamente, keinen Arzt, keinen Pfarrer, keine Verwaltung. So mussten meine Oma und einige Frauen auf dem Behelfsfriedhof die Erde ausheben und meine Mutter, mit einer Decke umhüllt, beerdigen. Die noch vorhandenen alten Männer konnten nicht vor die Tür gehen, denn wenn die Russen kamen, verschleppten oder erschossen sie sie sofort. Es war kein Leben, es war nur schrecklich.

Dann bekam ich Scharlach, hatte dazu eine doppelseitige Mittelohrvereiterung, Karbunkeln am ganzen Körper und die Ruhr als Folge der lebensbedrohenden Unterernährung. Das alles musste ich ohne jegliche ärztliche Hilfe überstehen.

Im Herbst erkrankte auch meine Urgroßmutter an Hungertyphus, starb im Dezember 1945 und musste von meiner Oma und den Frauen auf die gleiche Weise beerdigt werden wie schon meine Mutter. Vor einigen Jahren habe ich in einem alten Medizinbuch gelesen, dass Hungertyphus auch Fleckfieber heißt und durch die Kleiderlaus verursacht wird.

Die Angst, Hoffnungslosigkeit und Trauer waren fast nicht mehr zu ertragen. Dazu kam die Ungewissheit, ob mein Vater und Großvater noch am Leben waren.

Rückkehr des Großvaters und Vaters

Ein Lichtblick und eine Freude in dem ganzen Elend war die Rückkehr meines Großvaters nach Luckow. Er war in Pommern im Lazarett gewesen, da er an Gesichtsrose erkrankt war. Sein Gesicht war so entstellt, dass sogar die Russen Angst bekamen und ihn mieden. Das hat ihm wohl das Leben gerettet und ihn vor der Deportation bewahrt. Meine Oma musste ihm dann beibringen, dass seine Tochter, sein Enkel und seine Schwiegermutter die Torturen nicht überlebt hatten.

Eines Nachts hörte meine Oma, dass Steinchen ans Fenster geworfen wurden. Sehr vorsichtig sah sie nach, und da stand mein Vater vor der Tür. Was für eine Freude! Nun musste sie auch ihm beibringen, dass seine kleine Familie außer mir nicht mehr am Leben war.

Und das berichtete er meinen Großeltern: Alle Marinesoldaten waren noch vor der deutschen Kapitulation am 8. Mai 1945 von der Marinebasis geflohen, da die Rote Armee bereits über die Oder kam. Sie wurden dennoch geschnappt und nach Ostpommern in ein Gefangenenlager gebracht, um dann nach Sibirien transportiert zu werden. Über die Hälfte der Gefangenen starb vorher an Verletzungen oder Seuchen oder verhungerte.

Meinem Vater gelang es aber, mit drei Kameraden zu flüchten. Die Russen jagten sie mit Hunden durch weite Teile Hinterpommerns. Mein Vater und die anderen drei wanderten nur in der Nacht, tagsüber legten sie sich in die vielen Seen, damit die Hunde ihre Spur nicht aufnehmen konnten. So entkamen sie tatsächlich. Gefährlich wurde es nochmals, als sie durch die Oder schwimmen mussten: Strömung, Minen und sowjetische Soldaten! Aber als er das geschafft hatte, erreichte mein Vater nach weiteren 15 km Luckow und war erstmals in Sicherheit. Niemand durfte allerdings wissen, dass ein gefangener, geflüchteter Marinesoldat im Hause war, noch nicht einmal die Nachbarn. Als Versteck diente wie auch bei meiner Mutter wieder der Keller.

Es war aber allen klar, dass keiner von uns überleben würde, wenn wir hier blieben.

Mein Vater schlägt sich in den Westen durch

Mein Vater wusste damals natürlich nicht, ob seine Eltern und Geschwister in Schlesien noch lebten oder ob sie sich hatten retten können. Was er wusste, war, dass sein Bruder Helmut im Krieg in Heidelberg als Feuerwerker-Soldat stationiert war. Aber das war so um 1940 gewesen, und ob sein Bruder bis zum Kriegsende in Heidelberg geblieben war, wusste er auch nicht.

Daher beschloss mein Vater, ihn in Heidelberg zu suchen. In Zivilkleidung und mit ein paar gekochten Kartoffeln als Wegzehrung machte er sich eines Nachts auf den Weg, nachdem er noch am Grab meiner Mutter vorbeigegangen war, um sich zu verabschieden. Meine Großeltern hofften inständig, dass es ihm gelingen möge, unbehelligt durch die russische Besatzungszone über Berlin nach Hannover weiterzukommen, denn dort waren die Engländer.

Es verging ein halbes Jahr ohne jegliche Nachricht von meinem Vater. Mittlerweile war es Herbst 1946. Daher mussten wir annehmen, dass er den Russen in die Hände gefallen war. Doch nach diesen sechs Monaten stand er wieder vor der Türe in Luckow. Was für eine glückliche Fügung für uns!

Was war passiert? Er wurde auf seinem Weg sehr krank und lag lange Zeit in Bruchsal im Krankenhaus, kurz vor seinem Ziel. Als er entlassen werden konnte, schlug er sich nach Heidelberg durch und fand die Kaserne in Rohrbach. Hier waren aber zwischenzeitlich amerikanische Besatzungstruppen eingezogen, von den deutschen Soldaten keine Spur. Überall fragte er nach seinem Bruder, aber niemand konnte ihm helfen.

Am Bahnhof gab es vom Roten Kreuz Suppe für die Durchreisenden gegen Vorlage ihres Ausweises. Mein Vater hatte aber keine Papiere mehr, die hatte er nach seiner Flucht aus Hinterpommern vernichtet, damit ihn die Russen, wenn sie ihn aufgriffen, nicht identifizieren konnten. Er nannte daher seinen Namen, und der Essensausteiler stutzte. „Ich suche meinen Bruder Helmut", erklärte mein Vater, „und kann ihn nicht finden." „Ja", sagte der Mann, „ich kenne Ihren Bruder Helmut. In einer Stunde habe ich Feierabend, dann bringe ich Sie zu ihm nach Pfaffengrund." So sahen sich die Brüder nach über fünf Jahren wieder. Von seinem Bruder erfuhr mein Vater auch, dass seine Eltern und seine Schwester nach Bochum geflüchtet waren und ein anderer Bruder in englischer Gefangenschaft war, zunächst in Griechenland, dann in England.

Um Wohnraum zugewiesen zu bekommen, benötigte man von der Stadt Heidelberg eine Zuzugsgenehmigung. Heidelberg hatte jedoch keine Kapazitäten mehr, und so verwies man meinen Vater nach Sinsheim. Die Stadt stellte ihm tatsächlich eine Zuzugsgenehmigung für den Ort Tiefenbach aus: einen Raum für drei Erwachsene und ein Kleinkind. Als er diese Zusage hatte, brauchte mein Vater wieder Wochen, um zu uns nach Luckow zu gelangen.

Zweite Flucht und Ankunft im Westen

Nun begann unsere zweite Flucht, noch weiter nach Westen, allerdings ohne meinen Urgroßvater. Er zog zu seiner Tochter, der Schwester meines Großvaters, die in der Nähe von Usedom wohnte. Bei Nacht ging es los, und schließlich gelangten wir nach Berlin und von dort nach Hannover. Da ich sehr krank wurde, mussten wir erst für ein paar Tage in ein Lager. Hier gab es für uns seit Jahren erstmals Milch. Meine Großeltern erzählten immer, sie hätten es gar nicht glauben können, dass es so etwas noch gab: Milch, Brot und Butter. Ich wollte die Milch und das Brot nicht, ich war jetzt fast drei Jahre alt, aber hatte so etwas noch nie gegessen.

Marion mit ihrer Großutter, 1947

Das eine Zimmer, das uns zugewiesen worden war, bekamen wir bei einer Bauernfamilie. Natürlich wollten die Bauern uns nicht und zeigten uns das ganz deutlich.

Bald erschien ein Arzt, um uns vor allem auf Tbc zu untersuchen. Als er mich untersucht hatte, sagte er zu meiner Oma: „Frau Klagge, dieses Kind ist in einem schlimmen Zustand, es kann nicht überleben, und ich habe keine Medikamente. Dieses Kind wird wohl sterben." Darauf erwiderte meine Oma: „Herr Doktor, ich habe meinen Enkel, meine Tochter und meine Mutter begraben. Wir haben unsere Heimat und alles verloren, das Einzige, was wir retten konnten, ist unser Leben. Helfen Sie uns, dieses Kind zu retten!"

Der Arzt, der auch an seine Grenzen gekommen war, versprach die Nonnen zu schicken, damit die mich jeden Morgen mit Franzbranntwein einreiben sollten. Die Nonnen kamen, und meine Großeltern erschraken bei ihrem Anblick, denn so etwas hatten sie noch nie gesehen! Pommern war zu 95 Prozent evangelisch gewesen. Nach drei Wochen fragten die Nonnen meine Oma, sie würden sich wundern, sie hätten sie und den Großvater noch nicht in der Kirche gesehen. „Ja, das stimmt", sagte meine Oma, „aber wir sind evangelisch." Die Nonnen erstarrten bei dem Wort „evangelisch", ließen die Franzbranntweinflasche fallen und rannten entsetzt aus der Türe. Sie kamen nicht wieder, obwohl sie wussten, dass dieses Kind, also ich, ohne ihre Hilfe fast nicht überleben konnte.

Es geht gut aus

In Tiefenbach waren wir Gott sei Dank nur ein halbes Jahr und kamen nach Ubstadt. Uns wurde ein winziges Häuschen zugewiesen mit zwei Zimmern. Das Dach hatte große Löcher, wir sahen ständig in den Himmel. Im Zimmer stand ein Klavier, auf dem immer die Mäuse tanzten. Aber meine Oma, unerschrocken wie sie war, nahm sich ein Holzscheit und beförderte jede Nacht über zehn Mäuse in den Mäusehimmel.

Wir hatten ganz liebe Nachbarn, das Gegenteil von Tiefenbach. Sie waren zwar sehr katholisch, aber es spielte für sie keine Rolle, dass wir evangelisch waren. Der gleichaltrige Nachbarsjunge und ich spielten zusammen, und ich war in der Familie wie zu Hause. Als erstes evangelisches Kind durfte ich in den katholischen Kindergarten. Meine Oma arbeitete tagsüber bei den Bauern auf dem Felde, und nachts strickte und häkelte sie für die Bauern und erhielt dafür Naturalien. So konnten wir alle überleben.

Nach Jahren trafen wir einmal unterwegs den Arzt aus Tiefenbach. Als er mich sah, traute er seinen Augen nicht, als er mich so quicklebendig hüpfen sah. Er klopfte meiner Oma auf die Schulter und meinte: „Da haben Sie ja was Großes vollbracht!"

Dann wurde mein Vater krank: Knochen-Tbc an der Wirbelsäule. Er musste vier Jahre in der Orthopädischen Klinik in Heidelberg in der Gipsschale verbringen. Nach dem Klinikaufenthalt heiratete mein Vater wieder und wohnte in Heidelberg. Ich blieb jedoch bei meinen Großeltern, sie waren ja für mich meine Eltern.

Für meine Großeltern war es nicht leicht, vom äußersten Nordosten kommend, im Süden Deutschlands gelandet zu sein. Sie waren ja nie aus Pommern herausgekommen. Aber sie meisterten das neue Leben. Mein Großvater konnte wieder bei der Post arbeiten, im Postamt Bruchsal, da er nachweisen konnte, dass er in Stettin Postbeamter gewesen war. So zogen wir 1950 nach Bruchsal in das wieder aufgebaute Postamt.

Mein Mann und ich waren wiederholt in Stettin und in ganz Pommern. Meine Oma hatte mir über viele Jahre alles über unsere Familie, über Stettin und Pommern erzählt, immer wieder. Ich glaube, sie hat auf diese Weise alles schreckliche Erlebte bewältigen können, sie hat es sich „von der Seele" geredet. Mir sind alle Plätze, Straßen und Gebäude gegenwärtig, und mit Hilfe von alten Ansichten und alten Stadtplänen konnten wir alles finden und erkennen. Die Polen haben alle wichtigen Gebäude, das Schloss und die Kirchen, und Plätze wieder originalgetreu aufgebaut.

Über Generationen waren wir in Pommern ansässig. Ich muss erleben, dass in meinem Heimatland eine fremde Sprache gesprochen wird und ein fremdes Volk mit einer anderen Kultur jetzt dort zu Hause ist. Das Volk der Pommern stirbt mit meiner Generation aus und mit ihr Sitten, Gebräuche und Sprache.

Marion Christoph besuchte nach der allgemeinen Schulpflicht eine Handelsschule und machte bei BBC/ABB Mannheim eine Ausbildung als Industriekauffrau. Hier lernte sie ihren Mann kennen und heiratete früh. Heute lebt sie in St. Leon-Rot.

Elisabeth Klose geb. Kuhl: Meine Odyssee von Danzig nach Rüsselsheim

Ich wurde am 21. Juli 1932 in Danzig geboren, seit dem Ende des Ersten Weltkriegs sog. Freie Stadt. Mein Vater, Jahrgang 1900, war Danziger, meine Mutter, Jahrgang 1911, stammte aus Allenstein in Ostpreußen.

Im Krieg

Am 1. September 1939 weckte uns mein Vater gegen 5 Uhr in der Früh: „Sie schießen, es gibt Krieg!" Ich sehe meine zitternde Mutter noch vor mir. Sie schickte mich zum Bäcker, um Brot zu kaufen.

Aufgrund der Bestimmungen des Versailler Vertrags 1919 war Danzig als Freie Stadt unter die Verwaltung des Völkerbunds gekommen. Es lag mitten im sog. „Polnischen Korridor", der nach dem Ersten Weltkrieg Ostpreußen vom übrigen Reichsgebiet abtrennte. Polen war vom Völkerbund zugebilligt worden, auf einer zu Danzig gehörenden Sandbank in der Weichselmündung, der Westerplatte, ein kleines Munitionslager zu errichten. Dieses wurde am 1. September 1939 um 4.47 Uhr vom Schulschiff „Schleswig-Holstein", das zu einem angeblich friedlichen Besuch im Hafen von Danzig lag, angriffen. Damit begann der Zweite Weltkrieg.

In unserem Haus hatten bis kurz vor Ausbruch des Krieges zwei Jüdinnen gewohnt, die plötzlich nicht mehr da waren. Es war ihnen gelungen, Deutschland zu verlassen, sie hatten aber kaum etwas aus ihrer Wohnung mitnehmen können. In diese Wohnung zog bald ein junges Paar mit Kind ein, sie stammten aus Bromberg in Westpreußen, heute zu Polen gehörend. Weihnachten 1943 waren wir bei der Frau eingeladen – der Mann war als Soldat im Krieg – und wurden stolz vor den Weihnachtsbaum geführt. Wir waren geschockt! Der Baum war an seiner Spitze nicht mit einer besonders schönen Kugel oder einem Stern geschmückt, sondern mit einem riesigen silbern glänzenden Hakenkreuz! Auch die vielen Kugeln waren alle mit kleinen Hakenkreuzen verziert. Wir hatten also eine stramme Nazifamilie im Haus, offenbar auch privilegiert, denn uns wurde ein Film vorgeführt, der das Heranwachsen des kleinen Kindes dokumentierte.

Um die Jahreswende 1943/44 wurde unsere gesamte Schule nach Ostpreußen ausgelagert. Wir sollten in Baracken unterkommen, aber meine Eltern ließen mich nicht mitgehen. Meine Mutter ging mit mir, meinen Brüdern und der kleinen Schwester nach Wartenburg im Ermland, Kreis Allenstein, wo meine Oma mütterlicherseits und eine jüngere Schwester meiner Mutter lebten. Ihre ältere Schwester hatte mit ihren Kindern bereits ihren Wohnort Königsberg verlassen und war in Frankenberg in Sachsen untergekommen. Als die Front der Roten Armee aber näherkam – wir hörten es an dem immer deutlicher werdenden Kanonendonner der „Stalinorgeln" –, kehrte meine Mutter mit uns Geschwistern nach Danzig zurück, das immerhin ein bisschen weiter westlich lag. Oma und Tante blieben in Wartenburg.

Es wird im Februar oder März 1945 gewesen sein, dass mein Vater von seiner Dienststelle mit einer, wie er meinte, guten Nachricht kam. Er war Techniker und arbeitete, wie er uns jetzt erzählte, in einem Werk, das U-Boote produzierte. Alle Mitarbeiter waren zu höchster Geheimhaltung verpflichtet gewesen, und so hatte wohl auch meine Mutter keine Ahnung gehabt, was dort eigentlich hergestellt wurde. Die Arbeiter dort mussten nicht Soldat werden, sie waren UK gestellt, aber mein Vater war sowieso nicht kriegsdiensttauglich, da er nur mit einem Auge sehen konnte. Mein Vater teilte uns also mit, dass das letzte U-Boot zum Auslaufen bereit liege, aber nicht für kriegerische Zwecke, sondern es sollte einige Ingenieure mit ihren Familien und uns nach Swinemünde westlich der Oder befördern. Meine Mutter weigerte sich strikt, mit ihren vier Kindern das U-Boot zu besteigen. Nur wenige Wochen vorher, am 30. Januar, war nämlich die „Wilhelm Gustloff" in der Ostsee von einem Torpedo getroffen worden und mit weit über 5000 Flüchtlingen an Bord untergegangen und mit ihr auch eine Cousine meiner Mutter und einige entferntere Verwandte. Also bleiben wir in Danzig – das U-Boot erreichte übrigens unbeschadet den Hafen von Swinemünde.

Die Russen kommen

Am 17. April 1945 wurde Danzig von den Russen besetzt. Drei Tage war die Stadt beschossen worden, und nun war es plötzlich ganz still. Wir saßen in unserem Keller. Die Stille hielt aber nicht lange an, denn den siegreichen Soldaten wurde erlaubt, 24 Stunden lang zu plündern und zu tun, wozu sie sonst noch Lust hatten. Das waren vor allem Vergewaltigungen, und ich kriegte sie mit. Meiner Mutter ist Gott sei Dank nichts geschehen, sie hatte meine damals dreijährige Schwester auf dem Schoß, und immer wenn ein Soldat sich näherte, zwickten wir sie, sodass sie mörderisch anfing zu schreien. Nach Ablauf der 24 Stunden wurden wir aus dem Keller gejagt und sahen auf den Straßen überall erschossene Menschen liegen. Einer Nachbarin war durchs Ohr geschossen worden, sie lag tot in einer riesigen Blutlache. Meinem Vater, der nur eine Aktentasche mit unseren Papieren trug, riss ein Rotarmist die Tasche weg, schüttete sie aus, und als er nichts Erstrebenswertes fand, schlug er ihm mit seinem Gewehrkolben über den Kopf. Einen riesigen Riss im Gesicht konnte meine Mutter notdürftig verbinden.

Mit den Russen unter einem Dach

Wir gingen Richtung Langfuhr, einem Vorort von Danzig. Als uns in Viererreihen Zivilisten entgegenkamen, die von Rotarmisten Richtung Osten getrieben wurden, schlug unsere Familie den Weg über den Hagelsberg ein: Vater, Mutter, die kleine Schwester, zwei Brüder und ich, mit 12 Jahren die Älteste. Als es Nacht wurde, fanden wir im Wald eine Hütte mit vier Feldbetten. Mich legten die Eltern an das Ende eines Bettes und deckten mich zu, damit Russen, wenn sie hereinkämen, mich nicht finden sollten. Am nächsten Tag machten wir uns auf, um bei einem mit meinem Vater befreundeten Lehrer für kurze Zeit unterzukommen. Mein Vater ließ uns vor dem Haus warten und ging allein hinein. Entsetzt kam er zurück, die ganze Familie hatte sich das Leben genommen, er hatte sie liegen sehen.

In Langfuhr kamen wir im Keller einer eleganten Villa unter, in der auch die sowjetische Kommandantur untergebracht war. Meine Mutter, die recht gut Polnisch sprach, musste in der Küche arbeiten. Dort wurde wohl eifrig dem Wodka zugesprochen und auch meine Mutter mit einbezogen, denn einmal kam sie mit wackligen Beinen schwankend aus der Küche. Als ein alter Bewohner der Villa starb und im Garten beerdigt wurde, nahm auch unsere Familie am Begräbnis teil. Wir Kinder mussten uns niederknien, um ein Gebet zu sprechen. Da stieß mich mein Bruder plötzlich an und sagte halblaut zu mir: „Da liegt was im Gebüsch, das holen wir uns nachher!" Es erwies sich als recht großes Stück Speck, sodass wir unsere Löwenzahnsalate und Brennnesselsuppen an manchen Tagen anreichern konnten. Es war uns auch gelungen, in ein Wehrmachtsmagazin einzudringen, das zwar von den Russen scharf bewacht wurde, aber ein Loch im Zaun hatten sie doch übersehen. So schaffte ich mit meinen Brüdern Essig, Traubenzucker und vor allem kochfertige Suppen heran.

Aufbruch nach Westen

Als im Juni 1945 die Russen aus Danzig abzogen, weil das Gebiet aufgrund der Bestimmungen der Potsdamer Konferenz in polnische Verwaltung überging, verließen bald darauf auch wir Danzig. Unser Ziel war Berlin. Es gelang uns tatsächlich, einen normalen Zug zu besteigen, der uns mit vielen anderen eng an eng Stehenden und Sitzenden nach Stettin brachte, das ebenfalls Polen zugeschlagen worden war. Hier ging nichts mehr weiter, denn die Oderbrücke war von den deutschen Truppen vor ihrem Abzug gesprengt worden.

Nun saßen wir also am östlichen Ufer der Oder fest und schauten hinüber nach Westen. Wir gehörten zu den wenigen Familien, die einen Vater bei sich hatten, der die Lage erkundete. Was er herausfand, klang einigermaßen hoffnungsvoll. Zwar hingen zwei Teile der großen Brücke in den Fluss, aber aus dem Wasser ragten noch genügend Brückenteile, auf denen man sich hinüber tasten konnte. Ich ging mit meiner kleinen Schwester an der Hand voran. Mit kleinen und kleinsten Trippelschritten traten wir von einem Brückenrest auf den anderen, immer auf die unterschiedlich großen Zwischenräume achtend. Dann kam meine Mutter, es folgten meine beiden zehn und acht Jahre alten Brüder und schließlich mein Vater. Alle waren mit Rucksäcken beladen.

Wir schafften es glücklich, auf das Westufer der Oder zu gelangen, und wurden von einem Rotkreuzhelfer zu einem Zug geführt, der weiter in den Westen fuhr. Für uns war nur noch auf einem offenen Güterwagen Platz. Tagelang waren wir unterwegs. Immer wieder wurde auf neue Loks gewartet, wenn die bisherigen ihren Dienst versagten. Dann standen wir auf freier Strecke. Bei einer solchen Gelegenheit entdeckte meine Mutter ein Gebüsch am Bahndamm, wo sie sich erleichtern konnte. Plötzlich, während sie noch da hockte, setzte sich der Zug in Bewegung. Sie sprang auf, rannte neben dem Waggon her, und hilfreiche Arme zogen sie herauf. Nach wenigen Metern stoppte der Zug allerdings schon wieder, und die ganze Aufregung war umsonst gewesen. Immer wieder drangen auch Russen in die haltenden Waggons ein und plünderten das Gepäck. Meine Mutter musste mit Entsetzen feststellen, dass bei einer solchen Gelegenheit von ihrem Paar Reserveschuhen, das sie im Rucksack hatte, einer verschwunden war.

Ankunft in Deutschland

Unsere erste reguläre Station in Deutschland war Halle an der Saale. Hier wurden wir vom Roten Kreuz mit Suppe versorgt, meine kleinen Geschwister bekamen Milchsuppe. Die bekam einem Bruder jedoch schlecht. Er hatte lange keine Milch mehr getrunken und wurde nun von einem schrecklichen Durchfall geplagt. Mein Vater hörte beim Anstehen nach sog. „Reisemarken", dass es in der Nähe einen Schwarzen Markt gäbe. Papiergeld hatten wir genug, alle Familienmitglieder trugen es um die Beine gewickelt in ihren Socken und Strümpfen. In den Besitz der Scheine war mein Vater auf ganz kuriose Weise gekommen: Als die Russen in Danzig in den ersten 24 Stunden plündern durften, hatten sie auch eine Bank gesprengt. Dabei waren Tausende von Geldscheinen durch die Luft gewirbelt worden, und wer konnte, bückte sich und raffte zusammen, soviel er bekommen konnte. Es war übrigens auch ein Mausoleum gesprengt worden. Offenbar hatten die Russen angenommen, so vermuteten wir wenigstens, dass in Mausoleen reiche Leute oder Fürsten mit ihrem ganzen Schmuck begraben würden. Ähnlich wie die Pharaonen in Ägypten! Mit einem Teil dieses Geldes wollte unser Vater also Schwarzmarktgeschäfte machen. Während wir auf dem Bahnsteig vor dem Zug nach Berlin warteten, setzte sich dieser plötzlich in Bewegung. Wir Kinder wollten schnell noch hineinspringen, aber meine Mutter schrie: „Ohne Vater fahren wir nicht!" So blieben wir stehen und mussten mit ansehen, wie ein Mann den Bahnsteig entlang jagte und sich mit letzter Kraft in den letzten Wagen hineinzog. Es war unser Vater! Ratlos standen wir da und standen immer noch, als nach einiger Zeit aus einem einlaufenden Gegenzug unser Vater ausstieg. Wir waren wieder zusammen!

In Berlin wurden wir in einem ehemaligen Wehrmachtsheim im Ostsektor untergebracht. Während unseres dreitägigen Aufenthaltes kam uns das ersprengte Geld sehr gelegen, ich erinnere mich, dass der Vater einmal für 450 RM ein Brot kaufte. Dann ging es weiter nach Nordhausen am Harz und von dort ins Eichsfeld, wo wir in einem Kloster übernachteten. Mein Vater konnte mit den Danziger Scheinen einen Förster in der Nähe von Heiligenstadt bestechen, der versprach, uns über die „grüne Grenze" zu bringen. Doch als er meine dreijährige Schwester sah, weigerte er sich. So kleine Kinder würden schreien, und dann habe er die Russen am Hals. Schließlich ließ er sich überreden, es doch zu wagen, und brachte uns sicher hinüber. Über Eschwege und Göttingen gelangten wir nach Herne in Westfalen, wo wir Verwandte hatten. Aber meine Mutter war geschockt, vom Schmutz der Stadt, von der Enge bei den Verwandten, und so schlugen wir uns wieder nach Göttingen durch.

Wir werden sesshaft

Hier hausten wir in einer Turnhalle, zusammen mit vielen anderen Flüchtlingen und aus der Gefangenschaft entlassenen Soldaten. Wir alle hatten entsetzlich unter Läusen zu leiden. Göttingen, so war uns gesagt worden, war nur eine Durchgangsstation, wohin wir gebracht werden sollten, konnte uns aber niemand sagen. Mein Vater, der immer unterwegs war, um für die Familie irgendetwas zu ergattern, schaute sich kurz nach unserer Ankunft auf einem nahegelegenen Flugplatz interessiert einige Flugzeuge an, als er von einem schottischen Offizier angesprochen wurde: „Verstehen Sie etwas von Flugzeugen?" Als Techniker, der im U-Boot-Bau beschäftigt gewesen war, verstand er natürlich etwas davon, und so erhielt er nicht nur den Auftrag, die Flugzeuge in ihre Einzelteile zu zerlegen, sondern auch für sich und seine Familie eine Aufenthaltsgenehmigung für Göttingen und nach drei Tagen eine Wohnung. Ein alter Herr, der alleine in einer 4-Zimmer-Wohnung lebte, musste uns aufnehmen. Hier wohnten wir bis 1950.

Im Herbst 1950 hörte mein Vater zufällig im Radio, dass Opel in Rüsselsheim Techniker zum sofortigen Eintritt suchen würde. Die Bedingung war nur, dass sie noch keine 50 Jahre alt sein durften. Mein Vater, der im Dezember 1950 50 Jahre alt geworden wäre, bewarb sich sofort und wurde genommen. Eine 4-Zimmer-Wohnung war mit dem Umzug verbunden. Ich blieb zunächst in Göttingen, da ich meine Ausbildung an einem zahnärztlichen Institut beenden wollte und mir Göttingen auch sehr gefiel. Als ich jedoch in meiner ersten Stelle nur 100 DM im Monat bekam und davon nicht leben konnte, entschloss ich mich, meiner Familie nach Rüsselsheim zu folgen. Hier fühlte ich mich zunächst gar nicht wohl, meine Freundinnen und Freunde fehlten mir, eine geeignete Zahnarztpraxis fand sich auch nicht. Dann wurde im Ort ein hochmoderner Kindergarten gebaut, der auch nach modernen pädagogischen Erkenntnissen arbeiten würde. Hier bewarb ich mich, aber der Magistrat war skeptisch, hatte ich doch keinerlei Vorkenntnisse außer denen, die ich mir im Umgang mit meinen drei kleinen Geschwistern angeeignet hatte. Doch ich hatte Glück: Ein Mitglied des Magistrats stammte aus Danzig und war mir wohl auch deshalb gewogen. Ich bekam die Stelle.

Wie es in Ostpreußen weitergegangen ist

Meine Großmutter und die jüngere Schwester meiner Mutter waren vor dem Einmarsch der Russen nach Allenstein nicht zu uns nach Danzig geflohen. Meine Großmutter hatte sich zu alt dafür gefühlt. Sie blieb in ihrem Häuschen zurück und schlug sich mühselig durch, während meine Tante hinter den Ural verschleppt wurde. Da sie aber Polnisch konnte, wurde eine russische Ärztin im Lager auf sie aufmerksam, und es kam zu einer Art Freundschaft. Die Ärztin sorgte dafür, dass sie schon 1946 entlassen wurde. Man gab ihr und zwei anderen Frauen und einem Mann Entlassungspapiere, öffnete das Lagertor und jagte sie hinaus. Da standen sie nun, aber sie wussten von ihrer Zwangsarbeit her, wo die Eisenbahnschienen verliefen, und dorthin schlugen sie sich durch. Auf den Schienen liefen sie Tag und Nacht nach Westen. Sie übernachteten auf Bäumen, um vor Tieren, Räubern und russischen Soldaten sicher zu sein. Einmal wurden sie von einer Kontrolle vom Baum gescheucht, aber da sie gültige Papiere hatten, ließ man sie weiterziehen.

Als meine Tante in ihrem Heimatdorf ankam, lag ihre Mutter halb verhungert im Bett und starb dann auch bald darauf. Dann gab es einen Aufruf an die wenigen Deutschen, die zurückgeblieben waren, nach Deutschland zu ziehen, wenn sie dort Verwandte nachweisen konnten. Daraufhin überließ meine Tante ihr Haus einer polnischen Familie, die dort eingewiesen worden war, und konnte sogar Sachen, die ihr besonders wichtig waren, mitnehmen.

Eine solche Kinder- und Jugendzeit, wie ich sie erleben musste, wünsche ich niemandem und bin froh, dass meine Kinder und Enkel anders aufwachsen können. Aber ich bin sehr dankbar, dass meine Familie einigermaßen gut davongekommen ist. Wenn ich allerdings das heutige Geschehen in Deutschland und der Welt verfolge, muss ich entsetzt feststellen: Die Menschheit hat nichts aus der deutschen Katastrophe gelernt, und nicht einmal die Deutschen selbst!

Elisabeth Klose heiratete 1958 und lebt seitdem mit ihrer Familie in Mannheim.

Dagmar Pohl-Laukamp: Wir mussten Danzig verlassen

Heimat in Danzig

Am 27. März 1938, einem Sonntag, während die Kirchenglocken läuteten, erblickte ich in Danzig im Krankenhaus mit dem Spitznamen „Storchennest" das Licht der Welt. 1940 folgten meine zweieiigen Zwillingsbrüder.

Mit meinen Eltern und den Brüdern lebte ich bis etwa 1942/43 in einem kleineren Haus in Danzig-Langfuhr im Posadowskyweg. Meine Mutter erzählte mir schon früh Märchen, die meine Phantasie bewegten. Ich habe noch mehrere Erinnerungssplitter aus dieser Zeit. Es gab eine Kinderschaukel zwischen zwei Zimmern. Einmal sollte ich – wie üblich – Mittagsschlaf halten, was ich nicht mochte. Ich hatte Aromafläschchen gesammelt und spielte mit Inbrunst „Aschenputtel". Mitten in die spannende Handlung trat meine Mutter ins Zimmer, schimpfte und nahm alle „Märchenfiguren" mit. Ich sollte schlafen.

Meine Großeltern väterlicherseits wohnten auch in Langfuhr, die Großeltern mütterlicherseits in einem großen Haus in Zoppot, das der Großvater 1906 gekauft hatte. Er war Bäcker und Konditor. Meine Mutter hatte acht Geschwister, darunter ein Junge. Beide Großelternpaare wurden regelmäßig besucht. Als meine Großmutter aus Zoppot 70 Jahre alt wurde, sagte ich ein Gedicht auf und überreichte eine große silberne 70. Dies geschah in dem großen Wohnzimmer, das mit einer Stuckdecke versehen war.

Haus der Großeltern in Zoppot

Als ich vier Jahre alt war, zogen wir ins großelterliche Haus in Zoppot in die erste Etage. Beide Großeltern waren kurz hintereinander gestorben. Das Haus hatte einen großen Garten mit einer Flieder- und einer Weinlaube, Gemüsebeeten, Obstbäumen, Stachel- und Johannisbeeren und einer Wiese mit zwei Schaukeln. In den Lauben wurde Kaffee getrunken. Ich liebte Mohnhefekuchen. Rückwärts hinter dem Zaun verliefen Bahnschienen. Das Kinderzimmer lag zu dem geräumigen Hof hin. Zu Weihnachten bekam ich ein Buch: Reineke Fuchs. Ich empörte mich über die Ungerechtigkeit, dass der Fuchs mit allen Lügen Erfolg hatte. Ausflüge führten uns an die Ostsee, z.B. nach Heubude. Ich liebte das Meer und versuchte, kleine Fische zu fangen.

Etwas Besonderes war eine Reise nach Warschau und Lemberg per Bahn. Beide Städte gehörten zum „Generalgouvernement", das seit 1939 unter deutscher Verwaltung stand. In Warschau sah ich überfüllte Straßenbahnen. Die Menschen hingen in Trauben an den Trittbrettern, während wir in der roten Linie 0, die nur aus einem Wagen bestand, bequem saßen – nur für Deutsche! Ungerecht! In Lemberg leitete mein Vater ein großes Sägewerk. Die Erwachsenen redeten von „Partisanen", und wir Kinder balancierten auf den Baumstämmen.

Dagmar mit Eltern und Brüdern

1944 wurde ich eingeschult. Viele Mütter gingen mit. Ich trug eine große Schultüte, lief voran und rief meiner Mutter zu: „Ich bin jetzt groß und brauche dich nicht mehr!" Nach wenigen Monaten wurde die Schule geschlossen und in ein Lazarett verwandelt.

Die Russen kommen

Die Bombenangriffe nahmen zu – auch nachts. Wir hörten die Flugzeuge und die Flak. Wir flüchteten uns in den Luftschutzkeller des Hauses. Draußen sah ich „Tannenbäume" am Himmel. Das Haus rechts von uns traf eine Bombe. Es stürzte ein.

In einer Nacht durchsuchte ich zusammen mit einem kleinen Jungen den Keller eines Hausbewohners. Wir fanden Jugendstilpostkarten mit Gold, Silber und Bildern verziert. Wir spielten lange damit und vergaßen alles um uns herum. Sie waren so schön.

Dier Rote Armee rückte vor. Mitten im Winter bei starkem Frost suchte uns eine Freundin meiner Mutter auf. Sie bat die Mutter, ihre Kinder zu nehmen und mit ihr zum Hafen zu gehen. Dort lägen Schiffe der Marine, die uns retten wollten. Es sei unsere letzte Chance, Danzig zu verlassen. Meine Mutter zögerte. Sie fürchtete die Kälte, die Ungewissheit. Vielleicht hatte sie auch nicht die Kraft, die Heimat so schnell zu verlassen. So blieben wir. Die Freundin und ihre Familie kamen unversehrt in Bremen an. Rückwärts betrachtet lässt sich nicht beurteilen, ob wir mit demselben Schiff sicher in Westdeutschland gelandet wären oder auf einem der drei torpedierten Schiffe – man denke an die „Wilhelm Gustloff"! – untergegangen wären.

Die „Wilhelm Gustloff", zunächst als Kreuzfahrtschiff der NS-Organisation „Kraft durch Freude" (KdF) eingesetzt, diente im Krieg als Truppentransporter und Lazarettschiff. Am 30. Januar 1945 wurde es vor der pommerschen Küste durch ein sowjetisches U-Boot versenkt. Es war überfüllt mit Flüchtlingen aus den Gebieten östlich der Oder, daher kann die Zahl der Toten bis heute nicht exakt angegeben werden: zwischen 5.000 und 9.000 Menschen. Nur etwas über 1.000 Personen konnten gerettet werden.

Nun kamen die Russen. Alle Hausbewohner hatten sich dichtgedrängt im Luftschutzkeller versammelt. Die Vergewaltigungen begannen. Die Russen leuchteten mit einer Taschenlampe den Frauen ins Gesicht und riefen sie dann einzeln raus. Eine sehr junge Frau hatte sich mit Ruß das Gesicht geschwärzt, um älter auszusehen. Es half ihr nicht. Als meine Mutter rausgerufen wurde, begannen wir Kinder zu schreien. Die Nachbarn beruhigten uns: die Mutter käme wieder. Meine Mutter wurde mehrfach herausgeholt. Am Ende des Kellerganges sah ich einen Raum mit blutbeschmierten Betten. Das war der Tatort.

Ein Vorfall ist mir in besonderer Erinnerung. Meine Mutter stand draußen vor der Hoftür. Sie trug einen hellblauen Pullover. Ein Russe fuchtelte mit seiner Waffe vor ihren Augen und sagte etwas, was sie nicht verstand. Ich fürchtete, er würde sie erschießen. Eine Frau unter den Umstehenden verstand etwas Russisch: „Der Soldat vermutet unter Ihrem Pullover eine Uhr". Meine Mutter zog den Pullover hoch. Der Russe ließ von ihr ab. Langsam wich die Angst.

Flucht und Rückkehr nach Danzig

Um den 25. März verlor meine Mutter ihre Fassung. Sie wollte mit uns fliehen. Sie raffte einige Sachen zusammen. Wir gingen auf endlosen Straßen. Überall Militärfahrzeuge, Flüchtende, Umherirrende. Wir schliefen in verlassenen Häusern und Scheunen. Die Füße taten weh. Einmal hatten wir uns auf den nackten Boden einer Scheune zum Schlafen gelegt. Meine Mutter sagte zu mir: „Heute ist dein 7. Geburtstag, und ich habe noch nicht einmal ein Geschenk für dich". Ein Russe gab uns Kindern Zuckertütchen. Wir mussten sie wegwerfen: sie könnten vergiftet sein!

Wir waren erschöpft, schleppten uns vorwärts. Da hielt ein russischer Militärwagen an, der uns mitnahm bis Oliva, einem etwa 10 km nordwestlich von Danzig gelegenen Ort. „Das ist ein Offizier", sagte meine Mutter. In Oliva konnten wir uns an einem Bach waschen, insbesondere die Füße. Dann kehrten wir nach Hause zurück. Danzig kapitulierte am 30. März 1945.

Von Polen vertrieben

In der Folgezeit blieben wir in unserer Wohnung. Alles wirkte verworren und durcheinander. Meine Mutter musste zur „Kommandatur", zum Gesundheitsamt und zum Arbeiten gehen. Einmal holten sie morgens meine Mutter ab: zum Steineklopfen. Sie blieb zwei Tage fort. Ich bat eine Nachbarin, Brot für uns abzuschneiden. Das konnte ich nicht. Meine Brüder und ich verließen die Wohnung nicht.

Durch die Beschlüsse der „Potsdamer Konferenz" (17. Juli – 2. August 1945) wurde Danzig unter polnische Verwaltung gestellt. In den Bestimmungen heißt es: „...die weitere Aussiedlung der deutschen Bevölkerung soll human und geregelt erfolgen ...".

Noch im August 1945 erschienen zwei Polen mit Gewehren in unserer Wohnung. Sie sagten nur einen Satz und blieben meiner Mutter immer auf den Fersen: „In fünf Minuten Berlin". Meine Mutter steckte einige Sachen und ein paar Lebensmittel in einen Kopfkissenbezug. Ich suchte meine Puppe, fand sie aber in der Aufregung nicht. Wir weinten.

Als wir die Wohnung verließen, wurde sie versiegelt. Meiner Mutter gelang es nicht, die Polen abzuschütteln und versteckte Wertsachen mitzunehmen. Am Bahnhof stiegen wir in einen Viehwagen eines Güterzuges mit vielen anderen Personen. Auf der Fahrt hielt der Zug einmal sehr lange, und wir stiegen aus. Ich sah sommergoldene Felder. Ich warf ein Stück Weißbrot hinein, weil ich im Augenblick keinen Hunger hatte. Wie lange diese „Reise" dauerte, weiß ich nicht. Wir hatten Hunger und Durst. Die Mutter hatte nichts mehr zu essen. Ich dachte an das weggeworfene Stück Weißbrot. Als wir in Berlin ankamen, blieb ein Korb mit Kartoffeln im Waggon zurück, den meine Mutter mitnahm. Dabei weinte sie.

2009 reisten meine Brüder und ich nach Danzig. Wir besuchten – mit kleinen Geschenken versehen – ein junges polnisches Ehepaar, das in unserer Wohnung in Zoppot einen kleinen Handel mit Tiefkühlkost betrieb. Auf Englisch diskutierten wir über Demokratie und Völkerverständigung. Wir durften in unser Kinderzimmer und die gute Stube sehen. Der Garten war verschwunden. Dort standen Garagen. Politisch habe ich mich immer für eine bessere Verankerung des Deutsch-Polnischen Jugendwerkes im Haushalt der Bundesregierung eingesetzt.

Ein Dorf bei Delitzsch in Sachsen

Die Großeltern väterlicherseits stammten aus Sachsen, wo mein Vater in Sittel bei Leipzig geboren worden war. Sie hatten Danzig rechtzeitig bei Herannahen der Front verlassen und waren nach Delitzsch gereist, wo die Schwester meiner Großmutter lebte.

In Berlin kannten wir niemand, wussten nicht, wohin wir uns im Westen wenden sollten. So fuhren wir nach Delitzsch in der Nähe von Halle zu den Großeltern. Da die Wohnung sehr klein war, hielten wir uns nur einige Tage dort auf. Dann wurde uns eine Behausung auf dem Dorf Gollma bei Landsberg zugewiesen. Sie bestand aus einem größeren Zimmer mit einem Herd. Zu einem Plumpsklo mussten wir auch im Dunkeln über den Hof gehen. Später mussten die Eigentümer uns zwei weitere Zimmer zusätzlich abtreten, sodass wir Schlafzimmer hatten.

Knapp vier Jahre lebten wir auf diesem Dorf. Sie waren gekennzeichnet durch Hunger und Kälte. Einmal holte meine Mutter Braunkohle mit einem Handwagen. Später erhielten wir ab und zu von Mutters ältester Schwester aus Amerika Care-Pakete und Kleidung, die wir gegen Lebensmittel eintauschten. Auch brachte uns ein Onkel aus Wismar gelegentlich Einiges zu essen mit. Eines Tages ging ich mit meiner Mutter in ein anderes benachbartes Dorf. Eine alte Frau schälte Kartoffeln. Meine Mutter fragte, ob sie die Kartoffelschalen haben könnte. Die Frau verneinte: „Die sind für das Vieh." Flüchtlinge wurden nicht gemocht. In jedem Jahr stoppelten wir alle Kartoffeln, lasen Ähren und arbeiteten beim Verziehen von Radieschen, Bohnenernten oder Auffädeln von Tabakblättern. Ich besuchte die einklassige Dorfschule. Ein alter Lehrer schlug Jungen mit dem Rohrstock auf die Finger, wenn sie Zahlen, die er angab, nicht an die Tafel schreiben konnten. Ich litt darunter, als erhalte ich die Schläge! Mir machte die Schule keine Probleme.

Wir hatten auch einen interessanten Lehrer. Er erzählte uns u.a. von den Phöniziern, die mit ihren schnellen Schiffen das Mittelmeer durchquerten. Ihm zuzuhören machte mir Vergnügen. Ich las alles, was ich in die Hand bekommen konnte. Erinnern kann ich mich an die Novelle „Kleider machen Leute" von Gottfried Keller und eine „Götterdämmerungssage", in der eine große immer wachsende Schlange das Meer unbrauchbar machte.

Über der Straße gab es eine Gastwirtschaft. Ich spielte gern mit dem Enkel der Gastwirtin. Wir bauten große verzweigte Burgen aus Sand. Eines Tages war meine Mutter nicht zu Hause, als ich vom Bohnenpflücken kam. Ich hatte großen Durst, ging in die Gastwirtschaft und verlangte ein Malzbier. Ich würde es nachher bezahlen. Die Frau spendierte mir mit Schmalz bestrichene Stullen. Ich glaube, ich aß vier oder fünf. Dann dankte ich vornehm, obwohl ich noch längst nicht satt war. Zu einem anderen Zeitpunkt erhielt ich einen Mittagstisch bei einem Fleischerehepaar mit Kindern. Dort herrschte solch eine kalte, abweisende, zwanghafte Stimmung, dass ich nicht wieder hinging, lieber hungern! Auf dem Schulhof spielten Jungen einmal mit Maisbrötchen Fußball; die Mädchen sangen „Petersiliensuppenkraut....".

Ab und zu besuchten wir die Großeltern in Delitzsch, ca.12 km von Gollma entfernt. Ich erinnere, dass ich auch allein mit der Eisenbahn zu ihnen fuhr. Mein Großvater trug eine Beinprothese. Er hatte ein herbes Wesen. 1948 schenkte mir meine Mutter ein Poesiealbum. Der Spruch, den mir mein Großvater schrieb, lautete: „Treu sein und bleiben trotz schwerer Not und Leiden. Der Zeiten Lauf wird Deutschlands Schicksal gut und glücklich leiten und auch Deinem Lebensweg eine gute Zukunft geben." Diesen Satz fand ich philosophisch/staatsmännisch. Er beeindruckte mich. Meine Großmutter, die sehr lange lebte und später im Haushalt der Eltern wohnte, schrieb: „Hab ein Lied auf den Lippen, verlier nie den Mut, hab Sonne im Herzen und alles wird gut." Sie war ein heiterer Mensch, der gerne lachte. Sie erzählte mir manchmal von ihrer schweren Jugend. Und dass meine Mutter alle schlimmen Erlebnisse am Kriegsende und die Strapazen auf und nach der Flucht ertragen hat, hängt sicher damit zusammen, dass sie eine gläubige Frau war. Das zeigt auch der Segensspruch, den sie mir auf die erste Seite meines Poesiealbums geschrieben hat: „Sing, bet und geh auf Gottes Wegen,/ verricht das Deine nur getreu/ und trau des Himmels reichem Segen,/ so wird er bei Dir werden neu!/ Denn welcher seine Zuversicht/ auf Gott setzt, den verlässt er nicht."

Zwei Ereignisse seien noch erwähnt: An einem nahe gelegenen Bach gab es eine Stange. An dieser pflegte ich allein zu turnen. Eines Tages kam ein junger, wohl leicht schwachsinniger Mann zum Bach. Er fasste mir in den Schritt, ließ dann aber von mir ab. Wenige Tage später erschien eine Gruppe von drei größeren Kindern. Ich spürte, dass sie etwas im Schilde führten, und begann wegzulaufen. Sie verfolgten mich. Als der Weg an einer Stelle am Bach endete, sah ich keine weitere Fluchtmöglichkeit und kauerte mich nieder. Sie schlugen mit Fäusten und Schuhen auf mich ein. Ich hatte ihnen nichts getan, kannte sie nicht.

Meine Mutter engagierte sich in der Kirchengemeinde. Sie trug uns Gedichte vor und erzählte Geschichten. Wir lernten einen ersten englischen Satz bei ihr. Das war die andere Welt. Meine Mutter war Ende der zwanziger Jahre in der Weltwirtschaftskrise auf der „Europa" nach Amerika gefahren und hatte in den USA zwei Jahre gearbeitet. Daher sprach sie perfekt Englisch. Sie erzählte gerne voll Stolz, dass viele Passagiere im Gegensatz zu ihr seekrank waren und sie das Essen im halbleeren Speisesaal einnehmen konnte.

1948 in den Sommerferien nahm mich mein Onkel mit seinem Auto mit an die Ostsee. Als wir bei meiner Tante ankamen, war der jüngste Sohn – noch ein Baby – gerade gestorben und lag aufgebahrt in hellblauen Spitzen im Wohnzimmer. Meine Tante weinte. Anstatt ans Meer zu fahren, bekam ich hohes Fieber. Ich wurde zunächst in die Kinderklinik, dann auf die Typhusstation bei den Erwachsenen verlegt. Sie erzählten sich nächtelang von den Gräueln des Krieges und ihren Vergewaltigungen. Ich hörte zu. Dann wurde ich plötzlich gesund – keiner weiß warum –, kein Typhus festzustellen. Aber die Sommerferien waren leider auch vorbei.

Ankunft im Westen, sesshaft in Karlsruhe

Anfang 1949 wurde mein Vater aus französischer Kriegsgefangenschaft nach Karlsruhe entlassen. Er weigerte sich, zu uns in die Ostzone/DDR zu kommen und dort mit uns zu leben. Mein Vater war politisch kritischer und weitsichtiger als meine Mutter. Die Flucht über die „grüne Grenze" zu organisieren war nicht einfach. Wir durften ja nicht auffallen, also kleinstes Gepäck. Meine Mutter erhielt von einer Bekannten die Adresse von deren Kusine, die an der Grenze wohnte. Als wir ankamen, schimpfte sie fürchterlich. Nach Mitternacht wurden wir von Schleppern abgeholt, die wir bezahlt hatten. Wir liefen über ein gepflügtes Feld. Ich meine, mich noch an die schwarzbraune, feuchte, schwere Erde zu erinnern, in deren Furchen wir gingen. Wir hörten Schüsse und sahen Scheinwerfer. Auf Kommando der Schlepper mussten wir uns ducken oder kurz hinlegen. Dann hatten wir es geschafft. Wir waren im Westen!

Per Anhalter – häufig waren es Lkw-Fahrer, die uns drei Kinder und meine Mutter mitfahren ließen – kamen wir Ende Mai 1949 in Karlsruhe an. Mein Vater spendierte mir eine Banane, die ich wegwarf. Sie schmeckte mir nicht.

Die neue Epoche begann mit der Herausforderung eines Lagerlebens: mehrere Familien in einem Raum, Entlausung. Draußen gab es einen Fußballplatz. Irgendwo in der Nähe eine Schaukel. Hierhin floh ich, um zu fliegen und zu träumen! Es waren Glücksmomente. Ich litt an Neurodermitis.

Mein Vater hatte eine Arbeit bei einer Holzfirma am Rheinhafen gefunden. Wir erhielten eine Wohnung neben dem Sägewerk, vielleicht eine Werkswohnung.

Ich war inzwischen 11 Jahre alt. Meine Mutter, die auf der Höheren Handelsschule gewesen war, wollte, dass ich eine gute Bildung erhielt und das Gymnasium besuchte. Außerdem wollte sie, dass ich altersgemäß möglichst in die Quinta des Lessing-Gymnasiums nach den Sommerferien eintreten sollte. Ich machte eine Aufnahmeprüfung, die ich bestand bis auf Englisch. Es wurde vereinbart, dass ich in der Quinta bleiben könne, wenn ich bis Weihnachten mit Englisch auf dem Klassenstand sei. Meine Mutter gab mir regelmäßig Unterricht. Ich schrieb zweimal eine 4 und zweimal eine 2. So konnte ich bleiben.

An einem der ersten Schultage, es war der 7. September 1949, hieß uns unsere Klassenlehrerin aufstehen. Sie hielt eine kleine Rede: Dies sei der Tag, an dem der Deutsche Bundestag sich konstituiere. Deutschland sei jetzt eine Demokratie und ein Rechtsstaat. Daran sollten wir unser ganzes Leben lang denken und entsprechend handeln. Eine neue Zeit breche an.

Ich besuchte das Lessing-Gymnasium bis zum Abitur. Ich war eine gute Schülerin und Klassensprecherin. Mein Abiturzeugnis datiert vom 1. März 1957. Ich war noch 18 Jahre alt. Ich hielt die Abiturrede zum Thema „Die Selbstverwirklichung als Lebensaufgabe." Sie basierte auf den Büchern von Hermann Hesse. Sein „Glasperlenspiel" erhielt ich als Preis für gute Leistungen.

Dagmar Pohl-Laukamp studierte Jura in Heidelberg, Bonn und München. Sie arbeitete als Staatsanwältin und Oberstaatsanwältin in Lübeck mit Abordnungen an die Generalstaatsanwaltschaft in Schleswig und das Justizministerium in Kiel. 1988 wurde sie als erste Frau zur Innensenatorin der Hansestadt Lübeck gewählt. Sie engagierte sich in der Frauenpolitik, insbesondere als Vorsitzende des Deutschen Akademikerinnenbundes, in der Kriminalprävention und ab 2005 im Vorstand des Verwaltungsrates und des Rundfunkrates des Norddeutschen Rundfunks. 2015 verlieh ihr Bundespräsident Gauck das Verdienstkreuz am Bande des Verdienstordens der Bundesrepublik Deutschland.
Dagmar Pohl-Laukamp war zweimal verheiratet, hat zwei Kinder und drei Enkelkinder.

Magdalena Steinbach geb. Hoppe: Sie taten das mit uns, was wir mit ihnen im Krieg getan hatten

Ich wurde 1936 in Labiau am Kurischen Haff geboren. Mein Vater war Prediger in der Chrischona-Bewegung, einem evangelischen Gemeindeverband in pietistischer Tradition, der in der zweiten Hälfte des 19. Jahrhunderts in St. Chrischona in der Schweiz gegründet worden war. Besonders in meiner Heimat Ostpreußen gab es ein blühendes Gemeindeleben, in das auch meine Mutter eingebunden war.

Erste Anzeichen, dass der Krieg näherkam

Ostern 1942 kam ich in die Schule, aber höchstens in der 1. und 2. Klasse hatten wir regelmäßigen Unterricht, in der 3. mussten wir bereits in den Saal und die Gasträume einer Gastwirtschaft ausweichen, weil die Schule Lazarett geworden war. Ab 1944 fiel die Schule dann meistens aus. In diesem Jahr begannen auch die ersten Luftangriffe auf Königsberg. Man konnte sie hören, und immer wieder kamen von Westen her aus der 45 km entfernten Stadt verkohlte Papierfetzen angeflogen.

Im Dezember wurde es sehr kalt, und wir Kinder gingen wie in den Jahren vorher Schlittschuhlaufen. Uns standen ja unendliche Eisflächen zur Verfügung. An einem Nachmittag kamen plötzlich Tiefflieger und beschossen uns auf dem Eis. Wir schmissen uns auf den Boden und blieben stocksteif liegen, bis wir annahmen, dass sie nicht mehr zurückkämen. Das waren schlimme Ängste, man war so ausgeliefert und ohne Schutz und war noch so klein.

In unserer kleinen Stadt wurde es um die Jahreswende 1944/45 immer hektischer. Flüchtlingsströme verstopften die Straßen, sie kamen mit vollbeladenen Planwagen aus dem Osten. Da wussten wir im nordöstlichsten Ostpreußen, dass unsere Ängste vor dem Feind nur allzu berechtigt waren. An manchen Tagen hörte man schon den Kanonendonner. Alle, mit denen unsere Mutter sprach, waren dafür, Ostpreußen sofort zu verlassen, aber das war für die Zivilbevölkerung aufgrund eines Befehls des Gauleiters Koch streng verboten.

Beginn der Flucht

Am 13. Januar, dem Tag vor meinem Geburtstag, saßen wir verängstigt zusammen. Der Kanonendonner wurde immer stärker. Meine Mutter versuchte sich telefonisch mit anderen Gemeindegliedern abzustimmen, was man tun solle, nebenbei strickte sie den zweiten Handschuh, mein Geburtstagsgeschenk, fertig. Unsere Rucksäcke standen gepackt im Flur, in dem meiner Mutter befanden sich neben den persönlichen Papieren auch die der Gemeinde. Schon Wochen vorher hatte meine Mutter Kisten gepackt und nach Glauchau in Sachsen geschickt.

Es gelang ihr, Fahrkarten für einen Zug am 20. Januar nach Landsberg in Ostpreußen zu bekommen, wo meine Großeltern lebten. Da wurde mein Bruder Karlheinz krank. Es wurde tatsächlich kurz überlegt, ob wir ihn in Labiau lassen und später nachholen sollten. Das wurde aber zum Glück schnell verworfen, denn sonst hätten wir ihn wohl nie wiedergesehen. Gauleiter Koch hatte sich am 22. Januar aus Ostpreußen abgesetzt, ohne seinen Befehl zu widerrufen. Er interessierte sich nicht für die Zivilbevölkerung. In Pillau, dem Hafen von Königsberg, bestieg er später einen extra für ihn und sein Gefolge bereitgehaltenen Eisbrecher.

In Landsberg, wo mein Großvater Schlachthofinspektor war, waren beide Schlachthallen bereits vollbesetzt mit Flüchtlingen. Soldaten, die sich nach Westen durchschlugen, rieten uns, nicht hier zu bleiben, da der Ort an einer Durchgangsstraße lag, die die Rote Armee benutzen würde.

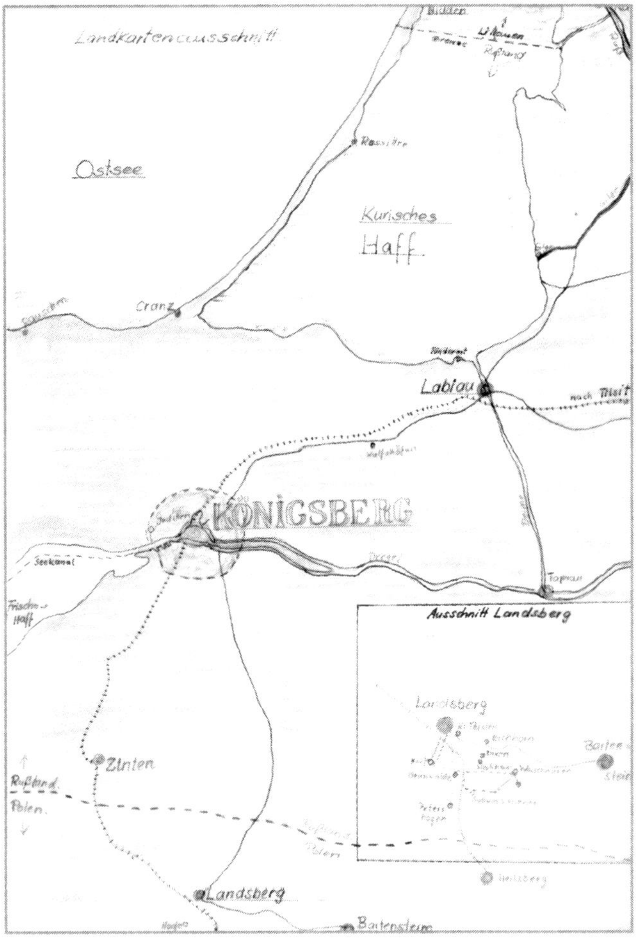

Skizze unserer Flucht

So brachen wir am 31. Januar in der Morgendämmerung auf. Unser Ziel war das wenige Kilometer entfernte Hoofe, wo unsere Tante Minna einen Hof hatte. Unsere wenigen Sachen hatten wir auf kleine Schlitten gepackt und meine kleine Schwester Elfi gut darauf verstaut. Wir großen Kinder, die besorgten Mütter und die alten Großeltern, Jahrgang 1877 und 1879, gingen im Schneematsch.

Die Russen kommen

Ausgerechnet in Hoofe gerieten wir in die Front. Über unseren Köpfen flogen die Geschosse hin und her, eine Hausecke wurde getroffen, der Ziegelstaub sah aus, als ob es brennt. Am 5. Februar sahen wir die ersten Russen. Sie stürmten ins Haus, verlangten „Uhri" und trieben uns hinaus in den Granatenbeschuss. Die Großeltern kamen langsam hinter uns her, und als ich mich nach ihnen umdrehte, sah ich meinen geliebten Opi zum letzten Mal. Meine Omi fanden wir später wieder. Meine Mutter, die die dreijährige Elfi auf dem Arm trug, sagte: „Bleibt alle ganz nah bei mir, damit wir, wenn wir getroffen werden, gleich alle tot sind!"

Wir kamen zu einer Bahnlinie und gingen auf den Schwellen, es war einfacher als in dem Schneematsch. Meine Mutter verlor allerdings ihren Absatz und humpelte nun mühsam dahin. Gegen Abend sperrten uns die Russen in eine Scheune, wir dachten, sie würden sie anzünden. In der Nacht war Elfi plötzlich verschwunden. Großes Entsetzen! Schließlich fanden wir sie, sie war zwischen die Strohballen gerutscht. Die ganze Nacht hindurch dröhnte die Stalinorgel ganz in der Nähe.

Am Morgen wurde die Scheune aufgeschlossen, es war Neuschnee gefallen, und meine Mutter fand zufällig Schuhe, zwei linke Herrenschuhe – sie hatte Schuhgröße 36!

Dann wurde uns ein anderer Bauernhof zugewiesen, in dem schon viele andere Frauen mit ihren Kindern untergekommen waren. Die Vergewaltigungen nahmen kein Ende.

Nach zwei Nächten ging es weiter, Weischnuren hieß der Ort, in dem man uns in einen Bauernhof trieb. Hier blieben wir drei Wochen, es gab kaum etwas zu essen, viele waren an Ruhr erkrankt, aber die Vergewaltigungen durch die unberechenbaren, meist betrunkenen Russen hörten nicht auf. Das letzte Kind hatte mittlerweile begriffen, was in der Kammer neben der Küche mit den Frauen geschah. Sie versuchten zwar, ihr Gesicht mit Ruß zu verschmieren, damit sie hässlich aussahen, aber das hielt die Russen nicht ab. Als meine Mutter sich einmal einem Russen zu widersetzen versuchte, bekam sie eins mit dem Bajonett übergezogen. Wir waren alle in großer Gefahr.

An einem anderen Tag holte mich ein russischer Soldat aus dem Zimmer und ging mit mir raus in den Hof. Alle waren in großer Sorge um mich. Dann fiel ein Schuss, und alle dachten dasselbe. Aber nein, er hatte mir sein Gewehr unter den Arm geklemmt und mir befohlen zu schießen. Und ich schoss, der Schuss ging über die Scheune.

Die Wochen auf dem Hof waren der reinste Albtraum! Als wir vier Geschwister Jahrzehnte später eine Ostpreußenreise machten, dachte keiner auch nur im entferntesten daran, nach diesem Ort zu suchen. In der zweiten Märzwoche brachen wir dann auf, meine Mutter und ihre Schwester wollten nach den alten Großeltern suchen. In Grünwalde, einige Kilometer weiter östlich, fanden wir unseren Großvater in dem Bienenhaus eines Bauernhofs. Er war in der Nacht zuvor gestorben. Es hatte noch einmal Neuschnee gegeben, und der alte Mann musste für die Russen die Chaussee frei schaufeln. Das ging über seine Kräfte. Er schleppte sich mit letzter Kraft zum nächsten Bauernhof und starb dort kurz darauf vor den Augen der Bäuerin. Ausgerechnet an diesem Hof kam unser versprengtes Häufchen von ca. 20 Frauen und Kindern vorbei. Weil dort eine Kuh zu sehen war, gingen meine Mutter und Tante Ruth hinein, um etwas Milch für die Kleinkinder zu erbitten. Die Bäuerin sagte unter anderem: „Ach, in der letzten Nacht ist auch der alte Herr Dorsch vom Schlachthof hier gestorben“, nicht wissend, dass seine beiden Töchter vor ihr standen. Bei allem Kummer war man damals froh, überhaupt etwas vom Verbleib seiner Lieben zu erfahren. Auf der Suche nach der Großmutter gingen wir in Richtung Hoofe zurück, denn in einigen Höfen auf dem Weg sollte es, so hörten wir, weitere Deutsche geben. Und tatsächlich fanden wir die Omi, die mit anderen alten Menschen auf einem Bauernhof untergebracht war. Noch bevor ihre beiden Töchter ihr sagen konnten, dass ihr Mann nicht mehr lebte, kam ihr unsere kleine Cousine Renate zuvor: „Der Opi ist im Himmel!“

Die letzte Station auf unserem Weg zurück nach Landsberg war der Färbersche Hof, wohin uns die Russen trieben. Hier mussten Mutti und Tante Ruth, unsere beiden Mütter, wie wir nun immer sagten, das umherirrende Vieh einsammeln und versorgen, wovon sie beide keine Ahnung hatten. Dann erhielten sie den Befehl, die toten deutschen Soldaten zu begraben, die überall auf den Feldern lagen. Da ein frühes Frühlingswetter eingebrochen und der Boden aufgetaut war, konnten sie diese traurige Arbeit tun.

Die größte Aufregung gab es, als etwa Anfang April plötzlich deutsche Soldaten aus dem Wäldchen kamen, auf dem Hof in größter Eile etwas Essen hinunterschlangen und wieder verschwanden. Die russischen Wachposten verhörten die deutschen Frauen und wollten wissen, in welche Richtung die Soldaten gerannt waren. Meine Mutter, mittlerweile in einer Verfassung, wo ihr alles egal war, konnte die Demütigungen nicht länger ertragen und antwortete für alle: „Wir werden es nicht sagen. Sie würden es an unserer Stelle auch nicht tun. Wir sind keine Verräter!" Allen stockte der Atem, jetzt würden sie uns wohl alle erschießen! Aber wie durch ein Wunder geschah nichts.

Meine Mutter sagte mir wiederholt, sie habe sich in dieser Zeit absolut unter die Obhut Gottes gestellt, sodass sie sich bei ihren Entscheidungen völlig sicher war.

In der ersten Aprilwoche scheinen wir den Färberschen Hof verlassen zu haben, jedenfalls feierten wir den 31. Geburtstag von Tante Ruth am 17. April wieder in Landsberg.

Neue Hoffnung

In die Wohnung der Großeltern am Schlachthof durften wir nicht zurückkehren. Alle Deutschen mussten in einer Straße wohnen. Tante Ruth, die mit ihren Kindern oben in dem Haus wohnte, lud uns zur Geburtstagsfeier ein. Sie trug ein helles Kleid, hatte den Tisch wunderschön gedeckt mit einer gestickten, gebügelten Tischdecke, Porzellangeschirr, das sie aus den verlassenen Häusern rings umher „organisiert" hatte, und einer Vase mit Blumen. Es gab Malzkaffee, vermutlich keinen Kuchen. Aber ich empfand die Atmosphäre an dem Tisch als Kultur, die unsere Mütter als Hoffnungsschimmer in unser erschüttertes Leben brachten.

Auch sangen wir viel und mehrstimmig. Meine Mutter konnte viele Gedichte und Balladen auswendig, die sie uns aufsagte, und sie erzählte biblische und andere Geschichten, mit denen sie an „die Zeit davor" anknüpfte. So versuchten unsere Mütter, uns ein wenig Bildung zu vermitteln. Ich denke, dass dies auch wichtig war für sie selbst, um die Zumutungen der vergangenen Monate zu verdrängen.
Wir lebten ein Jahr und vier Monate in Landsberg.

Kriegsende

Die Frauen mussten weiterhin für die Russen arbeiten, jetzt handelte es sich um Dreschen von Getreide auf dem Gut „Klein Peisten". Die Stimmung war nicht so schlecht zwischen den Wachtposten und den Frauen. In einer Arbeitspause fingen sie einmal zaghaft an zu singen, und das war gut, denn auch diese Russen liebten Musik. Meine Mutter wurde von den Posten gefragt: „Frau, du Radio-la-la?" Sie fing den Ball auf und sagte: „Nein, ich Kirche-la-la!" Als einige Frauen bei weiteren Liedern plötzlich weinen mussten, durfte nicht mehr gesungen werden. Das wollten die Posten nicht sehen, und so hieß es: „Weiter rabota!", weiterarbeiten.

Am 8. Mai 1945 mussten die entkräfteten Frauen wieder einmal verendetes Vieh eingraben. Riesige Gruben waren auszuheben, um die Kadaver hineinzuzerren und die Löcher wieder mit Erde zu füllen. Die Arbeit war furchtbar schwer, und es stank entsetzlich.

Da kamen die Russen plötzlich am Vormittag johlend und in die Luft schießend von der Stadt her gelaufen und riefen den Frauen zu: „Woina kaputt!" – der Krieg ist aus. Sie waren bester Laune, angetrunken, und in ihrer Freude über den beendeten und gewonnenen Krieg umarmten sie die deutschen Frauen und boten ihnen zu trinken an.

Auch am 9. Mai, dem Tag der Unterzeichnung der Kapitulation in Berlin, wurde viel geschossen. Wir verhielten uns ganz still in unserem Haus.

Die Polen kommen
Im Sommer zogen die Russen ab, da aufgrund der Bestimmungen der Potsdamer Konferenz die südliche Hälfte Ostpreußens unter polnische Verwaltung kam.

Das bedeutete für uns Deutsche nichts Gutes, was ich sehr wohl verstand, da ihnen, wie meine Mutter mir erzählte, von den Deutschen viel Schlimmes geschehen war. Wir stellten uns also darauf ein. Es wurde aber schlimmer, als gedacht. Es entlud sich viel angestauter Hass, und ich habe keinen Polen erlebt, der etwas menschlicher zu uns war, auch nicht der katholische Priester, der in Landsberg eingesetzt wurde und eines Tages mich und zwei andere kleine deutsche Mädchen in seinem Pfarrhaus schlug und uns als „deutsche Schweine" beschimpfte.

Aber auch ich bald Zehnjährige verschloss mich gegenüber den Polen und merkte dadurch gar nicht, dass Johann, ein Pole, der mit seinem Bruder Eddek bei uns im Haus wohnte, versuchte, seine Hand über uns zu halten. Er war Kriegsgefangener in Landsberg gewesen und hatte unseren Großvater gekannt, der ihm offenbar freundlich begegnet war. Aber auch Johanns Einfluss war begrenzt, und so mussten wir die Wohnung räumen und kamen in einem äußerst bescheidenen Haus unter.

Unsere polnische Zeit war trostlos und endlos. Wir hatten kein Essen, wurden von ständigem Hass verfolgt, vier oder fünf von uns hatten Typhus, Tante Ruth wurde grün und blau geschlagen und war sogar eine Zeitlang im Gefängnis.

Meine große Schwester Doddy arbeitete bei einem polnischen Metzger und verlor bei einer Verletzung ein Glied von ihrem rechten Zeigefinger. Am Kopf hatte sie ein riesiges Furunkel, das sich immer wieder mit Eiter füllte und mehrfach geschnitten werden musste.

Karlheinz und manchmal auch ich arbeiteten in einer Konditorei, wurden dort ständig beschimpft und mussten an der einzigen, langsam fließenden Quelle für die Polen Wasser zapfen und es ihnen bringen.

Meine Mutter war so schwer an Typhus erkrankt und so unterernährt, dass die Krankenschwester zu ihr sagte: „Das einzige Stück Brot, das ins Haus kommt, müssen SIE essen, sonst sterben Sie!", und das zu einer Mutter bzw. Tante von sechs hungrigen Kindern. Unsere Omi hat den Typhus und die anschließende Wassersucht nicht überstanden, sie starb am Ostermontag 1946. Bei ihrer Beerdigung war unsere Mutter gerade wieder auf den Beinen. Sie beerdigte als „Pfarrerin" ihre Mutter, wir Kinder sangen auf dem Friedhof die Sterbelieder, angeführt von Tante Ruth. Sie versuchte mich damit zu trösten, dass Omis Tod eine Erlösung für sie gewesen sei. Sie starb zu Hause, umgeben von ihren Töchtern und Enkelkindern in völligem Frieden. Die anderen alten Menschen erfroren alle ausnahmslos auf dem ersten Abtransport in den Westen.

Abschrift eines mit Bleistift geschriebenen Briefes von meiner Mutter Herta Hoppe aus Landsberg in Ostpreußen am 23. Juni 1946 an ihre Cousine Liesel Orzikowski in Dänemark. Der Briefbogen, der verwendet wurde, besteht aus einem nicht ausgefüllten Krankenkassenformular für Ärzte.

Liebe Liesel! – Durch Deine Schwester Friedel kam Dein Brief vom 10.4.1946 in meine Hände. Friedel hat zur Zeit kranke Augen und bittet mich, Dir zu antworten, während sie hier bei uns ist. Ich habe Dir viel zu berichten und will daher im Telegrammstil schreiben. Zunächst aber herzlichen Dank für Dein Lebenszeichen. Wie freut man sich über jeden, der noch da ist. Daß wir hier in Ostpreußen noch da sind, ist wie ein Wunder Gottes.- Zunächst jetzt aus Eurer Familie: Dein Vater ging am (Datum unleserlich) infolge Hautzerstörung durch Krätze heim; ebenso Dein Bruder Otto am 1.11.1945 an derselben Krankheit. Deine Schwester Martha Stanke starb am 3.1.1946 an Typhus. Ihre vier Kleinen haben Friedel (Edith und Dora) und Lenchen (Renate und Irma). Friedel lebt im Dorf Reddenau. Auf Marthas Gehöft wohnt ein Pole. Friedel war auf der Flucht bis Lauenburg in Pommern gekommen. Dort starb Franz. Friedel kehrte am 1.6.1945 von der Flucht zurück. Es geht ihr leidlich bis auf ihr Augenleiden, das jetzt ohne Behandlung sehr schlimm geworden ist. Lenchen flüchtete übers Haff bis Pillau. Unterwegs wurden alle durch Bombensplitter verletzt. Lenchen, Magdi und Horst leichter Art, Arno hat den rechten Arm verloren (Arm? schlecht leserlich), Bruno hatte eine Schulterverletzung. Klein Helmut ist tot. (Von den beiden großen Jungen weiß Lenchen nichts). (Der folgende Satz ist zum Teil unleserlich): Sie sollen angeblich von .... Deutschland nach Dänemark gekommen sein. Lenchen mit Magdi und Horst mußten hier zurückkehren. Lenchen und Magdi haben einen sehr schweren Typhus überstanden und sind jetzt wieder recht wohl. In Dixen leben Martha, Pauls Frau, mit ihren Kindern, ihrer Mutter und Schwester Erna zusammen mit Alex, dem Polen, der früher auf dem Bitterschen Grundstück war (elterlicher Hof von Martha). Martha muß auf dem Nachbargrundstück arbeiten. – Onkel Karl, Eichhorn, ging im September am Typhus heim, nachdem er sehr entkräftet aus einem russischen Arbeitslager zurückkehrte. Lisbeth Pol, geb. Dorsch, starb am 30.4.1946 am Typhus. Tante Anna zwei Wochen später auch an einer Hautkrankheit. Lydia ist von den Russen verschleppt worden, ebenso Kurt (als Kriegsinvalide), von ihm fehlt noch jede Spur. Lottchen, Kurts Frau, und Ditmar, sein Sohn, halten sich in Schönwiese auf. Ihr Kleinstes ist tot. Edeltraud ist bei den Großeltern Pol. Bei Müllers ist nur Lydia mit ihrem Sohn zu Hause. Anni, Hilde und Willi (ihre Geschwister) haben sich auch aus Dänemark gemeldet. Von Martel Flucht und ihren Kindern fehlt auch jede Nachricht. Artur wurde erschossen. – Mein lieber Vater ging am 4.3.1945 infolge Überanstrengung beim Schneeschaufeln heim, meine Mutter am 25.4.1946 an Wassersucht nach dem Typhus. Ruthi und ich leben hier zusammen mit unseren Kindern. Wir haben auch allerlei Krankheiten durchgemacht, sind aber bisher erhalten geblieben. Du wirst erschüttert sein über die reiche Ernte, die der Tod in unserer Familie gehalten hat. Ja, wir sind durch schwere, bittere Not gegangen.

Wenn der Herr nicht unser Trost wäre, so wären wir vergangen in unserem Elend. Aber so leben, warten und hoffen wir. Ich habe seit Mitte Januar Post von Willi, der als Kriegsgefangener in Polen arbeitet. Große Freude bedeutete diese Nachricht für mich und die Kinder. Ruthi hat noch keine Nachricht von Robert. – In Hofe leben Tante Minna, Gertrud und Erna mit ihren Kindern auf ihrem früheren Grundstück zusammen mit einem Polen. Es geht ihnen leidlich gut, sie haben zu essen. Herta (die jüngste Schwester) wurde auch mitgenommen. Von ihr ist auch noch keine Nachricht, ebenso nicht von Gertruds und Ernas Mann. Lischen Wohlfeil (geb. Gegner) lebt in Albrechtsdorf mit ihren Kindern. – Wir arbeiten hier größtenteils auf polnischen Bauernhöfen oder im Haushalt. Ich werde mit Rücksicht auf die vielen Kinder zu Hause gelassen. Dafür arbeitet meine Dorothea in einem Haushalt. Heini und Magdalena – 11 und 10 Jahre alt – fahren Wasser. So erwerben wir das Allernotwendigste zum Leben: Brot! Ja, Gott hat uns gelehrt, die vierte Bitte beten. Wir hoffen sehr, daß wir bald hier herausgelassen werden. Ich hoffe auch im Blick darauf, mit Willi zusammenzukommen.

Nun, liebes Cousinchen, sei dem Herrn und seinem Schutz befohlen. Er kann und wird uns noch einmal vereinigen, wenigstens als Familie. Deine Schwester Friedel sendet Dir sehr herzliche Grüße. Sie hofft auf ein baldiges Wiedersehen. Sei herzlich gegrüßte von

Deiner Cousine
Herta Hoppe-Dorsch

An den Rändern des Papiers finden sich noch folgende Bemerkungen: *Vielleicht könntest Du nach den Jungen (von Lenchen) forschen. Herzlichen Gruß an Tante Auguste. – Viel wäre noch zu berichten, aber leider – es darf nicht sein. Dankt Gott, daß Ihr dort sein könnt.*

Dieser erhalten gebliebene Brief, den meine Mutter an eine Verwandte geschrieben hat, die sich nach Dänemark hatte durchschlagen können, kann einen Eindruck vermitteln von unserem Leben in Polen.

Für uns ging das Elend noch einige Monate weiter. Wir bekamen alle die Borkenflechte, eine Folge der Unterernährung. Alle wurden kahl geschoren, damit es auf unseren Köpfen überhaupt eine Heilungschance gab, befreit von Haaren und Läusen und frei für Wasser, Sonne und Wind. Mutti und ich weinten sehr, als meine Haarpracht dem Feuer übergeben wurde.

Zu Pfingsten wollten wir es wagen, in der leer geräumten evangelischen Kirche einen bescheidenen Gottesdienst zu feiern. Die Buben läuteten die Glocken. Ich hatte gedacht, es würden von allen Seiten Überlebende angeströmt kommen, um für ihre Rettung zu danken, aber es kamen nur 20 bis 30 Leute. Vielleicht waren die anderen schon weg. Meine Mutter hielt den Gottesdienst. Plötzlich stürmte die polnische Miliz in die Kirche, schrie und tobte und trieb uns zur Kirche hinaus. Meiner Mutter setzten sie als der „Hauptschuldigen" das Gewehr in den Rücken, und wir hatten alle Angst, dass sie sie erschießen würden. Zum Glück ließen sie von ihr ab.

Der Abtransport in den Westen

Wir hatten nur noch ein Ziel: ein Transport in den Westen. Man hatte unseren Müttern geraten, auf keinen Fall in einen Wintertransport einzuwilligen, in den eisigen Güterwaggons erfroren nicht nur alte Leute. Im August sollte es einen neuen Transport geben, wir meldeten uns, und am 12. August 1946 klappte es tatsächlich.

Am Tag davor gab es manche Turbulenzen. Bekannte und unbekannte Leute kamen zum Verabschieden, viele Tränen flossen, es herrschte Ungewissheit auf beiden Seiten – bei denen, die blieben, und bei denen, die abreisten. Letzte Habseligkeiten wurden verschenkt. Wir hatten eine halbe Tasse Essigessenz zu vergeben, die auf der Fensterbank stand. Die kleine Elfi trank unbemerkt aus der Tasse, verätzte sich den Hals und konnte tagelang nicht schlucken. Milch als Gegenmittel hatten wir nicht.

In einem offenen Lastwagen wurden wir zum Bahnhof nach Bartenstein gefahren und in Viehwaggons untergebracht. In den Wagen war es voll und dunkel. Die Frauen waren in großer Sorge, ob der Transport nicht doch nach Sibirien ginge wie so viele nach Kriegsende. Als sich am zweiten Tag herausstellte, dass wir tatsächlich konstant nach Westen fuhren, machte sich eine gewisse Erleichterung breit.

Wir hatten noch etwas deutsches Geld, das unsere Mutter in Karlheinz' Pullunder eingenäht hatte – eine fragwürdige Entscheidung. An manchen Haltepunkten mussten wir nämlich räuberische Übergriffe von Polen über uns ergehen lassen, und mein 12-jähriger Bruder stand enorme Ängste aus, genauso wie unsere Mutter,

Magdalena, rechts, mit Mutter und Geschwistern

die in solchen Situationen ihre Eheringe im Mund verborgen hielt, ihren letzten rettungswürdigen Schatz.
Einmal hielt der Zug zwei Tage auf freier Strecke. Die Lok verschwand. Obwohl wir es nicht durften, stiegen alle aus, um sich von den Obstbäumen Obst zu pflücken. Wir Kinder spielten auf einem sandigen Hügel, ziemlich weit weg vom Zug. Plötzlich kam die Lok zurück. Wir rannten um unser Leben, denn der Zug war im Begriff wegzufahren. Die Mütter schrien und baten, auf die Kinder zu warten. Wie gut, dass ich schnell rennen konnte und zu den ersten gehörte, die ankamen.

Stettin

Die Fahrt endete in Stettin, wo wir in einer ehemaligen Wohnanlage am Stadtrand untergebracht wurden. Es waren sicher Tausende von Menschen dort, allein unser Zug hatte 64 Wagen, wie Karlheinz gezählt hatte.

Die Wochen in Stettin stellten einen letzten Tiefpunkt unserer damaligen Existenz dar, wir waren am Ende des Erträglichen angekommen. Wir schliefen in einer leeren Küche, in die es reinregnete, auf dem kalten Terrazzo-Fußboden. Karlheinz wurde schwer krank. Im Hof gab es eine Klo-Baracke für alle mit einem Donnerbalken, ganz schrecklich! Dazu litten wir unter ständigem Hunger. Die schlimmste Suppe, die ich in meinem Leben essen musste, gab es im Lager von Stettin: jeden Tag braunes Wasser mit ein oder zwei Bohnen darin. Ich sehe mich noch an der Einzäunung unseres Lagers stehen und sehnsüchtig auf die Odermündung und die Ostsee dahinter schauen.

Das Lager befand sich im Ortsteil Sonnenberg, diesen Namen hatte ich am Abreisetag am Bahnhof gelesen. Es schien mir damals wichtig, ihn mir zu merken. Einerseits wollte ich mir merken, wann und wo wir es zum letzten Mal mit Polen zu tun hatten, andererseits war es ein hoffnungsvoller Name. Die junge Polin, die meine Geschwister und mich 1999 auf unserer Reise durch Stettin führte, hat mir die Richtigkeit dieser Erinnerung bestätigt. Sie hieß übrigens auch Magdalena.

Ankunft im Westen

Die Weiterfahrt von Sonnenberg war ganz anders. Wir stiegen in einen normalen Personenzug ein und kamen uns wieder wie Menschen vor. Wir überquerten die Oder bei Frankfurt, kamen an Berlin vorbei und erreichten Uelzen in der englischen Besatzungszone. Wir wurden vom Roten Kreuz sehr, sehr freundlich und mit Mitgefühl begrüßt, wurden in ein Zelt gebeten – ja, wirklich gebeten! – und dort desinfiziert. Wir bekamen zu essen und zu trinken, alles schmeckte unglaublich gut. Wir wurden seit langem wieder satt und bekamen auch Kleidung.

Ich erlebte diesen Tag als sehr tröstend und wie eine Streicheleinheit nach der vielen Willkür und Demütigung. Gab es etwa verschiedene Welten?

Die Frauen wurden befragt, und die Engländer nahmen alles zu Protokoll. Es waren vorbereitete, gezielte Fragen, mit denen sie Erkenntnisse über die Zustände und die Behandlung durch Polen und Russen gewinnen wollten. Die Engländer seien fassungslos gewesen, so meine Mutter, ihre schlimmsten Befürchtungen stellten sich als Tatsachen heraus.

Dann wurde unser langer Zug geteilt, wir waren in dem Teil, der zunächst nach Lübeck fuhr, wo viele Menschen ausstiegen. Wir fuhren weiter ins Rheinland. Unsere neue Bleibe sollte das Dorf Lanzenbach bei Hennef sein.

An einem Samstagabend kamen wir im Bahnhof Hennef an. Es war schönes, warmes Septemberwetter. In einer Halle in der Nähe des Bahnhofs wurden wir versorgt. Es gab Biskuit-Brei, und wir alle meinten, noch nie etwas so Köstliches gegessen zu haben. Ich habe noch heute das wunderbare Gefühl auf der Zunge und die Freude im Herzen, wenn ich an jenen Abend denke. Den Biskuit-Brei gibt es heute noch als Babynahrung. Manchmal kaufe ich ihn mir und erinnere mich.

Hier im Rheinland würde es uns gefallen, da war ich mir ganz sicher, wir Glücklichen waren im Westen angekommen.

Die raue Wirklichkeit im Westen und allmähliche Besserung

Am nächsten Tag, einem Sonntag, fanden wir uns vor dem Hennefer Rathaus ein. Es war die Uhrzeit, zu der die Leute in den Gottesdienst gingen. Fein angezogen mit Hut und Täschchen gingen sie durch ihr unzerstörtes Städtchen im Septembersonnenschein in die Kirche. Und wir, armselig und heimatlos, saßen da als Häufchen Elend auf unseren kleinen Rucksäcken und warteten auf die Weiterfahrt mit einem Lastwagen.

In Lanzenbach wurden wir Hoppes, dem Dortbürgermeister zugeteilt, der eine Knechtsstube über der Futterkammer im Stallgebäude zu vergeben hatte – armseligst. Tante Ruth und ihre beiden Kinder erhielten zwar ein richtiges Zimmer, aber das Zusammenleben mit ihrer Familie Schmitz gestaltete sich als recht schwierig. Da wir Schmalkost gewohnt waren, fiel es nicht besonders ins Gewicht, dass es ähnlich bescheiden weiterging. Nur Elfi hatte es besser, an diesem armen verhungerten Kind wollte die Frau des Bürgermeisters eine „gute Tat" vollbringen, wie sie selber sagte, und ließ sie alle Mahlzeiten in der Bauernküche einnehmen. So kam Elfi bald zu Kräften.

Und noch etwas erschien mir damals merkwürdig. Die ganze Zeit hatte unsere Mutter uns vorgeschwärmt: „Dort im Westen sprechen alle Leute Deutsch!" Wir hatten ja mehr als ein Jahr nur Russisch und Polnisch gehört. Und was hörten wir jetzt? Eine uns völlig unverständliche Sprache, nämlich Rheinländisch, gesprochen von einer Dorfbevölkerung!

Diese Dorfbevölkerung besaß noch alles, was sie vor dem Krieg auch schon besessen hatte, wir aber besaßen nichts. Die etwa 18 qm große Knechtsstube bei unserem Bauern war äußerst dürftig eingerichtet: Tisch, Bank, Stuhl, Herd, zwei Doppelstockbetten mit Strohsäcken, als Zudecke kratzende Soldatendecken, die dreijährige Elfi schlief in einer Wiege.

Die Ämter taten, was sie konnten, auch die 6 km entfernte evangelische Kirche half. Wir besuchten sie jeden Sonntag, bei Wind und Wetter, worüber sich die Katholiken sehr wunderten, waren sie doch davon ausgegangen, dass Protestanten überhaupt nicht in die Kirche gingen.

An die katholische Kirche musste ich mich erst gewöhnen. Im protestantischen Ostpreußen hatte ich „katholisch" für eine Farbe gehalten, denn meine Mutter hatte oft zu mir gesagt, wenn ich mich selbst kunterbunt angezogen hatte: „Das sieht aber katholisch aus!"
Als wir von Christen in den USA regelmäßig Carepakete bekamen, ging es uns etwas besser. Neben Lebensmitteln enthielten sie auch Kleider, sodass wir uns wohler zu fühlen begannen.

Den Durchbruch schafften wir aber durch ein kulturelles Ereignis für das ganze Dorf. Meine Mutter und meine Tante übten zum Weihnachtsfest 1947 mit buchstäblich allen Kindern des Dorfes ein riesiges Krippenspiel ein. Es wurde wochenlang geprobt, gesungen, genäht, gemalt, geklebt, gehämmert, gesägt. Das ganze Dorf fieberte mit den Kindern auf den Tag der ersten Aufführung hin – es wurde ein erfüllendes und sinnvolles Gemeinschaftserlebnis! Die „evangelischen Flüchtlinge" hatten die Feuerprobe bestanden. Mutti und Tante Ruth wurden nun mit großem Respekt behandelt, man dankte ihnen für das Geschick, mit den vielen Kindern umzugehen, und für die Weihnachtsfreude für das ganze Dorf.

Schulen

Es war nicht einfach für uns, Anschluss in den Schulen zu finden. Wir waren über all dem überstandenen Elend zwei Jahre älter geworden und waren in diesen zwei Jahren in keiner Schule gewesen.

Meine Geschwister gingen nach Siegburg ins Lyzeum bzw. ins Gymnasium, wo sie in die 7. und 5. Klasse eingestuft wurden und sich sehr anstrengen mussten, um die Lücken aufzufüllen. Aber sie schafften es.

Ich war fast 11 Jahre alt und wurde in die 3. Klasse gesteckt. Ich habe aufgepasst und geschaut, dass ich mitkam, es ging „irgendwie". Als in Hennef bald darauf eine evangelische Schule gegründet wurde, wollte meine Mutter diese unterstützen, nahm mich aus der Volksschule unseres Nachbarorts heraus und schickte mich dorthin. Und noch nicht genug: Chrischona wollte für die unterernährten Kinder der Brüder in Deutschland etwas tun. Da die beiden Großen unmöglich ihre höheren Schulen für ein Vierteljahr verlassen konnten, fiel die Familienwahl auf mich, und so wurde ich mit meinem Cousin nach Ebnat-Kappel im Kanton St. Gallen geschickt. Hier stufte man mich in die 5. Klasse ein. Und es ging erstaunlich gut, bis auf den Handarbeitsunterricht. Ich verstand kein Wort von dem, was die Lehrerin sagte, und so gelang es ihr auch nicht, mir den Kreuzstich beizubringen.

Zurück in Lanzenbach, machte ich am Lyzeum Siegburg eine Aufnahmeprüfung, bestand sie und war nun auch in der Schule meiner großen Schwester. Ich passte gut auf, hörte gerne zu und war die Älteste in der Klasse, darum wurde ich wohl auch zur Klassensprecherin gewählt, ein Amt, das ich bis zum Ende meiner Schulzeit innehatte.

Rückkehr des Vaters und neue Veränderungen

Die allergrößte Freude wurde uns zuteil, als wir 1946 durch eine kurze Karte erfuhren, dass unser Vater lebte und sich in polnischer Kriegsgefangenschaft befand. Zwar gefangen, aber er lebte! Er kam allerdings erst Ende 1948 zurück, aber außer unseren offenen Armen und unserer Dankbarkeit konnten wir ihm in Lanzenbach nichts bieten, nicht einmal ein Bett in unserer Knechtskammer.

Um in seinem Beruf wieder Fuß zu fassen, meldete er sich bei der deutschen Zentrale von Chrischona, die sich in Lörrach befand. Zunächst fand er Arbeit in einem Erholungsheim in Bad Dürrheim, was für uns Kinder wieder einmal Schulwechsel bedeutete: Wir drei Großen besuchten das Gymnasium in Villingen, Elfi wurde in Dürrheim eingeschult. Als unserem Vater 1951 von der Badischen Landeskirche angeboten wurde, das Schifferkinderheim in Mannheim-Seckenheim zu leiten, griff er sofort zu. Hier konnte er wieder selbstständig arbeiten. Die Eltern waren fast 13 Jahre dort und sehr glücklich. Ich besuchte das Elisabeth-Gymnasium, ganze dreieinhalb Jahre, die längste Zeit, die ich jemals an ein und derselben Schule verbracht hatte.

Tante Ruth blieb noch einige Jahre als Gemeindediakonin im Rheinland. Als sie, die gelernte Bankkauffrau war, im Schifferkinderheim mit der verantwortungsvollen Aufgabe der Buchhaltung betraut wurde, zog sie mit ihren Kindern auch nach Mannheim. Nun waren wir wieder zusammen, sechs Kinder, zwei Mütter und ein Vater. Onkel Robert war nicht aus dem Krieg zurückgekehrt.

Die meiste Freizeit meiner Mannheimer Jugendjahre verbrachte ich in kirchlichen Jugendgruppen: Jugendkreis, Singkreis, Laienspiel, Ausflüge, Freizeiten. Es war auch viel Liebelei und Flirt dabei – wir waren halt ganz normal und jung.

Wenn ich auf diese Jahre zurückblicke, dann frage ich mich, wie die Frauen das alles geschafft haben. Flucht mit kleinen Kindern und alten Eltern, ständige existenzielle Versorgungsschwierigkeiten, Vergewaltigungen, Ankunft in Gegenden, in die sie nie wollten und in denen man sie nie wollte, Angst um die Männer an der Front oder im Kriegsgefangenenlager, Trauer um die Gefallenen, Habenichtse. Es kann nicht laut genug auf die Leistung der Frauengeneration hingewiesen werden. Meine Mutter hatte ihre Stärke daraus bezogen, dass sie tief im christlichen Glauben verwurzelt war – und es trotz aller schlimmen Erlebnisse auch blieb. Sie wurde 89 Jahre alt.

Magdalena Steinbach besuchte nach dem Ende ihrer Schulzeit von 1955 bis 1957 das Seminar für Evangelischen Gemeindedienst in Bad Salzuflen. Als Gemeindediakonin arbeitete sie an der Kreuzkirche in Mannheim und gab bis zu ihrem 50 .Lebensjahr fast ohne Unterbrechung Religionsunterricht, erst am Gymnasium in Radolfzell, dann an einer Grund- und Hauptschule in Heidelberg-Ziegelhausen, später an verschiedenen Schulen in Mannheim. Sie ist verheiratet mit Pfarrer Jürgen Steinbach, erzog drei Kinder, folgte ihrem Mann an die verschiedensten Stationen seiner Berufslaufbahn und lebt seit 2004 mit ihm wieder in Mannheim.

Roland Hartung: Ausgewiesen aus Österreich

Geboren wurde ich 1936 in Mannheim, am Ostermontag.

Mein Vater war zu dieser Zeit als kaufmännischer Angestellter der Strebelwerke im Stammsitz Mannheim beschäftigt. Er gehörte der Generation der Kriegsfreiwilligen im Ersten Weltkrieg an und hat das Inferno dieses Krieges überlebt. Er war kulturell und politisch sehr interessiert, ging aber der Ideologie der Nationalsozialisten nicht auf den Leim. Meine Mutter entstammte einer alteingesessenen Käfertaler Bauernfamilie und war musikalisch sehr talentiert.

Meine Eltern waren zeitlebens begeisterte Theatergänger.

Wir wohnten in Käfertal, bis meinem Vater die Möglichkeit eröffnet wurde, ab Frühjahr 1939 die kaufmännische Leitung des Strebelwerks in Wels/Oberösterreich zu übernehmen, des größten Zweigwerks der Strebelwerke. Mein Vater nahm dieses Angebot an, und wir siedelten in das uns völlig unbekannte Wels in ein nagelneues Haus um, das für den Führungsstab des Strebelwerks gerade fertig geworden war.

Die systematische Bombardierung Österreichs begann in der zweiten Hälfte des Jahres 1943. Im Dezember 1944 flogen die Alliierten acht schwere Luftangriffe auf die Eisenbahnverbindung Salzburg-Wels-Linz-Wien.

Am Vormittag des 1. Weihnachtsfeiertags 1944 wurde Wels von einem schweren Bombenangriff heimgesucht. Da es in Wels keine Bunker gab, mussten meine Mutter und ich dieses Inferno in unserem Keller aushalten. Mein Vater war im Strebelwerk. Wir hatten Glück in diesem Unglück und überlebten, das Nachbarhaus wurde durch Bomben zerstört, der Nachbar getötet.

Dies veranlasste meinen Vater, uns unverzüglich aus Wels ins Umland auf ein Bauerngehöft, einen für diese Gegend charakteristischen Vierkanthof, zu bringen. Wir hausten dann zu dritt in einem kleinen Zimmer in Buchkirchen. Tatsächlich wurde beim nächsten Bombenangriff unser Haus in Wels schwer beschädigt.

Ich ging in die Dorfschule, wo mehrere Klassen in einem Raum unterrichtet wurden.

Österreich wurde bekanntlich von zwei Seiten angegriffen und befreit, von Südosten durch die Sowjets aus Ungarn und durch die Amerikaner von Süden aus Bayern. Meine Eltern hatten große Ängste, dass die Rote Armee bis zu uns vorrücken würde – mit all den Schreckensmeldungen, die ihr vorausgingen.

Zwischen dem 3. und 5. Mai 1945 – an den genauen Tag kann ich mich nicht mehr erinnern – kamen zu unserer Erleichterung die amerikanischen GIs und rückten weiter bis Linz vor. In der Folge waren bis 1955 sowohl Linz als auch Wien geteilte Städte, amerikanisch und russisch besetzt.

Die Industrieproduktion im „Dritten Reich“ war während des Krieges zum größten Teil von Zwangsarbeitern, meist Osteuropäern, aufrechterhalten worden. Nach ihrer Befreiung bewaffnete sich ein Teil und zog eine kurze Zeit marodierend durch unsere Gegend.

Österreich konstituierte sich mit Hilfe der Besatzungsmächte schnell als neuer Staat, und man begann unverzüglich, die Vergangenheit Österreichs zwischen März 1938 und Mai 1945 als „erstes Opfer" des Nationalsozialismus zu beschreiben. Dieses staatliche Narrativ wird mit Einschränkungen bis heute aufrechterhalten.

Der Einmarsch der deutschen Truppen am 11./12. März 1938 in Österreich war ohne Zweifel ein Bruch des Völkerrechts gewesen. Aber die Begeisterungsstürme, die Adolf Hitler am 12. März 1938 in Linz und am 15. März 1938 auf dem Heldenplatz in Wien entgegenschlugen, entstanden spontan aus der Bevölkerung heraus.

Auch die Volksabstimmung vom 10. April 1938 fand bereits in einem nationalsozialistischen Klima statt, unterstützt von den Führungen der katholischen und evangelischen Kirche, die die Bevölkerung dazu aufgefordert hatten, für den „Anschluss" ans Deutsche Reich zu stimmen. Entsprechend war das Ergebnis: 99 Prozent Zustimmung!

Auch die Ausschreitungen bei der „Reichspogromnacht" am 9. November 1938 waren nicht weniger gewalttätig als im „Altreich" und erreichten in Wien einen schrecklichen Tiefpunkt.

Diese Vergangenheit wollte man nach dem 8. Mai 1945 vergessen machen, und die in Österreich wohnenden Deutschen wurden nun als „Reichsdeutsche", vulgo Piefkes, gebrandmarkt. So durfte beispielsweise mein Vater nicht mehr die österreichische Staatsbahn benutzen, wenn er Geschäftsreisen unternehmen musste. In meiner Klasse wurde ich separat gesetzt.

Der Samstag im Oktober 1945 steht mir noch klar vor Augen, als die Polizei zu meinen Eltern kam und ihnen eine Ausweisungsverfügung aushändigte, verbunden mit der Aufforderung, am nächsten Morgen, am Sonntag, mit Handgepäck am Bahnhof Wels zu erscheinen, andernfalls würden wir abgeholt.

Unter Zurücklassung unserer gesamten Habe fanden wir uns mit Handgepäck am Sonntagmorgen am Bahnhof ein. Es stand ein Güterzug bereit, in den die dort versammelten „Reichsdeutschen" verteilt wurden. In dem uns zugewiesenen Güterwagen hatten meine Eltern und ich etwas mehr als 2 m^2 Platz. Irgendwann an diesem Sonntag fuhr der Zug ab und mäanderte Tage durch Österreich und Süddeutschland. Immer wieder hielt er an, da ein großer Teil des Schienennetzes noch beschädigt war.

Diese Reise dauerte mehrere Tage, nach meiner Erinnerung zwischen vier und sechs, bis wir auf dem Güterbahnhof in Mannheim-Friedrichsfeld landeten. Außer den amerikanischen Soldaten kümmerte sich niemand um uns, weder in Österreich noch in Deutschland. Wären wir von ihnen nicht verpflegt worden, wir hätten nichts gehabt.

In Mannheim angekommen, nahmen meine Eltern sofort Kontakt mit unseren Verwandten in Käfertal auf. Sie holten uns ab, und wir erhielten bei der Familie des Bruders meiner Mutter eine Unterkunft.

Ab November 1945 besuchte ich die Volksschule in Käfertal.

Erst nach 25 Jahren bin ich mit meiner Familie erstmals wieder nach Wels gefahren.

Nach dem Studium der Rechtswissenschaft und der Volkswirtschaftslehre war Roland Hartung bis 1988 als Rechtsanwalt tätig. Schon früh begeisterte er sich für die Kommunalpolitik und gehörte von 1965 bis 1988 dem Mannheimer Gemeinderat an, davon 13 Jahre als Vorsitzender der CDU-Fraktion. 1988 wechselte er in den Vorstand der Stadtwerke Mannheim, die er 1999 als MVV Energie AG an die Börse brachte. 2001 wurde er zum „Energiemanager des Jahres" gewählt, 2003 zum „Ökomanager des Jahres". Als Verwaltungsratsvorsitzender der Volkshochschule Mannheimer Abendakademie von 1979 bis 2009 trieb er deren Neubau maßgeblich voran.

Roland Hartung ist Träger des Ehrenrings der Stadt Mannheim und wirkt auch nach seiner Pensionierung immer noch nachhaltig für die Stadt und ihre Bürger, beispielsweise als Vorstand der Alfred-Delp-Gesellschaft Mannheim e.V.

Als die Russen kamen

Brigitte Vergin geb. Prochnow: Dann brachten sie sich um

Ich wurde 1931 in Arnswalde in der Neumark, einer 33.000 Einwohner zählenden Kreisstadt östlich der Oder, an der Bahnstrecke Stettin – Posen gelegen, geboren. Wir wohnten mit den Großeltern väterlicherseits zusammen, der Großvater war Schmied in der Werkzeugfabrik Jahn & Co. Die Großeltern mütterlicherseits wohnten in einem Gutsdorf in der Nähe. Mein Großvater war für die Pferde zuständig, meine Großmutter arbeitete auf dem Feld.

Etwa 2000 Gutsdörfer gab es seit dem Ende des 18. Jahrhunderts östlich der Elbe. Das jeweilige Herrenhaus bildete den Mittelpunkt, die Wirtschaftsgebäude schlossen sich an, ebenso die Patronatskirche, und außerhalb eines größeren Parks befanden sich dann die Wohngebäude der Gutsleute, die je nach sozialer Einstellung der Junker, wie man die Rittergutsbesitzer nannte, auch einfachste Katen sein konnten. Aus ostelbischen Grundbesitzerfamilien stammten etwa Otto von Bismarck, der Mitbegründer des deutschen Kaiserreichs, Paul von Hindenburg, jener verhängnisvolle Reichspräsident, der 1933 Hitler zur Macht verhalf, oder Marion Gräfin Dönhoff, langjährige Chefredakteurin und Herausgeberin der Wochenzeitung DIE ZEIT.

In unserem Haus in Arnswalde hielten meine Großeltern ein Schwein, es gab auch Ziegen, Tauben und einen Garten, den sie bestellten. Meinem Vater, bis 1933 engagierter Gewerkschafter, war daran gelegen, dass ich eine über das Volksschulniveau hinausgehende Bildung bekommen sollte, und so sorgten meine Eltern dafür, dass ich die Mädchen-Mittelschule in Arnswalde besuchen konnte. Sie wurde von einer Rektorin geleitet, die überzeugte Nationalsozialistin war, was mit der politischen Haltung meines Elternhauses nicht übereinstimmte. Noch 1944 wurde ich für den Konfirmandenunterricht angemeldet, aber ich besuchte ihn nur ein halbes Jahr, denn dann brach das Kriegsgeschehen über uns herein.

Flucht aus der Neumark

Im Winter 1944/45 näherte sich die Rote Armee. Man hörte das an den „Stalinorgeln", auf Lastwagen montierten Raketen, die kurz nacheinander abgefeuert wurden. Es wurde daher im Januar 1945 beschlossen, dass ich mit meiner Tante, der Schwester meines Vaters, nach Lychen in der Uckermark gehen solle, wo die Schwester meiner Mutter mit ihren beiden Kindern lebte. Ich kannte Lychen aus vorangegangenen Sommer-

Brigitte mit ihrer Tante

ferien. Der Ort liegt malerisch im Uckermärker Seengebiet, einer wunderschönen Moränenlandschaft mit vielen Wäldern. Die höchste Erhebung war ein Hügel mit dem Namen „Viktoriablick", weil die Frau des letzten Kaisers, Wilhelms II., bei einem Besuch von hier aus die liebliche Landschaft zu ihren Füßen gelobt hatte. Unweit davon befand sich das Lungensanatorium Hohenlychen, in dem sich gegen Ende des Krieges Angehörige der Waffen-SS von ihrer „Arbeit" in dem 17 km entfernten Konzentrationslager Ravensbrück erholen konnten.

Wir hatten als Gepäck Bettsäcke dabei, Kopfkissen, in die das Wichtigste gestopft worden war. In meinem befand sich auch meine Lieblingspuppe, die heute in meinem Keller vor sich hin bröselt. Bei unserer Zugfahrt nach Westen begegneten uns viele Militärzüge, die immer noch nach Osten rollten.

An eine besonders bedrückende Szene erinnere ich mich ganz genau. Auf unserer Fahrt mussten wir zweimal umsteigen, zunächst in Eberswalde, dann in Templin, etwa 20 km von Lychen entfernt. Als wir auf dem Bahnsteig warteten, näherte sich ein seltsamer Zug: Vorneweg eine Gruppe SS-Frauen mit Capes und Schäferhunden, dann Frauen, zwei und zwei, nackte Füße in Holzschuhen oder Sandalen, bei eisiger Kälte, gestreifte Kleider, einen Blechnapf umgebunden. Ich fragte meine Tante, woher die Leute kämen. Sie antwortete: „Das erzähle ich dir zu Hause." Sie stiegen auch in unseren Zug ein, natürlich in einen anderen Waggon, es war ein Viehwagen. Ich schaute aus dem Fenster und sah links und rechts direkt neben den Gleisen Hundehütten, es seien „ganz gefährliche Frauen", die da mitfuhren, schnappte ich auf. Die Bewohner der Gegend wussten von dem KZ Ravensbrück, und manche wussten auch, dass hier Experimente an Frauen gemacht wurden. Einer der Ärzte, Prof. Gebhardt, ein Jugendfreund von Heinrich Himmler, dem „Reichsführer SS", wurde im Nürnberger Ärzteprozess verurteilt und hingerichtet.

Meine Mutter folgte uns Anfang Februar, sie hatte für den letzten Zug aus Arnswalde eine Fahrkarte bekommen.

Kriegsende in Lychen

Lychen war kurz vor Kriegsende völlig überfüllt mit den Flüchtlingstrecks aus dem Osten. Bis Ende April klappte die Versorgung noch einigermaßen, dann gab es keine Lebensmittelkarten mehr, und man war auf sich allein gestellt. Als sich einmal das Gerücht verbreitete, dass es in Feldberg, etwa 20 km entfernt, Butter gebe, fuhren meine Mutter und ich mit dem Fahrrad hin und hatten tatsächlich Glück. Man konnte relativ unbesorgt eine solche Fahrt wagen, da diese Gegend, 80 km nördlich von Berlin gelegen, von Fliegerangriffen weitgehend verschont geblieben war.

Aber die Rote Armee näherte sich. Zwischen dem 16. und 19. April fand die Schlacht um die Seelower Höhen statt, bei der 1 Million sowjetische Soldaten 120.000 deutschen gegenüberstanden. Unter hohen Verlusten auf beiden Seiten – 33.000 bzw. 12.000 Tote – wurden die Höhen gestürmt, und nun war für die Rote Armee der Weg nach Berlin frei.

Bevor Lychen eingenommen wurde, beschloss meine Tante Ende April, dass wir die Stadt verlassen sollten. Bekannte von ihr hatten ein Sommerhaus an einem der Seen, dort könnten wir sicherlich unterkommen. Da vermutlich auch den Russen bekannt wäre, dass in Hohenlychen Mitglieder der Waffen-SS untergebracht waren, würde es sicher zu einem erbitterten Kampf um den Ort kommen.

Alles, was an das „Dritte Reich" erinnerte, versenkten wir in einem See, ich warf mein „Jungmädel"-Abzeichen und den zugehörigen Ausweis hinein. Dann machten wir uns auf den Weg, meine Mutter, mein Cousin und ich trugen Rucksäcke, meine Tante, ebenfalls mit Rucksack, schob den Kinderwagen mit der kleinen Cousine, die auf viel Gepäck saß. Das Sommerhaus stand mit anderen Häuschen in einem größeren Terrain in einem Waldgelände an einem See. Alles schien erträglich zu sein, es gab sogar eine Ziege, die Milch für meine kleine Cousine lieferte. Wir fühlten uns einigermaßen geborgen, vor allem als wir hörten, dass ganz Lychen brannte.

Am 1. Mai, als uns russische Soldaten entdeckten, versammelten wir uns – etwa 20 Personen – in einem kleinen Raum, unter anderem auch eine Mitschülerin mit ihrer Mutter und ihrer kleinen Schwester. Zwei Männer wurden sofort von Rotarmisten herausgeholt. Dann wurden alle Frauen „sortiert" und ausgewählt: „Frau, komm mit!" Die Mutter der Mitschülerin, eine Arztwitwe, der kurz vorher mitgeteilt worden war, dass ihr Mann gefallen war, hatte für sich und die Kinder Gift besorgt, und ich werde nie vergessen, wie sie plötzlich sagte: „Kinder, nehmt nun das Gift!" Das kleine Mädchen wollte nicht, da gab sie ihr das Gift, aufgelöst in Milch. Es war ein schauerlicher Anblick, wie alle drei tot dalagen.

Meiner Mutter und mir gelang es, aus dem Fenster zu springen und in den Wald zu laufen. Wir irrten zunächst panisch vor Angst umher und stießen dann auf ein Haus, auf dem die holländische Fahne wehte. Es gehörte Holländern, die sich in die Landschaft verliebt und sich ein Häuschen gebaut hatten. Sie nahmen uns für einige Tage auf, und uns ist nichts passiert.

Als wir nach Lychen zurückkehrten, gab es dort kaum noch unzerstörte Häuser. Auch das Haus meiner Tante war abgebrannt und damit auch die geringe Habe, die wir aus Arnswalde hatten retten können. In einer Straße fanden wir ein unversehrtes schönes Gebäude. Meine Mutter guckte hinein und stieß auf drei Erhängte. Wir kamen kurz bei Bekannten unter und landeten schließlich bei einem Bauern, wo uns auch die Großeltern aufspürten, die uns die fürchterliche Nachricht brachten, dass die Tante, mit der ich geflohen war, die Schwester meines Vaters, mehrmals von Russen vergewaltigt worden war, Gift genommen hatte und dann in einem Massengrab beerdigt worden war. Ähnliche Schicksale sprachen sich schnell herum: Die Familie eines Fabrikanten, dessen Vorfahren die Reißzwecke erfunden hatten, vergiftete sich mit allen fünf Kindern, andere Menschen ertränkten sich in einem der vielen Seen.

Leben mit Russen

Meine Mutter mit mir und meine Tante mit ihren beiden Kindern lebten nun bei dem Bauern. Ich war mittlerweile 14 Jahre alt und musste, um eine Brotkarte zu bekommen, mitarbeiten, erst in einer Gärtnerei, wo ich Suppengrün bündelte, dann auf dem Feld: Disteln stechen, Kartoffeln anhäufeln, faule Kartoffeln auslesen, nebenbei für uns selbst Ähren sammeln. Ich hatte das Gefühl, dass die Bäuerin mich besonders harte Arbeiten tun ließ, da sie Evangelische nicht mochte und das auch offen sagte.

In diesem Sommer hatten wir auch mit Russen zu tun. Ein junger Adjutant namens Schotta kam zu „unserem" Bauern, um für seinen Major Milch und Eier zu holen. Er stammte aus dem Kaukasus und konnte recht gut Deutsch. Er erzählte uns von seiner Mutter, die er lange nicht gesehen hatte.

Über ihn bzw. seinen Major bekam meine Mutter auch Arbeit. Sie hatte die Nähmaschine ihrer Schwägerin, die sich vergiftet hatte und deren Haus nicht ausgebrannt war, bekommen. Das sprach sich herum, und eines Tages erschien die Frau des Majors bei ihr und wollte von ihr einen Büstenhalter genäht haben. Natürlich hatte meine Mutter so etwas noch nie gemacht, nahm aber profimäßig Maß an der stattlichen Person und stellte das gewünschte Kleidungsstück her. Die Frau war überglücklich und bezahlte mit Mehl und Fett, und nun war meine Mutter überglücklich. Bald kam der Major, brachte reichlich Stoff mit und wollte daraus eine Hose genäht haben. Auch das gelang.

1946 wurde ich in Lychen konfirmiert. Der Major brachte Schuhe für mich, für die ihm meine Mutter irgendetwas aus dem Haus der toten Tante gab.

Aber das schönste Geschenk für mich war die Nachricht, dass mein Vater bald entlassen würde. Er war zur Ostfront eingezogen worden, hatte uns noch einmal kurz in Arnswalde besuchen können, dann aber nach Minsk in Weißrussland zurückkehren müssen. Es war ihm aber gelungen, sich mit seiner Einheit nach Westen durchzuschlagen, er geriet jedoch bei Guben, bereits an der späteren Oder-Neiße-Grenze gelegen, in russische Kriegsgefangenschaft. Er wurde nach Stettin gebracht, wo er im Hafen arbeiten musste, aber bereits 1946 krank entlassen. Wie andere Gefangene auch hatte er Unmengen von Kochsalz gegessen, dadurch wurde der Körper aufgeschwemmt, und in diesem aufgedunsenen Zustand traf er bei uns ein.

Wie es mit mir weiterging

Jetzt wurde das Leben einfacher. Vor allem konnte an die Fortsetzung meiner Schulausbildung gedacht werden. Meine Freundin und ich wohnten in Neustrelitz bei einer Handarbeitslehrerin und konnten dort die Oberschule besuchen, wo ich 1951 Abitur machte. Voraussetzung für die Zulassung zu dieser Prüfung war die Mitgliedschaft in der FDJ, der Freien Deutschen Jugend. Also trat ich ein.

Ich wollte Lehrerin werden, wurde aber nur zu einem Neulehrer-Lehrgang in Parchim zugelassen. Ich hatte keine Wahl, das abzulehnen. Nach der Entlassung der meisten Lehrer in der SBZ/DDR hatte man geglaubt, mit „Neulehrern" die sozialistische Erziehung der Kinder und Jugendlichen besonders gut zu erreichen. Lehrer wurden also dringend gesucht. Mein Lehrgang dauerte ganze drei Wochen, und dann wurde ich als Russisch- und Geographielehrerin in eine 5. Klasse mit 56 Kindern geschickt und später in eine 8. Klasse. Die Landkarte, die mir in Erdkunde zur Verfügung stand, zeigte lediglich die Sowjetunion bis Kasachstan.

Als FDJ-Mitglied musste ich 1951 an den Weltjugendspielen in Berlin teilnehmen und marschierte im Blauhemd an Ulbricht und Honecker, damals an der Spitze der FDJ stehend, vorbei.

Während mein späterer Mann, den ich im Kurs in Parchim kennengelernt hatte, alle seine Prüfungen ablegte und erst 1955 die DDR verließ, gelang es mir, über eine weitere Tante, die schon lange in der Schweiz lebte, eine Brieffreundschaft zu einem Schweizer Mädchen aufzubauen. Das wurde staatlicherseits registriert, und so verließ ich 1953 über West-Berlin die DDR und wurde von da nach Frankfurt/Main geflogen und fuhr dann mit dem Zug nach Zürich. Die Berge waren ein grandioser Anblick.

Ich bekam eine Stelle in einer Schweizer Arztfamilie mit drei Kindern, von denen das älteste und das jüngste nicht laufen konnten, und wurde nun Kinderpflegerin. Das Leben in der Familie und der Umgebung mit allen Annehmlichkeiten war für mich ein Kulturschock! Als ich in der FAZ eine Anzeige für eine attraktive Stelle las, griff ich zu ... Aber das ist eine andere Geschichte.

Mein Mann Siegfried hatte übrigens einen ähnlichen Fluchthintergrund wie ich. Er stammte aus Freienwalde bei Stargard in Hinterpommern. Zwei seiner drei älteren Brüder waren im Krieg, sein Vater in Gefangenschaft, und so machte er sich mit seiner Mutter nach Westen auf. Der dritte Bruder kam kurz vor Beginn der Flucht verwundet in Freienwalde an, er hatte einen Lungendurchschuss. Sie zogen ihn im Handwagen hinter sich her. Noch östlich der Oder tauchte plötzlich der zweitälteste Bruder auf einem Motorrad auf. Er sah aus wie ein Wachmann, war deswegen wohl auch unbehelligt durchgekommen. Er hatte sich nach Freienwalde durchgeschlagen, erfahren, dass Mutter und Brüder schon aufgebrochen waren, und hatte sie tatsächlich eingeholt. Er brachte sie sicher über die Oder. Der verwundete Bruder starb noch auf der Flucht, sie mussten ihn in einem Dorffriedhof begraben.

Die Familie meines Mannes siedelte sich in Mecklenburg an, in Thelkow an der Ostsee. Der Vater arbeitete in einer Säge, die Mutter bewirtschaftete ein zugeteiltes Stück Land. Sie konnten sich sogar ein kleines Häuschen bauen. Außer meinem Mann wurde auch ein älterer Bruder Lehrer, er hatte schon im „Dritten Reich" eine Lehrerbildungsanstalt besucht.

Brigitte Vergin heiratete ihren Mann Siegfried (1933-2012) bald nach seiner Flucht aus der DDR. Da die Neulehrerprüfung in der Bundesrepublik nicht anerkannt wurde, studierte er an der Pädagogischen Hochschule in Heidelberg und wurde Grund- und Hauptschullehrer in Mannheim, zuletzt als Rektor, bevor er hauptamtlicher Vorsitzender der GEW Baden-Württemberg wurde. Nach einigen Jahren im Gemeinderat Mannheim war er von 1990 bis 1998 Mitglied des Bundestags. Er war Träger des Bundesverdienstkreuzes erster Klasse und erhielt die Ehrenmedaille der jüdischen Gemeinde Mannheim, eine Auszeichnung, die ihm besonders wichtig war.

Klaus Kämmerer: Kriegsende in einer thüringischen Kleinstadt

Ich wurde 1936 in Sondershausen geboren. Nachdem mein Vater 1939 als Soldat eingezogen worden war, siedelten meine Mutter und ich in das Haus der Großeltern in einem anderen Stadtteil über, in dem auch eine jüngere Schwester meiner Mutter wohnte. Als die Amerikaner Ende 1944 Aachen besetzten, wurde mein Großvater Karl, damals 60-jährig, noch zum „Volkssturm" eingezogen".

Der Volkssturm war eine militärische Formation, zu dem alle „waffenfähigen Männer" im Alter von 16 bis 60 Jahren verpflichtet werden konnten, um den deutschen „Heimatboden", wie es hieß, gegen die Alliierten zu verteidigen. Der Volkssturm war am 18. Oktober 1944 gegründet worden, dem 131. Jahrestag der „Völkerschlacht" von Leipzig, bei der eine Koalition verschiedener Staaten Napoleon, der damals fast ganz Europa beherrschte, eine vernichtende Niederlage zugefügt hatte. Die Männer des Volkssturms wurden hauptsächlich zu Bau- und Schanzarbeiten oder zur Verteidigung von Ortschaften herangezogen. Sie unterstanden den lokalen NS-Organisationen, also etwa dem Ortsgruppenleiter.

Dort bescherte meinem Großvater, Inhaber einer Buchhandlung in Sondershausen, seine beneidenswerte Ungeschicklichkeit dann doch etwas Ungemach. Der Ausbilder, ein von der NS-Ideologie durchdrungener kriegsverwundeter junger Feldwebel, hielt die offenbar kabarettreifen Freiübungen meines Großvaters am Gewehr und an der Panzerfaust für Sabotage und sorgte dafür, dass er zwar nicht als Häftling, aber als Dienstverpflichteter in das Konzentrationslager Dora in Niedersachswerfen bei Nordhausen abkommandiert wurde, wo er in der Buchhaltung arbeiten musste. Er fuhr morgens gegen 6 Uhr mit dem Zug dorthin, die Verpflegung im Aktenmäppchen. Am späten Abend kehrte er zum Schlafen zurück. Anfangs fuhr Karl am frühen Morgen – wie immer im dreiteiligen Maßanzug mit Fliege, Hut und Aktenmappe – relativ fröhlich ab. Am Abend kam er grau und äußerst missgelaunt zurück.

Ich war damals acht Jahre alt, und mir fiel auf, dass die Frauen der Familie plötzlich schon am Abend große Mengen von Butterbroten schmierten und Karls Aktentasche durch eine große Zeitschriftenaustragetasche ersetzt wurde, mit der er mit den vielen Butterbroten morgens das Haus verließ. Als ich ihn fragte, was das zu bedeuten habe, sagte er: „Dort, wo ich arbeiten muss, gibt es viele hungrige Menschen." Doch nach wenigen Tagen hörte die abendliche Butterbrotschmiererei auf, und Karl verschwand wieder mit dem kleinen Mäppchen. Er wurde immer dünner, grauer und trübsinniger. Eines Abends, als ich kleiner achtjähriger Kerl zu ihm sagte, dass ich das alles nicht verstehen könne, brach es aus ihm heraus: „Ich arbeite dort im Außenlager Dora des Konzentrationslagers Buchenwald und muss die Arbeitsstunden der Häftlinge abrechnen, die von der SS den Flugwerken in Rechnung gestellt werden. Unter Tage in großen Stollen müssen über 1000 KZ-Insassen an den V-Waffen arbeiten. Ich sehe sie nur bei der „Anlieferung", wenn die dünnen Jammergestalten vom Lastwagen springen müssen. Dann werden sie im Laufschritt zum Stolleneingang getrieben und verschwinden. Heraus kommen sie alle nur tot. Manchmal sind es 100 am Tag. Sie sind alle verhungert, werden von kräftigeren Häftlingen, manchmal in Klumpen zu dritt oder viert, auf einen Lastwagen geworfen und zur Verbrennung in ein Krematorium gefahren. Immer wenn ich das sehe, fange ich an zu zittern, da ich dann schreckliches Herzklopfen bekomme. Die anderen im Büro sagen dann: Karl, nimm dich zusammen, wenn die SS-Schweine das sehen und vielleicht noch erfahren, dass du vor 1933 Freimaurer warst, bist du schnell da unten. Und wie du wieder heraufkommst, weißt du ja nun." Einmal, so erzählte mein Großvater weiter, hatte ein SS-Wachmann zu ihm gesagt: „Das ist Vernichtung durch Arbeit, die müssen wir nicht mehr erschießen." Nachdrücklich schärfte er mir ein, dass alles, was er mir gesagt hatte, unser großes Geheimnis bleiben müsse. Jetzt erfuhr ich auch, warum er nicht mehr die vielen Butterbrote mitgenommen hatte: „Die Brote haben doch alle die Wachmannschaften gegessen, die armen Kreaturen haben keinen Krümel abbekommen." Im März 1945, als die US-Armeen immer näher rückten, durfte Großvater Karl wieder zu Hause bleiben, wirkte aber nicht erleichtert, sondern traurig und bedrückt.

Ende März, als Nordhausen von alliierten Bombengeschwadern dem Erdboden gleichgemacht wurde, saßen wir im Luftschutzbunker, hörten die ohrenbetäubenden Explosionen und sahen in der folgenden Nacht den roten Feuerschein im Norden unserer Stadt, denn Sondershausen liegt ja nur 20 km südlich. Großvater sagte: „Nun werden wir auch bald dran sein!" Er hatte recht. Am 8. April, einem herrlichen Frühlingstag, spielte ich mit einigen Freunden im Garten, als es plötzlich Fliegeralarm gab. Meine Großeltern, meine Mutter und Tante Ilse erschienen sofort mit kleinem Gepäck in der Haustür und zerrten mich hinter sich her in den bombensicheren Keller unter dem benachbarten Gymnasium. Der Bunker füllte sich rasch. Wir saßen auf Holzpritschen, die Füße auf einem Lattenrost, über unseren Köpfen war eine weitere Reihe von Pritschen, auf denen die Leute ihre Habseligkeiten oder kleine Babys ablegten. Der Raum wurde von einigen Petroleumlampen notdürftig beleuchtet, die leicht rußten. Es roch unangenehm muffig, auch nach Achselschweiß und Zigarettenqualm. Es war mucksmäuschenstill. Dann hörten wir Detonationen und ein schreckliches, immer lauter werdendes Pfeifen. Ein Soldat schrie: „Luftminen, alles auf den Boden!" Als ich unter meiner Mutter auf dem Lattenrost lag, geschah eine ohrenbetäubende Explosion, wir wurden nach oben geworfen, fielen wieder herab, mit einem Zischen entwich alle Luft, sodass wir meinten zu ersticken. Gleich darauf fegte ein Staubsturm durch den Keller, alle husteten. Dies alles wiederholt sich dreimal. Nach einer Weile gab es Entwarnung, den langanhaltenden Sirenendauerton. Der Blockwart rief: „Alle Männer mir nach zum Notausgang, ausgraben!" Dieser war mit Schutt, Dreck, Busch- und Baumresten versperrt, aber schnell freigeräumt.

Wir krochen ins Freie. Es war fast dunkel. Unser Haus stand noch, ein Wunder! Auch die Schule war noch da. Aber wo war die Promenade? Auf der rechten Seite dieser kurzen Straße war von den etwa fünf Ein- und Mehrfamilienhäusern nichts mehr zu sehen, nur ein langer Schuttberg brannte oder qualmte. Die linke Straßenseite, wie auch unser Haus, war zwar beschädigt, aber es brannte nichts. Jetzt erst bemerkten wir, dass der Himmel vom Feuerschein ganz rot war, über der Altstadt waren sogar riesige gelbe Flammen zu sehen. Meine Mutter schrie plötzlich: „Oh Gott, unser Haus in der Hauptstraße!" Sie nahm mich an der Hand und rannte los. Schon an der Post, die unbeschädigt war, brannten die Häuser, auch unser Haus brannte lichterloh. Wir konnten den Hauseingang kaum betreten, denn auf der anderen Straßenseite brannte ein großes Tuchmagazin, das bis unter das Dach mit Wehrmachtsstoffen gefüllt war. Sondershausen war schließlich seit Jahrhunderten Garnisonstadt. Wir kamen noch bis in unsere Wohnung, in der aber bereits die Tapeten an den Wänden brannten. Meine Mutter riss die Kleiderschränke auf, raffte, was sie tragen konnte, und ließ alles wieder fallen, als ein Brandschutzmann rief: „Alles raus, gleich brechen die Decken ein!" Schließlich standen meine Mutter und ich wieder auf der Straße zwischen den brennenden Häusern, mit leeren Händen. Als wir zurück bei den Großeltern waren, bei denen wir seit 1939 wohnten, fiel meiner Mutter ein, dass die funkelnagelneuen Fahrräder unter der Haustreppe in einem kleinen Verschlag gestanden hatten. Also wieder in die Altstadt zurück! Aber alles war nur noch ein schwelender Trümmerhaufen. Auf dem Heimweg sahen wir, wie Überlebende, Verletzte und Leichen ausgegraben wurden.

Mittlerweile wusste Großvater Karl, dass die Amerikaner der Stadt 24 Stunden Zeit zur Kapitulation gegeben hatten. Nach Ablauf dieser Frist würde sie mit Artillerie in Schutt und Asche geschossen. Kreisleiter Krannich habe zum Kampf bis zum letzten Mann aufgerufen und einen Zug HJ-Jungen mit Panzerfäusten an die westliche Stadteinfahrt beordert. Sie sind in den nächsten Stunden, wie wir später erfuhren, alle gefallen. Mein Opa riet dazu, die Stadt auf Schleichwegen zu verlassen und sich im Dorf Jecha bei seiner Schwester Lina in Sicherheit zu bringen. Er besprach mit uns die Route. Während alle irgendetwas zusammensuchten, ging ich auf die Straße, auf der heilloses Durcheinander herrschte. Trümmerreste, Baumstämme, Dachziegel lagen herum, Leute rannten hin und her und sprangen wie wild auseinander, wenn Wehrmachtsautos nach Osten rasten. Sie waren auf der Flucht vor den Amerikanern. Plötzlich standen zwei alte Leute vor mir und fragten nach dem Bahnhof. Ich zeigte in die Richtung und sagte: „20 Minuten!" Da setzten sie sich auf ihre zwei schweren Koffer und weinten. Ich holte rasch unseren kleinen Handwagen aus der Garage, der alte Mann und ich zogen ihn, die alte Frau trottete nebenher. Auf dem Heimweg zog ich in großer Eile mit schlechtem Gewissen den Wagen über den Bürgersteig. Ich hatte mich ja nicht abgemeldet. An der Haustür hing ein Zettel: „Sind bei Tante Lina, gehen, wie besprochen, komm rasch nach!"

Ich kannte den Weg und rannte sofort los über den Südbahnhof durch das Borntal in Richtung Jecha. Im Westen hörte ich Artilleriegranaten, dazwischen Tiefflieger, die aus Bordkanonen zu schießen schienen. Als ich im Borntal zwischen den Feldern durch einen Hohlweg lief, sah ich einige 100 m vor mir einen Pferdewagen und in weiter Ferne eine Feldscheune, die von vielen Leuten umschwärmt schien. Plötzlich tauchte ein Tiefflieger auf, der die Feldscheune umkreiste und auf die vielen Leute schoss. Sie warfen sich zu Boden oder flüchteten in die Scheune. Der Tiefflieger beschoss jetzt die Scheune, bis sie brannte, dann drehte er ab. Ich hatte fast den Pferdewagen erreicht, als der Tiefflieger wiederkam und auf mich schoss. Wenn er von links schoss, warf ich mich in die linke Dickung des Hohlwegs, wenn er von rechts schoss, nach rechts, wie wir es bei einer Übung gelernt hatten. Dann drehte er ab. Am Pferdewagen lagen ein totes Pferd, ein toter Mann und eine tote Frau. Alles war voll Blut. Ich rannte schnell weiter und begegnete vielen Leuten, die ein Wehrmachtslager geplündert hatten und mit Mehlsäcken, Butterfässern, Schnapsflaschen und Schokoladenkartons beladen waren. Ich erreichte in dem Moment Tante Linas Hof, als ein weiterer Tiefflieger gerade mit einer Geschossgarbe eine Querrinne in den Betonboden fetzte. Meine Mutter war fast durchgedreht vor Angst und küsste mich wie auch die anderen Frauen in einem fort. Das war mir peinlich.

Nach ein oder zwei Tagen rasselten Panzerketten durch den Ort, die Amerikaner waren da. Alle jubelten und tanzten wie von Sinnen umher. Großvater und Onkel Richard tranken einen Schnaps nach dem anderen.

Ein paar Tage später marschierten wir alle fröhlich nach Sondershausen zurück. Die großen Kasernenausfahrten, sonst immer fest verschlossen, standen weit offen. Viele amerikanische Jeeps und Tanks standen herum, dazu fröhliche Amerikaner. Meine Großmutter sagte: „Mein Gott, Neger!". Vor unserer Buchhandlung standen mehrere Jeeps. Im linken Schaufenster lagen auf zusammengeschobenen Glasscherben und Bücherstapeln zwei junge amerikanische Soldaten und rauchten Zigaretten. Sie lachten laut, wenn sie mit ihren Fingern auf mich, meine Mutter oder Tante Ilse deuteten. Plötzlich erschien ein schwarzer Soldat mit Segeltuchtaschen über der Schulter, die er den anderen beiden zuwarf. Aus Büchern stapelte er sich eine Art Hocker zusammen, setzte sich drauf, nahm seinen Stahlhelm ab und winkte mich zu sich her. Meine Mutter wollte mich zurückhalten, aber der schwarze Soldat packte mich unter den Achseln und hob mich in das Schaufenster. Wir waren alle starr vor Angst. Er setzte sich neben mich, öffnete eine der Segeltuchtaschen, reichte mir ein kleines schwarzes Päckchen und sagte so etwas Ähnliches wie: „Nix kleines Nazi!" Dann grinste er freundlich, öffnete das Päckchen und schob mir einen schwarzen Riegel zwischen die Zähne. Er erinnerte an eine Praline, doch als ich hineinbiss, spürte ich eine klebrige, zähe Masse zwischen den Zähnen, die ich angeekelt herauszog. Der Schwarze warf sich laut prustend zwischen seine Kameraden und wälzte sich mit ihnen lachend am Boden. Meine ganze Familie stand wie versteinert. Dann stand der wunderschöne schwarze Soldat wieder auf, nahm mich auf den Schoß, holte einen zweiten Riegel heraus, biss herzhaft hinein und kaute mit seinen weißen Zähnen bei offenem Mund vor meinen Augen. Ich hatte begriffen und machte ihm alles nach. Die drei saßen um mich herum und freuten sich wie Kinder im Kindergarten. Dann ging der Schwarze auf meine Familie zu, tippte sie auf die Schulter und fragte: „Nazi?" Ich hörte, wie alle sagten: „No, no!" Nun befahl er dem einen Soldaten etwas, der seinen Stahlhelm aufsetzte und wegrannte. Er kletterte auf einen großen Armeelaster und kam gleich darauf mit einem Pappkarton zurück, den er dem schwarzen Riesen gab mit den Worten: „Ei, ei, Sör!" Dieser ging mit dem Karton zu meiner Mutter, machte eine Verbeugung und übergab ihr das Paket. Dann wedelte er uns mit dem Handrücken von sich weg.

Zu Hause packten wir den Karton aus und hielten frisches Weißbrot mit salziger Butter in den Händen, dazu tranken wir große Gläser Milch, die wir aus Milchpulver angerührt hatten. Wir waren aufgeregt, aber glücklich. Der Krieg war wirklich zu Ende. Nur meine Mutter seufzte gelegentlich: „Wenn ich nur wüsste, wo Alfred ist!" Erst als wir ein Jahr später aus einem Gefangenenlager in USA von ihm eine Karte erhielten, konnte sie erleichtert sein. Er kehrte 1948 zurück. Großvater Karl sagte: „Was haben diese Schwerverbrecher von Nazis uns belogen und betrogen. Sie haben die ganze Welt in Brand gesteckt und sich für Übermenschen gehalten. Dann kommen die Sieger und geben uns zu essen." Und meine Großmutter ergänzte: „Und der Offizier ist ein Neger!"

In den nächsten Wochen richteten sich die Amerikaner provisorisch in meiner Heimatstadt ein. Sie parkten ihre Fahrzeuge auf dem Schulhof des Gymnasiums, an jeder Straßenkreuzung stand Militärpolizei, die die kämpfenden Truppen Richtung Osten durchwinkte, denn die deutsche Wehrmacht hatte noch nicht kapituliert. Von 19 Uhr an wurde eine Ausgangssperre verhängt, was die Neugier von uns kleinen Jungen anstachelte. Von unserer Haustür aus beobachteten wir die Amerikaner. Gelegentlich kam dann ein Jeep mit Militärpolizei angeprescht, die jungen Soldaten sprangen mit ihren weißen MP-Binden am Arm vom Wagen und verscheuchten uns lachend. Wir flüchteten dann schreiend ins Haus. Nachdem wir aber die Harmlosigkeit der Militärpolizei festgestellt hatten, begannen wir unsere abendlichen Ausflüge auszudehnen, und pirschten uns von Hauseingang zu Hauseingang. Das erschien uns abenteuerlich. Eines Abends wurden wir von zwei MPs erwischt und kurzerhand hinten auf den Jeep gesetzt. Dann rasten sie mit uns lachend eine Weile durch die Straßen unserer kleinen Stadt und fuhren schließlich in das geleerte Gefängnis. Sie packten je zwei von uns Knirpsen am Kragen und sperrten uns in eine Zelle. Wir brüllten wie die Wahnsinnigen und trommelten gegen die rostige Eisentür. Lachend ließen sie uns wieder raus und fuhren mit uns zum Hauptbahnhof, wo sie uns in einen leeren Güterwagen sperrten. Das gleiche Geschrei, die gleiche Prozedur! Dann fuhren sie uns verheulte Rotznasen nach Hause und schenkten uns Schokolade und Kaugummi. Ihrer Zeichensprache entnahmen wir, dass wir uns in Zukunft nicht mehr nach der Sperrstunde auf der Straße aufhalten sollten. Sehr rasch lernten wir dann: „Have you chocolate, have you chewing-gum?“ Tagsüber gingen wir regelrecht auf Betteltour und wurden meist reich beschenkt. Manchmal gaben uns die Soldaten unter großem Gelächter auch Präservative, mit denen wir nun beim besten Willen nichts anzufangen wussten. Wir füllten sie mit Wasser und warfen sie geschickt aus dem dritten Stockwerk fremder Hausflurfenster auf Passanten. Wir flüchteten schneller, als sich die Durchnässten bei den ahnungslosen Hausbewohnern beschweren konnten.

An einem Abend im Mai hörten wir dann im Radio, dass Dönitz im Westen und Keitel im Osten die bedingungslose Kapitulation unterzeichnet hätten. Großvater Karl sagte: „Und der größte Führer aller Zeiten hat Selbstmord begangen, es ist nicht zu fassen!“ Später durfte ich dann in der Schule lernen, dass der Sieg über Deutschland nur der „ruhmreichen Roten Armee“ und dem Genossen Stalin zu verdanken sei. Dies konnte ich nun wieder nicht fassen, denn wir waren ja schließlich von den Amerikanern befreit und besiegt worden. Mitte Juli zogen sich die Amerikaner zu unserer Überraschung plötzlich zurück, gleichzeitig rückten von Osten her die Russen in Sondershausen ein. Von der von den Alliierten schon im Februar 1945 auf der Konferenz von Jalta getroffenen Vereinbarung, Deutschland in Besatzungszonen einzuteilen und Berlin in vier Sektoren zu zerstückeln, hatten wir natürlich keine Ahnung. Großvater Karl kommentierte den Einmarsch der Russen mit: „Jetzt Gnade uns Gott!“, aber meine Großmutter Anna erwiderte: „Wie kannst du so etwas sagen, die Russen sind uns doch viel verwandter, denk mal an Tolstoi und Dostojewski. Und sie haben auch keine Neger!“ Karl schaute Anna entgeistert an: „Ich kenne deine Liebe zu den Russen, aber nicht Tolstoi wird kommen, sondern Stalin mit den Kommunisten!“

So lautstark die Amerikaner mit Bomben und Granaten in Sondershausen eingerückt waren, so leise verschwanden sie nach 80 Tagen wieder Richtung Westen. Ihnen folgte eine größere Zahl von Bürgern meiner Heimatstadt, die begründete Angst vor den Russen zu haben schienen. Darunter war eine Reihe von echten Nazis, aber auch der Kommerzienrat Lindner mit seiner ganzen Familie. Mein Großvater, der mit dem alten Lindner befreundet war, sagte: „Er hat zwei große Fabriken und ist der größte Arbeitgeber hier, aber er war doch kein überzeugter Nazi! Was befürchtet er?" Das würden wir bald erfahren.

Wir Jungen beobachteten den Einmarsch der Russen am Wippertor beim Überqueren der Wipper. Zuerst kamen wenige T 34-Panzer, dann jede Menge alter deutscher Autos, in denen die Offiziere saßen. Ihnen folgten große mit Soldaten überfüllte Armeelaster, die genauso aussahen wie die der Amerikaner. Später erfuhr ich, dass dies Hilfslieferungen der USA an die UdSSR gewesen waren. Dann, wir trauten unseren Augen nicht, kam eine Unzahl von Pferdewagen mit manchmal sogar drei vorgespannten Pferden aller Größen. Neben einigen Stuten liefen kleine Fohlen einher. Auch auf den Pferdewagen saßen viele junge Soldaten mit Krätzchen, den schirmlosen Militärmützen, auf den kahlgeschorenen Köpfen. Ihre schlammfarbenen Uniformen waren sehr schmutzig. Sie bestanden aus einer sich über den Knien beutelnden Hose, einer hemdartigen Jacke, die über der Hose getragen wurde, am Hals ein Stehbündchen hatte und über dem Bauch von einem eisernen Koppelschloss mit Sowjetstern gehalten wurde. Einige trugen quer über Brust und Rücken eine zusammengerollte raue Decke, alle hatten einen Stahlhelm auf dem Rücken und über oder unter der Schulter eine eigenartige Maschinenpistole, die zwischen dem kurzen Lauf und dem langen Schaft einen nach unten gerichteten breiten Teller besaß. Viele schienen betrunken zu sein, sie sangen, lachten und grölten. Sie verbreiteten einen strengen Geruch, rauchten dicke, stinkende Zigaretten, die, wie man später erfuhr, aus Zeitungspapier gedreht waren.

Es verschlug uns die Sprache, selbst die größeren Jungen so um die 12, 13 Jahre wirkten ratlos. Als ich nach Hause kam, saß meine ganze Familie bedröppelt zusammen in der Küche. Großvater Karl drohte: „Wehe, wenn du dich auch nur einmal ohne Erlaubnis auf die Straße wagst ...!" Als meine Mutter erwiderte, dass ich doch gar nichts gemacht hätte, antwortete er ihr: „Der hat bei den Amis genug gemacht, und dir und Ilse sage ich hiermit: Zieht eure ältesten Kleider an, am besten ein Kopftuch auf, und vorerst auch nicht nach draußen." Großmutter Anna fragte pikiert: „Was ist mit dir los, darf ich auch nicht raus?" Darauf Karl: „Am besten du auch nicht, obwohl in deinem Alter ...". Sie war entgeistert: „Ich glaube, du bist verrückt geworden, was sollen uns denn die Russen tun, zumal ich den russischen Kriegsgefangenen so viel Gutes getan habe!" In der Tat hatte sie immer wieder russische Gefangene als Hilfskräfte für den Garten angefordert, diese aber nicht arbeiten lassen, sondern mit Essbarem versorgt, z.B. mit Bratkartoffeln.

Je mehr Russen im Laufe des Sommers nach Sondershausen kamen, desto mehr verschlechterten sich unsere Lebensumstände. Im Juli und August gab es in den Geschäften überhaupt keine Lebensmittel zu kaufen. Wir wurden von unseren Verwandten in Jecha versorgt, die Geschwister meines Großvaters bewirtschafteten nebenerwerblich kleine Bauernhöfe, sodass sie uns etwas abgeben konnten. Im Herbst begann ein dürftiger Handel mit dem Nötigsten. Es gab neue Lebensmittelmarken, auf denen noch weniger zugeteilt wurde als in den letzten Kriegsmonaten. Großvater Karl sagte regelmäßig beim ärmlichen Mittagessen: „Na, was hat denn Schmalhans, unser sowjetischer Küchenmeister, heute wieder herbeigezaubert?" Manchmal sagte er auch „Schmaliwan". Meine Mutter beschwor mich eindringlich, um Gottes Willen meinen Straßenkumpels nichts von Opas Gequatsche zu erzählen. Aber ich hatte aus den Gesprächen der Erwachsenen schon genug Gesprächsfetzen mitgekriegt, um gewarnt zu sein: „Beschlagnahme, Diebstahl, Vergewaltigung, Körperverletzung, Mord." Nach Abenteuern war uns Jungen nicht mehr zumute, die abendliche Sperrstunde wagten wir nicht zu brechen. Am Tage sahen wir junge Russen, wie sie Fahrräder requirierten, indem sie den Besitzer vom Rad stießen und es ihm ohne weiteres wegnahmen. Wer sich wehrte, wurde verprügelt. Obgleich die Soldaten offiziell als „sowjetische Freunde" bezeichnet wurden, sagten wir Kinder untereinander „Russen" oder „Russkis". Entweder konnten sie gar nicht Fahrrad fahren und fielen daher hin, oder sie waren betrunken, dann fuhren sie in Schlangenlinien und fielen auch zu Boden, was sie mit Gelächter oder Wutanfällen quittierten. Wenn uns einer der Soldaten zu nahe kam, rannten wir nach Hause, denn sie machten keinen vertrauenerweckenden Eindruck.

An den Straßenlaternen wurden Lautsprecher angebracht, durch die Bekanntmachungen durchgegeben wurden. Sie folgten in kurzen Abständen und begannen immer mit dem Satz: „Die sowjetische Kommandantur gibt bekannt." Zuerst mussten alle Waffen abgegeben werden. Das fanden die Erwachsenen verständlich. Als dann aber Schmuck und Wertsachen, insbesondere Gold, abgeliefert werden mussten, scherzte Großvater Karl am Frühstückstisch, er müsse gleich zur Kommandantur, um sich die Goldkronen von den Zähnen ziehen zu lassen. Wenige Tage später kam ein russischer Offizier mit zwei bewaffneten Soldaten und erklärte ihn für verhaftet. Die drei Frauen weinten furchtbar, was mir, so sagte ich im Straßenjungenslang, „gewaltig auf den Wecker ging." So versuchte ich, meine Angst zu überspielen. Nach zwei Tagen kam ein blasser Großvater zurück. Schmutzige Kleidung und ein blutig geschlagenes Gesicht sagten alles. Jemand hatte ihn angezeigt, er habe zum SS-Wachpersonal im KZ-Außenlager Dora gehört. Dass er dort selbst quasi Gefangener im Volkssturmauftrag gewesen war, wollte man ihm nicht glauben. Man schlug ihn und drohte ihn zu erschießen. Erst als der Kommunist Volkmann dazu kam, der meinen Großvater kannte und selbst KZ-Häftling gewesen war und dem Dolmetscher erklärte, dass seine Aussagen richtig seien, ließen die Russen ihn laufen. Die ganze Familie war sehr deprimiert, und meine Großmutter sagte immer wieder: „Ich kann das nicht verstehen. Das ist doch eine große Kulturnation!"

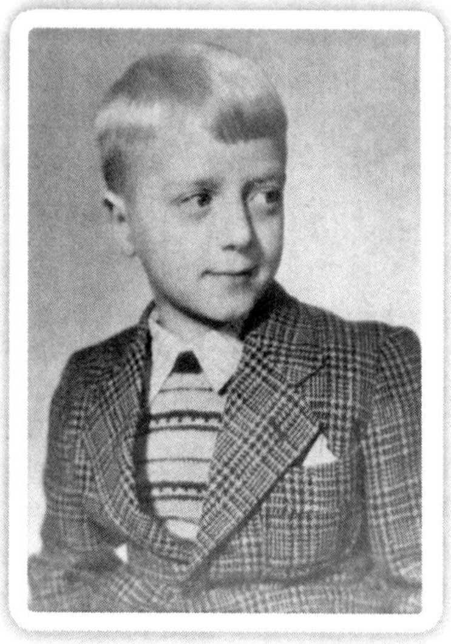

Klaus, 10 Jahre alt

Kurze Zeit später wurde unsere Wohnung von den Russen beschlagnahmt. Auf inständiges Bitten hin durften wir in die drei kleinen Zimmer am einen Ende der 7-Zimmer-Wohnung ziehen. Es zog ein Major ein mit seinem Burschen und einem jungen deutschen Mädchen, der Geliebten des Majors. Der Major war Adjutant des sowjetischen Stadtkommandanten, eines Obersten, der sich mit seinem Clan in der Lindnerschen Villa einquartiert hatte, nur 150 m von unserem Haus entfernt. Der Major war Georgier, er sah Stalin sehr ähnlich. Der Bursche Mischa war ein freundlicher junger Mann, der unsere Familie sehr zuvorkommend behandelte und gern mit mir spielte. Der Major, meist auch sehr freundlich, schleppte Lebensmittel herbei, lieferte sie in der Küche ab und bat Oma, Mutter und Tante, für alle zu kochen, wobei er mit großen Gebärden auch uns zum Essen einlud. Mischa, der ebenso wenig Deutsch konnte wie der Major, musste in der Küche mithelfen und gab dem Essen den russischen Touch. Die Geliebte des Majors lag meist den ganzen Tag im Bett, erst am Abend erschien sie in bunten Gewändern, stark geschminkt und parfümiert. Gelegentlich versuchte sie mich zu küssen, was ich mit meinen knapp 10 Jahren als sehr unangenehm empfand.

Oft wurde am Abend im Wohnzimmer die große Tafel festlich gedeckt. Zu Besuch kamen dann Offiziere mit ihren deutschen Freundinnen und junge Soldaten als Ordonnanzen, die die Bedienung übernahmen. Unsere Familie aß in der Küche und war den ganzen Abend mit der Zubereitung des Essens und Geschirrspülen beschäftigt. Allerdings fiel auch für uns etwas ab. Nach dem Essen tranken die Russen sehr viel Wodka aus Wassergläsern. Opa Karl sagte dann: „Jetzt beginnt die Orgie. Irma, Ilse und der Junge sofort ins Bett, Tür abschließen und von innen verrammeln." Ich lag bei meiner Mutter im Bett, die meist zitterte. Der Lärm war unerträglich. Mischa spielte auf dem Akkordeon, gelegentlich fielen Pistolenschüsse. Mitunter kam auch die Militärpolizei, wonach nach einem Lärmfinale meist eine unnatürliche Stille eintrat. Daher nannten wir den Major unter uns nur noch den „Wüstling". Wirklich unangenehm war, dass die Frauen am nächsten Morgen den ganzen Dreck wegputzen und auch die versaute Bettwäsche waschen mussten. Die Geliebte des Majors, eine richtige Berliner Göre, sagte eines Tages zu meiner Mutter: „Hamse keene Angst, junge Frau, an Weiber über 25 jeht der Wüstling nich ran!" Von da an zitterte meine Mutter nicht mehr. Gelegentlich verschwand der Major für ein paar Tage. Dann sperrte er das junge Mädchen im Schlafzimmer ein, gab ihr ein paar Äpfel, einen Krug Wasser und einen Eimer für die Notdurft. Wenn er länger als drei Tage wegblieb, fing die junge Frau an zu rufen und zu weinen, sodass meine Mutter oder Tante Ilse sie mit einem Zweitschlüssel heraus ließen, sodass sie Toilette und Badezimmer benutzen konnte. Opa Karl sagte dann lakonisch: „So lernt man, auch mit Läusen und Flöhen erträglich zu leben." Ich mochte das Mädchen Annuschka, so wurde sie genannt, recht gut leiden, die Frauen bemutterten und bemitleideten sie. Es war alles in allem erträglich.

Eines Tages kam der Major verdreckt und blutverschmiert, aber fröhlich und angetrunken nach Hause. Ihm folgte ein von einem Trecker gezogener Bauernwagen, auf dem mindestens fünf frischgeschossene Wildschweine lagen. Sie wurden in unserer Garage abgeworfen und später vom glücklichen Metzgermeister Paul zur Verarbeitung abgeholt. Ein paar Tage später lieferte er dem Major eine kleine Wanne voll Fleisch und eine große Wanne voll mit Würsten ab. Opa Karl sagte: „Jetzt muss die Familie Paul ein halbes Jahr nicht mehr hungern." Paul versprach ihm Wurstsuppe und Knochen zum Abkochen und hielt das auch ein. Mein Großvater meinte dazu nur: „So ist sie, die Bestie Mensch!"

Plötzlich war Annuschka verschwunden. Mischa grinste: „Major neues Fräulein!" Er hatte sehr rasch ein paar deutsche Ausdrücke gelernt, indem er mit dem Zeigefinger auf etwas zeigte. Dann sagte er: „Nu?", und schon bekam er von uns den deutschen Ausdruck dafür. Leider konnten wir Russisch nicht auf diese Weise lernen.

Nachdem wir uns mit „unseren" Russen, so gut es ging, eingerichtet hatten, fiel langsam die Angst von uns ab, dass wir gefangen, verschleppt oder gar getötet würden. Die Nazipropaganda der letzten Kriegsmonate war ja an den Erwachsenen nicht spurlos vorübergegangen. Allerdings hörten wir Gerüchte von Gräueltaten auch in unserer Stadt. Einige kleine Nazis wurden verhaftet und verschwanden in nunmehr sowjetischen Internierungslagern. Man erzählte, dass dafür das Konzentrationslager Buchenwald benutzt wurde, was wir allerdings kaum glauben konnten. Opa Karl sagte: „So blöd werden die doch nicht sein, sich auch noch an der gleichen Stelle genauso verbrecherisch zu benehmen. Dann wären die Sowjets ja keinen Deut besser als die Nazis!" Wie recht er hatte, erfuhren wir erst später, die Russen hatten einfach die „Lagerinfrastruktur" der Nazis für ihre Zwecke übernommen.

Dass die Russen auch in Sondershausen wie die Vandalen hausten, bemerkten wir an einer eher nebensächlichen Tatsache. Neben dem alten Lyzeum, nahe der Kaserne, wurde ein sog. sowjetischer Ehrenfriedhof eingerichtet. Dort entstand ein Grab neben dem anderen, manchmal mehrere in einer Woche. Man erzählte, dass immer wieder russische Soldaten Opfer von Unfällen wurden, die unter starkem Alkoholeinfluss passierten. Sie verunfallten mit allem, was sich bewegte: mit dem Fahrrad, dem Auto, sogar zu Pferde. Eines Nachts wurden mehrere Russen gleichzeitig in der Nähe des Südbahnhofs vom Zug überfahren. Nachdem der Wirt des „Waldschlösschens", eines beliebten Ausflugslokals, von Russen ermordet worden war, weil er keinen Alkohol mehr besaß, wurden, wie es hieß, die russischen Täter von einem Militärgericht verurteilt und in der Kaserne erschossen. Den Wahrheitsgehalt dieser Geschichte konnte allerdings keiner von uns überprüfen, lediglich die wachsende Zahl der Gräber auf dem Ehrenfriedhof konnte als Indiz gelten.

Mischa, der Bursche unseres „Wüstlings", wurde uns immer sympathischer. Er war immer gut gelaunt, spielte sehr gut auf seinem kleinen Akkordeon und rauchte eine Tabakspfeife, die angenehmer roch als die Machorkazigaretten, die der Major ständig qualmte. Er tobte gern mit mir in Haus und Garten herum und brachte auch meine Mutter und Tante Ilse oft zum Lachen. Eines Tages kam er mit einem großen Porträtfoto von sich selbst und schenkte es meiner Mutter, damit wir uns an ihn erinnern sollten, denn in zwei Tagen würde er mit dem Major wieder nach Russland zurückkehren. Tatsächlich wurde die gesamte Besatzung im kalten Winter 1945/46 abgezogen und durch andere Russen ersetzt. Wir winkten hinter Mischa her, der auf einem klapprigen Lastwagen zwischen vielen großen Kisten saß. Er tat uns leid in der Kälte auf dem offenen Gefährt. Der Major führte eine Fahrzeugkolonne mit requirierten Pkw an, die er in der Sowjetunion verkaufen wollte. Die Zimmer, in denen die Russen gehaust hatten, waren nicht gerade verwüstet, aber stark verdreckt. Kaum waren unsere ersten Russen weg, erschien eine deutsche Wohnungskommission und befahl eine Generalreinigung für die nächste Russeneinquartierung. Meine Familie weigerte sich mit Hinweis auf die starke Kälte. Meine Großmutter gab zu bedenken: „Das Wasser wird doch auf dem Boden gefrieren." Da sagte der sehr rabiate Deutsche ohne jede Gemütsbewegung zu den begleitenden Russen: „Den Alten verhaften! Wenn alles pikobello ist, schicken Sie den Jungen zur Kommandantur, er kann dann seinen Opa wieder abholen." Der Großvater wurde abgeführt, und die drei Frauen putzten wie die Wilden. Dabei öffnete meine Mutter einen abgeschlossenen Kleiderschrank im Schlafzimmer der

Großeltern und stieß einen lauten Schrei aus. Er war vollkommen leer! Mischa hatte alles geklaut, Kleider, Mäntel, einen Pelzmantel. Sie hatte sich in den letzten Wochen immer gewundert, warum Mischa so viele Kisten herangeschleppt hatte. Sie suchte Mischas Fotografie, riss sie in kleine Fetzen und versenkte sie im Abfalleimer. Nachdem alles einigermaßen hergerichtet war, rannte ich zur Kommandantur, um meinen Opa abzuholen. Ein betrunkener Russe schickte mich zur Volkspolizei am Marktplatz. Dort gab es aber auch nur Russen, die mich in einen kleinen Raum führten, wo einige alte Männer blass und in sich gekehrt auf Bänken an der Wand saßen. Großvater Karl ergriff meine Hand, wir gingen still nach Hause. Die Frauen weinten erleichtert.

Dr. Klaus Kämmerer (1936-2007) verließ 1955 nach dem Abitur die DDR. Man hatte ihm als Sohn und Enkel von „bourgeoisen" Buchhändlern keinen Studienplatz gegeben, obwohl er, wie gefordert, mehrere Monate in der Produktion gearbeitet hatte, in einem kleinen Kalibergwerk 800 m unter Tage. Er studierte in Würzburg Medizin und lernte im Präparierkurs seine Frau Dr. Brigitte Kämmerer kennen. Er wurde einer der Pioniere der Radiologie. Seine Autobiographie, aus der der Bericht entnommen wurde, erschien unter dem Titel „Das Ungesehene Sehen" im Mannheimer Verlag Waldkirch. Hierin schildert er auch seine Schulzeit in Sondershausen.

Gudrun Liede: Vom „Paradies" in die Niederungen des Lebens

Jedes Mal, wenn ich in Weinheim an der OEG-Haltestelle auf der Bank sitze und auf meinen Anschluss warte und sich das junge Mädchen mit den Rollschuhen auf die andere Bank setzt, um kurz darauf sportlich-elegant rechts-links-rechts-links davonzurollen, fühle ich mich in meine Kindheit zurückversetzt.

Denn es könnte 1940/41 gewesen sein, als mein ein Jahr älterer Bruder und ich, damals sechs Jahre alt, ein Paar Rollschuhe zu Ostern bekamen. Wir wohnten in der REICHS-MESSESTADT-LEIPZIG in C 1 in der Braustraße, welche als Straßenbrücke über die Pleiße in der Wundtstraße endete. Heute ist sie Schnellstraße aus dem Süden ins Zentrum. Unsere Rollschuhkünste nahmen hier ihren Anfang. Üben war nicht wirklich wichtig, wir hielten uns einfach am Pleißegeländer fest. Mit anderen Rollschuhkindern vergnügten wir uns hier. Da wir nur ein Paar Rollschuhe und einen Roller hatten, machten wir Wettfahren im Wechsel, jeder durfte jedes Gefährt um die Wette nutzen. Die Strecke Wundtstraße, Dufourstraße, Braustraße bildete, bedingt durch den Pleißefluss, eine Triangel. In der Dufourstraße gab es ein Wäschegeschäft mit schönen Bettwäschestücken in herrlichen Farben, die im Schaufenster ausgelegt waren.

Nur in der gereimten Form kann ich an mein frühes Kindheitsparadies denken.

Als wir fit im Rollschuhlaufen waren, konnten wir zuweilen auf der Fahrbahn fahren.
Das genügte uns bald nicht mehr, denn Kreise drehen war nicht schwer.
Insgeheim wurde ein Plan ausgeheckt, denn wir hatten das Reichsgericht entdeckt.
Die schräge Auffahrt war glatt geteert, was das Fahrtempo richtig vermehrt.
Wir sind dabei nicht hingefallen, aber das Böse kam am Schluss nach allem.
Grade wollten wir nach Hause gehen, blieben an der Beethovenstraße stehen ...
Da kam ein Mann dahergelaufen, packt meinen Bruder am Schopf ohne Schnaufen,
trug ihn ein Stück des Weges fort, stellte ihn wieder ab ohne ein Wort ...
Erschrocken schlichen wir nach Hause zurück, weil streng verboten unser „Husarenstück".
Ich hatte sagen hören das Wort: „Zigeuner" gäb's in der Gegend dort!

> *Das ehemalige Reichsgericht, heute Bundesverwaltungsgericht, war in der DDR bekannt als Georgi-Dimitroff-Museum. Dimitroff, einem bulgarischen Kommunisten, wurde 1933 im Zusammenhang mit dem Berliner Reichstagsbrand der Prozess gemacht, er musste aber freigesprochen werden und ging nach Moskau, wo er Generalsekretär der Komintern, der Kommunistischen Internationale, wurde.*

In der Braustraße saßen bei Sommersonne an der Gehwegkante zwei voller Wonne,
die Füße hinausgestreckt auf die Fahrbahn, so saßen sie und lehnten Arm in Arm
und schleckten aus der hohlen Hand Brausepulver wie im Schlaraffenland,
was nicht jeder Mensch verstand.
Die Münder verschmiert, die Hände verklebt ...
Ihr Lausekinder, euch schnell erhebt!
Die Brauereipferde kommen mit dem Wagen – und soll ich euch jetzt mal sagen,

was passiert, wenn der Wagen hält und die Pferde stehn:
Aus dem Pferdepopo spritzt und klatscht es ganz gefährlich,
Kinder, jetzt mal ehrlich,
seid ihr nass geworden?

An Sommersonntagen gab es auf der Rennbahn, die nicht weit von unserem Haus entfernt war, große Pferderennen. Wir liefen zum Rennbahnweg, der direkten Grenze zur Rennbahn, wo ein Gitterzaun mit dicht bewachsenen, mannshohen Büschen die Einsicht versperrte. Es galt nun zu klettern und einen Busch mit winzigem Durchblick auf die Rennbahn zu finden, um das Grandiose eines Pferderennens zu erahnen.

Ich glaube, dass es nur wenige Sonntage gab, an denen wir mit unseren Eltern keinen Ausflug machten. Mit Jubel wurde die Fahrt in den Leipziger Zoo begrüßt, wurde doch da so manches Mal ein Picknick mitgenommen, denn wir verweilten sicher mehr als nur ein paar Stunden dort. Von den kleinen Äffchen und Eisbären konnte ich mich kaum trennen. Die Löwen hingegen waren zum Fürchten. Jedoch ist der Leipziger Zoo weltberühmt für seine Löwenzucht. Bis in die 1952er Jahre kamen hier 1602 Löwen zur Welt.

Ein anderes Ausflugsziel war das Völkerschlachtdenkmal, ein wahrhaft monumentales Bauwerk. Es steht in der Ebene, und je näher man kommt, desto gewaltiger beherrscht es das Blickfeld, es sollte mit seiner Größe und seinen Ausmaßen seine militärisch-politische Bedeutung widerspiegeln. Für uns Kinder war es schon alleine ein Erlebnis, an dem riesigen Wasserbecken entlangzulaufen bzw. auf dessen Rändern zu balancieren.

Das Völkerschlachtdenkmal war am 18. Oktober 1913 eingeweiht worden, 100 Jahre nach dem Sieg der vereinten Heere von Russland, Österreich, Preußen und Schweden über Napoleon, den Kaiser der Franzosen, der ganz Europa unter seine Herrschaft gebracht hatte.

Für ein letztes großes Familienzusammensein, bevor mein Vater, der bis dahin als Versicherungskaufmann gearbeitet hatte, Ende 1942 endgültig zur Wehrmacht eingezogen wurde, fuhren wir im Juni 1942 für 14 Tage in die Sommerfrische nach Grimma an der Mulde. Für uns Stadtkinder war es ein besonderes Erlebnis, die Mahlzeiten an Gartentischen im Freien einzunehmen, frischen Apfelsaft zu trinken und in Turnhosen am Muldestrand zu spielen.

Nachdem im Juli 1943 meine kleine Schwester in Leipzig geboren worden war, fragte man mich, ob ich sie nicht gerne ausfahren wolle, worauf ich den Bescheid gab, das würde ich nur mit Rollschuhen an den Füßen tun.

Fast zeitgleich mit diesem frohen Ereignis erlebten wir, dass der Krieg nun auch sichtbar nach Leipzig kam. Auf der Straße begegneten wir plötzlich Menschen mit einem gelben Stern auf der Jacke. Das schon erwähnte Bettwäschegeschäft in der Dufourstraße gab es nicht mehr. Stattdessen waren große schwarze Fensterhöhlen zu sehen, verklebt, beschmiert, verdreckt. Es waren Juden gewesen, die dieses schöne Geschäft geführt hatten. Pferderennen – ade! Auf der Rennwiese hatte die Flugabwehr Stellung bezogen. Und vor allem nahmen die nächtlichen Fliegerangriffe kein Ende. Jede Nacht hieß es, aus dem Tiefschlaf aufgeschreckt, schnell, schnell in den Luftschutzkeller rennen! Unser Wohnviertel lag in der direkten Schusslinie zwischen Flak, Hauptbahnhof und Bayrischem Bahnhof, von wo aus viel kriegswichtiger Materialnachschub passierte. Die Zuteilungen waren nur noch auf die Lebensmittel- und Reichsbrotkarte zu erhalten, die bereits 1939 mit Kriegsbeginn eingeführt worden waren, und wurden nun auch merklich eingeschränkt.

Am 4. Dezember 1943 geschah der große Luftangriff auf Leipzig. Ich selbst habe ihn nicht erlebt, da ich kurz vorher mit meiner Großmutter nach Dresden gefahren war. Als meine Mutter mit dem Baby und meinem Bruder aus dem Luftschutzraum kam, bot sich ihnen ein schreckliches Bild der Verwüstung. Links und rechts von unserem Wohnhaus brannten die Häuser. Meine Mutter tastete sich mit den beiden Kindern in unsere Wohnung hoch, keine einzige Fensterscheibe war mehr ganz, die Räume mit Scherben übersät. Ohne Gas, Wasser und Strom konnten sie hier nicht bleiben. Freunde aus dem Haus versuchten herauszufinden, wie man Leipzig verlassen konnte. Über Trümmerfelder benutzten sie einen Trampelpfad zum Bahnhof. Der Hauptbahnhof und der Bayerische Bahnhof waren zerstört, es fuhren keine Züge. Vis-à-vis in der Richard-Wagner-Straße standen Militärfahrzeuge, die die Menschen zum Bahnhof nach Paunsdorf, einem östlich gelegenen Vorort, brachten, von wo aus der Zugverkehr noch funktionierte. Meine Mutter wurde mit meinen Geschwistern von den befreundeten Nachbarn eingeladen, zunächst mit zu deren Eltern nach Colditz zu kommen, wo sie vorübergehend unterkamen, bis sie kurz vor Weihnachten in Dresden in der Mathildenstraße im Stadtzentrum bei meiner Großmutter ein vorläufiges Zuhause fanden. Dort verlebten wir ein trauriges Weihnachten. Aus Platzmangel wurden wir einige Zeit später wieder getrennt. Mein Bruder kam nach Weinböhla, einem hübschen Elbeort zwischen Dresden und Meißen, ich zu Verwandten nach Radeberg bei Dresden, was einen erneuten Schulwechsel für mich bedeutete: von Leipzig nach Dresden nach Radeberg.

Erst Ostern 1944 nach der Taufe meiner kleinen Schwester waren wir wieder alle zusammen bei meiner Oma in Weinböhla, die uns wohl oder übel in ihrer kleinen Wohnung aufnahm. Zurück nach Leipzig konnten wir nicht. Mein Großvater, den ich nicht mehr kennengelernt habe, hatte um die Jahrhundertwende 1898/1900 an der Ecke Bahnhof- und Kaiserstraße ein Wohn- und Geschäftshaus gebaut und 1902 ein Geschäft für Drogerie- und Kolonialwaren eröffnet. Nachweislich führte er Ende der 20er Jahre Delikatessen, Spirituosen und frischen Röstkaffee. 1935 setzte er sich zur Ruhe, verkaufte Geschäft und Haus, behielt aber darin für sich und seine Frau eine kleine Wohnung mit dem Wohnrecht auf Lebenszeit, und in diese

Wohnung nahm uns meine Oma nun vorübergehend auf – aber es kam ganz anders.

Kurz vor Weihnachten 1944 erfuhren wir, dass unser Haus in Leipzig bei einem weiteren Luftangriff vollkommen niedergebrannt war. Das war eine fürchterliche Nachricht. Wir lagen und saßen auf Omas Sofa und heulten und heulten. Wir hatten ja nichts Nennenswertes gerettet, weil wir ja bald wieder nach Leipzig zurück wollten.

Gudruns Oma am Gartenzaun

Am 13. Februar 1945 wurde Fliegeralarm der höchsten Stufe gegeben. Wieder einmal verbrachten wir die ganze Nacht im Keller. Das Entsetzen war grenzenlos, als wir am Morgen von den Dachfenstern aus nach Dresden schauten: Glutrot war der Himmel über Dresden! Es war unfassbar, hatte es doch immer geheißen, Dresden würde nicht angegriffen! Sieben Tage und Nächte sahen wir den Feuerschein. Unvorstellbar war die Vernichtung der Stadt meines Vaters. Dresden war zu dieser Zeit vollgestopft mit Flüchtlingen aus dem Osten, heutigen Erkenntnissen zufolge etwa 85.000. In der Nacht zum Aschermittwoch wurde die Stadt mit Phosphorbomben in eine flammende Hölle verwandelt. Zwei bis drei Stunden nach dem ersten Angriff kam die zweite Welle, Tiefflieger schossen mit Maschinengewehren auf alle Flüchtenden. Und auch das war noch nicht genug, als das fahle Licht des Aschermittwochs erschien, kamen wieder Bomber und warfen ihre tödliche Fracht in die Feuerwüste.

Tage und Nächte standen wir auf dem Dachboden und zitterten und bangten, wussten wir doch meine geliebte Großmutter, Tanten und Cousins mitten in der Dresdener Altstadt. Nach, ich weiß nicht, wie langer Zeit hatte es eine meiner Tanten mit ihrem Kind zu Fuß nach Weinböhla geschafft: vollkommen verrußt, verdreckt und nach Phosphor stinkend. Von ihr zu hören, dass sie alle gerettet worden waren, war fast unglaublich. Wenig konnte sie sprechen, wir konnten uns gedanklich nicht annähernd an dieses noch nie dagewesene Inferno herantasten. Ausgelöscht alles Leben, für immer vorbei, tot – ein einziges Grauen!

Im April 1945 wussten wir, dass der Krieg bald zu Ende sein würde und dass man am besten alles, was an die Hitlerzeit erinnerte wie Fahnen, Uniformen, Auszeichnungen ganz schnell verbrennen, vernichten oder im Garten vergraben sollte.

Im Mai begann das nächste schlimme Kapitel. Dass die Russen kommen würden, war sicher. Die ihnen vorauseilenden Gerüchte erzeugten höchste Panik unter den Menschen. Man suchte sich zu verstecken, aber das half nichts. Der erste Russe, den wir sahen, kam auf einem Pferd angeritten, hielt vor dem Schaufenster unseres Hauses an, zückte die Pistole und schoss ins Fenster. Leider waren die Spirituosen- und Schnapsflaschen nur eine Attrappe gewesen! Nun versuchte er vergebens, sich samt Pferd durch die Eckladentür zu zwängen, um sich den notwendigen Proviant zu beschaffen. Mit dem Einmarsch der Russen musste das Geschäft in unserem Haus binnen 24 Stunden von Waren und Möbeln leer geräumt werden, um dort eine russische Marketenderei einzurichten.

Jetzt war der Teufel los, es wimmelte von Russen in den Geschäftsräumen und im Hof, wo die Vorratsräume lagen. Diebstähle und Plünderungen waren an der Tagesordnung. In die Lagerräume schleppten sie Schweinehälften, die sie irgendwo gestohlen hatten.

Jede Nacht donnerten sie an die Türen, auf der Suche nach Frauen. Einmal wurde die Geschäftsinhaberin vergewaltigt, während man ihre Mutter und die Kinder im Bad eingeschlossen hatte. Dann kamen sie eine Treppe hoch zu meiner Mutter, die flehentlich auf ihre drei Kinder zeigte, die im Wohnzimmer auf dem Fußboden schliefen – wir schliefen natürlich nicht! Sie stolperten wieder hinaus. Die Dienstmädchen und Verkäuferinnen, die bis Kriegsende in dem Kolonialwarenladen gearbeitet hatten, wurden auf dem Dachboden versteckt und eingeschlossen und durften um Himmels Willen nie am Dachfenster erscheinen. Wenn die Tochter der Hausbesitzerin ihnen das Essen bringen wollte, gab es ein vereinbartes Kennwort, sodass sie die Tür öffneten. Denn vis-à-vis auf der anderen Seite der Berliner Bahnstrecke wurde ein sowjetischer Panzer geparkt, der unser Haus ständig beobachtete. Irgendwann verließen die Russen die Marketenderei wieder, tagelang wurden die Räume in Ordnung gebracht, und mit viel Kraftaufwand, nämlich mit Handwagen, wurde für die über 1000 Kunden mit Kundenpass mühevoll Ware herbeigeschafft.

Während dieser Zeit hatten wir monatelang keine Schule. Das Gebäude war vorübergehend zum Lazarett gemacht worden, und das neue Regime ging daran, alle Lehrer aus der NS-Zeit mit Parteihintergrund – die besten – zu entlassen. Am 1. Oktober 1945 wurde der Schulbetrieb mit den sog. „Neulehrern", die man zur geplanten Erziehung der „neuen Menschen" notdürftig in ihre Arbeit eingewiesen hatte, wieder eröffnet. Das war allerdings nicht von Dauer, denn als im eisigen Winter 1945/46 die Schule wegen Mangel von Heizmaterial wieder geschlossen wurde, zogen wir in die Konservenfabrik eines Klassenkameraden um, dessen Vater einen Raum für den Schulunterricht zur Verfügung gestellt hatte. Die Parallelklasse konnte in der Küchenmöbelfabrik der Eltern meiner Freundin im Aufenthaltsraum für die Angestellten unterrichtet werden. Allerdings musste jeder Schüler täglich ein Brikett oder ein anderes Heizmaterial mitbringen!

Mangel gab es auf allen Gebieten, die Notlage bei der Versorgung mit Lebensmitteln war ganz schlimm. Ich erinnere mich, dass wir tagelang nur Molke zur Verfügung hatten. Um satt zu werden, ließ uns meine Mutter während der Weizenernte im Sommer und der Kartoffelernte im Herbst sogar die Schule schwänzen. Auf abgeernteten Feldern lasen wir liegengebliebene Ähren und „stoppelten" Kartoffeln. Nach der Schule sammelten wir im Wald Holz, pflückten Heidelbeeren, Himbeeren und Brombeeren. Die Stadtbevölkerung fuhr mit der Eisenbahn aufs Land, dort versuchte sie, ihre letzten schönen Wäschestücke gegen Essbares einzutauschen. Das tat meine Mutter auch, mit den herrlichen Umschlagtüchern, die mein Vater im Krieg aus Italien geschickt hatte. Die Dresdener bevorzugten es, auf dem Rückweg in Weinböhla die Eisenbahn zu verlassen, denn kurz vor Dresden gab es häufig Razzien und Beschlagnahmungen in den Zügen. Wir Kinder gingen vor Ankunftszeit der Züge mit einem Handwagen an unseren Bahnhof und boten den Hamsterern an, ihre Rucksäcke und Taschen, vollbeladen mit Kartoffeln, Rüben oder sonstigem, an die Straßenbahn-Endhaltestelle zu fahren, weil man in der Straßenbahn nach Dresden vor Razzien sicher sein konnte. Für diesen Dienst bekamen wir ein kleines Trinkgeld. Das ging so lange gut, bis eines Tages die Polizei am Bahnhof erschien und den Dresdnern ihre Ware abnahm. Das war zum Weinen, auch für uns, weil unsere kleine Verdienstmöglichkeit „im Eimer" war.

1947 begann sich manches zu entspannen. Auch kamen Väter aus der Gefangenschaft nach Hause. Für Männer, die im „Dritten Reich" in der NSDAP gewesen waren, gab es zunächst keine Arbeit – mit etwas Glück einen Posten als Flurschütz, der nachts die Felder vor Diebstahl bewachte, oder man musste Steine klopfen. Auch mein Vater, als er aus der Kriegsgefangenschaft kam, musste solche Arbeit tun.

Nach der in der DDR obligatorischen achtjährigen Grundschule machte Gudrun Liede in Dresden eine Ausbildung als Chemielaborantin. 1957 verließ sie die DDR. Nach kurzer Berufstätigkeit in Regensburg und Bremen eröffnete sich ihr eine neue Welt im italienischen Rapallo, wo sie in der Familie einer Kinderärztin ein Vierteljahr als Au pair tätig war: Sie musste nichts tun, als mit den beiden 9- und 11-jährigen Buben Deutsch zu sprechen. Mit ihrem Mann, einem Chemiker, lebte sie zwei Jahre in Kanada, bevor sie sich mit ihm in Mannheim niederließ.

Klaus Hohlfeld: Von Hitlers Tod zum Stalinkult

Freital, ein mittelgroßer Industrieort mit etwa 40.000 Einwohnern, liegt etwa 7 km südwestlich von Dresden. Hier wurde ich am 3. Juni 1939 geboren. Seit dem 16. Jahrhundert wurde in den Dörfern, Anfang der 1920er Jahre zur Stadt Freital zusammengeschlossen, Steinkohle gefördert, bis in die 60er Jahre des letzten Jahrhunderts. Mein Vater war Bergmann. Bergleute waren vom Militärdienst freigestellt, gerade im Zweiten Weltkrieg war Kohle für die Rüstungsindustrie lebenswichtig. Neben seiner Tätigkeit im Schacht, teilweise unter, teilweise über Tage, machte er den Führerschein, um im Steinkohlewerk als Lkw-Fahrer arbeiten zu können. Das Werk gehörte zusammen mit Werken für Braunkohleförderung und Kraftwerken zur ASW, der Aktiengesellschaft Sächsischer Werke. Die Direktion in Dresden suchte einen Fahrer. Sie wählte meinen Vater aus mit der Bedingung, er müsse Mitglied im NSKK werden, dem Nationalsozialistischen Kraftfahrerkorps.

Das NSKK war schon 1930 gegründet worden, ihm gehörten 1940 mehr als eine halbe Million Mitglieder an. Um aufgenommen zu werden, musste man den „Ariernachweis" vorlegen. Die Organisation war deshalb attraktiv, da Personen, die eine engere Bindung an den Nationalsozialismus vermeiden wollten oder ihm gar ablehnend gegenüber standen, hier unbehelligt von weiteren Zwängen in Ruhe gelassen wurden. Im NSKK wurde Uniform getragen, die aus dem Braunhemd, schwarzen Reithosen, schwarzen Reitstiefeln und einer braungrünen Jacke mit Stehkragen bestand.

Um dem Kriegsdienst weiterhin zu entgehen, trat mein Vater also in das NSKK ein. Dazu hatte ihm auch mein Großvater mütterlicherseits geraten, der sich im Ersten Weltkrieg und in der Weimarer Republik stark in der SPD engagiert hatte. Zu besonderen Anlässen musste mein Vater nun die Uniform tragen, zu der auch ein Dolch mit der Aufschrift „Alles für Deutschland" gehörte. Als knapp Fünfjähriger war ich fasziniert davon und wollte auch so etwas haben. So schnitzte mir mein Vater einen Dolch aus Holz und ritzte mit einem heißen Feuerschürhaken ebenfalls die Worte „Alles für Deutschland" hinein. Ich konnte zwar noch nicht lesen, war aber ungeheuer stolz auf das Schmuckstück.

Bis Mitte 1944 gab es in Dresden und Umgebung noch keine Luftangriffe. Erst in der zweiten Jahreshälfte setzten sie ein. Nach einem Bombenangriff auf einen Dresdner Vorort an der Grenze zu Freital wurde im Eiltempo in der Nähe unseres Hauses ein Bunker gebaut, und zwar mit allen bergmännischen Finessen. Die Luftangriffe wurden nun immer heftiger, bis der 13. Februar 1945 kam. Ich erinnere mich, wie wir nachts nach der Entwarnung den Bunker verließen. Der nördliche Himmel war blutrot. Ein heißer Wind brachte Brandgeruch bis zu uns, ein Geruch, den man nicht vergisst. Als fünfjähriges Kind hatte ich natürlich noch keine Vorstellung vom Ausmaß dieser Katastrophe, aber doch ein Gespür dafür, dass etwas Entsetzliches geschehen war. Erst später sah ich die Trümmerwüste Dresden, die Ruinenlandschaft. Mein Vater wurde mit eingesetzt, Überlebende aus Dresden wegzubringen. Er erzählte erst später davon, wenn auch sehr spärlich und bruchstückhaft, hatte wohl auch die Berge verkohlter Menschen auf dem Altmarkt gesehen. So hat der Fünfjährige noch die letzten besonders brutalen Ausformungen des „Totalen

Krieges" erlebt, den nicht wenige Deutsche noch kurz vor Schluss herbeigejubelt hatten, angestachelt vom Propagandaminister Goebbels.

Der Krieg ging zu Ende. Ich erinnere mich, wie die Erwachsenen sich immer wieder den Wunsch zuflüsterten: „Hoffentlich kommen die Amerikaner zu uns, nicht die Russen!" Sie hatten vielleicht eine Ahnung davon, dass Deutschlands Krieg im Osten als erbarmungsloser Vernichtungskrieg geführt worden war. Nun musste man wohl mit Rache rechnen. Die NS-Ideologie mit der Auffassung der Slawen als „Untermenschen" tat ein Übriges. In den letzten Kriegstagen klingelte eine Nachbarin, die Frau eines überzeugten Nazis, bei meiner Mutter. Ich stand dabei, als sie zu ihr sagte: „Haben Sie schon gehört? Der Führer ist gefallen! Mein Mann liegt auf dem Sofa und weint."

Als sich die Rote Armee der Dresdner Gegend näherte, wurde die Bevölkerung Freitals aufgefordert, zu fliehen und sich im Erzgebirge zu sammeln. Auch wir, meine Eltern, meine Großmutter und ich, machten uns mit einem Handwagen auf den Weg und reihten uns in einen langen Zug auf der Hauptstraße ein. Meine Eltern schoben rechts und links ihre Fahrräder. Nach einigen 100 Metern brachte mein Vater sein Fahrrad zurück und schloss sich uns dann wieder an, ein bisschen später fuhr er das zweite Rad nach Hause. Als die Straße Richtung Erzgebirge nach etwa 3 km einen steilen Berg hinauf ging, brachen die meisten Familien, darunter auch wir, die „Flucht" ab. Mein Vater sagte: „Das hat ja alles keinen Sinn. Ich kenne den Obersteiger der Schachtanlage gut. Er soll erlauben, dass die Bewohner der beiden Bergmannshäuser, die etwas isoliert im Industriegebiet stehen, einige Zeit im Schacht unter Tage verbringen dürfen, bis der größte Schlamassel vorbei ist. Außerdem sind wir kleine Leute, denen werden die Russen schon nichts tun." Natürlich war die Angst vor Übergriffen der Sieger, vor allem vor Vergewaltigungen, groß, und in den beiden Bergmannshäusern wohnten etliche junge Frauen – meine Mutter war gerade 30 – und halbwüchsige Mädchen.

So verbrachten wir einige Tage im Bergwerk. Dort gab es Feldbetten, und die Aufzüge und die Belüftung funktionierten tadellos. Die Männer sondierten immer wieder die Lage draußen, wir schliefen dann noch einige Tage im Kesselhaus über Tage. Ich erinnere mich, dass die Frauen zueinander sagten, dass Russen eher vom Land kommen und sich in komplizierte Industrieanlagen nicht hinein trauten. Schließlich kehrten wir in die Wohnungen zurück.

Aber auch hier blieben die meisten Familien in den beiden Häusern noch eng zusammen, vor allem nachts. Der Anblick von Kindern und alten Leuten sollte offenbar die russischen Soldaten friedlich stimmen. Natürlich kamen sie in die Wohnungen. Sie konfiszierten Fahrräder und Uhren. Auf die Frage „Uhri, Uhri?" antworteten die Bewohner: „Nix Uhri, Kamerad schon zapzerap!", was so viel hieß wie: „Ihr Kamerad hat es schon gestohlen." Meine Mutter versteckte ihre Uhr, die sie von ihrem Vater geschenkt bekommen hatte, im kalten Wohnzimmerherd. Dort wurde sie auch nicht entdeckt. Vorher hatte sie hier noch meinen Holzdolch verbrannt, sie fürchtete, dass ein Russe ihn finden und von ihm auf den militaristischen Charakter der Familie schließen könnte. Uniform und Dolch meines Vaters waren wohl ebenfalls entsorgt worden. Manchmal kamen die Rotarmisten betrunken oder blutig in deutsche Wohnungen. Oft hatten sie versucht, ein beschlagnahmtes Fahrrad zu benutzen. Da die meisten Russen aber Fahrradfahren nicht gelernt hatten, stürzten sie und holten sich blutige Köpfe. Ich erinnere mich an einen blutenden und betrunkenen Soldaten, der in eine Wohnung in unseren Häusern kam, in der einige Familien zusammensaßen. Er suchte mit vorgehaltener Pistole zuerst die Wohnung nach eventuell versteckten deutschen Soldaten ab. Eine resolute, zupackende ältere Frau aus der Hausgemeinschaft verband dann erst einmal den blutenden Kopf des Eindringlings, der inzwischen schon wieder etwas nüchterner geworden war. Er fing an, auf den Krieg zu schimpfen: „Hitler Scheiße, Stalin Scheiße, Lenin gut!"

Die beiden Bergmannshäuser standen etwa 50 m entfernt von den Bahngleisen der Strecke Chemnitz – Dresden. Ende Mai 1945 hielten hier, unmittelbar im Bereich der Häuser, Güterzüge, die ehemalige Zwangsarbeiter aus Polen und der Sowjetunion, nach NS-Sprachgebrauch, „Fremdarbeiter", zurück in ihre Heimat bringen sollten. Die Weiterfahrt der Züge verzögerte sich immer wieder. Um die in den Waggons Wartenden daran zu hindern, irgendwelche Aktionen gegen die Hausbewohner zu unternehmen, organisierten diese es, dass für die Menschen in den Zügen Kaffee gekocht wurde. In der Waschküche in einem der beiden Häuser wurde daher in den Waschkesseln „Muckefuck" zubereitet. Die Wartenden nahmen ihn auch gerne an. Ich erinnere mich, wie die ehemaligen Zwangsarbeiter mit den Hausbewohnern auf den Holzbänken vor der Waschküche saßen und über den Gang der Weltläufte philosophierten. Im Gedächtnis blieb mir das Resümee eines Russen oder Polen. Meine Mutter sagte später, er habe sich ihr als Lehrer zu erkennen gegeben. Den Verlauf und das Unglück des Zweiten Weltkriegs fasste er in einer Parabel zusammen: „Zuerst weinte die polnische Frau, dann weinte die russische Frau, jetzt weint die deutsche Frau. Aber es werden wieder Zeiten kommen, wo auch wieder die polnische und russische Frau weinen." Das war mir damals, knapp sechsjährig, ziemlich rätselhaft, der Wortlaut blieb mir aber vielleicht gerade deshalb, wie es oft bei Kindern geschieht, im Gedächtnis. Ich habe auch später immer wieder daran gedacht. Der Mann hatte den Ekel des Krieges, die Gräuel, die Ungeheuerlichkeiten in ein einfaches Bild gebracht. Sicher war ihm die Pietà vertraut.

Der Krieg war zu Ende. Bald gab es eine Tageszeitung mit einem übergroßen Bild Stalins auf der ersten Seite. Eine neue Zeit begann.

Stalin wurde die beherrschende Figur der „Ostzone", der späteren DDR. Er war mehr als ein Herrscher, er war der Übervater des gesamten Ostblocks, ein Halbgott. Mit seinem Ausspruch „Die Hitler kommen und gehen, das deutsche Volk aber bleibt" zeigte er sich nicht nur als Besieger, sondern als Befreier, dem man sich voll und ganz anzuvertrauen hatte. Mit dem Personenkult, den man um ihn trieb und den er wollte, wurde die Macht der Sowjetunion untermauert. Auch Kinder wurden nicht verschont. Doch wussten sie natürlich auch schon, dass hinter der gütigen Vaterfigur Stalin ein brutaler Machtmensch steckte, vor dem man sich eigentlich fürchten musste. Stalin war der „weise Führer" der friedlichen Menschen dieser Welt, der Allerklügste, der Anreger, der „Freund der Kinder". Seine Biographie wurde in der Schule ausführlich gelernt. Besonders im Gedächtnis sind mir seine Geburtstage mit den öffentlichen Veranstaltungen, für Schüler Pflicht. Ich musste einmal zusammen mit einem Lehrer an einem solchen Tag bei der sowjetischen Kommandantur im Namen der Schule einen Blumenstrauß abgeben, den eine

Russin in Uniform gleichgültig entgegennahm. Die Lobpreisungen Stalins durch die Redner, natürlich Funktionäre der SED, wurden regelmäßig unterbrochen durch rhythmisches Klatschen, begonnen vom Redner selbst.

Klaus, 12 Jahre alt

Stalin war auch im Alltag der Stalingläubigen präsent. Ein Nachbarsjunge, ein paar Jahre älter als ich, lieh mir regelmäßig Karl-May-Bände. Karl May war zwar nicht verboten, gehörte aber nicht zum damaligen „klassischen Erbe". Es gab ihn daher nicht im Buchhandel oder in Bibliotheken. Als ich wieder einmal in der Wohnung meines Leihgebers erschien, war er selbst nicht da, wohl aber sein Vater, ein kleiner, aber überzeugter SED-Mann. Er sah mich vielsagend an und sagte: „Weißt du, Klaus, Karl May liest man heute nicht mehr. Lies doch lieber Stalin!" Was sollte ich Zwölfjähriger darauf antworten? Ich zog ohne meinen Karl-May-Band davon.

Aber auch der große Stalin, der „Genius der Menschheit", war sterblich. Dass er todkrank danieder lag, sprach sich schnell auch unter uns Schülern herum. Ein Mitschüler aus einer SED-treuen Familie wollte uns trösten: „Der stirbt nicht, ihr wisst ja gar nicht, was die für Ärzte haben!", aber deren Kunst versagte offenbar. Nach dem 5. März 1953, seinem Todestag, gab es überall in der DDR Trauerzüge. Wir, Junge Pioniere mit blauem Halstuch, zogen auf einen der Freitaler Friedhöfe, um am Grab des Unbekannten Sowjetischen Soldaten Kränze niederzulegen. Die armen gefallenen Soldaten waren ja nicht nur für ihr Vaterland gestorben, sondern vor allem für den großen Generalissimus Stalin. Auch die Partisanin Soja Kosmodemjanskaja, die wir aus unserem Russischbuch kannten, war, als sie von deutschen Soldaten wegen ihrer Untergrundtätigkeit hingerichtet wurde, mit den Worten gestorben: „Lang lebe Stalin!" Am Tag nach unserem Friedhofsbesuch gab es noch einen weiteren Trauerzug durch Freital, an dem alle Schulen und Betriebe teilnehmen mussten. Er führte an einem überdimensionalen Standbild Stalins vorbei unter den Klängen des Trauermarsches „Unsterbliche Opfer".

Im Deutschunterricht wurden auch Gedichte auf Stalin gelesen. Ein Gedicht von Erich Weinert trug den Titel „Im Kreml ist noch Licht".

Erich Weinert, 1890 – 1953, trat 1929 der KPD bei und war Mitbegründer des Bundes proletarisch-revolutionärer Schriftsteller. Er schloss sich den Internationalen Brigaden im Spanischen Bürgerkrieg an, für die er das „Lied der Internationalen Brigaden" schrieb. Er emigrierte in die Sowjetunion. 1946 kehrte er nach Deutschland zurück und wurde in der SBZ Vizepräsident der Deutschen Zentralverwaltung für Volksbildung.

Im Kreml ist noch Licht

Wenn du die Augen schließt und jedes Glied
und jede Faser deines Leibes ruht –
Dein Herz bleibt wach, dein Herz wird niemals müd,
und auch im tiefsten Schlafe rauscht dein Blut.

Ich schau aus meinem Fenster in der Nacht,
zum nahen Kreml wend ich mein Gesicht.
Die Stadt hat alle Augen zugemacht.
Und nur im Kreml drüben ist noch Licht.

Und wieder schau ich weit nach Mitternacht
zum Kreml hin. Es schläft die ganze Welt.
Und Licht um Licht wird drüben ausgemacht.
Ein einz'ges Fenster nur ist noch erhellt.

Spät leg' ich meine Feder aus der Hand,
als schon die Dämmrung aus den Wolken bricht.
Ich schau zum Kreml. Ruhig schläft das Land.
Sein Herz bleibt wach. Im Kreml ist noch Licht.

Während also die ganze Welt schläft, ist Stalin, der Unermüdliche, noch wach und arbeitet für das Wohl der Menschheit. In Freital gab es eine Kneipe, in der die Stahlarbeiter nach der Spätschicht, die um 22 Uhr endete, oft noch ein Bier tranken. Und diese Kneipe hieß im Volksmund „Kreml", da auch in ihr noch lange Licht brannte. Eine bessere Persiflage des allen bekannten Gedichts und des Personenkults war wohl kaum möglich.

Ab 1956 endete der Personenkult um Stalin. Die „Stalinschen" Großbauten in der Sowjetunion waren nun die „kommunistischen" Großbauten. Die „Stalinsche" Verfassung war nun die „sozialistische", die „Stalinsche" Definition der Nation, die wir im Unterricht gelernt hatten, war nun ebenfalls die „sozialistische". Neues mussten wir uns nicht einprägen, es waren exakt dieselben Formulierungen, nur ohne den Zusatz „Stalin".

Die Zwänge und Zumutungen, denen besonders junge Menschen ausgesetzt waren, blieben jedoch. Nach dem Abitur und einem Jahr „Praktikum" im „Edelstahlwerk 8. Mai 1945" in Freital entzog ich mich dem allen und flüchtete 1958 über Berlin in die Bundesrepublik.

Dr. Klaus Hohlfeld studierte in Freiburg und Erlangen Geschichte und Germanistik. Er wurde Bibliothekar, arbeitete zunächst als Referent für Geschichte und Politik bei den Hamburger Öffentlichen Bücherhallen und leitete von 1976 bis zu seiner Pensionierung 2002 die Stadtbibliothek Mannheim.

Lutz Hesse: So war das in Ammendorf bei Halle an der Saale

Ich wurde am 6. Januar 1943 in Ammendorf geboren, heute ein Stadtteil von Halle an der Saale. Mein Vater war in Stalingrad vermisst, erst Anfang der 50er Jahre erhielt meine Mutter eine offizielle Todesmeldung. Da es in der SBZ/DDR keine Hinterbliebenenrente für Soldatenwitwen gab, war meine Mutter gezwungen, sich eine Arbeit zu suchen, sonst wären sie, mein älterer Bruder und ich verhungert. Sie arbeitete im Bunawerk in Schkopau in der Küche. Ich wuchs daher mehr oder weniger auf der Straße auf, ich war ein „Schlüsselkind", wenn ich nicht bei meiner geliebten Oma im Nachbarort Beesen wohnte.

Hier gab es in der Nähe ihres Hauses eine ehemalige Wehrmachtskaserne, in die nach dem Abzug der Amerikaner, die diesen Teil Sachsen-Anhalts besetzt hatten, Soldaten der Roten Armee einrückten. Bekanntlich hatte ein Gebietstausch stattgefunden: ein Teil des von den Russen besetzten Berlin gegen das Gebiet östlich der Elbe. In den ersten Wochen unter sowjetischer Besatzung war es sehr unsicher im Ort, vor allem für Frauen und Mädchen, die sich auf Dachböden versteckten. Keller waren da nicht so sicher, in die die Russen eindrangen, um mitzunehmen, was ihnen gefiel. Aus unserem Keller stahlen sie das Fahrrad meiner Mutter und das Rennrad meines Vaters mit nach unten geschwungenem Lenker. Eines der wenigen Fotos von meinem Vater zeigt ihn, wie er stolz auf diesem Rennrad sitzt.

Kindern gegenüber waren die Russen oft recht freundlich. Ich erinnere mich, wie ich mit anderen an den Ufern der Elster spielte und immer, wenn die Russen auf ihren Lastwagen Kohlen transportierten, auf die Straße rannte. Wir winkten ihnen zu und bettelten um Kohle, und oft warfen sie einzelne Briketts vom Wagen, die es dann schnell aufzusammeln galt.

In den ersten Nachkriegsjahren, als die Grenze zwischen Sowjetischer Besatzungszone und amerikanisch-englischer Bizone noch äußerst durchlässig war, fuhren meine Mutter, eine Tante und eine Freundin häufig nach Hamburg, um in großen Mengen Bücklinge zu kaufen. Die verschoben sie dann auf dem Schwarzen Markt in Halle und kamen so an andere Lebensmittel oder Gegenstände, die dringend benötigt wurden. Mich ließ man bei meiner geliebten Tante Berta zurück, die mich praktisch großzog. Immer brachte meine Mutter von den Hamburgfahrten Schokolade mit, und als ich 1949 in die Schule kam, war ich eines der wenigen Kinder, die eine richtige Zuckertüte hatten mit richtigen Süßigkeiten und nicht nur mit ein paar Äpfeln oder einem Stück Kohle darin wie die meisten anderen Kinder.

Die Schule hieß „Friedensschule" und hatte ein Schulhaus, das man als modernes Gebäude bezeichnen konnte. Die Turnhalle etwa roch nicht nach dem bekannten Mief aus Schweiß, Bohnerwachs und Staub, sondern besaß einen Korkfußboden. Der gefiel mir, und als eine Arbeitsgemeinschaft für Turnen gegründet wurde, war ich gleich dabei, nahm an DDR-Wettbewerben teil und wurde mit 14 Jahren sogar 2. DDR-Meister mit der Mannschaft.

1957 wurde ich konfirmiert und ging wenige Wochen später zur Jugendweihe, eine Voraussetzung dafür, zur Oberschule zugelassen zu werden. Doch die Konfirmation war das weit wichtigere Ereignis. Von den Wohnungen der Konfirmanden aus wurde zur Kirche weißer Sand gestreut und auf diesen Tannenzweiglein gebreitet, sodass am Festtag zig weißgrüne Pfade mit wandelnden Konfirmanden sternförmig auf die Kirche zuführten. Das war sehr eindrucksvoll. Schon Tage vorher wurden an die 30 Obstkuchen gebacken, die die Frauen auf riesigen runden Blechen, die sie auf dem Kopf hielten, zum Backen zum Bäcker trugen. Die Kuchen wurden an die Nachbarn verteilt, wenn diese zum Gratulieren kamen.

Selbstverständlich war es, dass man Junger Pionier war. Stolz trug ich das blaue Halstuch, war noch stolzer, als ich Mitglied des „Freundschaftsrates" meiner Schule wurde, einem Schülerrat vergleichbar, und als Zeichen meiner Würde einen Balken auf das Pionierhemd genäht bekam. Ich durfte sogar einmal an einem wochenlangen Urlaub in der „Pionierrepublik Wilhelm Pieck" am Wehrbellinsee teilnehmen, eine ganz besondere Ehre, wie sie nur Klassenbesten und besonders eifrigen Pionieren zuteilwurde. Die Pionierrepubliken, in denen sich 1000 Kinder gleichzeitig aufhielten, waren entsprechenden sowjetischen Einrichtungen nachempfunden. Der gesamte Aufenthalt wurde vom Staat bezahlt, für Vergnügungen war bestens gesorgt, natürlich auch für ideologische Schulungen, es gab alles, sogar Bananen!

Deutlich erinnere ich mich an den 17. Juni 1953, als in Berlin mit dem Marsch der Bauarbeiter der Stalinallee, die die Senkung der Arbeitsnormen verlangten, ein Aufstand ausbrach, der wenige Tage später von Einheiten der Roten Armee niedergeworfen wurde. Die Bewegung griff auch auf unseren Raum über. Der große Schornstein der Bunawerke in Schkopau, in denen meine Mutter als Köchin arbeitete, rauchte plötzlich nicht mehr, es kamen nicht mehr 3,5 t Dreck aus dem Schornstein, wie sonst an jedem Tag. Es wurde gestreikt, heute weiß man, dass jeder dritte Beschäftigte im Bezirk Halle die Arbeit niedergelegt hatte. In Halle gab es eine der größten Demonstrationen in der DDR. Fred, der 20-jährige Sohn einer Familie aus unserem Haus, nahm auch daran teil und wurde dabei erschossen. Die Verantwortlichen wurden dafür nie zur Rechenschaft gezogen.

In Eisfeld, einer thüringischen Kleinstadt zwischen Suhl und Sonneberg, wohnte meine Großmutter mütterlicherseits, zusammen mit meiner Tante und ihrer Familie. Der Ort lag im sog. „Sperrgebiet" an der Grenze zur Bundesrepublik, das hieß, dass nur Verwandte 1. Grades ihn betreten durften, wenn sie sich vorher an ihrem Wohnort bei der Polizei einen Passierschein besorgt hatten. Meine Mutter konnte also zu ihrer Mutter fahren, mein Bruder und ich aber nicht zur Oma. Wenn meine Mutter zurückkam, brachte sie immer eimerweise Blaubeeren mit, die dort in großen Mengen wuchsen. Als 13-, 14-Jähriger wurde ich etwas verwegener und fuhr einige Male mit dem Zug nach Eisfeld, stieg dort aus, was streng verboten war – nie hat mich jemand aufgehalten – und besuchte meine erfreute, aber natürlich auch erschrockene Oma. Nach ein paar Tagen stieg ich unbehelligt wieder in den Zug und fuhr nach Hause.

Als meine Mutter wieder heiratete, einen Witwer mit drei Kindern, die mir fremd waren und blieben, war meine unbeschwerte Kindheit vorbei. Ich hatte eine entbehrungsreiche Kindheit, aber allen Kindern in meiner Umgebung ging es ähnlich, und da empfand man das nicht so. Wichtig war mir nur, dass ich von meinen drei Frauen geliebt wurde, meiner Oma, meiner Tante Berta und allen voran meiner Mutter.

Lutz Hesse studierte nach seinem Wehrdienst in der Nationalen Volksarmee Deutsch in Leipzig und musste zunächst auf einem Dorf im Mansfelder Land unterrichten, ab 1978 an einer Polytechnischen Oberschule in Halle-Neustadt. Er absolvierte ein Fernstudium an der PH Leipzig, das ihn zum Unterrichten bis Kl. 12, also bis zum Abitur, befähigte. Als es ihm immer unerträglicher wurde, seine Schüler im Sinne der sozialistischen Lehre zu indoktrinieren und die Wehrerziehung immer rigidere Formen annahm, entschloss er sich 1986, einen Ausreiseantrag in die Bundesrepublik zu stellen. Noch am selben Tag wurde er aus dem Schuldienst entlassen. Er hielt sich mit Hilfsarbeiten in einer Bibliothek über Wasser. Dank eines großen Bekannten- und Freundeskreises in Halle konnte er die schwierige Zeit bewältigen, vor allem die häufigen Einbestellungen auf Polizeibehörden „zur Klärung eines Sachverhalts", wie es immer unheilverheißend hieß. Im Mai 1989 durfte er zusammen mit seinem Lebenspartner die DDR verlassen. In Baden-Württemberg wurde sein Deutschstudium nicht als Voraussetzung für das Lehramt an Gymnasien, sondern nur für den Dienst an Realschulen anerkannt. Da Russisch, das er in der DDR auch immer unterrichtet hatte, nicht gefragt war, machte Lutz Hesse an der PH Heidelberg ein viersemestriges Aufbaustudium in Geschichte und Gemeinschaftskunde und musste noch ein 18-monatiges Referendariat hinter sich bringen. Er unterrichtete danach bis zu seiner Pensionierung 2005 an einer Realschule in Ludwigshafen.

Barbara Becker: Kindheit zwischen Ost und West

Ich wurde am 25. Dezember 1944 in Mühlhausen in Thüringen geboren. Mein Vater, der im Frühjahr des Jahres mit einer Gebirgsjägereinheit die vier großen Schlachten um das Kloster Monte Cassino hatte mitmachen müssen und jetzt in Norditalien stationiert war, hatte zufällig „Weihnachtsurlaub" und konnte daher seine kleine Tochter bereits an ihrem ersten Lebenstag sehen. Er musste jedoch wenige Tage später wieder an die Front und wurde mit seiner Einheit Ende Januar 1945 quer durch das sich immer mehr verkleinernde Deutsche Reich nach Groß-Born in Pommern verlegt, um den Vormarsch der Roten Armee aufzuhalten –, ein nicht nur wahnwitziges, sondern auch vergebliches Unterfangen! Aus dieser Zeit hat sich eine Postkarte meines Vaters an mich erhalten

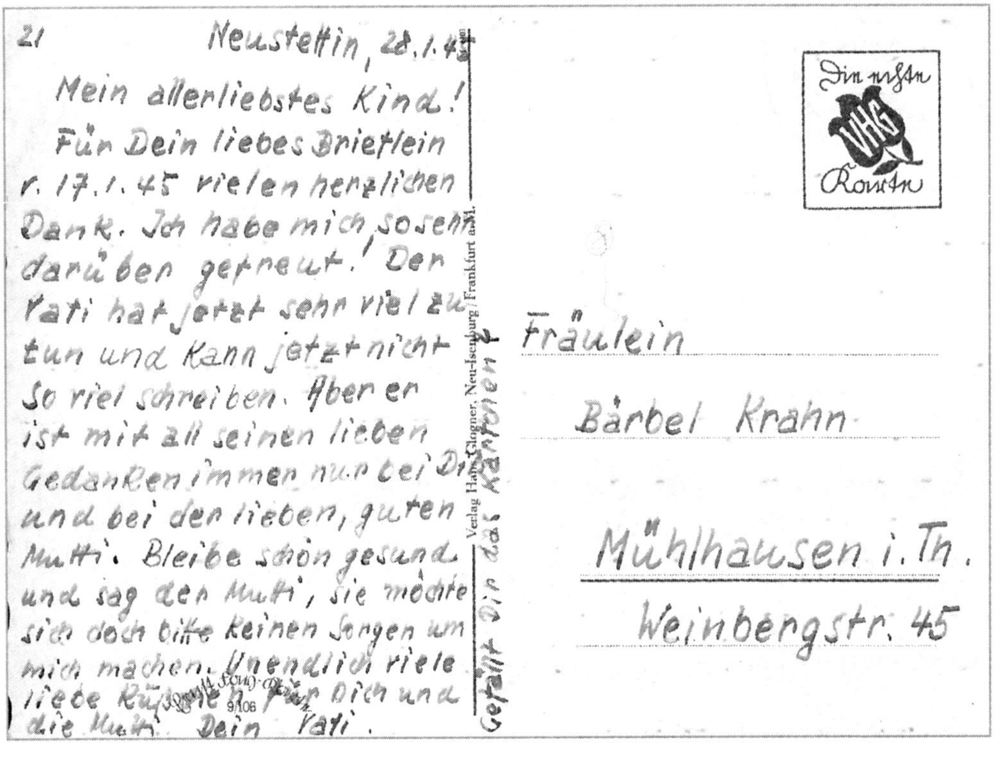
21 Neustettin, 28.1.45

Mein allerliebstes Kind!
Für Dein liebes Brieflein v. 17.1.45 vielen herzlichen Dank. Ich habe mich so sehr darüber gefreut! Der Vati hat jetzt sehr viel zu tun und kann jetzt nicht so viel schreiben. Aber er ist mit all seinen lieben Gedanken immer nur bei Dir und bei der lieben, guten Mutti. Bleibe schön gesund und sag der Mutti, sie möchte sich doch bitte keinen Sorgen um mich machen. Unendlich viele liebe Küsschen für Dich und die Mutti. Dein Vati.

Gefällt Dir das Kärtchen?

Verlag Hans Glogner, Neu-Isenburg / Frankfurt a. M.

Fräulein
Bärbel Krahn
Mühlhausen i. Th.
Weinbergstr. 45

Das war aber auch der einzige Lichtblick! Meine Mutter schrieb in das Tagebuch, das sie für mich angelegt hatte und in dem sie mich direkt anredete: Wie viele Tränen *„sind auf Deine Händchen gefallen – da war zunächst die Sorge um den Vati, und dann das Flüchtlingselend. ...Es waren bitterböse Tage und kalt war es wie selten und Schnee und Eis überall und Schneestürme herrschten – es war einfach furchtbar. Und in diesem furchtbaren Schneetreiben mussten viele Deutsche ihre Heimat im Osten verlassen ..., oft viele Kilometer zu Fuß. Die kleinen Geschöpfchen, die alle so alt und noch so klein wie Du ... waren, haben meist den Tod des Erfrierens gefunden ...".*

Im Februar und März war auch Mühlhausen zwar recht spät, aber nicht minder heftig von ständigen Fliegerangriffen betroffen. Meine Mutter schrieb in das Tagebuch:

„Die feindlichen Flieger kamen Tag und Nacht mit ihrer todbringenden Fracht, sodass wir Dich schon oft mit dem Bettchen in den Keller geschafft haben ... Unsere Kohlen gingen aus, das Gas wurde abgedreht, ... und so hat die Mutti Holz aus dem Wald geholt, und ein elektrisches Wärmeöfchen hat uns das Zimmer erwärmt. Die liebe Oma hat weiter das Amt Deiner Windelwäsche übernommen und oft die Heizsonne als Kochöfchen benutzt ...“.

Vorderseite der Postkarte

Am 19. März tauchte ganz plötzlich mein Vater bei uns auf. Er war zwei Wochen lang Tag und Nacht durch Pommern marschiert, das sich schon vollständig in russischer Hand befand. Offenbar hat mein Vater in diesen Wochen auf dem Rückzug und vorher schon bei der Verteidigung von Stettin derart Schreckliches erlebt, dass er traumatisiert war und bis ins hohe Alter regelmäßig unter Alpträumen litt. Oft schrie er im Traum laut auf: „Stettin brennt, Stettin brennt!“ Er konnte über diese Erlebnisse nie wirklich sprechen und so auch niemals auf irgendeine Weise die Erinnerungen für sich lindern. Kurz vor seinem Tod, in den letzten Tagen in Koblenz, hörte ich ihn einmal nachts ganz verzweifelt rufen: „Ich kann das nicht! Immer die Jungen, immer die Jungen!“ Da war seine Demenz schon so weit fortgeschritten, dass ich ihn nicht mehr nach der Ursache für diese Ausrufe fragen wollte oder konnte. Ich konnte mir aber zusammenreimen, dass er an Erschießungen oder ähnlichen furchtbaren Aktionen am Ende des Rückzuges seiner Einheit teilnehmen musste; und dafür wurden wahrscheinlich die jüngeren Männer ausgesucht. Mein Vater war damals Ende zwanzig.

Das Glück meiner Eltern, wieder zusammen zu sein, war unbeschreiblich. Allerdings war beiden klar, dass der Krieg verloren war und die Zukunft ungewiss vor ihnen lag. Dennoch glaube ich heute, man lebte in diesen Tagen von Stunde zu Stunde, und ein Blick in die Zukunft war überhaupt nicht möglich. Zum Glück, so muss man leider sagen, hatte sich mein Vater Erfrierungen an den Füßen und eine Thrombose im Arm zugezogen, sodass er nicht mehr zum „Endkampf“ eingezogen werden konnte, sondern ins Lazarett kam. Das lag am Mühlhäuser Stadtwald, und meine Mutter konnte ihn dort täglich besuchen.

Ich sollte am Ostermontag, dem 2. April, getauft werden. Im Tagebuch meiner Mutter heißt es dazu: „*Wir hatten alles so schön vorbereitet, die Mutti hatte schöne Kuchen gebacken, Tante Rita ... brachte Dir ein allerliebstes Taufkleidchen, ... alles aufs Beste hergerichtet. Aber die ganze Taufgesellschaft wartete vergebens auf den Pfarrer Gasde, der nicht mehr von seinem Wohnort Gotha kommen konnte, weil dort die Amerikaner schon eingerückt waren. Und auch vor Mühlhausens Toren standen schon die amerikanischen Truppen, niemand konnte das glauben noch fassen, aber wir vernahmen deutlich das Schießen und das Einschlagen der Geschosse – es musste also wahr sein. Das war also unser Gesprächsthema ... ein Hangen und Bangen für die kommenden Tage, wie sich wohl die Kampfhandlungen um unser Mühlhausen gestalten werden. ... Am 4. April abends rückten die Amerikaner fast völlig kampflos in unsere Stadt ein; wie leicht ließen sich die Aufregungen ertragen, denn unser lieber Vati war ja ganz in unserer Nähe.*" Die Taufe konnte erst mehr als ein Jahr später im Juni 1946 in der Kirche St. Georgi vorgenommen werden.

Mein Vater wurde in dem Lazarett von den Amerikanern gefangen genommen und in ein anderes in Mühlhausen verlegt, wo er nicht mehr besucht werden durfte. Nur noch seltene Blicke auf ihn über den Zaun waren möglich, bis er dann am 25. April mit anderen Gefangenen abtransportiert wurde. Meine Mutter wusste nicht, wohin er gekommen war.

In diesen unsicheren Zeiten beschloss sie kurz nach der Kapitulation, mit mir in das schöne Fachwerkhaus ihres Schwiegervaters zu ziehen, meines Großvaters Carl. Zeitweilig wohnte da auch meine Kasseler Großmutter Olga, die Mutter meiner Mutter. Es war von einem großen Garten umgeben, der von meinem Opa liebevoll gepflegt wurde und aus dem wir in den Hungerjahren nach dem Krieg Obst und Gemüse bekamen. Hier entwickelte sich, so erzählte es meine Mutter immer, meine frühe Liebe zu Blumen.

Am 2. Juli besetzte zum großen Erstaunen der Bevölkerung die Rote Armee Mühlhausen, und die Amerikaner rückten ab. Kaum einer hatte gewusst, dass die Alliierten das bereits im Februar 1945 auf der Konferenz von Jalta so verabredet hatten. Meine Mutter kommentierte den Einmarsch der Russen einige Zeit später in dem Tagebuch so: „*An dieser Stelle höre ich auf; weitere Eintragungen hätten für uns alle verhängnisvoll werden können, da die Russen des öfteren Haussuchungen abhielten. ... Die Aufregungen in dieser Zeit brachen nicht ab, die Belästigungen durch die Russen nahmen solche Formen an, dass wir für zwei Wochen jeden Abend das Haus verließen und Nachtquartier bei Tante Anneliese ... in der Waidstraße bezogen. Morgens waren wir immer heilfroh, dass Oma und Opa nichts geschehen war. Die Zeit war – außer den Sorgen und Gedanken, die um unseren Vati kreisten, zumal wir keine Ahnung hatten, wo er steckte – angefüllt von Sorgen um das tägliche Brot und Heizmaterial. Wie oft bin ich 6 km nach Höngeda marschiert und war froh, wenn ich mit 1 Liter Milch heimging. Weihnachten verlebten wir ohne Vati, aber in den ersten Januartagen 1946 stand er vor der Tür. Du warst ein Mohr, weil Du mal wieder im Kohlenkasten gespielt hattest, und ich sagte noch: „So müsste Dich mal der Vati sehen!", da schellt es, und er steht wirklich vor der Tür.*" Mein Vater war die ganzen Monate in einem Gefangenenlager in Remagen am Rhein gewesen.

Meine Eltern waren glücklich, dass die Familie wieder vereint war, aber es stellten sich sehr schnell neue Sorgen ein, nämlich die berufliche Situation meines Vaters. In den ersten Monaten nach seiner Rückkehr arbeitete er bei Bauern in der Umgebung als Knecht. Der Lohn waren Naturalien, manchmal Eier oder ein Stück Speck. Als er als Arbeiter bei der Firma Aulepp in Mühlhausen angestellt wurde, hörte das allerdings auf. Ohne den Garten von Opa Carl wären wir verhungert. Zum Kummer der Erwachsenen konnte ich aber vieles aus dem Garten nicht essen, etwa Tomaten, Sellerie oder Spargel, und auch das Fleisch der Hühner und Karnickel, die ich eben noch hatte herumhoppeln sehen, konnte ich nicht anrühren. So gab es für mich oft nur eine saure Gurke und ein Stück trockenes Brot zum Abendessen. Im Herbst ging ich mit meiner Mutter zum „Stoppeln". Wir liefen über die abgeernteten Kartoffelfelder und schauten angestrengt auf den Boden, um liegen gebliebene Kartoffeln aufzusammeln. Da das aber viele Leute taten, war die Ausbeute nicht immer sehr üppig. In unserem Hinterhaus, das später teilweise abgerissen wurde, war eine Familie Backhaus eingewiesen worden, die sich wohl öfter an unseren spärlichen Vorräten bediente. Hier zeigte sich schon früh meine kriminalistische Ader, denn ich enttarnte den Dieb, den ich aus unserem Keller mit einem Teller Sauerkraut kommen sah, indem ich laut rief: „Backhaus – Sauerkraut!" Ab und zu kamen „Westpakete" von Oma Olga, die mittlerweile wieder nach Kassel zurückgekehrt war. Sie enthielten für ein wenig verwöhntes „Ostzonenkind" wie mich die wunderbarsten Schätze: Schokolade, ein Dirndl, und in den Margarinepackungen gab es kleine Spielfiguren aus Plastik, die man sammeln konnte. Und einmal kam sogar ein Paar Lackschühchen. Die waren ein unglaubliches Geschenk für mich, denn in der „Zone" gab es zu der Zeit keine Lederschuhe, sondern nur solche aus Igelit.

Igelit war ein Weich-PVC, das 1938 bei IG-Farben entwickelt worden war und hauptsächlich im Chemiekombinat Bitterfeld produziert wurde. In der DDR war es berüchtigt als Schuhmaterial – „Im Sommer heiß, im Winter kalt!" –, das völlig starr bei den Bewegungen des Fußes blieb. Als sich herausstellte, dass das Material Nervenlähmungen hervorrufen konnte, wurde es 1950 als Grundstoff für Schuhe verboten.

In den ersten Jahren nach dem Krieg war die Grenze zwischen den Westzonen und der SBZ, der Sowjetisch Besetzten Zone, noch sehr durchlässig, sodass das Wechseln hin und her wenige Schwierigkeiten bereitete. 1947 machte sich daher auch meine Mutter mit mir auf, um die „Grüne Grenze" zu überqueren, um Großmutter Olga und andere Verwandte und Freunde in Kassel zu besuchen. Wir gingen aber trotz West-Verpflegung, die auch vor der Währungsreform im Westen wesentlich besser war als im Osten, wieder zurück und waren glücklich, als uns mein Vater an der Zonengrenze hinter einem Busch erwartete. 1948 konnte ich sogar meine Oma zu einer Kur in Bad Soden-Allendorf begleiten, zu der ich mit ihr auch wieder über die „Grüne Grenze" geschlichen bin. Ich habe vage Erinnerungen an die leise Aufforderung meiner Oma: „Duck dich!" und an Scheinwerfer, die in der Dämmerung über das Gebüsch strichen, an dem wir entlangliefen oder -krochen. Ebenso erinnere ich mich an eine Eisenbahnfahrt mit meinen Eltern nach Wanfried, einem Städtchen, das an der Werra lag, die die Grenze bildete. Im Zug saß auch ein Polizist, der mich fragte: „Na, Kleine, wo wollt ihr denn hin?" Alle hielten die Luft an aus Angst, ich könnte mich verplappern und „nach Kassel" sagen. Es ging aber nochmal gut. In

Wanfried hatten meine Eltern Bekannte, die uns in der Nacht „rüber" brachten. Ich habe ein Bauernhaus in Erinnerung und ein großes Bett, in dem ich die Nacht erwarten sollte. Die Angst meiner Eltern und all derer, mit denen sie freundschaftlich verkehrten, war immer deutlich zu spüren. Ich habe noch heute in den Ohren, wenn einer der Erwachsenen bei Festen und Geburtstagen meinte: „Nicht so laut!" und eine besorgte Miene aufsetzte. Viel später verstand ich erst den Hintergrund dieser permanenten Angst vor der Bespitzelung.

Mein Opa Carl war angesichts der Schwierigkeiten, die meine Eltern zu bewältigen hatten, eine sichere Konstante in meinem Leben. Er tröstete mich – wenn auch ziemlich hilflos – bei abendlichen Ängsten, wenn Mutter und Vater nicht zu Hause waren, er ging mit mir in den Zirkus, er schaute geduldig zu, wenn ich ihm meine neuesten „Ballettdarbietungen" mit Mutters Frisierumhang vorführte, und in seinem geliebten Garten durfte ich mich immer frei bewegen, was er anderen wohl nicht immer erlaubte.

Im Herbst 1951 begann die Schule, für mich allerdings mit 14-tägiger Verspätung, da ich an Scharlach erkrankt war und bis zur Auskurierung auf einer Isolierstation sein musste, vier Wochen lang mit zehn anderen Kindern in einem großen Krankensaal, ohne Kontakt zu den Eltern. Der reine Horror! Frau Lehner, meine erste Lehrerin, war lieb, schon etwas älter und wohl nicht linientreu genug, sodass sie nach kurzer Zeit durch eine junge Dame ersetzt wurde, die vermutlich zu den sog. „Neulehrern" gehörte.

Die Sowjetische Militäradministration hatte 1945 etwa 80 Prozent aller Lehrer in der SBZ entlassen, da sie – meistens NSDAP-Mitglieder – für die sozialistische Erziehung des „neuen Menschen" nicht geeignet erschienen. An ihre Stelle traten die „Neulehrer", die in Kurzkursen von oft nur wenigen Wochen auf das Unterrichten vorbereitet wurden. Darunter waren Abiturienten, zurückgekehrte Soldaten, falls man sie als politisch „zuverlässig" betrachtete, oft aber auch junge Fabrikarbeiter, von denen man sich in besonderem Maße das richtige „sozialistische Bewusstsein" erhoffte. Ihr methodisches Können in den Klassen blieb hinter ihrer oftmals lautstark vorgetragenen SED-Gesinnung weit zurück.

Der sozialistische Hintergrund des Unterrichts prägte selbst die Rechenaufgaben. Ich erinnere mich, dass wir einmal berechnen mussten, wie viele „begeisterte Mitglieder der sozialistischen Baubrigaden" nötig waren, um den Aufbau der Stalin-Allee in Berlin voranzutreiben. Der Religionsunterricht fand nicht mehr in der Schule statt, und wir evangelischen Kinder gingen daher regelmäßig am Nachmittag in das Pfarrhaus von St. Georgi, das ganz in der Nähe meiner Schule lag. Viel interessanter fand ich aber die Gruppenstunde der Jungen Pioniere, die mich bei einem Werbenachmittag in der Schule sehr beeindruckten mit ihrer Uniform und dem flotten Halstuch. Gegen meine Teilnahme erhoben meine Eltern allerdings – Gott sei Dank(!) – heftigen Einspruch, und ich ging weiter in den Kindergottesdienst in der Georgi-Kirche.

Gerne erinnere ich mich an die sommerlichen Brunnenfeste, an denen alle Kinder aller Schulen teilnahmen mit Spielen, Singen und einem gemeinsamen Brunnenfestlied, an dessen Ende alle Kinder ihre Blumen in die Popperöder Quelle warfen:

die Jungen Blumensträußchen an einem Stecken, die Mädchen die Rosensträußchen, die sie trugen. Alle waren festlich gekleidet, und die Luft war erfüllt von wunderbaren Blumendüften.

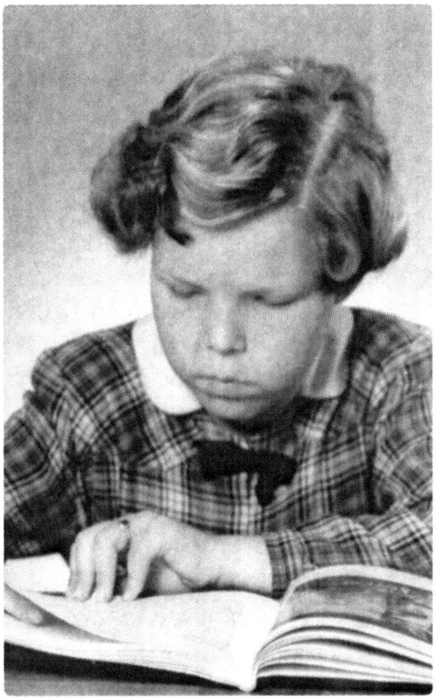

An der Wand unseres Klassenzimmers prangte das Portrait des lächelnden „Väterchen Stalin", der mir sehr vertrauenerweckend erschien. Eines Tages lief ich gemeinsam mit einem Nachbarsjungen aus der Schule nach Hause, wir sprachen über Stalin. Ganz empört erzählte ich meiner Mutter: „Bernhard sagt, Väterchen Stalin ist ein Arschloch! Der Adenauer wäre viel besser ...". Eine schwierige Situation für meine Mutter! Pflichtschuldigst musste sie vor mir – es hätte ja jemand hören können oder ich hätte die Bemerkung meines Klassenkameraden weiter verbreiten können – „Väterchen Stalin" als Retter Deutschlands vor den „Faschisten" verteidigen und Adenauer als „imperialistischen Kriegshetzer" beschimpfen. Ich war wohl in der 3. Klasse, als Stalins Portrait an der Klassenzimmerwand eines Tages mit Tannengrün umkränzt und mit einem Trauerflor verziert war. Der „Retter der Menschheit" war am 5. März 1953 gestorben, und wir hatten einen Tag schulfrei!

Aber alle Vorsicht meiner Eltern nützte nichts. Wie sich später herausstellte, wurde mein Vater nicht nur an seinem Arbeitsplatz permanent überwacht. Das lag einerseits an seinen häufigen „Westkontakten", also den Briefen, Paketen und Besuchen aus der „Westzone", wie die Bundesrepublik genannt wurde, und an der Tatsache, dass er kein Parteimitglied der SED war und das auch trotz gelegentlicher Aufforderung, der „Einheitspartei" doch beizutreten, nicht werden wollte. Seine Mitgliedschaft beim FDGB, der Einheitsgewerkschaft, musste seiner Meinung nach reichen, um seine Loyalität zur DDR zu zeigen. Nach dem 17. Juni 1953 hatte er das Empfinden, dass die Beobachtung durch die Staatsorgane zunahm. Ich selbst erinnere mich noch gut an den 17. Juni. Ich kam von meiner Flötenstunde und musste den Untermarkt queren. Dort hatte sich eine Unmenge von Menschen versammelt, völlig ungewöhnlich für die Stadt. Schnell lief ich nach Hause und erzählte es meiner Mutter. Wir gingen in den Garten, um die reif gewordenen Erdbeeren zu pflücken. Dort stöberte uns mein Vater auf und rief ganz aufgeregt: „Ihr kümmert euch um die Erdbeeren, und in der Stadt ist der Aufstand!"

Der 17. Juni 1953 ist in die Erinnerung der Zeitgenossen als „Volksaufstand in der DDR" eingegangen. Dieser hatte einen Tag vorher in Berlin begonnen, als u.a. die Bauarbeiter der Stalin-Allee aus Protest gegen die vom Politbüro verfügte

Normerhöhung ihre Arbeit niederlegten. Schnell weitete sich der Aufstand auf viele Städte der DDR aus. Nun wurden neben wirtschaftlichen auch politische Forderungen gestellt, etwa die Ablösung Walter Ulbrichts. In Mühlhausen kamen auf dem Untermarkt etwa 2000 Menschen zusammen, darunter mehrere hundert Bauern, die die sofortige Freilassung inhaftierter Kollegen forderten. Diese waren seit Ende 1952 zu mehrjährigen Gefängnisstrafen verurteilt worden, weil sie sich geweigert hatten, der Zwangskollektivierung ihrer Äcker zuzustimmen und in eine LPG, eine Landwirtschaftliche Produktionsgenossenschaft, einzutreten. Zwischen Februar und Juni 1953 waren allein 13 Großbauern aus dem Kreis Mühlhausen in den Westen geflohen und mehr als 100 Arbeiter. Bekanntlich wurde der Aufstand von Panzern der Roten Armee niedergeworfen.

In dieser explosiven Lage sammelten offizielle und inoffizielle Mitarbeiter der Staatssicherheit Informationen über „verdächtige" Personen. Mein Vater geriet auch in ihren Gesichtskreis im Zusammenhang mit einem Justiz-Skandal, der als „Fall vom Hund von Mühlhausen" sogar in die frühe DDR-Justizgeschichte einging. (Vgl. Falco Werkentin: Politische Strafjustiz in der Ära Ulbricht. – Vom bekennenden Terror zur verdeckten Repression, Berlin 1997, S.303 ff).

Der Betriebsschutzleiter Ramm des VEB-Betriebes Einheit, in dem mein Vater als Leiter der Arbeitsvorbereitung des Textilwerkes mit 300 Beschäftigten tätig war, hatte nach den Ereignissen des 17. Juni 1953 ein besonderes Augenmerk auf meinen Vater mit seinen häufigen Westkontakten geworfen. Genosse Fritz Ramm schikanierte jeden, der nicht seine politische Einstellung hatte, und forderte meinen Vater mehrfach auf, der SED beizutreten, was mein Vater ablehnte. In dieser Zeit fand er seinen Schreibtisch mehrmals durchsucht.

Im Herbst 1953 hatte sich ein Hund auf dem Betriebsgelände verlaufen. Ramm erschlug den Hund und warf das verendende Tier achtlos auf einen noch glühenden Aschehaufen, auf dem es qualvoll starb. Mein Vater wandte sich nun an einen Kollegen mit Verbindungen zum Hundezüchterverein, der wiederum Ramm wegen Tierquälerei anzeigte. Zur Überraschung aller distanzierte sich die Partei von ihrem Genossen angesichts der Grausamkeit der Tat, Ramm wurde im größten Saal des Amtsgerichts von Mühlhausen unter großer Teilnahme der Bevölkerung zu einem Jahr Gefängnis sowie einer Geldstrafe verurteilt und sofort in Haft genommen, da Fluchtgefahr bestand.

Doch das System schlug zurück: Kurz darauf war Ramm, der verdiente KPD- und nun SED – Genosse, wieder auf freiem Fuß. Über den sowjetischen Kommandanten, in dessen Diensten er vermutlich auch als Spitzel stand, war dieser Vorgang zur SED-Parteileitung in Berlin gelangt.

Dort war man empört, wie mit einem verdienten Genossen umgegangen worden war. Das Politbüro entsandte im Februar 1954 eine große Kommission in den Betrieb, deren Aufgabe es war, Ramm in seine alten Rechte einzusetzen und in Mühlhausen gründlich aufzuräumen. Alle leitenden Parteifunktionäre wurden abgesetzt und bestraft. Der Richter, der das Urteil gesprochen hatte, der Staatsanwalt und die gesamte Betriebs-und Betriebsparteileitung wurden kaltgestellt, und nun begann eine intensive Suche nach den Hintermännern, die in ehemaligen Offiziers- und sogenannten „Militaristen-Kreisen“ vermutet wurden.

Nachdem sogar auf dem IV. Parteitag der SED am 30. März 1954 Walter Ulbricht das Mühlhäuser Urteil als „Beispiel fehlgeleiteter politischer Justiz“ thematisiert und die damalige Justizministerin Hilde Benjamin die „Wahrung der sozialistischen Gesetzlichkeit“ gefordert hatte, erfolgten immer wieder Verhöre und Vernehmungen, sodass mein Vater in permanenter Angst vor einer Verhaftung lebte.

Als er erfuhr, dass er vor der Plankontrollkommission wegen Nichterfüllung des Arbeitssolls zur Rechenschaft gezogen werden sollte, entschloss er sich zur sofortigen Flucht.

Im März 1954 war meine geliebte Oma Olga plötzlich gestorben, und wir hatten die Genehmigung, zur Beerdigung nach Kassel zu fahren. Als der Interzonenzug in Herleshausen, dem Grenzort der DDR, hielt, wurden wir drei von der Volkspolizei kontrolliert und dazu aus dem Zug geholt. Meine Mutter verschwand mit einer Polizistin in einer Baracke – offensichtlich zu einer Leibesvisitation. Ich stand mit meinem Vater auf dem dunklen Bahnsteig. Als die baldige Abfahrt des Zuges angekündigt wurde, ohne dass meine Mutter wieder bei uns war, packte mich eine fürchterliche Angst. Mein Vater und ich stiegen ein, und auch meine Mutter musste wohl in allerletzter Minute noch den Zug erreicht haben. Das weiß ich nicht mehr –, aber heute noch höre ich mich „Mutti, Muttiiii!“ schreien. Später erzählte meine Mutter, dass der Grund für die Leibesvisitation eine Tüte Rosenkohl aus Opas Garten war, die sie ihrer Schwester in Kassel mitbringen wollte. Man fand Grund zur Schikane, wo man nur wollte!

Aber dieser Vorfall bestärkte meine Eltern noch einmal in ihrem Plan, die DDR zu verlassen. Im Mai 1954 war es dann so weit. Mein Vater hatte Wochen vorher schon heimlich mehrere Koffer mit wichtigen Dingen per Zug nach Berlin transportiert, die er dann mit der S-Bahn zu Bekannten im Westen der Stadt brachte. Um von einem zur DDR gehörenden Stadtteil im Osten zu einem zur DDR gehörenden Ort westlich von Berlin zu gelangen, musste man S-Bahnen nehmen, die durch die westlichen Sektoren fuhren. Das war von der DDR auch offiziell erlaubt. Da war es dann bis 1961, bis zum Bau der Mauer, ein Leichtes, in Westberlin auszusteigen. Vor mir wurden die Fluchtpläne selbstverständlich geheim gehalten. Ich glaubte, eine Ferienreise an die Ostsee vor mir zu haben, und freute mich darauf. Sie sollte 14 Tage dauern, das erschien mir nicht sehr lang, und so musste ich wohl in der Hektik des Abschieds meinen Opa vergessen haben. Dass es ein Abschied für immer war, ist mir erst viel später klargeworden. Wir fuhren also nicht an die Ostsee, sondern zunächst nur bis Erfurt, wo meine Eltern mir im Haus von Freunden bei einem nächtlichen Gespräch erklärten, dass die Weiterreise nach Kassel zu Tante Hella und Onkel Erwin ging. Meine Mutter und ich hatten die Erlaubnis, dort das Grab meiner Oma zu besuchen. Keinem Volkspolizisten fiel Gott sei Dank auf, dass meine Mutter bei herrlichem Frühlingswetter einen Pelzmantel trug! Mein Vater fuhr weiter nach Berlin, meldete sich im Flüchtlingslager Marienfelde, wurde wenig später ausgeflogen und dann im Flüchtlingslager Gießen drei Monate lang auf Herz und Nieren geprüft, um auszuschließen, dass es sich bei ihm um einen kommunistischen Spion handelte. Die DDR schickte all die Jahre häufig als Flüchtlinge getarnte Spione in den Westen.

Ein Jahr dauerte unser Aufenthalt in Kassel bei meiner gastfreundlichen Tante Hella und dem Onkel Erwin, die mit meinen drei Kusinen und deren 90-jähriger Großmutter in einer Drei-Zimmer-Wohnung lebten. Wir waren zu acht, und dazu kamen dann noch tageweise die Verlobten meiner Kusinen –, es war wahrlich eine anstrengende Zeit für alle, zumal die alte Großmutter alle anderen, vor allem meine geduldige Tante, gehörig mit ihren Wünschen tyrannisierte. Mein Vater war in den ersten Monaten arbeitslos, meine Mutter arbeitete als Büroangestellte in einer Holzhandlung, und ich hatte in der Schule Schwierigkeiten durch die unterschiedlichen Lehrpläne. Ich schlief auf einer Chaiselongue im Esszimmer und verwahrte Spielsachen und Bücher in einem kleinen braunen Koffer unter dem Bett. Natürlich wurde nie gefragt, wie es mir ging. Meine (unbewusste) Devise, wie natürlich auch die aller anderen Bewohner, lautete: Anpassung um jeden Preis!

Im Mai 1955 konnte mein Vater eine Stelle als Munitionsinspektor bei der U.S. Army im Munitionsdepot Miesau in der Pfalz antreten, und wir hatten eine Drei-Zimmer-Wohnung in Kaiserslautern in Aussicht. Als ich mit meiner Mutter im Zug über die Rheinbrücke in Mannheim fuhr, sahen wir beide aus dem Fenster auf den Fluss, und meine Mutter sagte: „Das ist jetzt deine neue Heimat!“ Sie konnte damals nicht wissen, wie recht sie behalten sollte, denn nun wohnen wir schon fast vierzig Jahre hier am Rhein.

Barbara Becker machte nach dem Abitur in Koblenz eine Ausbildung zur Archivarin im Bundesarchiv und besuchte danach die Archivschule (heute Fachhochschule) am Hessischen Staatsarchiv in Marburg. Nach erfolgter Laufbahnprüfung wechselte sie zum Zentralarchiv der EKHN, wo sie mit vielfältigen Aufgaben betraut war, u.a. mit der Ordnung und Erschließung der Akten des Bruderrates der EKD, der Nachfolgeorganisation des Bruderrates der Bekennenden Kirche. Sie hatte das Glück, Martin Niemöller persönlich kennenzulernen, als er seinen schriftlichen Nachlass dem Archiv übergab.

Aus familiären Gründen wechselte sie 1979 nach Mannheim und sammelte seit 1981 in ganz unterschiedlichen Arbeitsbereichen eines städtischen Archives Erfahrungen, die auch in zahlreichen stadtgeschichtlichen Publikationen Niederschlag finden konnten. Über zwanzig Jahre arbeitete sie im Stadtarchiv Mannheim, dem heutigen Marchivum. Neben Beruf und Familie, zu der Kinder und Enkel gehören, engagiert sie sich ehrenamtlich in der Christuskirche.

Berlin

Liesel Becker geb. Matthes: Ein deutsches politisches Kaleidoskop

Ich wurde 1933 in Berlin geboren.

Vorweg: Eine Postkarte aus Sachsenhausen
Vor zwei Jahren wurde ich eines Tages morgens um 8 Uhr aus Berlin von einem mir völlig unbekannten Herrn angerufen. Er vergewisserte sich meines Namens, fragte, ob ich schon einmal von Max Jakobsthal gehört hätte – er war der jüdische Schwager meiner Mutter –, ob mir Charlotte und Anneliese Jakobsthal etwas sagten – die Namen seiner Frau und seiner Tochter. Auf meine erstaunte Nachfrage stellte sich heraus, dass der Herr, Jahrgang 1966, zu den jüdischen Kontingentflüchtlingen gehörte, die um 1990 aus der zerfallenden Sowjetunion in Deutschland aufgenommen worden waren. Sein Hobby war es, auf Berliner Flohmärkten nach Feldpostkarten und Feldpostbriefen aus dem Zweiten Weltkrieg zu suchen und sie zu kaufen, um zu erfahren, wie deutsche Soldaten die NS-Herrschaft beurteilt hatten. Dabei war er auf eine Postkarte gestoßen, die mein angeheirateter Onkel Max Jakobsthal am 22. Februar 1942 aus dem Konzentrationslager Sachsenhausen bei Oranienburg an seine Familie geschrieben hatte:

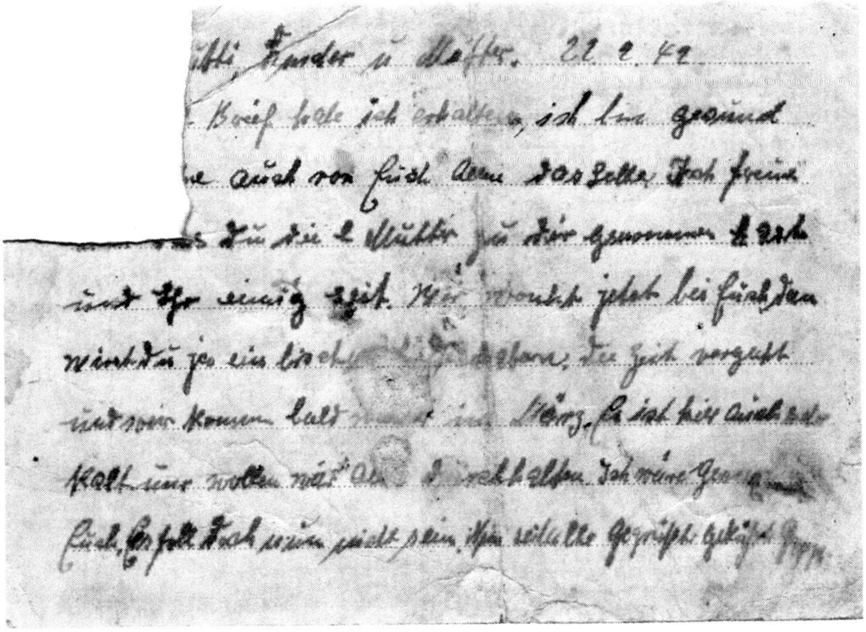

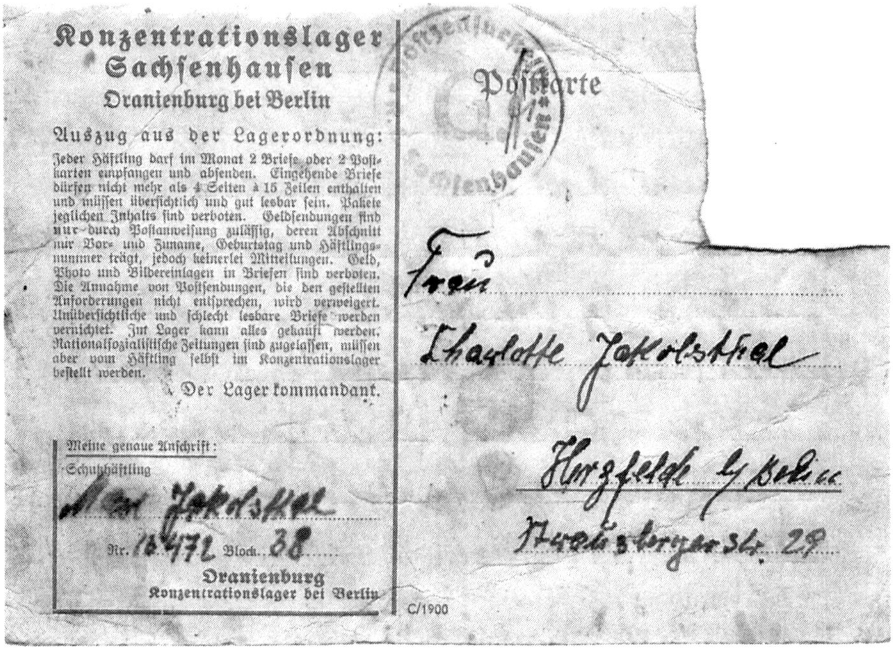
Konzentrationslager
Sachsenhausen
Oranienburg bei Berlin

Auszug aus der Lagerordnung:

Jeder Häftling darf im Monat 2 Briefe oder 2 Postkarten empfangen und absenden. Eingehende Briefe dürfen nicht mehr als 4 Seiten à 15 Zeilen enthalten und müssen übersichtlich und gut lesbar sein. Pakete jeglichen Inhalts sind verboten. Geldsendungen sind nur durch Postanweisung zulässig, deren Abschnitt nur Vor- und Zuname, Geburtstag und Häftlingsnummer trägt, jedoch keinerlei Mitteilungen. Geld, Photo und Bildereinlagen in Briefen sind verboten. Die Annahme von Postsendungen, die den gestellten Anforderungen nicht entsprechen, wird verweigert. Unübersichtliche und schlecht lesbare Briefe werden vernichtet. Im Lager kann alles gekauft werden. Nationalsozialistische Zeitungen sind zugelassen, müssen aber vom Häftling selbst im Konzentrationslager bestellt werden.

Der Lagerkommandant.

Meine genaue Anschrift:
Schutzhäftling
Max Jakobsthal
Nr. 16471 Block 38
Oranienburg
Konzentrationslager bei Berlin

Postkarte

Frau
Charlotte Jakobsthal

C/1900

Mutti, Kinder und Mutter,
Brief habe ich erhalten, ich bin gesund
auch von Euch dasselbe. Ich freue
dass Du die liebe Mutter zu Dir genommen hast
und Ihr einig seid. (Wer wohnt?) jetzt bei Euch, dann
wirst Du ja ein bisschen (Hilfe?) haben. Die Zeit vergeht
und wir kommen bald (?) im März. Es ist hier auch sehr
kalt, nun wollen wir auch durchhalten. Ich wäre gerne bei
Euch. Es soll doch nun nicht sein. Nun seid alle gegrüßt und geküßt. Papa

Ich war durch den Anruf völlig aufgewühlt und traf mich mit D. in Berlin-Lichterfelde. Er gab mir nicht nur eine Kopie der Postkarte, sondern löste auch das Rätsel, wie er mich ausfindig gemacht hatte. Dazu muss ich etwas ausholen.

Max Jakobsthal, geboren am 7. März 1900 in Budsin, einem kleinen Städtchen nördlich von Posen im heutigen Polen, war mit Charlotte Wanderscheck verheiratet, einer Schwester meiner Mutter Gertrud. Sie hatten drei Kinder, Gerd, Anneliese und Manfred, und wohnten in Herzfelde bei Berlin. Da die Kinder einen jüdischen Vater hatten, wurde ihnen der Schulbesuch untersagt. 1939 wurde Max das erste Mal verhaftet, kam aber wieder frei und wurde 1941 erneut nach Sachsenhausen gebracht. Die Schwägerin von Max besuchte ihn dort und fand einen Mann mit ausgeschlagenen Zähnen und weißem Haar vor. Wenige Tage, nachdem er die Postkarte geschrieben hatte, wurde Max Jakobsthal am 10. März 1942 ermordet, drei Tage nach seinem 42. Geburtstag. Meine Tante erhielt eine vorgedruckte Postkarte: „Es tut uns leid, Ihnen mitteilen zu müssen, dass Ihr Mann an Lungenentzündung gestorben ist."

Diese ganzen Begebenheiten habe ich als Kind mitgekriegt, ich war immerhin neun Jahre alt, und das Schicksal des Onkels ließ mich nie mehr los. Als ich in Israel war und Yad Vashem besuchte, fand ich im Verzeichnis der Ermordeten den Namen Max Jakobsthal jedoch nicht. Ich erhielt aber ein Formular, mit dem die Aufnahme in das Verzeichnis beantragt werden konnte, und mit Hilfe der jüdischen Gemeinde in Berlin konnten seine Lebensdaten, seine Häftlingsnummern (1697, 10009, 13472) und ein Foto von ihm nach Yad Vashem übermittelt werden.

D., mein Anrufer aus Berlin, ein hoch spezialisierter Computerfachmann, hatte das Schicksal des Postkartenschreibers aufklären wollen. Er loggte sich in den Computer in Yad Vashem ein und entdeckte dort bei dem Namen des Ermordeten meinen Namen und meine Adresse, da ich die Antragstellerin war. Er schlug mir vor, in Herzfelde einen Stolperstein für Max Jakobsthal und seine Mutter, die in Theresienstadt ermordet worden war, legen zu lassen. Und so ist es auch geschehen. Es war eine sehr würdige, ergreifende Veranstaltung. Etwa 80 Menschen, viele aus dem Ort, versammelten sich vor dem ehemaligen Wohnhaus, Vorsitzende der jüdischen Gemeinde aus Frankfurt an der Oder waren gekommen, und besonders beeindruckt war ich vom Bürgermeister, der es als „öffentliche Pflicht" bezeichnete, die Erinnerung an die ermordeten jüdischen Bürger wachzuhalten. Man wolle jetzt auch noch andere jüdische Schicksale aufklären. Bei dieser Gelegenheit wurde auch bekannt, dass seinerzeit der Bürgermeister von Herzfelde, ein fanatischer Nationalsozialist, veranlasst hatte, dass mein Onkel ins KZ gebracht wurde. Von den Kindern Max Jakobsthals, meiner Cousine und meinen Cousins, war übrigens keines dabei. Manfred war nach Lüdenscheid gezogen, Gerd soll bei der Volkspolizei der DDR gewesen sein, Anneliese in einem Altenheim gearbeitet haben.

Ausgebombt

Mit zehn Jahren, also 1943, wurde ich automatisch „Jungmädel". Ich erinnere mich an den dunkelblauen Rock, der an die Bluse geknöpft werden musste, damit auch alles ordentlich saß und nichts verrutschte, und an ein senfgelbes kurzes Jäckchen aus „Affenhaut", wie der Stoff genannt wurde, weil er sich etwas samtig anfühlte. In dem Jahr kam ich auch ins Gymnasium, das ich jedoch nur wenige Tage besuchte, da es Lazarett wurde. Unser Unterricht fand dann an wechselnden Orten statt.

Das erste Mal wurden wir am Heiligen Abend 1943 ausgebombt. Unser geschmückter Baum, der Gänsebraten im Herd – alles weg mit allen anderen Sachen. Die Schulkinder in Berlin und Hamburg waren bereits ab 1940 auf freiwilliger Basis evakuiert worden, aber jetzt wurde ihre Verlegung aus Berlin aufs Land angeordnet. Für mich wurde in einem Dorf bei Frankfurt an der Oder bei einem Großbauern ein Zimmer gemietet. Schule gab es nicht, ich half, die Tiere zu versorgen, die ich noch nie so nahe gesehen hatte – kurz, ich war gerne dort. Mit sechs Zwangsarbeitern, drei aus der Ukraine und drei aus Weißrussland, kam ich gut aus. Jeden Abend gab es dasselbe zu essen: Pellkartoffeln, Weißkäse und Leinöl. Obwohl ich noch ein Kind war, fiel mir die Hierarchie auf: Pellkartoffeln und Käse bekamen alle, der Bauer durfte sich so viel Leinöl nehmen, wie er wollte, seiner Familie und mir wurde es in kleinen Näpfchen zugemessen, und die Zwangsarbeiter bekamen überhaupt kein Leinöl. Als meine Mutter mich nach einigen Monaten am Heiligen Abend wieder abholte, sahen wir im Westen einen rötlichen Himmel, Berlin war also wieder einmal heftig bombardiert worden. In unserer Straße kam uns mein Vater entgegen und rief: „Wir haben keine Wohnung mehr!"

Der Sohn des Großbauern war in Norwegen stationiert und hatte eine Braut mit Namen Solveig. Mit ihr verstand ich mich besonders gut und wollte nach dem Krieg wissen, was aus ihr geworden war. Ich schrieb an ihren Bruder und musste ein grausiges Schicksal hören: Der Bauer, seine Frau und Solveig hatten sich kurz vor dem Einmarsch der Russen in ihrem Dorf im Keller des Bauernhofs an der Gasleitung aufgehängt.

Mein Vater war beim Wehrkreiskommando beschäftigt und zuständig für Freistellungen vom Wehrdienst, eine Tätigkeit, die ihn sehr belastete. Auch hier waren Zwangsarbeiter beschäftigt, die er einmal bat, einen Kasten aus Holz mit Deckel herzustellen. Es war ein Geschenk für mich, und ich erinnere mich, dass ich meine sechs Bücher hinein tat und einen Apfel. Das Kistchen besitze ich heute noch.

Im Februar 1944 wurden wir in Berlin-Köpenick in eine Wohnung eingewiesen, die die Eigentümer verlassen hatten. Hier erlebten wir einen weiteren Angriff. Da bekanntgegeben wurde, dass die feindlichen Geschwader von Braunschweig über Magdeburg und Königswusterhausen nach Berlin flogen, konnte man sich ausrechnen, wie viel Zeit blieb, um in den öffentlichen Luftschutzkeller zu rennen. An diesem Tag bebte die Kellerdecke unentwegt, und als wir herauskamen, brannte das Haus gegenüber unserem lichterloh, 20 Tote waren zu beklagen. Wir hatten Glück, denn sowohl vor als auch hinter unserem Haus war zur gleichen Zeit eine Sprengbombe gefallen, und die Sprengkraft hatte sich gleichsam neutralisiert. Es waren nur alle Glasscheiben kaputt, und so lebten wir mit Pappe vor den Fenstern.

Da unser Wohnhaus an einer Durchgangsstraße stand, sah ich unendliche Flüchtlingsströme aus dem Osten vorbeiziehen. Wochenlang hörten wir auch den Schlachtenlärm, der, von Osten, von den Seelower Höhen herkommend, immer stärker wurde.

Beim Kampf um Berlin erlebte ich dann meinen letzten Bombenangriff. Eine Phosphorbombe war unten in den Flur gefallen und brannte sich nun nach oben hoch. Die Erwachsenen rannten aus dem Keller und ließen mich dort allein zurück, sie bildeten eine Eimerkette, um den Brand zu löschen, was auch gelang. Als aber dann eine weitere Brandbombe auf das Haus fiel, krochen wir in den Nachbarkeller. Überall gab es zwischen den Wohnhäusern solche Durchbrüche, die nur mit losen Steinen verschlossen waren. Neben der Öffnung hing ein Vorschlaghammer, mit dem man sie schnell herausschlagen konnte. Ich hatte meinen geliebten Teddy im Rucksack, meinen Freund, und erinnere mich, wie einer der Männer zu mir sagte: „Kind, haste nichts anderes zu retten als deinen Teddy?"

Die Russen sind da

Köpenick ist ein ziemlich weit im Osten gelegener Stadtteil Berlins, und so waren die Russen sehr schnell bei uns. Wir hatten große Angst vor ihnen, denn die Propaganda hatte sie uns jahrelang, seit Beginn des „Russlandfeldzugs" 1941, als „Untermenschen" vorgestellt, die zu allem fähig seien. Ich erinnere mich an eine entsprechende Ausstellung, in die mich meine Mutter mitnahm. Sie hieß „Sowjetparadies" und zeigte Episoden aus dem angeblichen sowjetischen Alltag. Mit Hilfe von kleinen Puppen, die in jämmerliche Fetzen gekleidet waren und auf gemalten Straßen vor gemalten Ruinen herumstanden, wurde zum Beispiel imaginiert, dass es von verlassenen „Straßenkindern" nur so wimmele. Eine andere Szene habe ich als besonders makaber in Erinnerung: Eine Reihe von Puppen lag mit verrenkten Gliedern auf dem Boden, die Hälse mit roten Löchern versehen – „Genickschuss" stand darunter. Das also war der sowjetische Alltag, das würde uns erwarten, wenn wir in unserem Willen, den „Endsieg" zu erkämpfen, nachließen!

Diese Bilder hatte ich im Kopf, als die Soldaten der Roten Armee Ende April in unseren Keller eindrangen. Der erste Russe, den ich sah, war ein sehr gepflegter junger Mann mit der typischen Uniformbluse und einem Gürtel darum. Der Stehkragen ist mir als sehr sauber in Erinnerung. Er schaute sich um und sagte: „Gitler sein dumm, warum machen Gitler Krieg!" Er gehörte zu den Kampfgruppen, den Eliteeinheiten, die wenigstens in unserem Viertel keine Übergriffe verübten. Allerdings holten sie alle Männer, auch meinen Vater und meinen 16-jährigen Bruder, aus dem Keller heraus und stellten sie auf der anderen Straßenseite an eine Hauswand. Sie und wir dachten, sie würden alle erschossen werden. Als ein russisch sprechender Deutscher den Soldaten erklärte, dass sich unter den aufgereihten Männern nicht, wie die Russen befürchteten, verkappte Nazis oder gar SS-Männer befänden, ließ man die Männer gehen. Allerdings sah ich wenige Tage später einen riesigen Zug von entwaffneten deutschen Soldaten, die in Viererreihen unter russischer Bewachung nach Osten getrieben wurden. In furchtbarer Erinnerung ist mir eine Frau, die wie ich die Deutschen vorbeischlurfen sah und plötzlich ihren Mann in den Reihen entdeckte. Mit sich überschlagender Stimme schrie sie: „Karl, wo willste denn hin?" Aber natürlich erreichte sie nichts.

Nach dem 8. Mai 1945

Als die deutsche Kapitulation am 8. und 9. Mai in Berlin und Reims unterschrieben worden war, begann ein „normales" Leben, soweit man das unter den armseligen Lebensbedingungen überhaupt so nennen konnte. Mein Vater konnte irgendwo einen halben Sack Zucker stehlen, der sich als großer Segen erwies. Wir verbrauchten ihn nicht für uns, sondern konnten fast zwei Jahre Handwerkerrechnungen damit bezahlen, etwa als wir anstelle der Pappe wieder Glasscheiben in die Fenster einsetzen lassen konnten. Meine Mutter war einmal einige Tage weg – sie war von Russen abkommandiert worden, um Ställe zu reinigen.

Mein drei Jahre älterer Bruder trieb sich mit seinen Freunden in verlassenen fremden Wohnungen herum. Einmal stießen sie auf Jazzplatten und hörten sie auf einem gefundenen Grammophon jetzt unentwegt. Das ungestrafte Anhören von Jazz war für mich das Signal, dass der Krieg nun wirklich zu Ende war. Eines Tages fragte mein Bruder meine Eltern, ob er für einige Tage einen mir bis dahin fremden Jungen, einen Klassenkameraden, mitbringen dürfe. Sie erlaubten es, und wir erfuhren ein schlimmes Schicksal: Die Eltern des Jungen, offenbar überzeugte Nationalsozialisten, hatten beschlossen, sich gemeinsam mit ihren beiden Kindern umzubringen, und es diesen auch gesagt. Zu dem Zweck hatten sie im Dachboden Matratzen ausgebreitet. Als es so weit war und man nach oben gehen wollte, hatte sich der Junge aber geweigert. Er fand seine Eltern und seine Schwester wenig später auf den Matratzen liegend, sie hatten sich alle drei die Pulsadern aufgeschnitten.

Eine wilde Schießerei in unserer Straße bewog meine Eltern, das sehr unsichere Berlin zu verlassen. Wir packten unsere Habseligkeiten in einen Leiterwagen und zogen diesen nach Hennickendorf bei Strausberg im Osten von Berlin, bereits in der SBZ, der späteren DDR gelegen. Hier wurde mein Vater, gelernter Lehrer und Werklehrer, an der Dorfschule angestellt. Wir hatten zunächst eine Dienstwohnung, zogen dann aber in ein einfaches Haus, das aus der Familie meines Vaters stammte und aus dem wir eine polnische Familie, die sich in der Zwischenzeit hier eingefunden hatte, verdrängen mussten. Ich besuchte hier die achtjährige Grundschule – bekanntlich gingen nach russischem Vorbild mit Beginn der Wiedereröffnung der Schulen am 1. Oktober 1945 alle Kinder gemeinsam acht Jahre in die Schule. Ich war gerne in dieser Schule, wir hatten sehr gute Lehrer. Der Ort gefiel mir auch sonst, denn die Nähe zu Tieren – Ziegen und Hühnern etwa – hatte mir schon meinen Aufenthalt bei meinem Bauern während des Krieges angenehm gemacht.

Ich erinnere mich an eine desolate Versorgungslage. Meine Mutter briet Kartoffelschalen auf dem Herd in Skiwachs, aus Streusalz, das sie ergattern konnte, gewann sie durch langes Kochen Speisesalz. Nach der Ernte konnten wir auf den Äckern des Bauern Kranz Kartoffeln „stibbeln", also in den Furchen nachsuchen, wodurch wir auch Tauschmittel hatten. Für einen halben Zentner tauschte meine Mutter einmal das Ziegenlämmchen „Heeny" ein, das uns später jahrelang mit Milch versorgte und mir wie ein Hund hinterherlief, wenn ich ins Dorf ging. Ein anderes Mal hatte meine Mutter „Rosenrot" ertauscht, ein Rhodeländer Huhn, und „Schneeweißchen", eine Legehenne. Manchmal saßen sie, wenn ich strickte, im Wohnzimmer auf meinem Schoß. Die Fäden, die ich zu einer Jacke verstrickte, waren die Schussfäden aus Kunstfasern, die aus Zuckersäcken stammten. Vermutlich hatten meine Freundinnen und ich diese Säcke gefunden, als wir die nahegelegenen Baracken der „Organisation Todt" durchstöberten, einer paramilitärischen Bautruppe im „Dritten Reich", in der seit Kriegsbeginn auch Gefangene Zwangsarbeit tun mussten. Schuhe zu bekommen war ein besonderes Problem. Ich erinnere mich an einen Mann im Nachbardorf, der Schuhsohlen aus leichtem Lindenholz schnitzen konnte. Über den Fußrist wurde dann ein Stück Fahrradschlauch genagelt, und wir waren glücklich über diese Sandalen.

Berufsausbildung und weiterer Berufsweg

Nach der Grundschule machte ich eine kombinierte Ausbildung: zwei Jahre war ich an einer Frauenfachschule und dann ein Jahr in einer Lehre bei einem Herrenschneider. Eigentlich wollte ich sie in einer Damenschneiderei machen, aber der Herrenschneider überzeugte mich mit einem vernünftigen Argument. Mit einer Lehre in einer Herrenschneiderei könne ich auch Kleider, Röcke und Blusen nähen, aber niemals gut sitzende Anzüge, wenn ich vorher bei einer Damenschneiderei gearbeitet hätte. Anschließend an die Lehre arbeitete ich bei ihm mehrere Jahre als Gesellin.

Meine Mutter wollte weg aus Hennickendorf und der DDR. Als es meinem Vater 1955 gelang, in Wannsee an einer Schule angestellt zu werden, die für eine Klasse für verhaltensauffällige Kinder dringend einen Werklehrer suchte, verließen wir die DDR, was über den Weg Ostberlin – Westberlin vor dem Bau der Mauer relativ problemlos möglich war.

Bekanntlich kamen im Herbst 1955 nach dem Besuch von Bundeskanzler Konrad Adenauer in Moskau die letzten 10.000 deutschen Soldaten aus russischer Kriegsgefangenschaft zurück. Für diejenigen unter ihnen, die vor ihrer Ausbildung hatten Soldaten werden müssen und nun in den Lehrerberuf strebten, wurde an der Pädagogischen Hochschule in Berlin die Möglichkeit geschaffen, ihr durch Krieg und Gefangenschaft unterbrochenes Studium zu beenden oder neu aufzunehmen. Das eröffnete auch mir eine Chance. Ich bewarb mich für die Aufnahmeprüfung, bei der Allgemeinbildung und Fachwissen, in meinem Fall im Schneiderhandwerk, abgefragt und eine vierstündige Klausur verlangt wurde. Ich bestand die Prüfung und wurde Gewerbelehrerin. Sieben Jahre war ich im Lette-Verein Berlin, einer 1866 gegründeten Organisation für Frauen- und Mädchenbildung, der sich im Laufe der Zeit zur Berufsfachschule mit vielen Zweigen entwickelt hatte, Ausbilderin im Textilbereich.

Die Brüder meiner Mutter

Neben meiner Mutter und ihrer Schwester Charlotte, die mit Max Jakobsthal verheiratet gewesen war, gab es in der Familie Wanderscheck noch zwei Söhne: Benno und Karl. Beide waren Ingenieure geworden.

Benno, ein überzeugter Nationalsozialist, war Direktor bei Thyssen in Berlin. Wenn er seine Mutter in Herzfelde besuchte und sein jüdischer Schwager anwesend war, verließ er den Raum und umgekehrt. Als die Russen das Werk besetzten, musste er auf ihr Geheiß den Maschinenpark seiner Abteilung auflisten und für den Abtransport in die Sowjetunion fertig machen. Bekanntlich gehörte die Demontage von Fabrikanlagen und Infrastruktur wie etwa Eisenbahnschienen zu einer wichtigen Bestimmung der Potsdamer Konferenz. Nach Fertigstellung wurde mein Onkel verhaftet und in das Lager Ketschendorf bei Fürstenwalde, das sog. Speziallager Nr. 5, verschleppt. Es hatte nicht neu angelegt werden müssen, die Russen übernahmen vorhandene Gebäude aus NS-Zeiten. Hier verstarb Benno Wanderscheck nach kurzer Zeit.

In Ketschendorf waren zwischen April 1945 und Februar 1947 zeitweise bis zu 18.000 Zivilisten ohne gerichtliches Urteil und Kriegsgefangene interniert. Über 4.600 starben infolge der unmenschlichen Lagerbedingungen, meist an Unterernährung und Tuberkulose. Sie wurden zwischen Lager und Autobahn in Massengräbern verscharrt, auf die man später beim Bau einer Wohnsiedlung stieß. Auf Betreiben des evangelischen Pfarrers wurden die Leichen auf den Friedhof von Halbe umgebettet. Die Namen der Verstorbenen durften nicht auf Gedenktafeln erscheinen, sie galten als „unbekannt". Erst nach der Wende 1989/90 wur-

de eine Gedenkstätte errichtet, in der auch ein Totenbuch mit Namen und Herkunft der Umgekommenen ausliegt.

Der zweite Sohn Karl wurde Bauingenieur und blieb in der SBZ/DDR. Er projektierte und leitete die Errichtung von Plattenbauten. Vor der Wende konnte er uns mehrmals in Westberlin besuchen. Da hatten es ihm besonders die Reiseprospekte angetan, die ihm Teile der Welt nahe brachten, in die er damals nie gelangen konnte. „Wenigstens mit dem Finger möchte ich dort sein", sagte er sehnsüchtig und nahm die Prospekte mit nach „drüben", sorgfältig in der Unterhose versteckt.

Das Elternhaus meines Mannes – nationalsozialistisch geprägt

Mein Mann, Wolfram Becker, wurde 1929 geboren. Er war der Jüngste in seiner Klasse, alle anderen gehörten dem Jahrgang 1928 an, und deshalb wurden sie alle in den letzten Kriegswochen in Berlin zum „Volkssturm" eingezogen, der bekanntlich als „letztes Aufgebot" aus Jugendlichen, manchmal sogar noch Kindern, und älteren Männern bestand. Alle Mitschüler kamen dabei um, er war der einzige aus der Klasse, der überlebt hatte.

Mein Mann stammte aus einem gutbürgerlichen Elternhaus. Seine Mutter, Jahrgang 1899, war die sechste Frau in ganz Preußen, die Naturwissenschaften studiert hatte. Als Chemikerin arbeitete sie bei Osram in Berlin, einer seit der Erfindung der Glühlampe 1905 schnell wachsenden Firma. Nach der Geburt ihres Sohnes, meines späteren Mannes, wurde sie schizophren. Ihr kleiner Sohn war zwei Jahre alt, als sein Vater die Mutter in eine Klinik brachte. Da sich keine Besserung einstellte, ließ sich ihr Mann von ihr scheiden. Neun Jahre später wurde sie im Zusammenhang mit dem NS-Euthanasie-Programm umgebracht, dem ab 1939 etwa 200.000 „Erb- und Geisteskranke" zum Opfer fielen.

Der Vater meines Mannes war ebenfalls Chemiker, Spezialist für Pulvermetallurgie und in einem Werk beschäftigt, das Hartmetallwerkzeuge herstellte. Das galt als kriegswichtig, sodass er nicht eingezogen wurde. Er war überzeugter Nationalsozialist und gab seinen Sohn in eine Napola, eine Nationalpolitische Erziehungsanstalt. Die etwa 40 Schulen im ganzen „Großdeutschen Reich", deren Schüler Uniform trugen, führten zur Hochschulreife und galten als Eliteschulen zur Heranbildung eines nationalsozialistischen Führernachwuchses. Es herrschten militärische Zucht und Ordnung in den Napolas, und als mein Mann einmal wild durch den Flur stürmte und dabei einem der Lehrer, die auch Uniform trugen, in den Bauch rannte, galt das als so unglaubliches Vergehen, dass man ihn der Schule verwies. Er kehrte nach Berlin zurück und besuchte dort das Gymnasium.

Sein Vater tat in seinem Viertel Dienst als Luftschutzwart und horchte auf seinen abendlichen Rundgängen an Wohnungs- und Haustüren, ob irgendwo am Radio „Feindsender" gehört wurden. Bei einem dieser Rundgänge wurde er von einer Sprengbombe zerfetzt, es blieb nichts von ihm übrig.

Die zweite Frau meines Schwiegervaters brachte zwei Kinder mit in die Ehe, sodass mein Mann nun Stiefgeschwister hatte. Auch sie war eine treue Hitler-Anhängerin, sie gehörte der NS-Frauenschaft in leitender Funktion an. Als der Krieg zu Ende war, hielt vor der Wohnung ein Jeep, dem Russen und Deutsche entstiegen, die nach der Stiefmutter fragten. Sie wurde verhaftet, nach Ketschendorf gebracht und starb dort etwa zur gleichen Zeit wie mein Onkel Benno an den Entbehrungen.

Nun war mein Mann mit 16 Jahren Vollwaise, bekam eine Rechtsanwältin als Vormund, in deren Keller er bis zur Volljährigkeit, die man damals mit 21 Jahren erhielt, wohnen konnte.

Als die Gymnasien in Berlin geschlossen wurden, kam mein Mann in ein Landschulheim in St. Peter-Ording in Schleswig-Holstein. Hier erlebte er das Kriegsende. Die Schüler sammelten herumliegende Patronen, lösten das Pulver heraus und verwendeten es, um Fische zu garen. Eines Tages verabschiedete sich mein Mann von seinem Lehrer und fuhr schwarz mit Personen- und Güterzügen nach Essen, wo die Schwester seiner zweiten Mutter lebte. Sie nahm den Jungen in ihrer Familie auf, von ihr erfuhr er auch, dass er keine Familie mehr hatte. Als er das Abitur bestanden hatte, verließ er die Verwandten und fuhr mit 20 DM in der Tasche mit dem Fahrrad nach Berlin, teilweise sogar auf der Autobahn! Als ich ihn kennenlernte, verkaufte er Zeitungen an der S-Bahn oder verdingte sich auf Baustellen als Hilfskraft. Er studierte an der TH Berlin, wurde Bauingenieur, arbeitete zunächst als Statiker und wurde schließlich an der BAM, der Bundesanstalt für Materialprüfung, Fachmann für vorbeugenden Brandschutz. Mit dieser Kompetenz wurde er von der BASF eingestellt und arbeitete dort bis zu seiner Pensionierung. Er lehrte als Professor an der TU Kaiserslautern.

Der Onkel meines Mannes, ein umstrittener Mediziner

Die leibliche Mutter meines Mannes hatte einen Bruder, der Medizin studiert hatte und Fachmann für Tropenmedizin war. Er hatte Ende der 20er Jahren eine längere Zeit in China verbracht und dort Hygieneinstitute aufgebaut. Mitte der 30er Jahre kehrte er nach Deutschland zurück. Er arbeitete am Kaiser-Wilhelm-Institut, zu dem verschiedene Abteilungen gehörten, die Grundlagenforschung betrieben, ähnlich wie die heutigen Max-Planck-Institute. Der Onkel meines Mannes wurde von Hitler damit beauftragt, ein Mittel gegen Fleckfieber zu entwickeln. Diese Infektionskrankheit, von Läusen übertragen, war die Ursache dafür, dass während des Zweiten Weltkriegs an manchen Frontabschnitten mehr Soldaten starben als durch Feindbeschuss. Der Onkel erhielt von Hitler die Genehmigung, die Wirkung möglicher Impfstoffe durch Versuche an Menschen in Konzentrationslagern zu prüfen.

Dafür wurde er im Nürnberger Ärzteprozess, der im ersten Halbjahr 1947 vor einem US-Militärgericht stattfand, angeklagt und zunächst zu lebenslanger Haft verurteilt, die später auf 15 Jahre reduziert wurde. Er wurde 1955 aus der Haft entlassen. Seine Pensionsansprüche als Beamter wurden ihm später zugesprochen. Das alles haben wir erst viele Jahre später erfahren.

Dieser Onkel meines Mannes hatte eine Tochter, also seine Cousine. Ich händigte ihr die Krankenakte der Mutter meines Mannes aus, die er nach dem Krieg erhalten konnte, da wir wissen wollten, ob die dort ausführlich beschriebenen Symptome wirklich der Diagnose Schizophrenie entsprachen. Den Bericht überprüfte ein Psychiater, der Dozent an einer Pädagogischen Hochschule war und den ich darum gebeten hatte. Entsprechende Beratungsstellen gab es damals ja nicht. Mein Mann und ich wollten wissen, ob wir Kinder bekommen dürften oder ob Schizophrenie erblich ist. Der Psychiater bestätigte die Diagnose, aber bei dieser Gelegenheit erfuhr die Cousine meines Mannes erstmals, dass ihr Vater eine Schwester gehabt hatte. Sie wollte Näheres wissen und fragte ihren Vater nach ihr. Der muss außer sich geraten sein, bekam einen Tobsuchtsanfall und befahl seiner erwachsenen Tochter drohend, nie mehr davon zu sprechen, sonst würde er sie enterben.

Ich glaube, dass sich am Schicksal meiner Familie und der meines Mannes in nuce ablesen lässt, welche Verwerfungen die nationalsozialistische Herrschaft bis in den engsten Bereich hinein gebracht hat. Familien wurden nicht nur in ihrer physischen Existenz zerstört, sondern auch durch die politischen Gegensätze aufgerieben. Vieles war so ungeheuerlich, dass die Überlebenden eine Decke des Schweigens darüber gebreitet haben.

Liesel Becker war Gewerbeoberlehrerin mit dem Schwerpunkt Textil. Nachdem ihr Mann eine Leitungsposition in der BASF bekommen hatte, zog die Familie, zu der drei Kinder gehörten, nach Landau in der Pfalz. Ihre ehrenamtliche Tätigkeit ist beachtlich: Vizepräsidentin im „Deutschen Frauenring“, Vorsitzende des Ausschusses „Schule-Erziehung-Elternbildung“, als Landesverbandsvorsitzende in Rheinland-Pfalz, Gründung und Aufbau des Ortsrings Neustadt/Weinstraße. Für langjährige ehrenamtliche Arbeit erhielt Liesel Becker das Bundesverdienstkreuz am Bande. Seit einigen Jahren ist sie verwitwet.

Peter Franz Weber: Nach Berlin hin und von Berlin weg

Geboren wurde ich am 6. Februar 1936 in Eschhofen in Hessen, heute ein Ortsteil von Limburg an der Lahn. Der Ort war die Heimat meiner Mutter. Mein Vater war als Ingenieur bei der Reichsbahn beschäftigt. Seine Versetzungen hatten zur Folge, dass wir mehrmals umzogen.

Zunächst lebten wir einige Jahre in Mülheim an der Ruhr, wo wir die ersten Luftalarme erlebten und mit Luftschutzkellern Bekanntschaft machen mussten. Daher war meine Mutter froh, als mein Vater 1942 ins Reichsbahnzentralamt nach Berlin versetzt wurde. Hier war es zu der Zeit noch weitgehend ruhig. Da das Verkehrswesen für die Truppenbewegungen im Zweiten Weltkrieg eine große Rolle spielte, wurde er UK gestellt, er galt als unabkömmlich und wurde nie zur Wehrmacht eingezogen. Das war für ihn und die Familie, zu der noch eine 1940 geborene Schwester gehörte, ein Glücksfall, zumal er einen sehr liberalen Chef hatte, der von seinen Mitarbeitern nicht verlangte, dass sie Parteigenossen würden.

Peter Franz (Pfeil)

Wir wohnten in Pankow, ich wurde aber mit sechs Jahren in einer Schule im benachbarten Wedding eingeschult. Meine erste Lehrerin, Fräulein Griesbach, war eine liebe ältere Dame, die alle gern hatten. Die Nachmittage verbrachte ich auf der Straße vor unserem Haus. Ballspiele waren beliebt, oder wir spielten, wenn Mädchen dabei waren, gerne „Hopse", das auf der ganzen Welt bekannte Hüpfspiel mit aufgezeichneten Feldern, in die man nach bestimmten Regeln einen flachen Stein werfen musste. Wir Jungen malten gerne Autorennbahnen auf den Bürgersteig, auf denen wir unsere kleinen Spielautos Wettrennen fahren ließen. Ich war auch stolz darauf, dass mein Vater mich ab und zu mit ins Zentrum der Hauptstadt

nahm und mir wichtige Gebäude zeigte. Die Reichskanzlei beeindruckte mich besonders, einmal wegen ihrer Größe, aber auch wegen der diszipliniert ausgeführten Wachwechsel.

Ab 1943 gab es auch in Berlin zunehmend Fliegeralarm. Dann rannte meine Mutter mit uns beiden Kindern in den Luftschutzkeller in unserem Wohnhaus, Mitbewohner waren schon dort. Eines Nachts war das Kanonenfeuer der Flak besonders heftig. Plötzlich gab es eine gewaltige Explosion, im Keller wurde es stockfinster, das Haus bebte, Teile der Kellerdecke platzten auf und fielen auf uns herunter, Staubwolken legten sich auf uns. Laute Schreie! Es gelang uns, aus dem Keller in die Kellerräume anderer Häuser zu kriechen, zu denen rechtzeitig vorschriftsmäßig ein Mauerdurchbruch geschaffen worden war, und von da ins Freie. Den Rest der Nacht verbrachten wir in einem überdachten Schutzgraben hinter dem Haus, das intakt schien. Aber am nächsten Morgen sahen wir, dass unser Haus an der Vorderseite erheblich beschädigt war, die Balkone waren abgerissen, Teile der Hausfront fehlten. In das gegenüberliegende Haus war eine schwere Bombe gefallen, die auch noch ein weiteres Haus völlig zerstört hatte. Unser Haus war unbewohnbar. Wir galten als teilausgebombt.

Mein Vater, der in Berlin bleiben musste, schickte Frau und Kinder nach Eschhofen, wo ich nun für einige Monate die Schule besuchte. Meine zweite Schule innerhalb kurzer Zeit! Auch in Eschhofen war ich viel draußen unterwegs. Eines Tages sah ich einen Truppentransport, der langsam durch den Bahnhof Richtung Osten fuhr. Die Soldaten winkten fröhlich und sangen das Lied „In der Heimat, in der Heimat, da gibt's ein Wiedersehn!" Viele von ihnen werden die Heimat nicht wiedergesehen haben. Aber solche Gedanken machte ich mir damals natürlich nicht. Dass das Leben aber gefährlich war, erkannte ich in Eschhofen schon. Es flogen nämlich fast täglich alliierte Bombergeschwader hoch über dem Ort in den Osten Deutschlands, jeweils bis zu 60 Flugzeuge. Schon bevor sie den Ort überquerten, lag ein eintöniger Brummton in der Luft, der erst verebbte, wenn sie schon nicht mehr zu sehen waren. Ein gefährlicher Brummton, den ich immer noch nachmachen kann. Manchmal sah ich, wie einzelne deutsche Jagdflugzeuge aufstiegen. Zu einem Bomberabsturz kam es nicht, aber ein deutsches Flugzeug wurde abgeschossen. Kein schöner Anblick!

Einmal ging ich mit drei Nachbarsmädchen spazieren. Etwa 100 m vom Bahndamm entfernt sahen wir einen Güterzug, der vor einem Haltesignal stand. Plötzlich näherten sich Tiefflieger, die den Zug angriffen. Wir vier befanden uns quasi in der Einflugschneise und hatten das Gefühl, die Tiefflieger hätten es auf uns abgesehen. Wir warfen uns auf die Erde, mit dem Gesicht nach unten. Ich hatte große Angst. Was mit dem Güterzug passierte, weiß ich nicht, wir rannten nach der Schießerei nur noch nach Hause.

Als das Berliner Wohnhaus notdürftig repariert worden war, kehrte meine Mutter mit meiner Schwester und mir wieder dorthin zurück. Wie mir mein Vater erzählte, waren zu den Ausbesserungsarbeiten italienische Gefangene eingesetzt worden, die sog. „Badoglio-Soldaten".

Pietro Badoglio, ranghoher General bei der Eroberung von Teilen Nordafrikas durch Italien, war zunächst Parteigänger Mussolinis. Unter dem Eindruck der von Sizilien nach Norden vorrückenden Amerikaner schloss er sich dem antifaschistischen Bündnis unter Führung des italienischen Königs an und wurde von diesem 1943 zum Ministerpräsidenten ernannt. Mussolini wurde abgesetzt und inhaftiert und dem Deutschen Reich, also dem bis vor kurzem Verbündeten, der Krieg erklärt. Die deutsche Wehrmacht nahm in den folgenden heftigen Kämpfen in Nord- und Mittelitalien Hunderttausende italienischer Soldaten gefangen und brachte sie teilweise zur Zwangsarbeit ins Reich.

Ich kehrte in meine frühere Schule zurück und nahm mein Straßenleben wieder auf. Dabei machte ich für meine Mutter auch Einkäufe. Eines Tages war ich in einem Laden, eine Frau stand vor mir, sollte also auch vor mir bedient werden. Aber die Verkäuferin sagte zu mir: „Du zuerst!" Dabei war ich doch gar nicht dran. Überrascht ging ich einen Schritt vor an die Ladentheke, und da sah ich, dass die vor mir Stehende den gelben Judenstern am Mantel trug.

Unsere Wohnung, die nur 78 m² groß war, war für meinen Tatendrang zu klein. Neben unseren Spielen hatten wir Jungen aber mittlerweile noch eine zweite Leidenschaft entdeckt: Wir sammelten Bombensplitter! Diese konnten bis zu 30 cm lang sein, wir fanden auch Teile von Granaten. Meine Fundstücke bewahrte ich in einem alten Stahlhelm auf. Zu Hause hörte ich am Radio interessiert die Wehrmachtsberichte und fühlte mich da sehr kompetent, denn auf einer großen Landkarte konnte ich die Truppenbewegungen verfolgen. Auch besaß ich ein Sachbuch für Flugzeugtypen aller Länder und hatte eine Sammlung von Schiffsmodellen. Besonders glücklich war ich, als ich mir von meinem Taschengeld Achselklappen kaufen konnte, sie waren silbergrau, ohne Stern, also für einen Leutnant. Ich kannte mich da aus, denn in Berlin sah man auf der Straße viele Uniformierte, auch mit Auszeichnungen aller Art. Die Achselklappen hatte ich auch bei unserem Zwischenaufenthalt in Eschhofen dabei, und ich freute mich, dass es dort einen etwas älteren Jungen gab, der sogar Achselklappen eines Hauptmanns (zwei Sterne) besaß. Mit diesem und einigen anderen, die nichts dergleichen hatten, vollführten wir militärische Übungen. Ich freute mich jetzt schon, ins „Jungvolk" einzutreten und „Pimpf" zu werden. Die Uniform, die dort getragen wurde, fand ich großartig, besonders die kurze schwarze Cordhose und das Koppel. Mein Vater wunderte sich über mein Interesse an diesen Dingen. Er hatte für Militärisches wenig Sinn, war nie eingezogen worden und hatte lediglich das halbe Jahr Reichsarbeitsdienst ableisten müssen, das hatte ihm schon gereicht. Sein Bruder wurde eingezogen, er fiel an der Ostfront.

In der zweiten Jahreshälfte 1944 wurde das Reichsbahnzentralamt wegen der ständigen Luftangriffe nach Sachsen verlegt. Das bedeutete, dass auch wir umzogen, und zwar nach Braunsdorf-Lichtenwalde, in der Nähe von Flöha. Wir wurden in ein Hotel eingewiesen, und ich musste im Ort zur Schule gehen. Meine dritte Schule! Es war wie immer, wenn ich in eine neue Schule kam: Ich wurde vom Lehrer in die Klasse geführt, stand vorne, alle starrten mich an, der Lehrer sagte: „Das ist der Franz!" und dann zu mir: „Setz dich dorthin!". Alle starrten weiter, und ich ging unglücklich an meinen Platz. Hier handelte es sich um eine einklassige Schule, die Klassen 1 bis 8 wurden zusammen in einem Raum unterrichtet. Den Lehrer und die Mitschüler – alle sächselten sehr – verstand ich schlecht. Einen Freund fand ich nicht. Aber ich hatte auch Erfolgserlebnisse: Ich war geschickt im Einsammeln von Hühnereiern! Ich suchte die einzelnen Bauernhöfe auf, plauderte mit den Bäuerinnen oder Mägden, erzählte von Berlin – und bekam Eier geschenkt. Man stelle sich vor, geschenkt, denn zum Tauschen hatte ich nichts.

Nach dem verheerenden Großangriff auf das nahe Chemnitz im März 1945 flüchteten viele Bewohner aufs Land und auch nach Braunsdorf-Lichtenwalde. Ich sah sie in Scharen durch den Ort ziehen. Der Schulbetrieb wurde nun auch eingestellt, und man musste sich mit dem Gedanken befassen, dass das Gebiet bald besetzt werden würde. Zu uns kamen die Russen! Ich sah sie über die Straße daherkommen, zuerst die Kampftruppen, dann Einheiten mit von Panjepferden gezogenen Wagen. Diese Pferde waren besonders kräftig und anspruchslos und wurden in Russland immer schon in der Landwirtschaft verwendet. Die Truppen mussten eine Brücke über die Zschopau benutzen, unter der die deutschen Soldaten vor dem Abzug Sprengladungen angebracht hatten. Es war aber nicht mehr zur Sprengung gekommen. Die Russen bauten nun die Sprengkörper ab, versahen sie mit Zündschnur und warfen sie in den Fluss. Kurze Zeit nach Detonationen und hohen Wassersäulen trieben tote Fische, denen die Schwimmblase geplatzt war, an der Oberfläche und wurden von den Russen herausgeholt und später gebraten. Einige tote Fische wurden aber durch die Strömung weitergetragen, und ich, der ich von weitem dem Schauspiel zugesehen hatte, konnte einen besonders großen Fisch aus dem Fluss ziehen. Ich freute mich schon auf das überraschte Gesicht meiner Mutter, als plötzlich eine kräftige uniformierte Russin vor mit stand. Ihr riesiger Busen ist mir besonders in Erinnerung. Ohne ein Wort zu sagen, nahm sie mir den Fisch aus der Hand und schickte mich weg. Positiv war, dass ich einmal in ein russisches Zelt eingeladen wurde, wo man mir zu essen gab, sogar einige Scheiben Speck. Von Ausschreitungen, Vergewaltigungen, wie sie zur selben Zeit in Berlin etwa eine Bekannte meiner Eltern erleiden musste, hörte man in Braunsdorf-Lichtenwalde nicht. Man musste sich nur vorsehen, dass einem nicht die Uhr weggenommen wurde. Daher trug niemand mehr seine Armbanduhr. Ein alter Nachbar hatte das vergessen, und so wurde ihm vor seinem Haus die Uhr vom Arm gerissen. Auch hinter Radios waren die Russen her. Daher versteckten wir unser Radio im Dachboden des Hotels hinter einer Wand. Bei unserer Abreise holten wir es wieder hervor.

Nach Kriegsende war es zunächst wichtig, die Lage in Berlin zu erkunden. Auf postalischem Wege war dies wenige Wochen nach Ende des Krieges nicht möglich, und so kam es für meinen Vater und einen Kollegen zu der Entscheidung, zu Fuß nach Berlin zu gehen. Sie brauchten etliche Tage dazu, kamen dann allerdings mit dem Zug wieder zurück. Sie brachten einigermaßen beruhigende Informationen mit, und so zogen wir im August 1945 wieder zurück nach Berlin, in den französischen Sektor. Ich kam dort in meine vierte Schule! Und das Unbehagen an dem Angestarrtwerden hörte nicht auf. Wieder hielt ich mich viel auf der Straße auf und hatte dort nicht nur schöne Erlebnisse. Vor einer nahen Bäckerei sah ich einen ausgemergelten, elend aussehenden Mann stehen, der durch das Schaufenster gebannt auf die sog. „Schlagcreme" blickte, die dort hergestellt wurde. Plötzlich sackte er zusammen und lag bewusstlos am Boden. Nach einigen Minuten kam er wieder zu sich, und man half ihm auf. Der Mann, der aus russischer Kriegsgefangenschaft kam, hatte lange nichts gegessen.

Kommunion 1948

Mittlerweile war es 1946, und ich machte meine Aufnahmeprüfung für das Gymnasium. Es sollte meine fünfte Schule sein, aber da hier alle Kinder neu in die Klasse kamen, war der erste Schultag nicht weiter schlimm. Kaum war ich in dieser Schule, bekam ich eine schwere Lungenentzündung, von der ich mich nur langsam erholte. Mein Vater hatte Beziehungen zu einem Bauern in der Magdeburger Börde, und zu diesem wurde ich für drei Wochen zur Erholung geschickt. Hier gab es alles zu essen: Wurst, Butter, Fleisch, Milch. Alles hätte gut sein können, aber die einheimischen Jungen wollten nichts mit mir zu tun haben. Sie ließen mich nicht mit Fußball spielen, sondern verjagten mich, den Fremden, der keine Familie hinter sich hatte, wo immer sie mich trafen. Daher war ich trotz des guten Essens froh, wieder in Berlin zu sein. Mein Bewegungsradius wurde nun größer. Ich fuhr allein mit der S-Bahn in den Norden Berlins, um in den dortigen Wäldern Pilze zu sammeln. Dort traf ich andere Pilzsammler, unter denen mir eine junge Ostpreußin besonders in Erinnerung ist. Sie war aus ihrer Heimat das Sammeln von Pilzen gewohnt und zeigte mir die essbaren und die ungenießbaren oder giftigen. Ich hatte das Gefühl, mich voll auf ihre Kenntnisse verlassen zu können, und auch meine Eltern, in deren Heimat Pilzesammeln nicht üblich war, vertrauten mir. Wir aßen die Pilzgerichte mit Genuss.

1948 wurde mein Vater nach Göttingen versetzt. Er war nicht unglücklich darüber, denn er hatte bei mehreren Verwandtenbesuchen, bei denen ich ihn einmal begleiten durfte – wir „reisten" im offenen Güterwagen –, gemerkt, dass die Lebensbedingungen in den Westzonen doch besser waren als in den Westsektoren Berlins, auch wenn ich da schon einmal eine Grapefruit bekommen hatte. Es war die Zeit der Berlin-Blockade, in die unser Umzug fiel.

Von Juni 1948 bis Mai 1949 blockierte die Sowjetunion die Land- und Wasserwege nach Westberlin, sodass die westlichen Besatzungsmächte ihre Westsektoren nicht mehr erreichen konnten. Mittelfristig hatte die Sowjetunion wohl das Ziel, ganz Berlin in ihren politischen und wirtschaftlichen Block einzugliedern. Die Westmächte antworteten darauf mit der Eröffnung der „Luftbrücke", über die sie Westberlin mit allem Lebensnotwendigen versorgten, sogar mit Kohle und den Einzelteilen für den Bau eines vom Osten unabhängigen Kraftwerks. Die Flugzeuge wurden im Volksmund als „Rosinenbomber" bezeichnet.

Ich sah die Versorgungsflugzeuge, die zeitweise im Minutentakt einflogen, sehr oft über unserem Viertel, und mit einem solchen „Rosinenbomber" sind wir dann vom kleinen Flugplatz Gatow im Westen Berlins ausgeflogen worden. Es war ein reines Transportflugzeug, und unsere Familie saß mit vielen anderen auf dem Boden, denn Sitze gab es nicht. Das Flugzeug hatte keine Schalldämmung, etwas Ohrenbetäubenderes kann man sich nicht vorstellen.

Wir wohnten zuerst in Eschhofen im Haus meines Großvaters, bis wir eine eigene Wohnung erhielten. Meinem Vater gelang es dann, sich nach Frankfurt/Main versetzen zu lassen, er pendelte nun täglich. Den Jungen in Eschhofen galt ich zunächst als „Icke", wie sie den fremden Berliner nannten. Erst als ich Mitglied des Sportvereins wurde und in der Fußballmannschaft Erfolg hatte, akzeptierten sie mich. Das Gymnasium in Limburg war meine sechste Schule, die ich dann bis zum Abschluss 1956 besuchte.

Nach dem Abitur 1956 studierte Peter Franz Weber Jura in Frankfurt und Marburg. Er war als Versicherungsjurist tätig, von 1975 bis 1999 Abteilungsleiter bei der Inter Krankenversicherung in Mannheim. Noch heute sammelt er zusammen mit seiner Frau gerne Pilze und freut sich darüber, dass auch Tochter und Enkel begeisterte Pilzsammler wurden.

Monika Ortmann: Kindheit im Berlin der Nachkriegszeit

„Bunte leere Zigarettenschachteln und zerknülltes Butterbrotpapier ..." – auf diese Details aus dem Chanson von Hilde Knef über ihre Heimatstadt Berlin habe ich nie besonders geachtet, sie waren aber wahrscheinlich auch auf meinem Schulweg präsent. Ich erinnere mich jedoch genau an meinen Weg durch unsere Siedlung in einem Neben-Stadtteil von Berlin-Spandau namens „Pichelsdorf", die fast völlig von Kriegsschäden verschont geblieben war. Ich sehe vor mir den Weg durch die Laubenkolonien, deren Häuschen zu der Zeit (Einschulungsjahr 1953) als Dauerwohnsitze der Inhaber oder deren Angehöriger genutzt wurden, weil die eigentlichen Wohnungen zerstört waren. Dann die Überquerung der „Heerstraße" (heute ohne Ampel nur noch unter Lebensgefahr möglich) und der Weg durch den „Südpark" mit den Trauerweiden, deren überhängende Zweige bis ins Wasser des kleinen Sees reichten und daher im Winter häufig einfroren. Eine kleine Brücke überspannte die schmalste Stelle des Sees, danach verließ man den Park und ging an der „Badeanstalt" (heute nennt man das Schwimmbad) vorbei Richtung Schule. Das Schwimm"becken" hatte Sandboden und war umgeben von Holzstegen (die wurden nicht so heiß wie Fliesen, gaben aber zuweilen Splitter an die nackten Füße ab). Gegenüber waren vor dem Krieg Wohnblocks gewesen, die alle kaputt waren. Die Jungen aus unserer Schule kletterten regelmäßig in die frei zugänglichen Keller, um nach Dingen zu suchen, die sie gebrauchen konnten. Gelegentlich soll auch die eine oder andere Handgranate dabei gewesen sein.

Eine Sensation war, als im „Südpark" 1952 – dank Internet kann ich das zeitlich zuordnen – Außenaufnahmen zu dem Operettenfilm „Das Land des Lächelns" gemacht wurden. Das Ambiente war perfekt: der See, die romantische Brücke, auf der das Traumpaar Martha Eggerth und Jan Kiepura sich ihre Liebe gestanden. Natürlich habe ich den Film nicht gesehen, weil ich viel zu jung war. Aber unsere Mama schwärmte sehr davon und war nur der Meinung, dass die beiden Sänger – große Stars ihrer Zeit – inzwischen ein wenig zu alt für die Rollen waren.

Die Schwestern Ortmann (die kleine bin ich) wohnten mit ihrer Familie in Pichelsdorf eigentlich ganz schön und vor allem fast gefahrlos. In unserer Straße gab es keine Autos, und nur selten kam ein motorisiertes Fahrzeug vorbei. Der „Kartoffelmann" und die Müllabfuhr kamen jeweils mit vierbeinigen 1 bis 2 PS, der Briefträger mit dem Rad. In der Siedlung gab es eine Menge Kinder. Wir hatten keinen Spielplatz, den vermisste auch niemand, denn man konnte prima auf der Straße spielen: z.B. „Hopse", das sind die Kästchen, die man auf Straße oder Gehweg zeichnet und nach einem bestimmten Schema springend auf einem oder zwei Beinen „abarbeitet", ohne auf die Linien zu treten.

Ein Lieblingsspiel war Völkerball. Dabei ging irgendwann der in unserer Familie vorhandene Ball verloren, weil er über einen Zaun in einen Garten flog, aus dem wir ihn nicht wiederbekamen (es gab immer gehässige Menschen, die Kindern ihren Ball nicht zurückgaben). Wir bekamen nicht umgehend einen neuen Ball, aber irgendein anderes Kind brachte dann einen zum gemeinsamen Spiel mit. Man teilte alles, auch die einzigen Rollschuhe, die es vermutlich in der ganzen Siedlung gab. Wem das Fahrrad gehörte, auf dem ich die Kunst des Radfahrens erlernte, ist meiner Erinnerung verloren gegangen. Das Rad war viel zu groß, aber da musste man eben auf den Pedalen stehen. Einer der großen Jungen hielt das Rad am Gepäckträger fest und rannte neben mir her – bis ich irgendwann am Ende der kerzengeraden Straße merkte, dass er nicht mehr neben mir war. Das Anhalten gelang nicht so ganz, glaube ich.

Wenn im Winter Schnee lag (was meistens der Fall war), zog es uns an die „Weinmeisterhöhe" (später ein Nobelviertel für Betuchte). Da gab es einen bequemen Aufgang mit flachen Stufen, den wir mit Schlitten im Schlepptau hochmarschierten, um dann auf dem Schlitten sitzend hinunterzufahren. Auf den Stufen hoppelte es so schön, dass wir immer blaue Flecken an den einschlägigen Körperteilen hatten. Es gab noch einen weiteren Rodel-Hügel in erreichbarer Nähe; da durften wir aber nicht ohne Begleitung Erwachsener hin, weil u.a. die vorgenannte „Heerstraße" zu überqueren war. An das Verbot hielten wir uns wirklich!

Als der Bunker in unserer Nähe gesprengt wurde, wurden die Reste aus Beton und Eisenklammern auf einem großen Berg aufgetürmt. Wir hatten plötzlich eine Art Hochgebirge in Reichweite und kletterten natürlich darauf herum. Ein Nachbar erwischte und verpetzte uns – großer Ärger zu Hause!

Ungefähr zweimal in jedem Sommer fuhren wir mit dem Dampfer nach Kladow und bekamen im Strandcafé eine Cola für 75 Pfennig (ein Wahnsinn!). Ab und zu besuchten wir den Zoo, vor allem „Knautschke", das Flusspferd. Er wurde 1943 im Zoologischen Garten geboren, überlebte als eines von nur 91 Zoo-Tieren den Bombenhagel des Zweiten Weltkriegs und wurde 45 Jahre alt (danke, Internet!). Inzwischen hat „Knautschke" im Zoo ein Denkmal, denn zu seiner Zeit war er der absolute Publikumsliebling.

Freizeit durfte nichts oder zumindest nur wenig kosten; daher waren größere Ausflüge selten. Manchmal wurde man zum Einkaufen nach Spandau mitgenommen, wo es z.B. ein Fischgeschäft gab. Wenn jemand etwas zum Anziehen brauchte, das Mama nicht selbst machen konnte, fuhren wir nach Charlottenburg in die Kantstraße; dort war eine C&A-Filiale (die gibt es da immer noch – keine Ahnung, ob an der gleichen Stelle). Alles andere wurde in zwei „Tante-Emma-Läden" in der Siedlung eingekauft. Die Ansprüche waren gering; Geld hatte ohnehin niemand – aber wir hatten einen Garten, genau gegenüber unserer Wohnung. Da gab es Erdbeeren, Frühkartoffeln, Mohrrüben (das sind Karotten), Tomaten, Himbeeren und

Stachelbeeren, zwei Pflaumen- und einen Pfirsichbaum, der aber nicht viel hergab. Immerhin waren an den Pflaumenbäumchen so viele Früchte, dass sie neben dem wichtigen Pflaumenkuchen auch noch zum Einmachen reichten. Der Garten war ein Segen, denn – wie ich später von Mama erfuhr – die Versorgungslage war nach dem Krieg noch schlechter als im Krieg gewesen. Mama war ein Kind vom Land aus Ostpreußen. Sie hätte – wenn das möglich gewesen wäre – auch eine Kuh und ein paar Hühner gehalten. Aber wir hatten eine Zeit lang Kaninchen auf dem Balkon bzw. im Keller. Das waren natürlich keine Haustiere, sondern irgendwann wurde so ein armes Vieh geschlachtet und gegessen.

An die Blockade 1948/49, als die Russen West-Berlin aushungern wollten, kann ich mich als 1946er Jahrgang nicht wirklich erinnern, nur an die Trockenmilch, die wir noch später als eine Art Ersatz für Süßigkeiten futterten. Uns schmeckte das; wir aßen auch gerne rohe Kartoffeln.

> *Von Juni 1948 bis Mai 1949 blockierte die Sowjetunion die Land- und Wasserwege nach Westberlin, sodass die westlichen Besatzungsmächte ihre Westsektoren nicht mehr erreichen konnten. Mittelfristig hatte die Sowjetunion wohl das Ziel, ganz Berlin in ihren politischen und wirtschaftlichen Block einzugliedern. Die Westmächte antworteten darauf mit der Eröffnung der „Luftbrücke", über die sie Westberlin mit allem Lebensnotwendigen versorgten, sogar mit Kohle und den Einzelteilen für den Bau eines vom Osten unabhängigen Kraftwerks. Die Flugzeuge wurden im Volksmund als „Rosinenbomber" bezeichnet.*

Welchen Einfallsreichtum Hausfrauen an den Tag legen mussten, um mit dem, was sie nicht hatten, der Familie überhaupt ein Essen auf den Tisch zu bringen, habe ich erst viel später aus den Schilderungen unserer Mutter erfahren. Bildhaft erinnern kann ich mich noch an sog. „Hamsterfahrten" mit meinem Vater. Ich muss drei oder maximal vier Jahre alt gewesen sein. Vater auf dem Fahrrad (Mamas altes Damenrad, seines war längst Schrott), Handwagen angehängt. In dem durfte ich Platz nehmen bis zu einem Bauern in Staaken (zu der Zeit konnte man von West-Berlin noch bedingt ins Umland). Auf der Rückfahrt waren im Anhänger die ergatterten Lebensmittel, und ich saß auf dem Gepäckträger und hielt mich an Papa fest. Ob das schon reglementiert war, weiß ich nicht. Ich kann mir aber vorstellen, dass es zwischen den Eltern jedes Mal vor einer solchen Fahrt Diskussionen gab, weil Mama es gar nicht gut fand, dass er mich mitnahm.

Anstrengend waren die Besuche bei Tante Auguste in Pankow, also im Osten. Ein Sonntag bei den Verwandten war eine Tagestour: zu Fuß ca. 1 ¼ km an die Straßenbahn (der Bus hätte extra gekostet), mit der Straßenbahn zum Bahnhof Zoo, mit der U-Bahn und mindestens einmal Umsteigen nach Pankow, dazwischen Papiere vorzeigen – und nachmittags das Ganze wieder zurück. Aber die Tante war eine gute Köchin und brachte es immer fertig, dass wir uns einen Tag bei ihr „durchfressen" konnten.

Bezüglich der Einkaufsmöglichkeiten in Spandau vergaß ich noch ein wichtiges Detail: Dort gab es auch einen Schuhladen (kann nur „Salamander" gewesen sein). Ich hatte eine zwei Jahre ältere Schwester, deren Kleidung ich natürlich „auftragen" musste. Ich kann mich nicht genau erinnern, glaube aber den Schilderungen der

Eltern, dass ich beim Schuhkauf für meine Schwester so lange gebettelt und auch ein bisschen randaliert haben soll, bis sie schweren Herzens auch mir ein Paar Schuhe kauften, wohl wissend, dass sie sich das eigentlich nicht leisten konnten. Aber Papa erzählte, dass ich danach wie Rumpelstilzchen in dem Laden umher gehüpft sei aus lauter Freude über die neuen Schuhe.

Das war vermutlich der einzige Anspruch, den ich in der Zeit geäußert habe. Wie sollten die Ansprüche auch aussehen? Wir hatten immer etwas zu essen angesichts der hausfraulichen Qualitäten der Mutter und des Organisationstalents des Vaters (den Garten nicht zu vergessen), wir hatten etwas anzuziehen, weil Mutter eine passable Schneiderin war (nur bei Mänteln oder Schuhen musste sie passen). Wir hatten viele Spielkameraden in der Siedlung. Ich war die Jüngste, hatte aber den Vorteil, dass die größeren Jungen mich immer in Schutz nahmen und mich in ihrer Völkerball-Mannschaft mitspielen ließen (weil sie meine Fehler locker selbst ausbügeln konnten). Uns fehlte es für unser Gefühl an nichts, und zu Geld hatten wir überhaupt keine Beziehung – woher auch? Blöd war, als meine Schwester 1950 mit nicht ganz 6 Jahren in die Schule kam. Denn Jürgen aus Nummer 40 (wir wohnten 44) kam mit ihr in die Schule. Sie waren die Jüngsten nach (bzw. vor) mir. Seitdem war ich den ganzen Vormittag alleine – das war langweilig. Wenn es nur Brot und/oder Milch einzukaufen gab, war das mein Job. Das erledigte ich bei dem Laden, neben dem es im Fahrradgeschäft einen Roller-Verleih gab. Ab und zu durfte ich mir für ein paar Groschen einen Roller ausleihen. Der hatte Luftreifen – toll. Am Nachmittag „beaufsichtigte" ich meine große Schwester bei ihren „Schularbeiten" (=Hausaufgaben) und lernte dabei Lesen und ein wenig Schreiben, so dass ich mich in der Schule zunächst ziemlich langweilte. Das Foto zeigt mich am Tag der Einschulung.

Nach dem Krieg und den Wirren danach hatte sich mein Vater vergeblich um eine Wiedereinstellung bei der Post bemüht. Im „Dritten Reich" hatte er als Beamter, aber auch bekennender Sozialdemokrat, in die Partei eintreten müssen, ansonsten hätte er seinen Job verloren. Nach dem Krieg galt er als Nazi und durfte auf keinen Fall in West-Berlin wieder bei einer staatlichen Behörde tätig werden (Vier-Mächte-Abkommen oder so). Da aber in Westdeutschland händeringend Arbeitskräfte gesucht wurden, bot man ihm an, dorthin zu gehen und nach einer Probezeit seinen früheren Status als Beamter zurückzugewinnen. Mein Vater willigte ein und ging 1952 im Frühjahr nach Ludwigshafen am Rhein. Einmal pro Quartal (!) durfte er für ein paar Tage nach Hause fahren. Ich war 5 Jahre alt und wusste nicht, wie ich meinen Vater ansprechen sollte, weil er mir fast fremd geworden war. Also sprach ich ihn nach Möglichkeit gar nicht an. Diese Situation dauerte ca. 3 1/2 Jahre; denn auch in Westdeutschland musste man erst einmal Wohnungen bauen, bevor „Fremde“ dorthin übersiedeln konnten. Den Wechsel vollzogen aus der Nachbarschaft noch mehr Familien; ein direkter Nachbar ging nach Speyer – wir sind uns aber nie wieder begegnet.

1955 im Sommer war es dann soweit, dass wir nach Ludwigshafen zogen. Uns Kindern war das egal; Hauptsache, die Familie war wieder beisammen. Aber wir waren nicht willkommen, nur mein Vater bei seinen Kollegen. Die waren dankbar für die Verstärkung durch die „Ickes“. Man bezeichnete uns als Flüchtlinge, was zwar streng genommen nicht ganz falsch war, uns Kinder aber sehr störte. Die Situation mit der Teilung Berlins hatten in diesem Teil der jungen Bundesrepublik noch nicht viele begriffen. Die „Integration“ der Landsleute dauerte jedenfalls ziemlich lange. Wir sprachen anders, nämlich hochdeutsch (darauf hatte außer den Lehrern unsere Mutter bestanden), und das machte uns zusätzlich verdächtig.

All das ist inzwischen Schnee von vorgestern. Ich fühle mich schon sehr lange als Mannheimerin, kann sogar einigermaßen den Dialekt. Gleichwohl habe auch ich noch den imaginären kleinen Koffer in Berlin – weil die Reise sich für mich immer irgendwie lohnt.

Nachwort: Mein Vater konnte nie so recht an eine Wiedervereinigung Deutschlands glauben; er hielt das für Utopie, vor allem nach dem Bau der Mauer, den wir fassungslos am Radio und in der Zeitung verfolgten. Als meine Schwester und ich 1990 erstmals nach dem Mauerfall wieder in Berlin waren und wir zum ersten Mal in unserem Leben am Pariser Platz standen, sprachen wir aus, was wir fast gleichzeitig dachten: „Schade, dass Papa das nicht mehr erleben kann!“.

Monika Ortmann nahm nach Abschluss der Höheren Handelsschule eine Tätigkeit in der Firma Boehringer in Mannheim auf und arbeitete bis zu ihrer Pensionierung im gleichen Unternehmen, das seit Ende der 1990er Jahre zum Schweizer Roche-Konzern gehört. Ab 1974 war sie Leiterin einer Abteilung für Büro-Dienstleistungen am Mannheimer Standort. In der ChristusFriedenGemeinde engagiert sie sich seit 2012 ehrenamtlich, schwerpunktmäßig in der „Offenen Christuskirche“.

In kleinen Städten und Dörfern im Westen

Geeske Spinn geb. Böhme: Vorsichtiges Dagegensein in Epe im Münsterland

Meine Zwillingsschwester Sibylle und ich wurden am 9. Oktober 1944 in Dorfen bei Altenmarkt an der Alz im Chiemgau geboren. Unsere Mutter war hier mit unserer älteren Schwester gelandet, da unser Vater als Feuerwerker in einer Munitionsanstalt in der Nähe stationiert war. Nach Hannover, dem ursprünglichen Wohnort der Familie, konnten wir 1945 nicht zurück, da wir dort ausgebombt waren. Da mein Vater nach dem Krieg als Industriekaufmann wieder Fuß fassen wollte, zogen wir im Sommer 1945 zunächst nach Epe in Westfalen zu den Großeltern. Von hier aus hoffte er, seine zivile Existenz wiederaufzubauen.

In Epe, einem Kleinstädtchen von etwa 7.000 Einwohnern vor dem Zweiten Weltkrieg, nur wenige Kilometer von der holländischen Grenze entfernt, war unser Großvater Karl Sparr, obwohl evangelisch, ein angesehener Mann. Er gehörte zum höheren Management einer großen Spinnerei. Meine Großmutter, die ihn 25 Jahre überlebt hat, hat mir oft von ihm erzählt, und so kann man vielleicht an seinem Tun und Lassen im „Dritten Reich" und davor erkennen, wie es überhaupt zu dessen Existenz kommen konnte.

Karl Sparr war Mitglied der Eisernen Front, eines der SPD nahestehenden Bündnisses, das in den letzten Jahren der Weimarer Republik glaubte, die Demokratie retten zu können. Um mehr als Mitgliedschaft dürfte es sich jedoch nicht gehandelt haben.

Gleichzeitig gehörte unser Großvater dem „Verein für das Deutschtum im Ausland" an. 1881 gegründet, um im Ausland lebenden Deutschen zu Schulen, Kindergärten und Bibliotheken zu verhelfen – daher befanden sich unter den Mitgliedern viele Lehrer –, unterstützte der Verein nach dem Ersten Weltkrieg besonders die Deutschen, die in den aufgrund des Versailler Vertrages abzutretenden Gebieten wie Posen oder Westpreußen lebten und nun plötzlich nicht mehr zu Deutschland, sondern zu anderen Staaten, z.B. Polen, gehörten. Um hier überhaupt tätig werden zu können, war der Verein parteipolitisch neutral. Es handelte sich um eine mächtige Organisation, die 1933 2,5 Millionen Mitglieder zählte, danach aber von der SS unterwandert und im Sinne ihres rassischen Volkstumsgedankens gleichgeschaltet wurde. Ob sich mein Großvater dessen bewusst war, möchte ich bezweifeln.

In den Anfangsjahren der Weimarer Republik wählte Karl Sparr wohl die DVP, die Deutsche Volkspartei, die sich zur parlamentarischen Republik bekannte, weil er sehr viel von ihrem berühmtesten Mitglied hielt, Gustav Stresemann, dem späteren Außenminister und zeitweiligen Reichskanzler. Ob das nach Stresemanns Tod auch noch oder wieder der Fall war, wissen wir nicht. Wenn seine Tochter an den Wahlsonntagen ihre Eltern fragte, was sie denn gewählt hätten, erhielt sie immer die gleiche Antwort: „Mutter hat Vater gewählt und Vater Mutter!" Dass eine solche Auskunft nicht gerade politisches Bewusstsein erzeugte, ist nachvollziehbar. Unsere

Großmutter dürfte dieselbe Partei gewählt haben wie ihr Mann. Wir vermuten, dass unser Großvater auch Mitglied des „Stahlhelm", des „Bundes der Frontsoldaten", war. Unsere Mutter jedenfalls erzählte, es habe in Kleinstädten zum „guten Ton" gehört, dass die „Herren" dort Mitglied waren.

Als Hitler 1933 an die Macht kam, hielt sich unser Großvater politisch vollkommen zurück. Er trat nirgendwo aus und nirgends bei, weder der NSDAP selbst noch einer ihrer Organisationen. Es gibt einen Brief der Betriebskrankenkasse der „Germania" an die 1945 von den Siegern des Zweiten Weltkrieges eingerichteten Entnazifizierungsstellen, wonach der „Leiter unserer Betriebskrankenkasse, Herr Prokurist Karl Sparr", nicht Parteimitglied war. Allerdings dürfte er als Gewerkschaftsmitglied im Mai 1933 automatisch in die DAF, die Deutsche Arbeitsfront, überführt worden sein, wie das mit allen Gewerkschaften geschah. So heißt es auch weiter in dem Schreiben:

„Er hat angehört: der DAF (nach Auflösung des Gewerkschaftsbundes Deutscher Angestellten),
der NSV.
Der NSKOV (Kriegsopferversorgung).
VDA (Verein für das Volkstum im Ausland).
NS Reichsbund für Leibesübungen (nach Auflösung des Turnvereins Westfalia Epe).
DRK (Deutsches Rotes Kreuz).
Vielleicht auch noch dem Reichsluftschutzbund, jedoch ist dies nicht genau erinnerlich."

Dass er als leitender Angestellter nicht ein politisches Bekenntnis zu den neuen Machthabern abgeben musste, lag natürlich auch daran, dass seine Position in einer holländischen Aktiengesellschaft das nicht zwingend erforderte. Etliche seiner Kollegen dachten anders und wurden Nationalsozialisten. Allerdings hielt er sich außerhalb des Familienkreises mit seiner Meinung dazu und zu den Nazis im Allgemeinen und ihrer Politik zurück, die er jedoch als pöbelhafte Bande verachtete. Diejenigen Kollegen und Bekannten, die in Epe dazu gehörten, mochten auch nicht unbedingt das Ansehen der Nationalsozialisten in seinen Augen heben.

Das Haus der Großeltern in der Vennstraße galt in Nazikreisen zwar nicht als besonders „fortschrittlich" in ihrem Sinne, aber immerhin als so verlässlich, dass ihnen immer wieder „Pflichtjahrmädchen" anvertraut wurden. Nach der Schulzeit, egal ob sie die Schule nach acht Jahren, mit der Mittleren Reife oder dem Abitur verließen, mussten alle Mädchen und jungen Frauen ein sog. Pflichtjahr absolvieren. Man bevorzugte Familien von Nationalsozialisten, gerne Bauernfamilien mit vielen Kindern, denen die „Arbeitsmaiden" helfen mussten. Es war oft schwere Arbeit, vor allem in der Landwirtschaft. Das Pflichtjahr galt als gerechter Ausgleich dafür, dass junge Männer ab 18 zunächst ein halbes Jahr zum Reichsarbeitsdienst eingezogen wurden und danach wehrpflichtig waren.

Da es aber so viele treue NS-Familien gar nicht gab, wie nötig gewesen wären, um die vielen jungen Frauen unterzubringen, berücksichtigte man auch Familien wie die der Großeltern, die zwar politisch nicht so hochwertig waren, aber bei denen die Mädchen etwas lernen konnten, was sie für ihre spätere Aufgabe als Hausfrau und Mutter würden gebrauchen können: kochen, backen, Haushaltsführung, Gartenarbeit.

Wenn Mitglieder der Hitlerjugend im Zweiten Weltkrieg an den „Eintopfsonntagen" kurz vor dem Mittagessen an der Haustür klingelten, „Heil Hitler!" brüllten und schnurstracks in die Küche polterten, um in den Töpfen nachzuschauen, ob es auch wirklich nur den verordneten Eintopf gab, mussten die Großeltern das natürlich wie alle anderen Familien auch hinnehmen. Aber der Großvater verwickelte sie anschließend, nur mühsam einen sarkastischen Tonfall verbergend, in ein Gespräch: ob sie wirklich glaubten, dass seine Frau und er sich über das Gebot hinwegsetzen und so den deutschen Endsieg gefährden würden? Der hinge doch, wie alle wüssten, davon ab, dass es sonntags in jeder deutschen Familie Eintopf gab. Da die meisten HJ-ler ihn kannten und er sie, war ihnen das immer recht peinlich. Erleichtert waren sie dann, wenn er ihnen versicherte: „Ihr tut ja eure Pflicht!" und ihnen die Großmutter einen Apfel oder ein Plätzchen auf den Weg zur nächsten Küche mitgab.

Den „Deutschen Gruß" suchte mein Großvater tunlichst zu vermeiden. Das weiß ich nicht nur von meiner Großmutter, sondern auch von einem Nach-Nachfolger von ihm, der ab 1943 als kaufmännischer Lehrling bei meinem Opa ausgebildet wurde. Die Leitung der Spinnerei wurde in regelmäßigen Abständen von zwei Herren besucht, die offenbar überprüfen wollten, ob in der niederländisch-deutschen Aktiengesellschaft die staatlichen Vorgaben eingehalten wurden. Sie betraten immer mit zackigem „Heil Hitler!" und ausgestreckter Rechten das Kontor. Mein Großvater, so der ehemalige Lehrling, habe sich gelassen aus seinem Bürostuhl erhoben und ihnen mit einem freundlichen „Guten Morgen, meine Herren!" die Hand gereicht, die sie auch ergriffen hätten. Die Atmosphäre sei dann immer recht entspannt gewesen, wie der mittlerweile alte Mann vor einigen Jahren erklärte. Er habe meinen Großvater ob seiner Geradlinigkeit bewundert.

Auch meine Großmutter Clarissa Sparr war eher unpolitisch, wurde aber durch das „Dritte Reich", das den Kirchen teilweise sehr schroff gegenüberstand, zu einer regelmäßigen Kirchgängerin, ob aus religiöser Überzeugung oder aus Antipathie gegen die Nazis, sei dahingestellt.

Sie lehnte auch die Rituale, die Hitlers Anhänger um die Fahne veranstalteten, aus ganzem Herzen ab. So war ihr das Fahnegrüßen zutiefst verhasst. Ständig wurden nämlich Fahnen durch die Straßen getragen, die Hakenkreuzfahne war natürlich immer dabei. Wenn sich eine Gruppe Uniformierter, häufig HJ-Jungen, mit der Fahne näherte, war es damals zwingend vorgeschrieben, diesem Trupp Platz zu machen, also beiseite zu treten. Wurde die Fahne auf dem Bürgersteig herangetragen, und das war meistens der Fall, hatte sie absoluten Vorrang. Die Passanten waren gezwungen, vom Gehsteig auf die Straße auszuweichen, damit die Fahne unbehelligt passieren konnte. Sobald man sich mit der Fahne auf gleicher Höhe befand, musste man innehalten und sie grüßen, d.h. den Hitlergruß mit erhobenem rechtem Arm entbieten.

Wenn unsere Großmutter nun bei ihren Einkäufen im Dorf so ein Häuflein Uniformierter mit der roten Hakenkreuzfahne auf sich zukommen sah, suchte sie, wenn irgend möglich, das Weite. Gerne wich sie in Seitenstraßen aus, die in den Park führten. Wirkte es zunächst wie purer Zufall, so merkten auf die Dauer in einem Ort, wo jeder jeden kannte, die Fahnenträger, dass Frau Sparr, die man doch eben noch auf sich hatte zukommen sehen, plötzlich nicht mehr da war. Nach einer Weile teilte man höherenorts diese Beobachtung unserem Großvater mit. Der tat erstaunt: „Was, meine Frau, die so großes Interesse an Deutschlands Größe hat, soll dem Fahnengruß ausgewichen sein? Das kann ich mir nicht vorstellen." Zu Hause amüsierten sie sich zwar, aber unser Opa riet ihr, es nicht allzu toll zu treiben und die Fahne hin und wieder an sich vorbeiziehen zu lassen und sie zu grüßen, denn das wussten alle damals, mit den Nazis war nicht zu spaßen.

Auch beim Fahnehissen war meine Großmutter nicht sehr eifrig. Damals hatten alle Häuser eine Vorrichtung im 1. oder 2. Stock, in die eine Fahnenstange hineingesteckt werden konnte. Im „Dritten Reich" war es Vorschrift, dass alle Häuser eine Fahne besaßen, da an bestimmten Tagen geflaggt werden musste. Dazu gehörten der 30. Januar als Tag der „Machtergreifung", Hitlers Geburtstag am 20. April, der 1. Mai, der, einst Arbeiterkampftag, von den Nazis als Tag der Arbeit ebenfalls feierlich begangen wurde, der 9. November als Gedenktag an den Münchner Hitlerputsch 1923. Im Krieg kamen dann noch – wenigstens in den Anfangsjahren – die vielen Siege dazu, die auch durch üppigsten Fahnenschmuck gefeiert werden mussten.

Unsere Großmutter hatte eine recht kleine Fahne gekauft, die sich neben der in der anderen Doppelhaushälfte ziemlich bescheiden ausmachte. Während die andere fast bis auf den Boden herabhing, flatterte die im Hause Sparr recht kurz im Wind. Unsere Oma wickelte nämlich die eh schon kleine Fahne zusätzlich noch um die Fahnenstange, sodass vom Hakenkreuz nicht mehr allzu viel zu sehen war. Da das Fahnenhissen kontrolliert wurde, ließ der Blockwart der Vennstraße, der das zu besorgen hatte, nicht lange auf sich warten. „Frau Sparr, Ihre Fahne hängt nicht korrekt." „Das kann nicht sein, ich habe sie doch selbst ausgerollt!" Der Blockwart führte sie in den Vorgarten, um ihr zu zeigen, wie kümmerlich ihre Fahne wehte. „Mein Gott", sagte unsere Oma, „das muss der Wind gewesen sein. Das Fahnentuch hat sich ja richtig um die Stange gerollt. Ich bringe das gleich in Ordnung." Das tat sie zwar auch, aber nach ein paar Stunden hatte der „Wind" sie wieder verkürzt. Der Blockwart machte dieses Spiel zwar ein paarmal mit, riet dann aber unserem Großvater, er möge seine Frau dazu bringen, besser auf die Fahne aufzupassen. Da jeder wusste, wie ein solcher Wink zu verstehen war, tat sie das auch.

Die Familie Vischedyk erinnert sich unseres Großvaters bis heute mit großer Hochachtung. Als dort bereits das sechste Kind geboren war, erhielt der Vater Bernhard plötzlich den Einberufungsbefehl. Er war Arbeiter bei der „Germania", die als Baumwollspinnerei als „kriegswichtiger" Betrieb galt und daher einen Großteil ihrer Beschäftigten als „UK", als unabkömmlich, anerkannt bekam. Aber 1943/44, als schon viele Soldaten gefallen waren, wurden auch kriegswichtige Betriebe nicht mehr verschont. Und so sollte Bernhard Vischedyk eingezogen werden. Unser Großvater, dem als Prokurist die Liste der Männer vorgelegt wurde, fand zu seinem Entsetzen den Namen seines unmittelbaren Nachbarn darauf, der gerade zum sechsten Mal Vater geworden war. Und es gelang unserem Opa tatsächlich, Bernhard Vischedyk von der Liste streichen und durch einen ledigen Arbeiter namens Neukirchner ersetzen zu lassen. Gott sei Dank kam dieser, unverletzt und ohne dass er in Gefangenschaft geriet, aus dem Krieg zurück.

In den letzten Monaten des Zweiten Weltkrieges – Karl Sparr war beinahe 60 Jahre alt – erhielt er plötzlich den Gestellungsbefehl: Er wurde zum „Volkssturm" eingezogen. Der Volkssturm war Hitlers letztes Aufgebot. Alte Männer und Jungen wurden zwangsverpflichtet, um „die Heimat" gegen die heranrückenden Alliierten zu verteidigen. Man ließ sie „Panzersperren" errichten, wie man die Gräben nannte, die quer zur Straße gegraben werden mussten, um die feindlichen Panzer daran zu hindern, in Deutschland weiter vorzudringen. Vor allem im Osten Deutschlands, wo der Volkssturm die Russen aufhalten sollte, sind viele Alte und ganz Junge in den letzten Kriegswochen umgekommen oder in russische Gefangenschaft geraten.

Unser Großvater wurde mit anderen alten Leuten und einigen 14-Jährigen auf der Gronauer Straße eingesetzt, ihre Gräben sollten den englischen Panzern Einhalt gebieten. Er fand sich mit einem Spaten, der von zu Hause mitzubringen war, an der vorgesehenen Stelle ein. Die anderen Männer, die ihn natürlich kannten, darunter viele ehemalige Arbeiter der „Germania", sahen sehr schnell, dass er nicht graben konnte. Er hatte das noch nie gemacht und stellte sich so ungeschickt an, dass er allen im Weg stand und sie aufhielt. Endlich sagte einer: „Lassen Sie man, Herr Sparr, setzen Sie sich hin, wir schaffen das besser ohne Sie. Es kommen auch wieder Zeiten, wo wir Ihre Hilfe brauchen." Er war ihnen sehr dankbar, auch sein Herz machte sich bei der ungewohnten Anstrengung bemerkbar. Er setzte sich also an den Straßenrand. Plötzlich kam der die ganze Aktion beaufsichtigende Offizier auf ihn zu und schrie mit bellender Stimme: „Stehen Sie auf und arbeiten Sie, oder ich bringe Sie vor das Kriegsgericht!" Unser Großvater blickte überrascht auf, die Stimme kannte er doch! Sie gehörte dem ersten Lehrer seiner Tochter, einem Mann, bei dem sie nicht viel gelernt hatte. Lehrer H., mit dem er früher auch schon Schach gespielt hatte, mittlerweile auch gealtert, war ebenfalls zum Volkssturm eingezogen worden und befehligte nun als Hauptmann der Reserve die anderen Alten. Unser Großvater erhob sich: „Ach, Herr H., Sie sind das. Wenn Hitler lauter solche Hauptleute gehabt hätte wie Sie, hätte er den Krieg sicher schon längst verloren. Und jetzt können Sie mich vor das Kriegsgericht bringen." Die anderen Männer hielten den Atem an. Lehrer H. aber, der wohl klug genug war, nicht kurz vor dem Ende einen unbescholtenen Mann ans Messer zu liefern und für sich dadurch in der Zeit nach Hitler ungünstige Ausgangsbedingungen zu schaffen, drehte sich um und stapfte mit militärischen Schritten davon. Unserem Großvater ist nichts geschehen, die Engländer waren einige Tage später in Epe.

Unmittelbar nach Kriegsende begab sich mancher Nazi im Zusammenhang mit seiner Entnazifizierung auf die Suche nach angesehenen unbelasteten Zeitgenossen, die ihm bezeugen sollten, dass er zwar Mitglied der NSDAP gewesen war, aber nicht mit verbrecherischen Aktionen in Zusammenhang gebracht werden könne. Man nannte solche Zeugnisse „Persilscheine", da sie geeignet waren, den Belasteten nachträglich wieder eine weiße Weste zu verschaffen. Unser Großvater hatte offenbar ein so großes Ansehen, dass der 1945 abgesetzte Eper Nazibürgermeister ihn auch um einen solchen „Persilschein" anging, der sich in der Abschrift erhalten hat:

Zur Persönlichkeit des früheren Bürgermeisters von Epe, Herrn R., möchte ich mich wie folgt äußern:

Ich habe Herrn R. nur in seiner Eigenschaft als Vorsitzender des Vorstandes der Gemeindesparkasse Epe (Westf.) kennen gelernt. Diesen Posten hat er absolut objektiv ausgefüllt, das heißt: er hat sich zu allen vorgekommenen Fragen neutral eingestellt und niemals den Parteimann herausgekehrt. Seine Objektivität ging so weit, dass er als Vorsitzender des Sparkassen-Vorstandes vor Maßnahmen gegen sogenannte „alte Kämpfer" nicht zurückschreckte, was ihm unter den Partei-Mitgliedern viele Gegner eingebracht haben mag.
Das Zusammenarbeiten mit Herrn R. im Sparkassen-Vorstand war durchaus befriedigend. Er achtete auch andere Meinungen, sodass die Beschlüsse des Sparkassen-Vorstandes stets einstimmig gefasst werden konnten.

Epe (Westf.), den 18. Dezember 1946.
gez. Karl Sparr

Karl und Clarissa Sparr mit den Enkelinnen, Geeske links, 1946

Als unsere Familie, von der unsere Großeltern monatelang nichts mehr gehört hatten, im Sommer 1945 plötzlich in Epe auftauchte, waren sie überglücklich, hatten sie doch bis dahin meine Zwillingsschwester und mich noch nie gesehen. Unser Großvater starb 1948 kurz vor der Währungsreform an Herzversagen, unsere Großmutter, der ich mich immer besonders verbunden fühlte und sie mir, 1973. Sie hatte seit 1958 in unserer Familie in Nürnberg gewohnt und noch ihre vier Urenkel erlebt.

Geeske Spinn übernahm mit ihrem Mann die Industrievertretungen ihres Vaters. Sie hat drei Kinder und fünf Enkelkinder und lebt heute in Kitzbühel.

Willi Hartmann: Ein Napola-Schüler jagt im Odenwald Rehe mit amerikanischen Soldaten

Ich wurde 1932 in Neulußheim in der Nähe von Hockenheim geboren. Als meinem Vater, der beim Arbeitsamt angestellt war, 1937 eine Stelle im Odenwald angeboten wurde, verließen wir den Ort.

Kinderparadies Felsberg

Mein Kinderparadies wurde der etwa 500 m hohe Felsberg, hoch über dem „Felsenmeer" bei Heppenheim an der Bergstraße gelegen. Hier gab es nur drei Häuser. Da war zunächst das „Erholungsheim Felsberg", das von der Mannheimer Landmaschinenfabrik Lanz für ihre Mitarbeiter unterhalten wurde, die sich hier nach längerer Krankheit erholen konnten. Mein Vater wurde Hausverwalter und blieb es auch, als die LVA Baden und dann die LVA Hessen das Heim übernahmen. Die einzige Bedingung war es, in die NSDAP einzutreten. Meine Mutter war für die Hauswirtschaft einschließlich der Küche zuständig. Nebenan stand das zweite Haus, eine Gastwirtschaft, und schließlich gab es noch das Forsthaus. Überragt wurde die kleine Ansiedlung vom Ohlyturm, auf dem während des Krieges eine Sendeanlage installiert war.

„Erholungsheim Felsberg"

1939 war ein wichtiges Jahr für mich: meine Geschwister wurden geboren, ein Zwillingspärchen, und ich kam im April in die Schule. Gott sei Dank gab es noch ein weiteres Erstklässlerkind, meine kleine Freundin Traude aus dem Gasthof, mit der ich den mühsamen Schulweg gemeinsam machen konnte. Wir mussten bei jedem Wetter 45 Minuten hinunter nach Beedenkirchen gehen, um dort die einklassige Dorfschule zu besuchen. Das war im Winter besonders mühsam. Manchmal lag viel Schnee, und ein Weg war meist noch nicht getram-

Schulweg, links Willi, rechts Traude

pelt, an einen Räumdienst war nicht zu denken. Zudem war die Kleidung, die wir trugen, nach heutigen Gesichtspunkten höchst ungeeignet. Kleine Jungen trugen damals keine langen Hosen, sondern solche, die eben die Knie bedeckten. Im Herbst und Winter wurden lange Wollstrümpfe darunter gezogen, die mit Strumpfbändern an ein Leibchen geknöpft wurden. Die Wollstrümpfe kratzten entsetzlich, und wer wie ich sehr empfindlich war, hatte feuerrote Oberschenkel. Meine Mutter litt mit mir, und als ihr mein Vater, der bei Kriegsausbruch sofort eingezogen wurde und in Belgien stationiert war, einmal ein Paar Nylonstrümpfe schickte, opferte sie sie für mich. Ich zog sie unter die kratzigen Strümpfe, und nun ließ sich alles viel leichter ertragen.

Jungvolk und Napola

Ich fieberte meinem 10. Geburtstag 1942 entgegen, denn da konnte ich endlich ins „Jungvolk" eintreten und die bewunderte Uniform tragen. Ich wurde ein begeisterter „Pimpf", die Schnitzeljagden, das Völkerballspielen, die Leichtathletikwettkämpfe auf dem Sportplatz von Beedenkirchen, die „Fahrten" mit den anderen Jungen – alles gefiel mir ausgezeichnet. Mein Vater, der mittlerweile als unabkömmlich galt und daher aus der Wehrmacht zurückgekehrt war, weil seine Aufgabe als Leiter eines Erholungsheimes als wichtig angesehen wurde, sah mein Engagement im Jungvolk gerne. Er wollte nämlich, dass ich das Gymnasium besuchen sollte, und sorgte sich, wie das vom Felsberg aus für mich zu schaffen sei. Es gab damals weit und breit kein Gymnasium, ich hätte bis nach Darmstadt fahren müssen, und das hätte bedeutet, dass ich mit zehn Jahren morgens um 6 Uhr das Haus hätte verlassen müssen, um auch im Winter allein zur Kuralpe bei Bensheim zu gehen und dort in eine Art Straßenbahn nach Darmstadt zu steigen. Eine unmögliche tägliche Belastung!

Da mir also Gemeinschaftsleben offenbar nichts ausmachte, griff mein Vater den Vorschlag eines Bekannten auf, der in einer Napola, einer Nationalpolischen Erziehungsanstalt, Lehrer war, und zwar in Prag. Bekanntlich sollte in den Napolas der politische und intellektuelle Nachwuchs der NSDAP herangezogen werden.

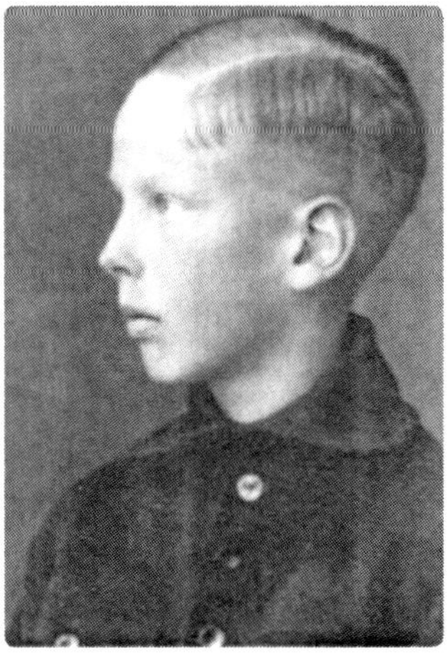

Willi in Prag, 1943

Ich freute mich darauf, und so brachte meine Mutter mich im Dezember 1942 nach Prag. Alles dort gefiel mir. Wir waren etwa 25 Jungen in der Klasse, von denen viele aus Wien stammten. Mit einem freundete ich mich besonders an und durfte ihn auch einmal für einige Tage nach Wien begleiten. Dass ich jetzt täglich Uniform tragen musste, machte mir nichts aus, ebenso wenig die vormilitärische Ausbildung mit Schießübungen am Schießstand. Wir lernten alle Waffengattungen kennen, und auch das Exerzieren kam natürlich nicht zu kurz. Ich war damals schon sehr groß, und so durfte ich die Fahne tragen, was mich mit großem Stolz erfüllte. Wir hatten auch „normale" Schulfächer, Deutsch, Mathematik und Englisch.

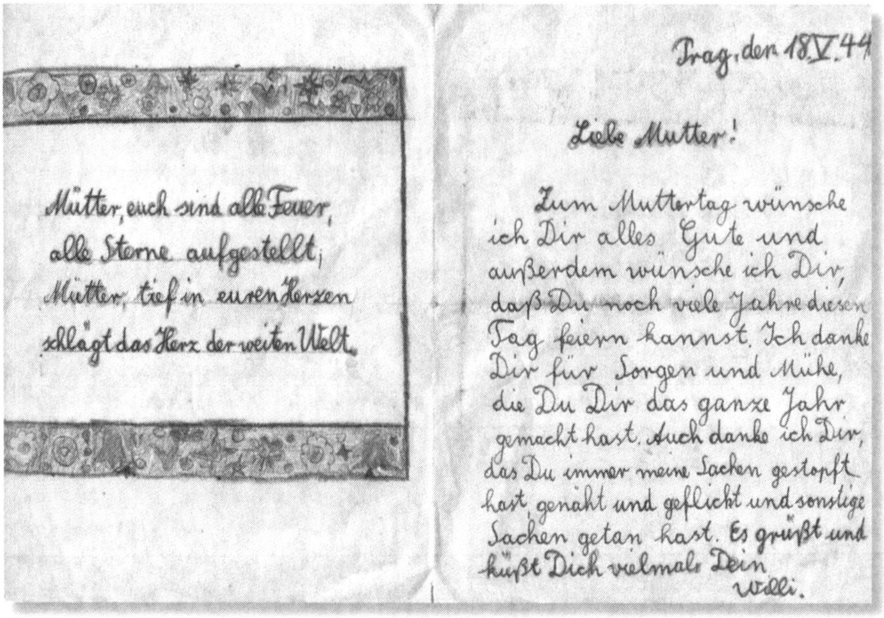

Mütter, euch sind alle Feuer,
alle Sterne aufgestellt;
Mütter, tief in euren Herzen
schlägt das Herz der weiten Welt.

Prag, den 18.V.44

Liebe Mutter!

Zum Muttertag wünsche ich Dir alles Gute und außerdem wünsche ich Dir, daß Du noch viele Jahre diesen Tag feiern kannst. Ich danke Dir für Sorgen und Mühe, die Du Dir das ganze Jahr gemacht hast. Auch danke ich Dir, das Du immer meine Sachen gestopft hast, genäht und geflickt und sonstige Sachen getan hast. Es grüßt und küßt Dich vielmals Dein

Willi.

Willis Brief zum Muttertag 1944

Als der Kampfflieger Rudel, einer der höchst dekorierten Offiziere des Krieges, in Prag erwartet wurde, mussten wir Napola-Schüler stundenlang antreten, um ihn gebührend zu empfangen. Einige Mitschüler kippten infolge der Strapazen einfach um. Ich stand in der ersten Reihe und sah ihn von ganz nah. Mein eigentlicher Held aber war der Jagdflieger Mölders, der 1941 bei einem Flugzeugabsturz ums Leben gekommen war. Er gefiel mir auch deshalb, weil er oft mit einer Me 109 zu sehen war, einem einsitzigen Jagdflugzeug der Firma Messerschmidt, das mich faszinierte. Ich kannte mich mit allen technischen Details aus. Dass meine Idole während des Krieges und im Falle Rudel auch danach eine höchst dubiose politische Rolle gespielt hatten, war mir damals natürlich nicht bekannt.

Bereits im Frühjahr 1944 bekamen auch wir Schüler mit, dass die Rote Armee sich näherte, wenn darüber natürlich auch nicht offen gesprochen wurde. Aus den Fenstern unserer Schule, die etwas am Stadtrand lag, konnten wir nachts häufig kurz aufblinkende Lichter beobachten. Das waren Partisanen, die sich kontaktierten, und wir Schüler waren gehalten, es zu melden, damit sie „ausgehoben" werden konnten, wie man uns sagte. Da kamen wir uns sehr wichtig vor.

Über Weihnachten und in den Sommerferien reisten die Napola-Schüler nach Hause. Aus den Sommerferien 1944 ließen mich meine Eltern nicht mehr nach Prag zurückkehren. Das Vorrücken der Roten Armee und die Partisanentätigkeit, von der ich natürlich berichtet hatte, erschienen ihnen zu gefährlich. Auch die letzte Heimfahrt war bereits sehr problematisch gewesen. Mein Vater hatte mir kurz vorher nach Prag geschrieben, ich solle nur mit kleinem Gepäck reisen, das hieß mit einem kleinen Koffer und einem Rucksack. So hätte ich immer eine Hand frei, um mich zur Not an Griffen festhalten zu können. In der Gegend von Leipzig wurde unser Zug von Tieffliegern beschossen. Ein SS-Trupp, der auch mit im Zug war, ließ geistesgegenwärtig den Zug räumen, und ein Soldat warf mich in einen Graben neben dem Gleis. Er presste meinen Kopf nach unten, deckte mich mit seinem Körper, und ich habe noch im Ohr, wie er sagte: „Besser ich als du!" Nach wenigen Minuten war der Angriff vorbei, die Lok war noch funktionsfähig, und wir fuhren weiter.

Als im September die Schule wieder begann, blieb mir nichts anderes übrig, als mich wieder in der einklassigen Dorfschule in Beedenkirchen einzufinden. Jetzt war ich zwar 12 Jahre alt, durch den Aufenthalt in Prag recht selbstständig geworden und hätte vielleicht die tägliche Fahrt nach Darmstadt bewerkstelligen können, aber die ständigen Bombenangriffe auf Züge und Städte in unserem Raum hielten meine Eltern davon ab, mir das zu erlauben. Auch waren, wie sie erfuhren, Schulen in Städten bereits geschlossen und die Schüler „kinderlandverschickt". Es muss ein seltsamer Anblick gewesen sein, als ich am ersten Schultag das Klassenzimmer in Beedenkirchen betrat, zackig meine Hacken zusammenschlug, eine starre Haltung einnahm und dann mit erhobenem Arm „Heil Hitler" rief. Ich erinnere mich jedenfalls noch genau daran, mit welch seltsamem Gesichtsausdruck mich die Schüler und der Lehrer anstarrten. Dass mich die Bauernkinder in dem 600-Seelen-Dorf dann nicht unbedingt zum Freund haben wollten, kann ich heute verstehen, aber damals schmerzte es mich.

Auf Rehjagd mit amerikanischen Soldaten

Anfang April 1945 wurde der Felsberg von amerikanischen Soldaten besetzt. Das Motorengeräusch ihrer Fahrzeuge hörte man lange, bevor man sie sah. So hatte meine Mutter Zeit, an der Fahnenstange auf der Terrasse des Kurheims ein weißes Bettlaken aufzuziehen. Ich war so verzweifelt, dass meine bisher so intakt geglaubte Welt nicht mehr existierte, dass ich mit meinem Fahrtenmesser die Leine kappte und das Bettlaken zu Boden fiel.

Die Amerikaner interessierte das nicht weiter, als sie mit einem Maschinengewehr auf der Ladefläche eines Lkw vor dem Eingang stoppten. Meine Mutter sagte leise zu mir: „Willi, wir haben den Krieg verloren!" Zu der Zeit waren im Erholungsheim deutsche Soldaten einquartiert, eine Nachrichtentruppe, die zu dem Sender auf dem Ohlyturm gehörte, ihre Waffen waren in einem Anbau untergebracht. Als die amerikanischen Soldaten fragten, ob Waffen im Haus seien, führte meine Mutter sie in den Extraraum. Sie luden alle Waffen auf ihre Lastwagen und fuhren sie weg. Ob sie die deutschen Soldaten gefangen nahmen, weiß ich nicht mehr.

Etwa vier Wochen später erschien ein englisch sprechender Leutnant und fragte mich, ob ich wüsste, wo im Wald Wild stehe. Ich freute mich, dass ich in seiner Sprache antworten konnte, und sagte ihm, dass mir die Plätze schon bekannt seien, dass ich aber nicht ohne Weiteres dort hinkommen könne. Das war für die Amerikaner kein Problem. Am nächsten Tag wurde ich von einem Jeep abgeholt und fuhr mit zwei Soldaten auf die Pirsch. Sie hatten die Absicht, die Rehe, die sie schießen wollten, mit ihrem Karabiner zu erlegen. Ein törichtes Unterfangen, wie ich ihnen auf Englisch klarmachte, denn ein schmales Reh mit einem Karabiner zu töten hätte bedeutet, dass von dem Tier nicht mehr viel übrig geblieben wäre. Ich riet zu Flinten, die sie sich beim Forsthaus besorgten, und wir waren tatsächlich erfolgreich: Ich wusste, wo Rehwechsel war, und lotste sie dorthin, sie erlegten ein Reh. Wir fuhren zurück zum Heim, ein Metzger wurde herbeibefohlen, der das Reh aufbrach, und meine Mutter musste es häuten und braten. Es fand eine große Schmauserei bei uns statt, mit am Tisch saßen die deutschen „Frauleins", die die Soldaten mittlerweile hatten, und auch wir waren eingeladen und saßen mit den Siegern einvernehmlich zusammen. Es gab Ansprachen und für uns Kinder reichlich Schokolade und Kaugummi.

Ich bin noch einige Male mit auf Pirsch gefahren. Die Amerikaner hatten sich mein Zimmerfenster zeigen lassen, an das sie in aller Herrgottsfrühe kleine Steinchen warfen, wenn sie mich brauchten, damit das übrige Haus nicht aufgeweckt wurde. Bei unseren Fahrten achteten sie immer darauf, dass ich nicht zu nahe an die Gewehre kam. Ganz schienen sie mir doch nicht getraut zu haben!

Die ersten Jahre in Mannheim

Ende 1945 wurde meine Mutter aufgefordert, mit uns Kindern den Felsberg zu verlassen. Wir wurden mit einem Auto, das mit Holzvergaser betrieben wurde, nach Mannheim-Neuostheim gefahren und in der ehemaligen Fliegerkaserne untergebracht. Unsere Adresse war Seckenheimer Landstr. 2a, Bau 3. Im Hof der Kaserne stand eine Me 109, für mich bekanntlich der Traum von einem Jagdflugzeug, allerdings ohne Motor. Da kletterten wir Buben oft hinein und saßen mit erhabenem Gefühl in der Pilotenkanzel.

Mein Vater kehrte Anfang 1947 aus amerikanischer Gefangenschaft zurück. Er war 1944 noch einmal eingezogen und in der Nähe von Reims zunächst von französischen Truppen gefangen genommen worden. Im Unterschied zu den meisten anderen gefangenen Deutschen ging es ihm vergleichsweise gut. Er sprach perfekt Französisch, da er als junger Mann viele Jahre in Montreux in der Schweiz gelebt hatte, wo seine Schwester ein Konfektionsgeschäft betrieben hatte. Daher brauchte er nicht im Freien zu schlafen, sondern hatte als Dolmetscher ein Feldbett in der Kommandantur. Nachdem er nach seiner Heimkehr „entnazifiziert" worden war, machte er sich Ende der 40er Jahre mit einem Friseursalon in Neuostheim selbstständig.

1946 war die Frage zu klären, wie es mit meiner Schulausbildung weitergehen sollte. Seit 1942 war sie ja nicht eben kontinuierlich verlaufen: Die anderthalb Jahre in Prag waren mehr mit vormilitärischen Übungen als mit Lerninhalten verbracht worden, die paar Monate danach in der Dorfschule in Beedenkirchen auch nicht sehr nachhaltig gewesen. Ob ich in einem Gymnasium den Anschluss finden würde, war also nicht sicher. So wurde beschlossen, dass ich eine Lehre als Fachdrogist machen solle. Der Plan gefiel mir. Ich lernte bei der Storrschen Drogerie in H 1, 16 und blieb nach der Ausbildung noch einige Jahre dort. 1960 eröffnete ich in Brühl eine Fotodrogerie, die ich bis 1992 führte und dann verpachtete. Meine Frau und ich, mit der ich mehr als 60 Jahre verheiratet bin, lebten bis Sommer 2018 in unserem geräumigen Haus in Brühl. Haus, Hof und Gartenarbeit konnten wir nicht mehr bewerkstelligen. Seit 1. September 2018 wohnen wir in einer schönen Wohnung im „ThomasCarree" in Neuostheim.

Thomas Deffner: Mein Vater – Episoden aus einer Kindheit im „Dritten Reich" in Ansbach

Mein Vater Helmut wurde 1935 in Ansbach geboren. Mit dem Ende der Nazi-Herrschaft war auch seine Grundschulzeit beendet. Er war ein sportlicher und offenbar mutiger kleiner Bursche, aufgewachsen in einem gutbürgerlichen, protestantischen Elternhaus, in dem sein Vater, ein selbstständiger Geschäftsmann, ein strenges Regiment führte. Dieser war ein aufrechter Nazi-Gegner, ging sonntags selbstverständlich mit Zylinder zur Kirche und hielt sich im Übrigen – auch der Familie wegen – bedeckt.

NS-Rituale

Wenn der kleine Helmut krank war – und er litt als Kind häufig unter Halsentzündung –, spielte er am liebsten mit seinen Lineol Spielzeugsoldaten. Sein größter Wunsch war eine kleine Hitler-Figur, deren rechten Arm man zum Hitlergruß heben konnte. Seine herzensgute Mutter erfüllte ihrem Liebling diesen Wunsch, und auch Hermann Göring, den rechten Arm mit Marschallstab erhebend, wurde gekauft. Der erboste Vater verlangte, dass beide Figuren von seiner Frau ins Spielzeuggeschäft zurückgetragen werden sollten, denn so etwas wollte er in seinem Haus nicht dulden. Verständlicher- und auch vernünftigerweise weigerte sie sich, denn ein Zurückbringen der Figuren hätte ungeahnte Folgen haben können.

In der Schule war es üblich, dass vor Unterrichtsbeginn alle Schüler in Reihen zum Appell auf dem Schulhof antreten mussten. Die Hakenkreuzfahne wurde gehisst, und diverse Kampflieder wurden gesungen. Schon bald wusste der kleine Helmut, wo man sich am geschicktesten hinstellte: vor allen Dingen nicht in die erste Reihe! Man stand nämlich während der gesamten Zeremonie mit erhobenem rechtem Arm, der mit jeder gesungenen Strophe matter wurde. Da war es ein Glück, wenn man einen Vordermann hatte, auf dessen Schulter man sachte die Hand auflegen konnte.

Ein stadtbekannter „Goldfasan", also ein höherer Parteiführer mit entsprechenden Ehrenzeichen, wurde von den Kindern vorschriftsmäßig mit dem „deutschen Gruß" gegrüßt. Sahen sie ihn von weitem, rannten sie zu ihm und hoben den Arm. Und er, auch wenn es sich hier um kleine Rotznasen handelte, stach zackig seinen rechten Arm nach oben und brüllte:"Heil'dler". Die Kinder freuten sich diebisch.

Zwangsarbeiter und Gefangene

In der Nähe des Elternhauses gab es ein Baugeschäft, in dem russische Kriegsgefangene und Zwangsarbeiter eingesetzt waren. Auf seinen Streifzügen entdeckte Helmut die Baracken, in denen die Männer untergebracht waren. Er knüpfte Kontakte mit ihnen und bemerkte schnell, dass sie hungerten. Fortan brachte er ihnen heimlich Brot, was seine Eltern offenbar auch guthießen; und eines Tages schenkte ihm ein Russe eine selbstgeschnitzte kleine Kanone.

Es gab auch mit italienische Gefangene – eigentlich waren das sog. „Militärinternierte", MI, die möglicherweise zur Zwangsarbeit für die deutsche Rüstungsindustrie gebraucht wurden. Dieser Status verhinderte, dass die Männer den Schutzstatus als Kriegsgefangene genossen, sie erhielten auch keine Betreuung durch das Internationale Komitee des Roten Kreuzes. Der Umgang mit ihnen gestaltete sich etwas frivoler: Helmut und seine Freunde sahen sie in einem Güterzug auf dem Bahngleis stehen, das nahe an seinem Elternhaus vorbeiführte. Sie liefen zu ihnen und riefen: „Du Badoglio!" Die Soldaten protestierten: „Nix Badoglio - Mussolini, Mussolini!" Aber auch hier kam es zu näheren Kontakten und Warentausch: Die Italiener hatten Fleischkonserven, die Kinder Brot.

Pietro Badoglio, ranghoher General bei der Eroberung von Teilen Nordafrikas durch Italien, war zunächst Parteigänger Mussolinis. Unter dem Eindruck der von Sizilien nach Norden vorrückenden Amerikaner schloss er sich dem antifaschistischen Bündnis unter Führung des italienischen Königs an und wurde von diesem 1943 zum Ministerpräsidenten ernannt. Mussolini wurde abgesetzt und inhaftiert und dem Deutschen Reich, also dem bis vor kurzem Verbündeten, der Krieg erklärt. Die deutsche Wehrmacht nahm in den folgenden heftigen Kämpfen in Nord- und Mittelitalien Hunderttausende italienischer Soldaten gefangen und brachte sie teilweise zur Zwangsarbeit ins Reich.

Das Waldhaus

Helmuts Eltern hatten Ende der 20er Jahre ein Grundstück in einem Waldgebiet gekauft, etwa einen Kilometer vom nächsten Dorf entfernt, auf das sie ein kleines Holzhaus gebaut hatten - geeignet auch zum Übernachten, aber ohne Strom. Hierhin begleitete Helmut seinen Vater oft. Dann wurde gearbeitet, und es wurden die drei, manchmal vier Bienenvölker gepflegt. Während des Krieges suchte der Vater abends seinen Jugendfreund im Dorf auf, um BBC zu hören, was natürlich streng verboten war. Die Männer saßen dann in der Scheune, versteckt unter zwei Wolldecken, und lauschten dem englischen „Feindsender".

Schießübungen 1943

Helmut blieb im „Waldhaus" allein. Zu seiner großen Beruhigung lag jedoch ein schwerer französischer „Lebel"-Trommelrevolver - der Vater hatte ihn aus dem Ersten Weltkrieg mitgebracht - neben ihm auf dem Tischchen, geladen! Er wusste mit der Waffe umzugehen und hatte mit seinem Vater Schießübungen gemacht. Die Kugeln durchschlugen 5 cm dicke Bohlenbretter. Halten konnte Helmut die Waffe nur mit beiden Händen. Vater und Sohn hatten einen Erkennungspfiff verabredet. Ertönte dieser, war alles in Ordnung. Hörte Helmut aber Geräusche, die ihm fremd waren, sollte er in die Richtung feuern, denn an Zielen war nicht zu denken, der Revolver war viel zu schwer für den Buben. Später erzählte mein Vater mir, er habe sich so sicher gefühlt wie in Abrahams Schoß – mit dem geladenen Revolver neben sich. Unheimlich wurde es ihm eher, wenn ein Käuzchen schrie.

Bei Kriegsende vergrub man die Waffe, wie so viele Deutsche das taten, im Wald und wollte sich die Stelle durch eine kleine Mulde merken. Sie wurde nie mehr gefunden! Die beiden Säbel, die im Besitz der Familie waren, einen ziselierten Ulanen-Offizierssäbel und einen gebogenen Mannschaftssäbel der Chevauleger von den Großvätern, zerbrach man, damit die Amerikaner sie nicht bekamen.

Zu den Hobbys meines Großvaters gehörten die Bienenstöcke mit etwa drei oder vier Völkern. Helmut gefiel die Arbeit mit ihnen, und auch die süße Ernte war nach seinem Geschmack. Nur einmal war das Ergebnis nicht das gewünschte: Nicht allzu weit entfernt vom Waldgrundstück, wo die Bienenkästen standen, verlief die Bahnstrecke nach Stuttgart. Im Bahnhof Wiedersbach stand ein Versorgungszug mit Zucker, der von Tieffliegern in Brand geschossen wurde. Wochenlang flogen die Bienen den geschmolzenen Zuckerberg an. Im darauffolgenden Winter strich sich die Familie Honig aufs Brot, der schwarze Partikel enthielt und ziemlich stark nach verbranntem Karamel schmeckte.

Die letzten Kriegswochen in Ansbach

Kurz vor Kriegsende bekam Helmuts Vater noch den Befehl, zum Volkssturm einzurücken. Bisher war er verschont geblieben, denn er war Kriegsteilnehmer im Ersten Weltkrieg gewesen und hatte sich durch das Sandsackschleppen in den Schützengräben eine Herzschwäche zugezogen. Aber nun sollte er mit dem Volkssturmbataillon 7/108 Franken an der Oder die Russen aufhalten. Mein Vater erinnerte sich an den langen grauen Mantel, mit dem mein Großvater eingekleidet wurde. Doch einen Tag, bevor er abmarschieren musste, erkrankte er an einer Gürtelrose im Gesicht und war unfähig mitzugehen. Das Bataillon der alten Männer hatte schwere Verluste zu verzeichnen.

Auch in Ansbach musste man sich immer mehr an Bombenalarm gewöhnen. Bis zum 22. Februar 1945 ging die Bevölkerung recht sorglos damit um, denn die Bomberverbände flogen das ca. 40 km entfernte Nürnberg an. Aber dann war auch Helmuts Heimatstadt an der Reihe. So schilderte er dieses traumatische Erlebnis:

„Es war ein Donnerstag, ein klarer, sonniger Tag mit fast schon frühlingshaften Temperaturen. Ich besuchte damals die 4. Klasse der Luitpoldschule. Wir hatten am Vormittag eine Kinovorstellung in den Schloss-Lichtspielen besucht und gingen nach der Vorstellung nach Hause. Mein Klassenkamerad und bester Freund, Hermann Schuster, war bei mir. Vor meinem Elternhaus in der Endresstraße trennten wir uns gegen 11.05 Uhr, nachdem wir vereinbart hatten, dass Hermann nach dem Mittagessen zu mir kommen sollte. Wir wollten gemeinsam unsere Hausaufgaben machen, deshalb nahm ich seinen Schulranzen gleich mit ins Haus.

Kaum war ich in der Wohnung, als Voralarm gegeben wurde. Das passierte mehrmals am Tag, und wenn der feindliche Bomberverband über Ansbach weiterflog, kam es nicht zum Hauptalarm. Plötzlich begann die Flak am Bahnhof zu schießen. In unserem Geschäftshaus, das mitten in der Stadt lag, hatten wir auf dem Dach eine sog. Altane, die ich an schönen Tagen zum Spielen benutzte. Ich lief sofort hinauf, um besser sehen zu können, was es mit dem Schießen auf sich hatte. Was ich sah, war für mich damals Zehnjährigen faszinierend: Zwei oder drei amerikanische Thunderbolts flogen im Tiefflug die Bahnstrecke entlang, die etwa 150 bis 200 Meter entfernt verlief. Im Bahnhofsbereich hatte eine Vierlingsflakbatterie, die von vierzehnjährigen Flakhelfern bedient wurde, das Feuer eröffnet, ohne jedoch zu treffen. Dieses Spektakel dauerte nur wenige Minuten, dann war es wieder ruhig. Ich verließ die Altane und ging in die Küche zum Mittagessen. Ich weiß noch wie heute, dass es mein Leibgericht gab: Kartoffelsuppe mit Rauchfleisch! Während des Essens wurde Hauptalarm gegeben. Meine Mutter drängte mich zum sofortigen Aufbruch in den Luftschutzkeller. Sie nahm unsere Köfferchen, die immer bereitstanden, und ging vor mir die Treppe hinunter. Ich folgte ihr nur langsam, meinen Suppenteller in der Hand, eifrig löffelnd. Unten stand ich dann im Flur, immer noch essend; da schrie meine Mutter plötzlich, ich solle schnell kommen. Sie war aus der Haustür getreten und hatte die Flugzeuge, die niedrig über der Stadt flogen, gesehen. Ich stellte meinen Teller ab und sprang ins Freie. Ein Bomberverband flog direkt über uns, viel lauter und viel tiefer als sonst. Da meine Eltern eine Drogerie hatten und unser Keller wegen etlicher leicht brennbarer Chemikalien nicht als Luftschutzraum zugelassen war, hetzten wir über die Straße, etwa 60 m zum Luftschutzkeller, in den wir zugewiesen worden waren.

Meine Mutter hatte das Haus bereits betreten und eilte in den Keller. Sie hatte nicht bemerkt, dass ich am Eingang stehen geblieben war. Mich faszinierten die in der Sonne glitzernden Flugzeuge, die sich mit tiefem Dröhnen über mir langsam entlang der Bahnstrecke bewegten. Plötzlich mischten sich in das tiefe Brummen helle, pfeifende Töne, die immer lauter wurden. Von den Flugzeugen lösten sich kleine schwarze Pünktchen, die sich in Windeseile vergrößerten. In panischer Angst – ich hatte erkannt, dass Bomben auf uns fielen – rannte ich ins Haus und hörte von unten meine Mutter schreien. Plötzlich schwankte die Treppe, ich fiel die Stufen hinab. Am Kellereingang packte man mich und zog mich in den Luftschutzraum. Ein Krachen und Bersten erfüllte den Keller. Wir Kinder wurden unter einen Stahlträger gestellt, der der sicherste Platz sein sollte. Die Wände schwankten, und beißender Pulvergeruch erfüllte die Luft. Die Menschen im Keller weinten, schrien, beteten. Ich glaubte, dass wir alle sterben müssten. Langsam ebbte der Lärm ab, die Heftigkeit der Stöße nahm ab, die Einschläge schienen sich zu entfernen. Schließlich hörten die Detonationen auf, und das Dröhnen der Flugzeuge war nicht mehr zu hören. Dann kam Entwarnung. Vorsichtig wurde die Stahltüre geöffnet, der Weg nach oben war frei. Aber welcher Anblick bot sich uns draußen! In der Feldstraße qualmte es, die Wohnhäuser Endresstraße 43 und 45 waren nur noch ein rauchender Trümmerhaufen. Alle 15 Bewohner des Hauses 43 konnten nur noch tot geborgen werden. Das Elternhaus stand noch. Die beiden großen Schaufensterscheiben waren geborsten, Teile der Auslage und Dekoration lagen auf der Straße. Die Fenster der Wohnung waren gesprungen. Wir gingen ins Haus. Mein Blick fiel auf den Teller mit Kartoffelsuppe, die mit einer dicken Staubkruste bedeckt war. Bei einem Rundgang durch das Haus stellten wir fest, dass alles heil geblieben war.

Dann fiel mir mein Freund Hermann ein. So schnell ich konnte, lief ich zum Haus meines Freundes, direkt am Bahndamm gelegen. Es war nur noch ein Trümmerhaufen. Feuerwehrleute bargen die Verschütteten. Man schickte mich fort, Kinder konnte man da nicht gebrauchen. Nach einigen Stunden erfuhr ich, dass die ganze

Familie tot war. Man hatte sie in die Kundnersche Scheune gelegt. Ich ging hin. Die Tür stand einen Spalt breit offen, und ich konnte hineingehen. Hermann lag neben seinen zwei kleinen Brüdern und seiner Mutter. Sein Gesicht war bleich, man sah keine Verletzungen. Sein dunkles Haar war wie mit Mehl überstäubt. Heulend rannte ich nach Hause."

Helmuts Kinder- und Jugendfreund Udo hatte ähnliche verstörende Erlebnisse. Er wohnte bei seiner Tante und Großmutter. Letztere weigerte sich, das Haus zu verlassen, wenn es Alarm gab, aber die Verantwortung für den Jungen veranlasste sie, den kleinen Udo bei Voralarm, bewaffnet mit Rucksäckchen und Schemel, in die Stollen am Triesdorfer Berg zu schicken, in denen zu Zeiten des Markgrafen im 18. Jahrhundert Sand abgebaut worden war. Den Bericht über die Bomberanflüge verfolgte Udo, vor dem Radio sitzend, um dann selbstständig rechtzeitig von zu Hause loszugehen. Mit vielen anderen Ansbacher Bewohnern saß er dann unter Tage und wartete auf Entwarnung. So war es auch am Tag der Bombardierung. Als die Angriffe vorbei waren und Udo die brennenden Häuser im Tal sah, rannte er mit unglaublicher Angst Richtung Innenstadt, denn das Haus der Großmutter war nicht mehr als 300 m Luftlinie entfernt vom Bahnhofsgelände. Über Trümmer und Bombenkrater bahnte er sich seinen Weg zum Haus, das zum Glück noch stand. In den folgenden Tagen vergnügte er sich mit anderen Kindern damit, in die Bombentrichter zu springen!

Die Amerikaner kommen

Die letzten sechs Wochen vor dem Einmarsch der Amerikaner verbrachte Helmut im „Waldhaus". Sein Vater fuhr täglich mit dem Fahrrad in die 12 km entfernte Stadt, um im Geschäft zu sein. Schule gab es nicht mehr, Helmut spielte mit Freunden im Dorf und half seiner Mutter, er musste z.B. Milch beim Bauern holen; und da überraschte ihn eines Tages ein Tiefflieger auf dem Weg. Es war eine Thunderbolt, wie er sofort am Motorengeräusch erkannte. Die Milchkanne stand auf dem Weg, aber Helmut sprang in den Graben und versuchte unsichtbar zu sein. Als er den Kopf wieder hob, glaubte er zu sehen, dass der Flieger mit den Tragflächen wackelte – „keine Sorge, ich tu dir nichts". Aber nicht weit entfernt ging ein Lkw mit Holzvergaser in Flammen auf, den der Tiefflieger getroffen hatte.

Beim Einmarsch der Amerikaner kam es zu folgender Episode: Unterhalb des „Waldhauses", an einem Weiher, löste sich eine österreichische Gebirgsjägertruppe auf. Helmut sah, dass die Soldaten unter ihrer Uniform bereits Zivilkleider trugen. Ihre Gewehre warfen sie in den Weiher, die Mulis ließen sie frei. „Seien Sie vorsichtig", sagte Helmuts Vater, „auf der oberen Straße fahren schon die Amis". „Wissen wir", meinte der Offizier gemütlich. „Wir bewegen uns seit einigen Tagen parallel. Wir tun denen nichts, und die Amis tun uns nichts!" Bauern aus dem Dorf holten sich die Mulis als Arbeitstiere.

Zurück in der Stadt, in der zunächst die Amerikaner das Sagen hatten, sein Vater dann Mitbegründer der Ansbacher CSU war, verbrachte Helmut die meiste Zeit des Tages auf der Straße. Einmal sah er, dass ein amerikanischer Soldat sich mit Wasser aus seinem Stahlhelm das Gesicht wusch und dazu ein großes Stück Seife benutzte, das er dann achtlos liegen ließ. Pfeilschnell rannte Helmut darauf zu, aber auch Heinz, ein Nachbarsjunge, war interessiert. Eine gewaltige Prügelei fand statt,

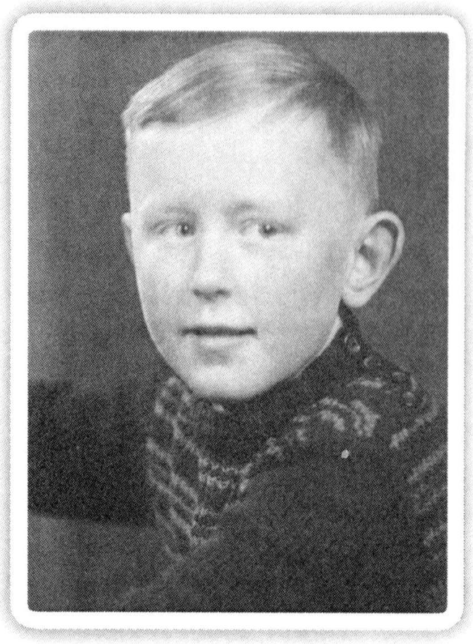

Helmut, 10 Jahre alt

und am Ende war Helmut der Sieger. Ziemlich zerschunden, aber stolz brachte er die Seife seiner Mutter, der er damit eine große Freude bereitete.

Schulspeisung und Carepakete

Als Helmut bereits ins Gymnasium ging, wurde an den Schulen die Schulspeisung eingeführt. Da er groß und sehr dünn war, wurde ihm eine Teilnahme zugebilligt. Sein Vater aber lehnte das ab, denn er hatte Freunde auf dem Land, denen er bei der Ernte half und die ihm dann die nötigen Lebensmittel mitgaben. Es gäbe sicher Kinder, die die Speisung nötiger hätten. Helmuts Verzicht endete damit, dass sein Platz neu vergeben wurde – an den Sohn des größten Bauern im nächsten Dorf!

Das machte meinen Vater doch nachdenklich; ebenso die folgende Geschichte: Aus Amerika kamen viele Care-Pakete, die sehr oft an Gemeindepfarrer zur Aufteilung an Bedürftige geschickt wurden. Der Sohn des Pfarrers aus einem Dorf ging in Helmuts Klasse, und als er sich zum Sportunterricht umzog, sah man, dass er die typische graue Unterwäsche der amerikanischen Armee trug. So hatte augenscheinlich das wohltätige Paket das Pfarrhaus nicht verlassen!

Mein Vater erzählte diese Episoden meist mit einem lachenden Unterton. Er selbst war als Kind nicht ganz glücklich mit dem Ende des Krieges, denn im April 1945, als die Amerikaner in Ansbach einmarschierten, wäre er „Pimpf" geworden; und die Uniform dazu, die hätte er gerne getragen!

Dr. Helmut Deffner (1935-1990) studierte an der Pädagogischen Hochschule in Nürnberg und wurde, wie es damals in Bayern hieß, Volksschullehrer. Er unterrichtete an verschiedenen Hauptschulen in Ansbach, zuletzt als Rektor. Das Interesse für Geschichte, das sich auch im Thema seiner Dissertation ausdrückte, hat er auf seinen Sohn Thomas übertragen, der Verwaltungsbeamter am Landratsamt Ansbach ist und als ehrenamtlicher Erster Bürgermeister der Stadt in die politischen Fußstapfen seines Großvaters getreten ist.

Hildegard Weber geb. Becker: In Wallmerod im Westerwald

Ich wurde am 22. August 1936 in Göttingen geboren.

Meine Familie

Dass ich in Wallmerod im Westerwald aufgewachsen bin, hängt mit der beruflichen Situation meines Vaters zusammen. Nach dem Jurastudium war er 1925 Gerichtsassessor geworden, aber da im damaligen Reichsland Preußen jährlich 3000 Assessoren fertig wurden und nur etwa 300 Richter in den Ruhestand eintraten, war abzusehen, dass er erst in zehn Jahren eine Planstelle erhalten würde. Um die Anwartschaft nicht zu verlieren, musste er unentgeltlich am heimischen Landgericht in Limburg an der Lahn ein Drittel Dezernat übernehmen. Er lebte bei seinen Eltern. Immer wieder konnte er in Wiesbaden, Frankfurt oder Koblenz kranke Kollegen vertreten und wurde in dieser Zeit dann auch bezahlt. Mit seiner Frau, meiner Mutter, zog er dann für vier oder sechs Wochen in ein möbliertes Zimmer der entsprechenden Stadt, bis sie nach Ablauf der Vertretung wieder in die jeweiligen Elternhäuser zurückkehrten.

Nach neun Jahren Wartezeit wurde ihm 1934 endlich eine Stelle angeboten: am Amtsgericht in Wallmerod, einem Dorf mit damals etwa 600 Einwohnern. Erstaunlicherweise hatte es neben dem Gericht auch ein Forstamt und ein Katasteramt. Das hing vermutlich mit alten Gebietsverhältnissen aus früheren Jahrhunderten zusammen. Eigentlich war Wallmerod im wahrsten Sinne des Wortes „Gift" für meinen Vater, der, Jahrgang 1898, im Ersten Weltkrieg bei einem Giftgasangriff in Frankreich schwer verwundet worden war und unter Asthma litt, an dessen Folgen er in den 60er Jahren letzten Endes auch starb. Das raue Westerwaldklima bekam ihm gar nicht, aber, wie er immer sagte, „ein Beamter tritt an!" Außerdem bot sich für das mittlerweile schon „ältere" Ehepaar die Chance, endlich zusammenziehen zu können.

Im Krieg

Mein Vater wurde als „nicht kriegstauglich" eingestuft. Im Laufe des Krieges wurde er einem der über 70 sog. „Sondergerichte" zugeteilt. Bekanntlich waren diese ein scharfes Instrument des Regimes, um „politische" oder „volksschädliche" Straftaten zu ahnden. Sie arbeiteten mit äußerster Schnelligkeit, um dem „gesunden Volksempfinden" gerecht zu werden. Voruntersuchungen gab es nicht, es lag im Ermessen des Vorsitzenden, ob und welche Beweise er zulassen wollte. Der Präsident des Sondergerichts, dem mein Vater angehörte, war ein frommer Katholik und sehr guter Jurist, der mit juristischen Tricks verhinderte, dass sein Sondergericht jemals zusammentrat. Im Übrigen wurde mein Vater zum Amtsgericht nach Wetzlar abgeordnet und kam nur am Wochenende nach Hause.

Eines Tages wurden in unserem Haus kriegswichtige Gegenstände für die Ostfront beschlagnahmt: das Auto, die Rolleiflex meiner Mutter, das Fernglas, zwei Fahrräder und schließlich auch noch die Skier meiner Mutter und meine Kinderskier. Letztere, so hieß es, seien für den Russlandkrieg notwendig. Meine Kinderskier aus Hickory-Holz, auf die ich besonders stolz war! Ich habe sie natürlich nie wieder gesehen, und ob sie in Russland eingesetzt wurden, ist mehr als fraglich.

Hildegard auf ihren Kinderskiern

1942 wurde mein Bruder geboren. Als es soweit war, machte sich meine Mutter allein in das benachbarte Dernbach auf – mein Vater war ja in Wetzlar –, ein Holzvergaser mit einem Fahrer, der ein Holzbein hatte, fuhr sie hin. Die Fahrt ging so langsam vonstatten, dass mein Bruder noch auf der Bahre auf dem Weg in den Kreißsaal geboren wurde. Meine Mutter trug noch ihren kleinen Pelzumhang, sodass es bei uns immer hieß, mein Bruder sei „im Silberfuchs geboren".

Etwa zu dieser Zeit kam ich in die Schule. Der Unterricht wurde zunehmend von Fliegeralarm unterbrochen, sodass die Lehrerin uns in den Keller führen musste. Ich trug im Herbst und Winter ein Mäntelchen mit passendem Mützchen, das aus roter Krimmerwolle gehäkelt worden war und daher leicht verlängert werden konnte. Die Oberfläche ähnelte dem Fell des Karakulschafes. Ich mochte das Mäntelchen sehr gerne, aber die Lehrerin schimpfte, sie sagte, die rote Farbe würde die Flugzeuge auf uns aufmerksam machen. In unserem Haus befand sich der Luftschutzkeller für das Oberdorf. In den Nachbarkeller führte ein Mauerdurchbruch, wie es Vorschrift war, aber ich erinnere mich nicht, oft in diesem Keller gewesen zu sein. Auch Nachbarn fanden sich bei Fliegeralarm selten ein. Erst gegen Ende des Krieges war zu spüren, dass die Dorfbewohner Angst hatten. Gegenüber von unserem Haus befand sich nämlich eine Werkstatt, von der gemunkelt wurde, dass sie Zulieferteile für die geheimnisvolle V 2, die Vergeltungswaffe, produziere. Was, wenn die Alliierten das auch wüssten und das Haus bombardierten?

Eine Vorsichtsmaßnahme, die meine Mutter traf, war, dass sie in den Wintermonaten, wenn viel Schnee gefallen war, morgens unter den Fenstern nachschaute, ob sich Fußstapfen im Schnee befanden. Das wäre ein Hinweis auf Lauscher gewesen, die herausfinden wollten, ob wir heimlich den verbotenen Radiosender BBC hörten. Meine Mutter hatte sich nämlich dem Ortsgruppenleiter gegenüber geweigert, Mitglied der NS-Frauenschaft zu werden, und nun hatte sie das Gefühl, er habe sie auf dem „Kieker" und suche einen Weg, um sich an ihr zu rächen. Aber ich erinnere mich nicht, ob sie jemals Spuren fand.

Als im 7 km entfernten Dorf Salz ein brennendes englisches Flugzeug abstürzte, lief ich mit anderen Kindern hin, um mir das Wrack anzuschauen. Der Pilot, so hieß es, habe sich retten können und sei, eingepackt in Tücher mit „physiologischer Kochsalzlösung", in Gefangenschaft gebracht worden. Diese Aussage beeindruckte mich.

Trotz der Kriegsjahre hatte ich eine unbeschwerte Kindheit in Wallmerod. Wir spielten auf der Dorfstraße Völkerball, Treibjes, ein Spiel mit dem Schlagball, und im Wald Räuber und Gendarm. Nur als die nahe Autobahnbrücke gebaut wurde und Lastautos mit Basaltsteinen durch den Ort fuhren, wurde meine Freiheit ein wenig eingeschränkt und ein Zaun um das Grundstück gesetzt. Meist war mein kleiner Bruder auch mit uns auf der Straße. Als er einmal allein draußen spielte, wurde er von einem Tiefflieger beschossen. Da war er knapp drei Jahre alt und stotterte nun, und es dauerte lange, bis es sich wieder verlor.

In den letzten Kriegswochen bekamen wir Einquartierung. Die Frau eines hohen Nazifunktionärs mit ihren zwei Töchtern war aus ihrem linksrheinischen Ort, auf den bereits die Amerikaner vorrückten, in den rechtsrheinischen Westerwald geflohen. Vor dieser Frau nahm sich meine Mutter in Acht. In der Wallmeroder Turnhalle gab es ein Vorratslager mit Lebensmitteln, das die NS-Verwaltung angelegt hatte. Als die Parteifunktionäre nun Hals über Kopf den Ort verließen, bewachte keiner mehr das Lager, und die Bewohner fanden sich zum Plündern ein. Auch meine Mutter. Sie ergatterte mehrere Pfund Zucker und einen Käse. Aus Angst vor der einquartierten Nazifrau schüttete meine Mutter den Zucker in braune Tüten um, auf denen „Löschsand" stand, und hatte nun für viele Wochen einen Zuckervorrat. Die Angst, dass man ganz zum Schluss noch denunziert werden könnte, war einfach sehr groß! Gott sei Dank machte sich die Nazifrau bald weiter auf den Weg.

Besetzung Wallmerods

Und dann erschienen die Amerikaner! Man sah sie vom Wald herunterkommen, mit Panzern und zu Fuß. Ich habe in Erinnerung, wie Dorfbewohner ein aus dem Vorratslager „organisiertes" großes Käserad über die Dorfstraße zwischen den Truppen und Fahrzeugen hindurch rollten. Die Soldaten lachten und zeigten auf die Szene. Unmittelbar nach der Besetzung erschien der Bürgermeister bei uns. Er hatte das Wunder fertiggebracht, in der Kaiserzeit, in der Weimarer Republik und im „Dritten Reich" dieses Amt zu bekleiden, ohne Parteigenosse gewesen zu sein. Er sollte seine Funktion auch während der Besatzungszeit und auch noch in der Bundesrepublik behalten und wurde für sein politisches Wirken später mit dem Bundesverdienstkreuz ausgezeichnet! Immerhin war es ihm, der ein bekennender Katholik war, während der Nazizeit gelungen, Behinderte aus dem Dorf vor dem Schicksal zu bewahren, in das nahe Hadamar gebracht zu werden, wo Tausende als „unwertes Leben" geltende Menschen umgebracht worden waren. Dieser Mann erschien also bei uns und forderte uns auf, innerhalb einer halben Stunde das Haus zu räumen, da es von den Amerikanern benötigt würde. Jeder von uns kam in der Nachbarschaft in einer anderen Familie unter. Nach einigen Tagen konnten wir wieder zurück, bis andere Amerikaner kamen und wir wieder weichen mussten. Schließlich konnten wir endgültig zurückkehren, aber wie sah es aus! Die Amerikaner hatten offenbar Freude daran gehabt, Gläser von oben herunterzuwerfen, denn der Boden war übersät mit Glasscherben. Die Unterwäsche meiner Mutter war gefleddert, später bekam sie von einem verschämten Dorfmädchen ein seidenes Stück wieder zurück – ihr war es von einem amerikanischen Soldaten geschenkt worden. An unsere Esszimmerstühle erinnere ich mich besonders. Die Sitzfläche bestand aus einem Polster, das in einer Holzumrandung ruhte. Und da hinein hatten die Amerikaner mit einem Messer geritzt „United States of America, united we stand!" Mein Bruder besitzt heute noch einen der Stühle.

Am 5. Juli 1945 kamen die Franzosen, denen die Amerikaner ein Stück rechtsrheinisches Gebiet als Besatzungszone abgetreten hatten. Wir mussten das Erdgeschoss räumen, in dem ein Lazarett eingerichtet wurde. Der einzige Insasse, Berbi aus La Réunion, ein tiefschwarzer Farbiger, war ein freundlicher Mann. Welches Leiden er auskurierte, war nicht ersichtlich, denn er streifte mitunter durch die Wälder und schoss ein Reh oder ein Kitz. Meine Mutter musste es häuten und braten. Er gab uns immer Stücke ab, und meine Mutter achtete darauf, dass mein kleiner Bruder, der ein schlechter Esser war, die besten Bissen erhielt. Wenn ich protestierte, wurde ich immer von ihr daran erinnert, dass ich ja ein Vorkriegskind sei und bereits mit einem Jahr ein halbes Rebhuhn verspeist hätte.

Versorgungsschwierigkeiten
Ansonsten hatten wir, obwohl wir auf dem Land wohnten, viel Hunger. Das lag auch daran, dass mein Vater, ein streng rechtlich denkender und handelnder Mann, krumme Geschäfte, wie sie auf dem Schwarzmarkt üblich waren, ablehnte. Dass meine Mutter für 1000 RM einen Schinken gekauft hatte, durfte er nicht wissen. Er lobte jedoch meine Mutter, dass das Essen seit einigen Tagen besser als sonst schmecke. Sie war einigermaßen in Sorge, als sie hörte, dass die Schinkenverkäuferin in Wallmerod wegen ihrer dunklen Geschäfte vor Gericht stand. Aber die Furcht war unbegründet, die Frau verriet nicht, dass auch meine Mutter eine ihrer Kundinnen gewesen war.

Im Übrigen waren wir darauf angewiesen, in den beiden großen Gärten, die zu unserem Wohnhaus und zum Gericht gehörten, Gemüse und Kartoffeln anzubauen. Außerdem kannte meine Mutter aus dem Reinhardswald, in dem sie aufgewachsen war, viele Pilze. Die Kenntnisse gab sie an mich weiter. Ein befreundeter Bezirksschornsteinfegermeister aus Wiesbaden brachte uns den letzten Schliff bei, indem er uns auf den Hallimasch hinwies. Wir hatten wunderbare Plätze gefunden, wo Pfifferlinge wuchsen. Die Metzgersfrau sah uns eines Tages mit einem Korb voll heimkommen und schlich uns am nächsten Tag zu unseren Stellen nach. Danach fanden wir nie mehr welche.

Einmal in der Woche durften wir bei einer Bauernfamilie im Nachbarort Molsberg 2 l Milch holen. Meine Mutter hatte der Bäuerin ihre Nähmaschine ausgeliehen, außerdem war unter ihrem Misthaufen unser Silber versteckt. So bestand also eine gewisse Nähe. Mein Bruder und ich wechselten uns beim Milchholen immer ab, und ich freute mich, wenn ich an der Reihe war, denn jedes Mal bekam man eine riesige Scheibe Bauernbrot, dick mit Butter bestrichen und mit Wurst belegt. Wenn geschlachtet wurde, konnten wir Metzelsuppe holen. 1947 oder 1948 im Bucheckernjahr sammelten wir die Früchte in großen Mengen und brachten sie im Leiterwagen zur einige Kilometer entfernten Ölmühle. Nun hatten wir Öl, und mit der Ernährung wurde es endlich besser. Am Tag nach der Währungsreform war sowieso wieder alles zu haben. Meine Eltern kauften von dem „Kopfgeld" der Familie ein fabrikneues Fahrrad der Marke Dürkopp. Als ich mit dem einmal bei unserem Bauern war, um die Milch zu holen, stellte ich mir bergab vor, ich sei Kara ben Nemsi aus den Orientbüchern von Karl May, die ich gerade gelesen hatte. Ich beugte mich tief über den Lenker, schloss die Augen und flüsterte meinem „Pferd" leise zu: „Rih", so wie es Karl Mays Held auch getan hatte. Eine Mauer bremste meinen Ritt, das neue Vorderrad hatte einen Achter und musste wieder in Ordnung gebracht werden. So gut wie anfangs fuhr es aber nicht mehr.

Auch Kleidung zu beschaffen war ein Problem. Als das französische Lazarett in unserem Haus aufgelöst wurde, blieb die Trikolore, die bei besonderen Anlässen gehisst worden war, zurück. Meine Mutter brachte sie zur Dorfschneiderin, die mir ein wunderhübsches Ensemble daraus nähte: ein weißes Blüschen, ein blaues Röckchen, ein rotes Schürzchen. Dann gab es noch das „Gardinenkleid". Meine Mutter schnitt die bis zum Boden reichenden Übergardinen in Höhe der Fensterbank ab, und daraus wurde mir ein hübsches Sommerkleid genäht. Schwieriger war es mit den Schuhen. Jedes Kind konnte pro Jahr nur ein Paar Schuhe beanspruchen, und das mussten im Westerwald natürlich Winterschuhe sein. Daher lief ich wie alle Kinder des Oberdorfs, in dem die Beamten wohnten, von Mai bis Oktober barfuß. Die Bauernkinder des Unterdorfes hatten Schuhe, vermutlich eingetauscht gegen so manchen Schinken. Ich hatte eine so starke Hornhaut, dass ich mühelos über Stoppelfelder und Basaltsplitt rennen konnte und es bei Wettrennen mit jedem Jungen aufnahm. Barfuß ging man auch in die Dorfschule, und erst als sich die Tochter des Forstmeisters einen rostigen Nagel in den Fuß getreten hatte, wurde das verboten. Nun wurden Pappsohlen hergestellt, die mit Riemen am Spann befestigt wurden, aber sobald ich aus der Schule zu Hause war, ging ich wieder barfuß.

Umzug nach Diez

1946 kam ich nach Limburg ins katholische „Realgymnasium der Armen Dienstmägde Jesu Christi". Die Gründerin des Ordens, Katharina Kasper, wurde im Herbst 2018 heiliggesprochen. Es war das einzige Mädchengymnasium in der Umgebung. Da die Verbindung nach Limburg so schlecht war, wohnte ich dort die ersten Jahre bei meiner Großmutter väterlicherseits. Sie hatte eine Fünf-Zimmer-Wohnung mit großer Küche und Bad, nach dem Krieg für eine einzige Person natürlich viel zu groß. Da sie mich aufnahm und das auch bei der Gemeinde angemeldet wurde, durfte sie ein Zimmer mehr behalten und musste nur zwei Zimmer an eine vierköpfige Flüchtlingsfamilie abtreten. Samstagmittag fuhr ich nach der Schule nach Hause, am Montag musste ich um 6 Uhr wieder aufbrechen, erst zu Fuß nach Steinenfrenz zum Bahnhof, dann mit dem Zug. Es gab zwar auch einen Arbeiterbus, der das Buderus-Werk bei Limburg anfuhr, aber der war für Schüler nicht zuverlässig. Wenn der Holzvergaser am Berg streikte und das Fahrzeug sich nur mühsam hinaufbewegte, wurden wir drei bis vier Kinder oft mit barschen Worten zum Aussteigen aufgefordert, um die Last zu erleichtern. Oben wartete der

Bus nicht auf uns, und wir mussten zu Fuß weitergehen. Erst als der Postbus fuhr, normalisierte sich alles.

Mittlerweile hatte mein Vater auch das übliche Entnazifizierungsverfahren durchlaufen, wurde nach Diez versetzt, und als wir dort wohnten, kam ich ohne große Probleme in meine Schule in Limburg. In Wallmerod hielt vor allem meinen Vater nichts mehr. Der wendige katholische Bürgermeister war nämlich mit dem katholischen Pfarrer und dem katholischen Hauptschulrektor zur französischen Militärregierung nach Koblenz gefahren, um darum zu bitten, dem Ort endlich einen katholischen Richter zu geben. Tatsächlich bekamen sie einen, er war noch dazu nicht in der NSDAP gewesen. Bald wurde aber bekannt, dass er sich als Soldat in Frankreich bereichert hatte. Er wurde ersetzt durch einen anderen katholischen Richter mit zehn Kindern.

Im Großen und Ganzen sind wir gut durch die Kriegs- und Nachkriegsjahre gekommen. Nur ein schmerzliches Auseinanderleben der Familie ist geblieben. Der einzige Sohn der Schwester meiner Mutter fiel mit 18 Jahren. Meine Tante hat es nie verwunden, dass ihrer Schwester beide Kinder geblieben sind und sie ihr einziges Kind verloren hat. Sie wurde hart und ungerecht und vererbte ihren gesamten Besitz ihrem Dienstmädchen.

Hildegard Weber lernte schon in ihrer Schulzeit ihren späteren Mann Peter Franz Weber kennen. Nach dem Abitur 1956 studierte sie Mathematik und Physik in Freiburg, Frankfurt, Hamburg und Göttingen und wurde Realschullehrerin. Sie unterrichtete zunächst in Ostfriesland, dann in Köln und von 1976 bis 2000 an Realschulen in Mannheim, zuletzt an der Tulla-Realschule. Ihre profunden Pilzkenntnisse hat sie an Tochter und Enkel weitergegeben.

Martha Abraham: Bauernwirtschaft in Wallhalben

Mein Heimatort Wallhalben, in dem ich am 17. Dezember 1937 geboren wurde, liegt zwischen 14 und 22 km von den Städten Landstuhl, Pirmasens und Zweibrücken entfernt. In meiner Kindheit und Jugend wohnten in Wallhalben viele Handwerker, die alle zugleich Nebenerwerbslandwirte waren. Der Ort hatte seit alters her das Privileg, fünf Märkte im Jahr abzuhalten, für Handwerker eine gute Einnahmequelle. Mein Vater war in 5. Generation Küfermeister und betrieb ebenfalls zugleich eine eigene Landwirtschaft mit fünf Kühen und teilweise fünf Pferden, darunter eine eingetragene Zuchtstute, die beinah jedes Jahr ein Fohlen hatte. Hengste wurden häufig an das Zweibrücker Gestüt verkauft. Zwei Pferde dienten immer zum Einspannen für die Feldarbeit. Ich wuchs also mit Pferden auf und bin schon mit fünf Jahren, wenn ich zusammen mit meinem zwei Jahre älteren Bruder die Pferde nach dem Ausspannen in den 50 m entfernten Stall führen sollte, lieber aufgestiegen und hingeritten. Über die Deichsel kletterte ich auf den Pferderücken, an der Mähne hielt ich mich fest, lenkte das Pferd zum Brunnen, über die Futterkrippe stieg ich wieder ab. Mein Vater, der wohl schon kurz nach dem Krieg merkte, dass die Küferei kein Handwerk mit Zukunft mehr war, hätte sich gerne irgendwo eine Arbeitsstelle gesucht, aber meine Mutter wollte, dass er dann eben nur noch Landwirt wäre. Und so ist es auch geschehen.

Am 17. Mai 1939 fuhr Hitler durch unser Dorf, um den Westwall zu besichtigen. Die meisten Bewohner strömten auf die Hauptstraße, um ihm bei der Hin- und Rückfahrt zuzuwinken. Ich riss mich, wie man mir erzählte, von der Hand meines Großvaters los und schlüpfte durch die Menge nach vorne, weil ich auch etwas sehen wollte. Das Datum ist mir deshalb noch präsent, da am selben Abend mein Großvater starb, der offenbar schon schwach gewesen war und nicht mehr die Kraft gehabt hatte, das Kleinkind zu bändigen.

Mein Vater, Jahrgang 1901, wurde noch im September 1939 eingezogen. Er tat zunächst Dienst in einer Kaserne bei Pirmasens und kam im Juli 1941 nach Russland. Er war im Tross eingesetzt, also für die Verpflegung der Truppe zuständig, und hatte russische „Hiwis“ unter sich, Hilfswillige, die übergelaufen waren. Damit er sich mit ihnen verständigen konnte, bat er meine Mutter um ein deutsch-russisches Wörterbuch, das sie zerlegte und ihm per Feldpost 100-gr-weise zuschickte. Bei den ständigen deutschen Vormärschen war er mit seinen Leuten einmal 13 km weit hinter die russische Front geraten, konnte sich aber mit den Hiwis, die ihren Landsleuten nicht in die Hände fallen wollten, durch ein Moor zurückretten. Offenbar hatte seine Gesundheit dabei stark gelitten, denn er wurde in ein Lazarett bei Zerbst verlegt, wo ihn meine Mutter besuchen konnte.

Seit dem Sieg über Frankreich bekam meine Mutter „Fremdarbeiter“ als Hilfskräfte in der Landwirtschaft zugeteilt. Sie wurden häufig etwa alle sechs Monate ausgewechselt, um zu verhindern, dass das Verhältnis zwischen Bauern und Gefangenen zu vertraut würde. Irgendwann kam August, ein Franzose. Wir mochten ihn sehr, und er aß sogar mit an unserem Tisch, was behördlich nicht erlaubt war. Mit mir konnte er besonders gut umgehen, denn er hatte zwei Kinder etwa in meinem Alter. Als ich einmal nicht essen wollte, rief er mich raus, redete beruhigend auf mich ein und schenkte mir Schokolade. Diese Köstlichkeit kannte ich nicht. August schien

August, Martha, Bruder, 1942

es bei uns gefallen zu haben, jedenfalls sagte er zu meiner Mutter, sie könne ihn ruhig mit den Pferden allein lassen, solange er bei uns sei, würde er nicht fliehen. Als er ausgetauscht wurde, hörten wir von einem anderen Gefangenen, dass August bald danach aus dem Lager geflohen und es ihm gelungen sei, sich nach Frankreich durchzuschlagen und sich der Résistance anzuschließen.

1942 erhielten wir einen russischen „Fremdarbeiter". Alex war ein freundlicher Mann, der ebenfalls bei uns mit in der Küche aß, aber an einem anderen Tisch. Abends kehrte er in das Kriegsgefangenenlager zurück, ein Haus im Dorf, das einer jüdischen Familie gehört hatte. Als Alex von meinem Vater aus Russland eine Karte auf Russisch erhielt mit der Bitte, gut auf die Pferde aufzupassen, war er ganz stolz. Ich hatte ein besonderes Erlebnis mit ihm. Während die anderen zur Feldarbeit zu Fuß gingen, fuhr ich mit ihm auf dem Pferdewagen dorthin. Als wir links abbiegen wollten, kam uns ein Lkw entgegen, den wir vorbeilassen mussten. Der Lkw fuhr recht langsam, auf der Ladefläche stand ein Mann. Alex erkannte in ihm einen Nachbarn aus seiner Heimatstadt Krasnodar. Sie schrien sich zu, ob sie von zu Hause etwas gehört hätten, und dann war der Lkw auch schon vorbei.

Nachdem mein Vater aus dem Lazarett entlassen worden war, kam er an die französische Front. Eines Tages schrieb er, er sei bei einer Frau im Elsass einquartiert, die keine Schuhe mehr habe. Mein Onkel, der eine mittelgroße Schuhfabrik besaß, machte für sie ein Paar, das meine Mutter schickte. Als mein Vater dann bei Colmar in Gefangenschaft geriet, war es diese Frau, an die wir Pakete für meinen Vater senden konnten. Sie leitete sie weiter an eine deutschenfreundliche Bekannte in Auxerre südöstlich von Paris, wo mein Vater mittlerweile im Gefangenenlager war, die ihm die Pakete durch die vergitterten Fenster zuschieben konnte. Mein Vater musste nun seinerseits bei französischen Bauern arbeiten, die ihn gut behandelten und mit denen er sich noch jahrelang schrieb. Auf Französisch natürlich, denn diese Sprache hatte er sich auch angeeignet. Als ihm deren Tochter, die in Paris als Ärztin arbeitete, später den Tod der beiden mitteilte, freute er sich trotz der Trauer um das Paar doch, dass sogar die Tochter ihn in guter Erinnerung behalten hatte. Meine Familie hörte mehr als ein Jahr nichts von meinem Vater. Wir wussten nicht, ob er noch lebte. Erst als 1946 ein Sparkassenbeamter, der wegen seiner NS-Zugehörigkeit ins gleiche Lager wie mein Vater gebracht, aber bald entlassen worden war, ihn dort traf, hatten wir Gewissheit, dass er davongekommen war. 1947 kehrte mein Vater aus der Gefangenschaft zurück. Ich erinnere mich genau daran. Ich brachte gerade mit meinem Bruder die Pferde in den Stall zurück, als einige Dorfkinder kamen und riefen: „Do hinne kummt euer Vadder!"

Ich konnte mich kaum noch richtig an meinen Vater erinnern, der seit 1939 immer nur zu kurzen Fronturlauben zu Hause gewesen war. Ich hatte aber einen Vaterersatz, meinen geliebten Onkel, den Besitzer der Schuhfabrik, der mir nicht nur einmal mitten im Krieg ein Paar rote Schuhe gemacht hatte, sondern in dessen großzügiger heller Wohnung im Nachbarort Thaleischweiler ich mich gerne aufhielt, wo er und meine Tante mich verwöhnten. Ich war daher todunglücklich, als Anfang Januar 1945 ein Bekannter bei uns auftauchte, der uns mitteilte, dass der Onkel bei einem Angriff ums Leben gekommen sei. Es war der 2. Januar 1945, ein strahlend schöner Wintertag, für Fliegerangriffe wie geschaffen. Ich hatte die Flugzeuge am Himmel gesehen. Mein Onkel war wie alle anderen auch zunächst im Keller und wollte nur noch schnell die Hühner füttern, als er in den Großangriff auf die Bahnhofstraße in Thaleischweiler geriet und mit weiteren 18 Personen, Zivilisten und Soldaten, umkam. Nur eine Mutter und ihr Sohn, die zufällig unter einem Türbalken in der Fabrik meines Onkels gekauert hatten, wurden am anderen Tag aus den Trümmern lebend herausgezogen. Für mich brach eine Welt zusammen.

Am 23. März 1945 kamen die Amerikaner. Geschützdonner hatten wir schon Tage vorher gehört, und daher mussten wir Kinder, mein Bruder, meine 14-jährige Schwester und ich, in der Küche auf Matratzen schlafen. Meine Mutter und meine Tante kochten die ganze Nacht Kaffee für die abziehenden deutschen Soldaten. Unser Dorf liegt in einem Tal und ist von allen Seiten von beträchtlichen Hügeln umgeben, die bereits weitgehend von amerikanischen Truppen besetzt waren. Nur der Durchschlupf durch das Wallalbtal war noch frei, durch den die ganze Nacht die deutschen Soldaten nach Osten strömten. Die beiden Bürgermeister hatten nämlich bei dem befehlshabenden deutschen Offizier erreicht, dass unser Ort nicht verteidigt würde. Das hätte bei der Tallage das sichere Ende für die meisten Bewohner bedeutet, und Wallhalben wäre nur noch ein Trümmerhaufen gewesen. Meine Familie, zu der auch noch meine gerade verwitwete Tante gehörte, zog sich in den tiefsten Keller unseres Hauses zurück. Er bot auch einer anderen Familie Schutz, deren Tochter eben die Kellertreppe hinunter gehen wollte, als ein ohrenbetäubender Krach ertönte und das Mädchen von einer Druckwelle die Treppe hinunter gefegt wurde. Als die letzten deutschen Soldaten das Flüsschen Wallalb überquert hatten, hatten sie die Brücke gesprengt. Eine lächerliche Vorstellung, dass sich davon die Amerikaner würden aufhalten lassen!

Sie waren auch bald da und durchsuchten mit vorgehaltener Waffe jedes Haus. Wir mussten unser Haus verlassen, da es einer Sanitätsgruppe als Quartier dienen sollte. Von den 12 Sanitätern sprachen 11 fließend Deutsch. Unsere Familie wurde auf andere Häuser aufgeteilt, aber wir durften unsere Küche noch benutzen, um das Futter für das Vieh zu kochen. Immer wieder in den nächsten Tagen brachten die Sanitäter Wild, das sie in den umliegenden Wäldern geschossen hatten, und ließen es meine Mutter zubereiten. Ich war zu der Zeit schwer krank, die Nacht auf den Matratzen und der stundenlange Aufenthalt im feuchten Keller hatten mir eine böse Bronchitis mit hohem Fieber eingebracht. Ich war so schwach, dass man mich gar nicht in unsere Unterkunft zurückbringen konnte. So verbrachte ich die Nacht auf einer schmalen Küchenbank, meine Mutter saß auf einem Stuhl daneben. Sie fragte unsere Einquartierung, ob sie mich zum Arzt im Nachbardorf bringen dürfe, denn die Ärzte in unserem Ort waren alle eingezogen. Sie bekam zur Antwort: „Amerikaner haben auch gute Ärzte!" Die Sanitäter schickten nach zwei Ärzten, die mir das erste Penicillin meines Lebens gaben. Am nächsten Tag war ich schon fast gesund. Nun begann eine Zeit der Freiheit, so empfand ich es jedenfalls. Ich konnte in den Garten gehen, an meinem Beet herum graben und musste auf nichts mehr achten, auf keinen Himmel mit feindlichen Flugzeugen, auf keine Sirene, auf nichts.

Die Sanitäter zogen nach 14 Tagen weiter, und wir konnten wieder zurück in unser Haus. Im Sommer kamen die Franzosen, wie es aufgrund der Potsdamer Konferenz geregelt worden war. Sie besetzten nicht Privathäuser, sondern waren in den Kasernen um Pirmasens herum untergebracht. Aber sie requirierten alles, was ihnen gefiel. Um die Bevölkerung vor unkontrolliertem Diebstahl zu schützen, hatte der Bürgermeister angeregt, dass jedes Haus freiwillig etwas herausgeben solle, etwa einen Teppich oder Wäschestücke. Manchmal musste der Bürgermeister auch nachhelfen, wenn sich Bewohner widersetzten. Aber durch diese Regelung wurden größere Plünderungen verhindert. Den Wald allerdings holzten die Franzosen großflächig ab.

Bald kamen die Flüchtlinge. Bereits im Februar 1945 waren die Sudetendeutschen aufgetaucht, die mit Pferdewagen ankamen und Kühe neben sich hertrieben. Meine Mutter nahm eine Familie mit drei Kindern auf, der wir ein Zimmer abtraten. Es folgten Leute aus Elsass-Lothringen, die sich dem Zorn der Franzosen entzogen. Auch Ausgebombte aus Pirmasens und Ludwigshafen hielten sich zeitweilig bei uns auf, und so lernte ich meine Freundin Hella kennen. Die meisten gingen wieder oder zogen weiter, bis 1946 dann die Menschen zugewiesen wurden, die aus den deutschen Ostgebieten gekommen waren. Die blieben meist und schufen sich eine neue Existenz.

Je älter ich wurde, desto stärker wurde ich zu bäuerlichen Arbeiten herangezogen. Ich musste im Herbst bei der Kartoffelernte helfen, kaum dass ich nach der Schule gegessen hatte. Alles wurde damals ja noch – wenigstens bei uns – mit der Hand erledigt. Gott sei Dank hatte ich Freundinnen, die mir halfen, sodass ich dann noch ein bisschen Freizeit hatte. Auch für das Kühehüten war ich schon mit 12 Jahren zuständig. Einmal hatte mein Vater eine neue Zugkuh gekauft, die, wie ihm der Verkäufer sagte, „einherrig" sei, d.h. sie gehorchte nur einem einzigen Herrn. Sie war also schwierig. Mein Vater hatte sie aber genommen, da sie eine besonders gute Kuh war: Sie gab täglich 20 l Milch mit einem Fettgehalt von 5 Prozent (normal waren 3,5-4 Prozent). Diese Kuh führte ich mit fünf anderen auf die Weide. Die „Einherrige" lief plötzlich auf den Rübenacker des Nachbarn. Ich rannte ihr nach, denn so etwas zu verhindern war ja die Aufgabe des Hüters. Doch die Kuh ließ sich nicht weglocken, sondern stieß mich einfach um. Ich fiel auf den Rücken, drehte mich aber geistesgegenwärtig auf den Bauch, um Gesicht und Oberkörper zu schützen, denn die Kuh senkte bereits ihre Hörner. In meiner letzten Not rief ich sie bei ihrem Namen, „Grete", und da ließ sie von mir ab und trottete auf die Wiese zurück. Auf dem Heimweg hatte ich wieder größte Schwierigkeiten mit ihr, denn plötzlich rannte sie auf eine Frau zu, die sich gerade noch über den Fluss retten konnte. Zu Hause angekommen, weigerte ich mich, diese Kuh wieder mitzunehmen, und man hat sie mir auch nicht wieder anvertraut.

1946 wurde die Schule wieder eröffnet. Ich war zwar 1944 schon einmal eingeschult worden, aber nach 14 Tagen fand kein Unterricht mehr statt. Jetzt, mit mittlerweile bald 9 Jahren, saß ich in der 1. Klasse. Alle Kinder der Klassen 1 bis 3 wurden in einem Raum unterrichtet, alle halbe Jahr wurde man in die nächste Klasse versetzt, sodass man zwar acht Klassen durchlaufen hatte, aber nicht in acht Jahren. Da ich von meinem Bruder schon viel wusste, langweilte ich mich bald, und der Lehrer setzte mich ein, um mit den Kleineren Lesen und Rechnen zu üben. In der Hauptschule saß ich dann mit meinem Bruder in einem Raum. Wir wurden von einem 72-jährigen Lehrer unterrichtet – die jüngeren waren entweder gefallen oder noch nicht entnazifiziert –, der sich nicht viel Mühe mit uns gab, vielleicht auch schon viel zu alt für den Schulbetrieb war. Er gab oftmals meinem Bruder einen Text, den dieser an die Tafel schreiben musste, und die anderen schrieben das dann ab. Meinen Jahrgang, ich war in der 6. Klasse, ließ er das Einmaleins üben, das wir schon seit der 2. Klasse bestens konnten. Ich stachelte meine Freundin zum Streik an und bekam es mit dem Lehrer zu tun. Dann bekamen wir einen jüngeren Lehrer. Am Ende meiner Schulzeit 1952 erschien er bei meinen Eltern, um sie zu drängen, mich in Kaiserslautern die Aufbauschule besuchen zu lassen. Doch es gelang ihm nicht. „Erst einmal wäre der Bruder dran", gaben sie ihm zur Antwort. Das Einzige, was ich für mich erreichen konnte, war der halbjährige Besuch einer privaten Handelsschule in Zweibrücken. Anschließend machte ich in der Schuhfabrik meines toten Onkels eine Lehre als Industriekauffrau. Die Fabrik war von seinem Buchhalter, der gleichzeitig der Bruder seiner Schwiegertochter war, unter dem ursprünglichen Firmennamen, aber auf einem anderen Grundstück, neu aufgebaut worden. Nach der Lehre arbeitete ich in Wallhalben in der „Steuereinnehmerei". Obgleich mir eine Stelle im Finanzministerium in Bonn angeboten worden war, ließen meine Eltern mich nicht weg, weil ich noch keine 21 Jahre alt war, also nicht volljährig. Meine sechs Jahre ältere Schwester, die wenig Initiative zeigte und sowieso meine Zukunftsplanungen verachtete, scheint bei diesen Entscheidungen keine gute Rolle gespielt zu haben.

Meinem Bruder ging es fast noch schlechter als mir. Auch er litt unter der Zeit ohne Schule. 1945 war er immerhin 10 Jahre alt. Ich erinnere mich noch, wie wir beide uns freuten, als wir entdeckten, dass die deutschen Soldaten vor ihrem Abzug an unserer Hofeinfahrt einen Anhänger mit Büchern zurückgelassen hatten. Sie schienen sie laut Stempel aus der Bibliothek einer Lehrerbildungsanstalt mitgenommen zu haben, daher befanden sich viele Schulbücher und Kinder- und Jugendbücher darin. Mein Bruder und ich waren begeistert und holten uns einige Bücher heraus. Doch meine Mutter entdeckte das und zwang uns, die Bücher wieder zurückzulegen, sicher würden diese in der Lehrerbildungsanstalt vermisst. Natürlich kamen wir dem Befehl nach, waren aber von ohnmächtiger Wut auf meine Mutter erfüllt, zumal die Amerikaner am nächsten Tag das Ganze mit Benzin übergossen und anzündeten. Wir trösteten uns nur damit, dass wir heimlich zwei Bücher zurückbehalten hatten, ein Bastelbuch für Jungen und eins für Mädchen, die uns in den nächsten Jahren viele Anregungen gaben.

Im Winter 1945/46, als der Schulbetrieb noch nicht wieder begonnen hatte, fand sich im Nachbarort eine Lehrerin, die aber wegen ihrer NS-Vergangenheit noch nicht wieder unterrichten durfte, die einer Reihe von Zehnjährigen, darunter auch meinem Bruder, privaten Unterricht gab, um sie auf die Aufnahmeprüfung für das Gymnasium in Zweibrücken vorzubereiten. Mein Bruder war einer der Klügsten und Fleißigsten aus dieser Gruppe, aber als der Zeitpunkt der Prüfung heranrückte, wurden zwar die Söhne des Arztes und des Apothekers angemeldet, nicht aber mein Bruder. Meine Mutter erlaubte es nicht. Aus ihrer Sicht gab es keine Möglichkeit für meinen Bruder, den täglichen Schulweg zurückzulegen. Ein Postbus fuhr damals nicht, das einzige Fahrrad brauchte meine Mutter, um aufs Feld zu fahren. Auf die Idee, auf dem Schwarzen Markt ein Fahrrad gegen Nahrungsmittel einzutauschen, kam sie wohl nicht, vielleicht fand sie das auch anrüchig. Vielleicht hatte sie auch Angst um seine Gesundheit. Er war wegen seiner Gaumenspalte schon zweimal in Heidelberg operiert worden, und beim zweiten Mal hatte sich die Wunde nicht gleich geschlossen. Mein Bruder jedenfalls war tief enttäuscht und weinte zwei Wochen lang jeden Tag.

Nach der Hauptschule lernte mein Bruder zunächst Küfer, überzeugte dann aber meinen Vater von der Aussichtslosigkeit dieses Berufs und wurde nach dem Besuch der privaten Handelsschule, in die auch ich später ging, am Amtsgericht Zweibrücken angestellt. Als er gehört hatte, dass es in Mannheim ein Abendgymnasium gab, ließ er sich ans dortige Amtsgericht versetzen und machte das Abitur. Sobald ich 21 Jahre alt war, verließ ich Wallhalben und war in verschiedenen sozialen Einrichtungen im kaufmännischen Bereich angestellt. Aber das Beispiel meines Bruders spornte mich an. Auch ich ging nach Mannheim, um das Abendgymnasium zu besuchen. Hier war ich fast zwei Jahre, hielt die Belastung aber aus gesundheitlichen Gründen nicht aus, denn da ich nebenbei arbeiten musste, hatte ich oft nicht einmal Brot im Haus.

Mein Bruder und ich mussten uns unsere Bildung mühsam erkämpfen. Wir haben erfahren, dass man, wenn man damals in einem Bauernhaus auf dem tiefsten Land aufwuchs, spätestens mit zehn Jahren als volle Arbeitskraft angesehen wurde.

Martha Abrahams Bruder studierte nach dem Abitur, bei dem er mit dem in Mannheim renommierten Scheffelpreis ausgezeichnet worden war, Medizin und wurde Internist. Sie selbst erlangte durch das Telekolleg die Fachhochschulreife im kaufmännischen und sozialen Bereich und war bis zu ihrer Pensionierung Leiterin des Ida-Scipio-Heims in Mannheim. Und noch ein Gutes hatte das Abendgymnasium für sie: In der Klasse ihres Bruders war auch ihr späterer Mann, den sie auf diese Weise kennenlernte. Heute fährt sie gerne nach Wallhalben. Zusammen mit der Familie ihrer Tochter hat sie das ehemalige Bauernhaus zu einem Wochenendsitz umgewandelt.

Brigitte Kehrberger geb. Barkholtz: Glücklich in Nonnenweier

Ich wurde im Januar 1938 in Berlin geboren. Mein Vater war ein sog. „Zwölfender", er hatte sich während der Weimarer Republik für 12 Jahre bei der Reichswehr verpflichtet und entging dadurch der verheerenden Arbeitslosigkeit vor allem zu Beginn der 30er Jahre. Den „Zwölfendern" wurde nämlich zugesichert, dass sie nach Ablauf ihrer Dienstzeit eine sichere Arbeitsstelle beim Staat oder in einem staatlichen Betrieb erhalten würden. Mein Vater entschied sich für den Zoll, und so zogen wir im Mai 1938 in die Nähe von Lahr nach Nonnenweier, ein Grenzdorf zu Frankreich, direkt am Rhein gelegen.

1943 wurde mein Vater als Soldat eingezogen. Er kam nur noch einmal 1944 kurz nach Hause, als mein Bruder geboren wurde.

Im Herbst desselben Jahres schrieb er uns aus Memel, heute das litauische Klaipeda, meine Mutter solle sich mit uns Kindern beim Großvater in Waltershausen in Thüringen in Sicherheit bringen. Immerhin hatte schon die Invasion in der Normandie stattgefunden, und die alliierten Truppen bewegten sich auf die deutsch-französische Grenze zu. Tieffliegerangriffe waren an der Tagesordnung. Im Wohnzimmerbuffet meiner Eltern steckt heute noch ein großer Splitter eines Geschosses.

So machte sich meine Mutter mit uns drei Kindern auf die Reise nach Thüringen: mit meiner acht Jahre alten Schwester, mit meinem acht Monate alten Bruder und mit mir, sechs Jahr alt. Ich weiß nicht mehr, wie lange wir unterwegs waren, aber es werden wohl mehrere Tage gewesen sein, denn ich erinnere mich, dass wir einmal mit mehr als zehn Leuten in einem Raum waren, in dem es nur kaltes Wasser gab, dass wir durch eine Entlausungsanstalt geschleust und auf Lastwagen transportiert wurden.

In Waltershausen, in der Nähe von Gotha gelegen, lebten wir im Hause meines Opas mit ihm zusammen. Ich war in Nonnenweier schon eingeschult worden, aber es hatte kaum Unterricht stattgefunden, da ständig die Tiefflieger kamen und sogar auf die Kinder auf der Straße schossen. In Waltershausen konnte ich aber wieder die Schule besuchen. Der Unterricht wurde immer wieder durch Fliegeralarm unterbrochen, dann rannten wir schnell nach Hause. Damit uns die Piloten nicht sehen konnten, gingen wir geduckt im Straßengraben. Schließlich hörte auch in Waltershausen der Unterricht auf. Unsere Lehrerin gab uns aber in kleinen Gruppen Privatunterricht, worüber ich sehr froh war. Ihr habe ich viel zu verdanken.

In Waltershausen erlebten wir mehrere schwere Bombenangriffe. Wir flohen entweder in den Wald oder in den Luftschutzbunker. Nach einem Angriff waren alle Fensterscheiben in unserem Haus kaputt, und das Mittagessen, das noch auf dem Tisch stand, und der Stubenwagen meines Bruders waren voller Scherben. Aber wir sind alle unversehrt geblieben, das war die Hauptsache.

Im Frühjahr 1945 starb mein Opa, und so machte sich meine Mutter mit uns dreien wieder auf den Weg nach Nonnenweier. Deutschland hatte bereits kapituliert. Das erschwerte unsere Rückkehr, denn Thüringen gehörte zunächst zur amerikanischen Besatzungszone, während Nonnenweier im französischen Besatzungsgebiet lag. Zum Glück war noch die Frau eines Kollegen meines Vaters mit ihren beiden Kindern bei uns, die auch im Zollhaus in Nonnenweier wohnte und ebenfalls zurück wollte. Sie war mutiger als meine Mutter und behauptete bei einer Kontrolle an der Grenze der Besatzungsgebiete einfach, dass Nonnenweier auch „amerikanisch" sei. Man ließ die beiden Mütter mit den fünf kleinen Kindern ziehen. Ein Glück für uns, denn im Juli zogen bekanntlich die Amerikaner aus Thüringen ab, und die Russen besetzten das Gebiet. Wir hätten womöglich später in der DDR gelebt!

In den Nachkriegsjahren ging es uns Kindern in Nonnenweier einigermaßen gut. Meine Mutter war sehr geschickt im Nähen, und so nähte und flickte sie für die Bauern und bekam dafür Lebensmittel. Sie arbeitete auch mit auf den Feldern der Bauern und pflanzte Gemüse und Kartoffeln in unserem Garten. Dem Zollhaus gegenüber gab es ein Bauernhaus. Mit der Enkelin der Bauern, die drei Monate älter ist als ich, war ich befreundet und bin es bis heute. Wenn Brot gebacken und Butter hergestellt wurde, durften wir Geschwister immer hinkommen. Meine Freundin tauschte in der Schule gerne das Pausenbrot mit mir. Ich hatte nur trockenes „Bäckerbrot", das sie aber so gerne aß, und dafür erhielt ich dann ihr Bauernbrot mit Butter.

Brigitte, rechts, mit Mutter und Geschwistern

Auch von der Familie einer anderen langjährigen Freundin, die einen Monat jünger ist als ich, hatten wir viel Hilfe. Ihre Mutter betrieb einen Lebensmittelladen, musste aber aufs Feld und noch ihren kranken Schwiegervater versorgen. Sie bat meine Mutter um Hilfe, die dann den ganzen Haushalt machte, kochte, den Laden am Laufen hielt und sich um den kranken Opa kümmerte, wenn die Mutter meiner Freundin auf dem Feld arbeitete. Dafür durften meine Geschwister und ich dort mit essen, und mein kleiner Bruder konnte den ganzen Tag in der Nähe meiner Mutter sein. Ja, meine Mutter hat viel gearbeitet, sodass wir meistens etwas zu essen hatten, wenn es auch einfach war. Sie war in diesen Jahren alleinerziehend, denn unser Vater war in Kriegsgefangenschaft.

Wenn wir auch einfach lebten, wir waren zufrieden. Mein Bruder wünschte sich einmal zu Weihnachten ein Brot mit Butterschmalz drauf. Das war etwas Besonderes! Für uns Mädchen wurden jedes Jahr zu Weihnachten die Puppen neu eingekleidet: Nachthemd, Kleid, Mantel usw., alles von meiner Mutter selbst genäht. Als dann die ersten Care-Pakete kamen, erschien eine Diakonisse aus dem Mutterhaus im Ort und brachte uns auch verschiedene Lebensmittel. Ich erinnere mich, dass wir drei Kinder uns in dieser Zeit zu Weihnachten jeder eine Dose Kondensmilch wünschten – die bekamen wir auch, und jeder durfte sie alleine austrinken!

Ein Problem vor der Währungsreform waren Schuhe und Pantoffeln. Im Dorf wohnte eine alleinstehende Frau, die es verstand, Strohschuhe herzustellen. Zu ihr gingen meine Freundinnen und ich, um dabei zu helfen. Die Frau weichte Maisblätter ein, die dann von uns Mädchen in schmale Streifen gerissen wurden. Daraus flocht die Frau Zöpfe, die sie aneinander nähte und in Form brachte. Es gab winzig kleine Pantöffelchen für Kinder jeden Alters und große für Erwachsene. Damit man mit diesen Pantoffeln auch einmal auf die Straße treten konnte, befestigte sie ein Stück Fahrradschlauch unter der Sohle. Es war zwar alles etwas schmuddelig in dem Haus, aber ich war trotzdem begeistert, wenn sie von der Milch ihrer einzigen Kuh den Rahm abschöpfte und daraus für uns Schlagsahne herstellte.

1948 kam ich aufs Gymnasium. Da bekamen wir Schulspeisung, die aus einer großen Gulaschkanone ausgeschenkt wurde. Das Schönste war, wenn es an einem Tag in der Woche einen Becher Kakao, ein weißes Brötchen und einen Riegel Schokolade, etwa 30 gr, gab. Das war der Höhepunkt! In guter Erinnerung habe ich auch das Frühstück, das mir meine Mutter jeden Morgen machte, bevor ich mit Bus und Bahn nach Lahr ins Gymnasium fuhr. Sie kochte Wasser, rieb eine Kartoffel rein, tat etwas Milch und Salz dazu. Lecker!

Mein Vater kam im Oktober 1948 zusammen mit einem anderen Mann als Spätheimkehrer aus russischer Gefangenschaft zurück. Er war völlig abgemagert. Ich sehe ihn noch vor mir, er hatte keine Socken an, sondern die Füße waren, wie in Russland bei armen Leuten seit Jahrhunderten üblich, mit Fußlappen umwickelt. Wir beiden Schwestern erkannten ihn wieder, und auch mein kleiner Bruder deutete auf den Papa, denn seine Fotografie hatte all die Jahre im Wohnzimmer auf dem Buffet gestanden.

Brigitte, 1952

Nonnenweier ist heute noch meine Heimat. Es vergeht kaum ein Tag, an dem ich nicht mit meinen Freundinnen oder sie mit mir telefonieren. Es verbinden uns doch viele Erinnerungen: Wir spielten auf der Dorfstraße – wann kam denn mal ein Auto vorbei? –, am liebsten Ballspiele oder das Treiben der „Tanzknöpfe", der hölzernen Kreisel, die wir anmalten und mit einer Peitsche über die Straße trieben. Im Sommer badeten wir im Mühlbach und am Rhein.

Noch vor der Mittleren Reife verließ ich das Gymnasium und besuchte eine zweijährige Handelsschule, denn mein Vater fand, dass ein Mädchen etwas Solides lernen müsste. „Sie heiratet ja doch!" So machte ich eine Lehre als Bankkauffrau. Ich war zunächst nicht begeistert, aber später stellte sich die Entscheidung als sehr gut heraus. Ich heiratete nämlich meinen Jugendfreund, den Sohn des Pfarrers aus dem Diakonissenmutterhaus. Mein Mann war Elektromeister, machte sich in Mannheim selbstständig, und ich habe ihm die ganzen Jahre die Bücher geführt. Das hatte ich ja von der Pike auf gelernt.

Sowohl mein Mann bis zu seinem Tod als auch ich sind eng mit der Christuskirche in Mannheim verbunden und haben in der Gemeinde viele ehrenamtliche Funktionen ausgeübt. Ich singe immer noch im Bachchor und bin in der Vesperkirche tätig, freue mich aber auch, wenn ich mit meinen drei Kindern und ihren Familien zusammen sein kann.

Gerhard Becker: Arbeiterkind in Vogelbach

Ich habe weniger vom Krieg zu erzählen als von der Nachkriegszeit, als es Kindern sog. „kleiner Leute“ nur unter größten Anstrengungen möglich war, höhere Schulen zu besuchen.

Meine Eltern

Die Eltern meiner Mutter, der Ältesten von vier Kindern, waren arme nordhessische Bauern, die ihr nach der Volksschule nur den Besuch einer Nähschule ermöglichen konnten. Danach arbeitete sie bis zu ihrer Heirat in den Haushalten fremder Leute. Mein Vater, Ältester von acht Geschwistern, stammte aus Vogelbach, einem 800-Einwohner-Dorf in der Westpfalz nahe an der Grenze zum heutigen Saarland. Sein Vater war Arbeiter und bewirtschaftete im Nebenerwerb eine kleine Landwirtschaft mit zwei Kühen. Um von zu Hause wegzukommen, meldete sich mein Vater 1917 als Sechzehnjähriger unter falscher Altersangabe zum Heer und erlebte die Härten des Ersten Weltkriegs im Elsass. Nach dem Krieg versuchte er sich auf verschiedenen Arbeitsstellen und wurde schließlich Hüttenarbeiter im Eisenwerk der Gebrüder Stumm in Homburg an der Saar. Meine Eltern lernten sich über eine Anzeige in einem christlichen Blatt kennen und heirateten 1929. 1930 – es war die Zeit der Weltwirtschaftskrise – wurde mein Vater arbeitslos und blieb es sieben Jahre. Arbeitslosenunterstützung wurde ein Jahr lang bezahlt, danach gab es nur noch die Wohlfahrtshilfe der Gemeinde, die in Vogelbach 7 RM pro Woche betrug. Meine Mutter versuchte, durch Nähen von Stoffschuhen etwas dazu zu verdienen, mein Vater durch Gelegenheitsarbeiten. Ihm oblag auch die „Holzbeschaffung“ aus dem Staatsforst, zu der er sich immer dann aufmachte, wenn Hitler seine Reden hielt – dann mussten die Polizisten, die als Staatsdiener die oft stundenlangen Auslassungen des „Führers“ anhören mussten, vor dem „Volksempfänger“ sitzen.

Mein Geburtsort Dittershausen

Endlich erhielt mein Vater 1937 eine Arbeitsstelle im nordhessischen Treysa, der Heimatgegend seiner Frau, in der Gepäckabfertigung des dortigen Bahnhofs. Die Familie, zu der mittlerweile zwei Töchter gehörten, zog nach Dittershausen, ein 200-Seelen-Dorf 50 km südlich von Kassel. Hier wurde ich am 8. Oktober 1940 geboren. Mein Vater war da bereits seit mehr als einem Jahr Soldat, er hatte sich freiwillig gemeldet.

Dittershausen war für einen kleinen Jungen ein idealer Platz zum Spielen. Felder, Wiesen, eine Mühle, Stacheldrahtzäune, aus denen wir Schafwollbüschel sammelten, manchmal im Frühjahr wegen der Schneeschmelze Hochwasser des Flusses Schwalm. Vom Krieg bekamen wir wenig mit. Es muss wohl in den letzten Kriegswochen gewesen sein, dass ein Munitionszug der Wehrmacht auf dem Weg von der Munitionsfabrik im nahen Allendorf von amerikanischen Flugzeugen in einem Wald entdeckt wurde. Der Zug war mit Flugabwehrgeschützen ausgestattet, sodass sich ein heftiges Feuergefecht entwickelte. Obwohl etwa 20 km von Dittershausen entfernt, waren die grellen Blitze der Bomben zu sehen und der Geschützdonner zu hören. Fasziniert betrachtete ich dieses Schauspiel und widersetzte mich dem Zugriff meiner Mutter, die mich ins Haus ziehen wollte.

Meine schöne Kinderzeit in Dittershausen endete 1946. Ohne mit meinem Vater zu kommunizieren, der sich in jugoslawischer Kriegsgefangenschaft befand, entschloss sich meine Mutter, mit uns drei Kindern wieder nach Vogelbach in der Pfalz zu ziehen. Offenbar hatte meine Großmutter väterlicherseits ihr brieflich angedeutet, wenn wir zurückkehrten, würde mein Vater einmal das Elternhaus erben.

Umzug von einer Besatzungszone in die andere

Die Übersiedlung war eine logistische Meisterleistung meiner Mutter. 1946, als nicht nur viele Gebäude in Trümmern lagen, sondern auch viele Schienen zerstört waren, als es Zivilpersonen verboten war, von einer Besatzungszone in die andere zu wechseln, als es keine Möbelwagen gab, zogen wir um! Meine Mutter schaffte es irgendwie – vermutlich mit Hilfe der früheren Kollegen meines Vaters vom Bahnhof Treysa –, einen Eisenbahnwaggon zu organisieren, der von Treysa in Hessen (amerikanische Zone) nach Bruchmühlbach in der Pfalz (französische Zone) ging. Der gesamte Hausrat wurde von Dittershausen nach Treysa mit einem von zwei Kühen gezogenen Fuhrwerk gebracht, verladen und in Bruchmühlbach wieder auf ein Fuhrwerk umgeladen und nach Vogelbach transportiert. Obwohl erst sechs Jahre alt, erinnere ich mich noch genau an den Abschied von Dittershausen. Morgens in der Frühe liefen wir los, eine kleine Anhöhe hoch. Hier blieben wir stehen und warfen einen letzten Blick auf das Dörfchen. Ich einen sehr traurigen, denn ich hatte mein einziges Spielzeug, die beiden „Pferdchen", zwei kleine Holzböcke, zurücklassen müssen.

Die Bahnfahrt dauerte eine Woche! Immer wieder wurde unser Waggon, der Wohnraum, Schlafraum und Küche war, abgehängt und auf ein Abstellgleis geschoben. In der Nähe der Tür stand unser Küchenherd, das Ofenrohr ragte durch die Türöffnung ins Freie. Die Mitreisenden in einem anderen Waggon hatten eine Kuh dabei, die öfter laut muhte. Einmal bekamen wir sogar Milch von dieser Kuh! In Frankfurt brachte ein Mann einen Fisch, den meine Mutter dann briet. In Mannheim fuhren wir über die Behelfsbrücke, die die Amerikaner neben der im März 1945 von den Deutschen gesprengten Rheinbrücke errichtet hatten. Sie war erst am 1. August 1946 freigegeben worden, also gerade rechtzeitig für unseren Umzug.

Alltag in Vogelbach

In der neuen Umgebung in Vogelbach fühlte ich mich einsam und verlassen. Wir lebten im Elternhaus meines Vaters, zusammen mit seiner Mutter. Unsere Mutter hatte aus Dittershausen Lebensmittelvorräte mitgebracht, u.a. zwei Sack Mehl aus der dortigen Mühle, in der Zeit vor der Währungsreform äußerst wertvoll und auch zum Tauschen auf dem Schwarzen Markt geeignet. Als das Mehl aber aufgebraucht war, ging der Streit los, von Erben war nicht mehr die Rede, und meine Mutter wurde von ihrer Schwiegermutter gehörig schikaniert. Als unser Vater dann aus der Kriegsgefangenschaft zurückkehrte, machte er meiner Mutter heftige Vorwürfe wegen des selbstherrlichen Umzugs. Die Atmosphäre war also vergiftet.

Der Alltag in Vogelbach war nicht einfach. Um eine gleichmäßige Verteilung der knappen Lebensmittel auf die Bevölkerung zu erreichen, hatten alle Besatzungsmächte Lebensmittelkarten ausgegeben. Die Bauern waren verpflichtet, ihre Erzeugnisse bei den staatlichen Stellen bis auf ein genau bemessenes persönliches Deputat abzuliefern. Natürlich konnte das keiner genau kontrollieren. Die

„Schwarzschlachtungen“ waren meist nicht nachzuweisen, mit denen die Bauern auf dem Schwarzen Markt Wertvolles erwerben konnten. Es machte das böse Wort die Runde, dass manche Bauern ihren Kuhstall mit Perserteppichen auslegen könnten. In dieser Zeit waren die meisten Menschen Vegetarier, nicht aus Überzeugung, sondern aus Mangel an Fleisch, das es vielleicht zu den hohen Festtagen Weihnachten und Ostern gab. Bei uns musste dann ein Insasse aus dem Hasenstall dran glauben. Für die Futterbeschaffung war ich zuständig. Da es nur wenige Küchenabfälle für die Stallhasen gab, musste ich täglich an Wegrändern Grünfutter – Gras und Klee – schneiden. Fett war Mangelware, und so kamen die Menschen auf sonderbare Ideen. Eine solche hatte einmal mein Vater, der uns Bucheckern sammeln ließ. Das mit den zerquetschten Bucheckern zubereitete Gericht brachte uns allen einen fürchterlichen Durchfall ein und war auch wegen des Blausäuregehalts der Eckern nicht ungefährlich.

Unser Vater fand bald eine Arbeit bei der Baufirma Lenhard in Saarbrücken. Wegen der damals üblichen langen Arbeitszeit – 48 Stunden an sechs Tagen – und der Entfernung musste er die ganze Woche in einer Schlafbaracke auf der Baustelle übernachten. Am Samstagnachmittag kam er heim, Sonntagabend musste er wieder weg. Kein Wunder, dass sich eine intensive Vater-Sohn-Beziehung nur schlecht einstellen konnte. Im Herbst 1950 erlitt er einen schweren Arbeitsunfall, bei dem er zwei Finger der linken Hand verlor. So kam er schon mitten in der Woche heim. Ich lief ihm entgegen. Genau erinnere ich mich, als er die Straße mit einem großen weißen Verband hochkam, mich erblickte und über das ganze Gesicht strahlte, weil er sich offensichtlich freute. Da war ich glücklich.

Schulzeit

Im Oktober 1946 begann meine Schulzeit in der zweiklassigen Volksschule in Vogelbach. Unsere Lehrerin Frau Metz, genannt „die Fräulein“, unterrichtete die Klassen 1-4, der Oberlehrer die Klassen 5-8. An ihn habe ich keine guten Erinnerungen. Bei Störungen im Unterricht musste man dem Lehrer die Handinnenfläche für „Batschhändchen“ mit einem Stock hinhalten, was sehr schmerzhaft war. Bei größeren Verfehlungen schlug er uns auch aufs Gesäß. Die Eltern störten sich nicht daran. Wir haben nicht viel bei ihm gelernt. Zur Heidelbeerzeit ließ er alle Kinder in den Wald ausschwärmen, um für ihn Heidelbeeren zu sammeln. Zu den wirklichen Höhepunkten des Schullebens gehörte die Schulspeisung. Ab 1947 gab es täglich ein warmes Essen, meistens Suppe, manchmal aber auch köstlichen Milchreis oder Grießbrei und ab und an auch ein Rosinenbrötchen mit Kakao. Das erschien uns wie ein Himmelsgeschenk, das nur möglich war durch die Spendenbereitschaft amerikanischer Christen, vor allem Mennoniten und Quäker. Das Essen wurde im Nachbarort Bruchmühlbach zubereitet und musste dort abgeholt werden. Hierfür waren jeden Tag zwei andere Schüler zuständig, die mit einem Handwagen loszogen und die für unsere Schule bestimmten zwei gefüllten Milchkannen aufluden. Für die Abholer gab es dann noch eine Extraportion, die wir uns auch manchmal unterwegs selbst zuteilten. Bis heute denke ich voll Dankbarkeit an die Schulspeisung, die mein positives Bild von den USA für immer geprägt hat.

Spiele

Wir spielten damals hauptsächlich im Freien. Ich konnte als kleiner Junge gut allein spielen. Neben unserem Haus verlief ein breiterer Sandstreifen, auf dem ich mein einziges Spielzeug, einen hölzernen VW-Käfer ohne Räder, den ich irgendwo gefunden hatte, „fahren" ließ. Aus Sand formte ich Berge, aus Holzstückchen baute ich Brücken. So verbrachte ich ganze Nachmittage. Auf der Dorfstraße spielten wir Völkerball, Verstecken, Räuber und Gendarm und, wenn Mädchen dabei waren, „Hickelkasten", der mit Kreide auf Asphalt gemalt wurde und bei dem man mit einem kleinen Stein von Feld zu Feld hüpfen musste. Nur selten wurden wir von durchfahrenden Autos gestört, wohl aber von Fuhrwerken, weil die Kühe häufiger etwas auf unser Spielfeld fallen ließen. Mit der Zeit weiteten wir unsere Spielstätten auf die Felder aus und versorgten uns in der Erntezeit mit Zwetschgen und Äpfeln. Als wir uns an den Pfirsichen in einem Garten vergriffen, erkannte uns der Besitzer und meldete uns unseren Eltern. Dafür gab es eine Tracht Prügel. Als wir noch älter waren, entdeckten wir den Wald als Spielplatz. Nur 100 m vom Ortsrand entfernt gab es noch Schützengräben aus dem Zweiten Weltkrieg. Hier spielten wir Verstecken, bauten Höhlen, machten Feuerchen und brieten Brot oder – selten – aus der Speisekammer entwendeten Speck. Im Sommer badeten wir im Glan, der in Vogelbach noch ein kleines Bächlein war. Schwimmen konnte man im knietiefen Wasser nicht, dafür gab es den „Panzergraben", etwa 10 m breit und mehrere Meter tief, ein Überbleibsel des letzten Krieges. Mit solchen Panzergräben hatten sich die Deutschen gegen die vordringenden Alliierten schützen wollen. 1953 hielt das Fernsehen Einzug in Vogelbach. Es gab im Ort ein großes Elektrogeschäft, das einen Schwarzweiß-Fernseher anschaffte. Wenn es das Wetter zuließ, wurde am Samstagabend der Fernseher auf die Treppe vor dem Haus gestellt, und die Nachbarn kamen mit ihren Stühlen und setzten sich davor. Gemeinsam sah man die Quizsendungen von Peter Frankenfeld und Hans-Joachim Kulenkampff.

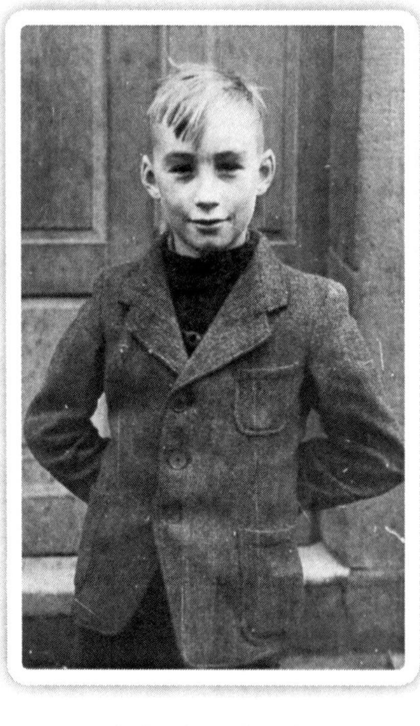

Gerhard, 12 Jahre alt

Pflichten

Bei all der Freiheit, die ich hatte, gab es auch einige Pflichten. Samstags musste ich „den Hof kehren", das war der Hof selbst, dazu die Flächen rund ums Haus und die Straße. Mit dem Besen versuchte ich ein schönes Muster in den Sand zu machen. Kam ein Fuhrwerk vorbei und ließen die Pferde oder Kühe vor unserem Haus etwas fallen, so musste dies als Dung für den Garten sofort gesichert werden. Dabei musste ich aufpassen, dass Pferdeäpfel oder Kuhfladen auch wirklich vor unserem Haus lagen, denn die Nachbarn achteten streng darauf, dass ich mich nicht an ihrem „Anteil" vergriff. Die Beschaffung des Brennholzes war die zeitaufwendigste Tätigkeit. Zwei- bis dreimal die Woche fuhr meine Mutter mit dem Handwagen in den Wald, und ich musste sie begleiten. Es war nur erlaubt, auf dem Boden liegende trockene Äste zu sammeln. Nach Stunden zogen wir den vollgepackten Handwagen mühselig nach Hause, und da der Waldboden in unmittelbarer Nähe des Dorfes bald leergesammelt war, mussten wir immer weiter fahren.

Unangenehm war die Bekämpfung der Kartoffelkäfer, ein damals besonders häufiger Schädling. Nicht nur die Käfer, sondern vor allem die Larven fressen in kurzer Zeit das Kartoffelkraut ratzekahl, sodass die Pflanze eingeht und keine Knollen bildet. Ein Käferweibchen legt bis zu 1200 Eier an der Unterseite der Blätter ab, aus denen nach zwei Wochen die Larven schlüpfen. Da Kartoffeln damals die Hauptnahrung bildeten, mussten die Kartoffelkäfer rigoros bekämpft werden. Wir Kinder mussten daher mehrmals die Woche mit einer Blechbüchse losziehen und von Hand Käfer und Larven von den Blättern abziehen, eine widerliche Angelegenheit.

Start in den Beruf
1954 wurde für mich ein ereignisreiches Jahr. Zu meiner Konfirmation am 4. April schenkte mir jemand mein erstes Buch, es hieß „Von Islands Vulkanen zum ewigen Eis“ und weckte in mir die Lust an Abenteuerberichten und Tiergeschichten. Die Fußballweltmeisterschaft war das bestimmende Ereignis im Nachkriegsdeutschland, und dies galt besonders für Vogelbach, denn einer der „Helden von Bern“, Horst Eckel, war ein Vogelbacher! Er war 1932 in dem Haus schräg gegenüber von unserem geboren worden und hatte seine erste Berührung mit dem Fußball auf dem Schulhof gehabt, meinem Schulhof! Während der Weltmeisterschaft steigerte sich die Spannung im Dorf immer mehr, bis endlich am 4. Juli das Endspiel erreicht war. Im Gasthaus „Bauer“ war im Saal ein großer Fernseher aufgebaut, davor saßen mehr als 100 Vogelbacher. Der Jubel kannte keine Grenzen, als „unser Horst“ Weltmeister war! Es stand aber noch weiteres Große bevor: Horst Eckel arrangierte einen Besuch aller fünf Kaiserslauterer Weltmeister im August in Vogelbach. Nicht nur das Dorf stand Kopf, aus den umliegenden Gemeinden waren mehrere Tausend Besucher gekommen. Nach dem Autokorso durch das Dorf gab es von der Homburger Brauerei Karlsberg Freibier, und im Saal vom Gasthaus „Bauer“ fand ein großer Tanzabend mit allen fünf Weltmeistern statt, der bis in die frühen Morgenstunden ging. Die Begeisterung der Vogelbacher war so groß, dass sie den Ort in „Horst-Eckel-Dorf“ umbenennen wollten. Später wollte man sich dann mit der Umbenennung der Dorfstraße begnügen, am Ende reichte es zur Verleihung der Ehrenbürgerwürde an den großen Sohn. Seit 2004 gibt es ein „Horst-Eckel-Stadion“.

Am 27. Juli 1954 endete meine Volksschulzeit ohne große Emotionen. Ich war kein auffälliger Schüler gewesen, mein Wissensdrang hatte sich auch in Grenzen gehalten. Meine Eltern entschieden, dass ich eine Bäckerlehre bei einer örtlichen Bäckerei machen sollte. Da die Lehrstelle aber erst zum 1. Januar 1955 frei war, bestimmte mein Vater, dass ich bis dahin bei seiner Baufirma arbeiten sollte. Ich war mit allem einverstanden.

Noch nicht einmal 14 Jahre alt, begann für mich der Ernst des Lebens mit voller Härte. Als Bauhilfsarbeiter hatte ich nicht nur körperlich schwere Arbeit zu verrichten, ich war auch in der sozialen Stellung am unteren Ende der Skala und sah mich oft einer demütigenden Behandlung von teilweise gefühllosen Arbeitskollegen ausgesetzt. Dies war nur zu überstehen, weil mir immer wieder einzelne halfen. Meine erste Baustelle lag in Neunkirchen an der Saar, also jenseits der damals bestehenden Grenze zwischen der Bundesrepublik und dem Saarland.

Das Saarland war zunächst ein Teilgebiet der französischen Besatzungszone, wurde aber vor allem aus wirtschaftlichen Gründen 1946 ausgegliedert und einer besonderen französischen Behörde unterstellt. Frankreich verband damit das Ziel, das Gebiet für immer von Deutschland loszutrennen. Das Saarland hatte demzufolge eine eigene Flagge, ein eigenes Wappen, eine eigene Hymne, eine eigene Staatsangehörigkeit. Es gehörte zum französischen Zollgebiet, das Zahlungsmittel war der französische Franc. Im Zusammenhang mit den Pariser Verträgen, aufgrund derer die Bundesrepublik Teil des Westblocks werden sollte, stellte der damalige Bundeskanzler Adenauer die Bedingung, dass das Saarland ein Land der Bundesrepublik werden solle. Dazu fand im Oktober 1955 eine Volksabstimmung im Saarland statt, in der zwei Drittel der Wähler sich gegen eine weitere Sonderstellung ihres Landes und damit für den Beitritt zur Bundesrepublik aussprachen. Dieser wurde am 1. Januar 1956 vollzogen.

Diese Zusammenhänge muss man kennen, um nachvollziehen zu können, was eine Arbeitsstelle im Saarland für einen Bewohner der zur Bundesrepublik gehörenden Westpfalz bedeutete. Ich stand morgens zusammen mit meinem Vater um halb vier Uhr auf, wusch mich kurz, aß ein paar Brote, nahm die von meiner Mutter mit den Essensvorräten für den Tag gepackte Tasche und lief zum etwa 2 km entfernten Bahnhof in Bruchmühlbach. Der Zug ging um 4.10 Uhr und fuhr zunächst bis Homburg/Saar. Hier mussten alle aussteigen und mit ihrer „Grenzgängerkarte" die Pass- und Zollkontrolle in einer langgestreckten Baracke passieren. Die 200 bis 300 Fahrgäste liefen dazu an französischen Zöllnern vorbei, die im Abstand von wenigen Metern standen und immer wieder einzelne herausgriffen, um die Taschen zu kontrollieren. Wurde einer beim Schmuggeln erwischt, gab es empfindliche Strafen und den Verlust der „Grenzgängerkarte", was oft den Verlust des Arbeitsplatzes bedeutete. Ich wurde nie erwischt, obwohl ich auf dem Hinweg öfter zwei Packungen „Burger-Stumpen" unter einer Lage Kartoffelsalat versteckt hatte und bei der Ausreise am Abend eine Packung Bohnenkaffee unter Essensresten. Nach der Kontrolle stieg man in den Zug nach Neunkirchen, der kurz nach 5 Uhr ging. Mit etwas Glück konnte man schon vor der Abfahrt eingeschlafen sein. In Neunkirchen folgte dann noch ein 20-minütiger Fußmarsch zur Baustelle.

Auf dem Gelände des Eisenwerks fand der Materialtransport ausschließlich über das Werksbahnsystem von 80 cm Spurweite statt. Deshalb mussten die in Lastwagen angelieferten Baumaterialien auf eine Lagerfläche am Rand des Werksgeländes ab- und in Loren umgeladen werden. Von morgens bis abends musste ich als 13-Jähriger mit zwei bis fünf anderen Arbeitern den angelieferten Splitt per Schaufel in die Loren befördern, zehn Stunden am Tag in der prallen Augustsonne. Etwa einmal die Woche luden wir Zement um. Jeweils 300 Zementsäcke von 50 kg Gewicht trugen wir auf den Schultern von den Lastwagen zu den Loren. Der feine Zementstaub verklebte sich mit dem Schweiß von Gesicht und Hals über den ganzen Oberkörper. Um 16.30 Uhr war endlich Feierabend. In der Baubude standen Wassereimer zum Waschen bereit. Für zehn schmutzige Arbeiter gab es einen Eimer mit warmem Wasser für die Hände und vier Eimer kaltes Wasser für das Gesicht. Es herrschte strenge Hierarchie. Zuerst kam der Vorarbeiter dran, dann die rabiaten Gesellen und ganz zum Schluss ich. Es gehört nicht viel Phantasie dazu, sich den Zustand des Wassers in den Eimern vorzustellen, wenn ich an der Reihe war! Um 17.15 Uhr ging der Zug am Bahnhof Neukirchen ab. Wieder Umsteigen in

Homburg, wieder Pass- und Zollkontrolle. Um 19 Uhr war ich dann zu Hause, aß zu Abend und fiel ungewaschen ins Bett. So ging das Tag für Tag, Woche für Woche. Die Bezahlung für diese harte Arbeit war gering. Der damals noch wöchentlich in einer Lohntüte ausbezahlte Lohn betrug 2.400 Franc, nach Umtausch 27 DM, also etwa 120 DM im Monat, die ich selbstverständlich zu Hause abliefern musste.

Geregelte Berufsausbildung

Die entscheidende Wende kam für mich im Oktober, als der Meister, unbestrittener Boss der Baustelle, zu meinem Vater sagte: „Du solltest deinen Sohn doch einen Beruf erlernen lassen." Ich bekam tatsächlich ab dem 1. November 1954 einen auf drei Jahre angelegten Lehrvertrag als Betonbauer. Und nun war alles anders, ich bekam vernünftige Arbeit, lernte einschalen, Bewehrung verlegen und Beton einbringen. Es machte mir Spaß! Den Namen des Meisters habe ich nie vergessen: Er hieß Georg Welsch. Die Lehrstelle beim Bäcker wurde abgesagt, was meinem Vater einigen Ärger im Dorf einbrachte.

Dem Berufsschulunterricht, der einmal im Monat in Saarbrücken stattfand, konnte ich mühelos folgen. Da bei schwierigen Konstruktionen die Zusammenarbeit von Technikern und Praktikern vor Ort besonders wichtig war, enthielt die Lehrzeit auch ein zweimonatiges Praktikum im Technischen Büro. Hier bekam ich schnell ein Gespür für den Unterschied zwischen Angestellten und Arbeitern. Bei einem vierwöchigen Aufenthalt auf einer Lehrbaustelle in der Nähe von Saarbrücken, an dem alle Betonbauer-Lehrlinge des Saarlandes teilnahmen, lernte ich erstmals Lehrlinge kennen, die die Berufsausbildung als Sprungbrett für ein Ingenieurstudium nutzen wollten. Sie kamen aus bürgerlichem Milieu und hatten häufig das Gymnasium nicht geschafft. Vor ihnen musste ich mich aber nicht verstecken, denn die Facharbeiterprüfung 1957 bestand ich im praktischen Teil mit „Gut", im theoretischen mit „Sehr gut".

Durch den Kontakt mit den „abgebrochenen" Gymnasiasten eröffnete sich mir aber eine Perspektive, die ich alleine nie gesehen hätte: der „Zweite Bildungsweg". Von 1958 bis 1961 besuchte ich neben meiner Arbeit als Betonbauer die „Technische Abendschule" in Homburg, trotz der inzwischen eingeführten 5-Tage-Woche eine ungeheure Strapaze. Ich schloss sie mit der Fachhochschulreife ab. Ohne den Rückhalt meiner Freunde vom CVJM in Vogelbach hätte ich wohl nicht durchgehalten. Besonders die Familien zweier Zöllner, die die pfälzisch-saarländische Grenze bewacht hatten und mit deren Söhnen ich befreundet war, ermutigten mich immer wieder, nicht aufzugeben. Und als ich dann schließlich Ingenieur geworden war, war auch mein Vater stolz auf mich, der bis dahin in Leuten, die nicht körperlich arbeiteten, nur „Faulenzer“ gesehen hatte.

Dr. Gerhard Becker studierte zunächst an der Ingenieurschule Kaiserslautern und verließ sie als Ingenieur für Tiefbau. Aufgrund seiner Note und einer Zusatzprüfung wurde ihm die eingeschränkte Hochschulreife verliehen, sodass er an der Technischen Hochschule Darmstadt ein vertiefendes Studium in Bauingenieurwesen mit dem Abschluss als Diplom-Ingenieur anhängen konnte. Nach einer Tätigkeit in einem Ingenieurbüro kehrte er mit einem Forschungsauftrag an die TH Darmstadt zurück und promovierte dort über ein Thema aus dem Hochhausbau. Danach Tätigkeiten im Kernkraftwerksbau in Frankfurt und Mannheim. Von 1991 bis 2005 bei der MVV, ab 1996 als Direktor für den Nahverkehr in Mannheim zuständig. Anlässlich seines 75. Geburtstages hat er die Geschichte seiner Kindheit und Jugend für seine Kinder und Enkelkinder aufgeschrieben.

Johanna und Manfred Hammer: Kriegsende und frühe Nachkriegszeit im Taubertal

Als der Krieg 1945 zu Ende ging, war ich neun Jahre alt, mein jüngerer Bruder Manfred war fünf. Wir lebten mit unseren Eltern in der kleinen Gemeinde Edelfingen bei Bad Mergentheim im Taubertal. Dort leitete ab 1933 unser Vater eine kleine Fabrik für landwirtschaftliche Geräte, die 1919 gegründet worden war. Es wurden Gabeln, Hacken, Spaten, Rasensprenger, Schubkarren und ab 1956 Anhänger für Traktoren- und Pferdebetrieb hergestellt. Unser Vater war nur kurz zur Wehrmacht eingezogen worden, denn als die Fabrik damit beauftragt wurde, Leichtmetallteile für den Flugzeugbau zu fertigen, galt der Betrieb als „kriegswichtig", und er wurde UK gestellt, war also unabkömmlich. In der Fertigung waren neben deutschen Arbeitern auch kriegsgefangene Franzosen und Russen, sowohl Männer als auch Frauen, beschäftigt. Letztere wurden von unserer Mutter auch in Hauswirtschaft unterwiesen. Offenbar sind beide Eltern ordentlich mit den Gefangenen umgegangen, denn unser Vater kam nach dem Einmarsch der Amerikaner nicht in Kriegsgefangenschaft und wurde bei der Entnazifizierung von „seinen" Leuten gut beleumundet.

Wir hatten das große Glück, dass es in unserer ländlichen Gegend während des Krieges keine direkten Fliegerangriffe gab, aber den verheerenden Luftangriff auf das 50 km entfernte Würzburg erlebten wir mit: Wir konnten trotz dieser großen Entfernung den feuerrot erleuchteten Nachthimmel sehen, und die Wucht der Bombeneinschläge brachte unsere Möbel zum Wanken und das Geschirr zum Klirren.

Würzburg wurde noch in den letzten Kriegswochen, nämlich am 16. März 1945, bombardiert. Die nicht einmal 10 Minuten dauernde Aktion zerstörte 90 Prozent der historischen Altstadt und kostete etwa 4000 Menschen das Leben. Das lag auch daran, dass es in Würzburg kaum befestigte Bunker gab, sondern nur „Schutzräume" in den Kellern. Man hatte offenbar mit keiner größeren Bombardierung gerechnet.

Gesprengte Tauberbrücke

An Karfreitag und Ostern erreichte der Krieg unsere kleine Gemeinde doch noch. Die amerikanischen Truppen rückten mit ihren Panzern auf einer Anhöhe oberhalb der Gemeinde an. Ein französischer Kriegsgefangener hisste oben auf dem Kirchturm eine weiße Fahne und wollte so die Kapitulation anzeigen. Das endete mit seiner Erschießung, denn der

Bürgermeister wollte um jeden Preis das Dorf verteidigen. Daraufhin griffen die Amerikaner an und zerstörten unseren Ort zu zwei Dritteln. Auch unser Haus und die angrenzenden Fabrikgebäude wurden stark beschädigt. Die deutschen Soldaten zogen nun ab, sprengten aber die über die Tauber führende Brücke. Zwar war diese Stelle nun unpassierbar, aber das Ganze war völlig sinnlos, da man den Fluss dort zu Fuß überqueren konnte – für die bestens ausgerüsteten amerikanischen Einheiten ein Kinderspiel!

Mittlerweile waren in unserem Keller Verwandte und Nachbarn untergekommen, deren Häuser teilweise oder ganz zerstört waren. Es herrschte eine drangvolle Enge, und daher versuchten unsere Eltern mit uns außerhalb in einem Felsenkeller, der normalerweise der Weinlagerung diente, eine Unterkunft zu finden. Wir tasteten uns in der Dunkelheit vor, aber es gelang uns nicht, in den Felsenkeller zu kommen. Daher mussten wir wieder umkehren zu unserem eigenen völlig überfüllten Keller. Auf dem Weg hin und zurück sahen wir voller Entsetzen tote Soldaten am Wegrand liegen.

Inzwischen hatten die Amerikaner unser Dorf eingenommen, jedenfalls das, was sie von ihm noch übrig gelassen hatten, und mehrere Häuser, die intakt geblieben waren, besetzt. Aus unserem Keller heraus konnten wir sehen, wie sie sich unserem Haus näherten. Der Zugang zu unserem Keller war nämlich durch ein großes aufgeklapptes Werkshallentor verdeckt, sodass wir durch eine große Ritze am Fußboden das Geschehen beobachten konnten. Wir waren sehr aufgeregt, vor allem meine Mutter, denn man hatte schon Schlimmes von den heranrückenden Siegern gehört. Aber Gott sei Dank erwiesen sich die ersten großen Ängste vor Übergriffen oder Vergewaltigungen als unbegründet.

Familie Hammer bei Kriegsende

Wir hatten das Glück, dass die amerikanischen Soldaten bald schon Kontakte zur Bevölkerung suchten und darüber hinaus sehr kinderlieb waren. Sie beschenkten uns Kinder mit Dingen, die wir schon lange nicht mehr gehabt hatten oder die wir gar nicht kannten: Schokolade, Erdnüsse, Erdnussbutter. Auch die Angst vor dem „schwarzen Mann" verflog schnell, auch wenn es die ersten Farbigen waren, die wir sahen. Ich erinnere mich noch, wie mein kleiner Bruder Manfred in der Küche völlig furchtlos auf dem Schoß eines Farbigen saß und sich mit Keksen und heißer Schokolade verwöhnen ließ.

Wir gewöhnten uns sehr schnell an die länger währende Besatzung, die ganz unterschiedliche Begleiterscheinungen hatte. So wurden zum Beispiel in Bad Mergentheim in allen Hotels und Kurhäusern, die von Amerikanern besetzt worden waren, außen über alle Stockwerke hinweg „Nottreppen" oder Rutschen angebracht. Das trug nicht unbedingt zur Verschönerung der Gebäude bei, aber offenbar hatten die Amerikaner ein ausgeprägtes Sicherheitsbedürfnis und wollten wohl im Falle einer Gefahr die Häuser schnell verlassen können.

Bereits viele Wochen vor Kriegsende war der Schulbetrieb völlig eingestellt worden. Erst im Herbst 1945 wurde er wieder aufgenommen. In Erinnerung ist uns, dass wir in die ehemalige Synagoge, die das Novemberpogrom 1938 überstanden hatte und nach dem Krieg zum Kindergarten umfunktioniert worden war, gingen, wo Klein- und Schulkinder mit „Höhensonne", wie es hieß, bestrahlt wurden. Das alte Dorfschulhaus hatte nur zwei Klassenräume, in denen jeweils vier Jahrgänge zusammengefasst und kompakt unterrichtet wurden. Später wurden im stillgelegten Gasthaus „Zum Lamm" weitere Schulräume installiert, sodass der Unterricht intensiver wurde und sich für gute Schüler die Möglichkeit bot, nach bestandener Aufnahmeprüfung ins Gymnasium nach Bad Mergentheim zu wechseln. Das war aber nicht so leicht, wenn man wie ich in einem riesigen Klassenzimmer, in dem die Klassen 1-4 saßen, von einer völlig überforderten 23-jährigen Lehrerin unterrichtet wurde, die es nicht verstand, die verschiedenen Jahrgänge und natürlich auch nicht die Viertklässler mit dem grundlegenden Wissensstoff vertraut zu machen. So bleiben viele Schüler alle acht Jahre in der Volksschule in Edelfingen, auch ich. Bei meinem vier Jahre jüngeren Bruder hatte sich die Lage dann schon normalisiert, es gab wieder genügend Lehrer, und daher besuchte er ab 1951 das Bad Mergentheimer Gymnasium.

Die Erweiterung der Schule war nötig geworden, weil auch in unser Dorf viele Flüchtlinge kamen. Zu deren Aufnahme schien sich nach Meinung des Bürgermeisteramtes unser Haus besonders gut zu eignen. Es war ein zweigeschossiges Gebäude mit großem Dachboden, im Erdgeschoss lagen die Wirtschaftsräume, im 1. und 2. Stock die Wohnräume, insgesamt waren es 10 Zimmer, natürlich viel zu viel in der damaligen Wohnungsknappheit. Gegen Ende des Krieges wohnte im 2. Stock eine ältere Dame, die im Ruhrgebiet ausgebombt worden war, und einige Wochen auch eine Nachbarfamilie mit zwei Kindern, deren Haus beim Angriff auf unser Dorf zerstört worden war. Ebenfalls auf dieser Etage kam für längere Zeit eine Familie mit vier Kindern unter, die aus Bessarabien stammte.

Als Bessarabien bezeichnete man ein Gebiet am Schwarzen Meer, das heute teilweise zu Moldawien und teilweise zur Ukraine gehört. Bis 1918 war es Teil des russischen Zarenreichs. Zwischen 1814 und 1842 wanderten hauptsächlich aus Baden, Württemberg und Bayern etwa 9000 Deutsche dorthin aus, vom Zaren gerufen, um den Boden zu kolonisieren. Amtssprache war Russisch, aber in den deutschen Dörfern wurde weiterhin Schwäbisch und Bayrisch gesprochen. Nach Ende des Ersten Weltkriegs gehörte Bessarabien kurze Zeit zu dem mit dem Deutschen Reich verbündeten Rumänien, und Rumänisch wurde Amtssprache. Aufgrund des Hitler-Stalin-Paktes von 1939, in dem sich die Diktatoren Europa geteilt hatten, besetzte die Rote Armee 1940 das der Sowjetunion „zustehende" Bessarabien. Die deutsche Bevölkerung, etwa 90.000 Personen, wurde in den Warthegau im von der deutschen Wehrmacht besetzten westlichen Polen umgesiedelt. Als sich die Rote Armee im Winter 1944 diesem Gebiet näherte, begaben sich auch die aus Bessarabien stammenden Deutschen auf die Flucht. Berühmtester Vertreter dieser Personengruppe ist der ehemalige Bundespräsident Horst Köhler.

Auch die Lagerräume der Fabrik wurden zu Wohnräumen umfunktioniert. Dort wohnte eine Familie in zwei Räumen: Oma, Vater Mutter, Sohn, die aus dem Sudetenland geflohen waren, und in zwei weiteren Räumen eine Familie aus Essen, Eltern, Sohn und Tochter, die dort ihre Wohnung verloren hatte.

Interessant sind auch die religiösen Verhältnisse bei Kriegsende. Edelfingen lag im nördlichsten Zipfel von Württemberg, und demzufolge waren die ca. 1.100 Einwohner zu 98 Prozent evangelisch. Der Nachbarort Unterbalbach aber, 2 km entfernt, lag auf badischem Terrain und war zu 99,9 Prozent katholisch. Da zeigte sich extrem, wie der im Jahr 1555 geschlossene Augsburger Religionsfriede immer noch die konfessionelle Ausrichtung der Orte beeinflusste: Das damals beschlossene „cuius regio eius religio“ – wem das Land gehört, der bestimmt die Religionszugehörigkeit seiner Untertanen – hielt fast 400 Jahre. Und das nicht nur auf dem Papier! Das führte gelegentlich zu Spannungen unter Jugendlichen, wenn es etwa darum ging, dass sich ein Evangelischer in ein Mädchen aus dem katholischen Nachbardorf verliebte und umgekehrt. Aber im Allgemeinen war man um Frieden bemüht. So war zum Beispiel unser Metzger katholisch und hatte neben der Metzgerei auch noch das gut gehende Lokal „Zum goldenen Kreuz“. Zum Ausgleich führte unser evangelischer Bäcker ein Zweitgeschäft im Nachbarort. Das i-Tüpfelchen an Annäherung war jedoch, dass der katholische Bürgermeister aus Unterbalbach Chorleiter beim mehrheitlich evangelischen Traditions-Männergesangverein Edelfingen

Johanna

Manfred

war! Und die vielen Flüchtlinge taten ein Übriges, sie wurden von den Behörden nicht nach ihrer Konfession verteilt.

Unser großes Glück war, dass unser Haus am Rande des Dorfes stand, direkt an der Tauber, am Ende eines langen Hofes, der flankiert war von langen Fabrikgebäuden. Es war ein idealer Platz zum Spielen, ein richtiges Kinderparadies. Rundherum befand sich ein großer Garten, der uns das ganze Jahr über mit Obst und Gemüse versorgte. Das hieß natürlich für meine Mutter, dass sie zur Erntezeit viel einzukochen hatte. Wir litten keinen Hunger wie so viele Leute in den zerstörten Städten. Außerdem lebten wir in der Nachbarschaft von Bauern, bei denen wir Nahrungsmittel gegen Gegenstände aus der Produktion unserer Firma tauschen konnten, und hatten darüber hinaus Großeltern, die einen Bauernhof besaßen und uns gelegentlich mit Brot, Wurst und Honig versorgten.

So haben wir in unserer Kinderzeit zwar einige wirre Zeitabschnitte erlebt, aber insgesamt ist es uns auf dem Dorf im Vergleich zu Millionen anderen Kindern doch recht gut gegangen.

Johanna Hammer absolvierte nach ihrer Volksschulzeit die Handelsschule des Töchterinstituts St. Bernhard in Bad Mergentheim und vervollständigte ihre Kenntnisse durch weitere Privatkurse in Steno, Maschinenschreiben, kaufmännischem Rechnen und Buchführung. Sie war zunächst im Büro des Hauptwerkes der Gebr. Hammer in Bad Mergentheim tätig, dann vorübergehend bei einer aus Berlin nach Leimen ausgelagerten Eternit-Firma, die im Gefolge des Mauerbaus 1961 ihre Finanzbuchhaltung verlegt hatte. In dieser Zeit qualifizierte sie sich beim Mannheimer Sekretärinnen-Studio zur „geprüften Sekretärin DSV". Nach einer Zwischenstation bei einer Mannheimer Firma, die in Konkurs ging, fand sie 1966 ihre endgültige „Heimat" bei Bopp & Reuther, wo sie bis 1996 tätig war, zuerst in der Abteilung Revision und Organisation und nach der Umstrukturierung als Chefsekretärin im Finanz- und Rechnungswesen.

Manfred Hammer verließ nach der Obersekunda das Gymnasium, erlernte den Beruf des Feinmechanikers und schloss ein Studium zum Maschinenbau-Ingenieur am Polytechnikum Würzburg/Schweinfurt an. Während seiner Zeit bei BBC als Konstrukteur im Turbomaschinenbau machte er am Abendgymnasium Mannheim Abitur. Das anschließende BWL-Studium an der Universität Mannheim ermöglichte ihm eine interessante und verantwortungsvolle Tätigkeit in der Projektleitung im Kraftwerksbau bei BBC/ABB/Westinghouse.

Uta Riehle: Der brennende Soldat in Heßheim

Ich wurde 1938 in Heßheim, einem größeren Dorf in der Nähe von Frankenthal, geboren. Mein Vater war Arzt, und wie es damals üblich war, befand sich die Praxis in unserem großen Wohnhaus, hatte allerdings einen separaten Eingang. Das Haus lag an der Hauptstraße. Meine Mutter – auch das nicht ungewöhnlich in der damaligen Zeit – war gleichzeitig auch seine Sprechstundenhilfe. Seine Patienten kamen auch aus den umliegenden Dörfern, und wenn er sie zu Hause besuchen musste, war er zunächst mit einem Motorrad unterwegs, später mit einem alten „Adler". Mein Vater war Jahrgang 1895 und hatte noch am Ersten Weltkrieg teilgenommen, wurde aber im Zweiten Weltkrieg nicht mehr eingezogen. Mit meinen beiden älteren Brüdern und einer jüngeren Schwester wuchs ich trotz der Kriegs- und Nachkriegszeit relativ unbeschwert auf.

Uta, rechts, mit Mutter und Geschwistern

Ich habe recht deutliche Erinnerungen an die letzten Kriegsjahre. Unser Ort lag in der Einflugschneise auf Frankenthal, das damals schon eine beachtliche Industriestadt war, und natürlich auf Ludwigshafen mit der BASF und Mannheim mit seinen vielen Fabriken. Ab 1942 gab es häufig Fliegeralarm. Dann suchten wir immer unseren großen Keller auf. Da die meisten anderen Häuser in der Umgebung, die Bauern oder BASF-Arbeitern gehörten, nicht unterkellert waren und ein öffentlicher Luftschutzraum nicht in der Nähe lag, fanden sich immer Scharen von Schutzsuchenden bei uns ein, um die Entwarnung abzuwarten. Wie nötig das war, zeigte sich bald, denn zweimal fielen Bomben wohl eher zufällig auf unser Dorf, eine davon explodierte in unmittelbarer Nähe unseres Hauses, und Bombensplitter bohrten sich durch die runtergelassenen Rollläden. Ein Splitter blieb sogar im gegenüber dem Fenster stehenden Schrank stecken.

Besonders genau erinnere ich mich an die Nacht im September 1943, in der fast die gesamte barocke Innenstadt Frankenthals zerbombt wurde. Als wir nach der Entwarnung unseren Keller verließen, sahen wir einen glutroten Himmel, und den Erwachsenen war sofort klar: Das nur 4 km entfernte Frankenthal brannte. Ich sehe den leuchtenden Himmel noch heute vor mir. Die anfliegenden Bomber flogen oft sehr tief. Ich weiß noch, dass ich einmal ein lautes Brummen hörte, in den Garten ging und ein Flugzeug beobachtete, das so niedrig über unser Haus hinweg flog, dass ich sogar den Piloten in seiner Kanzel sehen konnte.

In dieser Zeit sah ich einmal einen Patienten meines Vaters im Vorraum der Praxis, einen jungen Mann in Uniform. Aus den Ärmeln und dem Kragen der Uniformjacke quoll weißer Rauch, also schien er unter seiner Kleidung zu brennen. Ich erschrak furchtbar und fragte später meinen Vater, ob der Mann sterben müsse. Mein Vater sagte nur: „Ja". Ich schnappte noch auf, dass er wohl mit einer Phosphorbombe in Berührung gekommen war.

Die Brandbomben, die die deutschen Flugzeuge über englischen und dann die englischen und amerikanischen Flugzeuge über deutschen Städten abwarfen, waren immer Phosphorbomben. Der selbstentzündliche Phosphor entzündet nach Kontakt mit Sauerstoff die eigentliche Brandmasse. Er verbrennt mit ungeheurer Hitze und entwickelt dabei weißen Rauch. Da Phosphor in Brandbomben mit Kautschukgelatine versetzt wurde, blieb die zähflüssige Masse an der Hand hatten, mit der man sie von der betroffenen Stelle entfernen wollte, und wurde so weiter verteilt. Die Betroffenen starben langsam an ihren Verbrennungen 3. Grades innerhalb von 5 bis 10 Tagen.

Ende März 1945 wurde unser Ort von den Amerikanern besetzt. Mit Panzern fuhren sie die Dorfstraße entlang und requirierten in unserem großen Haus das Erdgeschoss mit der Küche. Zu uns Kindern waren sie sehr freundlich. Sie schenkten meiner Schwester und mir eine Orange und kleine Schokoladentäfelchen. Ich erinnere mich, wie die Frucht aufgemacht wurde, der Saft ein bisschen herauslief und wunderbar schmeckte. Ich hatte noch nie so etwas gegessen.
Im Juli 1945 zogen dann die Amerikaner ab, und die Pfalz gehörte zum französischen Besatzungsgebiet.

Zwar hatten französische Truppen bereits im März im Gefolge der US-Armee Teile der Pfalz besetzt, aber die französische Besatzungszone wurde erst nach der sog. Berliner Erklärung vom 5. Juli 1945 gebildet, in der Großbritannien und die USA auf Teile ihrer Besatzungsgebiete zugunsten Frankreichs verzichtet hatten.

Die französischen Soldaten verhielten sich weniger entgegenkommend. Sie streunten in unserem Haus umher und nahmen mit, was ihnen gefiel, u.a. einen Teppich, eine Lampe und sogar das Radio, um das meine Mutter vergeblich kämpfte. Jetzt begann auch auf dem Land eine Zeit des Hungers. Ich sehe noch vor mir einen jungen Mann aus unserem Ort, der – 1947 wird es wohl gewesen sein, denn ich besuchte noch die Volksschule – ausgemergelt die Dorfstraße entlang ging. Es war der letzte Kriegsheimkehrer in Heßheim. In Erinnerung sind mir Tage, an denen für jedes der vier Kinder zum Frühstück eine Scheibe Brot bereit lag. Aber verglichen mit anderen Familien hatten wir es noch relativ gut. Mein Vater war als Arzt ein angesehener Mann bei den Bauern, die seine Dienste mit Naturalien bezahlten. Außerdem besaßen wir einen großen Garten, der zum reinen Nutzgarten umfunktioniert wurde. Mein Vater pflanzte sogar Sojabohnen an – als Arzt wusste er natürlich, wie wichtig pflanzliches Eiweiß für den Körper ist.

Vom großen Haus konnte nur ein Raum mit Ofen in der Praxis beheizt werden. Es fehlte aber an Brennmaterial. Also fuhr mein älterer Bruder – 1945 war er elf Jahre alt – mit dem Fahrrad an den Rhein, um den Schiffern einen dicken Strauß Petersilie aus unserem Garten gegen Kohle anzubieten. Die gingen gerne auf das Geschäft ein. Der Sack war groß und schwer, sodass mein Bruder das Rad auf dem ganzen langen Heimweg schieben musste!

1948 machte ich meine Aufnahmeprüfung für das Lyzeum in Frankenthal. Solche Prüfungen waren bis weit in die 50er Jahre üblich. Ganz stolz kam ich nach Hause und berichtete, dass ich die Prüfung bestanden hatte. Als Belohnung gab es Pudding für mich, es war der erste Pudding meines Lebens! In dieser Zeit brachte mir mein Vater auch das Fahrradfahren bei, und zwar auf dem Rad meiner Mutter, das natürlich viel zu groß für mich war. Auf freiem Feld zwischen zwei Dörfern trat ich in die Pedale und fuhr geradeaus, mein Vater rannte neben mir her. Plötzlich tauchte ein Panzergraben vor mir auf, breit wie ein Haus und ziemlich tief. Panzergräben waren in der Endphase des Zweiten Weltkriegs vom sog. Volkssturm gegraben worden, älteren Männern, die nicht mehr als Soldaten eingezogen worden waren. Solche Panzergräben sollten, so die Hoffnung der deutschen Regierung, den Vormarsch der Alliierten aufhalten, was natürlich nicht passierte. Die Gräben durchfurchten das Land und existierten an manchen Stellen noch Jahre nach Kriegsende. Auf einen solchen Graben fuhr ich also zu, mein Vater rief und schrie, aber ich war nicht in der Lage zu bremsen und fiel samt Rad hinein. Mein Vater hatte Mühe, mich wieder herauszuziehen, befühlte meine Glieder, aber mir war Gott sei Dank nichts geschehen.

Aus meiner Schulzeit gibt es nicht viel zu berichten. In der Volksschule in Heßheim kam noch der Rohrstock zum Einsatz, auch ich war einmal davon betroffen. Im Lyzeum in Frankenthal entdeckte die Musiklehrerin, eine ausgebildete Sängerin, meine sichere Singstimme und sorgte dafür, dass ich am Heiligen Abend im Krippenspiel jahrelang die Maria sang. Mein langes dunkles Haar floss offen über meine Schultern. Die Musik war auch später meine große Freude. So war und bin ich viele Jahre Mitglied des Bachchors an der Christuskirche in Mannheim.

Dann kam die Währungsreform am 20. Juni 1948. Jeder Haushaltungsvorstand erhielt an diesem Sonntag 40 DM in verschiedenen Scheinen und Münzen. Die übrigen Familienmitglieder bekamen einen Monat später je 20 DM. Ich sehe meinen Vater noch am Tisch sitzen und das neue Geld betrachten und zählen, das ab 21. Juni als alleiniges Zahlungsmittel galt. Jetzt ging es sichtbar aufwärts. Meine Schwester z.B., vier Jahre jünger als ich, konnte bereits das Fahrradfahren auf einem neu gekauften Rad lernen. Die Autobahn Richtung Kaiserslautern, die zwischen 1936 und 1941 gebaut worden war und sich im Raum Kaiserslautern sogar für das Landen und Starten von Flugzeugen eignete, also damals rein militärischen Zwecken diente, verlief ganz in unserer Nähe. Die Böschungen der Autobahn waren im Winter in unserer flachen Gegend willkommene Schlittenberge. Ich musste keine Kleider aus Matratzenbezügen oder alten Kleidern unserer Mutter mehr tragen, sondern wir fuhren nach Mannheim, wenn wir etwas Neues brauchten. Allerdings verliefen diese Einkäufe nicht immer zu unserer ungetrübten Freude, denn unser Vater beaufsichtigte die Angelegenheit und bestimmte meistens, was gekauft wurde, und das entsprach nicht immer unseren Vorstellungen.

Überhaupt die Väter! Sie waren mehr oder weniger die Herren in der Familie. Oft führten sie ein strenges Regiment. Gott sei Dank war unser Vater sehr gerecht, aber selbstverständlich galt sein Wort mehr als das der heranwachsenden Kinder. Meine älteren Brüder studierten nach dem Abitur Medizin, ich hätte das auch gerne getan, aber es hieß, ich würde „ja doch heiraten", und da könnte ich doch die PH in Heidelberg besuchen, um Lehrerin zu werden. Das tat ich auch, absolvierte das damals viersemestrige Studium und die Referendarzeit und war dann erst 22 Jahre alt. Mein Traum, Medizin zu studieren, war aber immer noch vorhanden. Also teilte ich meinem Vater mit, ich wolle nun Medizin studieren. Er war zu meiner großen Freude einverstanden. Doch nach einigen Tagen wurde ich nach Hause beordert zum „Familienrat", an dem neben meinen Eltern auch meine Geschwister teilnahmen. Und alle meinten, ich hätte ja einen Beruf, ich brauchte also nicht ein weiteres Studium. Man stelle sich vor, meine Brüder und meine vier Jahre jüngere Schwester, die übrigens auch Medizin studierte, befanden über die Lebensplanung ihrer Schwester! Und man stelle sich weiter vor: Ich fügte mich! Unvorstellbar für die späteren Generationen! Gott sei Dank ist seit der Zeit einiges an Modernisierung in Deutschland passiert.

Je älter ich werde, umso höher schätze ich die Leistungen ein, die die Frauen in jenen Kriegs- und Nachkriegsjahren erbracht haben. Zum Beispiel meine Mutter. Innerhalb von vier Jahren wurden drei ihrer Kinder geboren, das vierte dann nach weiteren vier Jahren. In der Praxis meines Vaters war sie die Sprechstundenhilfe, wurde natürlich nachts mit wach, wenn er zu Patienten gerufen wurde. Das kam oft vor, denn damals gab es noch viele Hausgeburten. Sie hatte den Haushalt zu führen und musste den größten Teil in dem großen Garten erledigen. In den Hitlerjahren standen ihr zwar jährlich wechselnde „Pflichtjahrmädchen" zur Seite. Aber das waren „Mädchen", die nach ihrer Volksschulzeit mit 14 Jahren ihr „Pflichtjahr" in einem geeigneten Haushalt ableisten mussten. Ihnen musste meine Mutter erst einmal beibringen, was zur Führung eines Haushalts gehörte. Und wie viele Frauen waren noch zusätzlich mit der Sorge um ihren Mann belastet, der in deutschem Auftrag in irgendeinem europäischen Land kämpfte!

Uta Riehle arbeitete bis zur Geburt ihres ersten Kindes als Lehrerin. Aufgrund der Tätigkeit ihres Mannes lebte die Familie viele Jahre im Ausland, hauptsächlich im Fernen Osten, bis sie nach Mannheim zurückkehrte. Heute freut sich Uta Riehle über vier Enkelkinder.

Schwierige Jahre unmittelbar nach dem Krieg

Konstanze Wegner: Kriegsende und erste Nachkriegszeit in Frankfurt/Main

Die Familie

Ich wurde 1938 in Frankfurt am Main geboren als jüngstes von fünf Kindern. Die Familie meines Vaters, Dr. Julius Overhoff, stammte ursprünglich aus Westfalen. Er war Kaufmann und Schriftsteller und arbeitet für den IG-Farben Konzern, zunächst in Berlin, dann in Frankfurt. Im Auftrag der Firma war er in vielen Ländern unterwegs, vor allem in Südamerika. Die Vorfahren meiner Mutter Edith, geborene Kloeppel, stammten aus der Eifel und den Niederlanden. Ihr Großvater Melchior zur Strassen war Bildhauer, ihr Vater Patentjurist und arbeitete bei der Firma Bayer.

Meine Eltern besaßen eine große Bibliothek, als Kind konnte ich lesen, was mir unter die Finger kam. Die Atmosphäre, wie ich sie als Kind vor allem in den Nachkriegsjahren erlebte, war kulturell liberal, politisch eher indifferent. Später, nach oder während meines Geschichtsstudiums, habe ich mich oft gefragt, wie viel mein Vater konkret von der verbrecherischen Beteiligung der IG-Farben an der Judenvernichtung gewusst hat, aber damals fehlte mir die Kenntnis, diese Frage zu stellen. Rückblickend würde ich sagen: Meine Eltern waren keine Nazis, aber sie waren auch keine Widerstandskämpfer. Mein Vater hatte auf Geschäftsreisen in die Sowjetunion der 30er Jahre erschreckende und ihn dauerhaft prägende Eindrücke von der Brutalität des Sowjetkommunismus empfangen. Ich vermute, dem gegenüber erschien meinen Eltern der Nationalsozialismus das kleinere Übel, mit dem man sich arrangieren müsse.

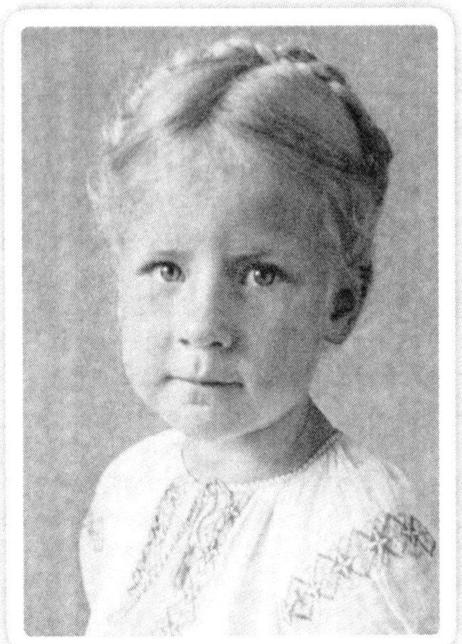

Konstanze, 1943

Meine Geschwister waren erheblich älter als ich. Am meisten liebte ich den „großen Bruder" Julius, Jahrgang 1925. 1926 wurden Zwillingsmädchen geboren, die später Archäologie studierten, und 1934 mein Bruder Martin, der später Kaufmann wurde.

Der Krieg

1932 wurde mein Vater nach Frankfurt zur Hauptverwaltung der IG-Farben versetzt. Die Familie zog in ein Haus, dessen Bau meine Großmutter mütterlicherseits finanziert hatte. Es lag in dem damals noch ländlich geprägten Stadtteil Eschersheim und bildete mit drei weiteren Häusern einen Komplex. Meine ersten Kriegserinnerungen verbinden sich mit unserem Luftschutzkeller, der in das Haus eingebaut und mit den anderen drei Kellern jeweils durch eine Stahltür verbunden war. Als ich eines Nachts auf meinem Stockbett saß, tat die Stahltür plötzlich einen Schlag, die Erwachsenen sagten: „Eine Luftmine", und nickten sich bedeutungsvoll zu. Ich hatte keine Ahnung, was das war. Wenige Wochen später fuhr ich mit meinem Vater mit der Straßenbahn nach Oberursel, um Freunde zu besuchen. Plötzlich schrie der Schaffner: „Alle raus, Tieflieger!" Mein Vater packte mich an der Hand und rannte mit mir zum Straßengraben, in den er mich hineinstieß. Er warf sich über mich und presste mein Gesicht in den Matsch. Die Tieflieger zielten auf die rennenden Leute, aber hatten es wohl vor allem auf das in der Nähe befindliche Kupferwerk abgesehen. Nach wenigen Minuten war alles vorbei, das Werk war getroffen, die Straßenbahn samt Oberleitung zerstört, aber Menschen waren nicht zu Schaden gekommen. Wir mussten zu Fuß nach Hause gehen.

Mein großer Bruder war wohl das, was man heute als „hochbegabt" bezeichnet. Mit 16 Jahren machte er Abitur und studierte Chemie. Nach zwei Semestern wurde er zur Wehrmacht eingezogen. Wenn er im Urlaub nach Hause kam, beschäftigte er sich häufig mit mir, der kleinen Schwester. Er führte mich an seine „Schatzkiste", wie er es nannte, und holte eine große Muschel heraus. Als er sie mir ans Ohr hielt, sagte er, ich würde das Meer rauschen hören. Das war herrlich!

Wie mein Bruder Martin später erzählte, erklärte Julius, der ein begeisterter Reiter war, eines Tages, er wolle zur Waffen-SS gehen. Falls junge Leute sich freiwillig meldeten, habe man ihnen „Bauerngüter im Osten mit vielen Pferden" in Aussicht gestellt. Wie Martin weiter berichtete, habe mein Vater mit der Faust auf den Tisch geschlagen und gesagt: „Ich verbiete dir, zu diesen Henkern zu gehen!"

Die Waffen-SS, wie die ursprüngliche Parteiarmee SS ab 1939 bezeichnet wurde, unterstand Heinrich Himmler. Ihr gehörten sowohl Kampfmannschaften als auch die Wachmannschaften der Konzentrationslager an. Die Kampfverbände hatten die Aufgabe, die okkupierten Gebiete gegen Widerstandskämpfer zu sichern, und gingen vor allem im Osten mit unglaublicher Grausamkeit vor. Die Waffen-SS wurde bei den Internationalen Kriegsverbrecherprozessen 1946 in Nürnberg zur verbrecherischen Organisation erklärt.

Martin, knapp zehn Jahre alt, war Zeuge der Auseinandersetzung. Er liebte es damals, sich in der großen Gärtnerei in unmittelbarer Nachbarschaft der vier Häuser herumzutreiben und dem Gärtnermeister Rundel an die Hand zu gehen. So waren sie gut Freund. Zu diesem Rundel lief Martin nun, um ihm die große Neuigkeit mitzuteilen: „Mein großer Bruder wollte zur Waffen-SS, aber meine Vater hat geschrien: Zu diesen Henkern gehst du nicht!" Nach Ende des Krieges hatte mein Vater sein sogenanntes „Spruchkammerverfahren".

Diese Verfahren wurden zwischen 1946 und 1949 in den drei westlichen Besatzungszonen durchgeführt. Grundlage war das „Gesetz zur Befreiung von Nationalsozialismus und Militarismus" vom März 1946, das die deutsche Bevölkerung ab 18 Jahren in fünf Kategorien einteilte: Hauptschuldige – Belastete – Minder-

belastete – Mitläufer – Entlastete. Deutsche Spruchkammern aus unbelasteten oder minderbelasteten Juristen und Laienrichtern hatten die Zuordnung vorzunehmen. Dabei war die Beweislast umgekehrt: Nicht die Spruchkammer musste die Schuld des Vorgeladenen beweisen, sondern dieser seine Unschuld!

Als er seinen Termin bei der Spruchkammer hatte, meldete sich Gärtner Rundel: „Ich will für Dr. Overhoff aussagen". Und dann schilderte er das Geschehen, wie es ihm Martin erzählt hatte. Mir zeigt die Begebenheit am Wohnzimmertisch aber noch etwas anderes: Mein Vater wusste offenbar genau, was es mit der Waffen-SS auf sich hatte, und davor hatte er seinen Sohn bewahren wollen. Mein Vater wurde als „Mitläufer" eingestuft, eine Bezeichnung, die er als lächerlich empfand, wie er mir später erzählte.

Bruder Julius, 1943

Im August 1944 kam ein Offizier in unser Haus. Er brachte meinen Eltern Julius' Zigarettenetui und einen Block mit seinen Aufzeichnungen. Julius war in der Ardennenoffensive gefallen, einer der letzten großen Schlachten an der Westfront. Nach Bericht des Offiziers hatte sich ein amerikanischer Panzer genähert; mein Bruder war aus der Deckung gekommen, um ihn mit einer Panzerfaust zu zerstören, ein aussichtsloses Unterfangen. Ein „Heldentod", wie der fremde Mann sagte. Julius wurde 19 Jahre alt. Er wurde zunächst auf einem kleinen Friedhof in einem lothringischen Dorf begraben und später in das Familiengrab in Leverkusen umgebettet. Meine Eltern haben seinen Tod nie verwunden.

Die Nachkriegszeit

Unmittelbar nach Kriegsende erschien eine Delegation amerikanischer Offiziere in unserem Haus. Mein Vater führte sie in die Bibliothek, wo sie ihm eröffneten, dass wir zwei Stunden Zeit hätten, um das Haus zu verlassen. Sie hatten offenbar für höhere Stäbe den Komplex der vier ansehnlichen Häuser in angenehmer Umgebung als Amts- und Wohnsitz ausersehen. Beim Rausgehen deutete einer der Offiziere auf die Bücherregale und sagte lachend zu meinem Vater: „So many books, I never read a book in my life!"

Meine Mutter dachte praktisch. Sie dachte nicht an ihren Schmuck, den sie hätte mitnehmen können, sondern entschied, dass wir unsere Matratzen in die uns zugewiesene Bleibe tragen sollten. Es handelte sich um das Wohnhaus der Familie Casmir einige Straße weiter. Erwin Casmir war eine Berühmtheit. 1928 hatte er bei den Olympischen Spielen in Amsterdam die Silbermedaille im Florettfechten gewonnen, 1936 bei der Berliner Olympiade war er mit der Mannschaft Dritter geworden. Unvergesslich ist mir, wie seine Frau unter der Tür stand, als wir mit unseren

Habseligkeiten anrückten, uns anlächelte und sagte: „Herzlich willkommen!" Sie quartierte uns im ersten Stock ein: meine Eltern, vier Kinder und meine Großmutter, die alle Unannehmlichkeiten mit vornehmer Ruhe ertrug. Einige Tage nach unserem „Umzug" ging meine Mutter nochmal in unser Haus, das inzwischen zusammen mit den anderen drei von einem Stacheldrahtzaun umgeben war, und holte unbeanstandet ihren Schmuck.

Die Ernährungslage war in Frankfurt außerordentlich schwierig. Meine Mutter hatte noch im Krieg zwei Gärten gegenüber unserem Haus gepachtet, die sie nun bestellte. Sie pflanzte Gemüse und Kartoffeln an. Ich half dabei, so gut ich konnte, denn es machte mir Spaß; außerdem gab es dabei manches Essbare. Die Gärten waren von einer dichten Brombeerhecke umgeben, sodass man von außen kaum hineinschauen konnte, Diebe hatten es deshalb schwer. Eines Tages hatte ich Tomaten geerntet und ging mit einer ganzen Schüssel davon an unserem Haus vorbei. Ein amerikanischer Soldat sah das und sprach mich an. Er wollte die Tomaten haben, stellte aber etwas anderes dafür in Aussicht. Tatsächlich erschien er kurz darauf und brachte mir zwei Weißbrotscheiben mit einem großen Stück Fleisch. Ich brachte diese Beute voller Stolz nach Hause.

Nachmittags war ich oft unterwegs, um Ähren zu lesen oder Kartoffeln zu stoppeln. Man ging dabei über die abgeernteten Felder und sammelte ein, was liegen geblieben war, nicht immer erfolgreich, weil das viele Leute machten. Zu Hause wurden dann die Körner aus den Ähren gepuhlt und gemahlen. Trotz aller Bemühungen: Meine Mutter und meine Großmutter zeigten deutliche Merkmale von Mangelernährung. Sie hatten Untergewicht und „offene Beine", die sie hochlegten und mit essigsaurer Tonerde zu heilen versuchten. Eines Tages gab es eine Sonderzuteilung Butter, Zucker und Mehl. Meine Mutter buk damit richtig gute Weihnachtsplätzchen, die wir in kürzester Zeit aufaßen. Das hatte einen wunderbaren Nebeneffekt: Die offenen Löcher in ihren Beinen verkleinerten sich deutlich. Für den Schwarzhandel waren meine Eltern nicht geeignet. Sie hatten zwar ihre Kamera rechtzeitig in ihrem Garten vergraben, fanden aber die Stelle nicht wieder. Nur mein Bruder Martin bewies hier Geschick. Er hatte schnell herausgefunden, dass die amerikanischen Soldaten an Militaria interessiert waren, und verkaufte ihnen Litzen von Uniformen und die Offiziersmütze meines gefallenen Bruders.

Mein Vater machte uns Sorgen. Er war ja nun arbeitslos und fragte sich völlig verzweifelt, ob er jemals wieder in seinem Beruf würde arbeiten können. Tagelang saß er im Morgenrock apathisch herum und verbreitete eine depressive Stimmung. Schließlich besann er sich auf seine seit frühester Jugend vorhandenen literarischen Interessen, las viel, schrieb wieder Gedichte und dann einen Roman, der im Suhrkamp Verlag erschien: „Eine Familie aus Megara".

Als wir 1947 zurück in unser Haus konnten, fanden wir eine riesige Unordnung vor. Einiges Geschirr war in die Brüche gegangen, der Weinvorrat ausgetrunken, aber außer einer Bachwerk-Ausgabe fehlte nichts. Etwa 1948 stellte sich ein treuer Freund meiner Eltern aus Berliner Tagen ein: „Onkel" Zachar Josefowitz. Er war russischer Jude, der die Sowjetregierung mit Farben- und Chemieprodukten belieferte. Als das Leben unter dem Stalinismus für ihn unerträglich wurde, setzte er sein gesamtes Vermögen in Diamanten um und floh mit seiner Familie und dem

Säckchen Diamanten auf abenteuerliche Weise nach Berlin. Das Säckchen hatte er beim letzten Halt vor der Grenze an einem Puffer seines Eisenbahnwaggons befestigt und nahm es nach der Grenzkontrolle auf dem ersten Bahnhof wieder an sich. Mit dem Inhalt dieses Säckchens konnte er mit den IG-Farben ins Geschäft kommen. Meine Eltern hatten ihn und seine Familie dort kennen gelernt und sich angefreundet. 1933 sah Josefowitz voraus, was kommen würde, und wanderte mit den Seinen in die Schweiz aus. Dieser Onkel Zachar erschien also wie ein guter Geist und wollte wissen, wie es seinen alten Freunden gehe und wie er helfen könne. Mir drückte er eine Tafel Schweizer Schokolade in die Hand und meiner Mutter ein riesiges Stück Seife, auf die das Bild eines Schwanes eingepresst war. Er gründete im Handumdrehen eine Chemiefirma, „damit meine alten Freunde eine Beschäftigung haben", wie er sagte.

Und nun ging es wirklich aufwärts mit uns. Anfang der 50er Jahre wechselte mein Vater zur BASF in Ludwigshafen. 1954 zogen wir dorthin um, und ich besuchte das Karl-Friedrich-Gymnasium in Mannheim, wo ich 1957 Abitur machte.

Konstanze Wegner studierte in Heidelberg, Berlin und Tübingen Geschichte, Anglistik und Philosophie. Nach der Promotion arbeitete sie zunächst als freie Mitarbeiterin für den Rundfunk, dann an der Universität Mannheim als wissenschaftliche Bearbeiterin eines Editionsprojekts zur Parteigeschichte der Weimarer Republik.

1970 trat sie aus Respekt vor der historischen Leistung dieser Partei in die SPD ein. Von 1975 bis 1980 war sie Bezirksbeirätin in Mannheim, von 1980 bis 1988 Mitglied des Mannheimer Gemeinderats und von 1988 bis 2002 Mitglied des Deutschen Bundestags. Sie ist verheiratet und hat zwei Kinder und drei Enkel.

Renate Schneider geb. Heß:
Für meine Enkelkinder Tim und Angelina

Vorbemerkung
Viele Menschen, die wie ich 1934 geboren wurden, haben den Zweiten Weltkrieg mit Kinderaugen, kindlichen Empfindungen und unpolitisch erlebt. Als meine Enkelin so alt war wie ich damals, habe ich mich oft kritisch gefragt, ob 10- oder 11-Jährige wirklich noch Jahrzehnte später wissen können, was in der weiten Welt vor sich ging. Es bleibt nicht aus, dass Erlebtes und Hörensagen sich im Laufe der Jahre vermischt haben.

Von meinen Aufzeichnungen angeregt, hat mein Mann im Keller Kartons mit alten Briefen durchgesehen und tatsächlich einige aus den Jahren 1945/46 gefunden, die von meiner Mutter an meine Großeltern gerichtet waren. Diese bestätigen im Wesentlichen meine Erinnerungen.
An spätere Ereignisse erinnere ich mich deutlicher.

Dazu gehört vor allem das staunende Miterleben, wie sich uralte Feindschaften zwischen Deutschland, Frankreich und England aufzulösen begannen. Als ich 1950 zum ersten Mal an einem Internationalen Jugendtreffen auf der Loreley teilnahm, gingen wir schon fröhlich und offen aufeinander zu. Bilder und Informationen über unsere Länder sollten uns helfen, einander zu verstehen, ja zu verzeihen.

„International“ hieß damals allerdings noch nicht „global“. Es waren vornehmlich Gruppen aus Frankreich, England und den Niederlanden, die sich auf dem Felsen über dem Rhein begegneten, von wo aus man hinüber Richtung Frankreich blicken kann.

Wenn wir jetzt noch einmal als letzte Zeugen die Erinnerungen an die Zeit in und um den Zweiten Weltkrieg erzählen, dann ist es heute noch unser uns schon damals beherrschender Gedanke und Wunsch an die Zukunft: „Nie wieder Krieg!“

Die Sieger ziehen ein – Ostersonntag, 1. April 1945
Es war am Ostersonntag, dem 1. April 1945, als etwas Unerwartetes geschah. Ich spielte mit Freundinnen hinterm Zaun im seitlichen Garten des Landratsamtes, als ein riesiger Panzer ganz langsam vom „Anger“ her in unsere baumbestandene Lindenstraße einbog. Wie ein kriechendes Ungeheuer kam er mir vor. Mir blieb der Mund offen (was mir Beobachter später bestätigten): Der Panzer hielt an. Der Deckel des Panzeraufbaus öffnete sich, ein Mensch lugte heraus, nahm seinen Stahlhelm ab, und es erschien ein pechschwarzer Kopf. Uns erspähend rief er mit Singstimme, den Stahlhelm schwenkend: „Ist das nicht ein schöner Pferd, ja, das ist ein schöner Pferd!“ Erwartungsvoll schaute er herunter, aber wir waren wie vom Donner gerührt und winkten nicht zurück, wie es der Sänger wohl erwartet hatte.
Es folgte ein Regen von Bonbons und flachen Kaugummi-Briefchen, die wir zunächst nicht aufzuheben wagten, weil schon der nächste Panzer folgte und der erste sich wieder in Bewegung setzte. Ich klappte den offenen Mund wieder zu und ... mich verlässt an dieser Stelle mein gutes Bildergedächtnis.
Den Einmarsch der Siegermächte hatten wir uns anders vorgestellt.

Seltsame amerikanisch-deutsche WG – März – Mai 1945

Es war wohl Mitte April, als es sich andeutete, dass die Besatzungsmacht in unserer kleinen Kreisstadt Hünfeld, zwischen Fulda und Bad Hersfeld gelegen, einen Sitz für die Stadtkommandantur suchen und voraussichtlich einige Räume des Landratsamtes oder unserer Dienstwohnung beschlagnahmen würde.

Wir lebten ja noch in der gewohnten Formation in der Dienstwohnung des Landratsamtes weiter. Wir: Das waren meine Mutter und ich, unsere, wie man es damals nannte, „Stütze" Hedi, drei Schulmädel einer wegen der ununterbrochenen Bombenangriffe auf Bremen ausgelagerten Oberschulklasse, die täglich zum Unterricht gingen, und Margret aus Osnabrück, deren anderswo untergebrachte Geschwister aber auch oft bei uns waren. Einquartiert im Dachgeschoss war ein Düsseldorfer Künstlerehepaar mit drei erwachsenen Töchtern, die abends häufig für uns alle und Nachbarn tolle Theaterstücke und Kabarett darboten.

Als Mutter von der Absicht der Besatzer erfuhr, einige unserer Wohnräume würden vielleicht requiriert, suchte sie zwei enge Freundesfamilien auf, um zu beraten, ob sie unter einem Dach mit amerikanischen Militärs leben könnte, ohne ihren Ruf als „anständige deutsche Frau" zu verlieren und unsere Familiensicherheit zu gefährden.

Offenbar war der Rat, den sie bekam, so, dass sie sich entschloss, der „Einquartierung" zuzustimmen, und wir behielten die Gartenseite der großen Wohnung mit Küche, in der dann für die amerikanischen Besatzer mit gekocht wurde. Das gestaltete sich so, dass ein GI bei jeder Essenszubereitung anwesend war, Wasser wurde auf Wunsch abgekocht, so oft, dass unsere Hedi sagte: „Die haben wohl Angst, dass wir sie vergiften!"

So begannen einige Wochen einer merkwürdigen deutsch-amerikanischen Wohngemeinschaft.

Ein Geschenk wird bitterer Ernst – Mai 1945

Es ist vielleicht nicht richtig, rückblickend zu sagen, dass der neue Zustand Alltags-Charakter bekam. Meine Mutter wurde gelegentlich zur Besprechung zum Town Mayor gerufen, stets in meiner Gegenwart, vielleicht, weil das wenige Englisch der 11-Jährigen ihn amüsierte? Zu Anfang aber – so meine Erinnerung – zitterten wir immer vor einem solchen Gespräch, und zwar aus folgendem Grunde: Meine Mutter hatte meinem Vater einen Herzenswunsch erfüllt, als sie ihm im Februar 1943 zum Geburtstag ein Jagdgewehr, einen „Drilling", schenkte. Sie hatte das Gewehr schon gegen Kriegsende im Musikzimmer zwischen einem Heizkörper und der Außenwand versteckt. Mutter entschloss sich nicht rechtzeitig genug, diese Waffe abzugeben, obwohl Waffenbesitz bei Todesstrafe verboten war.

Wer hätte ahnen können, dass man gerade dieses Zimmer zum Amtssitz des Town Mayors bestimmen – und sogar sein Schreibtisch just vor diesem Versteck stehen würde? Es gab zunächst keine Chance, das Gewehr zu bergen, denn die besetzten Räume waren ständig bewacht. Täglich hofften wir auf eine Gelegenheit, unbemerkt in den Raum zu gelangen. Sie bot sich an einem Tag, als alle Besatzungsangehörigen zu einem Termin aus dem Haus gerufen wurden. Niemand wusste, für wie lange.

Ich glaube, ich fand es einfach nur spannend, am Fenster Wache zu halten, während meine Mutter das Gewehr, das in weiße Tücher eingehüllt war, aus seinem engen Verlies herausarbeitete, die Heizkörperverkleidung wieder einhängte und mich endlich von meinem Posten abrief. Bei der Ablieferung war ich wohl nicht dabei, ich habe aber – vielleicht bei anderer Gelegenheit – den Berg zerschlagener Waffen gesehen.

Unerwartete Menschlichkeit I – 6./8. Mai 1945

Am 6. Mai bekam ich plötzlich starke Bauchschmerzen. Hausarzt Dr. Richards diagnostizierte Blinddarmentzündung und Einweisung in das St. Elisabeth-Krankenhaus. Die Aufnahme wurde abgelehnt mit der Begründung, es sei kein Bett frei. Meine Mutter bot an, ein Bettgestell mit Matratze zu schicken. Auch das wurde von den Nonnen abgelehnt.

Besagter Town Mayor hatte einen Adjutanten holländischer Abstammung, dem das zu Ohren kam, denn meine Schmerzenslaute drangen wohl auch über den Flur in die Büros. Er bot an, falls der Hausarzt eine Einweisung in das nächstgelegene Fuldaer Krankenhaus erreichen könnte, mich dorthin zu fahren. Die einzige Bedingung war, dass ich mich im Auto ganz flach auf den Rücksitz ducken und abdecken musste, um jeden Verdacht auf absolut verbotene „fraternisation" zu vermeiden.

Bekanntlich gab es bereits nach der Landung der Alliierten in der Normandie im Juni 1944 eine strenge Vorschrift für amerikanische und englische Soldaten, nicht mit der deutschen Bevölkerung in Kontakt zu treten. In einem entsprechenden Lehrfilm hieß es: „... du siehst Blumen, du siehst schöne Landschaften. Lass dich nicht verwirren. Sei auf der Hut ..., jeder Deutsche kann eine Gefahr sein." Doch waren es vor allem einfache Besatzungssoldaten, die sich nicht daran hielten, und so wurde nach dem 8. Mai 1945, dem Tag der deutschen Kapitulation, zunächst gegenüber Kindern und bald darauf auch gegenüber Erwachsenen das Verbot der Fraternisierung gelockert und schließlich aufgehoben.

Ich verstand sehr wohl, dass ich für den jungen Offizier eine gefährliche Fracht war, und rührte mich nicht. Es war auch kurioserweise die letzte Fahrt im beschlagnahmten Dienstwagen meines Vaters.

Aus Gesprächen erfuhr meine Mutter, und sie betonte es immer wieder staunend, dass Verwandte gerade dieses jungen Mannes vermutlich im deutschen KZ umgekommen waren.

Erzwungener Umzug – aber: Die Sonne schien – ca. Ende Mai 1945

Nach etwa sieben Wochen löste ein regulärer Stadtkommandant mit sofortigen Maßnahmen die großzügige Haltung seines Vorgängers ab.

Ob aufgrund von Andeutungen meine Mutter im Vorfeld sich schon um eine Bleibe bemüht hatte, weiß ich nicht. Denn als uns befohlen wurde, die Wohnung zu räumen und von unserer Einrichtung nur mitzunehmen, was wir innerhalb von vier

Stunden mitnehmen könnten, wurde von Freunden und Nachbarn versucht, doch einiges zu „retten". Das emsige Hin und her erinnere ich gut: Ich weiß, die Sonne schien.

Die Mädchen aus Bremen waren schon nicht mehr bei uns. Hedi ging zurück in das Dorf, aus dem sie stammte, aber Margret aus Osnabrück zog mit uns in das neue Quartier. Wohin sollte sie auch gehen, da von ihren Eltern noch kein Lebenszeichen gekommen war?

Froh, eine Bleibe gefunden zu haben, fanden wir uns wieder in einem großen Raum im ersten Stock eines Giebelhauses, der notdürftig verputzt war und dessen Abdeckung, auf tragenden Balken, nur aus rohen Brettern zum darüber liegenden Dach abgeteilt war.

Dennoch gelang es meiner Mutter in relativ kurzer Zeit, den Raum in ein wohnliches Umfeld zu verwandeln. Wasser galt es aus einer Flurtoilette im Erdgeschoss zu holen und die Abwässer ebenfalls dort zu entsorgen, bis wir endlich eine Wasserleitung bekamen. Ein gusseiserner Ofen, schön anzusehen, war zwar für Bratäpfel geeignet, aber nicht in der Lage, den großen Raum mit Wärme zu füllen. An die Frostbeulen an meinen Füßen erinnere ich mich noch ganz genau. Briefe von meiner Mutter zeugen von der Schwierigkeit, im Jahr 1945 Heizmaterial und Baumaterial zu beschaffen. Gott sei Dank wussten wir nicht, dass das Provisorium mehr als vier Jahre dauern sollte.

Wieder um eine Hoffnung ärmer – Anfang Juni 1945

Zum ersten Mal richtig verzweifelt erlebte ich meine Mutter, als wir Anfang Juni erfuhren, dass ihre Eltern bei dem letzten Bombenangriff der Alliierten am 22. März 1945 in Hildesheim alles verloren hatten. Das schöne Stadthaus in der Sedanstraße war ausgebrannt, wenig gerettet. Die Kellereien der Weingroßhandlung – über 100 Jahre im Besitz der Familie – in einem anderen Stadtteil unwiederbringlich zerstört. In meiner bildhaften Erinnerung gehe ich noch einmal durch die Toreinfahrt eines Fachwerkhofes, vorbei an der wuchtigen Tür des vertäfelten „Comptoir" des Großvaters, wo ich immer brav und leise sein musste, durch einen weiteren Torbogen zu einem Innenhof, in dem lebhaftes Treiben herrschte.

Der größte Teil des Vermögens meines Großvaters bestand in Bordeaux-Weinen, die in – für mich als Kind – beeindruckend großen Holzfässern für Jahrzehnte zu Pflege und Ausbau gelagert waren. Diese waren unter der Wucht der Bombenexplosionen geborsten, und der Wein soll viele Zentimeter hoch in den Kellern gestanden haben. So wurde es immer wieder erzählt.

Die Großeltern selbst waren vorübergehend bei den Eltern meines Vaters untergekommen. Meine Mutter aber war bekümmert, ihren Eltern nicht beistehen zu können. Für uns war wieder eine Hoffnung auf Geborgenheit und Sicherheit dahin.

Fürs Vaterland – 11. Juni 1945

Aber noch wussten wir nichts von meinem Vater, der mittlerweile als an der Ostfront vermisst galt.

Ich sehe uns beide, meine Mutter und mich, noch, kurz vor meinem Geburtstag im Juli 1945, in diesem kargen Wohnraum sitzen, als uns die Todesnachricht meines Vaters überbracht wurde: Wir weinten nicht, sondern umarmten uns nur.
Ein Schreiben aus dem Lazarett vom 28. März hatte uns wegen der Kriegswirren nicht erreicht.

Meine Mutter schrieb an meine Großeltern, väterlicherseits, am 24. Juli 1945:
„Am 11. Juni brachte mir Herr Weise (Hauptmann der Hünfelder Gendarmerie) die Nachricht, dass er am 16. April im Lazarett Eberswalde - wo er (Herr Weise) selbst verwundet lag - vom Chefarzt erfuhr, dass Eberhard Heß am 20. März, zwei Tage nachdem er mit schwerer Kopfverletzung eingeliefert worden war, den Heldentod fand. Es ist für Renate und mich immer noch unfasslich, dass unser Liebstes, was wir hatten, nicht wiederkehren soll ...“

Renate mit Vater, 1943

Als Oberleutnant der Reserve war mein Vater 1940 eingezogen worden. 1943 wurde er durch einen Halsdurchschuss, in der Schlacht um Leningrad am Wolchow, schwer verwundet, wurde aber nach einem ersten Genesungsurlaub für ein weiteres halbes Jahr in seiner Eigenschaft als Landrat beauftragt, neben seinem Landkreis Hünfeld kommissarisch den Nachbar-Landkreis Hersfeld zu übernehmen.

Einigermaßen wiederhergestellt, meldete er sich 1944 kv., kriegsverwendungsfähig, da sonst sein Stellvertreter im Amt, Vater von vier Kindern, hätte einrücken müssen. Nach Dänemark abkommandiert, war er hier nach seinem Verständnis entbehrlich. Er meldete sich daher freiwillig im Februar 1945 wieder an die Ostfront, die schon nahe an die deutsche Grenze herangerückt war.

Das Vaterland hatte für ihn so große Bedeutung, dass er glaubte, sogar sein Leben dafür einsetzen zu müssen. Seine Bilder und Briefe haben meine Mutter und mich immer veranlasst, an ihn als an einen ehrenhaften, tapferen Menschen zu denken.

Verstehen konnte ich es damals nicht. Ich träumte noch lange, dass es sich um einen Irrtum oder eine Verwechslung handeln müsse und er eines Tages wieder an unserer Tür stünde. Erst der spätere Besuch des Pfarrers, der ihn in Eberswalde sterbend gesehen und beerdigt hatte, beendete meinen Kinderglauben an ein Wunder.

Unerwartete Menschlichkeit II – Anfang 1946

Noch ein Weg war zu gehen, den zu beschreiben mir notwendig erscheint und von dem meine Enkel, wenn sie diese meine Erinnerungen lesen, auch erfahren sollen: Nach dem Ende des verlorenen Krieges sollte schnell eine Form gefunden werden, wie die Vergangenheit aller Deutschen, die Mitglieder der NSDAP (Nationalsozialistische Deutsche Arbeiterpartei) und der ihr nahestehenden Organisationen gewesen waren, aufgearbeitet und „gesühnt" werden konnte.

Als erstes begann man im Herbst 1945 mit Verfahren gegen Staatsbeamte und Staatsangestellte durch eigens geschaffene Sondergerichte mit der Bezeichnung „Spruchkammer".

Eine solche Anklage wurde Ende 1945 oder Anfang 1946 auch gegen meinen gefallenen Vater, in seiner Eigenschaft als Preußischer Landrat und Parteimitglied, erhoben. Die für Hünfeld zuständige „Spruchkammer" hatte ihren Sitz in Fulda. Im Gerichtssaal war für den Angeklagten – also für meinen toten Vater – ein leerer Stuhl in der Mitte aufgestellt und die Anklage verlesen. Meine Mutter musste in dem Prozess anwesend sein und unter Eid beantworten, wonach man sie über meinen Vater befragte. Sie war eine tapfere und mutige Frau. Von der Ehrenhaftigkeit ihres Mannes, meines Vaters, fest überzeugt, vertrat sie ihn als integeren Menschen. Ein enger Studienfreund meines Vaters stand ihr als Anwalt beratend zur Seite. Trotzdem bedurfte es eines Wunders, wenn damals eine Verhandlung zu einem guten Ende führen sollte.

Wie kann man es anders nennen als ein Wunder, dass ein jüdischer Zeuge aus den Vereinigten Staaten, der damals noch im Kreis Hünfeld gelebt hatte, unerwartet aussagte, Landrat Eberhard Heß habe sich während der antijüdischen Novemberpogrome 1938 im gesamten Landkreis erfolgreich gegen Ausschreitungen und für Ruhe unter der Bevölkerung eingesetzt.

Es hatte damals, das wurde während des Prozesses deutlich, widersprüchliche Befehle von der Staatsregierung einerseits und der hessischen Gauleitung andererseits gegeben. Letzterer Befehl konnte zum Schutz der Betroffenen ausgelegt werden.

Renate mit Mutter 1946

Ich war als Kind natürlich nicht zum Prozess zugelassen und wurde in den schwierigsten Verhandlungstagen bei Freunden untergebracht. Doch holten die Schilderungen meiner Mutter diese Szenerie immer wieder in die Erinnerung zurück.

Trotz der Entlastung meines Vaters und der damit verbundenen Rückkehr in ein einigermaßen sorgenfreies

Leben kehrte meine Mutter durch ihr Witwendasein nie mehr in das alte glückliche Leben zurück.

Aber die „unverhoffte Menschlichkeit" eines Mannes, der für Gerechtigkeit für meinen Vater eintrat, war für uns tröstlich und befreiend, darum soll sie auch am Ende meiner Erinnerungen als unvergessen stehen und festgehalten sein.

„Was und wer sind Engel Gottes?" – 1946/48

Meine Familie war nicht kirchlich eingestellt. Deshalb musste ich, als der Schulunterricht nach dem Zusammenbruch wieder in Gang gekommen war, meine Mutter um Erlaubnis bitten, am Religions- und Konfirmandenunterricht teilnehmen zu dürfen. Ein Brief, der das bestätigt, ist erhalten.

Es war für uns ein Glück, einen Konfirmator zu haben, wie wir ihn damals in Pfarrer Helmut Kühne erlebten. Es bedeutete, so weiß ich heute, Lebensprägung. Kühne war als Oberleutnant und Militärseelsorger an der Front gewesen. Er wollte und konnte uns, die wir zum Teil von der Hitlerjugend geprägt waren, „für die Sache Gottes" begeistern. Oft musste er Berater, manchmal auch Schiedsrichter sein im Umgang mit unseren allein erziehenden Müttern! Bei 18 von uns 34 Konfirmanden stand im Kirchenbuch unter „Familie" der Name der Mutter mit Zusatz Ww., Witwe, hinzu kamen Mütter, deren Männer noch vermisst waren.

Konfirmation 1948

Was bedeutete Pfarrer Kühne für uns? Wir Jugendlichen zwischen 13 und 18 Jahren waren durch ihn im Pfarrhaus und an der Stiftskirche fast zu Hause. Das begann mit der Konfirmandenzeit (zwei Jahre), dann folgte die Christenlehre, danach Jugendgruppen und schließlich der Kirchenchor, in dem die meisten von uns mitsangen. Ständig musikalisch unterwegs im Krankenhaus, Altersheim und in kleinen Kirchen in der Nachbarschaft – und natürlich in der ehrwürdigen Hünfelder Stiftskirche – mit Liedern, Motetten, kleinen Oratorien, hatten wir immer etwas vor. Helmut Kühne verhalf uns und den älteren Jugendlichen zu Begegnungen, ohne dass unsere Mütter sich sorgen mussten.

Besonders gern erinnere ich mich an einen Sorgenkasten, den er am Pfarrhaus anbrachte. Jung und Alt konnte diese Gelegenheit nutzen, die Sorgen, Fragen oder Hilferufe loszuwerden. Der Pfarrer kümmerte sich drum!

Als ich 1960 zum ersten Mal in einen Kirchenvorstand gewählt wurde, hätte ich ihm so gerne davon erzählt. Es hätte ihn sicher gefreut. Aus seiner letzten Gemeinde erfuhr ich aber leider nur, dass er verstorben war.

„Was und wer sind Engel Gottes?", das besprach er mit uns im Konfirmandenunterricht. Er war für mich einer von ihnen.

Nachwort: Was blieb und noch bleibt

Mich hat der von Pfarrer Helmut Kühne in meiner Konfirmandenzeit angelegte Glaube an Gottes Führung in guten und schweren Tagen begleitet. Als wir, Karl und Renate Schneider, 1958 von unserem Göttinger Studentenpfarrer Dieter Andersen, inzwischen Pastor an St. Michael in Hildesheim, getraut wurden, wusste ich, dass wir beide dieses Gottvertrauen teilen würden. Mein 1960 begonnenes erstes Ehrenamt als Kirchenvorsteherin der Evangelischen Christuskirche in Ochsenfurt/Main wurde – mit und in vielerlei Ämtern und Leitung von Gruppen und Kreisen – zu einer lebenslangen Bereicherung unseres gemeinsamen Lebens.

An unserer Goldenen Hochzeit haben wir uns entschlossen, aus Dankbarkeit für ein gesegnetes Leben eine kirchliche Stiftung zu gründen, die nun seit zehn Jahren mithilft, christliches Leben in Kirche und Gesellschaft mitzugestalten.

Marianne Giesler geb. Zander: Eine große Familie kämpft sich durch

Ich wurde 1932 in Stettin wenige Minuten nach meinem Zwillingsbruder Manfred geboren und war das jüngste von acht Kindern.

Die Familie bis 1945

Als im Sommer 1945 meine Heimatstadt unter polnische Verwaltung kam, erschien ein polnischer Bürger der neuen Herren in unserer Wohnung mit dem Befehl, diese binnen acht Minuten zu verlassen. Da wir seit Jahren gewöhnt waren, schnell aus dem Haus flüchten zu müssen, standen die Köfferchen, in denen sich neben wenigem Lebensnotwendigen die wichtigsten Papiere befanden, schon gepackt im Flur. Meine Mutter legte, wie angeordnet, den Wohnungsschlüssel auf den Tisch, und dann verließ sie mit mir, meinem Zwillingsbruder und meiner drei Jahre älteren Schwester Christel das Haus. Allerdings hatte sie den Zweitschlüssel nicht mit abgegeben, und mit diesem öffnete sie in den Tagen danach noch einige Male die Wohnung, in der sich noch kein neuer Bewohner befand, und holte noch einige Sachen heraus. Wir drei Geschwister standen an jeder Hausseite Schmiere.

Meine Mutter, die in Polen geboren worden war, sprach Polnisch. Sie war vom ersten Kriegstag an bis zum Kriegsende 1945 Rotkreuzschwester gewesen. Mein ältester Bruder Werner, Jahrgang 1923, war 1944 in Russland gefallen. Meine Schwester Edith hatte kurz vor dem Einmarsch der Russen in Greifswald eine Ausbildung als Kinderkrankenschwester abgeschlossen. Ein weiterer Bruder Lothar, ebenfalls Soldat, kam beinamputiert zurück, auch der als Flakhelfer eingezogene Bruder Dietrich, der Bombenangriffe von Stettin abwehren helfen sollte, überlebte. Mein Vater wurde im Januar 1945 zum „Volkssturm“ eingezogen. Wir haben ihn nie wiedergesehen, und keiner konnte uns über sein Schicksal Auskunft geben. Meine Mutter litt sehr unter dem ungewissen Ende meines Vaters. Er galt als „vermisst“, und meine Mutter weigerte sich, ihn für tot erklären zu lassen. Schließlich willigte sie doch ein, denn andernfalls hätte sie in der DDR keine Rente bekommen. Bleibt noch die älteste Schwester Ruth, Jahrgang 1921, die in Greifswald studierte und dort nach 1945 Lehrerin an der Oberschule war und Deutsch, Geschichte und Erdkunde unterrichtete.

Die Familie nach 1945

Zu ihr wollte meine Mutter mit uns drei Kindern, als wir einen Zug nach Westen bestiegen. In Pasewalk, einem Städtchen, etwa 50 km von Stettin entfernt, aber bereits westlich der Oder und damit auf dem Gebiet der SBZ/DDR gelegen, stiegen wir nach Greifswald um.

Hier bekamen wir zwei Zimmer zugewiesen, und meine Mutter meldete uns drei Kinder an der Oberschule an. Da es nur eine in der Stadt gab, wurde meine Schwester, die Lehrerin, versetzt, denn es konnte nicht sein, dass sie an der Schule weiter unterrichtete, in die ihre Geschwister als Schüler gingen. Sie kam an die Oberschule in Pasewalk und litt entsetzlich unter einem linientreuen Direktor, der sie unentwegt bedrängte, in die SED einzutreten. Das lehnte sie aber ab, sie war schließlich Mitglied der CDU, auch einer Blockpartei, sodass die Schikanen kein Ende nahmen. Schließlich gab sie verzweifelt und entnervt ihren Beruf auf. Es ging aber gut für sie weiter, denn sie wurde wissenschaftliche Mitarbeiterin bei der evangelischen Kirche in Berlin. Nach der Wende hat meine Schwester aus ihrer Stasiakte erfahren, dass nicht etwa die SED an den ständigen Schikanen Schuld hatte, sondern ein Mitglied ihrer eigenen Partei, der CDU!

Während mein Zwillingsbruder und meine Schwester in Greifswald Abitur machten, verließ ich nicht nur die Schule nach der 10. Klasse, sondern auch die DDR über Westberlin. In Oldenburg machte ich beim Evangelischen Diakonieverein eine Ausbildung zur Kinderkrankenschwester. Ich arbeitete dann in diesem Beruf in Oldenburg und später in Saarbrücken und Völklingen.

Die großen Brüder, die im Krieg gewesen waren, und die beiden Schwestern Christel und Edith setzten sich ebenfalls nach Westdeutschland ab und bauten sich hier eine Existenz auf.

Bei einem Besuch meiner Mutter in Saarbrücken bei ihrer Schwester und ihrer Tochter Christel traf sie unter anderem auch meine späteren Schwiegereltern, die sie aus Stettin kannte.

Marianne Giesler arbeitete bis zu ihrer Heirat 1956 als Kinderkrankenschwester und widmete sich dann der Erziehung ihrer drei Töchter. Gemeinsam mit ihrem Mann nimmt sie regen Anteil am Leben ihrer Enkel und Urenkel.

Ulrike Erler-Hammer: Der Rauchteewagen

Heute, mit fast 80 Jahren, fällt mir ein: unser Rauchteewagen – meine Eltern rauchten beide. Ob er ein Vehikel ist, mit dem man in die Kindheit fahren kann? Er stand jedenfalls auf vier zierlichen Chippendale-Pfoten, mit Rädern darunter. Poliertes Nussbaumholz umschloss eine Art „Schneewittchen-Sarg": die Glasscheiben klar, am Rand geschliffen, vorn und hinten ein schön gedrechselter Griff.

Im Inneren dieses Glassarges standen winzige Likörgläser: trichterförmig, wie Winden und hübsch bemalt. Aber niemals wurden sie benutzt. Als ich vier oder fünf Jahre alt war, liebte ich es, sie leise und heimlich herauszuholen und mir Feste auszudenken ... Feste, auf denen sie gefüllt und geleert würden und wo alle Gäste miteinander lachten.

Nun, als ich dann sechs Jahre alt war, schrieb man das Jahr 1945 – und zwischen den Festen meiner Fantasie und der Realität lagen etwa eine Million Lichtjahre.

Oben auf dem Teewagen ein makaberes Geschenk: Frontkameraden hatten meinem Vater aus sechs Patronenhülsen Schnapsgläser gedreht – mit Tablett und Widmung („Zum Andenken an die Leningrad-Front"). Mein Vater, der strahlende Offizier, der im Krieg ganz plötzlich kam, mich in die Luft warf, wieder auffing und lachte – er verschwand ebenso plötzlich, wie er kam. Wie tief mag er all das Grauen, das er als Arzt in seinem Feldlazarett täglich sah, in seiner Seele verschlossen ha-

Ulrike, links, mit Vater und Geschwistern

ben ... Er war 1939-1945 im Krieg, 1945-1949 in russischer Gefangenschaft in Sibirien. Jeder Abend endete mit: „Bitte, lieber Gott, mach, dass der Krieg bald zu Ende geht und unser Papi nach Hause kommt. Amen."

Er kam zunächst nicht. Was kam, das waren Tiefflieger über Annaberg. Unvergesslich, die Bilder vom Spaziergang an der alten Stadtmauer: Meine Mutter riss das Baby aus dem Korbwagen, stieß uns zwei Kinder die Böschung hinunter und warf sich über uns.

Fliegeralarm, Kellernächte. Fasziniert betrachteten wir drei Kinder das brennende Buchholz vom Balkon aus. Im Dirndlschürzchen brachte ich stolz meiner Mutter einen Fund: Es war eine Eierhandgranate.

Im Erzgebirge, von jeher ein karges Land, gab es keine Brennnesseln mehr. Aufgegessen. So gingen wir Melde sammeln, ein Ackerunkraut. Highlights, wenn meine Omi, die Frau Pfarrer, mit einem Rucksack voll Obst aus Radebeul bei Dresden mit abenteuerlichen Zügen anreiste.

Unsere Hauptnahrungsmittel, Kartoffelwalzmehl und Futterrübenschnitze, schmeckten gekocht so abscheulich, dass mein Bruder und ich sie ins Klo schütteten. Erst jetzt kann ich die Verzweiflung meiner Mutter voll verstehen. Nie vergessen: die bittende Stimme meiner behinderten kleinen Schwester Ursula: „Broti?" Wir lernten: Das einzige Ei der Familie ist für sie.

Ich bin das Sandwichkind! Meiner Mami, die mich täglich sah, fielen weder Trichterbrust noch Spätrachitis auf. Als ein befreundeter Kinderarzt auf Kurzurlaub mich in der Badewanne sah, meinte er: „Fahren Sie ganz schnell mit ihr aufs Land, wo es mehr zu essen gibt!" So kam ich zu Verwandten auf ein Rittergut im Vogtland. Und hatte Heimweh!

Zurück zum Rauchteewagen.
Da gab es noch eine violette Blechschachtel mit einer Japanerin darauf. Ihre schmalen schrägen Augen und ihre kunstvolle Frisur faszinierten mich. Darin fand ich etwas Tabak, eine winzige silbrige Stickschere und eine schon halb zerschnittene „Friedenszigarre" von Papi. Wer den Hunger nicht stillen kann, muss ihn wenigstens betäuben. Deshalb war Mami so dünn wie ein Strich: Sie hatte „immer schon gegessen", wenn es was zu essen gab. Wenn.

8. Mai 1945: Kapitulation. Die US-Armee besetzte das Erzgebirge, so auch Annaberg. Mein Bruder rannte fort, zu sehen, was es gäbe. Mit geklauter Beute kam er zurück: eine Schachtel „Lucky Strike" für Mami, die nicht wusste, soll sie schimpfen oder jubeln? Ewig lag sie auf dem Teewagen, voll und leer.

„Genießt den Krieg, der Nachkrieg wird furchtbar sein!" So war gewarnt worden. Die Amerikaner zogen nach Westen weiter, die Russen kamen und blieben.
Unsere Angst war sehr groß, als ein paar von ihnen den hohen Eisenzaun der Villa Clara überstiegen. Töten sie uns? Sie hockten sich in den Garten, erleichterten sich und verschwanden.

Überleben im Nachkrieg – ein Vollzeitjob! Strenge Winter, die Zentralheizung war Geschichte. Mein Bruder und ich gingen „Koks kratzen". Wenn früh im Gasheizwerk die glühende Schlacke in den Hof geschüttet wurde, standen wir mit vielen anderen am Tor. Auf ein Zeichen der Arbeiter rannten wir los, um mit einer kleinen Harke nur halb verbrannte Koksstücke aus der Glut zu scharren. Ich kann mich an den Geruch der Gase erinnern. Frostbeulen hatte ich trotzdem auf fast allen Fingern. Meine kleine Schwester lief erst mit drei Jahren, lebte zuvor im Bett.

Die Worte „echte Butter" oder „echter Bohnenkaffee" wurden ersetzt durch Ährenlesen oder Kartoffeln-Stoppeln. Wir beiden großen Kinder klauten alles, was man zur Not essen kann. Pretiosen wanderten in die Tauschzentrale. Wir teilten die große Wohnung mit Flüchtlingen und wechselnder Einquartierung.

Lange keine Nachricht von meinem Vater. Die Freundin meiner Mutter wagt nicht, mit der Todesnachricht herauszurücken, die ein Heimkehrer mitbrachte: Der hatte ihr erzählt, er habe meinen Vater fallen sehen.

Da steht eines Tages ein Fremder in der Halle. Ein bärtiger, abgemagerter Kerl. Er gibt meiner Mutter etwas, was in einen schmutzigen Lappen eingewickelt ist. Sie ruft nach uns. Aus dem Fetzen schält sich nacheinander eine Entenfamilie mit drei Jungen – sie sehen ein wenig wie Panzerspähwagen aus! Dann noch zwei Hasen aus hellem, weichem Holz. Papi hat sie geschnitzt. In Sibirien. Freudentränen fließen. Der Fremde war aus der Gefangenschaft entlassen worden und brachte uns die frohe Nachricht, dass sein Kamerad, unser Vater, dort im Lager sei und es ihm den Umständen entsprechen gutgehe.
Um die Jahreswende 1948/49 war er dann endlich zu Hause.

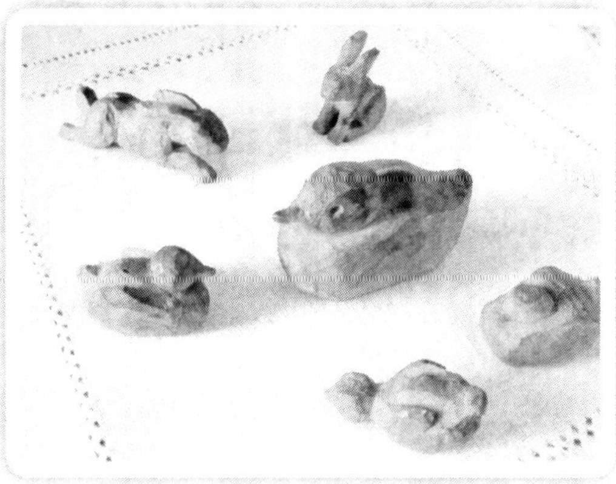

Und da standen sie dann, die Entchen und die Hasen – auf dem Rauchteewagen.

Ulrike Erler-Hammer machte nach dem Abitur 1957 in Annaberg zunächst das obligate Jahr in der Produktion und studierte danach am Dolmetscherinstitut der Karl-Marx-Universität Leipzig Englisch und Französisch. Acht Berufsjahre an Uni und Hochschulen in Leipzig schlossen sich an, bis sie – ebenfalls an der Karl-Marx-Universität – ein zweites Studium absolvierte: Anglistik, Amerikanistik, Erwachsenenpädagogik. Von 1971 bis 1981 war sie Lehrerin im Hochschuldienst an der Deutschen Hochschule für Körperkultur in Leipzig. Sie und ihr Sohn Wolf wurden 1981 von der Staatsicherheit der DDR inhaftiert wegen Verdachtes der Republikflucht. Die Bundesrepublik kaufte beide 1983 aus der politischen Haft frei. Ab 1988 machte Ulrike Erler-Hammer noch eine Ausbildung zur Suggestopädin.

Mechthild Deppe: Die Zonengrenze zerreißt unsere Familie

Meine Zwillingsschwester Luise und ich wurden 1941 in Potsdam geboren, zwei Jahre später unsere Schwester G. Unsere Mutter, Jahrgang 1902, und unser Vater, Jahrgang 1899, waren für damalige Verhältnisse schon recht alt.

1945 – Verlust unserer Wohnung

Als die Russen Potsdam besetzten, änderte sich für uns vieles. Unsere weiträumige Wohnung in einer klassizistischen Villa wurde von den Russen besetzt. Die neue Unterkunft lag zwei Straßen weiter. Wir, meine Eltern, meine Zwillingsschwester Luise und meine jüngere Schwester, wurden bei einem älteren Ehepaar einquartiert und bekamen zu fünft nur ein einziges Zimmer zugewiesen. Das Bad und die Toilette durften wir mitbenutzen. Für uns Kinder war das kein Problem, wohl aber für die Erwachsenen. Meiner Mutter gelang es, zu der Vermieterin eine vertrauensvolle Beziehung herzustellen. Gegen Tee, Kaffee und andere Luxusgüter, die meine Mutter vermutlich im amerikanischen Sektor beschafft hatte, nähte die gelernte Schneiderin für uns Kleider und fertigte aus Pappe und grauem Stoff sogar zwei Schulranzen an.

Gegen Ende des Krieges war die Reichsbank in Berlin bei einem Bombenangriff völlig zerstört worden. Mein Vater verlor seine Arbeit als Leiter der Devisenabteilung und wurde nach dem 8. Mai 1945 vom neuen sozialistischen Regime auch nicht wiedereingestellt. Obwohl er wegen einer Beinverletzung aus dem Ersten Weltkrieg beim Laufen sehr behindert war, fuhr er oft mit dem Leiterwagen in den Wald, um Holz zu suchen. Manchmal durfte eins von uns Kindern mitfahren. Das hat uns viel Spaß gemacht.

Mechthild, rechts

Damit wir nicht verhungerten, ging meine Mutter gemeinsam mit meiner jüngeren Schwester hamstern. Beim Anblick des kleinen Mädchens waren die Bauern eher bereit, Kartoffeln und Mohrrüben gegen Schmuck oder andere Wertgegenstände zu tauschen.

1946/1947 – Vorschulzeit

Für die ehemalige Reichsbank gab es in dieser Zeit noch keine Nachfolgebank. Um seine fünfköpfige Familie ernähren zu können, fuhr mein Vater wochentags in das 225 km entfernte Görlitz. Er arbeitete dort als Angestellter seines jüngeren Bruders im ehemals väterlichen Eisenwarengeschäft.

Wir Zwillinge kamen in einen Kindergarten in Potsdam. An die Trümmerfrauen, die gegenüber den ganzen Tag Steine klopften, kann ich mich noch gut erinnern. Meine Schwester G. blieb zu Hause bei meiner Mutter, die bald eine Sozialhelferin der evangelischen Kirche als Unterstützung erhielt. „Fräulein" S., eine ältere, sehr liebe Dame, beaufsichtigte die kleine Schwester, brachte uns Zwillinge morgens in den Kindergarten und holte uns abends wieder ab. Auch mit ihr schloss meine Mutter sehr schnell Freundschaft, lud sie zum Tee ein, interessierte sich für ihr Leben und blieb bis zu deren Tod in Briefkontakt mit ihr.

1947 – Schuleintritt

Im September wurden wir in Potsdam eingeschult. Von der Schule bekamen alle Kinder eine Roggensemmel geschenkt, die in Zeitungspapier eingewickelt war. Meine Schwester und ich gehörten zu den wenigen mit einer eigenen Schultüte, einem neuen Kleidchen, einer rosa Schleife im Haar und dem neuen Schulranzen aus Pappe. Das weiß ich von einem Foto. Was im Schulranzen fehlte, waren die „echte" Schiefertafel und der Griffel. Die Ersatztafel ließ sich schwer beschreiben, und die Oberfläche löste sich nach mehrmaligem feuchtem Abwischen auf. Bücher und Hefte gab es nicht.

1948/1949 – Die Familie ist getrennt

Im Sommer 1948 wurden wir Zwillinge für ein Schuljahr nach Forchheim in Oberfranken verschickt. Mit einem Zettel um den Hals, auf dem Name, Heimat- und Zieladresse standen, und betreut von einer Mitarbeiterin des Roten Kreuzes, fuhren wir im Zug von Berlin nach Nürnberg. Dort holte uns eine ehemalige Schulkameradin meiner Mutter ab und brachte uns nach Forchheim. Diese fremde Frau, wir sollten sie Tante Friedel nennen, nahm uns für ein Schuljahr in ihrem Haus bei sich und ihrem Mann auf. Wir besuchten die 2. Klasse der örtlichen Volksschule. Als sich herausstellte, dass wir nicht getauft waren, erhielten wir samstags beim evangelischen Pfarrer Taufunterricht. Die Taufe fand im Mai 1949 jedoch in Bamberg statt, da die Tante aus uns nicht bekannten Gründen vermeiden wollte, dass jemand in Forchheim davon erfahren sollte.

Dieser Aufenthalt hat unsere Familie einerseits vor dem Verhungern gerettet, andererseits für Jahre auseinandergerissen. Meine Schwester Luise war fünf Jahre von den Eltern getrennt, ich nur ein Jahr. Im Sommer 1949 wurde ich von meiner Mutter nach Potsdam zurückgeholt. Die Grenze zwischen amerikanischer und russischer Besatzungszone war nicht mehr ohne Weiteres passierbar. Deshalb gingen wir, Mutter, die kleine G. und ich, bei Hof zu Fuß mit einem „Förster" über die grüne Grenze. Ich fand diesen Grenzübergang in der Dämmerung so aufregend, dass ich noch lange danach „schwarz über die Grenze" mit meinen Schwestern gespielt habe. Meine Mutter hat diesen Weg später noch mehrmals beschritten, um meine Zwillingsschwester zu besuchen, die mittlerweile in Rückersdorf bei der Schwester meiner Mutter lebte.

1950 – Umzug nach Görlitz

Durch die Gründung der Bundesrepublik 1949 waren die Grenzen schärfer bewacht, sodass der „kleine Grenzverkehr" nicht mehr möglich war. Mein Vater führte das Görlitzer Geschäft jetzt selbstständig weiter, da sein Bruder Georg im Westen geblieben war. Wir zogen deshalb von Potsdam nach Görlitz, allerdings ohne die Zwillingsschwester Luise. Sie blieb als geduldetes Kind bei Tante und Onkel in Rückersdorf bei Nürnberg und kam 1951 ins Internat nach Neuendettelsau bei Ansbach.

Ich war sehr froh, mit den Eltern und G. in Görlitz gelandet zu sein. Wir bewohnten zwei Räume in der ehemaligen 5-Zimmer-Wohnung der Großeltern väterlicherseits, zusammen mit Vaters Bruder Heinrich und dessen Frau, die in zwei weiteren Zimmern lebten, und einer ostpreußischen Flüchtlingsfrau mit zwei halbwüchsigen Söhnen, die sich das fünfte Zimmer teilen mussten. Küche und Badezimmer benutzten wir gemeinsam, ebenso die Toilette, die einen halben Stock tiefer im Treppenhaus gelegen war. Ich fand die neue Wohnsituation luxuriös. Im Wohnzimmer meines Onkels stand ein Klavier, auf dem ich eifrig herumklimperte. Eine Klavierlehrerin fand sich auch bald, und so übte ich begeistert, immer wenn der Onkel in der Schule unterrichtete oder sein abendliches Bier im Gasthaus gegenüber trank. Da meine Tante mich oft beim Üben beaufsichtigte, machte ich gute Fortschritte.

In Görlitz besuchte ich die 4., 5. und einen Teil der 6. Klasse der allgemeinen Grundschule. In der DDR wurden alle Schüler gemeinsam bis zum 8. Schuljahr unterrichtet. Wir hatten bereits richtigen Fachunterricht. Am besten gefiel mir der Musikunterricht beim „Richter Kurtl". Hier lernte ich richtig Notenlesen und durch intensive Stimmbildung auch klangschönes Singen. Ab der 5. Klasse hatten wir Russischunterricht. Ich wollte nicht intensiv Russisch lernen und auch nicht der Jugendorganisation „Junge Pioniere" beitreten. Meine Freundinnen Astrid und Ute waren anfangs auch keine Mitglieder. Sie traten erst später ein, als allen Schülern die Mitgliedschaft nahegelegt wurde. Zu der Zeit war ich schon im Westen.

1953 – Flucht in die Bundesrepublik Deutschland

Bis Januar 1953 arbeitete mein Vater im Geschäft seines Bruders. Dann mussten wir plötzlich Görlitz verlassen. Es waren wohl politische Gründe. Über Einzelheiten haben meine Eltern nie mit uns gesprochen. Meine Mutter sagte nur öfter, dass wir vielleicht zur Tante Else nach Rückersdorf umziehen werden und die Zwillingsschwester Luise dadurch wieder in unsere Familie zurückkäme.

Eines Nachmittags hieß es dann, dass ich noch am selben Abend mit dem Vater nach Berlin fahren dürfte und am nächsten Tag nicht in die Schule brauchte. Ich sollte mich warm anziehen und meine liebsten Schulbücher mitnehmen. Also zog ich meine dicksten Sachen an, einige Pullover sogar übereinander, und packte mein Liederbuch und eine Deutschgrammatik ein. Man sagte mir, wir führen nach Potsdam. Kritisch war die Passkontrolle in Königswusterhausen. Zwei uniformierte Männer kontrollierten unsere Fahrkarten und Ausweispapiere. Ich schwätzte arglos mit einem Mitreisenden und merkte nichts von der angespannten Stimmung. Plötzlich wurden die Kontrolleure weggerufen, und wir konnten unbehelligt weiterreisen. Am Bahnhof Zoo in Berlin entschied sich mein Vater auszusteigen, für mich ganz überraschend. Auf dem Bahnsteig erwartete uns ein fremder Mann und ging mit uns in eine Wohnung. Auf dem Weg dorthin sah ich die hellerleuchteten Geschäfte mit ihren verlockenden Auslagen. Orangen und Bananen sind mir bis heute in Erinnerung geblieben. Wir waren im „goldenen Westen" angekommen. Wir erhielten etwas zu essen und zu trinken. Ich schlief ein, ohne mich auszuziehen, während mein Vater auf die Mutter wartete, die im Nachtzug mit der kleinen Schwester unversehrt nachkam.

Am nächsten Tag begann das Notaufnahmeverfahren in Berlin. Wir brauchten nicht in das allgemeine Lager zu ziehen, sondern konnten in einer Baracke der evangelischen Diakonissenanstalt in Nikolassee wohnen. Dort erhielten wir alle Mahlzeiten und wurden beaufsichtigt, bis die Eltern von den Behördengängen zurückkamen. Diesen Vorzug hatten wir unserem „Fräulein" S. aus Potsdam zu verdanken, deren Schwester die Oberin in diesem Diakonissenheim war. Nach sechs Wochen wurden wir in einem viermotorigen, amerikanischen Flugzeug „2000 Meter über dem Erdboden" nach Frankfurt ausgeflogen. Das war ein tolles Erlebnis für mich. Von da ging es weiter zum Durchgangslager Hammelburg. In den drei Tagen dort merkte ich erst, wie privilegiert wir in Nikolassee gelebt hatten.

1953/1956 – Rückersdorf

Nach einer längeren Zugfahrt kamen wir in Rückersdorf an, wo uns Tante Else, die Schwester meiner Mutter, erwartete. Ihr Ehemann und die Großmutter waren inzwischen gestorben, Luise befand sich noch im Internat, und der 20-jährige Cousin Dieter arbeitete in Nürnberg. In Rückersdorf musste ich sofort in die Dorfschule gehen. Sie kam mir „vorsintflutlich" vor im Vergleich zu Görlitz. Es gab für alle Fächer nur einen einzigen Lehrer. Wir hatten täglich von 8 Uhr bis 12 Uhr Unterricht und außer Mittwoch und Samstag noch nachmittags von 14 Uhr bis 16 Uhr. Ich fühlte mich nicht wohl dort, wünschte mir das Schulsystem von Görlitz zurück und ebenso die sich daraus ergebende längere Freizeit, in der ich mit anderen Kindern auf der Straße spielen konnte.

Zu Beginn des neuen Schuljahres plante meine Mutter, uns alle drei in das städtische Gymnasium nach Nürnberg zu geben. Das gelang jedoch nicht, denn die Stadt Nürnberg verlangte ausgerechnet in diesem Schuljahr 1953/54 für auswärtige Schüler Schulgeld. Die Gemeinde Rückersdorf wollte das nicht bezahlen, und wir konnten es nicht. Mein Vater war seit der Flucht aus Görlitz arbeitslos, denn er fand nicht so einfach wie erwartet eine Stelle in einer staatlichen Bank. So lebten wir von Arbeitslosenhilfe, zwar mietfrei, aber sehr beengt bei meiner Tante. Das Schulproblem löste meine Mutter auf die ihr eigene Weise. Über die Bekanntschaft mit anderen Flüchtlingen aus Görlitz konnte sie zum Schulleiter der Wilhelm-Löhe-Schule, einem evangelischen privaten Gymnasium in Nürnberg, Kontakt aufnehmen. Er nahm alle drei Kinder für ein geringes Schulgeld in seine Schule auf, Schwester Luise in die 3. Klasse, mich in die 2. Klasse, weil ich Englisch nachlernen musste, und G. in die 1. Klasse. Da auch im Rückersdorfer Wohnzimmer ein Klavier stand, durften G. und ich Klavierunterricht nehmen, Luise erhielt in der Löhe-Schule Geigenunterricht.

1956 zogen wir in eine Sozialwohnung nach Lauf an der Pegnitz. 1957 starb mein Vater völlig unerwartet an einem Herzschlag. Für uns Schwestern bedeutete dies das Ende unserer gemeinsamen Kindheit, und wir begannen unsere eigenen Wege zu suchen. Das war über die Jahre oft schwierig. Dabei ging auch der Zusammenhalt und die Vertrautheit in der Familie verloren. Dies empfinden wir bis heute schmerzlich, jeder auf seine Weise.

Nach dem Abitur 1961 studierte Mechthild Deppe an der Pädagogischen Hochschule in Nürnberg und wurde Grund- und Hauptschullehrerin. Das Musizieren – seit der Zeit in der Löheschule war noch das Cello dazu gekommen – hat sie nie aufgegeben. Sie lebt mit ihrer Familie, zu der Kinder und Enkel gehören, in München.

Brigitte Hohlfeld:
Hin und her zwischen Bayern und dem westlichen Münsterland

Ich wurde im Februar 1942 in Hannover geboren. Als ich ein Jahr alt war, fuhr meine Mutter mit mir für die Sommermonate in den Chiemgau. Hier war mein Vater Soldat, er diente als Feuerwerker in einer Munitionsanstalt und wollte seine kleine Familie gerne eine längere Zeit in seiner Umgebung haben. Es war ihm gelungen, in dem oberhalb der Kleinstadt Altenmarkt an der Alz gelegenen Weiler Dorfen, der aus vier, fünf Bauernhäusern bestand, das Austragshäusl eines Bauernhofes zu mieten. Ein neben dem Haupthaus liegendes kleines Häuschen gehörte zu jedem größeren bayerischen Bauernhof und diente als Wohnung für den Altbauern, wenn er den Hof übergeben hatte. Das Häuschen bestand nur aus Küche und Schlafzimmer. Die Toilette war außerhalb, durch das herzförmige Loch in der Tür hatte man einen herrlichen Blick auf das Wendelsteingebirge. Meiner Mutter, einer Westfälin aus dem westlichen Münsterland, gefielen die Landschaft und die Mentalität ihrer Bewohner so sehr, dass sie beschloss, mit mir den Krieg in Bayern zu überstehen, zumal sich 1943 die Bombardierungen westdeutscher Städte verstärkt hatten. Daher blieben wir in Dorfen. Zu unserem Glück, wie sich herausstellen sollte, denn Anfang Oktober 1943 wurde das Haus in Hannover, in dem sich unsere Wohnung befand, bei einem Bombenangriff vollständig zerstört. Wir besaßen nur noch die paar Sachen, die wir für den Sommeraufenthalt mit nach Bayern genommen hatten. Wertgegenstände und wichtige persönliche Unterlagen hatten meine Eltern glücklicherweise schon im Herbst 1942 zu den Eltern meiner Mutter in die Kleinstadt Epe an der holländischen Grenze gebracht.

Die junge Familie hatte nun den Status „ausgebombt" und damit das Anrecht auf Ersatz des verbrannten Haushalts. Außerdem wurden sie jetzt behördlich als „Evakuierte" angesehen, als Leute, die ein bestimmtes Gebiet hatten räumen müssen, und man konnte sie jetzt nicht einfach aus ihrer Wohnung in Dorfen ausweisen, da sie ja keine andere mehr besaßen.

Den Hausrat wieder zu beschaffen war nicht leicht. Viele Wege und Schreiben und Bescheinigungen waren erforderlich, bis sie zwei Sessel, einen kleinen Tisch, zwei Betten und einen Schrank ergattert hatten. Auch Geschirr erhielten sie „auf Abschnitt A" (A wie ausgebombt), aber was für welches! Statt des feinen Porzellans, das sie in Hannover verloren hatten, gab es sechs robuste flache und sechs robuste tiefe Teller, deren Wandung gut einen halben Zentimeter betrug. Wir haben lange von ihnen gegessen, und wenn einem ein Teller runterfiel, musste man schnell den Fuß wegziehen, damit man sich nicht infolge der enormen Schwere des Tellers eine größere Verletzung zuzog. Das Aparte: Jeder Teller trug auf der Rückseite das Hakenkreuz.

In dem Austragshäuschen wurden im Oktober 1944 meine beiden Schwestern geboren. Die Altbäuerin holte schnell eine Hebamme herbei, denn mit der Geburt hatte noch keiner gerechnet, übrigens auch nicht mit Zwillingen, und so besaß meine Mutter auch nur einen normalen Kinderwagen. Eine ärztliche Überwachung der

Neugeborenen gab es nicht, aber zum Glück war meine Mutter gelernte Säuglingsschwester, die sich zu helfen wusste.

Relativ bald nach der Geburt wollten unsere Eltern die Zwillinge taufen lassen und setzten sich mit dem einzigen evangelischen Pfarrer weit und breit in Verbindung. Er hatte seinen Sitz in Traunstein, der einzigen evangelischen Kirche für den östlichen Chiemgau. Es war unmöglich, mitten im Winter bei den damaligen Zugverbindungen mit so kleinen Kindern nach Traunstein zu fahren, und so musste der Pfarrer nach Altenmarkt kommen. Er weigerte sich aber, zu uns hoch nach Dorfen zu steigen, denn es lag bereits hoher Schnee. Und so machte sich die Familie im Dezember 1944 auf und ging nach Altenmarkt hinunter. Die Taufe fand statt im Hinterzimmer der Bäckerei Schneeweiß, da die katholische Kirche sich weigerte, sich für die Taufe von Protestantenkindern zu öffnen, und der evangelische Pfarrer die katholische Kirche sowieso nicht betreten hätte. Für ein Kind gab es mein Taufkleid, das meine Mutter kunstvoll bestickt hatte, für das andere hatte sie eins aus einer alten Gardine genäht.

Apropos Taufe: Auch meine Taufe im September 1942 verlief nicht normal. Es war eine Haustaufe, denn mein Großvater, ein angesehener Mann im Ort, wollte vermeiden, dass es in der evangelischen Kirche zu einem Skandal käme. Die Großmutter väterlicherseits war nämlich Deutsche Christin und glühende Hitlerverehrerin, und sie hatte angedeutet, nach einem Schlusschoral in der Kirche das Horst-Wessel-Lied singen zu wollen. „Wenn sie es in meinem Wohnzimmer singen will", so hatte der Großvater gesagt, „soll sie es tun. Da hört es außer der Familie höchstens der Pastor, und der ist zu Stillschweigen verpflichtet."

Am 8. Mai 1945 sah unsere Mutter über die Wiese hin amerikanische Soldaten mit entsicherten Waffen auf den Hof zukommen. Sie durchsuchten die Wohnung und beschäftigten sich dann hauptsächlich mit uns Kindern. Mich beeindruckte ein riesiger tiefschwarzer Soldat, der mir eine Orange schenkte. Ich soll, wie meine Mutter gerne erzählte, mein Taschentuch angefeuchtet und ihm damit über die Hand gefahren haben, wohl um zu prüfen, ob die Farbe auch „echt" war. Der Soldat habe herzlich gelacht.

Unser Vater war mittlerweile mitsamt der ganzen Besatzung der Munitionsanstalt in amerikanische Gefangenschaft geraten. Sie ist schnell erzählt. Die Amerikaner hatten eine große Wiese am Rande von Bad Aibling zum Gefangenenlager gemacht, die sie mit einem Stacheldrahtzaun umgrenzten, den die Aiblinger setzen mussten. Zu viert mussten sich die Gefangenen die abgepackte Tagesration eines einzigen amerikanischen Soldaten teilen. Unser Vater hat aufgeschrieben, was es für vier Personen täglich gab: 350 gr Brot, 25 gr. Nährmittel, 20 gr. Zucker, 25 gr. Fleisch, 10 gr. Fett, 30 gr. Marmelade. Die Bewacher dagegen aßen genüsslich weißes Brot, das sie in Bad Aiblinger Bäckereien backen ließen. Was sie nicht mehr essen wollten, gaben sie nicht etwa den Gefangenen, die gierig darauf guckten, sondern warfen es vor ihren Augen auf den Boden und pinkelten darauf. Bohnenkaffee, den sie nicht mehr trinken wollten, wurde vor den Augen der Gefangenen in die Wiese geschüttet. Unterstände gab es nicht. Die Gefangenen deckten sich nachts und bei Regen mit Zeltplanen und ihren Uniformjacken zu. Am 11. Juni wurde unser Vater jedoch schon wieder aus der Gefangenschaft entlassen.

Der Bürgermeister von Altenmarkt wurde unmittelbar nach Einnahme des Ortes durch die Amerikaner abgesetzt, da er der NSDAP angehört hatte. Da auch sein Haus beschlagnahmt wurde, suchte er für sich und seine Familie eine Bleibe. Er war verwandt mit unserem Bauern in Dorfen, und der sagte ihm sein Austragshäusl zu.

Daher erschien wenige Tage nach Kriegsende – unser Vater war bereits im Gefangenenlager in Bad Aibling – ein Abgesandter der Gemeinde und eröffnete unserer Mutter, sie müsse mit den Kindern Dorfen verlassen und würde in einem Nachbarort einquartiert. Es blieb ihr nichts anderes übrig, als sich zu fügen. Sie packte die beiden Munitionskisten, die unser Vater kurz vor Kriegsende aus der Munitionsanstalt hatte hertransportieren lassen, mit den nötigsten Sachen, stellte den Rest in einer Scheune auf dem Bauernhof unter und fand sich mit uns Kindern, dem Dackel Heidi und anderen zu Evakuierenden auf dem Marktplatz in Altenmarkt ein. Ich hatte ein Täschchen umgehängt. Es enthielt eine Garnitur Wäsche, ein Paar Strümpfe und einen kleinen silbernen Henkelbecher, den ich von den Großeltern zur Taufe bekommen hatte. Auf die Klappe der Tasche waren innen mit wasserunlöslichem Stift mein Name und die Anschrift der Großeltern in Epe geschrieben, für den Fall, dass ich verloren gehen würde. Die Munitionskisten, die links und rechts stabile Henkel aus dickem Tau hatten, brachte der Bauer mit dem Pferdewagen hinunter. Auf dem Marktplatz standen schon mehrere Lkw der amerikanischen Besatzer bereit, die Leute wurden mit ihren Habseligkeiten aufgeladen, und dann ging es los. Keiner wusste, wohin.

Nach einer halben Stunde war die Fahrt zu Ende. In dem Dorf Emertsham stoppten die Wagen abrupt mitten auf der Kreuzung, die US-Soldaten hoben Kind und Kegel heraus, dann gaben sie Gas und brausten davon. Ungefähr 50 Personen fanden sich in dem ihnen völlig unbekannten Ort wieder, alles Flüchtlinge oder Ausgebombte wie unsere Familie. Sie waren aufgeregt, viele weinten. Drumherum standen schimpfende Bauern aus Emertsham und Umgebung, die die „Hergelaufenen" zwangsweise aufzunehmen hatten. Das war die Anordnung der Besatzungsmacht, die der Bürgermeister durchsetzen musste. Die „Vergabe" der Leute vollzog sich so, dass ein Bauer nach dem anderen auf die Kreuzung trat, die Personenzahl nannte, die er unterbringen musste, und dann lösten sich aus der Menge so viele Personen, meist im Familienverband, die hinter „ihrem" Bauern hertrotteten.

Im Unterschied zu allen anderen hatte unsere Mutter keine Eile. Sie entdeckte 20 Meter von der Straßenkreuzung entfernt einen Gasthof, ließ mich bei den Zwillingen, dem Dackel und den beiden Munitionskisten zurück und versuchte, beim Wirt Milch zu bekommen. Als die Wirtin von ihrer Lage erfuhr, schickte sie gleich zwei ihrer etwa zwanzigjährigen Töchter mit, und so hielt unsere Familie Einzug im Gasthaus Wimmer. Die anderen Evakuierten mussten oft mehrere Kilometer zu den Einödhöfen gehen, denen sie zugewiesen worden waren.

Besser hätten wir es nicht treffen können! Der Wirt war gleichzeitig Metzger und die ganze Familie herzensgut. Die junge Mutter und die drei kleinen Kinder taten ihnen leid, und sie gaben ihr ein Gastzimmer im ersten Stock. Als wenige Wochen nach unserer Ankunft ganz plötzlich die Wirtstochter Liesel, die etwa im Alter unserer Mutter war, eines Sonntags nach dem Kirchgang im Hausflur tot zusammenbrach und unsere Mutter den Kummer der Familie hautnah mitbekam, wuchsen die gegenseitigen freundschaftlichen Gefühle noch mehr. Sie konnte sich auch gut in die Wirtstochter Hilde hineinfühlen, deren Mann erst sehr spät aus russischer Gefangenschaft nach Hause kam.

Um mich brauchte sich unsere Mutter kaum noch zu kümmern, ich folgte den Töchtern des Hauses auf Schritt und Tritt, der etwas verwachsenen Zenzi und vor allem der heiß geliebten Hilde. Sie nahmen mich überallhin mit, auch in die vielen Messen und Maiandachten, die ich besonders gern hatte, weil da viel Interessantes passierte. Oben von der Empore aus konnte ich alles sehen, und wenn der Dorfpfarrer die Gemeinde segnete, tat ich es auch und machte von oben herab das Kreuzzeichen. Fast wöchentlich kamen die „Kreuzleut" durchs Dorf, fromme Wallfahrer auf dem Weg nach Altötting, die im Gasthaus Wimmer Station machten. Dann wurde die Brotzeit ausgepackt, Weißwürste wurden geordert und reichlich Bier getrunken. Ich fand das alles faszinierend und trieb mich im Gastzimmer herum, ließ mich mit mir bis dahin unbekannten Speisen füttern, z. B. abgebräunter Milzwurst, und staunte, wenn die „Kreuzleut" mit Gesang und wehenden Kirchenfahnen weiterzogen.

Die kleinen Zwillinge saßen in dem herrlichen Frühsommer meistens im Kinderwagen hinter dem Haus, gleich neben dem Schlachthaus. Wenn sie weinten, eilte Metzger Wimmer herbei, angetan mit seiner blutigen Schürze, das Schlachtermesser in der Hand, und schaukelte den Kinderwagen hin und her, bis sie sich wieder beruhigt hatten. In der großen Gasthausküche wurden sie gebadet, meist übernahmen das die Wirtstöchter, sodass unsere Mutter die Emertshamer Wochen in sehr angenehmer Erinnerung hatte, vor allem auch, als unser Vater wieder auftauchte, dem die Dorfener Bauern gesagt hatten, wohin wir gebracht worden waren.

Der Sommer 1945 in Emertsham scheint für die Familie eine Idylle gewesen zu sein. Kein Deutscher durfte ohne Erlaubnis der amerikanischen Besatzungsmacht den Ort verlassen, an dem er sich gerade befand, und so wurde auch von keinem irgendeine Initiative verlangt. Man lebte in den Tag hinein, und da unsere Familie sich wegen ihres herzlichen Verhältnisses zu der Wirts- und Metzgerfamilie um Nahrung nicht zu sorgen brauchte, musste sie sich nicht einmal Gedanken über das tägliches Essen machen wie so viele andere Menschen damals. Unser Vater war offiziell als Pferdeknecht und Gemeindeschreiber angestellt, damit ihn die Amerikaner nicht zu irgendwelchen anderen Arbeiten einteilten. Er brachte wohl auch mit seiner schönen, markanten Schrift einige Gemeindeunterlagen in Ordnung, war aber sonst den größten Teil des Tages mit dem Dackel Heidi in Wald und Flur unterwegs, sammelte Pilze und erholte sich von dieser anstrengenden Tätigkeit, indem er sich ins Gras warf und ausgiebig in den mitgeführten Büchern las. Nachmittags stellte er sich dann wieder im Gasthof ein und bereicherte dessen Küche durch Pfifferlinge, Steinpilze und Maronen.

Die Gemeinde wollte ihn fest anstellen, und unsere Mutter wäre auch gerne in Oberbayern geblieben. Nicht nur, dass für die kleinen Kinder genügend Milch da war, auch die bayerischen Lebensumstände gefielen ihr. Selbst damals gab es große Bauernhochzeiten, die Tische bogen sich unter Geselchtem und Gesottenem, nur „Mahlgeld" und Besteck waren mitzubringen, das erregte auch Jahre später Heiterkeit bei unseren Eltern. Aber unseren Vater zog es weg, er wollte nach Westfalen, „zum Eisen", wie er sagte, denn das war schließlich sein Beruf, er hatte bis 1938 als Eisenwarenkaufmann gearbeitet. Wie es in Westfalen nach dem Krieg sein würde, davon hatte er keine Ahnung. Nachrichten drangen nicht durch, man wusste nicht einmal, wie es den Eper Großeltern ging, ob sie überhaupt noch lebten.

Aber unser Vater wollte weg aus dem ländlichen Bayern, und so fand der irrsinnigste Umzug statt, den die Familie zu bestehen hatte, der Umzug von Emertsham zu den Großeltern nach Epe an der holländischen Grenze im Sommer 1945. Hierhin wollten unsere Eltern zunächst, und von da aus wollte unser Vater dann die Lage im Ruhrgebiet sondieren.

In den Familienunterlagen finden sich zwei Ausweise, Liste Nr. 6 und 7, ausgestellt von Capt. Tracy vom Military Government Traunstein. Diese Ausweise besagen, dass „Böhme Hugo", Kaufmann aus Altenmarkt, „Teilnehmer des Sammeltransportes von Traunstein nach Münster/Epe" sei, ebenfalls „Böhme Kläre, Hausfrau, Altenmarkt". Weiter heißt es: „These refugees returning to their homes on trucks which otherwise would be moving empty and returning with "Ersatzteile f. landwirtschaftl. Maschinen"". Das heißt: Diese Flüchtlinge kehren in ihre Heimat zurück auf Lastwagen, die anderenfalls leer fahren würden und Ersatzteile für landwirtschaftliche Maschinen zurückbringen.

Der Sammeltransport muss ein unglaubliches Unternehmen gewesen sein. Es handelte sich um einen offenen, von einem Holzvergaser angetriebenen Lastwagen, über dessen Aufbauten notdürftig eine militärische Plane gezogen werden konnte, mit offenem Anhänger. Das bedeutete, dass mit Hilfe von Holz, das verbrannt wurde, Gas erzeugt wurde, das die Maschine antrieb. Die Antriebsleistung war gering, weshalb der „Umzug" fünf Tage und vier Nächte dauerte. Außer unseren Eltern mit drei kleinen Kindern (ich 3 ½ Jahre, die Zwillinge 10 Monate) und Zwergdackel Heidi waren noch etwa 20 andere Leute, teils ebenfalls mit Kindern, mit von der Partie. Die Personen hockten auf dem Lastwagen, wenn es aber steil bergauf ging, mussten die Männer absteigen und nebenher laufen. Unsere Eltern nahmen auch ihren kümmerlichen Hausrat mit, der auf dem Anhänger transportiert wurde. Das Fahrrad unserer Mutter war auf dem Anhänger seitlich angebunden.

Was die Transportierten zunächst nicht wussten: Der Fahrer hatte ein wichtiges Papier nicht, welches man zum Überschreiten der Grenze zwischen den Besatzungszonen benötigte. Er muss aber ein recht unternehmungslustiger Vogel gewesen sein, denn er fuhr trotzdem in Bayern, das zur amerikanischen Zone gehörte, los. Da auch Hessen dazu gehörte, ging erst mal alles glatt. Wenn in der britischen Zone Kontrolle war, verwickelte er die englischen Soldaten, die interessiert den Holzvergaser betrachteten, in angeregte technische Gespräche – offenbar war er sprachbegabt – , und die Besatzer ließen von der Fahrzeugkontrolle ab. Er fuhr aber auch gerne Umwege, um nicht allzu oft in Kontrollen zu geraten, und das waren meist unbefestigte Straßen und Waldwege. Entsprechend länger dauerte die Fahrt. Unterwegs mussten die Transportierten auch immer wieder aussteigen und Holz sammeln, um das Gefährt am Laufen zu halten. Dumm war nur, wenn das Holz noch nass und grün war. Dann brannte es nämlich nicht, und nichts ging mehr.

In den Wäldern allerdings war es nicht sehr geheuer. Ich erinnere mich, wie einmal aus dem Unterholz links und rechts von einem sandigen Waldweg Männer auftauchten und auf den Anhänger des langsam fahrenden Gefährts aufsprangen, um das Fahrrad loszuknoten. Die Insassen des Lastwagens schrien auf und versuchten, den Fahrer aufmerksam zu machen, was schließlich auch gelang. Unser Vater und andere sprangen ab, um die Männer mit Stöcken vom Anhänger zu stoßen. Mit vereinten Kräften konnte man den Angriff der Räuber abwehren. Für mich muss es ein grauenvolles Erlebnis gewesen sein, vor allem wie mein Papi mit Stöcken schlug und die Diebe diese festzuhalten suchten. Ich schrie wie am Spieß und steigerte mich so hinein, dass keiner mich beruhigen konnte. Schließlich gab mir der nervlich völlig überreizte Vater eine gewaltige Ohrfeige, und dann endlich war ich still. Ein anderes Highlight war das Überqueren des Rheins bei Köln auf einer Pontonbrücke. Ich graulte mich, als ich in das dunkle Wasser unter mir sah, und klammerte mich schreiend an meine Mutter.

Im Münsterland waren die Vorräte ausgegangen. Vor allem hatte man keine Milch mehr für die kleinen Kinder. Da hielt der Lastwagenfahrer an einer der hölzernen Bänke am Wegrand, auf denen die Milchkannen standen, die zur Molkerei gebracht werden sollten, holte eine volle Milchkanne, reichte sie zu seinen Passagieren hinauf, und die konnten auf dem Petroleumkocher die Milch für die Kinder abkochen. Auf dem Rückweg, so sagte er, würde er die Milchkanne wieder auf das Bänkchen stellen. Ob es je dazu gekommen ist, ist mehr als zweifelhaft.

Der Transport endete zuverlässig in Epe. Es war Sonntagmorgen, unsere Oma war gerade dabei, die Betten zu machen, als ihr Blick auf die Straße fiel. Da hielt ein Lastwagen vor der Tür, und es kletterten nacheinander die Mitglieder der Familie Böhme herunter oder wurden herausgehoben. Sie ließen sich ihre Habseligkeiten herunterreichen und luden die spärlichen Möbel ab. Nun standen sie völlig verdreckt mit Sack und Pack vor dem Gartentor. Unsere Oma fiel in Ohnmacht.

Wir wohnten ein Jahr bei den Großeltern. Unsere Eltern verdienten kein Geld. Sie wurden von der Gemeinde Epe allerdings zum Torfstechen zwangsverpflichtet wie alle unbeschäftigten Leute. Jeden Morgen marschierten sie mit vielen anderen ins Venn oder wurden mit einem großen Pferdewagen hinausgefahren, wenn der Weg zu weit zum Gehen war. Nur wenn Familienmitglieder sich am Torfstechen beteiligten, bekamen sie im Herbst eine Torfzuteilung.

Um die sonstige Versorgung der siebenköpfigen Familie musste man sich keine allzu großen Sorgen machen, d.h. man lebte nicht üppig, aber keiner musste hungern. Für die kleinen Kinder gab es genügend Milch vom Nachbarn, einem Fabrikarbeiter, der eine kleine Landwirtschaft im Nebenerwerb betrieb. Kartoffeln, Gemüse und Obst wuchsen im Garten hinter dem Haus der Großeltern, und Fleisch gab es ab und zu dank guter Beziehungen zu einigen größeren Bauern und zum Hotel Richters, die dem sehr beliebten Großvater ein Stück Speck oder Fleisch zusteckten, auch mal einen halben Schweinskopf, den die Großmutter zu Leberwurst verarbeitete. Die Kräuter dafür wuchsen in ihrem Garten. Nahrungsmittel als Geschenke waren damals gang und gäbe. Ich erinnere mich, dass ich zu meinem 4. und meine Mutter zu ihrem 30. Geburtstag, den wir beide am 24. Februar 1946 feierten, vom

Hausarzt, der unseren Großvater besuchte, um mit ihm Schach zu spielen, je ein Ei geschenkt bekamen.

Sommer 1946 mit selbstgemachten Sandalen

Unsere Mutter konnte gut nähen und fabrizierte aus den abgelegten Hemden unseres Großvaters Kleidchen und Blüschen. Nur die Beschaffung von Kinderschuhen war ein Problem. Dank guter Kontakte seiner Firma nach Holland konnte der Großvater für die Zwillinge Schuhe bekommen, aber für mich gab es im Sommer 1946 nichts. Da fabrizierte mein Vater mir ein Paar Sandalen, deren Holzsohle er in zwei Teile zersägte und sie mit Scharnieren verband, damit ich den Fuß abrollen konnte. Die Bretter wurden mit breiten Bändern über dem Spann und über dem Knöchel zu Schleifen gebunden. Ich kann mich erinnern, dass die Füße trotz der Wollsocken, die ich trug, immer wieder aufscheuerten. Rennen konnte man in diesen Sandalen natürlich nicht.

Im Frühjahr 1946 spielte ich im Vorgarten, in dem meine Oma einige Sträucher in Ordnung brachte, als ein mit Säcken beladener offener Lastwagen ziemlich schnell daherkam. In Höhe des Hauses stoppte er kurz und fuhr dann weiter. Ein Sack fiel dabei auf die Straße und platzte auf. Zunächst kümmerte sich Oma nicht darum und wurde erst aufmerksam, als einige Leute sich bückten und etwas aufhoben. Nun ging sie auch vor das Gartentor und sah, dass die ganze Straßenseite mit Kaffeebohnen übersät war. Ich beobachtete, wie sie sich bückte und wie alle anderen mit den Händen Kaffeebohnen und Straßendreck zusammenfegte und alles in ihre Schürze kippte, die sie schnell abgenommen hatte. Im Nu war die Straße leer gesammelt, und auch unsere Oma trug triumphierend ihr beträchtliches Bündelchen Kaffeebohnen ins Haus. Wie sich später herausstellte, handelte es sich bei dem Kaffee um Schmuggelware aus dem ca. 5 km entfernten Holland. Mit unserer Mutter las sie die Bohnen aus dem Dreck, wusch sie, trocknete sie wieder, und zusammen mit den beiden Männern gönnten sie sich jetzt mehrere Sonntage „echten Bohnenkaffee“, begleitet von Omas Kommentar: „Das hätte ich auch nie gedacht, dass ich einmal auf den Knien von der Straße Kaffeebohnen einsammeln würde!“

Irgendwann im Sommer 1946 zogen wir nach Gildehaus, 12 km von Epe entfernt, wo unser Vater ein kleines Eisenwarengeschäft eröffnete, denn so einen Laden gab es dort bisher nicht. Die Waren, die er verkaufte, bekam er aus dem Ruhrgebiet, möglicherweise hatte er Kontakte zu den Firmen, die sein Vater und sein Bruder vor dem Krieg vertreten hatten. Er verkaufte in seinem Laden auch improvisierte Haushaltsgeräte. So erinnere ich mich an einen Stapel Siebe, die dadurch entstanden waren, dass irgendwelche Leute mit Hammer und Nagel Löcher in Stahlhelme geklopft hatten. Diese „Siebe“ waren nicht etwa Ladenhüter, sondern wurden dringend von Leuten gebraucht, die ausgebombt waren oder aus ihrer Heimat hatten flüchten müssen.

Die Herde aus seinem Laden dienten weniger dem Verkauf als dem Handel auf dem Schwarzen Markt. Ich erinnere mich, dass ich, etwa fünfjährig, eines Nachts durch ungewohnte Geräusche aufwachte, die aus der Küche kamen. Schlaftrunken lief ich dorthin und sah unsere Eltern, das Mädchen Hanni und unsere Oma mit hochroten Köpfen am Werk. In der völlig mit Dampf beschlagenen Küche zerschnitten sie Fleisch, rührten in Töpfen und füllten fertig Gekochtes in Einmachgläser ab. Sie erschraken sehr, als ich auftauchte, denn Schwarzschlachtungen und die Verarbeitung von schwarzgeschlachtetem Fleisch wurden streng bestraft, fast immer mit Gefängnis. Die Eltern ermahnten mich eindringlich, niemandem etwas davon zu erzählen, da sie und die Großmutter sonst ins Gefängnis müssten. Offenbar schilderten sie das Gefängnis recht eindringlich, und so hatte ich fürchterliche Angst und sagte auch zu keinem etwas. Allerdings kamen noch Jahre später in meinen wilden Alpträumen immer wieder Szenen vor, wie wir Kinder alleingelassen sind, weil alle erwachsenen Familienmitglieder im Gefängnis sitzen. Nach vielen Jahren sprach ich unsere Eltern auf den Vorfall an. Sie hatten in jener Nacht ein halbes Schwein verarbeitet, das unser Vater bei Hannis Vater gegen einen Kanonenofen eingetauscht hatte. Den Ofen hatte der Bauer nachts abgeholt, und unser Vater war dann in zwei anderen mondlosen Nächten in das Gildehäuser Venn hinuntergegangen und hatte das halbe Schwein im Rucksack nach Hause transportiert, wo die drei Frauen schon in der Küche warteten. Nur deshalb war Hanni dabei, weil ihre Familie auch in den Fall verwickelt war. Sonst zog man Fremde bei Schwarzmarktgeschäften nicht ins Vertrauen.

Im April 1948 kam ich in die Schule. Mein Vater hatte durch Kompensationsgeschäfte einen Schulranzen aufgetrieben. Er bestand zwar nur aus braun geölter Presspappe, war aber sehr formschön und so haltbar, dass er auch noch die Volksschulzeit der einen Schwester überstand. Schiefertafeln gab es nicht, Hefte schon gleich gar nicht, aber eine weiße Tafel aus Kunststoff, auf die mit einem dunklen Griffel geschrieben wurde. Zum ersten Schultag erhielt ich ein Geschenk: An den Enden einer längeren Strippe aus Luftmaschen war je ein kleines rotes etwas ausgepolstertes Stoffherz befestigt. Das Band wurde unter dem Blusenkragen um den Hals gebunden, und die beiden Herzen baumelten nun dekorativ auf dem Blüschen. Meine Mutter hatte weiße Baumwollkniestrümpfe ergattert, die aber viel zu lang waren und am Knie nicht eng anlagen. Sie reichten vielmehr eine Handbreit über das Knie. Daher wurden sie mit einem breiten Gummiband unter dem Knie fixiert, und über dieses Band wurde sehr dekorativ das zu lange Stück wie ein Umschlag gefaltet. Solche Kniestrümpfe hatte sonst keiner, und ich war sehr stolz auf sie. Eine Schultüte gab es nicht. Abgesehen davon, dass die Einschulung vor der Währungsreform stattfand, waren Schultüten in Gildehaus unbekannt.

Es war ein stolzes Gefühl, als ich an der Hand meiner Mutter den langen Schulweg in den Ort hinunter zu der Schule zurücklegte, die schon von meiner Großmutter besucht worden war. Von allen Seiten strömten Kinder mit ihren Müttern zusammen, und schließlich waren 72 Erstklässler und ihre Lehrerin in einem riesigen Klassenraum versammelt. Heute würde man drei Klassen daraus bilden müssen. Damals herrschte extremer Lehrermangel, da viele Lehrer gefallen oder als PGs, als „Parteigenossen“ der NSDAP, entlassen worden waren. Durch die vielen Flüchtlinge, die auf alle Orte verteilt worden waren, war die Schülerzahl erheblich angestiegen.

Zudem war der Jahrgang 1942 besonders stark, eine Folge der Euphorie vieler junger Paare angesichts der bis 1941 siegreichen deutschen Truppen.

Im Herbst 1948 scheint bei unseren Eltern der Plan entstanden zu sein, wieder nach Bayern zu gehen. Nach der Währungsreform war der Eisenwarenladen für unseren Vater nicht mehr interessant, er fühlte sich sicher auch in dem kleinen Gildehaus nie recht wohl. Unsere Mutter hatte ja schon 1945 nicht aus Bayern weggehen wollen, sie hatte zu lange fern von Münsterland und Grafschaft Bentheim gelebt, eine Gegend, die und deren Bewohner sie jetzt als eng empfand. Unser Vater steckte seine Fühler nach Aichach aus zu einer Firma, bei der er in den dreißiger Jahren gelernt hatte, und durch die Vermittlung des Seniorchefs erhielt er die Vertretung einer Firma im Oberbayerischen. Als Wohnort war Grassau im Chiemgau vorgesehen, ein Traumziel für unsere Eltern, die sich im Chiemgau während des Krieges und im Sommer nach Kriegsende so wohl gefühlt hatten. Das Eisenwarengeschäft wurde einem Nachfolger übergeben und im Frühjahr 1949 mit dem geringen Erlös aus dem Verkauf der Umzug durchgeführt. Der herrliche oberbayerische Sommer endete jedoch abrupt, da die Firma, für die mein Vater arbeitete, Bankrott ging. Er bekam eine neue Stelle in Aichach, einem Städtchen nördlich von Dachau, zu dem die Stammburg der Wittelsbacher gehört.

Wir zogen zunächst in das benachbarte Dorf Ecknach, für mich war das die dritte Schule in 15 Monaten, und schließlich nach Aichach selbst, wo die Volksschulen 4 und 5 folgten. Erst als ich im September 1952 ins Gymnasium in Schrobenhausen kam, wohin ich mit dem Zug fahren musste, normalisierte sich mein Schulalltag langsam. Zwar musste ich in der Woche, in der Vormittagsunterricht war, schon um 6.30 Uhr das Haus verlassen und 2 km zum Bahnhof gehen – im Winter im hohen Schnee kein Vergnügen, da nicht geräumt war –, aber das ging allen Fahrschülern so.

Allerdings verbindet mich mit dem Ort Aichach ein demütigendes Erlebnis. Die Firma, in der mein Vater arbeitete, produzierte Eisenwaren, und unser Vater war zuständig für den Verkauf im ganzen Bundesgebiet. Daher war er häufig einige Wochen unterwegs. Er verdiente damals 300 DM im Monat und erhielt Spesen. Seine Firma überwies das Gehalt auf ein Konto der Sparkasse. Aber einmal, als unsere Mutter am Monatsersten etwas Geld abheben wollte, war keines eingegangen. Sie ging am nächsten Tag nochmal hin, aber wieder war kein Geld auf dem Konto. So ging sie zum Firmenchef, der das als Versehen abtat und sagte, das überwiesene Geld sei sicher am nächsten Tag da. Aber am nächsten Tag gab es immer noch kein Geld. Unsere Mutter muss völlig verzweifelt gewesen sein, wollte sich aber wohl nicht noch einmal auf den demütigenden Gang begeben. So schickte sie mich. Sie instruierte mich genau, was ich sagen sollte. Also fuhr ich, damals etwas über 11 Jahre alt, mit sehr gemischten Gefühlen mit dem Fahrrad in die Firma. Im Laden traf ich die Nichte des Chefs, die mir freundlich entgegenkam. „Ich möchte Herrn A. sprechen", sagte ich. Die Nichte wollte mich abwimmeln, sagte, er sei nicht da, ob ich ihr nicht sagen wolle, um was es gehe. Aber ich wollte nicht und entgegnete, dann würde ich eben so lange vor der Tür warten, bis er wiederkäme. Meine Mutter wüsste ja, wo ich sei, da könne es auch ein bisschen dunkel werden. Die Nichte ging nach hinten ins Büro, und nach einigen Minuten erschien der Seniorchef. Auch er war sehr freundlich, gab mir die Hand, ich machte meinen Knicks, und er fragte, was ich wolle. „Sie haben meiner Mutter das Geld für den letzten Monat

Brigitte, links, 1953 mit Oma und Schwestern

noch nicht bezahlt, ich möchte es holen." Der Mann antwortete, es würde am nächsten Tag an die Bank überwiesen. Aber ich ließ mich nicht abschütteln und sagte: „Das geht nicht. Meine Mutter hat kein Geld mehr, um für uns Essen zu kaufen. Ich muss das Geld gleich haben." Ob er beschämt war, dass ein 11-jähriges Kind das Monatsgehalt des Vaters abholen musste, oder ob er sich seines Rechtsbruchs bewusst wurde – er ging zur Ladenkasse, kurbelte an ihr, dass sie sich öffnete, und zählte mir die 300 DM vor, die ich in die umgehängte „Hirtentasche" packte. Er wollte mir noch 50 Pfennig schenken, aber die schob ich auf dem Ladentisch zurück. Auf dem ganzen Heimweg weinte ich ununterbrochen, ich wusste nicht genau, warum. Aber ich fühlte mich dem Mann in dem dunklen Anzug mit Weste gegenüber so richtig unterlegen, der meinem Vater das Gehalt nicht rechtzeitig bezahlt und meine Mutter gezwungen hatte, ihr kleines Kind loszuschicken. Heute würde ich sagen, dass es das demütigende Gefühl absoluter Ohnmacht war, das ich nie wieder vergessen habe. Ich frage mich manchmal, ob ich nicht auch wegen dieses Ereignisses die Sicherheit eines Beamtenberufes ergriffen habe.

Als mein Vater bei seinem nächsten Aufenthalt in Aichach von dem ungeheuerlichen Vorfall hörte, stellte er empört seinen Chef zur Rede und verlangte mehr Gehalt. Der entgegnete kühl, dass auch Herr Müller, sein Werkmeister, mit 300 DM auskomme. Da muss unser Vater ausgerastet sein, und er schrie, dass ihn Herr Müller nicht interessiere, er brauche für seine Familie mehr. Schließlich gab der Inhaber nach und legte 50 DM drauf. Es war unserem Vater aber völlig klar, dass die berufliche Situation in Aichach keine Entwicklungsmöglichkeiten bot. Zwar ging er sparsam mit seinem festen Spesensatz um, indem er in einfachen Gasthöfen übernachtete, und hatte so immer ein bisschen Geld übrig, aber es war zu wenig für eine fünfköpfige Familie mit heranwachsenden Kindern, für die es damals noch kein Kindergeld gab.

1955 kam unsere Familie endgültig zur Ruhe, wir zogen nach Nürnberg, wo mein Vater eine große Industrievertretung übernahm, und ich besuchte nun ein evangelisches Gymnasium bis zum Abitur.

Dr. Brigitte Hohlfeld studierte in Erlangen Geschichte und Germanistik und wurde Realschullehrerin. Durch den Beruf ihres Mannes bedingt, wechselte sie 1967 in den Schuldienst des Landes Schleswig-Holstein, 1973 nach Mannheim. Von 1996 bis zu ihrer Pensionierung 2006 leitete sie die aus drei Realschulen zusammengelegte Tulla-Realschule. Nach ihrer Pensionierung übernahm sie die Leitung der Abendrealschule, einer Tochter der Mannheimer Abendakademie. Seit 2007 gehört sie dem Ältestenkreis der Christus- bzw. ChristusFriedenGemeinde an, seit 2014 als dessen Vorsitzende.

Klaus Wormer: Behütete Kindheit in den frühen Nachkriegsjahren

Ich wurde im Februar 1944 in Waibstadt im Kraichgau geboren. Meine mit mir schwangere Mutter hatte mit meinem neun Jahre älteren Bruder nach den verheerenden Septemberangriffen 1943 Mannheim verlassen – zu unserem Glück, denn bei einer weiteren Bombardierung wurde das Haus meiner Großeltern mütterlicherseits im Stadtteil Feudenheim, in dem wir wohnten, völlig zerstört. Da wäre sie nicht mehr aus dem Keller herausgekommen, und mich hätte es dann nicht gegeben.

In Neckarbischofsheim wohnten wir vier Jahre, aber ich habe daran naturgemäß nur wenige Erinnerungen. Ich weiß aber noch, dass ich dem Schneemann der Nachbarsbuben einen kleinen Stoß versetzte, sodass er zusammenfiel. Die rächten sich daraufhin an mir kleinem Kerl, was sehr leicht war. Sie legten ein Brett in einen kleinen Bach, führten mich dorthin und behaupteten, ich könne auf dem Brett stehen. Natürlich klappte das nicht, und ich fiel ins eiskalte Wasser. Wütend sei ich nach Hause gestapft, so berichtete es meine Mutter, und hätte laut vor mich hin geschimpft – denn sprechen konnte ich schon ausgezeichnet: „Rindviecher, ich schlag euch 's Hirn uff!" Mein Bruder profitierte von der Zeit in Neckarbischofsheim sehr, denn ein junger Lehrer trainierte etwa sechs Kinder des Ortes für die Aufnahmeprüfung fürs Gymnasium, die damals für viele Kinder eine große Hürde war. Mein Bruder konnte so problemlos ins Lessing-Gymnasium in Mannheim eintreten.

1948 kehrten wir nach Mannheim zurück und wohnten nun auf dem alten Waldhof im Haus meiner Großeltern väterlicherseits in der Oppauer Straße. Das Haus war weitgehend unversehrt geblieben. Auch die Geschwister meines Vaters waren mit ihren Familien dort eingezogen. Es herrschte zwar eine ziemliche Enge, aber wenigstens mussten wir uns nicht mit fremden Leuten arrangieren.

Weder im Kraichgau noch in Mannheim musste unsere Familie hungern. Zwar sammelten wir mit unserer Mutter auf dem Dorf Ähren, liegen gebliebene Kartoffeln oder Rüben, aus denen sie Sirup kochte, aber da sie gelernte Hauswirtschaftlerin war, konnte sie aus dem Meisten, was in Feld und Wald wuchs, schmackhaftes, wenn auch wenig aufregendes Essen zubereiten. Zudem hatte mein Vater bäuerliche Verwandtschaft im Raum Großsachsen/Hirschberg an der Bergstraße. Dahin fuhr er mit dem Fahrrad und wurde auch nie enttäuscht. Meine tüchtige Mutter betrieb zwischen 1948 und 1950 einen kleinen Lebensmittelhandel, in dem sie hauptsächlich die von der Verwandtschaft geholten Produkte verkaufte.

Andere Verwandte, ebenfalls Bauern, wohnten in Pfaffenrot im nördlichen Schwarzwald. Dorthin fuhr ich mit acht Jahren allein mit dem Zug! Die ersten Male brachte meine Mutter mich hin und zeigte mir in Karlsruhe, wo wir umsteigen mussten, den Weg zur Albtalbahn. Ich merkte mir alles gut und wusste beim nächsten Mal Bescheid. Ich hatte ein Pappschild mit Namen, Adresse und Bestimmungsort umgehängt und wurde in Mannheim in den Zug gesetzt. An Ängste bei der Fahrt kann ich mich nicht erinnern. Das Umsteigen schaffte ich problemlos, und dann ging es noch einmal anderthalb Stunden mit dem Bähnle weiter. Am Bahnhof Marxzell wurde ich abgeholt. Heute undenkbar!

Klaus im Kindergarten, 1949

Die Niederbronner Schwestern betrieben auf dem Waldhof einen Kindergarten, den ich gerne besuchte. Sie schafften es, mit uns ein Weihnachtsspiel einzustudieren, an dem alle Kinder beteiligt waren. 1950 kam ich in die Volksschule, die sich 50 m von unserem Haus entfernt befand. Wir hatten einen, wie ich heute finde, genialen Lehrer namens Bracht. Er schaffte es, viele von uns ohne Zwang zu fleißigen, gewissenhaften Schülern zu machen. Wenn man unter der Woche keine Fehler in seinen Hausaufgaben hatte und diese auch noch in schöner Schrift angefertigt worden waren, sperrte er am Samstag das Heft in den Klassenschrank. Das bedeutete, dass man am Wochenende nicht mit der Mutter zu üben brauchte. Es war ein Wetteifern darum, dass das eigene Heft im Klassenschrank verschwand und man am Samstagnachmittag und Sonntag frei von allem Schulkram war.

Ich denke, dass ich ein „privilegierter" Schüler in meiner Klasse war, die hauptsächlich aus Arbeiterkindern bestand. Der Waldhof war bekanntlich ein dicht besiedeltes Industrieviertel. Meine beiden Großväter waren Abteilungsleiter bei Benz gewesen und hatten sich ein Haus bauen können. Mein Vater war städtischer Angestellter, meine Mutter hatte die Hauswirtschaftsschule absolviert. Und so verwundert es nicht, dass neben mir, soweit ich mich erinnere, nur noch mein Freund Stapf, der aus ähnlichen Verhältnissen stammte, fürs Gymnasium vorgesehen war. Dass anfangs Schulgeld gezahlt und die Schulbücher selbst gekauft werden mussten, hielt viele Eltern davon ab, ihre begabten Kinder ebenfalls ins Gymnasium zu schicken. Lehrer Bracht förderte uns beide auf besondere Weise, um uns auf die Aufnahmeprüfung vorzubereiten. Er ließ uns an manchen Tagen schon am späten Vormittag nach Hause gehen und bestellte uns für den Nachmittag noch einmal in die Schule, wo er dann den Aufgabentyp, der in Volksschulen nicht Thema war, mit uns einübte. Und so bestanden wir beide die Prüfung, auch wenn große Hürden zu überwinden waren. Ich erinnere mich, dass ich bei einer Aufgabe lange brauchte, ehe ich verstand, was mit „Konsonanten" gemeint war.

Ich besuchte das Mollgymnasium, das damals noch in der alten Wohlgelegen-Schule an der Friedrich-Ebert-Straße untergebracht war, denn dorthin konnte ich mit dem Fahrrad fahren. Von uns 54 Sextanern waren 1964 beim Abitur, soweit ich weiß, ganze zwei übriggeblieben! Da kam Georg Pichts berühmte Untersuchung zur „Deutschen Bildungskatastrophe" gerade recht.

Mein Vater war im Zweiten Weltkrieg nur eine Zeitlang zum Sanitätsdienst eingezogen worden, ihm fehlten zwei Finger. Daher gestaltete sich seine Entnazifizierung problemlos, er war „unbelastet" und konnte sehr schnell wieder in den öffentlichen Dienst übernommen worden. Er kam zum Ausgleichsamt in Mannheim und bearbeitete die Anträge auf Lastenausgleich.

Lastenausgleich (LAG) wurde gezahlt an Personen, die infolge des Zweiten Weltkriegs und seiner Nachwirkungen Vermögensschäden, etwa Verlust von Immobilien, Grundstücken, Firmen, und andere Nachteile erlitten hatten wie eine durch den Krieg unterbrochene Ausbildung oder ein abgebrochenes Studium. Neben Spätheimkehrern und Flüchtlingen, auch aus der SBZ/DDR, waren vor allem Vertriebene davon betroffen, also deutsche Staatsangehörige, die ihren Wohnsitz in Gebieten gehabt hatten, die nach 1945 unter fremder Verwaltung standen, etwa Polens oder der UdSSR. Bis Anfang der 80er Jahre wurden an die Leistungsberechtigten etwa 115 Mrd. DM ausgezahlt, Geld, das durch Umverteilung durch die Finanzämter eingezogen wurde. Menschen mit „erheblichem Vermögen", also z.B. Immobilienbesitzer, mussten bis in diese Zeit einen bestimmten Prozentsatz abführen. Nach der Wiedervereinigung wurden Leistungen nach dem LAG auch den Bewohnern der neuen Länder zugänglich, wenn sie unter die genannten Personengruppen fielen. Jetzt kam das Geld allerdings aus einem speziellen Ausgleichsfond.

Der Lastenausgleich gilt als hervorragendes Mittel, um nach dem Zweiten Weltkrieg den sozialen Frieden in der Bundesrepublik zu stabilisieren.

In diesem Amt arbeitete mein Vater. Ich erinnere mich, dass er oft verwundert beim Abendessen erzählte, wie viele Gutsbesitzer es offenbar in Ostpreußen gegeben habe. Wenn man deren Latifundien addiere, so spottete er, ergäbe sich eine Quadratkilometerzahl, die mehr als die Fläche Ostpreußens umfasse. Auch die Anzahl der Abiturienten aus Ostpreußen setzte ihn in Erstaunen, eine derartige Dichte habe er nie erwartet und gab es auch sonst nirgendwo. Aus solchen Bemerkungen konnte ich schließen, dass es offenbar nicht so leicht war, Dichtung und Wahrheit auseinanderzuhalten, dass Menschen ihr Verlorenes nachträglich verklärten, aber auch, dass Menschen in Existenznot die Gelegenheit nutzten, sich ohne Papiere, die ja häufig auf der Flucht verloren gegangen oder weggenommen worden waren, mehr anzueignen, als ihnen eigentlich zustand. Später arbeitete mein Vater bis zu seinem Tod kurz vor der Pensionierung im Grundbuchamt.

Nach dem 18-monatigen Wehrdienst studierte Dr. Klaus Wormer bis zum Tod des Vaters in Heidelberg, dann in Mannheim Germanistik und Geschichte. Wegen der idealen Studienbedingungen in Mannheim – 10 statt 200 Teilnehmer im Hauptseminar – wurde er bald mit Assistentenaufgaben betraut. Er machte ein Promotionsstudium an der Universität Oxford, wo ihm ein generöses Stipendium vermittelt worden war. Nach dem 2. Staatsexamen für den Höheren Schuldienst und der Promotion mit der Unterstützung der Studienstiftung des Deutschen Volkes unterrichtete er ab 1974 am Geschwister-Scholl-Gymnasium in Mannheim. Ab 1987 bis zu seiner Pensionierung 2007 war er im Oberschulamt Karlsruhe (heute Regierungspräsidium) zunächst Personal- und Deutschreferent und die letzten zehn Jahre Abteilungsleiter der Abteilung Gymnasien.

Hans-Peter Schwöbel: „Ich war dabei, als Sie gezeugt wurden!"

Susanna Martinez und ich arbeiteten von 1973 bis 1975 in Somalia. Sie unterrichtete an der Amerikanischen Schule in Mogadischu Botschafterkinder aus aller Welt. Ich war im Auftrag des Deutschen Volkshochschul-Verbandes (DVV) als Dozent, Ausbilder, als Lehr- und Lernmittelentwickler und als Berater des somalischen Erziehungsministeriums für Fragen der Alphabetisierung am dortigen Nationalen Lehrerbildungszentrum tätig.

Nachdem wir 1975 nach Deutschland zurückgekehrt waren, nahm Susanna Martinez ihre Arbeit an der Friedrich-Ebert-Schule (sozialer Brennpunkt, Mannheim-Waldhof-Ost) wieder auf. Ich begann mein Promotionsstudium in Frankfurt, lehrte wie zuvor, wieder in der Jugend- und Erwachsenenbildung. Unter anderem hielt ich Vorträge zum Thema Somalia: Land, Leute, Klima, Politik, Probleme, Alphabetisierung. So auch 1977 eines Abends im historischen Rathaus in Freinsheim – der kleinen pfälzischen Stadt, die mir 2012 die Hermann-Sinsheimer-Plakette verleihen sollte. Nachdem ich meinen Vortrag beendet hatte, kam eine ältere Dame auf mich zu und sagte vernehmlich: „Guten Abend, Herr Schwöbel, mein Name ist Wittnes. Ich war dabei, als Sie gezeugt wurden." Die Geschichte kannte ich, aber nicht die Frau, die dazu gehörte. Die Zuschauer waren aufmerksam geworden und wollten mehr erfahren. Sie blieben, und ich begann zu erzählen.

Im Wasserschloss

Meine Mutter Hilde war 1944 mit ihren drei Kindern aus den Bombenhageln über Mannheim nach Eberstadt bei Buchen evakuiert worden. Mein Vater Peter war im Krieg. Und der Krieg war in das Land gekommen, von dem er ausgegangen war. Im Februar 1945 erhielt Peter 24 Stunden Urlaub von der Truppe, um seine Frau und Kinder zu besuchen. In der Nacht „erkannte" Peter sein Weib, wie es im Ersten Buch Mose 4,1 so schön umschrieben wird. Sie wussten nicht, ob und wann sie sich wieder sehen würden, und umarmten einander, als gäbe es kein Morgen.

Die Mütter Wittnes und Schwöbel waren im Kindergarten von Eberstadt in einem Raum untergebracht, nur getrennt durch einen dünnen, oben offenen Bretterverschlag. Frau Wittnes hatte ein Kleinkind und Zwillinge im Säuglingsalter. Mutter Schwöbel hatte zwei größere Kinder, meinen Halbbruder Hermann, elf Jahre, Schwester Ingeborg, fünf Jahre und Annebärbel, acht Monate. Die Mütter rühmten sich, alleine am Duft zu erkennen, wer von den Kleinen gerade die Windeln gedüngt hatte.

Frau Wittnes wurde nolens volens Zeugin meiner Zeugung. Am nächsten Morgen hielt sie Hilde und Peter eine Standpauke: „Seid ihr wahnsinnig! Das Land geht unter, die Welt steht in Flammen – und ihr setzt Kinder in die Welt!" Die lakonische Antwort meines Vaters: „Ich hoffe auf Soldatenglück!" Das heißt, der Schuss möge vorbei gehen. Dies war schon deshalb unlogisch, weil in diesem fatalistischen Spruch natürlich der Schuss gemeint ist, der auf einen zuflog, nicht den man selbst abgegeben hatte. Vielleicht funktionierte es deshalb nicht. Mutter war schwanger. Sie machte halbherzige Versuche, mich auf rustikale Weise los zu werden: Hüpfen von hohen Stufen, den Bauch an einen Baum stoßen und mit wuchtigen Körperbewegungen einen Ster Holz hacken. Aber ich blieb.

Ich war ihr viertes und letztes Kind. Der Arzt sagte angesichts ihres gewölbten Leibes, sie bekomme einen Riesen oder Zwillinge. Es gab noch keine Vorschau mit Ultraschall. Ich war dann der Riese, geboren im Krankenhaus zu Buchen: knapp 5 kg schwer. Nach der Entbindung wäre Mutter fast an mir verblutet. Eine Krankenschwester kam ins Zimmer und sah, wie sie leichenblass und bereits bewusstlos im Bett lag, und hob die Bettdecke: Mutter lag in ihrem Blut. Die Schwester schlug Alarm, und Schwöbels Hilde konnte gerettet werden. Einige Tage später fuhr sie mit mir auf einem Pferdefuhrwerk die sieben Kilometer von Buchen nach Eberstadt.

Meine Zunge war bis vorne angewachsen. Der Doktor empfahl, sie mir mit einem kleinen Schnitt lösen zu lassen. Sie löste sich aber von selbst – beim Schreien. Sehr früh lernte ich sprechen, entwickelte ungewöhnlich schnell einen großen Wortschatz und wuchs zu einem Denk- und Wortstarken heran. In der Familienlegende gruselt man gerne dem Schrecken nach, was passiert wäre, wenn man mir die Zunge auch noch gelöst hätte. I am the son of a preacherman – das sollte ich erst später erfahren.

Wenig später wurden die Evakuierten-, Vertriebenen- und Flüchtlingsfamilien ins Eberstadter Schloss umquartiert. Dreißig Leute, ein Klo. Wir hatten im rechten Turm des Schlosses zwei Zimmer und eine kleine Küche. Die Turmzimmer waren groß und kaum zu beheizen. Ich erinnere mich an gefrorene Scheiben und Ruß im Raum, der sich mit Vaters Zigarettenrauch zu schier undurchdringlichem Qualm verdichtete. Eines Tages lag ein abgezogenes Zicklein auf dem Küchenboden. Ich erschrak zu Tode, weil ich es für ein enthäutetes Menschenkindlein hielt.

Nicht lange, nachdem Vater mich gezeugt hatte, war er in französische Gefangenschaft geraten. Wie bekannt, ging es den Kriegsgefangenen der französischen Armee nicht ganz so gut wie ihren Kameraden, die das Glück hatten, von der US-Armee gefangen genommen zu werden. Frankreich lag selbst schwer darnieder. Wohl auch deshalb versuchte es, seine Gefangenen loszuwerden. Im August 1946 stellten sie Vater mit anderen Gefangenen zusammen an den Rhein und entließen ihn nach Hause, wo immer dies auch sein mochte. Wie alle anderen auch musste Vater seinen „Heimweg" zu Fuß antreten. Hie und da mag er ein paar Kilometer auf einem Fuhrwerk mitgenommen worden sein. Ersten Halt machte Peter bei einer Cousine in Weinheim. Die erzählte ihm brühwarm, dass ihm seine Hilde in Eberstadt im Februar 1946 einen Sohn geboren habe. Das war ein Schock für ihn; er glaubte nicht an Zwölfmonatskinder.

Geschlagen, abgemagert und desillusioniert kam er in Eberstadt an. Er betrat das Turmzimmer im Schloss mit dem Satz: „Ein gebrochener Mann kehrt heim." Und so war es auch. Er trank viel und rauchte noch mehr, obwohl kein Geld da war. Indem er im Anhänger eines uralten Fahrrades Schnaps und Waschmittel in den umliegenden Dörfern verkaufte, versuchte er, ein paar Pfennige zu verdienen. Zu einer regulären Arbeit fühlte er sich nicht mehr imstande. Immer wieder schlug er uns Kinder brutal und verübte vor unseren Augen Selbstmordversuche. In dieser Zeit hielt uns vor allem Mutter über Wasser, indem sie bei den Bauern im Dorf arbeitete oder in Aufforstungsprojekten der Verwaltung. Mit ihrem Charme über-

Hans-Peter und Bäuerin Hilde Häfner, Eberstadt, 1951

wand sie rasch Vorbehalte, die die Bauern in Eberstadt gegenüber Flüchtlingen und Evakuierten haben mochten, die in ihrem kleinen Dorf einquartiert waren. Große Verantwortung übernahm Schwester Ingeborg, die früh lernte, auf die Familie zu achten und anzupacken. Zu unserer Ernährung trug auch das Stoppeln bei, das Nachlesen von abgeernteten Kartoffel- und Getreidefeldern. Damit konnten wir sogar eigene Hühner und Schweine füttern.

Die Nachricht, dass ich tatsächlich im November 1945 geboren war und nicht im Februar 1946, erreichte Vaters Innerstes nie. Noch ein Dutzend Jahre später schlug er mir mit Wucht die Faust ins Gesicht und brüllte: „Ich bin nicht dein Vater!!" Wie sehr ich ihm mit zunehmendem Alter ähnlich sehe, sollte er nicht mehr erleben. Er starb 1971. Erst viele Jahre später konnte ich den tieferen Grund seiner schweren Persönlichkeitsstörungen verstehen: Es war das unendliche Grauen, das er im Ersten Weltkrieg erlebt hatte. Als armer Bauernbub (Jahrgang 1897) aus Zotzenbach wurde er, wie viele seiner Altersgenossen, an den schlimmsten Brennpunkten des Großen Krieges im wahrsten Sinne des Wortes verheizt: in Verdun, an der Somme, an italienischen, rumänischen, russischen Fronten. Dort hat er Dinge erlebt, die kein Mensch heil überstehen kann. Auch dies gehört zur Wahrheit der ersten Hälfte des letzten Jahrhunderts: Ohne die vielen traumatisierten Veteranen des Ersten Weltkrieges wäre dem großen Weltzerstörer nicht gelungen, die Macht zu ergreifen und ein noch größeres Vernichtungswerk in Gang zu setzen. Vielleicht gilt dies ebenso für den Kommunismus, neben dem Faschismus die andere dunkle Macht im 20. Jahrhundert.

Vater rauchte, trank, zitterte, tobte, misshandelte uns und wollte nicht mehr leben. Auf einem Höhepunkt dieser Dramen wurde ich als jüngstes der Kinder von meiner Mutter zu den Großeltern nach Mannheim gebracht. Auch sie selbst musste nach Mannheim, um als Bedienung Geld zu verdienen und mit Hilfe ihres Vaters Johann Kattermann unsere Rückkehr nach Mannheim vorzubereiten.

In einer Juninacht im Jahre 1952 hatte Vater ein Jesuserlebnis. Sein ganzes Leben rollte vor seinem inneren Auge ab und mündete in ein großes Leuchten. Später sollte ich erfahren, dass man dies in den frommen Kreisen, in denen wir dann jahrelang lebten, „Bekehrung" bzw. „Wiedergeburt" nannte. Nach dieser Nacht brüllte er nicht mehr, zitterte nicht mehr, trank keinen Alkohol mehr, griff seine Familie nicht mehr an und verübte keine Selbstmordversuche mehr. Auch nachdem ich, viele Jahre später, längst Soziologie und Sozialpsychologie studiert hatte, war mir das Ereignis dieser Nacht ein Rätsel. Bis mir eines Tages ein Mediziner erklärte, dass mein Vater in jener Nacht wohl ein Nahtod-Erlebnis hatte, das durchaus so ablaufen kann; die entsprechenden, plötzlichen und intensiven Persönlichkeitsveränderungen seien in der medizinischen Literatur gut dokumentiert. Ich recherchierte und fand es bestätigt.

Peter Schwöbel war uns danach einige Jahre ein liebender und treusorgender Familienvater. Er war ein hervorragender Koch und Haushalter. Wir hielten jeden Abend Bibel-Andacht und gingen zweimal in der Woche in die Bibelstunde. Vater wurde auch als Prediger in Gemeinden der „Inneren Mission" tätig. Wie gesagt: I am the son of a preacherman...

Allmählich kehrten die Dämonen zurück: Schwöbels Peter fing wieder an zu brüllen und uns zu misshandeln. Er trank und rauchte nicht wieder, wurde aber schwer medikamentenabhängig. Mutter versank lange und tief im Alkohol. Auch ich war in Gefahr, unterzugehen.

Soweit sollte es jedoch nicht kommen. Aber das ist eine andere Geschichte...

Die Besucher im Ratssaal von Freinsheim hatten gebannt zugehört. Jetzt verabschiedeten wir uns voneinander. Susanna und ich fuhren zurück nach Mannheim. Frau Wittnes habe ich danach nur noch einmal wieder gesehen.

Dr. Hans-Peter Schwöbel, geb. 1945 in Buchen/Odenwald. Kfz-Mechaniker. Zweiter Bildungsweg. Studium der Sozialwissenschaften in Mannheim und Frankfurt. Dissertation über Alphabetisierung in Afrika. Professor i. R. für Soziologie und Sozialpsychologie an der Hochschule des Bundes, FB Bundeswehrverwaltung in Mannheim. Bietet Vorträge zu Fragen von Erkennen und Bewusstsein, Religion und Gesellschaft, Migration und Dritte Welt (bes. Afrika), Kultur- und Persönlichkeit, Ökonomie und Ökologie. Publiziert Essays, Poesie, Satire und spielt Solokabarett. Seit 1967 verheiratet mit Susanna Martinez.

Ingeborg Riegl: Was meine Eltern erzählten

Als ich geboren wurde, war der Zweite Weltkrieg fast zwei Jahre zu Ende. Ich kenne ihn nur aus dem Geschichtsunterricht, aus Büchern und Filmen, insbesondere aber aus den Erinnerungen meines Vaters Helmut Riegl, 1915 - 1966, der ihn als junger Soldat in Polen, Frankreich und Russland hautnah erleben musste. Er starb 1966 im Alter von 50 Jahren - der Krieg hatte ihm, wie vielen seiner Generation, Jugend und Alter genommen.

Nach den verheerenden Luftangriffen auf Mannheim im September 1943 waren meine Eltern - sie hatten im März 1941 geheiratet - aus Angst vor den Bomben und mit dem wenigen Mobiliar, das ihnen nach einer Bombardierung verblieben war, nach Dossenheim an der Bergstraße gezogen. Diesem Umstand verdanke ich es, dass ich im benachbarten Heidelberg das Licht der Welt erblickte. Das in Schutt und Asche liegende Mannheim war weit weg, und ich verbrachte meine ersten Lebensjahre unbeschwert und relativ sorgenfrei - jedenfalls habe ich als Kind von den Nachwirkungen des Krieges kaum etwas mitbekommen. Derweilen ging mein Vater trotz seiner schweren Kriegsverwundung - im September 1941 hatte ein Granatsplitter seinen Unterschenkel durchschlagen, und ihm war danach wegen einer Infektion das ganze Bein amputiert worden - dem wirtschaftswissenschaftlichen Studium an der Universität Heidelberg nach. Er war da über 30 Jahre alt und hatte, wie er gerne sagte, wenn er von seiner Studienzeit erzählte, den „Rubikon" bereits überschritten. Er sprach oft über diese Zeit, er schwärmte von der Atmosphäre und dem Geist, der die erste Studentengeneration nach dem Krieg beflügelte. Sie wurde von den Professoren (u. a. Professor Waffenschmidt, Professor Le Coutre) als besonders motiviert, fleißig und ernsthaft beschrieben. Während des Studiums pendelte mein Vater täglich mit dem Bummelzug zwischen dem scheinbar beschaulichen Dossenheim und Heidelberg. Die Einheimischen nannten den Zug „Entenmörder", weil ihm regelmäßig Enten beim Überqueren der Bahngleise zum Opfer fielen. Im Frühjahr 1945, in den letzten Kriegstagen, bot sich - so erzählte mein Vater - allerdings ein Bild des Grauens. Deserteure, gegen die und deren Familien das Hitler-Regime bis zur letzten Minute rigoros wütete, waren an Bäumen entlang der Bahnstrecke aufgehängt!

Mein Vater

Meine Mutter verstarb 1998 im Alter von 81 Jahren und erinnerte sich oft an ihre Lehrjahre im legendären Mannheimer Kaufhaus „Gebrüder Rothschild" in K1,1 in der Breiten Straße, das im Zweiten Weltkrieg völlig vernichtet wurde. Etwa um 1931 begann sie hier die Einzelhandelslehre. Eines Tages hatte sie von einer leitenden Einkäuferin des Hauses den Hinweis erhalten, dass „der alte Rothschild" – das war kein Geringerer als der renommierte jüdische Kaufmann, Firmengründer und Seniorchef des Unternehmens – demnächst zwei Lehrmädchen einstellen wolle. Meine Mutter hatte gerade einen sehr guten Schulabschluss in der sog. „Sprachklasse" gemacht – Realschule konnten sich die Eltern nicht leisten, denn damals zahlte man für höhere Schulbildung noch Schulgeld! Sie bewarb sich auf die Lehrstelle und wurde zusammen mit einer Kollegin, die – man höre und staune! – gerade das Abitur bestanden hatte, eingestellt. Das war in Zeiten massiver Arbeitslosenzahlen wie ein „6er im Lotto"! Allerdings wurde auch viel gefordert. Meine Mutter sprach oft über ihre Lehrjahre. Oft musste sie nach einem arbeitsreichen Tag, der auch an Samstagen erst um 19 Uhr endete, noch Bestellungen austragen – und das zu Fuß in die Neckarstadt oder mit dem Fahrrad teilweise bis in entlegene Stadtteile. Sie muss in dieser Zeit auch äußerst sparsam gewesen sein, denn die 50 Pfennige, die sie morgens mit zur Arbeit genommen hatte, waren abends meist nicht ausgegeben. Das Kaufhaus „Gebrüder Rothschild" wurde nach 1933 von dem Kaufmann Braun „übernommen". Er war überzeugter Nationalsozialist, vertrieb den Firmengründer aus dem Unternehmen und ließ dessen teure Waren – darunter Ballen feinster Seiden- und Samtstoffe etc. – aus den Fenstern auf die Breite Straße werfen, wo alles langsam, aber sicher verrottete. Nach dem Krieg zahlten es die Mannheimer dem Kaufmann Braun allerdings kräftig heim und warfen wiederum dessen Waren – samt den Hitler-Porträts – aus den Fenstern auf die Straße. Von diesen abscheulichen Vorfällen hat meine Mutter mehrfach erzählt.

Später qualifizierte sie sich in Abendlehrgängen für den kaufmännischen Bereich – nicht zuletzt auch wegen der besseren Arbeitszeiten, der freien Samstage und einer besseren Bezahlung – und arbeitete viele Jahre als Kontokorrentbuchhalterin bei „Rheinschiffahrt Fendel AG". Meine Mutter erinnerte sich auch an die letzten Monate vor dem Zusammenbruch des Hitler-Regimes, als sie in dem von Bomben stark beschädigten Verwaltungsgebäude am Rheinufer regelmäßig „Sonntagsnotdienst" leisten musste. Es waren stets zwei Mitarbeiterinnen zwecks der Entgegennahme von Telefonaten vor Ort, die Situation war aber dennoch nicht ungefährlich, denn die Gegend um den Hafen war kurz vor Kriegsende wie ausgestorben und das Fendel-Bürogebäude menschenleer. Außerdem war es Winter, die Fensterscheiben waren von Bomben zerborsten, und es wehte ein eiskalter Wind durch die Räume! Gelegentlich schaute ein Hausmeister vorbei, was aber beide Frauen erst recht ängstigte.

Ingeborg auf dem Arm des Vaters

Ich erinnere mich noch sehr gut an die bescheidenen Wohnverhältnisse in Dossenheim, an die Küche, in der gekocht, gegessen, gebadet und gewaschen wurde, und auch an das „Plumpsklo" im Hof. Es wurde von allen Bewohnern des Hauses benutzt, und im Winter war es dort teuflisch kalt! Ich erinnere mich aber auch an viele schöne Spaziergänge mit meiner Mutter und deren Freundin in die nähere Umgebung von Dossenheim, an meine erste Kinderfreundschaft und an eine vorweihnachtliche Bescherung bei den Amerikanern, die ich mit meinem Vater in Heidelberg besuchen durfte. Leider hatte ich vor dem Weihnachtsmann mit der roten Kapuze und dem weißen Bart schreckliche Angst, sodass ich mich über das schöne Holzspielzeug nicht recht freuen konnte.

Kinderspielzeug war nach dem Krieg Mangelware, mehr als bescheiden und selten intakt. Meine erste „Puppe" – falls man überhaupt von einer solchen hätte sprechen können – war ein phantasievoll zu Kopf und Armen geknotetes Stück Stoff. Irgendwann hatte es sich mit der heißgeliebten „Schlumbel" – so wurde sie von allen genannt – ausgespielt, und sie musste von meiner Mutter nicht zuletzt auch aus hygienischen Gründen entsorgt werden – heftiger Widerstand und Tränen waren zwecklos! Kurze Zeit später – es wird wohl nach der Währungsreform gewesen sein – bekam ich meine erste richtige Puppe. Sie hatte langes braunes Haar, und aus ihrem Bauch ertönte ein krächzendes „Mama". Ich taufte sie „Kitty". Kitty mit den großen blauen Schlafaugen, also Augen, die zuklappten, wenn man die Puppe hinlegte, war mein ganzer Stolz, zweifellos war sie aber auch ein echtes Nachkriegsprodukt, denn sie bestand nur aus Ersatzteilen. Mit dem „modernen" Puppenwagen – ich glaube, er stammte aus dem Mannheimer Spielwarenhaus „Komes" – entschwebte ich dann allerdings in höhere Mädchensphären – sehr zum Leidwesen meiner kleinen Dossenheimer Kindergarten- und Sandkastenfreundin, die ihren gebrauchten hölzernen Puppenwagen in einem kindlichen Wutanfall mit einem kräftigen Fußtritt die Treppe hinunterbeförderte.

Aus den Erzählungen meiner Mutter weiß ich, dass Hunger und Not die Menschen kurz nach Kriegsende umtrieben. Nachrichten und Gerüchte, wo und wann möglicherweise etwas Eßbares zu bekommen sei, verbreiteten sich rasch. Einmal im Winter 1945/46 ging in Dossenheim das Gerücht um, dass am Ortsrand zwei verendete Pferde lägen. Quasi über Nacht waren beide bis auf die Knochen zerlegt – ihre Gerippe ragten noch lange in den Dossenheimer Abendhimmel, was besonders schaurig ausgesehen habe. Selbstverständlich war auch meine Mutter vor Ort, konnte sich aber nicht dazu überwinden, auch nur ein einziges Stückchen Pferdefleisch aus den Kadavern herauszuschneiden! Wie ein Lauffeuer soll sich auch die Nachricht verbreitet haben, dass in der Nähe des Bahnhofs mehrere Mehl- und Zuckersäcke stünden. Das Mehl und der Zucker waren allerdings mit Reißnägeln und Metallstiften durchmischt und daher ungenießbar!

Nach Kriegsende führten die Amerikaner die Sommerzeit ein, d.h. die Uhren wurden nicht nur um eine Stunde, sondern gleich um mehrere Stunden vorgestellt, was bedeutete, dass es um 23 Uhr noch taghell war. Außerdem galt ab 22 Uhr eine strikte Ausgangssperre! Eines Abends, es war kurz nach 22 Uhr, waren meine Eltern auf dem Nachhauseweg. Sie hatten sich nach einem Besuch bei Dossenheimer Nachbarn etwas verspätet und stießen nur wenige Schritte vor dem Haus, in dem sie wohnten, auf einen amerikanischen Soldaten, der dort mit Maschinengewehr patrouillierte. Als er meine Eltern kommen sah, rief er zweimal laut „stop", meine Eltern hörten noch, wie er das MG entsicherte, und konnten sich quasi in letzter Sekunde durch die rettende Haustür in Sicherheit bringen. Darüber wurde später noch oft gesprochen, auch über den „Vandalismus", mit dem die amerikanischen Besatzungssoldaten über Dossenheim hinwegzogen. Sie fuhren das neue Fahrrad meiner Mutter zu Schrott und führten zirkusreife „Kunststückchen" auf dem Hinterrad vor. Sie warfen meine Eltern aus der Dossenheimer Wohnung, um es sich auf den Betten im Schlafzimmer so richtig gemütlich zu machen – natürlich in voller Montur und mit den Militärstiefeln an den Füßen. Die gewaltigen Schrammen im Holz sind mir noch in guter Erinnerung. Meine Eltern fanden in dieser Zeit bei Nachbarn vorübergehend Unterschlupf. Überhaupt war Nachbarschaftshilfe nach dem Krieg überlebenswichtig, allerdings war sie nicht immer kostenlos, und meine Mutter sprach noch oft von den schönen Kunstbildbänden, die sie gegen Kartoffeln, Gemüse oder Salat eintauschte. Ich erinnere mich an das zarte Kindergemüse, das sie aus einem fein geschnittenen Kopfsalat für mich zauberte!

In den ersten Nachkriegsjahren war der „Krieg" das zentrale Gesprächsthema. War ein Bruder oder ein ehemaliger Kriegskamerad meines Vaters bei uns zu Gast, dann waren sie in wenigen Minuten beim Thema „Krieg". Ich saß oft dabei und hörte gespannt zu, ohne zu wissen, was Krieg überhaupt bedeutet. Er schien mir wie ein riesiges Abenteuer! Aber auf diese Weise habe ich viel über das Hitler-Regime erfahren. Bei uns zu Hause wurde diese Zeit jedenfalls nicht totgeschwiegen wie in so vielen anderen Familien. Ein erfreuliches Erlebnis, das mein Vater mit seinen Kriegskameraden teilte und an das er sich immer wieder gerne erinnerte, war zweifellos die Episode mit „Hasso", einem herrenlosen Irish Setter-Rüden, der den Soldaten in Frankreich zugelaufen war. „Hasso" begleitete sie – ebenso wie die tapferen Kavalleriepferde – viele Monate als Gefährte. Mit „Hasso" teilten sie den Schlafplatz und das Essen, und er brachte im Gegenzug etwas Abwechslung und Freude ins triste Soldatenleben. Eines Tages kam „Hasso" von einem seiner „Ausflüge" nicht mehr zurück und hinterließ bei allen eine große Lücke!

Meine Großeltern väterlicherseits wohnten in der Heinrich-Lanz-Straße nicht weit vom Lindenhof entfernt. Aus den Erzählungen meines Vaters weiß ich, dass sich seine Eltern immer auf einen nächtlichen Überraschungsangriff vorbereiteten. An geregelten Schlaf war kaum zu denken. Mein Großvater trug in der Regel seinen besten Anzug, und der Käfig mit dem Kanarienvogel stand auch immer in greifbarer Nähe. Ich nehme an, dass meine Großeltern gelegentlich auch im Bunker übernachtet haben –, möglicherweise sogar im 1942 erbauten fünfgeschossigen Lindenhofbunker in der Meerfeldstraße 56/58. Wenn man bedenkt, wie eng und stickig es in einem überfüllten Bunker gewesen sein muss, dann kann man sich gut vorstellen, dass viele Menschen Panik bekamen. Absolute Sicherheit gab es allerdings auch in einem Bunker nicht –, meine Mutter erinnerte sich später an eine Nacht im vollbesetzten Bunker, der unter dem Bombeneinschlag zu schwanken begann! In einer Aprilnacht 1944 kam der Luftangriff allerdings so plötzlich, ohne Voralarm, dass keine Zeit mehr blieb –, ausgerechnet in dieser Nacht trug mein Großvater seine älteste Hose! In jener Bombennacht verloren meine Großeltern alles, die Wohnung, die Einrichtung und den geliebten Kanrienvogel! Die Mutter meines Vaters verstarb nur wenige Tage später. Sie war im Menschengedränge unglücklich gestürzt und von der Menschenmasse regelrecht überrannt worden. Ihren tragischen Tod haben mein Vater und seine Brüder zeitlebens nicht überwunden. Mein Großvater soll nach Angaben meines Vaters ein ebenso aufrechter wie temperamentvoller und zuweilen dickköpfiger Niederbayer gewesen sein und nach den Ereignissen im April 1944 völlig außer sich. Ich erinnere mich noch ganz genau an den Moment, als er eines Tages in Dossenheim mit einem Schaukelpferd unter dem Arm um die Ecke bog. Ich war ungefähr drei Jahre alt, und das Schaukelpferd ist meine einzige Erinnerung an ihn, denn er starb bereits 1950. Es wundert mich nicht, dass mein Großvater nach dem Verlust seiner Frau und seines Zuhauses völlig außer sich geriet. Bereits 1941 war mein Vater bei Orel in der damaligen Sowjetunion schwer verwundet worden. 1943 fiel sein jüngster Bruder im Alter von nur 21 Jahren beim Rückzug der deutschen Truppen durch Italien. Er liegt auf dem Soldatenfriedhof Monte Cassino am Fuße der Abruzzen begraben.

Der Kampf um den Berg Monte Cassino mit seinem mehr als 1300 Jahre alten Benediktinerkloster gilt als Symbol eines besonders sinnlosen Kampfes im letzten Kriegsjahr. Der Berg sollte von deutschen Truppen um jeden Preis verteidigt werden, um die Alliierten daran zu hindern, Rom einzunehmen. In vier großen Schlachten zwischen Januar und Mai 1944 starben etwa 20.000 deutsche und 55.000 alliierte Soldaten.

Dies alles setzte meinem Großvater so zu, dass er zunehmend die Kontrolle verlor. Er nahm kein Blatt mehr vor den Mund und ließ sich zu unüberlegten Äußerungen gegen den Krieg und das NS-Regime hinreißen. Er brachte mit dem lapidaren Satz „Die Dummen werden nicht alt!" ums Haar die ganze Familie in Gefahr, der es jedoch gelang, mit Fingerspitzengefühl, insbesondere aber mit diplomatischem Verhandlungsgeschick meiner charmanten und hübschen Mutter, den führertreuen NSDAP-Ortsvorsitzenden in Dossenheim zu besänftigen und ihn davon zu überzeugen, dass es sich lediglich um die Äußerung eines alten Mannes gehandelt habe, der aus Trauer insbesondere um seinen 21-jährigen jüngsten Sohn nicht mehr gewusst habe, was er denn da sage. Der NSDAP-Funktionär ließ schließlich die Angelegenheit auf sich beruhen und sah von weiteren Schritten ab. Später wurde noch oft über die nicht ungefährliche Situation kurz vor Kriegsende gesprochen.

Mein Vater hat den Verwundetentransport aus der mittelrussischen Stadt Orel, der eine Katastrophe gewesen sein muss, nie vergessen. Er berichtete von der Fahrt in verdreckten Güterwaggons, von der mangelhaften hygienischen und medizinischen Versorgung und von Verbandwatte voller Läuse. Nicht selten führten Wundinfektionen zum Tod. Möglicherweise hatte sich mein Großvater dafür eingesetzt, dass sein Sohn in das Lazarett im Kloster Mallersdorf in der Nähe seiner Heimat in Niederbayern kam, wo ihn meine Mutter mehrmals besuchen durfte. Das ehemalige Benediktinerkloster war das Mutterhaus der „Mallersdorfer Schwestern", streng gläubiger Franziskanerinnen. Immer wenn die Glocke zum Gebet rief – so erzählte es mein Vater –, ließen sie Scheren, Verbandszeug, offene Wunden etc. einfach in Stich, was Ärzte und Schwerverletzte natürlich empörte. Mein Vater hat auch den kriegsverletzten jungen Mann, der in der orthopädischen Klinik in Schlierbach bei Heidelberg das Krankenzimmer mit ihm teilte, nie vergessen. Der junge Mann war gerade einmal 18 Jahre alt, fast noch ein Kind, und ihm war genauso wie meinem Vater ein Bein amputiert worden!

Als meine Einschulung näher rückte, beschlossen meine Eltern, wieder in ihre Heimatstadt Mannheim zu ziehen, in der das Bauunternehmen „Leonhard Hanbuch & Söhne" in Sachen Wohnungsbau bereits wieder aktiv war. Wie durch ein Wunder ergatterten sie eine der wenigen Zwei-Zimmer-Wohnungen im Haus Otto-Beck-Straße 4, einem Gebäude aus dem ersten Jahrzehnt des 20. Jahrhunderts, das den Zweiten Weltkrieg relativ gut überstanden hatte und nach Plänen des Nachkriegsarchitekten Adam Müller wiederaufgebaut worden war. Das ehemalige Wohn- und Atelierhaus des Architekten steht heute noch Am Oberen Luisenpark.

Im März 1953 – wenige Wochen vor Vollendung meines sechsten Lebensjahres – wurde ich als „Erstklässlerin" in die Pestalozzi-Grundschule aufgenommen. Es war ein besonderer Tag, denn es begann ein neuer Lebensabschnitt für mich. Aber der Anblick der Ruinen und Trümmer blieb mir noch viele Jahre erhalten. Durch die Grundschuljahre an der Pestalozzischule begleiteten mich der gebrauchte Schulranzen meiner etwas älteren Cousine, die „Fibel" – ein Geschenk meiner Großmutter mütterlicherseits zum Schuleintritt – und eine kleine Schiefertafel mit Griffel und Schwamm –, insbesondere aber die junge unvergessene Frau Manthey. Sie war meine Klassenlehrerin in der 3. und 4. Klasse und unterrichtete in mehreren Fächern. Außerdem war sie eine der ersten Frauen nach dem Krieg, die Ehe, Kinder und Beruf miteinander verbunden haben. Mit Frau Manthey und ihrer Kollegin Frau Bauer rückte an der Pestalozzischule eine Lehrerinnengeneration nach vorne, die das z. T. noch aus dem ausgehenden 19. Jahrhundert stammende antiquierte Rollenbild der unverheirateten, kinderlosen und zuweilen altjüngferlich wirkenden Lehrerin umkrempelte.

Nach dem Abitur machte Ingeborg Riegl beim Bundesarchiv in Koblenz eine Ausbildung zur Archivarin und studierte danach in Mainz Kunstpädagogik und Kunstgeschichte. Sie war bis kurz vor dem Rentenalter sowohl als Archivarin als auch als Kunsterzieherin tätig.

Herbert Propfe:
1945 – gar kein Wohnraum mehr, nicht mal bezahlbarer

Was ist der heutige Mangel an bezahlbarem Wohnraum und die Immobilienblase im Vergleich zu den damaligen Wohnverhältnissen nach 1945 in Deutschland, speziell in Mannheim? Nicht der Mangel an bezahlbarem Wohnraum war das gravierendste Problem, sondern überhaupt einen einigermaßen menschenwürdigen Wohnraum zu finden. Das war in vielen Städten Deutschlands nahezu unmöglich in den ersten Nachkriegsjahren.

Kann man da überhaupt Vergleiche zu heute ziehen?
Ich habe als Kind den Wiederaufbau des völlig zerstörten Mannheimer Stadtteils Lindenhof hautnah miterlebt. Die Schaffung von dringend benötigtem Wohnraum war eine alles überlagernde und vorrangig zu lösende Aufgabe.

Und so fing aus meiner Sicht die Geschichte an.
Meine Eltern hatten auf dem Lindenhof in der Schwarzwaldstraße direkt am Waldpark ein Mehrfamilienhaus gebaut und Anfang 1934 bezogen. Dort endete die Bebauung des Lindenhofes zum Süden hin.

Der Lindenhof war damals schon zweigeteilt. In einen nördlichen Teil, der deutlich mehr geprägt war von prekären sozialen Verhältnissen, und einen südlichen Teil, in dem die „bessere Leit“ wohnten.

In der Bellenstraße im Norden war es keine Seltenheit, dass eine Familie mit mehr als fünf Kindern in zwei Zimmern wohnte, oder besser „hauste“. Es gab auch Familien mit zehn und mehr Kindern. Wenn damals nicht nette und liebevolle Nachbarn da gewesen wären, die die Kinder durchgefüttert hätten, wären diese wohl verhungert oder zumindest durch Unterernährung krank geworden, vor allem während der Weltwirtschaftskrise.

Es ging in den Jahren von 1935 bis zum Beginn des Krieges nach den Schilderungen meiner Eltern wirtschaftlich steil bergan. Mein Vater errichtete an der Altriper Fähre eine neue chemische Fabrik, die schon 1868 auf dem Lindenhof in der Lindenhofstr. 11 gegründet worden war.

Hergestellt wurden dort Produkte für die Landwirtschaft, Dünge- und Pflanzenschutzmittel. Auch schon in den Jahren vor Ausbruch des Zweiten Weltkrieges waren das wichtige Produkte. Die fast alle Lebensbereiche beherrschenden Nationalsozialisten gaben die Devise aus, dass eine nahezu 100%ige Selbstversorgung mit Nahrungsmitteln in Deutschland zu schaffen sei. In dieser Hinsicht autark zu sein, war eine wichtige Voraussetzung für den Krieg, der, wie man heute weiß, spätestens seit 1936 geplant war. Beschaffung von Nahrungsmitteln war daher neben der Schaffung von Wohnraum eines der größten Probleme in Deutschland.

Damals gab es noch keine Spur von einer hochindustrialisierten Agrarindustrie. In allen Ländern der Erde wurde eine Landwirtschaft mit menschlicher oder tierischer Muskelkraft betrieben. Nichts mit Vollmechanisierung! Der Anbau von Obst und Gemüse im eigenen Garten war in den Vorkriegsjahren und ganz besonders in den Kriegsjahren ein staatlich gefördertes Projekt.

Der Speiseplan sah daher damals völlig anders aus als heute. Exotische Lebensmittel und Obstsorten wie z.B. Ananas und Mango kannte man nicht. Steckrüben, Kohl, Zwiebeln und Kartoffeln beherrschten den Speiseplan. Nicht aus Not, sondern in Deutschland wuchs eben nichts anderes.

Die Lebensmittel wurden immer knapper in den Kriegsjahren, alleine durch die fehlenden Arbeitskräfte, denn die Männer bis Mitte 40 waren ja fast alle Soldaten. Dann kam die Rationierung der Lebensmittel. Die meisten Produkte bekam man nur noch gegen Lebensmittelmarken. Ein reger Tauschhandel, wenn nicht gar Schwarzmarkt, erblühte.

Einen tiefen Einschnitt für unsere Familie bedeutete der 16. Dezember 1940. Bei einem Luftangriff wurde das Elternhaus in der Schwarzwaldstraße getroffen. Das Dach wurde zerstört. Im ersten OG brannten die tragenden Holzbalken in der Decke. Die eine Seite des Hauses drohte einzustürzen. Von da an war nur noch der Keller bewohnbar. Zum Glück kamen keine Menschen zu Schaden.

Meine Eltern siedelten ins Neckartal über; und zwar nach Binau, einem Ort ca. 70 km entfernt von Mannheim, wo unsere Familie noch einen kleinen landwirtschaftlichen Betrieb hatte, den ein Pächter bewirtschaftete. Und es gab dort ein noch unbeschädigtes Wohnhaus aus der Gründerzeit mit drei relativ großen Wohnungen. Die Lebensbedingungen waren dort zwar auch nicht besonders gut, aber auf dem Land war es leichter, an die notwendigsten Lebensmittel zu kommen.
In einem Ortsteil gab es sogar einen Haltepunkt der Reichsbahn. Mein Vater fuhr nun jeden Tag von Binau mit der Bahn morgens um ca. 6 Uhr nach Mannheim zur Firma und abends wieder zurück, wenn die Züge überhaupt fuhren.

Die Amerikaner kamen im März 1945 nach Mannheim und auch nach Binau. Der schreckliche Krieg fand endlich ein Ende.

Ich wurde ca. ein Jahr später in Mannheim geboren. Meine Mutter musste dazu auf Wunsch meines Vaters extra von Binau nach Mannheim in die Klink, damit dann in meiner Geburtsurkunde Mannheim stand!

Bei den häufigen Besuchen in Mannheim und auf dem Lindenhof konnte man den krassen Unterschied zu dem friedlichen und nahezu unzerstörten Dorf Binau mit Händen greifen. Der Lindenhof lag im wahrsten Sinne des Wortes in Schutt und Asche. Auf den meisten Straßen war kein Durchkommen; der Schutt lag meterhoch. Von den 800 Häusern waren am Ende des Krieges nur vier völlig unzerstört geblieben. Von den 19.295 Bewohnern des Lindenhofes im Jahr 1939 wurden nach dem Krieg 1945 noch 4.451 Menschen registriert. Erst 1954 erreichte der Lindenhof wieder die Marke von 10.000 Einwohnern.

Ein zusätzliches Problem war, dass die ursprüngliche Wohnbevölkerung nicht mehr da war. Vorwiegend Fremde oder Menschen von außerhalb Mannheims zogen in den nördlichen Teil des Lindenhofes. Das wirkt sich meiner Meinung nach bis heute noch aus. Es gibt auf dem Lindenhof kein gewachsenes Vereinsleben. Auch ist es ganz schwer, eine Identität unter der Bevölkerung mit dem Stadtteil zu stiften, wie zum Beispiel in Neckarau, wo es auch ein reges Vereinsleben gibt.

Erst aus meiner späteren Erinnerung konnte ich feststellen, dass aus meiner Sicht der Lindenhof gegenüber den anderen Mannheimer Stadtteilen in seiner Entwicklung und dem Wiederaufbau stark hinterherhinkte. Nahezu alle Häuser, die unserer Familie auf dem Lindenhof gehörten, waren so zerstört, dass sie nur in den unteren Stockwerken bewohnbar waren. Notdürftige Behausungen wurden dann zusätzlich in den Kellern errichtet.

Auch die heute noch schlechte Verkehrsanbindung an die Innenstadt resultierte aus den damaligen Verhältnissen, da man mehr daran interessiert war, Wohnhäuser zu bauen als Straßen.

Damals war es üblich, dass die Mieter ihre monatlichen Mietschulden in bar leisteten. Da war um den Ersten eines Monats herum immer ein großes Gedränge bei uns, wenn die Mieter mit ihrem Mietbüchlein kamen und in bar die Miete entrichteten. Der gezahlte Betrag wurde dann in dem Mietbüchlein schriftlich vermerkt. Ich erinnere mich noch, wie dann oftmals um die Beträge besonders bei den Nebenkosten gefeilscht wurde. Insbesondere der Wasserverbrauch war immer ein Streitpunkt.

Da wurden stundenlang Geschichten erzählt, wie sparsam man doch mit dem Wasser umginge und nun die um 50 Pfennig höheren Kosten auf keinen Fall akzeptieren könnte. Die Nachbarn seien schuld an dem hohen Wasserverbrauch. Diese verbrauchten Unmengen von Wasser beim Wäschewaschen. Und darüber hinaus vermute man nicht nur, sondern habe auch Belege, dass der Nachbar das Bier unter dem laufenden Wasserhahn kühlen würde. Ein enormer Wasserverbrauch sei dann die logische Folge. All das, so wurde als Beweis angeführt, höre man ganz deutlich aus der nebenan liegenden Wohnung.

Mein Vater bemühte sich zusammen mit vielen anderen Mitstreitern auf dem Lindenhof und aus der Stadtmitte, den dringend benötigten Wohnraum wieder zu errichten. Ein erster Schritt war die Gründung der sog. Aufbauförderungsgemeinschaft Mannheim e.V. Sie wurde von 16 Organisationen und Körperschaften, u.a. der Stadtverwaltung, der IHK, dem DGB etc., am 12. Mai 1952 gegründet. Mein Vater wurde dann noch als Vorsitzender der Aufbauförderungsgemeinschaft in den Beirat der Badischen Kommunalen Landesbank in Karlsruhe berufen. So wurde mit öffentlichen Mitteln auch auf dem Lindenhof dann endlich mit einer Reihe von Wiederaufbaumaßnahmen begonnen. Der völlig zerstörte Teil um den Gontardplatz, die Rheindammstraße und die Bellenstraße wurden als Erstes in Angriff genommen. Der südliche Teil des Lindenhofes war bis zur Speyerer Straße bebaut, vorwiegend aber mit Ein- oder Zweifamilienhäusern, im Gegensatz zum nördlichen Lindenhofteil, der typischerweise aus Häusern mit vier oder fünf Geschossen bestand.

Südlich der Speyerer Straße waren nur Kleingärten oder ein undurchdringliches Gestrüpp. Dieser „Urwald“ zog sich entlang der Steubenstraße bis hin zu dem Hochwasserdamm vor dem Strandbad. Ein idealer Platz für alle möglichen abenteuerlichen Spiele! „Räuber und Gendarm" oder „Indianer" konnte man dort jeden Tag mit neuen Entdeckungen austragen. Gefürchtet waren nur die Begegnungen mit den viel stärken Jugendlichen vom Almenhof. Da gab es manches blaue Auge. Und wenn die Hose zerrissen war, dann gab es auch noch zusätzlich den Ärger zuhause. Wie gut, dass es zu der Zeit Lederhosen für Jungen gab, die nicht nur praktisch,

Herbert, rechts, mit Eltern und Bruder

sondern sehr gefragt waren wegen ihrer nahezu völligen Unzerstörbarkeit. Für uns Kinder war diese Gegend der am meisten besuchte Ort am Nachmittag. Zum Ballspielen oder für Fußball war kein geeigneterer Platz zu finden. Auch „Klickerles" konnte man dort gut spielen. Dazu grub man ein Loch in den Fußweg, der damals noch nicht gepflastert war, und schon war die Spielbahn für die bunten Tonkugeln oder die sündhaft teuren Glaskugeln fertig. Beschwert haben sich nur die Fußgänger über die vielen Löcher auf den Fußwegen, die ideale Stolperfallen darstellten.

Heute ist der Lindenhof aus meiner Sicht einer der begehrtesten Wohnstadtteile in Mannheim. Er besitzt eine gute Infrastruktur mit Läden und allen Dienstleistungen. Der Waldpark am Rhein, ein wunderbares stadtnahes Erholungsgebiet, lädt zum Spazierengehen ein. Und die Innenstadt ist zu Fuß oder mit dem Fahrrad in wenigen Minuten erreichbar. Dann noch dazu der Bahnhof, sozusagen direkt vor der „Haustür" – das alles macht, dass ich richtig verliebt bin in „meinen Lindenhof".

Dr. Herbert Propfe kam nach dem Abschluss eines Chemiestudiums und der Ingenieurwissenschaften in Braunschweig 1977 wieder nach Mannheim zurück. 1978 übernahm er die elterliche Firma. Er ist seit mehr als 25 Jahren in seiner Heimatgemeinde auf dem Lindenhof engagiert. 10 Jahre lang - von 2007 bis 2017- war er der Vorsitzende des Finanz- und Personalausschusses der EKMA, der Evang. Kirche in Mannheim. Sein besonderes Interesse gilt der Entwicklung von Wohnformen, die an die Bedürfnisse der Menschen insbesondere im Alter angepasst sind. Dazu betreibt er zusammen mit seiner Familie ein „Betreutes Wohnen" mit einem eigenen Pflegedienst und einem gemeinnützigen Hilfsverein Auxilia.e.V. Die vom Vater übernommene „Propfe-Stiftung" dient der Förderung des Denkmalschutzes und der Erhaltung von Kulturgütern.

Mein Vater hatte einen Betrieb

Hans Engelhorn: Zwischen den Besatzungszonen

Ich wurde 1935 in Mannheim geboren und wuchs mit einer ein Jahr älteren Schwester und einem jüngeren Bruder Richard in der Werderstraße auf.

Als die ersten Luftangriffe auf Mannheim erfolgten, beschloss mein Vater, dass meine Mutter mit uns Kindern in das ruhige Neustadt an der Weinstraße umziehen sollte. Dort wohnten wir im Haus meiner Großmutter mütterlicherseits. Am Haus ließ sich herrlich spielen, denn es war von einem großen Holzhandelshof umgeben, der vom Bruder meiner Mutter betrieben wurde. Er sah es nicht so gerne, wenn wir zwischen den Bretterstapeln herumturnten. Wir glaubten, er habe Angst, dass wir die Bretter kaputt machten, aber er wird wohl auch die Gefahren gesehen haben, die von den Stapeln ausgingen. Mein Vater wohnte weiterhin in Mannheim in unserem Haus in der Werderstraße und kam zum Wochenende nach Neustadt.

Er und sein Bruder waren Geschäftsführer des Bekleidungshauses, aber da mein Onkel während des Krieges als Offizier eingezogen worden war, war weitgehend mein Vater für den Betrieb zuständig. Das ließ ihm aber immer noch Zeit für seine ehrenamtliche Tätigkeit in der Christuskirche, in der er viele Jahre Kirchenältester war. Er hatte sogar das Privileg, nach den Gottesdiensten ein Nachgespräch mit dem Pfarrer zu führen, das war in seiner Zeit hauptsächlich Stadtpfarrer Rudolf Mayer. Pietistischen Strömungen innerhalb der evangelischen Kirche konnte mein Vater viel abgewinnen, und das führte zu einer gewissen Spaltung innerhalb der Familie, denn sein Bruder, der Offizier, hielt nicht allzu viel davon.

Bekleidungshaus in den Planken, 20er Jahre

Zerstörtes Bekleidungshaus mit Lorenbahn in den Planken, 1945

Als den verheerenden Bombenangriffen im September 1943 der größte Teil der Mannheimer Innenstadt zum Opfer fiel, wurde auch das Geschäftshaus an den Planken vollständig zerstört und unser Wohnhaus ebenfalls von einer Brandbombe getroffen. Das Geschäft kam weitgehend zum Erliegen, und so wohnte mein Vater nun auch in Neustadt, fuhr aber immer wieder über den Rhein, um nach dem Rechten zu sehen. Was er da sah, stürzte ihn in tiefe Verzweiflung: riesige Trümmerhaufen, eine weitgehend entvölkerte Innenstadt, immer wieder Luftangriffe. Ab Herbst 1944 wurde auch in Neustadt der Schulbetrieb eingestellt, was natürlich nicht im Sinne meiner Eltern war, die zu Recht fürchteten, dass es mit den Bildungsfortschritten nicht so weit her war. Ich fand das Leben ohne Schule allerdings nicht so schlimm.

Am 21. März 1945 nahmen die amerikanischen Truppen Neustadt an der Weinstraße ein. Ich erinnere mich, wie über das Kopfsteinpflaster der Sauterstraße, in der wir wohnten, die riesigen Panzer rasselten. Oben aus den Luken schauten tiefschwarze Soldaten heraus, es waren die ersten „Neger", die ich sah. Sie warfen uns Kindern Schokolade und Kaugummi zu, die wir begeistert einsammelten. Als ich die Schätze meinen Eltern zeigte, verdüsterte sich deren Stimmung sogar noch, sie waren wohl fassungslos, dass der „Feind", vor dem die NS-Propaganda jahrelang gewarnt hatte, sich als kinderfreundlich herausstellte und damit das Weltbild, das in den vergangenen 12 Jahren aufgebaut worden war, sich als falsch erwies. Wie hatte man sich von den Nazis blenden und verführen lassen!

Sobald es ging, also nach dem 8. Mai, dem Tag der Kapitulation, bemühte sich mein Vater, über den Rhein nach Mannheim zu kommen. Das war nicht so einfach, denn die Rheinbrücke war noch kurz vor dem Einmarsch der Amerikaner nach Mannheim von deutschen Einheiten gesprengt worden. Man war nun angewiesen auf Fähren über den Fluss. Als am 5. Juni die Amerikaner abzogen und die Pfalz Teil der französischen Besatzungszone wurde, verschlimmerte sich die Lage noch, denn nur mit gültigen Passierscheinen durfte man von einer Zone in die andere wechseln. Da begannen nun die sog. „Kompensationsgeschäfte" – gibst du mir, gebe ich dir! Und natürlich profitierten wir davon, dass wir Ware als Bezahlung anbieten konnten, sei es, um eine Lizenz zum Betreten der Pontonbrücke in die andere Zone zu erhalten, sei es, um mit einem Kahn an unkontrollierter Stelle über den Rhein gesetzt zu werden. Etwa zweimal pro Woche schaffte es mein Vater, nach Mannheim zu gelangen, und kehrte meist völlig erschöpft am Abend zurück, aber was er dort mit den ehemaligen Mitarbeitern, meist Frauen, auf die Beine stellte, war beachtlich. Die Verkäuferinnen, die nach der Zerstörung der Innenstadt teilweise genauso wie wir Mannheim verlassen hatten, kamen nun nach und nach zurück und zeigten mit ihrer früheren Arbeitsstelle eine unglaubliche Solidarität. Sie betätigten sich in dem wüsten Steinhaufen auf den Planken, der von unserem Geschäftshaus übrig geblieben war, als „Trümmerfrauen", holten die heil gebliebenen Ziegelsteine aus dem Schutt, hackten und kratzten den Mörtel ab und stapelten sie für den Wiederaufbau. Berge von Schutt mussten abgefahren werden. Manch eine Mitarbeiterin mochte sich auch noch an den Firmengründer erinnern, meinen Großvater. Der war noch ein richtiger Patriarch gewesen, ein Patriarch im besten Sinne. Das Gehalt für jeden einzelnen Angestellten wurde in ein Säckchen getan, das am Monatsende jeder bei ihm persönlich abholen musste. Da hatte er dann Gelegenheit, sich nach den Familien der Mitarbeiter zu erkundigen, und wenn etwas nicht so gut lief und die Leute Sorgen hatten, kümmerte er sich. Im Bunker unter dem Haus, der im Krieg vielen Anwohnern als Schutz gedient hatte, begannen erste Verkaufsversuche. Mein Vater nahm zu früheren Lieferfirmen Kontakt auf, und so begann der erste Handel mit schweren Uniformstoffen, die in den strengen Wintern 1945 und 1946 sehr willkommen waren. Auch hier spielte die „Kompensation" eine große Rolle. Unsere gelernten Schneider verarbeiteten die schweren Uniformstoffe zu Wintermänteln.

Wiederaufbau des Bekleidungshauses

Derweil versuchte meine Mutter in Neustadt, für unsere Ernährung zu sorgen. Kilometerweit lief sie mit ihrer Milchkanne zu den Bauern, und auch hier mag mancher Meter Stoff die Freigiebigkeit der einen oder anderen Bäuerin beflügelt haben, sodass wir auch Obst und Gemüse erhielten.

Unser Mannheimer Wohnhaus war durch eine Brandbombe unbewohnbar geworden. Der Dachstuhl fehlte völlig, daher konnte man auch in dem Rest des Hauses nicht leben. Auch hier griffen die Rädchen der „Kompensationsgeschäfte" wunderbar ineinander. Mein Onkel in Neustadt, der mit dem Holzhandelshof, hatte Beziehungen zu einer Baufirma in der Pfalz, die wiederum Baumstämme aus dem Wald „organisieren" konnte – auch so ein Wort aus dem Vokabular zwischen Kriegsende und Währungsreform. Im Sägewerk meines Onkels wurde aus den Brettern ein neuer Dachstuhl gebaut. Schließlich war alles beieinander, doch nun stellte sich die Frage, wie man den Dachstuhl über den Rhein bringen könnte, von einer Besatzungszone in die andere. Es gelang tatsächlich – auf welchen Wegen auch immer –, die nötigen Papiere zu beschaffen. Noch vor der Währungsreform konnte dann der Dachstuhl auf das beschädigte Haus gesetzt werden. Eine festliche Stimmung erfüllte uns in Neustadt viele Tage lang, mein Vater schaute nach langer Zeit wieder optimistisch in die Zukunft. Nun war es auch möglich, die einzelnen Stockwerke im Mannheimer Haus, die durch eindringendes Regenwasser jahrelang gelitten hatten, wieder in Ordnung zu bringen, und nach der Währungsreform konnten wir 1949 endlich wieder von Neustadt nach Mannheim zurückkehren.

Natürlich war das Haus, gemessen an den damals üblichen Quadratmetern, die einzelnen Familien zugebilligt wurden, viel zu groß für unsere Familie. So zog meine Großmutter väterlicherseits zu uns, damit wir nicht fremde Leute aufnehmen mussten. Sie wohnte Wand an Wand mit unserem Wohnzimmer, das nur durch eine Schiebetür abgetrennt war. Und so war sie, die selber gut Klavier spielte, gezwungen, meinem Klavierüben zuzuhören. Da ich es an dem gebotenen Eifer vermissen ließ, verspielte ich mich oft, und das muss eine große Tortur für sie gewesen sein. Jedenfalls nahm meine Mutter während meines Übens gerne neben mir Platz, und immer, wenn ich mich verspielte, und das war leider sehr oft der Fall, gab sie mir eine Ohrfeige. So sehr schämte sie sich vor ihrer Schwiegermutter! Aber natürlich haben die Ohrfeigen auch nicht dazu beigetragen, dass ich nun auf dem Klavier brillierte. Und irgendwann wurde ich Gott sei Dank von dem Instrument erlöst. Heute allerdings fände ich es nicht schlecht, wenn ich damals mehr geübt hätte!

1949 fand das erste große Familienfest nach dem Krieg statt: Meine Schwester und ich wurden in der Christuskirche konfirmiert. Meine Schwester hatte im Krieg Tbc gehabt, es war wohl Knochen-Tbc, jedenfalls konnte sie nicht richtig behandelt werden. Nach damaligem Kenntnisstand war ihr Knie monatelang in Gips gelegt worden, und davon war es steif geblieben, sodass sie ihr Leben lang gehbehindert ist. Erstmals waren alle Familienmitglieder wieder zusammengekommen, denn mein Onkel hatte nach seiner Zeit in der Kriegsgefangenschaft ebenfalls die Geschäfte wieder aufnehmen können. Ich erinnere mich sehr gut an die Feier. Sie fand in unserem Haus statt, ungefähr 30 Personen saßen um den großen ausziehbaren Esstisch herum. Es gab ein wunderbares Essen: mehrere fette Gänse! Sie konnten in der damaligen Zeit nicht fett genug sein. Meine Mutter hatte die Oberaufsicht, ihr gingen Köchinnen zur Hand. Als die Gänse im Ganzen hereingetragen wurden, gab es begeisterte Ausrufe. Meine Mutter konnte die Vögel fachgerecht bei Tisch tranchieren. Immer wenn ein neuer Gang serviert werden sollte, drückte meine Mutter mit dem Fuß auf eine Taste, die sich unter ihrem Stuhl unter dem Teppich befand. Nach heutigen Vorstellungen eigentlich ziemlich dekadent! Ich erhielt ein wunderbares Konfirmationsgeschenk: ein neues Fahrrad.

Nach der Mittleren Reife am Tulla-Gymnasium folgte auch ich den Fußstapfen meiner Vorfahren. Ich machte bei Peek & Cloppenburg in Frankfurt am Main eine Lehre als Einzelhandelskaufmann, arbeitete danach in mehreren Peek-Filialen in Deutschland und trat schließlich in unsere Mannheimer Firma ein. Ich gründete eine Familie und freue mich mit meiner Frau über unsere drei Söhne, eine Tochter, die Schwiegertöchter und die Enkelkinder.

Ingrid Philipp: Evakuierung von Menschen und Maschinen

Ich wurde 1938 in Mannheim geboren und wohnte mit meiner Familie, zu der noch eine ältere Schwester gehörte, in der Carl-Benz-Straße. Es war zu der damaligen Zeit eine wunderbare Straße zum Spielen, da durch sie keinerlei Durchgangsverkehr ging, und Autos, zumal im Krieg, gab es ohnehin nicht sehr zahlreich.

Als die Bombenangriffe auf Mannheim in größerem Stil begannen, wurden uns im Wohlgelegen-Bunker Schlafplätze zugewiesen. In abgetrennten Kojen befanden sich links und rechts von einem engen Mittelgang je drei Stockbetten übereinander. Ich erinnere mich, dass ich nicht gerne in dem untersten Bett lag, denn von oben rieselte es immer herab. Es war vermutlich Seegras, die Matratzen waren offenbar nicht dicht. Eines Tages, als wir aus dem Bunker kamen und in unsere Straße einbogen, sahen wir, dass das Nachbarhaus zerstört worden war. Es war von einer Sprengbombe getroffen worden. Unser Haus stand, und wir atmeten auf. Bei mir hielt das Glücksgefühl aber nicht lange vor, denn als ich nach meinem Kanarienvogel sehen wollte, den wir natürlich nicht mit in den Bunker nehmen durften, lag er tot in seinem Käfig. Offenbar war ihm von der Druckwelle die kleine Lunge geplatzt. Ich war untröstlich und begrub das Vögelchen in unserem Garten.

Da sich die Bombardierungen häuften, wurden Mütter mit kleineren Kindern angewiesen, sich eine Bleibe außerhalb von Mannheim zu suchen. Wir hatten gute Bekannte in Baden-Baden, die uns aufnehmen konnten, und so zog meine Mutter mit uns beiden Mädchen dorthin. Die Bekannten hatten für uns zwei Mansarden in ihrem Speicher leergeräumt und auch eine provisorische Küche hergerichtet. In Baden-Baden verbrachten wir die Jahre 1942 bis 1945. Meine Eltern waren sehr froh, dass wir drei hier unterkommen konnten, denn Familien, die keine Freunde oder Verwandten auf dem Land oder in kleineren Städten hatten, wurden zwangsweise evakuiert und bei fremden Leuten einquartiert, die sich dagegen nicht wehren konnten und die Eindringlinge oft entsprechend behandelten. So wusste meine Mutter von einer Mannheimer Bekannten, die mit vier kleinen Kindern gegen ihren Willen ins besetzte Elsass gebracht wurde. Als sich abzeichnete, dass der Krieg verloren gehen würde, fühlte sie sich natürlich dort noch weniger wohl als in der Anfangszeit. Meine Schwester besuchte die Schule in Baden-Baden, wechselte dort auch aufs Gymnasium, aber als ich 1944 eingeschult werden sollte, wurde der Schulbetrieb in der ganzen Stadt eingestellt. Die Wirren im letzten Kriegsjahr waren so groß, dass ein kontinuierlicher Unterricht nicht mehr möglich war.

Mein Vater konnte uns nicht nach Baden-Baden begleiten. Er betrieb eine kleine Fabrik in der Langen Rötterstraße in Mannheim, die Relais zum Ein- und Ausschalten herstellte. Es handelte sich um einen sog. „kriegswichtigen Betrieb“, und daher galt mein Vater als „unabkömmlich“, er wurde UK gestellt, wie man sagte, und wurde daher nicht zur Wehrmacht eingezogen. An den Wochenenden besuchte er uns in Baden-Baden. Leider war das nicht von langer Dauer, denn er erhielt den Befehl, die gesamte Fabrik samt Inventar und Beschäftigten in einen Vorort von Ilmenau in Thüringen zu verlagern. Vermutlich war das Unternehmen so kriegswichtig, dass man es nicht einem evtl. Bombenangriff aussetzen wollte. So baute mein Vater also mit seinen Mitarbeitern alles ab und machte Maschinen und Material fertig für den Abtransport nach Thüringen. Er selbst musste natürlich mitgehen, und die Mitarbeiter konnten sich auch nicht weigern, denn auch sie waren durch ihre Tätigkeit UK gestellt und wären andernfalls sofort zur Wehrmacht eingezogen worden. Was das bedeutete, dessen war man sich spätestens seit Februar 1943, seit der grauenvollen Schlacht bei Stalingrad und der Gefangennahme von fast 90.000 deutschen Soldaten, nur allzu deutlich bewusst. Ab und zu fuhr mein Vater nach Mannheim, um zu schauen, ob Haus und Fabrikgebäude noch standen. Dann besuchte er auch uns.

Am 12. April 1945 besetzten französische Truppen Baden-Baden. Vorausschauend waren „Erdbunker" angelegt worden, in denen die Menschen Schutz suchen konnten. In meiner Erinnerung waren es Splitterschutzgäben, die mit Erde und Gras getarnt waren. In diese zogen wir uns für einige Stunden zurück, denn man fürchtete die Marokkaner, die – damals gehörten Marokko und Algerien noch zum französischen Kolonialreich – Teil der französischen Armee waren. Bevor es verboten wurde, die jeweilige Besatzungszone zu verlassen, kehrten wir nach Mannheim zurück, das von den Amerikanern erobert worden war.

Nachdem am 8. Mai 1945 der Zweite Weltkrieg mit der deutschen Kapitulation zu Ende gegangen war, wurde Thüringen, das zunächst von amerikanischen Truppen besetzt worden war, der Sowjetischen Besatzungszone zugeschlagen. Mein Vater setzte in seinem Werk einen Geschäftsführer ein und ging zunächst nach Mannheim zurück, ebenso ein Teil seiner Mitarbeiter, während andere in Ilmenau blieben. Als er wenige Monate später nach dem Zustand der Firma in Thüringen schauen wollte, ließ ihn das neue sozialistische Regime nicht zurückkehren, und so waren die Maschinen und Werkzeuge verloren. In den 50er Jahren erhielt er dafür von der Bundesrepublik einen Lastenausgleich.

Nun musste mein Vater in Mannheim neu anfangen. Gott sei Dank waren Wohn- und Geschäftshaus weitgehend unbeschädigt geblieben, aber ich sehe mich noch, wie ich mit meiner Schwester in unserem Kindersandkasten hinter dem Haus saß und Steine klopfte. Wir bearbeiteten die Ziegelsteine von einer beschädigten Wand, indem wir den Mörtel und Verputz abkratzten, sodass man sie bei Reparaturarbeiten wieder verwenden konnte. Von der Fabrikeinrichtung waren meinem Vater noch eine einzige Schneidemaschine und Bleche geblieben. Damit begann er neu. Er produzierte für das Städtische Krankenhaus, das heutige Klinikum, Giftschränke für hochsensible Arzneimittel und für das Café Kiemle Backbleche. Als im Juni 1948 bei der Währungsreform der „Haushaltsvorstand", also mein Vater, 40 DM ausgehändigt erhielt, war ich dabei. Er musste das neue Geld in der Wohlgelegen-Schule abholen. Etwa einen Monat später bekam jede „natürliche Person" nochmal 20 DM ausgezahlt, sodass wir also im Juli über 120 DM verfügten.

Einige stattliche Villen in der Carl-Benz-Straße waren gleich nach der Kapitulation Mannheims für amerikanische Offiziere requiriert worden, die deutschen Bewohner mussten die Häuser verlassen. Unserem Haus gegenüber befand sich die Offiziersmesse. Scharen von Kindern lungerten um die Mittagszeit vor diesem Haus herum, weil sich in Windeseile herumgesprochen hatte, dass die freundlichen Köche das Essen, das die Offiziere übrig gelassen hatten, an die Kinder verteilten. Sie schütteten sie einfach in mitgebrachte Gefäße. Auch ich stellte mich mit einer Kanne an, denn ich wollte meinem Vater eine Freude machen. Hunger hatten wir nicht, Brot und andere Nahrungsmittel benötigten wir also nicht, da mein Vater durch seine Firma immer wieder irgendetwas auf dem Schwarzen Markt gegen Essen eintauschen konnte. Aber er liebte so sehr den Bohnenkaffee, und den hatte er bisher nicht beschaffen können. Ich stand also mit meiner Kanne in der Kindermenge, und als ein Amerikaner mich fragte, was ich wolle, sagte ich nur „Kaffee". Er lachte und goss mir welchen in meine Kanne und ging sogar nochmal zurück, um neuen zu holen. Als die Kanne voll war, trat ein etwa 13- 14-jähriger Junge auf mich zu und sagte: „Wenn ich dich nochmal hier seh, schmeiß ich dich in den Neckar!" Da machte ich mich so schnell wie möglich mit meinem Kaffee davon, mein Vater freute sich sehr, aber ich traute mich nie mehr vor die Offiziersmesse.

Ingrid, 1946

In einem anderen Haus in unserer Straße wohnte ein hochdekorierter amerikanischer Offizier. Ich kannte mich nicht so aus, aber so viele Orden hatte ich noch nie auf einer Uniform gesehen. Dieser Mann schenkte mir, wenn er mich sah, immer wunderbare Sachen, Schokolade, Kaugummi, weißes Brot, Erdnussbutter. Ich wollte immer höflich sein, machte einen Knicks und sagte: „Sänk ju veri matschi!" So ähnlich hatte ich es von anderen Kindern gehört. Als der Offizier dann versetzt wurde, war ich sehr traurig.

In den ersten Nachkriegsjahren betätigte sich mein Vater als Hobby-Imker. Das galt auch in den Augen der Besatzungsmacht als sehr wichtig, denn Zucker war nur wenig vorhanden und wurde nur auf Marken ausgegeben. Da kam Honig gerade recht. Die Imkerei wurde von der Besatzungsmacht unterstützt, und so klingelte es eines Tages an unserer Haustür. Als wir öffneten, stand ein riesiger tiefschwarzer Soldat davor, der mindestens 3 kg Zucker brachte, damals ein Vermögen. Als Gegenleistung wollte der Farbige Schnaps. Damit konnten wir dienen, denn aus der Baden-Badener Zeit hatten wir einigen Vorrat, war doch in dieser Gegend damals fast jeder, der eine Streuobstwiese besaß, ein mehr oder weniger heimlicher Schnapsbrenner. Der Zucker war als Nahrung für die Bienen bestimmt, aber mein Vater zweigte auch für unseren Haushalt einiges ab.

1946 wurden in Mannheim die Schulen wieder geöffnet. Ich war acht Jahre alt, hatte noch nie eine Schule von innen gesehen und wurde gleich in die 2. Klasse eingeschult. Meine Schwester hatte fast zwei Jahre keinen Unterricht gehabt, wie die meisten anderen Schüler auch. Und so saßen in ihrer Klasse Schüler, die mehr als drei Jahre älter waren als sie. Monatelange Flucht und ständiger Ortswechsel hatten das mit sich gebracht. Ab 1949 besuchte ich das Elisabeth-Gymnasium. Damals musste noch Schulgeld bezahlt werden, ich habe 40 DM pro Monat in Erinnerung. Das konnten sich nicht allzu viele leisten.

Meine Eltern, die jede Mark in den Aufbau und die Vergrößerung der Firma steckten, fanden, dass die Mittlere Reife für ein Mädchen, „das doch sowieso heiratete", ein geeigneter Abschluss sei. Und so verließ ich mit 16 Jahren das Gymnasium, obwohl mein Klassenlehrer meine Eltern beredete, mich das Abitur machen zu lassen. Ich ging nun in die Höhere Handelsschule und trat in unsere Firma ein. Bald lernte ich meinen Mann kennen, heiratete mit 20 Jahren und bekam mit 21 mein erstes Kind. Auch mein Vater war mit meiner Heirat sehr glücklich, bekam er doch nun einen Schwiegersohn, der als Diplom-Ingenieur in die Firma eintrat und sie mit ihm zusammen zu einem blühenden Unternehmen weiterentwickelte. Aus dem Handelsunternehmen, das mein Großvater 1908 gegründet hatte, ist ein Betrieb geworden, der heute elektronische Geräte für die Sicherheit von Menschen, Sachen und Umwelt entwickelt und produziert. Heute wird er von meinem Sohn in der 4. Generation geführt.

1996 war ich mit meiner Mutter in Ilmenau. Der ausgelagerte Betrieb meines Vaters war von der „Treuhand" eliminiert worden. Aber es fanden sich noch ehemalige Mannheimer, die im Krieg mit der Firma evakuiert worden, aber nach Kriegsende nicht zurückgekehrt waren.

Ibbo Popken: Die Familie in Hameln gab Geborgenheit

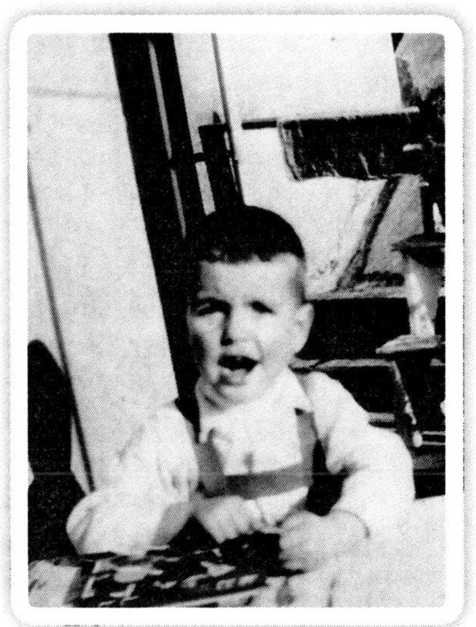

Ibbo, 1943

Ich wurde 1938 in Hameln geboren. Meine Erinnerungen an die Kriegsjahre gehen zurück bis in die Kindergartenzeit. Immer dann, wenn es Fliegeralarm gab, eilte ich vom Kindergarten in den nahe gelegenen Luftschutzkeller des Elternhauses im Stadtzentrum, wo ich mich absolut geborgen fühlte – nicht ahnend, was hätte passieren können, wäre Hameln ein vergleichbares Schicksal wie dem ca. 40 km entfernten Hildesheim widerfahren. Dort wurde die Innenstadt bei einem nur zehnminütigen Bombeninferno noch kurz vor Kriegsende völlig zerstört.

Unterwegs zum Kindergarten kam ich regelmäßig an einem Haus vorbei, das mir irgendwie „gruselig" vorkam. Ob das nur an den dicht verhängten Fenstern lag? Erst Jahre später habe ich erfahren, dass es ein sog. „Judenhaus" war, ein Haus also, in dem man auf engstem Raum die Hamelner Juden zusammengepfercht hatte, bevor man sie in die Vernichtungslager deportierte.

Ähnlich geborgen und behütet wie bei Fliegeralarm fühlte ich mich, als die Kriegsfront näher rückte. Mein Vater hatte mich zusammen mit meiner Mutter und meinem jüngeren Bruder am Tag vor der Sprengung der Hamelner Weserbrücken in unser 7 km entfernt liegendes Wochenendhaus gebracht, in dem auch eine Tante mit zwei Cousins und einer Cousine Zuflucht fand. Für uns Kinder war eigentlich nur die Erwartung des „Big Bang" spannend, der uns in den frühen Morgenstunden des 5. April 1945 denn auch aus dem Schlaf riss. Was wir nicht hören konnten, war das Zersplittern zahlloser Fensterscheiben rundum in der Stadt als Folge des Explosionsdrucks, darunter auch einige Schaufensterscheiben des elterlichen Geschäfts. Damit war der Weg frei für Plünderer. Mein Vater hatte allerdings vorgesorgt, um das Schlimmste zu verhindern, den Zugriff auf die im Keller verwahrten restlichen Warenbestände unseres Textilgeschäfts. Er hatte den Kellerabgang mit Kleiderbügeln zugeworfen, die sich zu einer wirksamen Barriere verhakten.

Inzwischen erreichte die Kriegsfront auch die Region unseres Wochenendhauses: Auf der vor uns liegenden Straße im Tal eine deutsche Rückzugskolonne, die von feindlichen Tieffliegern beschossen wurde. Für uns Kinder höchst spannend, das Geschehen – aus vermeintlich sicherer Deckung – zu beobachten, ohne uns bewusst zu sein, dass die Tiefflieger „mal eben" auch auf unser weithin sichtbares Häuschen hätten zielen können.

Am nächsten Tag fanden wir Kinder es eigentlich wiederum einfach nur als ein Abenteuer, uns den Resten der zusammengeschossenen Rückzugskolonne zu nähern. Wir „erbeuteten" ein Maschinengewehr und schleppten es voller Stolz nach Hause. Meine Mutter erstarrte vor Schreck, als sie uns mit dem Gewehr kommen sah, nahm es uns sofort ab und verschwand damit im nahe gelegenen Wald, um es dort schnellstens zu vergraben. Sie ahnte wohl, dass wir bald „Besuch" bekommen würden. Der stellte sich dann auch umgehend ein: in Person dreier amerikanischer Soldaten, darunter ein baumlanger Schwarzer, der mir besonders in Erinnerung blieb. Sie durchsuchten unser Haus vor allem nach Waffen und versteckten deutschen Soldaten. Wie enttäuscht waren wir Kinder, hatten wir doch von den „Älteren" gehört: Die fahren dann mit ihren Panzern durch die Straßen und verschenken Bonbons und Schokolade an die Kinder. Stattdessen ließen sie einen silbernen Aschenbecher und eine kleine Standuhr mitgehen.

In der folgenden Nacht dann eine Bedrohung der besonderen Art. Freigelassene ehemalige osteuropäische Zwangsarbeiter umschlichen unser Häuschen. Wie sicher fühlten wir uns doch, als meine Tante mit energischer Stimme rief: „Ich jetzt schießen!" Und tatsächlich, die dunklen Gestalten verschwanden. Später zogen wir unsere Tante gern mit der Frage auf, wo sie denn damals so perfekt Russisch bzw. Polnisch gelernt habe.

Einige Tage später, am 20. April 1945, für uns ein letzter kriegerischer „Knalleffekt": die Sprengung des „Horst-Wessel-Denkmals". Es lag auf einer Anhöhe ca. 200 m über unserem Häuschen, bestimmt als Ehrenmal für den 1930 ermordeten SA-Sturmführer, einen „Märtyrer der Bewegung": eine riesige Sandsteinsäule mit einem eisernen Hakenkreuz auf der Spitze, gedacht als Sichtbezug zum 13 km südlich gelegenen Bückeberg. Der Bückeberg war von 1933 bis 1937 Ort des „Reichserntedankfests", neben dem „Reichsparteitag" in Nürnberg und dem „Tag der nationalen Arbeit" am 1. Mai in Berlin die größte Massenveranstaltung im „Dritten Reich". Ob den Amerikanern bewusst war, dass sie sich ausgerechnet „Führers (letzten) Geburtstag" als Tag für die Sprengung ausgesucht hatten?

Diese Detonation symbolisiert für mich das Ende der Kriegszeit. Im Vergleich mit Abertausenden meiner Altersgenossen, die ungleich Schwereres verkraften mussten, bin ich nahezu „ungeschoren" durch diese dunkle Zeit gekommen. Die gelegentlichen, auch für mich lebensbedrohlichen Situationen sind mir in der familiären Geborgenheit nicht bewusst gewesen

Nun also begann die Nachkriegszeit, in meiner Rückbesinnung geprägt vor allem durch Entbehrungen. Am unmittelbarsten spürbar der Ernährungsmangel: Noch bestehende Vorratslager waren weitgehend geplündert und die während des Krieges notdürftig aufrecht erhaltene Mindestversorgung mit Lebensmitteln auf Bezugsschein (Lebensmittelkarten) administrativ zusammengebrochen. In Hameln hatten die Engländer als Besatzungsmacht die Verwaltung übernommen, unter deren Ägide es zunächst nicht einmal Lebensmittelkarten gab; und als sie dann schließlich wieder eingeführt wurden, waren die Rationen weitaus geringer als noch bis Kriegsende. Welch eine Köstlichkeit für mich damals ein heimlich genaschter Löffel Zucker! Wohl kaum einem Nachgeborenen vermittelbar, ähnlich meinem „Bucheckernsyndrom". Dem Winter 1946/47, einem der kältesten des 20. Jahrhunderts – Zeitzeugen auch als „Hungerwinter" in Erinnerung – war ein kleines Wunder vorausgegangen, das die schlimmsten Hungersnöte dieses Winters zumindest ein wenig abmilderte: ein wahrer Bucheckernsegen, das reinste „Gottesgeschenk"! Meine Mutter, mein Bruder und ich sammelten emsig diese kleinen nussähnlichen Baumfrüchte, um sie dann in Öl oder Margarinewürfel einzutauschen. Einmal hatten wir so viele gesammelt, dass wir sechs Margarinewürfel dafür erhielten, die meine Mutter kunstvoll zu einer Pyramide aufschichtete: zunächst drei, auf denen zwei weitere thronten und obenauf der sechste. Meine Tochter, Jahrgang 1969, ist im Wohlstand aufgewachsen. Um ihr bewusst zu machen, dass das keine Selbstverständlichkeit ist, habe ich zu dieser oder einer anderen Geschichte aus der entbehrungsreichen Zeit gegriffen und erntete damit nur ein eher leicht genervtes „Ja, ja, Papa!". Das erinnerte mich daran, wie ich Jahrzehnte vorher so manche Rede meiner Mutter über das Leben unmittelbar nach 1945 nicht mehr so recht hören konnte; insbesondere ihre „Kerzenscheinrede" in Anspielung auf die häufigen abendlichen Stromsperren. „Da saß man nun – ärmlich, aber zufrieden – bei Kerzenschein um einen Tisch herum, und jeder wusste etwas zu erzählen." Mein Einwand: „War nicht vielmehr all dein Sehnen, da du ja – im Gegensatz zu uns Kindern – wahrlich bessere Zeiten erlebt hattest, darauf gerichtet, endlich diese entbehrungsreiche Zeit hinter dir zu lassen?"

Bedrückend auch – für mich aber eigentlich so richtig erst aus heutiger Sicht – die Entbehrungen, die sich aus der Wohnungsnot ergaben. Durch Kriegseinwirkungen waren in Deutschland mehr als 50 Prozent des Wohnraums zerstört. Die Situation verschärfte sich noch erheblich dadurch, dass Millionen von Flüchtlingen und Vertriebenen in die Besatzungszonen, die spätere Bundesrepublik, strömten; auch für uns nicht ohne Folgen. So bekamen wir sog. Zwangseinweisungen und mussten unsere Wohnung mit einer in Hildesheim ausgebombten Pastorenwitwe und ihrer Tochter sowie einem deutschstämmigen Ehepaar aus Riga und dessen beiden Kleinkindern teilen. Das bedeutete: fünf Zimmer für insgesamt zehn Personen bei gemeinsamer Küchen-, Bad- und Toilettenbenutzung; eine Beengung, die wir als Kinder sicher sehr viel weniger einschränkend empfanden als unsere Eltern, denn wir hatten ja draußen ein riesiges Spielfeld: die umliegenden Straßen – damals nahezu ohne Verkehr.

Auch die Geschäftsräume waren nun von Zwangseinweisungen betroffen. Nur die zu unserem Textilgeschäft gehörende Maßschneiderei, während des Krieges weitgehend zur Aufarbeitung von Wehrmachtsuniformen „umgewidmet", konnte ihren Betrieb in bescheidenem Umfang wieder aufnehmen. Über das „Filetstück" des Ladens jedoch konnte mein Vater nicht verfügen, denn es wurde einer Tauschzentrale zugewiesen, Symbol einer Zeit, in der der Handel wieder auf die Primitivstufe der Tauschwirtschaft herabgesunken war. Wir hatten, im Gegensatz zu vielen anderen damals, wenigstens Tauschobjekte in Form von Stoff zu bieten. In den Geschäftsräumen der ersten Etage nahm das Beamten-Heimstätten-Werk seine Nachkriegsarbeit auf. Wie bescheiden der Neustart war, ist heute kaum noch vorstellbar. Später beschäftigte die BHW-Unternehmensgruppe zeitweise mehr als 5.000 Mitarbeiter.

Die Währungsreform 1948 mit der Einführung der D-Mark brachte einen gewaltigen Umbruch mit sich. Von heute auf morgen war in den Geschäften (fast) alles wieder zu haben. Die Tauschzentrale löste sich auf und machte meinem Vater den Weg frei für einen endlich wieder normalen Geschäftsbetrieb. Anfang 1950 hatten wir unser Haus wieder für uns allein. Wie viele meiner Generation gewöhnten wir uns sehr schnell daran, dass alles besser wurde. Nur etwas wurde beibehalten: das allabendliche Glockenläuten des Hamelner Münsters zwischen 21:50 und 22:00 Uhr. Die Engländer hatten es eingeführt, um die Bevölkerung daran zu erinnern, dass ab 22 Uhr die Sperrstunde begann. Nach Aufhebung dieser Anordnung wurde weitergeläutet, um der deutschen Soldaten zu gedenken, die sich immer noch in Kriegsgefangenschaft befanden, vor allem in der Sowjetunion. Und nach 1955, als die letzten 10.000 zurückgekehrt waren, wurde weitergeläutet, nunmehr als Friedensmahnung. Dabei ist es bis auf den heutigen Tag geblieben.

Was kann ich mit meinen Erlebnissen in der Kriegs- und unmittelbaren Nachkriegszeit heute noch anfangen? Sie sind bei weitem nicht so einschneidend wie manches Elend, das Gleichaltrigen durch Tod von Angehörigen, Flucht und Vertreibung oder ein Leben in zerbombten Städten widerfahren ist. Und doch sind die Ereignisse nicht spurlos an mir vorbeigegangen. Die Erinnerung an sie hilft mir, allerlei Kümmernisse des täglichen Lebens zu relativieren und leichter zu nehmen. Und ich bin dankbar, zu einer Generation zu gehören, für die es immer aufwärts ging. Zugleich wird wohl auch immer eine gewisse Skepsis bleiben gegenüber der zukünftigen politischen und wirtschaftlichen Entwicklung. Ich hoffe jedenfalls, dass die zivilisatorische Schicht in unserem Land etwas dicker sein möge, als sie es nach 1933 bis hinauf in die Eliten gewesen ist.

Summa summarum: mögen die Glocken des Hamelner Münsters noch viele, viele Jahre läuten – als Friedensmahner in einem friedlichen Umfeld.

Nach dem Abitur am Hamelner Schiller-Gymnasium und einem Industrie- und Bankenpraktikum studierte Ibbo Popken BWL in Hamburg und Köln. Seine berufliche Tätigkeit begann er 1964 bei einer Mannheimer Wirtschaftsprüfungsgesellschaft, um dann bei einem der Mandanten, der damaligen Grün & Bilfinger AG, die Leitung des Rechnungswesens zu übernehmen. Später folgte die Leitung des Zentralbereichs Finanzen des zur Bilfinger Berger AG fusionierten Baukonzerns und dessen Präsentation im Rahmen von Investor-Relations-Aktivitäten. Die großelterlich begründete regionale Textiltradition wurde von seinem Bruder fortgeführt und weiterentwickelt zu einem international tätigen Textilverbund.

Karlheinz Lochbühler:
Wie die Zeitläufte unsere Firmengeschichte beeinflusst haben

1933 wurde ich in Mannheim geboren und wuchs zusammen mit meiner drei Jahre älteren Schwester in einer gut bürgerlichen Familie auf. Mein Vater Carl führte im Vorort Seckenheim eine mechanische Werkstatt, die aus der 1873 von meinem Urgroßvater gegründeten Schmiede hervorgegangen war. Über drei Generationen hatte sich der Betrieb auf den Bedarf der umliegenden Bauern spezialisiert und stellte alle Arten von Maschinen für die Rohtabakindustrie und Landwirtschaft her. In den 1920er Jahren wurde der erste Aufzug, genutzt für den Transport von Tabakbuscheln, gefertigt.

Mein mutiger Vater

Bei uns wurde viel aus früheren Zeiten erzählt. Eine Geschichte, die ich selbst miterlebte, ist mir in besonders guter Erinnerung. Artur Baer, ein angeheirateter Onkel meines Vaters, war Jude und durfte nach den Bestimmungen des „Dritten Reichs" in „arischen" Betrieben nicht mehr beschäftigt werden. Zwar hatte er immer wieder für kurze Zeit eine Anstellung, aber sobald man den Firmen nahelegte, „den Juden" zu entlassen, war er wieder ohne Arbeit und Auskommen. Mein Vater nahm ihn schließlich auf. Er tauchte auf keiner Lohnliste auf und führte die Bücher der Firma in einem Extraraum, wo er keinen Kontakt zur Kundschaft hatte. Obwohl Onkel Artur bestens im Seckenheimer Ortsleben integriert war – zum Beispiel leitete er die beliebten Theateraufführungen des Radfahrervereins

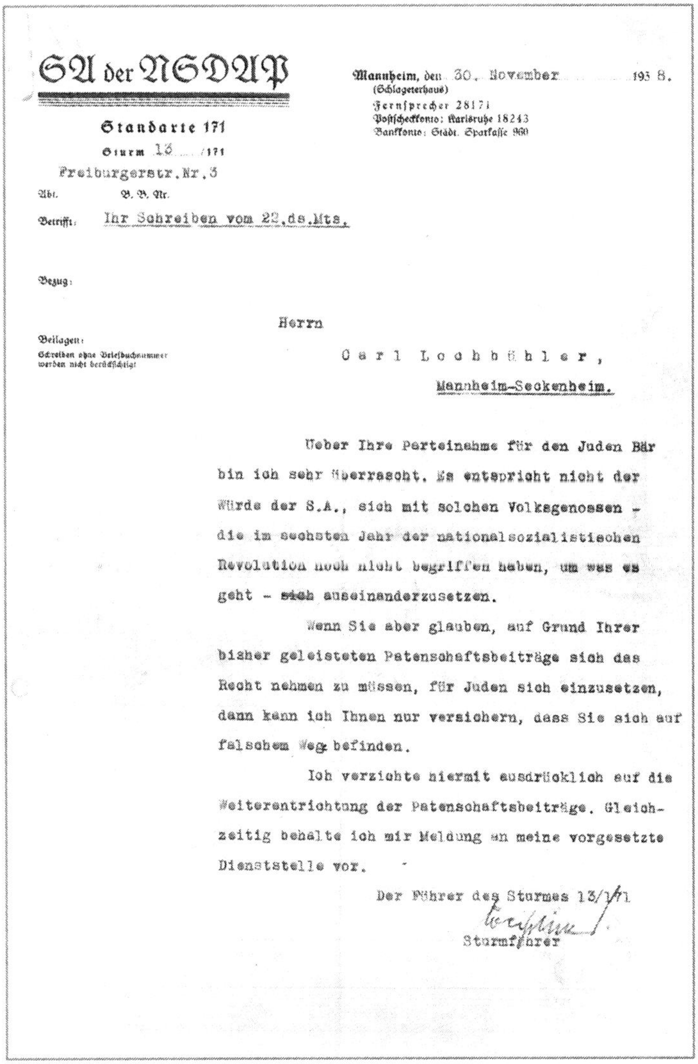

SA der NSDAP

Standarte 171

Sturm 13/171

Freiburgerstr. Nr. 3

Abt. B. B. Nr.

Betrifft: Ihr Schreiben vom 22.ds.Mts.

Bezug:

Beilagen:

Schreiben ohne Briefbuchnummer werden nicht berücksichtigt

Mannheim, den 30. November 1938.
(Schlageterhaus)
Fernsprecher 28171
Postscheckkonto: Karlsruhe 18243
Bankkonto: Städt. Sparkasse 960

Herrn

Carl Lochbühler,

Mannheim-Seckenheim.

Ueber Ihre Parteinahme für den Juden Bär bin ich sehr überrascht. Es entspricht nicht der Würde der S.A., sich mit solchen Volksgenossen – die im sechsten Jahr der nationalsozialistischen Revolution noch nicht begriffen haben, um was es geht – ~~sich~~ auseinanderzusetzen.

Wenn Sie aber glauben, auf Grund Ihrer bisher geleisteten Patenschaftsbeiträge sich das Recht nehmen zu müssen, für Juden sich einzusetzen, dann kann ich Ihnen nur versichern, dass Sie sich auf falschem Weg befinden.

Ich verzichte hiermit ausdrücklich auf die Weiterentrichtung der Patenschaftsbeiträge. Gleichzeitig behalte ich mir Meldung an meine vorgesetzte Dienststelle vor.

Der Führer des Sturmes 13/171

Sturmführer

Brief der SA an meinen Vater

und des Männergesangvereins –, wurde er nach der sogenannten „Reichskristallnacht" von zwei SA-Männern verhaftet. Mein Vater richtete sofort ein Schreiben an den Polizeipräsidenten, das von 30 weiteren „arischen" Verwandten mit unterschrieben wurde. Er erhielt eine bedrohliche Antwort, in der es hieß: „Nach fünf Jahren Nationalsozialismus wissen Sie noch nicht, um was es geht. Sie setzen sich für einen Juden ein!" Dennoch wurde Onkel Artur Baer auf freien Fuß gesetzt. Daraufhin arbeitete Artur Baer zu Hause, wohin ich ihm die Geschäftsbücher brachte. Kurz vor Kriegsschluss wurde er aber noch einmal verhaftet und nach Theresienstadt deportiert. Dort wurde er befreit und kehrte unversehrt zurück.

Das Geschäft während der Abwesenheit meines Vaters

Gleich nach Beginn des Zweiten Weltkriegs wurde mein Vater in die Wehrmacht eingezogen. Er kam nach Frankreich und war fasziniert vom Reichtum des Landes, wie wir aus den 99 heute noch erhaltenen Briefen wissen, die er und meine Mutter sich schrieben. Es war üblich, Päckchen und Pakete mit Waren nach Hause zu schickten, die es in Deutschland nicht mehr gab, also Bohnenkaffee, Schokolade, Nougat, Pralinen, Likör oder Tee. Mein Vater packte oft Ersatzteile, etwa Kugellager oder Kleinteile, zwischen die Nahrungsmittel. Sie stammten aus ausgeschlachteten Flugzeugen und waren in der Heimat schwer zu beschaffen. Das zeigte, wie sehr er auch in der Fremde an sein Geschäft dachte.

Nach der Kapitulation Frankreichs hofften meine Eltern, dass der Krieg nun zu Ende sei und mein Vater nach Hause zurückkehren könne, er war aber skeptisch. Er äußerte dies auch verklausuliert in einem Brief. Darin heißt es, dass er nach dem Angriff Italiens gegen Griechenland nur „ganz wenig Hoffnung" habe und „immer an die Worte unseres geliebten Führers" denke, der gesagt hatte, dass es nach diesem Krieg „keinen Sieger, nur Besiegte" gebe. Gleichzeitig ermahnte er meine Mutter, seine Briefe nicht herumzuzeigen. In Abwesenheit meines Vaters musste meine Mutter Gerda als Geschäftsführerin gemeinsam mit dem Buchhalter Umstetter, dem Ersten Gesellen Exel, zwei weiteren Gesellen und fünf Lehrlingen den Betrieb am Laufen halten. An Umstetter kann ich mich noch gut erinnern. Er war wehruntauglich, da auf einem Auge blind, und galt als politisch „unzuverlässig". Seine anti-nationalsozialistische Gesinnung war für meinen Vater kein Grund, ihn nicht zu beschäftigen – im Gegenteil. Bevormundung und Schikanen der Parteibonzen widersprachen seiner Hilfsbereitschaft und Freiheitsliebe. Immer wieder erzählte mein Vater mir die Geschichte von Andreas Hofer und zitierte gerne aus Schillers „Wilhelm Tell": „Wir wollen frei sein, wie die Väter waren!"

Unser Betrieb galt als „kriegswichtig", er war einer der wenigen, die landwirtschaftliche Geräte und Maschinen reparieren konnten. Tabakpressen, Lastenaufzüge, Stapler und Sortierbänder – alles wurde benötigt, um die Versorgung der Soldaten mit Tabakwaren sicherzustellen und so die Moral aufrechtzuerhalten. Meine Mutter war eine sehr umsichtige Geschäftsfrau, wie aus ihren Briefen an meinen Vater hervorgeht. Sie berichtete von Maschinen, die sie hatte verschicken lassen, von geliefertem Holz für eine Siebmaschine. In ihrem Brief vom 27. Juni 1940 heißt es: „Den Motor ... habe ich gekauft für 50 RM. Th. konnte ihn nicht brauchen wegen der Spannung. Exel meinte, ich solle ihn nehmen. Ich denke, dass es Dir recht ist. Ich wollte erst warten und Dich fragen, aber es war noch ein Interessent da, und ich wusste auch Deine Anschrift nicht." Seit Juli 1940 musste sich die Firma auch mit der Bezugsscheinregelung herumschlagen. Meine Mutter schrieb am 18. Juli, nachdem die Verwendung von Kleinkrafträdern rationiert worden war: „20 Bauern haben ihre Kleinkrafträder genehmigt bekommen. Kannst Dir denken, wie die anderen schimpfen."

Die Rückkehr meines Vaters und das Ende des Krieges

Am 28. Februar 1941 kehrte mein Vater endlich aus dem Krieg zurück, er war „UK" (unabkömmlich) gestellt worden, und es folgte eine relativ ruhige Zeit für den „kriegswichtigen" Betrieb. Die engen geschäftlichen und häufig auch freundschaftlich-verwandtschaftlichen Beziehungen zu den Bauern erleichterten das Leben. Wir waren nicht von Bezugsscheinen abhängig, es bildete sich ein lebhafter Tauschhandel. Gegen Reparaturleistungen erhielten wir Getreide, Tabak und Futter, sodass wir unsere Hühner und Stallhasen ernähren konnten. Deren Ställe schloss mein Vater an die Betriebssirenen an, um, mit Erfolg, Diebstahl zu vermeiden. Zweimal gab es aber auch Fehlalarm. Überhaupt tüftelte mein Vater immer etwas Neues aus. Für den Fall, dass unser Haus nach einem Bombenangriff nicht mehr nutzbar wäre, hatte er ein Not-Haus konstruiert, ein Haus in Leichtbauweise von ca. 3,5 x 4,5 m, das im hinteren Teil unseres Gartens aufgestellt wurde. Nach dem Krieg nutzen wir es als Gartenhaus.

Seckenheim war von der verheerenden Bombardierung Mannheims im August und September 1943 weitgehend verschont worden. Um die Gefahr anfliegender Flugzeuge einschätzen zu können, hörte mein Vater verbotene Feindsender, was nicht ungefährlich war. Aus der verschlüsselten Meldung der Planquadrate („Paula Dora sieben" oder „Nordpol Ida Fünf" für Mannheim und Ludwigshafen) konnte er die Zielgebiete erkennen und gab die Meldungen an die Nachbarn weiter. Bei Fliegeralarm diente der ausgebaute Keller der Brauerei Pfisterer allen Nachbarn als Luftschutzraum. Die ehemaligen Frontsoldaten wie mein Vater traten häufig vor die Kellertür, um zu schauen, wo die „Christbäume" standen. („Christbäume" waren Leuchtmittel, die den Bombern voraus fliegende Maschinen als Zielmarkierung gesetzt hatten. Sie bestand aus hauchdünnen Aluminiumfolien, die durch die Scheinwerfer der Flugabwehr hell aufleuchteten.) Daraus konnten mein Vater und die Nachbarn schließen, ob für Seckenheim Gefahr bestand. War das nicht der Fall, bestiegen sie den Brauereiturm, auf den auch ich sie zweimal begleiten durfte. Ich beobachtete von oben die Angriffe auf Mannheim, das Flakfeuer, die einschlagenden Bomben und schließlich die Feuersbrunst, die den ganzen Himmel rot färbte. Das war ein grausig-eindrucksvolles und unvergessliches Erlebnis. Sobald es Entwarnung gab, war der erste Weg von uns Buben auf die Straße, um Granatsplitter einzusammeln.

Auch auf Seckenheim gab es vereinzelte Angriffe. Als meine Freunde und ich mit Brettern auf dem Baggersee paddelten, dort, wo heute der Sportplatz von 98/07 ist, kam plötzlich ein Flugzeug im Tiefflug auf uns zu. Der Schrecken war groß, denn ob es Freund oder Feind war, konnten wir nicht erkennen. Aber ich weiß noch, dass kurz zuvor ein Landwirt mit seinem Pferdefuhrwerk auf dem Weg nach Hause war und dabei von einem Tiefflieger erschossen wurde. Ich erinnere mich auch noch sehr genau an den schweren Luftangriff auf den Rangierbahnhof Mannheim-Hochstätt am Pfingstsamstag 1944, den ich vom Garten aus beobachtete. Am Tag darauf wurden die halbzerstörten Güterwagen aufgebrochen und geplündert. Ganz

Seckenheim versorgte sich mit lebenswichtigen Gütern, und ich war natürlich auch dabei.

Mit zehn Jahren war ich wie alle Buben ins „Jungvolk" gekommen, aber selten ließ mich mein Vater samstags zum Dienst gehen. Ich musste die Werkstatt aufräumen und auskehren. Prompt erfolgte eine schriftliche Verwarnung vom Jungvolkführer mit dem Hinweis, ich hätte meinen Eid auf den Führer gebrochen. Ich fragte meinen Vater, was ein Eid sei, und er antwortete mit unterdrücktem Zorn: „Die sollen kommen und unsere Werkstatt aufräumen, dann kannst du auch zu denen gehen!"

Nun dauerte es nicht mehr lange, bis die Amerikaner Mannheim besetzten. Auch die Sprengung der Neckarbrücke zwischen Seckenheim und Ilvesheim am 28. März 1945 konnte sie davon nicht abhalten. Als einen Tag später die Truppen einmarschierten, hissten wir die weiße Fahne an unserem Gebäude, und die ganze Familie stand auf der Straße. Vor dem gegenüberliegenden Haus war niemand zu sehen, das Hoftor war verschlossen. Ein US-Soldat gab daraufhin Schüsse aus seinem Maschinengewehr auf das Tor ab, um sich vor Heckenschützen zu sichern und der Bevölkerung zu zeigen, dass die Amerikaner mit Deutschen, die Widerstand leisten sollten, kurzen Prozess machen würden. Aber daran dachte niemand mehr, alle waren froh, dass der Krieg mit der Besatzung vorbei war. Nun flatterten in ganz Seckenheim die weißen Fahnen.

Erste Nachkriegsjahre: „Organisieren" und gefährliche Spiele

Von der oft beschriebenen Hungersnot in den Jahren 1945 bis 1947 waren die Seckenheimer weniger betroffen wegen ihrer Nähe zur Landwirtschaft. Auch hatten viele eigene Gärten und konnten Hühner und Stallhasen, oft auch ein Schwein, halten. Aber die Wohnungsnot war groß, denn fast 4.000 amerikanische Soldaten mussten in beschlagnahmten Häusern und Wohnungen, aber auch in Turnhallen, in der Schule und im Schloss untergebracht werden. Binnen zwei Stunden waren die Wohnungen zu räumen und alles darin zu lassen außer ein bisschen Bettwäsche, etwas Geschirr und der Kleidung. Unser Wohnhaus und der Betrieb wurden nicht besetzt, die Aufrechterhaltung der Landwirtschaft war den Amerikanern wohl wichtig. Aber wir mussten die Familie meiner Tante aufnehmen, außerdem wohnten der Brauereibesitzer und die Seinen für einige Zeit in zwei Zimmern des Hinterhauses, in dem auch eine Flüchtlingsfamilie aus Pommern einquartiert wurde. Für alle diese Räume gab es keine Öfen, sodass sich eine „Heizgemeinschaft" in unserer Küche drängte.

Wir Kinder waren ständig damit beschäftigt, irgendwo Schlange zu stehen, wenn eine „Sonderzuteilung" aufgerufen wurde. Zeit dafür hatten wir, denn wegen der Besetzung der Schule kam der Unterricht nur schleppend wieder in Gang. Meine Schwester und ich beteiligten uns auch am „Organisieren" und gingen dazu gerne zum Rangierbahnhof, wo immer noch herrenlose Eisenbahnwaggons standen, die oft mit Wohnungseinrichtungen geflüchteter Familien gefüllt waren. Daran waren wir weniger interessiert, wohl aber an Zucker und Mehl, das wir zur Freude unserer Mutter kiloweise mit dem Fahrradanhänger nach Hause transportierten.

Ich bekam schnell mit, dass die US-Soldaten an Nazisouvenirs interessiert waren, und tauschte diese gegen Süßigkeiten, Zigaretten und Dosen mit „ham and eggs" und mit der bis dahin unbekannten Erdnussbutter. Für unsere im „Dritten Reich" obligatorische Hakenkreuzfahne, die bekanntlich an nationalen Feiertagen an der Hausfassade zu hissen war, bekam ich eine Packung Kaugummi und eine Tafel Hershey-Schokolade. Mich erstaunte der sorglose Umgang der Amerikaner mit Lebensmitteln, die viel Essbares wegwarfen. Ich untersuchte daraufhin häufig den Müll und förderte manche Delikatesse zutage: halbe Weißbrote, Corned Beef, Orangen und Bananen – Dinge, die wir bisher nur vom Hörensagen kannten.

Bekanntlich verlangten die Amerikaner unmittelbar nach Kriegsende, dass alle Handfeuerwaffen, auch Sport- und Luftdruckgewehre, abgegeben werden mussten. Manche Leute hatten sie aber auch einfach in den Neckar geworfen. Da wir Halbwüchsigen im heißen Sommer 1945 den ganzen Tag im Neckar badeten, holten wir nicht nur solche Waffen heraus, sondern auch Gewehrpatronen, Maschinengewehrgurte oder Handgranaten. Von den aus dem Wasser ragenden Bögen der gesprengten Brücke machten wir Kopfsprünge, ohne uns um die Gefahren zu kümmern.

Aus den Alu-Reservetanks der Flugzeuge, die waggonweise auf dem Friedrichsfelder Nordbahnhof lagerten, bauten wir Paddelboote. Fanden wir Patronen, brachen wir sie auf, indem wir sie zwischen zwei Steine steckten, durch Wackeln die Hülse lockerten und das Pulver herausholten. Jeder hatte solche Pulvervorräte, aus denen wir manchen Feuerzauber machten. Mein Schulfreund G. Weßling kam bei diesem gefährlichen Spiel ums Leben.

Die im Elternhaus vermittelten Werte waren nicht allen so wichtig. Einige meiner Freunde hielten es für eine Heldentat, Amerikaner zu bestehlen. Es bildeten sich Banden, die von älteren und stärkeren Jungen angeführt wurden. Mit meinen 13 Jahren wollte ich natürlich auch zu einer angesehenen Bande gehören. Als ich eine Handgranate zündete und in den Neckar warf, hatte ich die Bewährungsprobe bestanden. Die durch die Explosion getöteten Fische wurden von der im Fluss liegenden Brücke aus eingesammelt.

Durch das amerikanische Programm der „Re-Education", bei dem zunächst die Jugend „umerzogen" werden sollte, normalisierte sich der Alltag. Die Kirchen, die als einzige Institution nahezu unversehrt den Zusammenbruch überstanden hatten, wurden von den Amerikanern großzügig unterstützt und konnten eine Jugendarbeit anbieten, die viele von uns ansprach. Spätestens 1946 begann auch wieder der regelmäßige Schulbetrieb, der wenigstens die Schulpflichtigen von der Straße brachte.

Ein neuer Beginn

Mein Vater, der sich aufgrund eigener Erfahrungen in Frankreich über den Charakter eines Besatzungsregimes keinerlei Illusionen gemacht hatte, hatte vor dem Einmarsch der Amerikaner wertvolle Werkzeuge und Kugellager in drei eigens gefertigten Blechtonnen versteckt, diese an drei Plätzen vergraben, die Löcher zugeschüttet und die Stellen unkenntlich gemacht. Aus dem Firmenwagen, einem Mercedes-Benz-Heckmotor Typ 130, entfernte er das Differential, sodass er fahrun-

Karlheinz am Mercedes

tüchtig war. Als die Amerikaner auch zu uns kamen, entging daher das „defekte" Fahrzeug der Beschlagnahmung. Nach Beruhigung der Lage grub mein Vater alle Teile und Werkzeuge wieder aus und baute das Differential wieder in das Fahrzeug ein. Hinsichtlich des Materials waren diese Vorsichtsmaßnahmen vielleicht überflüssig gewesen. Denn aufgrund des hohen technischen Standes ihrer eigenen Werkzeuge hatten die Amerikaner weniger Interesse an deutschen Erzeugnissen als Russen oder Franzosen. Einen fahrbereiten Mercedes hätten sie sich aber sicher nicht entgehen lassen.

In unserer Lagerhalle standen eine Reihe nicht mehr fahrfähige Pkw, die nun restlos „recycelt" wurden, um der Materialknappheit zu begegnen. So erinnere ich mich, dass aus den Chassis der ausgeschlachteten Pkw Hauptträger für die gummibereiften Ackerrollen der Bauern gefertigt wurden. Was nicht mehr benötigt wurde, wurde entsorgt. Autobatterien etwa wurden zerschlagen und die Säure in die Abwasserkanäle geschüttet. Alte elektrische Leitungen wurden im Garten mit Altöl übergossen, damit die Ummantelung abbrannte. Dabei entstanden riesige schwarze Rauchsäulen – Umweltgesichtspunkte waren damals gänzlich unbekannt.

Allmählich lief die Produktion wieder an: Hergestellt wurden Messer für Rübenschneider, kleine Laufräder für Sackkarren, Pflugschare, Kohlen- und Brikettzangen und zu Weihnachten auch die damals so beliebten schmiedeeisernen Leuchter und Aschenbecher. Und natürlich Tabakschneidemaschinen! Beim Schneiden von Feintabak, das geheim erfolgen musste, verlor mein Vater durch das rotierende Messer drei Fingerkuppen. Tabak war im „Tabakdorf" Seckenheim bis 1948 das wichtigste Zahlungsmittel, mit dem die Landwirte ihre Einkäufe und Reparaturen begleichen konnten. Mein Vater hatte dadurch eine stabile Währung, mit der er bei auswärtigen Händlern, vorwiegend aus dem Ruhrgebiet, Werkzeuge, Schrauben und andere Kleinteile eintauschen konnte – sogar ein Motorrad, das ich später zwei Jahre lang fuhr.

Mit der Währungsreform 1948 begann der Wiederaufbau des zerstörten Deutschland. Auch in unserer Firma setzte zaghaft der wirtschaftliche Aufschwung ein.

Karlheinz Lochbühler ist der Seniorchef der Firma Lochbühler Aufzüge GmbH in Mannheim. Er hat für diesen Zeitzeugenband seine Erinnerungen zur Verfügung gestellt, die weitgehend dem Band „Lochbühler GmbH Aufzüge – 125 Jahre Firmengeschichte", Mannheim 1998, entnommen sind.

Marianne Häring: Eine privilegierte Flucht

Meine Erinnerungen sind vielfach Szenen in Wimmelbildern oder Standphotos in Filmen vergleichbar. Eine Situation ist aus ihrem Zusammenhang gelöst, ohne dass ich noch wüsste, wie es dazu gekommen ist und wie sie endete.

Herkunft

Grünberg in Schlesien hatte 1939 ungefähr 26.000 Einwohner. Die Stadt ist allenfalls als der nördlichste Ort in Deutschland, in dem ein eher berüchtigter Wein angebaut wurde, bekannt. Sie war aber auch Industriestadt. U.a. hatte sich dort Georg Beuchelt, ein Großonkel meines Vaters, mit seiner 1876 gegründeten Firma Beuchelt & Co., Fabrik für Brückenbau und Eisenkonstruktion, niedergelassen. Im Laufe der Jahre kamen andere Abteilungen dazu, z.B. für Waggonbau und Tiefbau. Die Firma war ein familiengeführtes Unternehmen. Am Ende des Krieges wurde sie nach Könnern, einer Kleinstadt an der Saale, mit vermutlich damals nicht mehr als 4.000 Einwohnern, verlagert. Der Kampf ums Fortbestehen der Firma hatte große Auswirkungen auf die Entwicklung meiner Familie.

1938 bin ich in Grünberg geboren, ich habe zwei jüngere Brüder, meine Schwester ist im Oktober 1944 geboren. Unser Vater war Dipl.-Ing. und technischer Leiter der Firma Beuchelt & Co. Unsere Mutter ist in Berlin aufgewachsen. Meine Eltern führten einen großbürgerlichen Haushalt. Wir bewohnten eine großzügige Wohnung mit allem modernen Komfort in der „Direktorenvilla" auf dem Werksgelände. Meine Mutter wurde von einer Wirtschafterin und später von einem „Pflichtjahrmädchen" unterstützt. Wir verlebten eine ruhige Kindheit, unbeeinträchtigt von dem grauenhaften Geschehen in Deutschland seit 1933.

Kriegsjahre in Grünberg

Der Ausbruch des Krieges am 1. September 1939 änderte nichts an unserem Leben. Da mein Vater in seiner Stellung nicht eingezogen war und auch keine Väter oder Söhne in unserem unmittelbaren Umkreis, begleiteten uns Sorge und Angst um ihr Leben nicht. Auch Fliegerangriffe bedrohten Grünberg nicht, da die Bomber der amerikanischen und britischen Luftwaffe Schlesien nicht erreichen konnten. Ich kann mich nicht daran erinnern, ob in Gegenwart von uns Kindern vom Krieg gesprochen wurde. Aber ich bin mir ziemlich sicher, dass ich nicht wusste, was Krieg ist und dass Krieg war. Ich wusste nicht, dass das Haus meiner Großeltern in Berlin bei einem Bombenangriff zerstört worden war. Danach lebte meine Großmutter oft bei uns. Es wurde auch nicht darüber gesprochen, warum sie bei uns lebte (weil das Leben in Berlin wegen der ständigen Fliegerangriffe täglich bedroht und sie krank war). Sie weinte viel, trauerte um ihren gestorbenen Sohn, der bereits 1940 gefallen war. Einmal nahm mich meine Mutter zu einem Kondolenzbesuch mit. War der Tote ein Soldat?

In einem Lebensmittelladen grüßte ich einmal „Heil Hitler!", anstatt „Guten Tag!" zu sagen. Ich vermute, ich wollte diese Formulierung, deren Bedeutung ich nicht kannte, ausprobieren. Die Kunden reagierten befremdet, meiner Mutter war es – glaube ich – peinlich. Ich habe gemerkt, dass ich etwas Falsches gesagt hatte.

Im Herbst 1944 zogen in unserem Haus Tante Luise, eine Schwester meiner Grünberger Großmutter, und ihr Mann, Onkel Sascha, ein. Sie kamen aus Chemnitz und sollten vor den Luftangriffen dort in Grünberg in Sicherheit sein. Ich besuchte sie gern. Onkel Sascha war geschickt und konnte die Schlafaugen meiner Puppe Helga reparieren. Die Familie des jüngsten Bruders meines Vaters hatte ihre Wohnung in Hannover verlassen und wohnte bei meiner Grünberger Großmutter.

Nach wenigen Wochen endete meine Schulzeit, die im Herbst 1944 begonnen hatte, weil meine Brüder und ich an einer schweren Bronchitis erkrankt waren. Wir sollten wohl in ein Erholungsheim geschickt werden. Dazu aber kam es wegen der bedrohlichen Situation nicht mehr. Wir haben noch ein schönes Weihnachtsfest in unserer Familie und auch im Hause meiner Großmutter gefeiert, die für ihre dreizehn Enkel Söckchen gestrickt hatte, wie mir meine Cousine Elisabeth erzählt hat.

Flucht

Am Sonntag, dem 21. Januar 1945, hatte es noch geheißen, es bestehe keine Gefahr für die Stadt, was immer das auch bedeuten sollte. Eine Woche später, am 28. Januar, wurde mittags die Räumung Grünbergs von Frauen und Kindern angeordnet. Die russische Armee stand bereits 5 km vor der Stadt; es war Geschützdonner zu hören. Für die Familien der Werksangehörigen war ein Güterzug bereitgestellt, der zum Flak-Zug umgebaut worden war, dessen Wagen aber noch nicht mit Geschützen ausgestattet waren. Der dafür vorgesehene Platz war daher für Gepäck frei.

Weil die drohende Flucht erwartet worden war, hatte meine Mutter viele Gepäckstücke (Koffer, Wäschetruhen, einen alten Seesack) mit Kleidung, Wäsche, Hausrat und sogar Waschpulver gepackt. (Ich meine mich zu erinnern, noch Monate später eine solche Schachtel gesehen zu haben). Unsere Fotoalben lagen im Kinderwagen unter der Matratze. In dem Waggon war es eng und dunkel. Aber wir waren vor eisigem Wind und Schnee geschützt; ein kleiner Ofen wärmte uns bei mehr als -20°C auf den Straßen. Wir mussten nicht auf schlechten verschneiten Straßen laufen, wo Soldaten, Geschütze und endlose Flüchtlingstrecks unterwegs waren, bedroht von Tieffliegern, ohne jeden Schutz. Ich weiß nicht mehr, wie viele Personen sich in unserem Wagen befanden. In einem anderen waren fünf Erwachsene und neun Kinder. Irgendwie wurde gekocht, es wurden Windeln gewaschen und getrocknet. Man war glücklich über eine kleine Waschschüssel und den „Thron" für die Bedürfnisse der Kinder. Der Zug kam langsam voran. Am dritten Tag – Mittwoch – stand er in Elsterwerda, bereits westlich der Oder gelegen. Dort wendete sich meine Mutter an einen Bekannten meines Berliner Großvaters. Er half, unser Gepäck auszuladen, und nahm uns auf, bis ein Lkw, den mein Großvater unter einem Vorwand schicken konnte, uns abholte und nach Berlin brachte. Meine Großeltern waren nach dem Verlust ihres Hauses bei einem Freund untergekommen, bei dem auch wir wohnen konnten. Wir erlebten nun nächtliche Angriffe, stolperten schlaftrunken in den Keller.

Kriegsende in Könnern an der Saale

Anfang März brachte uns mein Vater von Berlin zunächst nach Könnern an der Saale. Die Firma Beuchelt & Co. hatte, nachdem ein Teil der Belegschaft mit Werkzeug und technischem Gerät und ihre Familien ebenfalls mit einem Güterzug Grünberg verlassen hatten, den Auftrag, dort die am 19. Februar zerstörte strategisch wichtige Eisenbahnbrücke über die Saale wieder aufzubauen. Doch wir blieben in Könnern, weil mein Vater seine Mutter und die Familie seines jüngeren Bruders in die für uns vorgesehene Unterkunft in Tanne/Harz gebracht hatte. Sie waren in demselben Zug wie wir gewesen; dessen Irrfahrt hatte nach zehn Tagen in Chemnitz geendet, wo nun unsere Verwandten aufs Neue dem Inferno massiver Luftangriffe ausgesetzt waren.

In Könnern nahm uns Familie Bertram, bestehend aus Eltern, fünf Kindern, der Großmutter und noch zwei oder drei Verwandten, auf. Sie bewohnte eine geräumige Villa außerhalb der Kleinstadt in der Nähe der Saale. Außer uns waren noch zwei vierköpfige Familien aus dem Sudetenland in dem Haus aufgenommen worden. Vier Familien, mindestens 24 Personen, teilten sich zunächst eine Küche und ein Bad. Es gab allerdings im Wirtschaftshof noch eine primitive Toilette, die wir, als wir etwas größer waren, benutzten. Auf dem Weg dahin musste man sich vor einem wütenden Ganter in Acht nehmen. Später wurde in einer Art Zwischengeschoss eine zweite Toilette eingebaut. Bertrams wurden für uns verständnisvolle Wohnungsgeber.

Die Baustelle auf der Brücke war Ziel von Tiefflieger-Angriffen der US-Luftwaffe und wurde am 13. April getroffen. Aus dem Fenster konnten wir den lodernd brennenden Bauwagen sehen. Ein Arbeiter wurde schwer verletzt in einem Pferdewagen zu Bertrams Grundstück gefahren. Er ist dort gestorben. (Ein roter Himmel in der Dunkelheit am Horizont hinter Häusern hat mich auch später noch lange beunruhigt, obwohl es nur der Schein der Neon-Reklame war.)

Am 14. April lieferten sich amerikanische Truppen vom andern Ufer der Saale mit wenigen deutschen Soldaten ein letztes kleines Gefecht. Dabei geriet ein Zimmer von Bertrams Haus in Brand, sodass wir einige Wochen bei einem Gärtner untergebracht wurden.

Besatzung

Amerikanische Soldaten kamen auch zu Bertrams ins Haus. Sie staunten über den Flügel und ein Harmonium. Frau Bertram und mein Vater spielten Beethoven, die Amerikaner anschließend Schlager oder Jazz. Für beide war es ein wohl etwas befremdlicher Eindruck.

Am 1. Juli zogen dann Russen ein. Könnern lag in Sachsen-Anhalt und gehörte zu den Gebieten, die der UdSSR als Besatzungsmacht überlassen wurden. Im Voraus spürte ich Angst bei anderen. Hanna Bertram, wohl 12 Jahre, sagte: „Wenn die Russen kommen, gehe ich …“, ich weiß nicht mehr, wohin. Sie wusste mehr, war eingeweiht in ihre Gefährlichkeit. Es waren Verstecke für die älteren Mädchen und jungen Frauen vorbereitet. Ich habe aber von keinen Gräueltaten in unserer Nähe erfahren. Die Gefahr ging glimpflich vorüber. Es gab wohl auch keine Vergewaltigungen, als die Frauen im Hause eines Abends für russische Offiziere Essen kochen mussten. Am anderen Morgen vergaßen sie, für die Kinder Essen zurückzulassen, wie sie versprochen hatten, als die Frauen ihre eigene Mahlzeit für ihre Kinder aufheben wollten. So hat es mir meine Mutter erzählt. Ein anderes Mal haben Russen Vieh, Kühe, vorbeigetrieben. Die schrien vor Schmerzen, weil sie gemolken werden mussten. Es gab deutsche Frauen, die das konnten. Die Milch wurde den Deutschen gelassen. Die abgeschöpfte Sahne haben wir aufs Brot gestrichen und mit etwas Zucker bestreut. Eine Köstlichkeit, die ich noch heute genieße.

Erste Nachkriegsjahre

Nachdem der Brandschaden in Bertrams Haus behoben war, bewohnten wir zwei große Zimmer: ein Wohn- und Esszimmer, für das wir Möbel aus dem Besitz meiner Großeltern aus West-Berlin bekommen hatten, und ein noch größeres Schlafzimmer; später kam noch ein kleines Zimmer für meinen Vater dazu. Wir hatten auch eine kleine Küche mit einem Wasseranschluss. Wir wohnten, verglichen mit anderen, komfortabel. Meine Mutter, die in Grünberg jeden Komfort genossen hatte, kochte, kaufte die Lebensmittel im 2 km entfernten Ort ein, fuhr mit dem Fahrrad auf die Dörfer zu den Bauern zum Hamstern, putzte, wusch die Wäsche und heizte die Öfen. Im Sommer „stoppelte" („stoppeln": die liegen gebliebenen Getreideähren sammeln) sie wie andere Flüchtlingsfrauen auch auf dreimal abgeharkten Feldern. Einmal wurde aus Zuckerrüben Sirup im großen Waschkessel gekocht.

Zu Bertrams hatte sich ein gutes Verhältnis entwickelt. Aus ihrer kleinen Landwirtschaft bekam meine Mutter später zu ihrem Geburtstag einen Zentner Weizen geschenkt, so dass uns der Bäcker aus dem Mehl sonnabends Brötchen backte. Nachmittags genossen wir die köstlichen Brötchen und spielten hinterher „Mensch, ärger dich nicht!" oder „Elfer raus", nachdem mein Vater sich in einem ausgedehnten Mittagsschlaf von den Strapazen der Arbeit erholt hatte.

Ich habe meine Eltern nie klagen gehört. Mein Vater hoffte wohl bis zu seinem Lebensende auf eine Rückkehr in die Heimat. Die Geschehnisse am 17. Juni 1953 schienen ihm politisch eine Möglichkeit zu eröffnen. Meinen Geschwistern und mir ist diese Illusion unbegreiflich. An einem Tag – es war vielleicht noch im Sommer 1945 – weinte ich scheinbar grundlos. Meine Mutter fragte, warum. „Ich habe Heimweh." – „Das haben wir alle." Dass sie mich nicht getröstet hat, hat mich Jahrzehnte gekränkt. Aber Schmerz und Verzweiflung hätten sie wohl überwältigt, wenn sie auf mich eingegangen wäre. Meine Mutter muss besonders unter der Vereinsamung gelitten haben, denn alle Verwandten und Freunde lebten im Westen. Sie war sich dessen durchaus bewusst und auch dankbar dafür, dass es uns im Vergleich zu den meisten Vertriebenen sehr gut ging.

Wir Kinder empfanden nicht, wie einschneidend sich das Leben verändert hatte. Im großen Garten um das Haus konnten wir – außer meinen Geschwistern noch Ottfried Bertram und zwei Mädchen aus den Sudeten, die auch bei Bertrams wohnten – unbeschwert spielen. Die umliegenden Saaleberge waren für meine Brüder Abenteuerland.

Eine geregelte Schulzeit begann für mich erst im Herbst 1946. Da ich mit zwei anderen Mädchen privat unterrichtet worden war, konnte ich in der dritten Klasse anfangen. Aus unserem Haus gingen vier Kinder auf der anderen Seite der Saale in Nelben in die Dorfschule, die einen guten Ruf hatte, obwohl sie nicht voll ausgebaut war. Der Weg führte über die gesprengte Straßenbrücke über eine steile Treppe. Erst in der fünften Klasse lag die städtische Schule vorn, vor allem im Russisch-Unterricht, deshalb besuchten wir nun die Schule in Könnern.

Es wundert mich heute, dass die Flüchtlings-Familien in Bertrams Haus so wenig voneinander wussten. Wir wohnten auf demselben Gang. Mit Anneliese ging ich in dieselbe Klasse. Wir trafen uns im Freien, gingen zusammen spazieren. Einmal war ich zu ihrem Geburtstag eingeladen. Aber ich weiß nicht, wie das Zimmer der Familie aussah. Meinen Geschwistern und mir ist unbekannt, ob die beiden anderen Familien 1954, als nach dem Tod meines Vaters unsere Verbindung nach Könnern abbrach, immer noch dort wohnten. Es war eine Anonymität, wie sie für die Mietergemeinschaften in großen Mietshäusern beklagt wird.

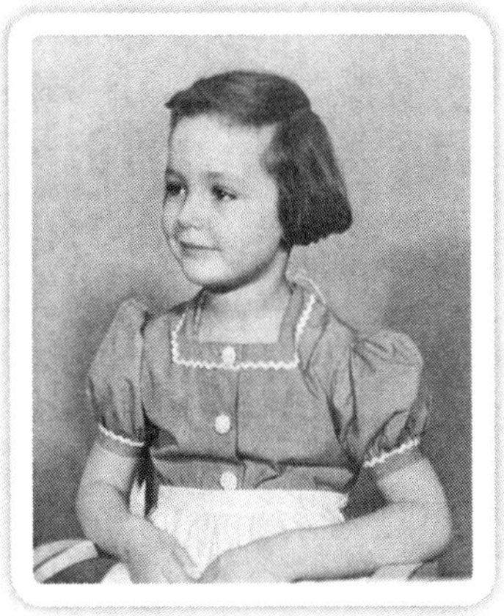

Marianne, 1943

„Kapitalist“ und privilegiert

Meine Familie war natürlich eine „Kapitalisten-Familie“. Das zeigte sich darin, dass mein Vater aus beruflichen Gründen ein Auto hatte, sogar einen Fahrer, und ein Telefon. Und wir hatten Großeltern in West-Berlin (Bananen!). Das war so. Ich glaube nicht, dass wir damit angegeben haben. Aber natürlich wusste man das und beobachtete uns. Giftige Bemerkungen blieben nicht aus, waren aber eigentlich selten.

Unbestreitbar hatten wir Vorteile: Mein Vater konnte von seinen vielen Dienstreisen manchmal auch Lebensmittel mitbringen, z.B. eine Kiste Bücklinge aus Wolgast. Zweimal konnten wir einen Urlaub auf Usedom verleben. Damals durfte man noch Strandburgen bauen. Es gab einen Wettbewerb: den gewann die Burg des VEB- (staatlichen) Kinderheims, das einen Negerkral gebaut hatte. Sehr zu unserer Enttäuschung, denn alle Spaziergänger hatten unser Bauwerk für das schönste erklärt. „Aha!“ – Unsere Enttäuschung hielt aber nicht lange an.

Mein Vater konnte mit dem Auto auch seine Mutter in Tanne besuchen. Es gelang ihm, dort zwei Plätze während der Sommerferien in einem Kinderheim für meine Brüder zu bekommen; sie litten immer wieder unter schweren Bronchitiden. Ein besonderes Erlebnis war für mich ein genehmigter, d.h. inoffiziell verabredeter Gang meiner Eltern mit meiner Großmutter über die „Grüne Grenze“ von Tanne nach Hohegeiß im April 1948. Das war wenige Wochen vor ihrem Tod. Wir waren dort mit den Brüdern meines Vaters und ihren Frauen verabredet. Es war aufregend, ob die Vereinbarung (mit wem? zu welchem Preis?) eingehalten wurde. Wir konnten unbehelligt die vollkommen leere Straße von Sorge nach Hohegeiß laufen und am Abend auch wieder zurück. Diese Situation – die menschenleere Straße im Niemandsland – hat sich mir eingeprägt, nicht was geredet wurde oder was wir in der Gaststube gegessen haben. Warum durfte ich dabei sein? Keiner meiner Vettern und Cousinen war dabei.

Selbstverständlich wurden wir angehalten, nichts von dem zu erzählen, was unsere Eltern zur Politik sagten. Wir wussten, dass man dafür „nach Bautzen“ kommen konnte. An einem Sommernachmittag 1947(?), als ich mit Anneliese auf einer Bank im Garten die Körner aus Weizenähren rieb, sang Otfried Bertram: „Chia, Chia ho,

/Käse gibt es im HO, ... Stalin hat ´nen Vogel auf ´m Koppe ..." Niemand hat es gemeldet.

Meine Schwester kam 1951 in die Schule. Als die Kinder am ersten Tag nach dem Namen des Bürgermeisters gefragt wurden, antwortete sie: „Bürgermeister Reuter" (Ernst Reuter war Regierender Bürgermeister in West-Berlin.). Der Klassenlehrer riet meiner Mutter zu mehr Vorsicht, denn solche Aussagen waren ein gefährliches Indiz dafür, dass in der Familie RIAS Berlin gehört wurde, der Rundfunk im amerikanischen Sektor von West-Berlin.

Gymnasium in West-Berlin

Da die Bildungspolitik der DDR Kapitalisten- und Akademikerkinder von der höheren Schulbildung weitgehend ausschloss, suchten meine Eltern einen Weg, uns das Abitur zu ermöglichen. Meine Großeltern (in West-Berlin) waren bereit, mich aufzunehmen. So zog ich im Januar 1950 zu ihnen; der Abschied von Könnern fiel mir sehr schwer, obwohl ich meine Großeltern liebte und sie auch schon besucht hatte. In meiner neuen Klasse musste ich natürlich auch vorsingen. Bärbel, die gleichzeitig mit mir in die Klasse gekommen war, sagte, sie kenne kein Lied. Ich wollte etwas Besonderes – nicht etwa „An der Saale hellem Strande" oder „Im Frühtau zu Berge" – singen und sang die neue Hymne der DDR „Auferstanden aus Ruinen". „Das hätte ich auch gekonnt", sagte Bärbel.

Innerhalb eines halben Jahres lernte ich den Stoff von zwei Jahren Englisch-Unterricht, glich meine mangelhaften Kenntnisse der Rechtschreibung und Interpunktion mit sehr passablem Erfolg aus und wurde trotzdem von meiner Klassenlehrerin nicht für die OWZ empfohlen. „Oberschule – wissenschaftlicher Zweig", die neue Bezeichnung fürs Gymnasium, begann mit der 7. Klasse. In Berlin war damals gerade das Schulwesen mit der sechsjährigen Grundschule neu geordnet worden. Nach wenigen Wochen in der Realschule – die damals gültige Bezeichnung weiß ich nicht mehr – überredete meine Mutter den Direktor der zuständigen OWZ zu einem Schulwechsel „auf seine Kappe". Damit war mein Weg zu Abitur und Studium geebnet.

Weiteres Schicksal der Firma Beuchelt & Co. und der Familie

Mein Bericht könnte hier enden. Ich bin an dem Punkt angekommen, zu dem mich meine Eltern in Grünberg auch geführt hätten: das Ziel Abitur. Aber ein sinnvolles Ende hat der Bericht erst mit dem Tod meines Vaters 1954. Die Zukunft von Beuchelt & Co. als selbstständige Firma wurde immer wieder in Frage gestellt, obwohl die Firma nicht auf der Liste der zu enteignenden Firmen gestanden hatte. Ende 1946 wurde die Genehmigung für die Niederlassung in Könnern erteilt. Zu dieser Zeit hatte die Firma bereits ungefähr 300 Mitarbeiter, davon etwa 90 Grünberger, deren Familien sich auch in Könnern eingefunden hatten. Sie entwickelten ein starkes Zusammengehörigkeitsgefühl, hofften auf eine Rückkehr nach Schlesien und pflegten die Erinnerung. Auf der Weihnachtsfeier wurde auch das Riesengebirgslied gesungen. Nicht zu vermeiden waren Eifersüchteleien zwischen „Beuchel-tern" und Könneranern.

Natürlich war die Firma als Privatunternehmen ein Dorn in den Augen der SED, und man suchte nach Möglichkeiten der Enteignung. Die Entnazifizierungsverfahren meines Vaters und seines Bruders führten nicht zur Enteignung, da ihre Eigentumsanteile an ihre Mutter als Haupteigentümerin zurückübertragen wurden. Die Privatwirtschaft durfte nur geringere Löhne und Gehälter als die Volkseigenen Betriebe (VEB) zahlen, damit wurde die Arbeit in den VEB attraktiver. Es gab intensive Versuche, Wirtschaftskriminalität nachzuweisen (Erwerb von Material im Westen oder Miete bzw. Erwerb von Maschinen und Geräten im Westen gegen Devisen). Hohe Steuernachzahlungen, um den Betrieb in die Insolvenz zu treiben und so in Volkseigentum überführen zu können. Aber Beuchelt & Co. arbeitete erfolgreich: mit der technischen Kompetenz der Ingenieure und Statiker, der Qualität und Zuverlässigkeit der Arbeit, der Pünktlichkeit der Planerfüllung. (Brücken u.a. in Stralsund, Tangermünde, Caputh, Wittenberg, Wolgast, Vockerode, Beteiligung an dem Wiederaufbau der Glienicker Brücke). In einem Aktenvermerk der Zentralen Kontrollkommission (ZKK) aus dem April 1953 ist zu lesen, dass eine neue Überprüfung „das Ziel hat, die Firma Beuchelt & Co. ins Volkseigentum zu überführen. Zur Zeit ist die Abteilung Finanzen dabei zu klären, ob die volkseigene Industrie in der Lage ist, bei einer Schließung der Fa. Beuchelt & Co. die vorliegenden Aufträge auszuführen. Des weiteren wird überprüft, wie die Techniker und Statiker leben, um diese mit übernehmen zu können. Den Kollegen wurde mitgeteilt, dass seitens der ZKK keine Bedenken erhoben werden, gegen die Firma Beuchelt & Co. Schritte einzuleiten, wenn die Voraussetzungen dafür vorhanden sind, dass der Brückenbau weiter reibungslos von statten geht.“ Brücken waren unverzichtbarer und vordringlicher Bestandteil einer funktionierenden Infrastruktur.

Natürlich wurde auch unser Familienleben beobachtet. Es wurde selbstverständlich registriert, dass ich bei meinen Großeltern in West-Berlin lebte. Mit der Zeit wurde es für meinen Vater auch ein drängendes Problem, wie er den Anschluss an die technische Entwicklung behalten könne, die er auf Fachtagungen, zu denen er in die Bundesrepublik reisen durfte, kennenlernte. Immer wieder gab es anscheinend hoffnungsvolle Lichtblicke, die ihn zum Bleiben veranlassten.

Auch Verantwortung und Treue zu „seinen Leuten“ hinderten ihn an einer endgültigen Entscheidung; einige, die nun für einen Wechsel zu alt waren, hatten aus Verbundenheit auf eine Übersiedlung in den Westen verzichtet. Inzwischen mussten meine Eltern auch für den Schulweg meines Bruders eine Entscheidung treffen. Meine Großeltern sahen sich außerstande, die Verantwortung auch für ihn zu übernehmen. Mein Großvater, der die Entscheidung meines Vaters, Könnern nicht zu verlassen, für falsch hielt, machte meiner Mutter das Angebot, in seiner nach dem Krieg in West-Berlin wieder begründeten Firma mitzuarbeiten, damit sie diese nach seinem Tode weiterführen könne, bis einer meiner Brüder alt genug sei, sie zu leiten. So verließen sie und mein Bruder 1951 Könnern. Meine beiden jüngeren Geschwister folgten erst Ende 1952 nach einem schweren Autounfall meines Vaters. Die Spannungen, die durch die Trennung der Familie entstanden, waren schwer erträglich. 1954 gab mein Vater seine Hoffnung auf und unterschrieb einen Vertrag in Westdeutschland. Zwei Wochen, bevor er seine Stelle übernehmen wollte, ist er überraschend gestorben. Ein harmonisches Familienleben, wie wir es uns gewünscht haben, konnten wir nicht mehr aufbauen. Aber ich stelle mir vor, dass seine letzte Erfahrung war, dass er der Firma und „seinen Leuten“ treu bleiben konnte.

Beuchelt existierte noch 1989 als eigenständiger Betriebsteil des VE Autobahnkombinats Magdeburg.

Nachwort

Grünberg (heute: Zielona Góra, die Übersetzung des Ortsnamens ins Polnische) wurde urkundlich erstmals 1302 erwähnt, der Anbau von Wein ist seit dieser Zeit bezeugt, ebenso „Wollenweberei"; seit 1755 gab es in Grünberg Tuchmärkte. Sie waren das Rückgrat der Wirtschaft. Der Abbau von Braunkohle von 1840 an ermöglichte die Ansiedlung weiterer industrieller Betriebe.

Ich habe Grünberg erst 2009 kennengelernt. Heute hat die Stadt etwa 130 000 Einwohner: neue Stadtteile mit riesigen Wohnblöcken in Plattenbauweise sind hinzugekommen. Die Stadt ist Hauptstadt der gleichnamigen Woiwodschaft, Industriestandort mit geringer Arbeitslosigkeit, eine Universität. Die Stadt wurde bei der Eroberung durch die Russen nicht zerstört. Die Altstadt sowie auch die Stadterweiterung u.a. mit einer Anzahl großbürgerlicher Stadtvillen ist gepflegt und weitgehend sorgfältig restauriert. Besonders bewegt hat mich, dass Spuren der deutschen Vergangenheit und Verdienste deutscher Bürger im Stadtbild gepflegt werden. Am Eingang des eingeebneten Grünen Kreuzkirchhofs (angelegt 1622) ist eine Tafel aus Travertin mit den Namen verdienstvoller deutscher Bürger in eine Wand eingelassen; das Mausoleum für Georg Beuchelt ist in großen Teilen erhalten (als einziges Grabmal); seiner wurde anlässlich seines hundertsten Todestages in einer Ausstellung im Museum gedacht. Testamentarisch hatte er u.a. den Bau einer evangelischen Kirche, der Erlöserkirche (heute: Heilandskirche), verfügt.

Vor ihrem Eingang steht in Polnisch, Deutsch, Englisch, Französisch eine Tafel mit dem Hinweis auf den Stifter und die Entstehung. Im Betrieb der Firma Beuchelt wurde gleich nach Kriegsende weiter gearbeitet. Unter dem Namen Zastal wird

auch heute der Waggonbau fortgeführt. Weinbau wird wieder sorgfältig kultiviert. Seit 1826 wurde aus Grünberger Trauben Sekt gekeltert. Der neue Sekt wird unter dem alten Namen „Grempler" vertrieben. Auch die Sektproduktion ist wieder aufgenommen. Das traditionelle Weinfest Anfang September wird mit einem großen Umzug gefeiert.

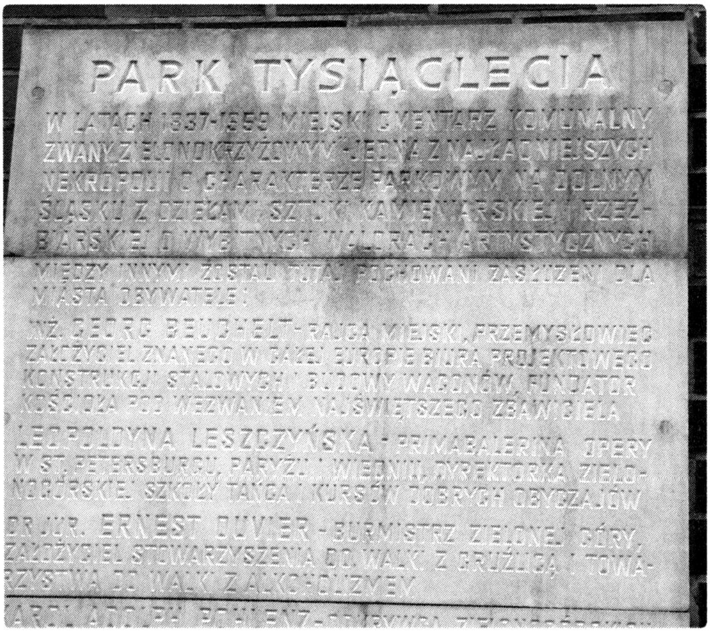

Marianne Häring studierte nach dem Abitur Philologie an der FU Berlin und in Heidelberg. Nach dem Zweiten Staatsexamen war sie bis 1976 als Oberstudienrätin zuletzt in Mannheim tätig. Später legte sie auf dem „Zweiten Bildungsweg" die Prüfung zur „Meisterin der Hauswirtschaft" ab. Sie lebte mit ihrem Mann, Georg Häring, in Oberschwaben, Karlsruhe, Berlin, Mannheim und Bautzen, jetzt wieder in Mannheim. Sie haben zwei Töchter und vier Enkel.

Bekanntschaft mit einer neuen Welt

Herbert und Harald Dratwa: Sprachlos in Polen

Wir Brüder wurden 1936 (Herbert) bzw. 1943 (Harald) in Königshuld, 12 km nördlich von Oppeln in Oberschlesien gelegen, geboren. Zwischen uns beiden wurden drei Schwestern geboren, 1938, 1940 und 1942.

> *Königshuld war ein größeres Dorf, das 1938 ungefähr 1.900 Einwohner hatte. Es war 1785 unter dem preußischen König Friedrich II. gegründet worden, nachdem dieser am Ende des Siebenjährigen Krieges Schlesien, das vorher zu Österreich gehörte, endgültig für Preußen gewonnen hatte. Königshuld entstand im Zusammenhang mit dem Bau einer Fabrik, die landwirtschaftliche Geräte herstellte: Schaufeln, Pflugscharen, Sensen usw. Die Rohstoffe dafür, Eisenerz und die zur Verhüttung notwendige Kohle, gab es in Oberschlesien reichlich.*

Vor der Fabrik stand ein Denkmal des „Alten Fritz", an das sich Herbert ganz deutlich erinnert. Unser Vater arbeitete in der Fabrik, und daher lebten wir in einer Werkswohnung, ungefähr 500 m davon entfernt. Die Wohnung lag in einer dreiflügeligen Wohnanlage aus einstöckigen Häusern, in denen insgesamt 36 Familien lebten. Für die damalige Zeit waren die Wohnungen modern. Wir hatten eine Wohnküche und zwei Zimmer, es gab zwar ein „Plumpsklo", aber wenigstens im Haus, wir waren an die Strom- und Wasserversorgung der Firma angeschlossen, zu jeder Wohnung gehörten ein Schuppen und ein Stück Garten.

Die Russen kommen

Herbert weiß noch genau, dass bereits im Spätsommer 1944 der Geschützdonner der vorrückenden Roten Armee zu hören war. Das veranlasste die meisten Familien aus dem Wohnblock, ihr Zuhause zu verlassen und sich nach Westen aufzumachen. Unsere Mutter wagte das aber nicht. Sie kannte niemandem im Westen, und mit fünf Kindern, davon vier im Alter zwischen einem und vier Jahren, traute sie sich die Flucht nicht zu. Und so blieb sie – zusammen mit einer anderen Familie aus der Wohnanlage – in Königshuld.

Kurz vor Weihnachten 1944 waren die Russen dann da. Unsere Mutter und die Mutter der anderen Familie verkrochen sich mit ihren insgesamt neun kleinen Kindern in unserer Wohnung und warteten, was geschehen würde. Herbert, der Älteste, schaute verstohlen aus dem Fenster, und da sah er, wie zwei Russen, von oben bis unten weiß gekleidet, also wohl in ihrer Winteruniform, einen jungen deutschen Soldaten vor sich hertrieben, der auf Urlaub war und seine alten Eltern besucht hatte. Er wurde kurzerhand von ihnen erschossen. Auch davon wurde Herbert Zeuge. Die alten Leute wurden von den Rotarmisten aufgefordert, den Toten innerhalb einer Viertelstunde verschwinden zu lassen, dann kämen sie zurück, um sich davon zu überzeugen. Die Eltern rollten ihren toten Sohn in eine nahegelegene Schonung.

Dann stöberten uns die russischen Soldaten in unserer Wohnung auf. Unsere Mutter hatte schon Tage vorher alles, was an den Hitlerstaat erinnern könnte, verbrannt: die Hakenkreuzfahne, das Buch „Mein Kampf", das jedes Ehepaar im „Dritten Reich" zur Hochzeit bekam, sogar Bilder unseres Vaters in Uniform. Nur das Familienstammbuch, obwohl es natürlich auch mit einem Hakenkreuz versehen war, hatte sie zwischen den Matratzen versteckt. Es schien also alles in Ordnung, aber dennoch führten zwei Russen unsere Mutter hinaus in den Garten, um sie zu erschießen. Nur dank des Messdieners, der gerade daherkam und der ein bisschen Russisch konnte, wurde sie gerettet. Er konnte den Rotarmisten begreiflich machen, dass unsere Mutter eine gute, einfache Frau sei, die sich nur immer um ihre fünf Kinder gekümmert habe.

An einem der nächsten Tage wagte Herbert es, in den unweit unseres Wohnblocks liegenden Laden zu gehen, um zu schauen, ob es noch etwas zu holen gäbe. Er erinnert sich genau daran, dass vor dem Eingang ein erschossener deutscher Soldat in einer getrockneten Blutlache lag. Ungerührt, und das erschreckt Herbert heute noch, ging er an ihm vorbei, holte sich ein paar Bonbons, verließ den Laden wieder und musste an dem Toten wieder vorbei. Der Soldat wurde dann auf dem Friedhof beerdigt.

In den ersten Monaten 1945 war unsere Mutter vor allem mit der Beschaffung von Nahrung für uns kleine Kinder beschäftigt. Im Schuppen hinter dem Haus hielt sie Hühner, es gab auch eine Ziege, deren Milch für Harald, gerade ein Jahr alt, besonders wichtig war. Sobald es etwas wärmer wurde, bestellte die Mutter den Garten, und wir erinnern uns beide, dass es jahrelang morgens, mittags und abends Gemüsesuppe gab – so scheint es uns jedenfalls heute. Herbert und die beiden größeren Schwestern stöberten in den verlassenen Nachbarwohnungen herum, wo sie einiges plündern konnten: Kohlen, Holz, aber auch Gläser mit Eingemachtem. Richtiges Plündern war es wohl nicht, denn die Besitzer waren ja alle geflohen, die Sachen waren nun herrenlos.

Festtage waren es, wenn wir Kinder aus der russischen Feldküche etwas bekamen: Graupen mit Öl. Das liebten wir alle, sogar der kleine Harald aß davon.

Übergabe an Polen
Im März/April 1945 überließen die Russen unser Gebiet den Polen.

Der Hitler-Stalin-Pakt vom August 1939, aufgrund dessen die beiden Diktatoren sich Europa aufgeteilt hatten, führte dazu, dass die Sowjetunion bereits 1939 das polnische Gebiet östlich der sog. Curzon-Linie, die teilweise mit dem Fluss Bug identisch ist, besetzte und es auch 1945 nicht an Polen zurückgab. Um diesen Verlust des Territoriums auszugleichen, legten die Sieger des Zweiten Weltkriegs auf der Potsdamer Konferenz endgültig fest, dass der Staat Polen nach Westen bis zur Oder-Neiße-Grenze „verschoben" werden könne. Das geschah auf Kosten Deutschlands, dessen alte Reichsgebiete Schlesien, West- und Ostpreußen zunächst unter sowjetische bzw. polnische Verwaltung kamen und schließlich ganz diesen Staaten zugeschlagen wurden.

Bereits im Sommer 1945 kamen polnische Familien, die aus dem jetzt zur UdSSR gehörenden Ostpolen hinter dem Bug vertrieben worden waren, in unser Dorf und bekamen die Wohnungen, aus denen die deutschen Familien geflüchtet waren. So auch in unserem Block. In den ersten Monaten herrschte Anarchie. Soweit es noch Deutsche in Königshuld und Umgebung gab, wurden sie aus ihren Häusern vertrieben, ihre Habe konfisziert und den Bauern ihr Vieh geraubt. Zwar gab es eine Ordnungsinstanz, die UB, aber es stellte sich heraus, dass das eine politische Polizei war, etwa dem KGB, dem sowjetischen Geheimdienst, vergleichbar, und dass es geraten war, sich nicht an diese Organisation zu wenden, wenn sich Polen an deutschem Eigentum bereichert hatten. Deutsche Männer, die sich beschwerten oder zu einem Verhör geführt wurden, kamen meistens nicht zurück. Die Delikte der Polen wurden natürlich auch nie aufgeklärt.

Leben unter Polen

Das alltägliche Leben in unserem Block kam in etwas geordnetere Bahnen, als deutsche Männer aus der Kriegsgefangenschaft zurückkehrten und ihre Arbeit in der Fabrik wiederaufnahmen. Sie setzten die Turbine wieder in Gang, und so gab es wenigstens Strom. Aber das Zusammenleben mit den Polen gestaltete sich sehr schwierig. Das hing natürlich auch mit der Geschichte zusammen, die nicht erst durch den Zweiten Weltkrieg belastet war.

Die Bestimmungen des Versailler Vertrags nach dem Ersten Weltkrieg sahen für Oberschlesien eine Volksabstimmung vor. Sie wurde 1921 durchgeführt mit dem Ergebnis, dass sich knapp 60 Prozent für Deutschland entschieden, 40 Prozent für Polen. Das zeigt auch, dass es in Oberschlesien schon immer ein Nebeneinander von Deutschen und Polen gegeben hat. Die Pariser Botschafterkonferenz, die die Abstimmung überwachte, entschied daraufhin, Oberschlesien zu teilen: Ostoberschlesien, wo sich zwei Drittel aller Kohlegruben und Industrieanlagen und drei Viertel aller Rohstoffvorkommen, vor allem Eisenerz und Kohle, befanden, wurde dem wieder gegründeten Staat Polen zugeschlagen. Westoberschlesien blieb bei Deutschland. In Königshuld, das in dem bei Deutschland verbleibenden Teil lag, hatte bei der Abstimmung 1921 nur etwa ein Zehntel der Wahlberechtigten für Polen votiert.

Nun war Königshuld also „unter polnischer Verwaltung", wie es zunächst hieß. Alle wichtigen Positionen in Verwaltung und Wirtschaft wurden mit Polen besetzt. Die deutsche Sprache wurde von einem auf den anderen Tag verboten, die deutsche Staatsangehörigkeit wurde abgeschafft. Das hieß, dass meine Mutter und wir Kinder jetzt als Polen galten. Auf Ämtern wie etwa bei der Polizei wurden alle Vorgänge auf Polnisch abgehandelt, Dolmetscher standen nicht zur Verfügung.

Manchmal gab es mitfühlende Funktionsträger wie z.B. den zuerst eingesetzten Direktor der Fabrik, der für die deutschen Kinder, die 1946 zur Erstkommunion kamen – Herbert gehörte dazu – Gebetbücher und Rosenkränze kaufte. Er wurde aber bald abgesetzt.

Schlimm war es in der Schule, in die Herbert 1946 kam. Er war fast 10 Jahre alt, hätte also schon vor drei Jahren eingeschult werden müssen, aber wegen des Krieges hatte zwei Jahre kein Unterricht mehr stattgefunden. So saß er nun mit anderen

Kindern der Jahrgänge 1933 bis 1936 in einem Raum, darunter viele kleine Polen. Die polnische Lehrerin sprach ihn auf Polnisch an, er verstand kein Wort. Seinen Namen Herbert konnte oder wollte sie sich nicht merken, so nannten sie ihn „German", was mehr war als ein Name, nämlich eine Brandmarkung: „Deutscher". Kein Wunder, dass Herbert in der 3. Klasse zunächst einmal sitzenblieb. Harald im Kindergarten ging es ähnlich: Er wurde zu „Oleg", unsere Schwester Waltraud zu „Valeska".

Unsere Mutter arbeitete zunächst bei Bauern auf dem Feld und erhielt als Bezahlung Kartoffeln, Eier, Butter. Auf die Höfe der geflüchteten Deutschen war Landbevölkerung aus Ostpolen gezogen, das große Rittergut des Grafen Garnier wurde enteignet und in eine Landwirtschaftliche Produktionsgenossenschaft (LPG) umgewandelt.

Da die Mutter aber keinerlei Geld bekam, arbeitete sie später in der Fabrik. Hier musste sie die produzierten landwirtschaftlichen Geräte bündeln. Das war schwere Arbeit, etwa wenn sie Schaufeln zu Zehnerpackungen mit Drähten zusammenschnüren musste. Auch unsere älteste Schwester arbeitete hier, und zwar in der Lackiererei. Neben dem Lohn erhielt sie ein Deputat von Milch, da die Stiele der Schaufeln mit ätzenden Substanzen gelackt werden mussten. Arbeiter, die aus Bauernhöfen stammten, gaben ihr oft ihre Milchkarte, sodass für uns Kinder immer genug Milch vorhanden war.

Als die kleineren Kinder etwas selbstständiger geworden waren, dachte unsere Mutter immer mal wieder über eine Ausreise nach, aber ab 1947/48 war die Ausreise für „Polen", als die wir ja nun angesehen wurden, verboten. Außerdem gab es niemanden im Westen, der für uns einen Antrag hätte stellen können, und selbst diejenigen, die Verwandtschaft im Westen hatten, warteten zwischen fünf und zehn Jahren auf ihre Ausreise.

Unser Vater war als Soldat in jugoslawischer Gefangenschaft gewesen und ist nach dem Krieg nicht zurückgekommen.

Unser Berufsweg

Herbert machte nach Besuch der siebenklassigen Einheitsschule eine Lehre als Maschinenschlosser und besuchte die werkseigene Berufsschule. Die Mutter freute sich auf das Ende der Lehre, weil er dann die Familie mit unterstützen konnte. Aber er wurde mit 20 Jahren sofort für zwei Jahre zur polnischen Armee eingezogen, zum Bodenpersonal der Luftwaffe. Hier ging es ihm gut, es gab reichlich Essen, Zigaretten, Sold, und die Arbeit war auch nicht allzu schwer. Als Maschinenschlosser war er einem Piloten zugeteilt, für dessen Flugzeug er voll verantwortlich war.
Nach Ablauf seiner Dienstzeit 1959 heiratete er, eine junge Frau mit deutschem Hintergrund.

Harald besuchte ein „pädagogisches Gymnasium", sodass er 1961 nicht nur das Abitur hatte, sondern mit 18 Jahren auch gleichzeitig so etwas wie ein Erstes Staatsexamen für den Schuldienst. Er war der einzige Schlesier an seiner Schule, unterrichtete in einer Grundschule die Klassen 1-4 und machte gleichzeitig ein Fernstudium in Physik, das er mit dem Diplom abschloss. Als er zum Wehrdienst eingezogen werden sollte, wollte der Direktor seinen einzigen Physiklehrer nicht verlieren und gab Harald den Rat: „Sagen Sie dem Musterungsoffizier Grüße von mir, ich kenne ihn gut!" Das tat Harald und wurde umgehend entlassen.

Am „Tag des Lehrers", der in allen sozialistischen Ländern gefeiert wurde, wurden Lehrer ausgezeichnet, die mindestens fünf Jahre im Dienst waren. Es gab 500 Zloty. Harald erhielt nie etwas und fasste sich endlich ein Herz, als er in seinem achten Dienstjahr auch wieder leer ausging. „Kollege, treten Sie in die Partei ein!", war die Antwort des Direktors. Irgendwo trieb der Mann ein neues Portemonnaie auf, das er Harald als Gabe überreichte. Es war aber leer.

Die Ausreise

Nach Unterzeichnung des Warschauer Vertrages 1971, in dem die Bundesrepublik die polnische Westgrenze, nämlich die Oder-Neiße-Linie, anerkannte, wurden Ausreiseanträge von Deutschen aus Polen großzügig behandelt. Auch unsere Familie entschloss sich jetzt dazu.

Der Mann unserer Schwester flüchtete über Jugoslawien in die Bundesrepublik und holte dann die Familie nach. Die Schwester wurde aus dem Kontingent von 3 Mrd. DM „bezahlt", das die Bundesrepublik dem Staat Polen für die Ausreise ihrer deutschstämmigen Staatsbürger zur Verfügung stellte.

Harald, der Lehrer mit der Nationalität polnisch, aber der Volkszugehörigkeit deutsch, stellte 1978 über seinen Direktor an das Schulamt einen Antrag. Wegen eines Verfahrensfehlers im Schulamt zu Haralds Gunsten ging die Ausreise mit seiner Familie – auch er war mit einer deutschstämmigen Frau verheiratet – schnell vonstatten. Sein Studium wurde in der Bundesrepublik anerkannt. Um in der Bundesrepublik den Beamtenstatus zu erlangen, musste Harald aber ein zweites Fach (Chemie) in Heidelberg studieren. Dies schloss er mit Erfolg ab. Er arbeitete bis zu seiner Pensionierung an Mannheimer Realschulen als Lehrer für Physik und Chemie.

Herbert, der im selben Jahr ein Besuchsvisum für sieben Tage erhalten hatte, fuhr direkt nach Friedland in das Lager für Aussiedler und kehrte nicht nach Polen zurück. Frau und Kinder konnten erst nach zwei Jahren nachkommen. Herbert erhielt eine gute Stelle bei John Deere in Mannheim und konnte in den zwei Jahren seine Familie in Polen gut versorgen.

Die Mutter reiste ebenfalls aus und bekam in Deutschland eine Rente.
Nun waren wir alle wieder Deutsche.

Elfriede Keller: Die Feinde, das waren ja Menschen!

Es war am Tag des Kriegsbeginns am 1. September 1939. Wir standen in Radolfzell am Ufer des Bodensees, als plötzlich Sirenen aufheulten. Meine Mutter weinte und auch andere Frauen. Dieses Weinen habe ich in Erinnerung, aber natürlich nicht die Verbindung mit dem Krieg. Ich war zweieinhalb Jahre alt, meine Schwester drei Jahre älter.

Mein Vater war nur wenige Wochen zur Wehrmacht eingezogen worden, wurde dann aber als unabkömmlich entlassen, er war UK gestellt, wie man sagte, da er einem kriegswichtigen Betrieb bei der Reichsbahn vorstand, die als zentrales Logistikunternehmen eine herausragende Bedeutung für den erhofften „Endsieg" hatte. Mein Vater, Jahrgang 1903, stammte aus einem Dorf in der Gegend von Lauda. Da man auf die Begabung des Jungen aufmerksam geworden war, sollte er das Gymnasium besuchen, was aber aufgrund des plötzlichen Todes seines Vaters nicht mehr möglich war. Zwölf Kinder waren schließlich zu versorgen. Mein Vater machte eine Lehre als Mechaniker, ging danach als Berufssoldat zur Reichswehr – er war ein sog. „Zwölfender", hatte also 12 Jahre gedient. In dieser Zeit konnte er bei der Reichswehr eine Ausbildung als Ingenieur machen und bekam nach Ablauf seiner Dienstzeit bei der Reichsbahn eine gute Stelle.

1942 zogen wir nach Mannheim. Das war auch das Jahr, in dem das Deutsche Reich durch Besetzung des größten Teils von Europa die größte Ausdehnung hatte. In dieser Zeit, so erzählte es mein Vater, besuchte ihn einmal ein alter Freund aus Reichswehrzeiten in Mannheim, der genau wie er ebenfalls Ingenieur geworden war. Er hatte sich reaktivieren lassen und bekleidete mittlerweile in der Wehrmacht einen hohen Offiziersrang. Er wollte meinen Vater überreden, es ihm gleichzutun. Aber mein Vater wollte das nicht, offenbar war ihm damals schon klar, dass ein so riesiges Besatzungsgebiet auf Dauer nicht zu halten sein würde. Außerdem waren ja bereits die USA in den Krieg eingetreten. Das sagte er auch seinem Freund und fügte hinzu, dass dieser Krieg daher für Deutschland niemals zu gewinnen sei. Der Freund stand abrupt auf, nannte ihn einen „schäbigen Zivilisten" und sagte, er würde ihn anzeigen, wenn nicht die alte Freundschaft bestehen würde. Bekanntlich wurden solche „defätistischen" Äußerungen schwer bestraft, oft mit dem Tod, aber Gott sei Dank hatten sie keine Folgen für meinen Vater.

Und schließlich war 1942 das Jahr, in dem ich als Fünfjährige die ersten Luftangriffe erlebte. Jede Nacht lagen wir in unserer Wohnung in L 11, 22 angezogen in den Betten, damit wir schnell in den Keller oder in den nicht weit entfernten Bunker am Hauptbahnhof rennen konnten. Und jedes Mal war ich so außer mir, wenn wir da unten saßen, dass ich mich immer erbrechen musste. Erst wenn meine Mutter mich in die Arme nahm, konnte ich mich einigermaßen beruhigen. Als wir einmal aus dem Bunker kamen, konnte ich für kurze Zeit wegen der vielen anderen Menschen meine Mutter nicht sehen. Panisch vor Angst blieb ich einfach stehen, bis ich sie wieder entdeckt hatte. Als wir zu unserem Wohnhaus zurückgingen, sah ich Häuserfronten, an denen brennender Phosphor, der in allen Farben schillerte, vor allem grün und blau, herunterfloss. Noch jahrelang hatte ich Albträume: Ich stehe auf der Straße, Bomben fallen, ein schwarzer Mann zieht meine Mutter von mir weg. Dass sich dieser Schrecken mit den Jahren verloren hat, verdanke ich der großen Geborgenheit, die mir meine Großeltern und vor allem meine Mutter in diesen Jahren vermitteln konnten. Bei ihnen würde mir nichts passieren. Ich habe die Familie auch in späteren Zeiten immer als Zufluchtshafen erleben dürfen.

1943 bei den großen Angriffen auf Mannheim und Ludwigshafen fiel auch in unser Haus eine Brandbombe, die oberen Stockwerke waren unbewohnbar. Mein Vater fotografierte heimlich die zerstörung, was bei strengster Strafe verboten war.

Blick auf gegenüberliegende Häuser

Blick auf unseren Garten

Wir wohnten im Parterre, daher konnten unsere Möbel zum Glück herausgetragen werden. Aber es war doch klar, dass wir nicht in Mannheim bleiben konnten. Das sah offenbar auch die Stadtverwaltung so, denn es erging die Anweisung, dass Mütter mit Kindern die Stadt verlassen müssten. Wer keine Verwandten hatte, die ihn aufnehmen konnten, wurde zu irgendwelchen Familien auf dem Land evakuiert, häufig auf Bauernhöfe im Elsass. Wir hatten Gott sei Dank unsere Großeltern mütterlicherseits in Lauda im Bauland, zu denen meine Mutter mit uns beiden Schwestern zog. Zwar waren einige Zimmer im 1. Stock bereits von einer ausgebombten Familie aus Ludwigshafen belegt, aber wir drei fanden Platz. Mein Vater, der aufgrund seiner Tätigkeit in Mannheim bleiben musste, besuchte uns alle paar Wochen am Sonntag. Er kam mit seinem Auto, das ihm wegen seiner unabkömmlichen Stellung gelassen worden war. Ich war immer sehr stolz, dass ich wenigstens ab und zu am Wochenende einen Vater hatte, die Väter der meisten anderen Kinder in Lauda waren im Krieg, kamen selten auf Urlaub, und viele kehrten gar nicht zurück. In dieser Zeit wurde mein Vater nach Freiburg versetzt.

Gegen Kriegsende wird es gewesen sein, als wir mit den Großeltern sonntags in der Kirche waren. Gerade als wir sie verließen, hörten wir das unheilverheißende Brummen eines anfliegenden Geschwaders. Kaum dass wir uns in das nahe gelegene Krankenhaus gerettet hatten, ging die Bombardierung los: Der Bahnhof von Lauda war das Ziel. Auch ein Zug mit deutschen Soldaten wurde getroffen. Noch während wir im Krankenhaus waren, wurden die ersten überlebenden Verletzten hereingetragen. Ein Arzt trug einen Mann, ein Bein war ihm teilweise weggeschossen, und Teile fielen vor meinen Augen zu Boden. Eine Frau wurde gebracht, die eben einen Arm verloren hatte. Ich war mir sicher, dass so etwas keine Menschen gemacht haben konnten, das mussten abgrundböse Ungeheuer gewesen sein!

Elfriede, vorne, mit Mutter und Schwester

So dachte ich auch, als ich mit meiner Mutter und meiner Schwester auf einem im letzten Sommer abgeernteten Getreidefeld beim Ährenlesen war. Das war schon in den letzten Kriegswochen nötig, denn die Versorgung der Zivilbevölkerung, die den ganzen Krieg hindurch funktioniert hatte, war zusammengebrochen. Die aus den Ähren gepuhlten Körner wurden grob zu Mehl zermahlen. Es waren noch andere Frauen mit ihren Kindern auf dem Feld. Plötzlich näherte sich ein Tiefflieger, der uns aufs Korn nahm und beschoss. Mehrmals drehte er in einiger Entfernung, flog wieder in niedriger Höhe über uns hinweg und schoss weiter. Meine Mutter hatte einen kleinen Graben am Rand des Ackers entdeckt, sie rannte mit uns hinein und warf sich über uns. Dann drehte der Tiefflieger ab. Kaum war die Gefahr vorbei, sammelten meine Schwester, ich und die anderen Kinder die Hülsen der Geschosse ein, die wir auf dem Feld finden konnten. Mit denen kehrten wir dann nach Hause ins Dorf zurück und zeigten es den anderen als Beweis für das, was wir durchgemacht hatten. Ich weiß noch genau, dass wir Kinder uns als Heldinnen fühlten!

Als die Amerikaner Mitte April die kleine Straße zum Haus meiner Großeltern hochkamen, war ich doch sehr überrascht. Da kamen keine Ungeheuer, sondern junge Soldaten in guter Kleidung, wohlgenährt, allerdings hielten sie das Maschinengewehr kampfbereit vor sich hin. Mein erster Gedanke war: „Der Feind, das sind ja Menschen!" Und was für Menschen, besonders uns Kindern gegenüber! Sie waren zunächst in den Häusern um uns herum einquartiert, und wir Kinder fanden uns bald dort ein, weil sie uns mit lange nicht oder noch nie gesehenen Köstlichkeiten beschenkten: Schokolade, Kaugummi und Erdnussbutter in Dosen. Besonders gut schmeckte mir die Suppe, die sie in Gulaschkanonen hatten und auf der Straße ausschenkten. Wir standen mit den amerikanischen Soldaten dort an und bekamen sogar noch Suppe in unsere mitgebrachten Töpfe. Wir zählten die Amerikaner nun nicht mehr zu den Feinden, auch wenn wir hin und wieder aufschnappten, dass es Vergewaltigungen gegeben habe. Kein Kind konnte sich etwas darunter vorstellen, nur das Wort „Gewalt" war uns bekannt. Und nun spielten wir eine Zeitlang „Vergewaltigung" anstelle von „Räuber und Gendarm". Wir teilten uns in zwei Gruppen auf, und die eine verprügelte die andere. Am nächsten Tag war es dann umgekehrt. Die Frauen im Dorf wuschen für die Besatzungssoldaten die Wäsche und erhielten dafür Nahrungsmittel.

1946 zogen wir nach Freiburg zum Vater, so war die Familie wieder zusammen. Mein Vater bei der Reichsbahn, ab 1949 der Bundesbahn, arbeitete am Aufbau eines funktionierenden Verkehrsnetzes. Gleich nach dem Krieg war er wie alle anderen Erwachsenen „entnazifiziert" worden und hatte bei dieser Gelegenheit erst erfahren, dass er irgendwann einmal mit vielen anderen zusammen en bloc in die NSDAP überführt worden war. Übrigens wurde auch meine Großmutter mütterlicherseits entnazifiziert. Sie war als Mutter von vier Kindern mit dem bronzenen „Mutterkreuz" ausgezeichnet worden, dadurch automatisch Mitglied der NS-Frauenschaft geworden, quasi ehrenhalber, denn wer vier Kindern das Leben geschenkt hatte, war nach der NS-Ideologie ein besonders wertvolles Mitglied der „Volksgemeinschaft". Nun musste sie beweisen, dass sie in dieser Organisation nichts Ehrenrühriges getan hatte. Viele in ihrem Dorf konnten das bezeugen, sie hatte nichts weiter getan, als vier Kinder aufzuziehen und als Frauenschafterin Socken für die in Russland frierenden Soldaten zu stricken.

Elfriede, links, mit Schwester

Wir waren nun also in Freiburg und mussten schnell merken, dass wir aus dem Paradies in recht trübe Umstände geraten waren. Das lag daran, dass Freiburg in der französischen Besatzungszone lag. Uns gegenüber gab es einen Wohnblock, der von französischem Militär beschlagnahmt worden war und hauptsächlich von Marokkanern bewohnt wurde. Ich erinnere mich, wie wir einmal auf der Straße spielten und auf die Marokkaner mit ihren Burnussen aufmerksam wurden, die vor dem Haus genüsslich Schokolade auspackten. Wie wir das aus Lauda gewohnt waren, liefen wir zu ihnen, da wir glaubten, sie würden uns ein Stück geben. Aber sie pinkelten nur vor unseren Augen auf die Schokolade.

Wir hatten in dieser Zeit wenig zu essen. Meine Schwester, damals 13, 14 Jahre alt, wurde ständig ohnmächtig. Ich war da offenbar widerstandsfähiger, heute würde ich sagen, ich hatte einen anderen Stoffwechsel. Eines Tages saß meine Mutter am Tisch und weinte, sie wusste nicht, was sie uns zu Mittag kochen sollte. Da klingelte es an der Tür, ein Mann stand davor. Er stellte sich vor als früherer Mitarbeiter meines Vaters. Es war ein einfacher Mann, der im Nebenerwerb einen kleinen Hof im tiefsten Schwarzwald bewirtschaftete. Er kam herein und legte eine große Portion Butter und Brot auf den Esstisch. Meine Mutter konnte das Wunder kaum fassen. Mein ebenso glücklicher Vater konnte die Sache dann aufklären. Wenige Tage vor Kriegsende hatte er von einem SS-Mann den Befehl bekommen, seinen Arbeitsbereich sofort mit allen dort Beschäftigten vor den auf die Stadt zumarschierenden Franzosen in Sicherheit zu bringen und nach Bayern zu verlegen. Bei Zuwiderhandlung würde er erschossen. Mein Vater tat, wie ihm geheißen, und brach mitten in der Nacht auf. Der Weg führte durch den Schwarzwald. Und dabei hatte er unserem Retter und einigen anderen Leuten, die dort irgendwo zu Hause waren, gesagt, sie könnten sich absetzen und sich nach Hause durchschlagen. Er, mein Vater, würde mit seinen Leuten und dem Material vermutlich sowieso niemals mehr bis Bayern kommen. Das hatte ihm der Mann nie vergessen und in unserer größten Not seine Dankbarkeit in Naturalien gezeigt.

Oft denke ich heute über die „Hitlerzeit", die Jahre zwischen 1933 und 1945, nach. Für viele Menschen war es ein schöner Anfang: Es wurde viel gebaut, die Arbeitslosigkeit sank, die Demütigungen aus dem Ersten Weltkrieg gerieten in Vergessenheit – und dann diese Brutalität: gegenüber politischen Gegnern, Juden, Andersdenkenden, anderen Staaten, besonders Polen und der Sowjetunion, und zum Schluss das Wüten gegenüber der eigenen Bevölkerung! Ich war, als mir als junger Mensch bewusst wurde, was für ein Unheil in deutschem Namen über die Welt gebracht worden war, davon überzeugt, dass das ein so verheerendes Geschehen gewesen sei, dass sich niemals mehr – jedenfalls für lange Zeit – etwas Vergleichbares würde ereignen können. Und was erlebe ich jetzt? In Syrien, in Afghanistan, in Afrika, in Südamerika, in Europa bei terroristischen Anschlägen? Es ist immer dasselbe, es ist immer derselbe Kreislauf von Not, Hass, Elend, Gier und Macht.

Umso wichtiger habe ich die Gründung der Europäischen Union empfunden, wodurch ein Kernübel für die blutigen Auseinandersetzungen, wenigstens in Europa, die jahrhundertelange deutsch-französische Feindschaft, überwunden wurde. Mein Gymnasium in Karlsruhe war eines der ersten, das bereits 1955 mit einem französischen Gymnasium Schüleraustausch hatte, also lange vor dem von Bundeskanzler Konrad Adenauer und Präsident Charles de Gaulle 1963 unterzeichneten Élysée-Vertrag. Und ich war mit 17 Jahren dabei! Nie werde ich vergessen, wie ich in meine Gastfamilie kam und dem Großvater begegnete. Ihm waren im Ersten Weltkrieg von den Deutschen beide Beine abgeschossen worden, und er saß da und nahm mich beklommene junge Deutsche in die Arme und sagte: „Du warst das doch nicht!" Er hatte damals ausgedrückt, was seit Langem auch meine Maxime ist: Es kann immer nur der Einzelne zur Rechenschaft gezogen worden, nie das ganze Volk. Ich habe mich lange Zeit geschämt, eine Deutsche zu sein.

Vielleicht kann diese Sammlung von Zeitzeugenberichten den nachfolgenden Generationen bewusst machen, dass es nur durch Wissen und Bildung und durch Kennenlernen des Fremden zum Verstehen der anderen und zum friedlichen Miteinander kommen kann.

Dr. Elfriede Keller studierte nach dem Abitur 1957 Medizin. 1969 kam sie als Assistenzärztin ans Theresienkrankenhaus in Mannheim, wo sie als Oberärztin und später als Chefärztin die gastroenterologische Abteilung aufbaute. Sie hat ihren Beruf immer als Berufung aufgefasst.

Werner Diefenbacher: Als Dolmetscher bei Major Sylvan B. Simpson, stellvertretender Stadtkommandant der amerikanischen Militärregierung Mannheim

Nach meiner Rückkehr aus Kriegsgefangenschaft im Oktober 1946 bemühte ich mich vergeblich um eine Zulassung zum Studium an der Universität Heidelberg. Die Universität war überfüllt, viele Kriegsgefangene kehrten in diesem Herbst zurück. Ältere Bewerber wurden mir vorgezogen, und ich landete auf einer Warteliste. Im Jahre 1946 erhielt man nur eine Lebensmittelkarte, wenn man einen Arbeitsnachweis vorlegen konnte. Bei meiner Suche nach einer Beschäftigung wurde ich vom Arbeitsamt Mannheim nach einer besonderen Qualifikation gefragt. Mit meiner jugendlichen Unbekümmertheit behauptete ich, ich könne sehr gut Englisch. Daraufhin wurde ich in die Otto-Beck-Straße 42 verwiesen, dem Sitz der Militärregierung Mannheim.

Als ich dieses Gebäude betrat, erfasste mich etwas, das ich im Abstand der Jahre als eine Art Kulturschock bezeichne. 1946 war wohl das härteste aller unmittelbaren Nachkriegsjahre. Es war ein ausgesprochenes Hungerjahr, das verfügbare Angebot an Nahrungsmitteln lag stellenweise unter 1500 kcal. Die Städte – so auch Mannheim – lagen in Trümmern, und es gab kaum funktionierende Verwaltungsstrukturen. Ich selbst wohnte bei einer befreundeten Familie in der Kellerwohnung ihres zerstörten Hauses. Als ich nun das Haus der Militärregierung betrat, war ich plötzlich in einer völlig anderen Welt. Das Gebäude war angenehm temperiert, überall lagen Teppiche, der Duft von Kaffee war betörend. Ich war wie benommen, überall die Goldwährung jener Zeit: Zigaretten, Chesterfield, Lucky Strike. Major Simpson empfing mich in einem geräumigen Erkerzimmer. Er war ein großer, stattlicher Mann, wegen seiner weißen Haare konnte ich sein Alter nur schwer einschätzen. Wenn ich heute Fotos von ihm betrachte, vermute ich, dass er etwa 50 Jahre alt war. Er sprach langsam in einem texanisch gefärbten amerikanischen Englisch, ich konnte ihn nur mit Mühe einigermaßen verstehen. Aber er war sehr freundlich, und ich spürte sofort sein Wohlwollen. Er interessierte sich für meine Jugend, ich hielt es für angebracht, ihm zu erzählen, dass ich mit Freude Hitlerjunge gewesen bin. Er befragte mich ausführlich über meine Zeit in der Wehrmacht. Nach einiger Zeit spürte ich, dass er mit Interesse in mir einen jungen Menschen sah, der von den Nazis verführt worden war. Am Schluss des etwa einstündigen Interviews erklärte er zu meiner übergroßen Freude, dass er mich als „Interpretor and Investigator“ einstellen werde. Er fügte abschließend hinzu: „Don't disappoint me, I trust you!“ – Enttäuschen Sie mich nicht, ich vertraue Ihnen. Dieser Satz hat mich damals tief beeindruckt, und ich habe dann alles getan, um dieses Vertrauen zu rechtfertigen.

So führte ich dann etwa zwei Jahre lang eine Art Doppelexistenz. Ich verließ am Morgen mein „Zimmer“ in der Kellerwohnung, tauchte dann ein in das luxuriöse Ambiente der Otto-Beck-Straße 42, um am Abend wieder in meinen Keller zurückzukehren, fast immer versehen mit einigen Dingen, die mir und meiner unmittelbaren Umgebung das Leben etwas leichter machten. Aber es waren immer nur Kleinigkeiten, ich habe nie versucht, irgendwelche Geschäfte in größerem Stil zu tätigen, obwohl die Versuchung oft recht nahe lag. Fast wichtiger als die materiell mehr als optimalen äußeren Lebensumstände war die Tatsache, dass ich mich erneut an eine völlig neue Mentalität und ein fremdes Wertesystem anpassen musste. Ich merkte sehr rasch, dass mir das durchaus angenehm war. Die freundliche und gelassene Art, wie die Amerikaner miteinander umgingen, die Tatsache, dass sie sich mit ihren Vornamen anredeten, gefiel mir außerordentlich. Zwar war auch hier, gerade im militärischen Bereich, ein hierarchisches System durchaus vorhanden, aber es wurde nicht so formal und äußerlich eingefordert, wie ich das gewohnt war. Selbstverständlich war eine Siegermentalität immer spürbar, die Amerikaner vermittelten das Gefühl ihrer zivilisatorischen und kulturellen Überlegenheit. Ich habe das akzeptiert und gespürt, dass sich damit auch in mir das Gefühl der Vorrangstellung alles Deutschen quasi in Luft auflöste. Dass einige meiner Landsleute aber geradezu unterwürfig reagierten, empfand ich als würdelos und schmählich.

Ehe ich mich ausführlicher und detaillierter mit meiner Arbeit bei Major Simpson befasse, scheint es mir angebracht, Wesen und Funktion der amerikanischen Militärregierung jener Zeit kurz darzustellen. In der „Stunde Null" des Jahres 1945, dem Augenblick der totalen Niederlage Deutschlands, war eine für heutige Begriffe phantastische und unglaubliche Situation entstanden. Das Land lag in Trümmern, es gab keinerlei Wirtschaftsleben mehr. Da die Alliierten Nazi-Deutschland vor allem auch als weltanschaulichen Gegner ansahen, wurden sämtliche Verwaltungsstrukturen auf einen Schlag beseitigt. Deutschland wurde in vier Besatzungszonen aufgeteilt und verwaltet. Die Amerikanische Besatzungszone wurde zentral von Stuttgart aus regiert und nannte sich „OMGUS" (Office of Military Government United States). Die örtlichen Militärregierungen ernannten anstelle von Bürgermeistern, Landräten Personen, die ihnen geeignet erschienen.

Alle diese Personen waren Befehlsempfänger der jeweiligen Militärregierungen und mussten jede geplante Maßnahme mit den örtlichen Befehlshabern absprechen. Der erste amerikanische Stadtkommandant von Mannheim, Lt. Colonel Charles D. Wining, ernannte den ehemaligen Zentrumsabgeordneten Josef Braun zum Oberbürgermeister von Mannheim. Wining berief eine Konferenz aller Verwaltungsträger des Stadt- und Landkreises ein und erklärte, dass nun die Grundlagen einer öffentlichen Verwaltung geschaffen werden müssten, und sagte wörtlich: „Wir werden nun eine Organisation aufbauen, dabei gibt es nur eine einzige Autorität, nämlich die der Militärregierung."

Immerhin gelang es, wenigstens die Grundlagen einer Verwaltung zu schaffen, sodass im Juni 1946 die Militärregierungen neu strukturiert werden konnten. Sie wurden nun „Liaison and Security Offices" genannt und erhielten die Aufgabe, die Errichtung ziviler Verwaltungen kontrollierend zu begleiten und zugleich demokratische Strukturen wie Parteien, Vereine usw. zu fördern. Aber all dies erfolgte unter einer strikten Kontrolle der Militärregierung. Dabei sollte sie sicherstellen, dass dieser Wiederaufbau unter völliger Ausschaltung ehemaliger Nazis erfolgte. Ein umständliches „Entnazifizierungsverfahren" wurde installiert. Zentrum war der heute fast legendäre Fragebogen mit seinen 131 Fragen. Sogenannte „Spruchkammerverfahren" sollten helfen, die deutsche Bevölkerung in nachvollziehbare Kategorien einzuordnen, z. B. „unbelastet, Mitläufer, belastet". Eine eingehende Schilderung dieses Verfahrens würde den Rahmen dieser Darstellung überschreiten.

Aus heutiger Sicht kann man generalisierend sagen, dass die Entnazifizierung ein Fehlschlag gewesen ist. Es hat sich als unmöglich erwiesen, eine solche Gesinnungsprüfung mit bürokratischen Methoden durchzuführen. Der Schriftsteller Ernst von Salomon hat damals mit seinem Roman „Der Fragebogen" einen vielbeachteten Versuch unternommen, dieses Versagen literarisch darzustellen. Die amerikanische Militärregierung hat allerdings die Aufgabe, einen deutschen Wiederaufbau ohne ehemalige Nazis durchzuführen, als wichtige Aufgabe aufgefasst. Es gab für diesen Bereich einen „Special Branch Officer", der dies überwachen sollte. Aber er war allein durch die personelle Ausstattung seines Büros (drei Personen!) hoffnungslos überfordert.

So ist also festzustellen, dass die Militärregierung in den Jahren 1946 und 1947 zwei deutlich voneinander zu trennende Ziele verfolgte: Sie sollte eine funktionierende Verwaltung organisieren und dafür sorgen, dass Grundlagen einer demokratischen Gesellschaftsordnung entstanden. Sie sollte aber auch durch ein strenges Besatzungsregime sicherstellen, dass dies in die gewünschte Richtung ging. Das Motto war: „Leading and supervising". Um zu verdeutlichen, was die Militärregierung unter „Führen und beaufsichtigen" verstand, scheint es mir aufschlussreich, nachstehend einige ihrer Anordnungen aus diesen beiden Jahren aufzulisten:

Mitte 1946 wurde für Mannheim ein absolutes Zuzugsverbot verfügt. Man schätzt heute, dass die Einwohnerzahl damals unter 100 000 abgesunken war und dass etwa eine gleiche Zahl von Menschen wieder nach Mannheim wollte. Wie so vieles, was die Amerikaner anordneten, wurde dieses Verbot nur teilweise beachtet, die Menschen sickerten einfach in die Stadt zurück.

Wer die Amerikanische Besatzungszone verlassen wollte, benötigte einen „Interzonenpass", wobei etwa Verwandtenbesuche als Grund nicht anerkannt wurden. Der Pass wurde von der Militärregierung ausgestellt und musste auf dem Polizeipräsidium beantragt werden. Diese Verfügung betraf Mannheim besonders hart, da Ludwigshafen zur Französischen Zone gehörte.

Sportveranstaltungen und alle Zusammenkünfte unpolitischer Art durften von der Stadtverwaltung genehmigt werden, waren aber der Militärregierung anzuzeigen. Versammlungen politischer Art (Parteien!) mussten von der Militärregierung genehmigt werden, wurden aber wohlwollend gefördert.

Der Stadt- und Landkreis wurde aufgefordert, geeignete Möglichkeiten zur Abhaltung von Jugendfreizeiten zu benennen. Die Amerikaner förderten diese Veranstaltungen aktiv. Diese Aktivitäten liefen unter dem Aspekt „Re-Education". Die Militärregierung hatte einen besonderen „Re-Education Officer."

„Belastete" Personen durften nur mit „gewöhnlicher Arbeit" beschäftigt werden, d.h. diese Tätigkeiten durften keinerlei Leitungsfunktionen haben.

Kein Deutscher durfte im Besitz von Gegenständen der amerikanischen Armee sein. (Kleidungsstücke etwa). Dieses Verbot wurde besonders häufig umgangen, es existierte ein florierender Schwarzmarkt, der von Amerikanern initiiert wurde.

Es gab 1946 ein „Fraternisierungsverbot", es war Amerikanern beispielsweise verboten, mit einem Deutschen ein Lokal zu besuchen. Fast alle deutschen Gaststätten waren für Amerikaner ohnehin „Off Limits".

Nimmt man diese und andere Bestimmungen zur Kenntnis, könnte man glauben, die Amerikaner hätten ein sehr strenges Überwachungs- und Kontrollsystem errichtet. Sie haben es zwar versucht, aber das erzielte Ergebnis war durchaus lückenhaft. Allein von ihrer personellen Ausstattung waren sie völlig überfordert. Die Militärregierung in Mannheim hatte durchschnittlich etwa 20 Mitglieder. Sie waren für diese Aufgabe erstaunlich schlecht vorbereitet. Nach meinen Beobachtungen sprach niemand in der Militärregierung Deutsch. Die Kenntnisse der Angehörigen der Militärregierung bezüglich deutscher Verhältnisse waren mäßig. Aber die lückenlose und strikte Überwachung der eigenen Bestimmungen widersprach ihrer liberalen Mentalität. Ich selbst bin zum Beispiel mit einem amerikanischen Sergeant mehrfach ohne Beanstandung in „Off-Limits" Lokalen gewesen und habe beobachtet, wie menschliche Beziehungen entstanden, die keineswegs dem „Fraternisierungsverbot" entsprachen.

Aber trotzdem, die Jahre 1946 und 1947 waren hart und entbehrungsreich, die Stimmung der Menschen war gedrückt. Im Stadtarchiv bin ich auf die „Politischen Stimmungsberichte" des Stadtrats Leo Barth gestoßen, der die düstere Atmosphäre in Mannheim schildert. Das Hauptproblem sei der Mangel an Lebensmitteln und Heizmaterial, der Gedanke an den kommenden Winter löse Schrecken aus. Voller Zorn berichtet er, dass die Amerikaner noch immer unzerstörte Häuser beschlagnahmten. Die ständigen Passkontrollen würden als schikanös empfunden, niemand könne verstehen, dass man einen Interzonenpass benötige, um nach Ludwigshafen zu kommen. Raubüberfälle verschleppter marodierender Zwangsarbeiter nähmen in erschreckendem Ausmaß zu. Von einer Auseinandersetzung mit der jüngsten deutschen Vergangenheit ist nicht die Rede, kommentarlos wird festgestellt, dass die „Nürnberger Prozesse" begrüßt würden. Die Freigabe der Friedrich-Ebert-Brücke für den Verkehr am 6. Mai 1946 wird als ein erstes Hoffnungszeichen freudig begrüßt.

Dies also war die Situation in Mannheim, als ich meine Tätigkeit als „Interpretor and Investigator" bei Major Sylvan B. Simpson aufnahm. Simpson war Stellvertreter („Deputy Commander") des Stadtkommandanten Lt. Colonel Rue. Simpson war zuständig für den Bereich „Public Safety and Security", das heißt, er war verantwortlich für alles, was unter Sicherheit und Ordnung einzuordnen war, also Polizei, Feuerwehr und ähnliche Einrichtungen.

Zu beachten ist, dass auch der Landkreis Mannheim unter seine Jurisdiktion fiel. Dabei ist zu berücksichtigen, dass sich der gesamte Verwaltungsbereich in einem Status des Neuaufbaus und der Neuorganisation befand. Es gab – verständlich von der Sache her – kaum jemanden, den er gerade so einstellen konnte. Viele waren wegen Parteizugehörigkeit oder der Mitgliedschaft in anderen der NSDAP nahe stehenden Organisationen belastet und mussten daher abgelehnt werden. Ein besonderes Problem stellten die vielen Flüchtlinge aus den Ostgebieten dar, sie hatten in den meisten Fällen keinerlei Ausweispapiere.

Simpsons Aufgabe, ein funktionierendes Ordnungssystem zu schaffen, war also äußerst schwierig und stellte hohe Anforderungen an ihn. Er widmete sich dieser Aufgabe mit Tatkraft und, wie ich bald bemerkte, mit spürbarer Freude. Er genoss die einzigartige Position, in der er sich befand. Sein Wort war Gesetz, gegen seine Entscheidungen gab es keinerlei Widerspruchsmöglichkeiten, es gab keine Instanz, die eine Beschwerde entgegen genommen hätte. So entstand eine eigenartige Atmosphäre, die geprägt war von der Herrschaftsmentalität des Besatzers und Siegers und der Bereitschaft der Unterworfenen, dies zu akzeptieren und vielleicht sogar die Möglichkeit zu finden, sich unter diesen Umständen eine neue Existenz aufzubauen.

Meine eigene Position erfuhr durch die Besonderheit dieser Umstände eine für mich überraschende Aufwertung. Simpson konnte kein Wort Deutsch, er war auf meine Übersetzungen und Formulierungen angewiesen. Am Anfang meiner Tätigkeit setzten mir meine limitierten Ausdrucksmöglichkeiten in der englischen Sprache durchaus Grenzen, die er im Allgemeinen nicht bemerkte oder über die er hinweg sah. Ich lernte daher gewissermaßen Tag und Nacht Englisch, und ich denke heute, dass ich rasche Fortschritte erzielte. Für mich als junger Mann mit 21 Lebensjahren war dies eine einzigartige, fast exotische Lebenssituation, zumal wenn man berücksichtigt, dass ich fast alles von meiner durch die Hitlerjugend und Wehrmacht geprägten Sozialisation über Bord werfen musste. Ich muss gestehen, dass mir das durchaus nicht schwer fiel.

Simpsons Aufgabe brachte es mit sich, dass er, meist an den Vormittagen, unentwegt Leute zu Interviews einbestellte, um herauszufinden, ob sie für eine bestimmte Position geeignet waren. Er hatte eine gute Menschenkenntnis, und er wollte tatsächlich helfen, in Mannheim wieder ein ziviles Leben möglich zu machen. Er nahm auch Beschwerden entgegen und untersuchte Verstöße amerikanischer Soldaten gegen die Zivilbevölkerung. Im Übrigen hatte er angeordnet, ihn über alle schwerwiegenden Straftaten in Mannheim und Umgebung zu informieren. In einigen Fällen ließ er sich die Straftäter vorführen und verhörte sie selbst. Die Bandbreite dieser Interviews war also beträchtlich, die Gesprächsatmosphäre war bestimmt von den Faktoren, wie ich sie zuvor dargelegt habe. Aber auch bei den Inhalten der verhandelten Fälle wurde oft deutlich, dass sie nur mit der Kenntnis der deutschen Besonderheiten im Nationalsozialismus zu verstehen waren und einer entsprechenden Erklärung bedurften. „Ich wurde nicht befördert, weil ich nur die Mittlere Reife hatte." Ein solcher Satz ist nur mit Kenntnis des deutschen Schulsystems und der Gliederung des öffentlichen Dienstes verständlich. „Ab 1936 konnte man nur befördert werden, wenn man Mitglied der Partei war." Was muss man wissen, wenn man eine solche Aussage moralisch bewerten will? „Ich bin noch im Mai 45 aus Königsberg rausgekommen." Diese Aussage ist nur mit einer Kenntnis des Kriegsverlaufs und des Wesens der sowjetischen Besatzung zu verstehen. Ich könnte solche Beispiele noch beliebig fortsetzen, um zu zeigen, wie schwierig es für die Amerikaner war zu verstehen, was deutsche Wirklichkeit gewesen ist und vor allem auch, wie dies zu bewerten war. Ich denke heute, dass Major Simpson seine Sache insgesamt gut gemacht hat. Er war im Allgemeinen freundlich, stellte viele Fragen und verlor nur die Fassung, wenn er das Gefühl hatte, offensichtlich belogen zu werden. Er pflegte dann texanisch zu fluchen, und ich machte mir gelegentlich das Vergnügen, ihn wörtlich zu übersetzen: „Tell him, I am sick and tired to listen to his goddam' lyings." – „Der Major ist krank und müde, ihre verfluchten Lügen anzuhören." „He is nothing but a dirty son of a bitch!" – „Sie sind nichts anderes als der schmutzige Sohn einer Hündin!"

Die letztendliche Genehmigung von Interzonenpässen gehörte in sein Ressort. Die besondere Schwierigkeit dieses Verfahrens lag in der Tatsache, dass persönliche Gründe offiziell kein Genehmigungsgrund waren. So wurden denn einfach „sachliche" Gründe erfunden, ohne dass dies dann kontrolliert wurde. Simpson sprach von „phony reasons", aber er ließ sich von mir mit „Putzgers Historischem Geschichtsatlas" die besondere Verbindung von Mannheim und Ludwigshafen erklären. Da etwa täglich hundert Anträge zu bearbeiten waren, wurde er dieser Sache überdrüssig und übertrug mir diese Aufgabe! Ich musste sogar mit seinem Namen unterschreiben und dies lediglich mit einem kleinen „d" kennzeichnen. Aber er fügte hinzu: „ One thing I hate and that is bribery (Bestechung)." Da sich meine Rolle bald herumsprach, nahte rasch auch der Versucher mit wahrhaft verlockenden Angeboten. Aber ich habe diesen Versuchungen widerstanden, ich wollte diesen Mann keinesfalls enttäuschen.

Mitunter hatte er skurrile Züge. Er hatte an der Invasion teilgenommen und breitete riesige Karten des damaligen Kriegsgebietes vor mir aus und wollte von mir wissen, warum die als strategische Reserve zurückgehaltene 15. deutsche Panzerdivision nicht früher eingesetzt wurde. Meinen Einwand, dass ich von dieser Situation bis zu diesem Zeitpunkt in voller Unkenntnis gelebt habe, ließ er nicht gelten und fügte abschließend hinzu: „We would have smashed you to pieces anyway." – „Wir hätten euch ohnehin in Stücke zerschlagen!"

Im Herbst 1946 verschlechterte sich die Versorgung mit Lebensmitteln, die Brotrationen mussten gekürzt werden. Simpson vermutete nicht ohne Grund, dass die deutschen Bauern nicht ihre gesamte Ernte ablieferten und auf dem Schwarzmarkt Geschäfte machten. So entschloss er sich zu einer wahrhaft bemerkenswerten Aktion. Er ließ ermitteln, wann drei ausgewählte Bauern in Oftersheim ihr Getreide ernteten, und ließ durch zwei Soldaten und mich strengstens das Gewicht des geernteten Getreides überprüfen. Das Ganze hatte natürlich keinerlei Aussagekraft, aber die Bauern waren zutiefst erschrocken und gelobten Besserung. Simpson genoss diese Szene sichtlich und sagte zu mir: „I think we have taught them a lesson." – „Ich denke, wir haben ihnen eine Lektion erteilt."

Im Herbst 1946 gab es ein Vorkommnis, an das ich mich noch heute mit besonderem Vergnügen erinnere. Westlich von Brühl liegt auf der gegenüber liegenden Rheinseite die von einem ehemaligen Flusslauf umschlossene sogenannte Kollerinsel, die im 19. Jahrhundert durch die Rheinregulierung von Tulla entstanden war. Traditionsgemäß gehörte sie (nebenbei bis heute!) zum Land Baden, sie wurde als sogenanntes Domänenamt durch den sogenannten „Kollerbauern" bewirtschaftet. Da die Kollerinsel auf dem linken Rheinufer lag, war sie 1946 Teil der französischen Besatzungszone. Der Kollerbauer erschien nun in Simpsons Büro und berichtete, dass die Franzosen seine gesamte Ernte requiriert hätten. Erneut mit Putzgers Historischem Schulatlas konnte ich Simpson über diesen Sachverhalt aufklären. Darauf brauste er in Begleitung von etwa 12 Soldaten auf die Kollerinsel und erklärte den verblüfften Franzosen „This is American territory!" und überführte den gesamten Ernteertrag zurück nach Mannheim. Ich hatte damals das erhebende Gefühl, an einer amerikanischen Militäroperation teilgenommen zu haben, einmal auf Seiten der Sieger zu sein!

Sehr oft fuhr er mit mir zur Rheinbrücke nach Ludwigshafen und beobachtete mit Grimm, wie hier zwischen Franzosen und Amerikanern dubiose Geschäfte abgewickelt wurden. Da dieser Bereich der Militärpolizei unterstand, war er zu einer Zuschauerrolle verdammt, die seinem Wesen in keiner Weise entsprach. An Nachmittagen brach er gerne mit seinem wunderschönen beschlagnahmten Mercedes zu Kontrollfahrten auf, ich musste ihn dabei immer begleiten. Er genoss diese Fahrten sichtlich. Er wies seinen deutschen Fahrer an, die avisierten Ziele in gemächlichem Tempo anzufahren. Die Amerikaner hatten die deutsche Polizei dezentralisiert, sie wollten keine starken Organisationen. So hatten auch die kleineren Städte ihre eigenen, selbstständigen Polizeistationen, und Simpson sah es als seine Aufgabe an, ihre Errichtung kontrollierend zu fördern. Er ließ sich Einsatzpläne vorlegen und besprach alle Vorkommnisse. Auffallend für mich war der große Respekt, der ihm entgegen gebracht wurde, die Bereitschaft, seinen Anordnungen Folge zu leisten. Deutlich wurde die schon zuvor beschriebene Atmosphäre, die entsteht, wenn ein besiegtes Volk die Werte und Normen des Siegers akzeptiert.

Neben allen von der Sache bestimmten Aufgaben war die sogenannte „Re-Education" sein besonderes Anliegen. Er gelangte sehr rasch zu der Überzeugung, dass er dies vor allem bei jungen Menschen erreichen konnte. Er förderte und unterstützte neu entstehende Jugendorganisationen, stellte Transportmittel und Material für Freizeitaktivitäten zur Verfügung. Dabei ist mir eine besondere Hilfeleistung in Erinnerung. Ich konnte Simpson berichten, dass sich in Mannheim eine Organisation gebildet hatte, die sich im Bahnhof um Kinder und Jugendliche kümmerte, die aus irgendeinem Grunde ihre Eltern verloren hatten. Er besorgte eine Unterkunft, beschaffte Kücheneinrichtungen und Nahrungsmittel und begleitete diese neue Einrichtung über einige Monate, bis deutlich wurde, dass sie eigenständig existieren konnte.

Rückblickend kann man sagen, dass das ideologische Projekt „Teaching Democracy" nicht sonderlich erfolgreich war. Bedeutsamer aber war, dass die Fülle positiver Begegnungen in diesem Bereich von der Bevölkerung außerordentlich positiv empfunden wurde. Die Tatsache, dass Amerikaner mit Rat und Tat helfen wollten, hat viel dazu beigetragen, dass ein sich beständig verbesserndes Klima entstand, das zur Entstehung demokratischer Institutionen wesentlich beitrug.

Zum Sommersemester 1948 wurde ich endlich zum Studium in Heidelberg zugelassen. Ich verließ die Militärregierung daher im März dieses Jahres. Lt. Colonel Rue, der Stadtkommandant, wurde nach Karlsruhe versetzt, Major Simpson schied aus der Armee aus und kehrte in die USA zurück. Der Charakter der amerikanischen Besatzung änderte sich in diesem Jahr signifikant. Die Militärregierung wurde praktisch aufgelöst und durch eine Behörde ersetzt, in der die beratende Funktion mehr und mehr die Kontrolle ersetzte. Mit Dr. Hugh Mair stand zum ersten Mal ein Zivilist an der Spitze der amerikanischen Besatzungsbehörde in Mannheim, seine Amtsbezeichnung „Resident Officer" kennzeichnet den Wandel, der sich vollzogen hatte, ein Wandel, der im Juni 1948 mit der Währungsreform in ein völlig neues Kapitel der deutschen Nachkriegsgeschichte führte.

Zur Person von Werner Diefenbacher wird auf seinen Bericht im Kapitel „Hitlerjungen, Flakhelfer, Frontsoldaten und Kriegsgefangene“ verwiesen.

Gerda Lambrecht geb. Knebel: Leben am Rhein in Krieg und Frieden

Mein Elternhaus

Geboren wurde ich, im kalten Winter 1921, in Ludwigshafen am Rhein. Am Rhein, das war und blieb bedeutend für mein ganzes Leben. Wohnen und Leben an einem Strom mit seinem Fließen hat bis heute große Bedeutung für mich.

Mein Elternhaus auf der Parkinsel, Parkstr. 32a, war nur durch den Stadtpark vom Rhein getrennt. Park und Fluss waren schon für mich als Kind und Jugendliche und für die Parkinseljugend ein Dorado: Räuber und Hantscher, Schnitzeljagd, Bäume klettern, später Tennisclub und Parkfeste.

Ich wuchs also fröhlich und unbeschwert auf, und das in einem musischen Elternhaus. Meine Mutter war als Sängerin ausgebildet, mein Vater war Chemiker und obendrein mit vielen Talenten begabt. Er spielte, als Autodidakt, so gut Klavier, dass er meine Mutter begleiten und in einem Kammermusikkreis den Klavierpart übernehmen konnte. Kirchenmusikdirektor Karl Blatter war der Gesangslehrer meiner Mutter und übertrug ihr häufig Mezzopartien in Kantaten oder Oratorien in der Lutherkirche. Auch im Beethovenchor sang meine Mutter, was in meinem späteren Leben eine Rolle spielen sollte.

Schule und Nazizeit

Die Grundschulzeit verbrachte ich von 1926 bis 1930 in der Rheinschule, gegenüber der Lutherkirche in Ludwigshafen. Anschließend kam ich in das Mädchenrealgymnasium in der Bismarckstraße.

Auf diese Schulzeit fiel zunächst ein Schatten. Mein Vater war von „arischen" Eltern adoptiert worden und hatte daher selbst keinen arischen Nachweis, ich also auch nicht. Meine Eltern wollten als Hitlergegner nicht, dass ich in die Jugendorganisation BDM, Bund Deutscher Mädel, eintrete. Die Konsequenz war, dass ich mit einer Jüdin, Selma Faß, und einem Marokkanerkind aus der Besatzungszeit nach dem Ersten Weltkrieg, Irene Degenhart, Samstag in die Schule musste. Wir wurden irgendwie beschäftigt und wussten, dass unsere Klassenkameradinnen, Liedlein singend, Fähnlein schwenkend, durch Straßen marschierten, auch ins Grüne fuhren und sich am Lagerleben erfreuten, übers Feuer sprangen usw. Montags kamen die begeisterten Berichte, und wir fühlten uns ausgeschlossen.

Eines Tages kam ich weinend nach Hause und wollte nicht mehr als „outcast" in die Schule gehen. Schließlich bekam ich die Erlaubnis, in den BDM einzutreten.

Schnell wurde ich „Jungmädelschaftsführerin". Ich hatte eine Gruppe von 15 „Mädeln", die ich im Sinne des „Führers" zu guten Deutschen mit heranbilden sollte. Wie sich herausstellte, erlag ich mehreren Irrtümern. Die sogenannten Heimabende verlegte ich kurzerhand in das Gartenzimmer meines Elternhauses. Anstelle der kampfbetonten Nazilieder sangen wir Volks- und Kinderlieder. Einmal war ich besonders stolz auf mein Programm. Ich las mit meinen „Mädeln" Ernst Wiecherts „Rede an die Jugend". Seine Thesen, dass die Jugend vor der Reife keine Macht haben sollte, dass Nachdenken, Gespräche, gute Bücher zur Reife beitrügen, hatten mich überzeugt. Ich hatte keine Ahnung, dass Wiechert auch wegen dieser Einstellung zeitweise ins KZ gekommen war. Seine Rede stand in scharfem Gegensatz zu der geltenden Maxime: „Jugend führt Jugend", „Jugend marschiert voran" oder „Der Jugend gehört die Welt". Ich hatte also die vorgegebenen Richtlinien total verlassen, glaubte aber, dass ich es gut machte.

Als wir lauthals sangen „Wenn alle Brünnlein fließen", kam die „Ringführerin" Martel Imschweiler, quasi meine Vorgesetzte, mit Begleitern herein, um mein Tun zu kontrollieren. Bei ihren Fragen an meine „Mädels" geriet sie immer mehr in Zorn, nahm die Wiechert-Rede, klatschte sie mir um die Ohren und schrie: „Du wirst von uns hören!" Ich weiß noch gut, wie ich die „Mädels" nach Hause schickte und weinend zu meiner Mutter lief.

Ich wurde einbestellt zum „Gau" nach Neustadt. Mein Vater fuhr mich hin, und ich betrat voller Angst in Uniform den Raum, wo man über mich zu Gericht saß. Die Anklagepunkte: privater Heimabend zu Hause, Volkslieder statt vorgeschriebenem Liedprogramm, Nichtbeachtung der Richtlinien, Beeinflussung der „Jungmädels" durch Reden eines KZ-Insassen. Schlimmer ging's nicht! Die „Ringführerin" riss mir die Kordel von der linken Schulter, das Rangabzeichen einer „Jungmädelschaftsführerin", sodass ein Loch in meiner „Kletterweste" entstand, die zur Uniform gehörte. Ich wurde degradiert mit Schimpf und Schande, musste als BDM-Mädchen wöchentlich einen Heimabend besuchen und stand unter Kuratel. Gott sei Dank war meine „Mädelschaftsführerin" sehr nett, so war ich keinen Schikanen ausgesetzt und konnte weiter in meine Schule gehen.

Bei Kriegsbeginn in England

Mein Vater entwickelte in der BASF die Nitrolacke, europaweit gefragt. Erforderliche Auslandsreisen waren für ihn bis 1939 möglich, weil die Lacke dem Deutschen Reich Devisen brachten. In England wurden Telefonzellen, Busse, Feuerwehrautos mit den roten Nitrolacken lackiert. 1936 hatte mein Vater ein Treffen mit Mr. Martin in Manchester, dem Direktor einer Fabrik, die Ersatzteile für diese Fahrzeuge fertigte. Mit ihm wurde vereinbart, dass ein Austausch mit seiner Tochter Sheila und mir stattfinden sollte.

Ich fuhr also 1937 im Juni nach England und kam mitten in die Coronation-Euphorie. Bekanntlich wurde der Vater von Queen Elizabeth als George VI. zum König gekrönt, nachdem König Edward VIII., sein Bruder, wegen seiner als nicht standesgemäß erachteten Heirat abgedankt hatte.

Martins wohnten in einer fabelhaften Villa-Gartenanlage in Hale/Altringham in der Nähe von Manchester. Sheila war zwar zehn Jahre älter als ich, aber wir verstanden uns prächtig, und ich wurde als Tochter in der Familie aufgenommen. Sheila gab sich große Mühe, mir ein akzentfreies Englisch beizubringen. 1938 war sie bei uns, und 1939 sollte ich ein Jahr in England verbringen, mit College-Abschluss an einem privaten College. Das deutsche Abitur dann ein Jahr später.

Aber am 1. September 1939 begann mit dem Einmarsch der Deutschen in Polen der Zweite Weltkrieg. Bis wir die Lage so richtig realisiert hatten, waren alle Passagierschiffe besetzt. Ich hörte noch am Radio mit Tränen „King's Speech" und fürchtete, in ein Internierungslager zu kommen. Zu meinem Glück erreichte mein „Daddy" einen hohen Militär, einen Verwandten der Martins. Durch seine Vermittlung kam ich noch auf einem Frachtschiff unter und landete am 4. September in Hoek van Holland. Alles war schwarz von Menschen, und fast alle wollten nach Deutschland. Das Gedrängel, Weinen, Schreien, Schimpfen und die kühle Nacht sind keine gute Erinnerung. Schließlich gelang es mir, in einen Zug zu kommen. Die SS kontrollierte jeden Reisenden. Ich wurde in Köln aus dem Zug befohlen und verhört. Ich hatte genug Foto- und Briefunterlagen bei mir und schwindelte einen Verwandtenbesuch vor, sodass man mich schließlich weiterfahren ließ. Am 7. September konnten mich endlich meine verzweifelten Eltern erleichtert in die Arme schließen.

Arbeitsdienst

Ich musste sofort den sechsmonatigen Arbeitsdienst antreten. Bei Landau, auf der Wollmesheimer Höhe, war das Arbeitslager in einer ehemaligen Brauerei. Es war der eiskalte Winter 1939/40. Der Lagerdienst mit Schrubben, Waschen, Küche etc. war schon mühsam genug, dazu das von mir gehasste „Fahne-Hissen" mit anschließendem Singen des „Horst-Wessel-Liedes" um 6 Uhr morgens. Frühsport auf eisiger Straße, nur mit Trainingsanzug. Hatte man ein Hemdchen untergemogelt, musste man sich nackt ausziehen! Wir hassten die Lagerführerin, und sie schikanierte uns bis aufs Blut. Der Außendienst war auch hart, aber bei meist netten Bauern. Haushalt, Kleinkinder, Garten- und Feldarbeit, Weinlese im Herbst. Meist gutes Essen und nette Behandlung. Sonntags fand ich manchmal Familieneinschlupf bei einem Onkel, der HNO-Arzt in Landau war.

Ausmarsch der „Maiden"

Gerda, Mitte

Im Frühjahr 1940 wurde ich einige Wochen beurlaubt, um das Vollabitur zu machen. Ich war die letzten drei Schuljahre auf eine Frauen-Oberschule, die Hans-Thoma-Schule in Mannheim, gegangen. Das „Frauenabitur“ berechtigte aber nicht zum Universitätsstudium. Deshalb besuchte ich drei Jahre lang im Elisabeth-Gymnasium alle Fächer, die zur Universitätsreife nötig waren, und musste ein Vollabitur machen, während allen übrigen Gymnasiasten das Abitur erlassen wurde. Ich war nicht begeistert, aber die Abwesenheit vom Arbeitsdienst tröstete. Zudem ließ mich ein gutes Abitur, sogar mit Preis, die letzten Arbeitsdienstmonate aushalten.

Musikstudium

Musik machte von Kind auf einen Großteil meines Lebens aus. Es war für mich gar keine Frage, dass ich Musik studieren wollte. Abgesehen vom musizierenden Elternhaus wurde ich von meinem Musiklehrer am Ludwigshafener Gymnasium, unserem „Sing-Schmidt“, besonders gefördert. Ich schwärmte für ihn und spielte ihm zuliebe im Schulorchester Geige, obwohl ich ja immer Klavier spielen wollte. Fritz Schmidt war ein außergewöhnlicher Musiker und ein wunderbarer Musiklehrer. Er gründete den Beethovenchor, in dem meine Mutter mitsang, und ist der Großvater von drei Mitgliedern des berühmten und hervorragenden Mandelring-Quartetts.

An der Hochschule für Musik und Theater in Mannheim studierte ich Musik, Hauptfach Klavier, bei Frau Professor Rehberg, Nebenfach Bratsche bei Heinrich Krug. Zur Rehberg-Klasse gehörten u.a. auch Ellen Bassermann, unser Star, Elsbeth Janda und Helmut Vogel, der eine internationale Karriere vor sich hatte. Er begründete 1948 die Mannheimer Konzertreihe „Musica Nova“ und erhielt 1966 als erster deutscher Musiker den renommierten Fulbright Award. Auch Arnold Feil war ein befreundeter Kommilitone, später Prof. Dr. Feil, Musikwissenschaftler an der Universität Tübingen und Schubert-Forscher, ebenso Werner Offner, später Konzertmeister am Nationaltheater-Orchester in Mannheim.

Ich erkannte sehr bald, dass die Berufsmöglichkeiten für mich eingeschränkt waren, und konzentrierte mich auf Kammermusik: Begleitung und Quartett. Gleichzeitig besuchte ich als Gasthörerin Vorlesungen in Germanistik, Anglistik und Musikwissenschaft. Endziel: Kulturjournalistin. Aber auch dieser Traum zerplatzte: Mein Examenstermin war Mai 1945, und im Herbst 1944 wurde die Musikhochschule geschlossen.

Bomben auf Ludwigshafen und Mannheim

Schon früh fielen Bomben am Rhein, und Bunkernächte gehörten zu unserem Alltag, Fliegeralarm, Lichtzeichen wie Christbäumchen am Himmel, und immer wieder Bombenangriffe. Direkt gegenüber unserem Haus war der Parkinselbunker. Mit dem immer bereitstehenden Bunkergepäck waren wir in wenigen Minuten in Sicherheit. Leider gab es auch tragische Fälle. Ein altes Ehepaar in unserer Nachbarschaft wurde von einer Luftmine getötet, und wir fanden sie tot auf der Straße. Zu der Nacht vom 5. auf den 6. September 1943, in der die Innenstädte von Mannheim und Ludwigshafen in Schutt und Asche gelegt wurden, gehören lauter schlimme Erinnerungen. In unserer Nähe war die Frauenklinik von Dr. Völker. Die Schwestern rannten bei Voralarm mit Säuglingen los zum Bunker und verloren im Gerenne einige der Säuglinge. Mein Vater und ich halfen suchen bei Motorengeräusch der feindlichen Flieger und ersten Bombenabwürfen. Gott sei Dank wurden alle Babys gefunden.

Für uns persönlich war der große Schock der Anblick meines lichterloh brennenden Elternhauses. Zunächst schien die Situation unlösbar. Doch Verwandte, Landarzt in der Pfalz und noch im Besitz eines Autos, holten meine Mutter zu sich. Gleichzeitig mussten wir räumen, einiges retten und das schwelende Feuer löschen, wobei wir unglaubliche Hilfe von Nachbarn erfuhren. Das Chaos ist kaum zu schildern. Mein Vater und ich schliefen nach einigen Tagen auf dem Boden in unserem Gartenzimmer. Noch heute sind Feuerwerke mit Böllerkrach ein Trauma für mich. Langsam trat Normalität ein. Mein Vater schlief in seinem Betrieb, der BASF, damals IG-Farben, oder hatte einen Unterschlupf bei Kollegen. Ich kam bei Freunden am Werderplatz in Heidelberg-Neuenheim unter und war „Wanderer zwischen allen Welten". Studiert wurde in der Diaspora, da die Hochschule auch von Bomben getroffen wurde. Zwischen Mannheim, Heidelberg und Neckargemünd fanden Unterricht und Vorlesungen statt.

Im Herbst 1944 wurde schließlich die Hochschule geschlossen, und alle Studenten wurden „kriegsdienstverpflichtet". Ich kam in die Schnellpresse nach Heidelberg, damals ein kriegswichtiger Betrieb, und stand zwölf Stunden an einem Ölautomaten. Anfang 1945 verletzte ich mich an der Hand und wurde zum weiteren Kriegseinsatz zum Roten Kreuz versetzt. Ich betreute einen kriegsblinden Kirchenmusiker. Es war eine sehr schöne Aufgabe.

Kriegsheirat und Kriegsgefangenschaft

Völlig überraschend tauchte mein Verlobter bei uns am Werderplatz auf. Er war von seinem Onkel, Lazarettchef und Oberstarzt, von der Ostfront ans Wehrbezirkskommando Wiesbaden abkommandiert worden. Völlig erschöpft kam er an. Trotz Dienstbefehl war der Weg von Ostpreußen nach Heidelberg lebensgefährlich.

Wir heirateten am 27. März 1945. Die Trauzeugen schleppten wir vom Sprengkommando Neuenheimer Brücke ab, nämlich den Wirt unseres Studentenlokals, Herrn Kunz, der noch einen Sprengkumpel mitnahm. Sie sollten allen Ernstes die Neckarbrücken sprengen. Nur dem verantwortlichen deutschen Offizier ist es zu verdanken, dass er das Kommando hinauszögerte. Die US-Armee stand schon in Schriesheim!

Am Werderplatz war die Situation prekär. Es war zu befürchten, dass die schöne Villa von den Amerikanern beschlagnahmt würde. Dort einen Wehrmachtsangehörigen zu finden, hätte verhängnisvoll sein können. Mein Mann konnte sich auch nicht frei in der Stadt bewegen, es war ja noch Krieg, und fanatische Nazis haben Deserteure bis in die letzten Stunden erschossen. Am Eingang zum Bergfriedhof an der Rohrbacher Straße wurde ein 17-Jähriger in letzter Minute als Soldat eingezogen und kurz vor Kriegsende aufgehängt, da er nach Hause wollte!

Schließlich gelang es mir, zur US-Kommandostelle am Neckar vorzudringen und dort den Unterarzt Lambrecht im Kriegsgefangenenlazarett Nr. 1 in der Bergheimer Straße unterzubringen. Einige Tage schaffte ich es, als Krankenschwester meinen Mann im Lazarett zu besuchen. Doch dann wurde es nach Rohrbach verlegt in die Großdeutschlandkaserne, die bereits deutsches Lazarett war. Aus war's mit Besuch, die Wachen am Eingang ließen niemanden durch. Täglich radelte ich nach Rohrbach und winkte aus der Ferne, gemeinsam mit teils von weither angereisten Angehörigen anderer Insassen.

Dann hatte ich Glück: Ein Lieutenant fuhr mich mit seinem Jeep ins Lager, nachdem er mich gründlich verhört hatte. Mein Englisch fand er „amazing" und gab mir eine Stunde Zeit mit meinem Mann. Der schilderte mir die chaotischen Zustände innerhalb des Lagers. Anordnungen der US-Verwaltung, Chef Col. Nainmark, wurden der deutschen Lagerleitung, Oberstarzt Dengler, nicht mitgeteilt. Es war also nicht bekannt, dass auch innerhalb des Lagers „curfew", Sperrstunde, eingehalten werden musste. Nach dreimaliger Warnung wurde scharf geschossen, nicht auf Personen, aber ein Geschoss prallte unglücklicherweise ab und tötete einen deutschen Leutnant am Fenster.

Dieser traurige Unfall und die Ursache, schlechte Kommunikation, waren Hauptthema, auch bei der Leitung.

Als ich mich pünktlich am Lagereingang wieder einfand, waren mit dem Lieutenant noch Oberstarzt Dengler mit Dolmetscherin und Col. Nainmark am Tor. Der Colonel wurde wütend über das unzulängliche Englisch der dolmetschenden Krankenschwester. „What the hell does she talk? Isn't there anyone in the hospital who speaks a decent English?" Der Lieutenant gab mir ein Zeichen, und ich begann zu dolmetschen. Das regte den Colonel erst recht auf. Er schlug mit seiner Reitpeitsche gegen seine Stiefel und fragte, wieso ich nicht schon längst als Dolmetscherin eingesetzt wurde, und befahl, dass ich täglich zum Headquarters kommen und alle Informationen und Instruktionen überbringen müsse.

Damit war ich Kriegsgefangene und „Go-Between" zwischen amerikanischer und deutscher Lagerleitung.

Meine Arbeit als „Kriegsgefangene"

Deutsche und amerikanische Lagerleitung waren noch nicht lange in Amt und Würden. Es gab also viele ungelöste Probleme. Der Adjutant vom Colonel war Lt. True – nomen est omen! –, der für alle Sorgen ein offenes Ohr hatte. Halbverhungerte Soldaten kamen aus dem Kriegsgefangenenlager Heilbronn und bekamen das normale fette Lageressen, was tödlich sein konnte. Die Kost wurde daher umgestellt: Mit Haferschleim wurden die Patienten allmählich an normale Kost gewöhnt. Weiter: Wohin mit den Verstorbenen? Ein Beerdigungsinstitut musste gefunden werden, was viel Schreibkram erforderte. Und dann die Wäsche! Ich fand eine Wäscherei bei einem Industriebetrieb. Mit einem Kleinlastwagen wurde die viele Wäsche wöchentlich dorthin gefahren.

Ich durfte sogar eine kleine Kapelle einrichten, ein Flügel kam ins Lazarett, und ein junger Pianist, Walter Blankenheim, begleitete den Gottesdienst und gab kleine Konzerte. So wurde das Klima im Lazarett von Tag zu Tag besser.

Ich hatte einen Pass und konnte das Lager verlassen. Täglich sah ich die Angehörigen der Patienten vor dem Zaun. Sie hofften, ihre Männer, Väter, Söhne zu sehen.

Mit allen möglichen Tricks versuchte ich, Verbindungen herzustellen. Die Idee mit den Friseuren hatte Erfolg. Ich packte einige Taschen mit allem, was ein Friseur braucht, und bekam von Lt. True einen Passierschein „For hairdresser - limited to one hour". So konnte ich einigen Weithergereisten helfen. Ich durfte sogar ab und zu Kleinkinder und Babys zu den Vätern bringen. Kurzes Glück hinter dem Zaun, gerührte Mütter davor!

Die positiven Erfahrungen mit den amerikanischen Besatzern erfreuten mich. Gleichzeitig war ich beschämt bei dem Gedanken, welche Gräuel wir Deutsche verursacht hatten. Dabei kannte ich damals noch nicht das wahre Ausmaß dieser Gräuel! Was ich dann in Gesprächen, durch Fotos und Berichte aus den Konzentrationslagern erfuhr, war so ungeheuerlich - ich war fassungslos! Das Entsetzen ist heute noch in mir. Verlassen wird es mich nie.

Kurzes Zwischenspiel

Nach einigen Wochen wurde das Lazarett aufgelöst, die 7th Army verließ Heidelberg. Die leichteren Fälle wurden entlassen, die Schwerkranken kamen nach Wiesloch, Teile der dortigen Klinik wurden Lazarett für Kriegsgefangene.

Ich kam zum Military Government Wiesloch und wurde dem Legal Department, der Gerichtsabteilung, zugeteilt. Ich musste Gerichtsverhandlungen protokollieren, eine äußerst schwierige Aufgabe. Bald wurde auch MG Wiesloch zum MG Heidelberg versetzt. Dort war Chef des Legal Departments ein smarter junger Captain. Er wollte mit mir ausgehen, ich lehnte ab. Eines Morgens schmiss er mir ein Stück Seife zu, damals eine erwünschte Rarität. Ich schmiss zurück - das war zu viel! Er warf mich raus, und ich wurde zum Department „Fine Arts and Monuments" versetzt. Ich war 24 Jahre alt.

Meine Zeit als „Monuments Woman"

Meine Erfahrungen im „Fine Arts and Monuments Department" waren vielleicht die wichtigsten, sicher aber die ungewöhnlichsten, die ich als „secretary-interpreter" bei der US-Army gemacht habe. Die Aufgabe dieses besonderen „Departments" bestand darin, zu prüfen, ob Kunst- und Wertgegenstände, die sich bei Kriegsende in deutschem Besitz befanden, rechtmäßig gekauft oder erworben worden oder ob sie durch Enteignung (meist aus jüdischem Besitz), durch Beschlagnahme, Zwangsverkauf unter ihrem tatsächlichen Wert, also auf illegalen Wegen, in den Besitz von Deutschen gekommen waren.

Gerda in einem US-Dienstauto

Deutschlandweit waren 350 Kunstexperten der amerikanischen Armee für die Frage „loot or not loot“ – Raubkunst oder nicht – im Einsatz. Im Kern verfolgte unser Department das gleiche Ziel wie jene berühmten „Monuments Men“, denen George Clooney 2014 einen vielbeachteten Film gewidmet hat. Im Gegensatz zu ihnen musste ich mein Leben nicht aufs Spiel setzen und konnte meine Arbeit unter weniger dramatischen Bedingungen tun.

Die Überprüfung der Besitzverhältnisse der Kunstwerke trat in Kraft, wenn Anzeigen vorlagen. Konnten Beweise vorgelegt werden, etwa Rechnungen, Erbscheine oder Schenkungsurkunden, war das Procedere einfach. Nach Prüfung der Unterlagen mussten Formulare ausgefüllt werden, eine ganze Bürokratie wurde abgewickelt, ehe Wertgegenstände an die rechtmäßigen Besitzer zurückgegeben werden konnten oder nicht. Das konnte Wochen dauern.

Sitz des Departments war Heidelberg, doch sein Wirkungskreis erstreckte sich weit darüber hinaus. Die Rückgabe oder Beschlagnahme lief ausschließlich über das Büro des Leutnants Hershberg, meines Chefs. Viele Fälle kamen aus Mannheim und Ludwigshafen, wo es viele Liebhaber zeitgenössischer Kunst gegeben hatte. Durch die dort ansässige Industrie waren diese Städte in besonderem Maße den Bombenangriffen ausgesetzt gewesen; deshalb waren Kunstwerke und Wertgegenstände wie Teppiche, Möbel, Instrumente vorsorglich ausgelagert worden. Im Inneren des Heidelberger Gaisbergs lagen die sog. Katakomben, diese beherbergten die Wertgegenstände, die jetzt von den Amerikanern kontrolliert wurden.

Ich erinnere mich an zwei besondere Fälle. Die eine Familie war im Besitz einer Sammlung von Impressionisten, die nun im Gaisberg lagerten. Man besaß aber noch die gültigen Nachweispapiere, und so hatten wir es mit einer Routineabwicklung zu tun. Herausragend war für mich dieser Fall aber trotzdem, denn es war ein unvergessliches Erlebnis, die Originale von Corot, Courbet und anderen berühmten impressionistischen Malern aus allernächster Nähe zu sehen.

Als sehr viel komplexer erwies sich der zweite Fall. Hierbei handelte es sich um eine äußerst wertvolle Sammlung von Expressionisten, die zusammen mit einem Flügel und Perserteppichen in einer Sinsheimer Scheune untergebracht waren. Die Sammlung gehörte dem in Mannheim „ausgebombten“ Ehepaar Frank, das jetzt in Heidelberg lebte. Da man unmittelbar nach dem Krieg seinen Wohnort nicht verlassen durfte, Auslandspost nicht zugelassen war und Inlandspost kaum funktionierte, konnten die Eheleute weder zu ihrer Sammlung gelangen noch Kontakt mit dem Besitzer der Scheune aufnehmen. Der völlig verzweifelten Ehefrau versprach ich, alles zu tun, um ihnen zu helfen.

Das große Problem aber war, dass sie durch den Fliegerangriff alles verloren hatten, also die Rechnungen für den Erwerb ihrer Kostbarkeiten nicht vorlegen konnten. Wie sollte ich da den Nachweis erbringen, dass es sich hier nicht um „loot“, um Raubkunst, handelte? Mein Vorgesetzter, Leutnant Hershberg, reagierte ablehnend, er wollte „proof“ sehen, Nachweise also, und erst dann würde er schauen, was sich machen ließe. Ich setzte mich wieder mit der Ehefrau zusammen und ließ mir Geschichten über die einzelnen Bilder erzählen, wo sie sie gekauft hatten, bei wem, wer sie zu Hause bei ihnen gesehen hatte. Und da ereignete sich ein fast unglaublicher Zufall. Ganz nebenbei fiel der Name „Dr. Tannenbaum", der aber war mir bekannt! Dr. Tannenbaum war vor dem Krieg ein bekannter jüdischer Kunsthändler in Mannheim, bei dem auch mein Vater einst zwei Blätter erstanden hatte. Das Sammlerehepaar hatte offenbar sehr viele Werke bei ihm gekauft und war auch mit ihm befreundet.

Nun hatte ich etwas leichteres Spiel bei meinem ebenfalls jüdischen Chef, der einsah, dass die Eheleute wenigstens keine Nazis waren, denn diese hätten niemals bei einem Juden „Entartete Kunst" gekauft. Zum Glück besaßen die Sammler zwei Papiere mit der Auflistung aller Exponate und die aktuelle Adresse von Dr. Tannenbaum. Er war 1937 emigriert und wohnte nun in Amsterdam in der Leonardstraat. Als Deutsche konnten die Sammler aber keinen Kontakt dorthin herstellen. Aber mein Chef war nun geneigt, sich des Falles anzunehmen, und verwies mich an Sergeant Birnstingle, den die Geschichte rührte. Er schickte die Verzeichnisliste nach Amsterdam. Nach bangem Warten kam die Antwort: Die Käufe wurden von Dr. Tannenbaum bestätigt und auch von anderen Quellen bezeugt, dass es sich um Käufe und Geschenke von befreundeten Künstlern handelte: Erich Heckel, Otto Dix, Kokoschka, Schlichter, Xaver Fuhr ..., auch Portraits des Sammlerehepaares waren unter den Bildern. Durch mein kunstinteressiertes Elternhaus und Vorlesungen als Gasthörerin an der Universität Heidelberg konnte ich einschätzen, um welche Werte es hier ging.

Wir glaubten das Spiel schon gewonnen, und so fuhr ich mit Sergeant Birnstingle bei strömendem Regen im Jeep unter einer Plane nach Sinsheim. Während er einen Parkplatz suchte, ging ich mit einem Schreiben meines Chefs Hershberg zum Office des Chief of Military Government Sinsheim, einem gewissen Major Rosenbaum. Ich übergab ihm den Brief und trug mein Anliegen vor. Die Reaktion war unglaublich. Ich wurde als „Nazi-Bitch" beschimpft, die es wagte, einem US-Offizier irgendetwas von anderen Nazis zu erzählen. „And who is Leutnant Hershberg? I am the chief of Military Government here", und er zerriss den Brief. Als der Sergeant kam, wurde der Major zwar etwas freundlicher, aber ließ uns wissen, dass der Besitzer der Scheune auf seine Anweisung hin niemanden hineinlassen dürfe, und im Übrigen solle ich Hershberg ausrichten, er solle sich um seinen Kram kümmern und „that he should not stick his nose in other people's business."

Geschockt und enttäuscht kehrten wir nach Heidelberg zurück. Hershberg war über meinen Bericht empört und rief: „By God, I'll show him!" Bald darauf fuhren wir in einem schicken Chrysler nach Wiesbaden zum „Collecting Point", der Zentralstelle für „loot" in unserem Raum. Mein Chef diskutierte sehr lange aufgeregt mit dem zuständigen Offizier, ich musste draußen bleiben und schnappte nur einmal das Wort „bitch" auf. Schließlich fuhren wir zu dritt nach Sinsheim. Die beiden Amerikaner verhandelten ohne mich mit Major Rosenbaum, der plötzlich sehr beflissen wurde und uns zur Scheune führte, zu der er natürlich einen Schlüssel hatte. Da standen die Bilder, teilweise bereits versandgemäß verpackt, als stünden sie unmittelbar vor dem Abtransport.

Wir hatten endlich unser Ziel erreicht. Ich war überglücklich, dem Besitzerpaar Frank seine Kunstobjekte zurückgeben zu können, die sie mit viel Liebe und hohem Kunstverstand gesammelt hatten. Die außergewöhnlichen Kunstwerke, denen ich damals so nahe gekommen war, sind mir in lebhafter Erinnerung geblieben. Als ich dem Portrait von Martha Dix mit rotem Hut Jahrzehnte später in der Stuttgarter Ausstellung der Sammlung Frank wieder begegnete, war ich den Tränen nahe, ich „sah“ das Bild noch im Wohnzimmer des Ehepaares hängen.

Die Geschichte damals in Heidelberg nahm noch eine pikante Wendung. Unmittelbar danach schickte mir ein Heidelberger Freund eine Zeitungsnotiz: „Aufruf! Wer an Leib oder Eigentum von Major Rosenbaum, MG Sinsheim, geschädigt wurde, möge sich beim Militärgericht der US-Army in Stuttgart melden!“ Dieser feine amerikanische Offizier, der offenbar schon einen fragwürdigen Ruf gehabt hatte, hatte sich an deutschem Eigentum bereichert. Durch unser beherztes Eingreifen hatten wir noch mehr Unrecht verhindern können. Einige Wochen später wäre die Sammlung vielleicht schon auf dem Weg in die USA gewesen und für lange Zeit oder sogar für immer verloren.

Weitere Karriere in der amerikanischen Militärverwaltung
Als Ende 1945 das Department „Fine Arts and Monuments“ nach Wiesbaden verlegt wurde, wurde ich als „office manager“ zur Zentralverwaltung der Kantinen im Raum Heidelberg-Mannheim-Schwetzingen versetzt. Ich war gleichsam „Mädchen für alles“ und erhielt ein Büro im Hotel „Europäischer Hof“. Neben bürokratischen und sozialen Aufgaben (Urlaubsgesuche, Krankmeldungen usw.) war unser Büro vor allem zuständig für die Zusammenarbeit mit dem „Labour Office“, dem Arbeitsamt. Die deutschen Sozialgesetze, an die sich die Amerikaner halten mussten, unterschieden sich häufig deutlich von den amerikanischen, das Prinzip „hire and fire“ war hier nicht ohne weiteres durchsetzbar.

Auch ich lernte viel von den Amerikanern, etwa das Vorbereiten großer Konferenzen einschließlich des mir bis dahin unbekannten Caterings. Bei Proben der Bands im Stardust-Club Heidelberg hörten wir amerikanische Songs: „You are my lucky star“, auch Rock and Roll, total neu für uns, und wir fanden es toll. Ich bekam damals schon eine gewisse Vorstellung vom „American way of life“, Erfahrungen, die ich auf späteren Amerikareisen vertiefen konnte.

Aufgrund meiner Position durfte ich im Offizierscasino essen, das man mit vier oder fünf Sternen auszeichnen konnte und das mir manches Mal ein schlechtes Gewissen bereitete, wenn ich an die magere Kost der meisten Deutschen damals dachte.

Als mein Chef in die Staaten zurückging, empfahl er mich als „Personnel Manager“, und so wurde ich Personalchefin für etwa 700 Angestellte: Köchinnen, Kellnerinnen, Barkeeper, Lagerverwalter, Musiker, Dekorateure – das gesamte Personal der Clubs und Casinos. Diese Aufgabe erfüllte ich bis zur Geburt meines Sohnes im Jahre 1950 und wurde mit vielen Blumen und großen Ehren aus dem Dienst der amerikanischen Verwaltung entlassen.

Begeisterte Lehrerin
1963 war Lehrermangel. Nach dem Vorbild von Nordrhein-Westfalen, wo der Kultusminister Mikat Frauen und Männer mit Abitur in einem einjährigen Kurs ausbilden ließ, im Volksmund als „Mikätzchen“ oder „Mikater“ bezeichnet, richtete auch

Baden-Württemberg diese Kurse ein. Dazu meldete ich mich. Wir saßen morgens in verschiedenen Klassen, wurden von einem Mentor betreut und hatten nachmittags im Schulamt theoretischen Unterricht. Nach einer Prüfung wurden wir als „Aushilfslehrer" eingestellt. Bedingung: Sobald genügend Lehrer vorhanden wäre, sofortige Kündigung! Das passte mir nicht. Ich fuhr nach Stuttgart und bekam die Chance, bei reduziertem Deputat die PH in Heidelberg zu besuchen und dort nach zwei Jahren das 1. Staatsexamen und danach im meiner Klasse die 2. Dienstprüfung abzulegen. Jetzt war ich Lehrerin im Angestelltenverhältnis und konnte in Grund- und Hauptschulen unterrichten. Ich entschied mich für die Grundschule und war 25 Jahre Lehrerin mit Leidenschaft. Ich habe heute noch Beziehungen zu ehemaligen Schützlingen. Freude am Lernen, gerne in die Schule gehen, eine harmonische Klassengemeinschaft – das waren meine Ziele. Ich brachte Kinder dazu, ein Musikinstrument zu spielen, zu singen und gern Musik zu hören.

Meine Leidenschaft ist und war die Musik. Ich besuche Konzerte, Opern, gern Kammermusik und spiele seit 66 Jahren im Händel-Orchester Mannheim-Neckarau die Bratsche. Mein Lebensinhalt ist die Familie meines Sohnes mit Enkeln und Urenkeln.

Die Abschnitte „Meine Zeit als Monuments Woman" und „Weitere Karriere in der amerikanischen Militärverwaltung" durften leicht gekürzt übernommen werden aus: Gerda Lambrecht: Auf einmal bei den Amerikanern! Fine Arts and Monuments Woman. Ein Zeitzeugenbericht 1945-1950. AZUR Verlag e.K. Wildflecken 2018.

Susanna Martinez:
„My Name is Harry, ich komme gleich wieder!"

Im März 1946 wurde ich in Hardheim geboren. Meine Mutter (Jg. 1921) war seit 1943 Kriegerwitwe. Ihr erster Mann war während des Russlandfeldzugs bei Smolensk gestorben. Sie lebte im Haus ihrer Eltern in Mannheim-Neckarau und arbeitete bei der Volksbank als Kontoristin. Damals hieß sie Hilde Gumbel geb. Wahl.

Im Frühjahr 1945 kamen die Amerikaner nach Mannheim. Mein Vater gehörte zu einer großen Gruppe puertoricanischer Soldaten, die in Neckarau in der Friedrichstraße in kleinen, vom Krieg nicht beschädigten Häusern einquartiert wurden. Die US-Armee beschlagnahmte dafür Häuser und Wohnungen. Die Deutschen mussten ihre Wohnungen oft umgehend verlassen, was bei ihnen Trauer und Groll auslöste.

Mein Vater bewachte Güterwagen auf dem Rangierbahnhof. In seiner spärlichen Freizeit begegnete er meiner Mutter am Stollenwörthweiher. Sie waren einander sofort zugetan. Der 17. Juni 1945 war der Tag meiner Zeugung. So verbürgt es meine Mutter. Es geschah am Weiher, weiß ich von Vater. Er nannte sich ‚Harry'. Dies war den Befehlen an die Soldaten geschuldet, ihre tatsächlichen Namen gegenüber Deutschen auf keinen Fall preiszugeben. Es herrschte Fraternisierungsverbot. Den Puertoricanern fiel dies schwer, sie kommen aus einer Kultur des ‚take it easy'. Und das Elend der Deutschen dauerte sie. Der schöne Sommer ließ mich wachsen und gedeihen im Mutterleib. Meine Mutter machte sich Hoffnung auf eine grüne Insel im Meer und in der Sonne.

Ismael Martinez Rivera (Harry), 1945 in Mannheim

Im Sommer 1945 verkehrte mein Vater im Haus meiner Großeltern und genoss dort, wenn er meine Mutter besuchte, die wunderbaren Birnen und andere Früchte des großen Gartens in der Adlerstraße. Großvater arbeitete als Handlungsbevollmächtigter bei Raab Karcher. Es gab ein Telefon im Haus. Er besuchte täglich die Wäscherei des Theresienkrankenhauses in der Luisenstraße, um Kohle-Bestellungen aufzunehmen. Im Theresienkrankenhaus ging mein Opa ein und aus. Die Schwestern vom Heiligen Vincent von Paul waren meiner Familie und mir sehr vertraut und zugewandt.

Die Schwangerschaft wurde sichtbar, meine Mutter machte sich Sorgen, mein Vater auch. Heute wissen wir, dass diese Schwangerschaft keine Ausnahme war. Viele Frauen waren den GI's aus Puerto Rico begegnet. Die Folgen waren unübersehbar. Die US-Army wurde auf diese Situation aufmerksam, auch die deutsche provisorische Stadtverwaltung war alarmiert und sann auf Lösungen. Es wurde beschlossen, alle Puertoricaner im Oktober 1945 aus Mannheim abzuziehen.

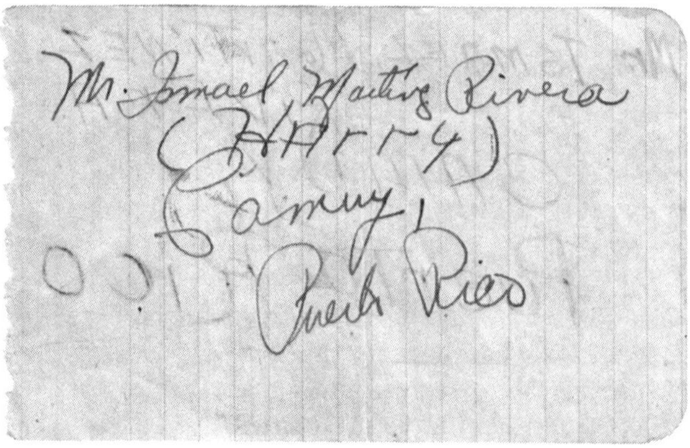

Harry musste Neckarau und meine Mutter verlassen. Andere GIs, die in der Neckarstadt einquartiert waren, mussten ebenfalls ihren Freundinnen goodbye sagen. Mein Vater verabschiedete sich von meiner Mutter am Neckarauer Bahnhof und hielt für sie ein besonderes Abschiedsgeschenk bereit. Er steckte meiner Mutter heimlich einen kleinen Zettel zu, auf dem stand sein wirklicher Name: Ismael Martinez Rivera, P.O. Box, Camuy, Puerto Rico. Die Schrift ist heute noch klar lesbar. Das ist die Nachricht eines anständigen Mannes an seine schwangere Freundin, gegen den militärischen Befehl: Hier wächst ein Kind heran, es hat einen Vater. Für den Pannenfall bei der Übergabe der Wahrheit gab es einen zweiten Zettel mit derselben Nachricht. Auch dieses Dokument habe ich noch, geschrieben von derselben Hand – eine Nachricht voller Mut und vielleicht auch Hoffnung. Wie geht meine Mutter Hilde nun mit dieser Nachricht von Ismael um? Welche Gefühle hat sie, wenn sie die Nachricht liest und zwei Abschiede zu bewältigen sind? Abschied von Harry? Und Abschied vom wirklichen Ismael? Nie habe ich es erfahren, darüber hat sie ihr Leben lang geschwiegen. Und ich habe mich nicht getraut, sie zu fragen.

Gertrud (Susanna) und Mutter Hilde, 1946

Mein Vater war nicht mehr in Deutschland, als meine Mutter mich in Hardheim im Krankenhaus zur Welt brachte. Sie war dort, weil sie noch Freunde im Bauland hatte, die mit ihrem ersten Mann Leo Gumbel aus dem Neckarauer ‚Kappes' und ihr selbst verbunden waren. Im Dezember 1945 bekam sie ihre Kündigung von der Volksbank, und sie musste aus Mannheim verschwinden. Ihre Eltern liefen verschämt durch Neckarau. Die katholische Familie mit hohem Ansehen versteckte lieber den dicken Bauch ihrer Tochter. Nach meiner Geburt wurde ich gleich in die Gemeinschaft der Christen aufgenommen, meine Oma hielt mich über die Taufe. Die Schwester meiner Mutter, die in Rheinzabern lebte und meine Taufpatin sein sollte, konnte wegen ihres Wohnortes in der französischen Besatzungszone nicht nach Hardheim reisen. Ich wurde Gertrud Emilie Susanna Wahl getauft. Gertrud, weil meine Mutter immer so heißen wollte, Emilie ist der Name meiner Patentante und Susanna ist der Vorname meiner Großmutter.

Bald ging es zurück nach Neckarau: Meine Mutter arbeitete wieder bei der Volksbank. Mein Großvater ergötzte sich an seiner Enkelin, mit der er nun stolz durch Neckarau spazierte, mich immer wieder diesem und jenem vorstellte. Bei meinen Großeltern war ich geborgen, und es ging uns wirtschaftlich gut. Die Adresse meines Vaters in Puerto Rico war die Anschrift seiner großen Familie. Seine älteste Schwester Lola Martinez Rivera, Jahrgang 1910, beantwortete die Briefe, die anfangs meine Mutter, später mein Opa nach Camuy schrieben. Die Korrespondenz ging in übersetztem Englisch und Spanisch hin und her, Päckchen überquerten den Ozean. Für die Sprach-Übertragungen gaben meine Großeltern viel Geld aus.

Mit der Zeit gibt es immer wieder Kontakt-Lücken von Mannheim nach Camuy und umgekehrt. Das Schreiben wird spärlicher, manchmal vergisst man einander. Hier dreht sich die Welt, dort dreht sich die Welt. Ich komme in den Jakobus-Kindergarten. Mein Vater durchläuft in San Juan eine Ausbildung zum Speditionskaufmann. Er ist ein schicker junger Mann, der sich vom Leben seiner Campesino-Familie entfernt. Er lernt eine Frau kennen und heiratet Anfang der 50er Jahre. Mit dieser Frau hat er drei Töchter.

1952 wurde ich als Erstklässlerin an der Kirchgartenschule in Neckarau angemeldet. Ich freute mich auf die Schule. Doch ich sollte diese Schule nicht von innen sehen; denn ich wurde plötzlich von meiner Mutter in der Waldhofschule angemeldet und eingeschult. Meine Mutter heiratete im April 1952 einen sehr viel älteren Mann, worüber ihre Eltern schockiert waren. Richard Kramer war Jahrgang 1895 und der Sohn des sozialdemokratischen Abgeordneten Robert Kramer im Badischen Landtag. Auf einmal hatte ich einen Stiefvater und wohnte auf dem Waldhof. Der Wegzug aus Neckarau geschah schnell. Ich war ein fremdes Kind in der Speckweg-Siedlung und hatte einen langen Weg zur Waldhofschule. Mein Heimweh nach den Großeltern war riesig. Ich sehnte mich nach Neckarau, mein Stiefvater war mir fremd und meine Mutter tat nichts, was geholfen hätte, mich in der Speckwegsiedlung heimisch zu fühlen. Nach der Schule musste ich in den Hort. Ein Licht für meine Seele war Schwester Ittaberga in der Franziskus-Gemeinde. Durch sie gab es Anknüpfungen an mein Neckarauer Leben, das erfüllt war von sonntäglichen Gottesdiensten mit meinem Opa, der in der Kirchenbank neben mir stand, aus voller Brust Kirchenlieder sang und laut betete. Selbstverständlich ging ich auch auf dem Waldhof sonntags in die Kirche, aber alleine. Meine Mutter zog es nicht in die Kirche, und mein Stiefvater war freireligiös. Ich sehnte mich nach meinen sonntäglichen Küchenfreuden bei meiner Oma, wo ich nach dem Gottesdienst stets am Herd arbeitete. Ich panierte und briet Schnitzel, bereitete Salat zu und erlebte, wie sich Arbeit in Genuss verwandelt. Kochen war für mich das Größte. Ich spielte nicht, ich war immer in der Realität. Nichts wurde zum ‚Als Ob', alles war ‚So ist es!' Ich kochte sonntags, es gab keine Arbeit im Haus, die ich als Kind nicht mit Begeisterung für meine Großeltern und mich selbst getan hätte.

Auf dem Waldhof kam mir immer wieder ins Gedächtnis, dass ich, bei meinen Großeltern im Bett liegend, oft weinte und nach meinem Vater fragte. Oma und Opa waren hilflos, wussten nicht, mich zu trösten. Sie waren selbst traurig und ratlos. Mit meiner Mutter konnte/durfte ich gar nicht darüber sprechen. Von Puerto Rico wollte sie nichts wissen. Das war für sie vorbei. Nur meine Existenz erinnerte sie noch daran. Sie war mit der Neugründung ihres Lebens beschäftigt. Ihr Einkommen war höher als das ihres Mannes, und es wurde dringend benötigt, um die drei Kinder aus erster Ehe von Richard Kramer abzufinden.

Samstags nach der Schule fuhr ich mit Bus und Straßenbahn zu meinen Großeltern. Das Wochenende war eine Erlösung. Sonntagsabends ging es wieder auf den Waldhof. Zur Schule und in den Hort musste ich zu Fuß gehen. Wenn Stiefvater merkte, dass ich von den Großeltern Geld bekommen hatte und mit dem Bus auf den Waldhof gefahren war, gab es Ärger. Manchmal holte er mich aus dem Bus, und ich musste den Restweg gehen. Er war bei der Stadt Mannheim im Bauaufsichtsamt beschäftigt und hatte auch als Betriebsrat eine Dauerfahrkarte. So saß er oft im Bus und überraschte mich mit seiner Anwesenheit. Dieses Wiedersehen machte keine Freude.

So verlief mein Leben zwischen dem Neckarau der Großeltern, dem Waldhof bei meiner Mutter Hilde Kramer, meinem Stiefvater Richard Kramer und Schule und Hort auf dem Waldhof. Ich litt unter den langen Fußwegen und genoss die Fahrten mit Bus und Straßenbahn am Wochenende. In der Straßenbahn kam ich mit anderen Fahrgästen ins Gespräch und gab gerne Auskunft über Linien und Umsteigemöglichkeiten. Ich kannte mich in Mannheim gut aus und fuhr gerne mit Bus und Bahn. Eigentlich musste ich nicht umsteigen auf dem Weg vom Waldhof nach Neckarau, aber an der Kurpfalzbrücke wechselte ich gerne die Verbindung zu den Großeltern oder zu meinen Eltern. Einmal schiss mir beim Umsteigen eine Taube auf den Kopf. Ich empfand das als Strafe. So lernte ich, unnötiges Umsteigen zu unterlassen.

Im Februar 1955 holte mich mein Stiefvater etwas früher als sonst vom Hort ab und flüsterte mir ins Ohr, dass ich ein Brüderchen bekommen hätte. Am nächsten Tag besuchten wir Mutter im Theresienkrankenhaus. Ich durfte nur einen kurzen Blick auf Robert werfen. Als Kind war man damals auf der Entbindungsstation nicht willkommen. Robert und Mutter kamen nach Hause, und ich hatte gleich viel zu tun mit der Babypflege. Das gefiel mir, und meine Mutter drängte sich nicht vor, wenn es ums Wickeln und Brei-Kochen ging. Auch Geschirr habe ich gerne gespült. Um Robert kümmerte ich mich ebenfalls sehr. Robert war Stiefvaters Augapfel, und meine Mutter genoss ihre neue Mutterrolle. Das legitime Kind galt viel in der Familie.

Meine Mutter pausierte von ihrer Berufstätigkeit, und ich musste nicht mehr in den Hort. Nach Ostern 1956 sollte ich in die Wald-Realschule gehen, kurz davor war aber noch eine Erholung als Kur für mich nötig. Wegen meiner Lunge wurde ich in allen Sommerferien vom Gesundheitsamt und der Krankenkasse für sechs Wochen in Luftkurorte zur Gesundung geschickt. Meine Eltern waren spürbar in Vorfreude, wenn ich auf Reisen ging. Es wurde neue Kleidung gekauft, und ich war immer bestens ausgestattet. An mir wurde nicht gespart. Einmal war ich in Neckargemünd im Viktor-Lenel-Stift. Plötzlich fehlte mir eine kleine, schöne rote Umhängetasche. Ich war darüber traurig. Die Tanten suchten für mich, da fiel ihnen eine Tasche wie meine auf, die aber Löcher aufwies. Das Mädchen, das mir die Tasche geklaut hatte, hatte die auf der Tasche applizierten Figuren abgerissen, die Spuren der Übeltat waren unübersehbar. Meine Tasche wurde mir zurückgegeben, aber sie war kaputt. Ich konnte mich nicht freuen.

Wegen der Kur kam ich einige Zeit nach Schuljahresbeginn in die Waldschule. Mein Stiefvater begleitete mich. Wir klopften an die Klassentür, die Lehrerin öffnete, sie war mitten im Unterricht. Die Schüler schauten zur Tür auf die Neue. Nie zuvor hatte ich meinen Stiefvater angefasst, aber da griff ich nach seiner Jacke, zog ihn zu mir und bat ihn, mich wieder mitzunehmen. Ich sprach leise, mit zitternder Stimme. Die Lehrerin und mein Vater entschieden, dass ich dableibe. Ich ahnte nicht, dass ich mich in dieser Klasse sehr wohlfühlen würde und gerne alles lernte, was auf mich zukam.

1955 hatte ich an einem Wochenende starke Bauchschmerzen. Dennoch sollte ich um das Haus fegen und meinen sonstigen Wochenend-Pflichten nachkommen. Ich konnte nicht, und mein Stiefvater unterstellte mir Faulheit. Ich klagte weiter, und meine Mutter bekam es mit der Angst zu tun, weil ich mich über das Gartentor krümmte. Ein Arzt stellte eine Blinddarmentzündung fest, und ich kam ins Theresienkrankenhaus, wo ich sofort operiert wurde. Ich genoss es, verwöhnt zu werden. Meine Großeltern sah ich dadurch öfter. Sie brachten mir Schinkenbrot mit Fransen mit, das war gekochter Schinken, der vom Brötchen kaum zu bändigen war.

In der Speckwegsiedlung hatten wir Hühner, sehr starke, schöne rotbraune mit einem prächtigen Gockel, der majestätisch sein Revier abschritt. Eines Tages durften die Hühner mit ihrem Gockel in den Garten, um im Unkraut nach Fressbarem zu scharren. Robert war auch im Garten. Der Hahn ging auf ihn los und warf ihn zu Boden. Wir sahen, wie er auf Roberts Brust stand und ihm in die Stirn pickte. Das Geschrei war heftig und mein Stiefvater beschloss, den Hahn alsbald gebraten auf den Tisch zu bringen. Er war ein sehr guter Koch, viele seiner Gerichte sind mir in bester Erinnerung.

In der Adventszeit 1958 erkrankte mein Stiefvater schwer und musste ins Krankenhaus. Meine Mutter war nun kaum noch zu Hause, sie verbrachte in großer Sorge ihre Zeit am Krankenbett. Ich war viel auf mich allein gestellt, sorgte für Robert. Meine Hausfrauenfertigkeiten waren für uns alle nützlich. Auch meine Großeltern halfen sehr. Im März 1959 starb mein Stiefvater. 1960 starb meine Oma und im Jahr darauf mein Opa. Mutter musste von da an alleine für uns da sein. Diese Pflicht und das große Haus mit Garten in der Speckwegsiedlung forderten sie ganz. Ihre Trauer zeigte sie kaum. Bis 1959 hatte sie in ihrem noch kurzen Leben schon drei Männer verloren.

1977 suchte und fand ich meinen Vater und meine große Familie in Puerto Rico.

*Susanna Martinez: Tochter der deutschen Mutter Hilde (1921-2015)) und des puertoricanischen Vaters Ismael (*1923). Pädagogikstudium in Heidelberg. Grund- und Hauptschullehrerin und Mentorin in Mannheim und Mogadischu. Lehrbeauftragte am Seminar für schulpraktische Ausbildung in Mannheim. Schriftstellerin, Köchin, Organisatorin. Seit 1967 verheiratet mit Hans-Peter Schwöbel.*

Eine neue Heimat

Dietmar von Hoyningen-Huene: Zuflucht auf dem Batzenhof

Meine Familie war seit dem fünfzehnten Jahrhundert im Baltikum ansässig und hat sich im Laufe der Jahrhunderte dort stark ausgebreitet. Mein Vater war diplomierter Landwirt und hat als ältestes von sechs Kindern das Restgut, das von unserem Rittergut in der Nähe von Riga nach der Russischen Revolution uns zugestanden wurde, bewirtschaftet. Im Rahmen des Hitler-Stalin-Paktes (in diesem Nichtangriffspakt wurde Europa und vor allem Polen in russische und deutsche Interessengebiete aufgeteilt) wurden die Baltendeutschen in den damaligen Warthegau in Polen umgesiedelt, und mein Vater übernahm 1939 einen großen Hof in der Nähe von Litzmannstadt, heute Lodz. Hier wurde ich am 4. Juni 1943 als Jüngster von vier Geschwistern geboren, in einer Zeit, als es der Familie sehr gut ging, bis uns hier die Ereignisse des Zweiten Weltkriegs einholten.

In einer abenteuerlichen Flucht gelang es meiner Mutter, sich Ende Januar 1945 über Zwischenstationen bei ihren Verwandten in Ostpreußen nach Gera in Thüringen durchzuschlagen, wo ihre älteste Schwester mit einem Möbelfabrikanten verheiratet war. Mein Vater wurde gemeinsam mit den übrigen verbliebenen Hofbesitzern eingezogen, und man hat sich schlecht bewaffnet den russischen Panzern entgegengestellt. Er hat diesen wahnwitzigen Versuch überlebt und sich später mit einem Planwagen im großen Flüchtlingstreck durchgeschlagen und seine Familie in Gera wiedergefunden. Dort wurde er zum Volkssturm eingezogen und geriet in russische Gefangenschaft, aus der er fliehen konnte.

In diesen letzten Monaten des Zweiten Weltkrieges fanden große Bombenangriffe auf Gera statt. Meine Mutter musste mit ihren vier Kindern über ein weites Feld den Bunker erreichen. Immer wieder wurden wir dabei von Tieffliegern angegriffen. Meine Mutter warf sich schützend über meinen Bruder, der zwei Jahre älter war, und mich. Obwohl ich damals erst zwei Jahre alt war haben sich diese Erlebnisse traumatisch verfestigt, und ich habe selbst an meinen späteren Schulwegen mich immer, wenn ich Flugzeuge in der Luft hörte, im Graben versteckt. Für meinen Vater als diplomierter Landwirt war es schwer, eine geeignete Tätigkeit zu finden, und so kamen ihm seine Sprachkenntnisse – er sprach perfekt Russisch und Französisch – zugute, und er erhielt eine Dolmetscherstelle bei der russischen Kommandantur.

Meine frühesten Kindheitserinnerungen reichen zurück in das einschneidende Erlebnis der Flucht im Jahr 1947 aus Thüringen, das damals in der russischen Besatzungszone lag, nach Westdeutschland. Unsere Familie war gefährdet, da viele Baltendeutsche nach Russland deportiert wurden. Eine solche Flucht war unter mehreren Aspekten ein gefährliches Abenteuer. Auf der einen Seite war die Grenze schwer bewacht, um die Flucht zu vereiteln. Auf der anderen Seite wurden die Flüchtlinge aus der amerikanischen Besatzungszone wieder zurückgeschickt, da sie überfüllt war – die Grenze wurde also auf beiden Seiten gut bewacht. Meine Mutter, meine Geschwister und ich bekamen einen Rucksack auf den Rücken, mit einigen wenigen Wäsche-und Kleidungsstücken. Zwei als Holzfäller getarnte Fluchthelfer haben uns den langen Weg durch den Wald über die Grenze geführt. Wir sind von Versteck zu Versteck geschlichen, und immer wenn die Holzfäller mit einer Axt an einen Baum geklopft haben, konnten wir wieder weiter huschen. Wir kamen völlig erschöpft auf der anderen Seite der Grenze an und mussten uns auch hier vor den Streife fahrenden amerikanischen Militärpolizisten in Acht nehmen. Plötzlich sahen wir einen mit Ochsen bespannten und mit Säcken vollgeladenen Bauernwagen auf uns zukommen. Die Bäuerin und der Bauer liefen neben dem Wagen her und sprachen uns, als sie auf unserer Höhe waren, an. Sie erkannten natürlich sofort, dass wir Flüchtlinge waren, die sich aus der damals sogenannten Ostzone nach Westdeutschland retten wollten. Sie ließen uns sofort auf den Wagen aufsitzen und fuhren einen Umweg, damit wir nicht an entsprechend gefährlichen Stationen vorbeikamen. Sie ließen uns dann am Haus der Schwester der Bäuerin aussteigen, die uns ganz rührend versorgte. Zunächst gab es etwas zu essen, und dann fanden wir Kinder wunderschöne Betten vor – die sie wohl immer für Flüchtlinge bereithielt –, in denen wir sofort nach den Anspannungen des Erlebten einschliefen. Am frühen Morgen ging diese wunderbare Frau mit meiner Mutter dann zum Bahnhof und besorgte Fahrkarten zum Zug nach Nürnberg; dort wohnte die Frau des Bruders meines Vaters, er war Arzt und befand sich in russischer Kriegsgefangenschaft.

In Nürnberg waren wir zunächst einmal gut aufgehoben – aber wir mussten unbedingt eine sogenannte Zuzugsgenehmigung in die amerikanische Zone bekommen, da wir sonst überhaupt keine Lebensmittelkarten bekommen konnten, und ohne Lebensmittelkarten gab es ja damals nichts zu kaufen. Meine energische Mutter versuchte dann zunächst ergebnislos an unterschiedlichen Stellen, diese Zuzugsgenehmigung zu erhalten. Am Ende war sie verzweifelt und hatte schon geplant, wieder in die Ostzone zurückzugehen. Plötzlich eines Nachts fiel ihr ein, dass der Elbinger Pastor, der sie getauft und auch getraut hatte, früher in Monsheim bei Worms Pastor gewesen war. Meine Mutter wusste nicht, ob er hatte fliehen können und vielleicht wieder nach Monsheim zurückgekehrt war, sie hatte auch keinerlei Adresse, wo er sich vielleicht jetzt aufhalten würde. Und so schrieb sie einen Brief, adressiert mit dem Namen des Pastors und dem Ort Monsheim mit dem Hinweis, dass er früher dort Pastor gewesen war. Und das Wunder geschah: Es kam plötzlich ein Eilbrief zurück von der Frau des Pastors, und sie schrieb, wir sollten uns sofort nach Karlsruhe in den Zug setzen. Sie hätte alles mit Herrn Hotel, dem Pächter des Batzenhofes – eines großen Hofes – auf den Höhen oberhalb von Karlsruhe-Durlach besprochen, und er würde die ganze Familie aufnehmen. Der Hofpächter hatte gute Beziehungen, und so gelang es uns dann auch, eine Zuzugsgenehmigung in den amerikanischen Sektor zu erreichen.

Dieser Bauernhof wurde für vier Jahre meine Heimat – ein in vieler Hinsicht für einen kleinen, neugierigen Jungen geradezu ideales Domizil. Diese Jahre waren für mich prägende Jahre einer unbeschwerten, fröhlichen Kindheit. Ich lernte auf diesem Hof und in der nahe liegenden Mennonitengemeinde Thomashof Persönlichkeiten kennen, die für mich wegweisend geworden sind, mir großartige Vorbilder wurden und mir in meinem Leben entscheidende Orientierung gegeben haben. Wenn ich mich heute an diese Zeit zurück erinnere, fallen mir ganz viele Bilder und Ereignisse ein. Einige möchte ich kurz schildern.

Ein Sonntag auf dem Batzenhof

Es fängt schon beim Frühstück an. Dass dieser Tag etwas Besonderes ist, merkt man gleich – Kakao und Hefekranz, welch köstlicher Beginn eines langen Tages. Bei mir musste der Kakao immer ganz süß sein, und meine Geschwister erzählen heute noch, dass ich nie genug Zucker darin haben konnte.

Dann gingen wir zum Gottesdienst auf den Thomashof. Unvergesslich die Weihnachtsfeiern – die Lieder der Dankbarkeit, dass die Schrecken des Krieges vorbei waren und so die Weihnachtsbotschaft, dass der Friedefürst Mensch geworden ist, eine ganz neue Bedeutung gewonnen hatte.

Dann der Nachmittag auf dem Batzenhof. Gerade Sonntage, an denen der Betrieb ruhte, boten für uns Kinder viele Verlockungen. Wir tollten mit den Hunden oder beobachteten stundenlang die jungen Kätzchen beim Spielen oder übten auf der Mundharmonika, die wir mitten in einem Care-Paket zu unserer Freude gefunden hatten. Am Sonntag kamen sehr prominente Gäste aus Karlsruhe, die in dem Pächter des Hofes einen hoch interessanten Gesprächspartner fanden und sich natürlich auch sattessen durften.

Dietmar auf dem Batzenhof

Sehr ungern erinnere ich mich an die sonntäglichen Spaziergänge mit der Familie. Zuerst mussten wir aus den bequemen Hosen heraus und die ungeliebten kurzen Bleyle-Hosen und die zugehörigen langen Strümpfe anziehen. Bis alle soweit fertig waren, war ich längst in der Scheune verschwunden, um – was ich besonders gern tat – die Maschinen zu studieren. Für Kinder geht es ja im wörtlichen Sinne um das Begreifen, und so sah ich oft schon entsprechend aus, wenn dann alle zum Spaziergang bereit waren.

Einen solchen Sonntag auf dem Batzenhof empfand ich so lang, so intensiv wie heute eine ganze Woche oder gar ein ganzes Jahr. Ein ganz besonderer Sonntag war zum Beispiel Ostern: Morgens schon zeigten uns die Mägde in der großen Küche den Osterhasen, der angeblich gerade weggehoppelt war, und wenn wir zum Fenster eilten, meinten wir natürlich, wir hätten ihn gesehen. Und dann die Suche der Ostereier in dem von der Schwägerin des Pächters so wunderschön gepflegten großen Garten hinter der Küche, wo sie auch uns Kindern ein eigenes Stückchen zum Bepflanzen überlassen hatte.

Alltag auf dem Batzenhof

Wie sehr stand der Alltag im Kontrast zu den beschaulichen Sonntagen. Am Montag wurde ganz früh morgens um vier Uhr begonnen mit dem Brotbacken – man hörte die Knetmaschine stampfen und Transmissionsriemen summen und freute sich schon auf das herrliche knusprige Bauernbrot, dessen Geschmack ich heute noch auf der Zunge spüre. Oder die Schlachttage, die am gleichen Ort stattfanden. Das Ganze startete morgens mit dem Gequieke der Schweine, die offenbar ahnten, dass ihnen nichts Gutes bevorstand. Es gab viel Arbeit an diesen Tagen, bis man am Mittag dann frisches Wellfleisch und Wurstsuppe genießen konnte.

Besonders beeindruckend auf dem Hof war auch die morgendliche Arbeitszuweisung. Alle Arbeiterinnen und Arbeiter stellten sich in Reih und Glied auf und bekamen die Arbeit zugeteilt. Das wiederholte sich am Abend, wenn die Tagelöhner ihr Salär entsprechend ihrer geleisteten Arbeit erhielten. Hier erstaunte mich, welch weite Wege diese Frauen und Männer oft zu Fuß zurücklegten, um sich das Notwendigste auf dem Batzenhof zu verdienen.

Haften blieb mir auch besonders das Bild des Pächters, wie er über die Felder ging und sich über alles orientierte, was ihm von den Verwaltern berichtet wurde. Besonders beeindruckte mich als Kind auch seine bescheidene und einfache Lebensart. Er kannte keinen Müßiggang, und wenn wir als Kinder am Nachmittag spielten, gingen wir ihm oft aus dem Weg, da er uns Kinder gern mit sinnvollen Aufgaben betraute.

Prägende Ereignisse waren auch die schweren Gewitter, die oft den Batzenhof heimsuchten, und die für dieses exponiert liegende Anwesen immer gefährlich waren. Man traf sich im Hauptgebäude und versammelte sich zum stillen Gebet. Die Knechte hatten Stalllaternen dabei, und wenn es einschlug, gingen sie los, um zu suchen, ob sich in einer der zahlreichen Scheunen ein Brand entwickelte.

Meine ersten Schuljahre

1949 wurde ich eingeschult in die Volksschule in Hohenwettersbach und lief jeden Tag bei Wind und Wetter einen langen Schulweg durch die Felder hin und her. Es gab zwei Klassen und zwei Lehrer. In der einen Klasse wurden die Kinder vom ersten bis zum vierten Schuljahr gemeinsam unterrichtet und in der zweiten Klasse die Schüler von der fünften bis zur achten Klasse. Dabei waren in den unteren Klassen die Schüler aller Intelligenzstufen von der Sonderschule bis zur Gymnasiumsreife versammelt. Ein besonderes Problem war für mich, dass ich mich aufgrund meines adligen Namens massiven körperlichen Angriffen ausgesetzt sah und regelmäßig am Ende der Schule Klassenkeile bekam. Die Bevölkerung hatte ganz offenbar mit der im Schloss residierenden Adelsfamilie keine guten Erfahrungen gemacht. Aber auch hier habe ich für das Leben gelernt und habe mir den Stärksten ausgesucht und mich mit ihm geprügelt. So habe ich mir allmählich Respekt verschafft.

1. Schultag 1949

Der Umzug nach Karlsruhe-Durlach

1951 dann gelang es meiner Mutter, eine Dreizimmerwohnung in einer Mietskaserne in Durlach anzumieten. Hier gab es eine große Anzahl von Kindern, mit denen wir viel gemeinsam unternommen haben. Neben den vier einfach gebauten Wohnblocks gab es ein großes Trümmerfeld, ein zerstörter Teil der Produktionshallen der Nähmaschinenfabrik Gritzner. Als die Trümmer abgeräumt waren, sind wir Kinder in großer Runde zur Geschäftsleitung gepilgert und haben den Wunsch geäußert, dort einen großen Fußballplatz anzulegen. Da man diesen Teil des Werkes nicht wieder aufbauen wollte, hat man unseren Wunsch erhört und hat uns Schubkarren und entsprechende Geräte ausgeliehen, mit denen wir in den großen Schulferien unseren eigenen Fußballplatz errichtet haben, auf dem wir über viele Jahre getobt haben.

Taschengeld erhielten wir, indem wir in den Ruinengrundstücken nach Eisenteilen suchten und diese beim Schrotthändler verkauften.

Da mein Vater in dieser Zeit seine Familie verlassen hatte – er hat die Umstellung vom Großgrundbesitzer in andere ungeliebte Beschäftigungsverhältnisse nicht verkraftet –, waren dies besonders schwierige Zeiten, und wir mussten sehr bescheiden leben. Ich hatte das große Glück, dass ich das Gymnasium besuchen durfte, und habe oft in den Ferien gearbeitet. Ich hatte exzellente Lehrer in der Schule und das Lernen fiel mir leicht, so dass ich Zeit hatte, auch meinen sportlichen Neigungen nachzugehen: Ich spielte in einer A-Jugend- Mannschaft Feldhandball und war über viele Jahre Florettfechter.

Das größte Geschenk in dieser Zeit war ein Fahrrad, das meine Mutter mir – im Rahmen von sogenannten Lastenausgleichsmitteln –, als ich 14 Jahre alt wurde, geschenkt hat. Damit unternahm ich mit Schulfreunden große Radtouren, z.B. bis nach Verdun. Ein riesiges Beinhaus, der Soldatenfriedhof und die vielen sichtbaren Überreste der Schlachten aus dem Ersten Weltkrieg haben mich tief beeindruckt.
Nach dem Abitur habe ich lange überlegt, welche Studienrichtung ich wählen sollte, und habe dann an der Universität Karlsruhe den Diplomstudiengang Verfahrenstechnik absolviert. Ich wurde im Studium gefördert aus Mitteln nach dem sogenannten Honnefer Modell. Des Weitern habe ich regelmäßig in den Semesterferien in Eisengießereien Schwerstarbeit geleistet, um das Studium zu finanzieren, und nach dem Vordiplom immer als Hilfsassistent gearbeitet.

Nach dem Studienabschluss hatte ich das Glück, zunächst in einer Industrietätigkeit bei der BASF und anschließend in einem amerikanischen Unternehmen und schließlich als Professor an der Hochschule Mannheim, später als Rektor, einen hoch interessanten Berufsweg zu erleben. Entscheidend aber war, dass ich eine wunderbare Frau gefunden habe, wir zwei Kinder haben, die in der Zwischenzeit auch in glücklichen Familien leben, und wir viel Freude haben an vier sehr munteren Enkelkindern.

Dass ich stets meine beruflichen Aufgaben – als Rektor einer großen Hochschule – oft trotz härtester Belastungen fröhlich und zuversichtlich erfüllen und meinen Dienst an den jungen Menschen leisten konnte und dies als erfüllende Aufgabe wahrnehmen durfte, ist darauf zurückzuführen, dass ich eine glückliche Familie habe und auf dem Batzenhof als Kind meinen Weg zu Gott, meinem lebendigen Heiland, gefunden habe durch Anleitung und Vorbild vieler Menschen, die mir in ihrem Leben und ihrem Sterben Vorbild geworden sind.

Jürgen Steinbach: Eine neue geistige Heimat

Mein Vater, Jahrgang 1902, war Lehrer und hatte seine erste Stelle in Lörrach. Hier wurde ich 1934 geboren. Bereits nach einem halben Jahr wurde er als Hauptlehrer nach Mühlbach bei Eppingen im Kraichgau versetzt. Hier habe ich zusammen mit meinem drei Jahre jüngeren Bruder meine Kinder- und erste Jugendzeit verbracht.

Wohnungen

Wir hatten im Schulhaus eine Lehrerdienstwohnung, in der wir wohnen bleiben konnten, als mein Vater 1943 aus Russland als vermisst gemeldet wurde. Auch in den unmittelbaren Nachkriegsjahren lebten wir hier. Als sich aber abzeichnete, dass wir die Dienstwohnung für den Nachfolger meines Vaters frei machen mussten und meine sehr umsichtige Mutter sich und uns Buben nicht zumuten wollte, in das Hinterhaus eines Bauern zu ziehen, bemühte sie sich aktiv um eine neue Bleibe. Da fügte es sich, dass meine Mannheimer Großeltern, die nach den verheerenden Bombenangriffen im September 1943 in den Schwarzwald evakuiert worden waren, 1947 zurückkehren konnten. Sie bekamen in der Neckarstadt eine Wohnung und erfuhren von einer weiteren in unmittelbarer Nähe. Meine Mutter griff sofort zu, und so zogen wir 1949 in die Lange Rötterstraße. Als Witwe eines Lehrers, der noch im Krieg zum Rektor befördert worden war, bekam sie eine für damalige Verhältnisse ansehnliche Pension, sodass sie den geforderten verlorenen Baukostenzuschuss von 3000 DM bezahlen konnte.

Ungeliebte „Jungvolk"-Zeit

Die unbeschwerte Kinderzeit in Mühlbach erfuhr eine Eintrübung, als ich mit zehn Jahren zum „Jungvolk" kam und „Pimpf" werden musste. Ich war immer ein schwächliches Kind, und Geländespiele, anderen hinterher jagen, mit ihnen kämpfen und die Bändchen abreißen, die sie als Angehörige eines „feindlichen Stammes" um das Handgelenk trugen – das war nicht meine Sache. Einmal bin ich bei einer solchen Veranstaltung sogar weggelaufen. Meine Mutter, die gegen die Ideologie des Nationalsozialismus sowieso eine Aversion hatte, unterstützte meine Abneigung. Als einmal auf den abgeernteten Feldern am Samstagnachmittag ein großes Geländespiel angeordnet war, erklärte sie meinem „Fähnleinführer" energisch: „Der Jürgen geht nicht mit!" Der HJ-Führer war empört und drohte ihr, sie anzuzeigen. Aber dazu ist es nicht gekommen, schließlich war mein vermisster Vater als Lehrer mit seinem ursprünglichen Lehrerverband automatisch in die NSDAP überführt worden, und außerdem wurde im Spätjahr 1944 die Indoktrinierung der Kinder und Jugendlichen nicht mehr mit der gleichen Intensität und Härte betrieben wie in den Jahren vorher.

Besatzungssoldaten

Der Kraichgau wurde Ende April 1945 zunächst von französischen Truppen, meist Marokkanern und Algeriern, besetzt. Ich erinnere mich, dass von vergewaltigten Frauen und unehelichen Kindern gesprochen wurde, die später ohne ärztliche Hilfe geboren wurden. Man ging tunlichst nicht mehr aus dem Haus, Frauen und Mädchen schon gar nicht. Als die Besatzungsmacht wechselte und die Amerikaner kamen, wich das Gefühl der Bedrohung. Ich war sogar so mutig und sprach einen US-Soldaten an, denn mit meinem Englisch, das uns unser junger, kriegsversehrter Pfarrer beigebracht hatte, fühlte ich mich gewappnet. Vermutlich bekam ich von dem Amerikaner Kaugummi und anderes. Er war sogar so freundlich, in einer Zeit, da jeglicher Postverkehr eingestellt war, einen Brief in die USA zu vermitteln. Dort lebte Tante Emma, eine Schwester meiner Mutter, und tatsächlich erhielten wir eine Antwort von ihr. In den nächsten Jahren schickte sie uns dann viele Care-Pakete, die abgesehen von Nahrungsmitteln auch die grauen Army-Unterhemden enthielten, über die ich mich besonders freute. Das war nicht das Feingerippte, das es – wenn überhaupt – bei uns gab, sondern es waren T-Shirts, die man auch ohne ein weiteres Hemd darüber tragen konnte. Für einen 14-Jährigen ein viel beneidetes Attribut!

Schule

Anfang 1945 und einen großen Teil des Jahres 1946 hindurch gab es in Mühlbach keinen Schulbesuch mehr. Viele Lehrer waren wie mein Vater gefallen oder vermisst, Lehrerinnen, zumindest wenn sie verheiratet waren, gab es kaum, denn im „Dritten Reich" mussten verheiratete Lehrerinnen ihren Beruf aufgeben. Aber unser junger Pfarrer nahm sich der vagabundierenden Kinder an und unterrichtete mich und eine ganze Reihe von Dorfkindern regelmäßig in Latein und Englisch. Das war so nachhaltig, dass wir alle 1947 die Prüfung für die 7. Klasse des Prorealgymnasiums in Eppingen bestanden, das bis zur 10. Klasse führte. Jeden Tag fuhren wir nun bei Wind und Wetter die 6 km nach Eppingen in die Schule, die einen ausgesprochen familiären Charakter hatte. Man stellte uns Radfahrern sogar einen kleinen Raum zur Verfügung, wenn wir bei Regenwetter völlig durchnässt ankamen. Hier konnten wir uns mit mitgebrachten Handtüchern erst einmal trocknen. Meine Mitschüler waren Jungen und Mädchen, häufig Bauernkinder, von zu Hause zu Höflichkeit, Ordnung und Pflichteifer angehalten, keine Rabauken, die sich eine Freude daraus machten, ihre Lehrer zu ärgern. Entsprechend freundlich war der Umgangston. Als ich 1949 in Mannheim ins Tulla-Gymnasium kam, war ich zwar froh, dass ich nicht mehr bei jedem Wetter mit dem Rad unterwegs sein musste, aber wohlgefühlt habe ich mich dort nicht. Wir waren nur Buben, es herrschte ein rauer Ton, auch zwischen Lehrern und Schülern, und mit welchen Worten meine Mitschüler – wir waren in der Pubertät – Mädchen bezeichneten, stieß mich ab.

Jürgen, links, mit Bruder

Hinwendung zur Theologie
Auch die Lehrer erschienen mir wenig an ihren Schülern interessiert, mit denen in Eppingen waren sie nicht zu vergleichen. So wurde meine geistige Heimat die evangelische Kirche. Ich war 1948 noch in Mühlbach konfirmiert worden. Meine Mutter stammte aus einem eher säkularen Umfeld, sodass ich von ihr nicht allzu viele Kenntnisse über Religion und Glauben mitbekam. Der Konfirmandenunterricht war zwar eine lehrhafte Veranstaltung, es wurde viel auswendig gelernt, aber dadurch ist mir ein großes Wissen zugewachsen, für das ich sehr dankbar war. Bei meinem Pfarrer hatte ich auch Klavierunterricht, und so wurde er mir, wie ich denke, im Laufe der Zeit zu einer Art Vaterersatz. Als er, der uns ja schon einige Jahre vorher die grundlegenden Lateinkenntnisse beigebracht hatte, eines Tages im Konfirmandenunterricht einigen von uns vorschlug, doch Theologie zu studieren und Pfarrer zu werden, war mir plötzlich klar: „Ja, ich will Pfarrer werden!" Darin wurde ich auch von meiner Mutter bestärkt, die von einem ihrer letzten Gespräche mit unserem Vater berichtete: „Wenn ich nicht aus dem Krieg zurückkomme", so habe er gesagt, „dann lass die Buben Lehrer oder Pfarrer werden!" Und so ist es auch geschehen, ich wurde Pfarrer, mein jüngerer Bruder zunächst Lehrer und dann Professor für Neuere Geschichte an der PH Heidelberg.

Meine geistliche Heimat wurde die Melanchthonkirche in Mannheim mit ihrem tollen Jugendkreis und dem mich tief prägenden Bibelkreis von Jugendpfarrer Dr. Kurt Emil Koch. Um den Gemeindepfarrer Stobbies herum sammelten sich viele junge Leute, die er auch dadurch für Gemeindearbeit gewonnen hatte, dass er mit ihnen den „Jedermann" einstudierte, jenes durch die Salzburger Festspiele berühmte Stück vom Leben und Sterben des reichen Mannes von Hugo von Hofmannsthal. Wir spielten wochenlang in der überdachten, aber noch durch Bombenschäden ruinierten Melanchthonkirche – eine großartige Kulisse! Ich spielte den Tod und musste vor jeder Aufführung stundenlang weiß geschminkt werden.

Etwa ein Drittel aller damals in Mannheim tätigen Pfarrer, auch Stobbies, waren Flüchtlinge oder Vertriebene aus dem Osten. Sie waren besonders agil und fielen aus dem üblichen Rahmen der Badischen Landeskirche, indem sie etwa Elemente aus der Lutherischen Liturgie mitbrachten. Mir scheint heute, als ob sie alle eine leichte Tendenz gegen die Kirchenleitung hatten. Das gefiel uns jungen Leuten natürlich. Das nur in Mannheim publizierte Kirchenblatt „Die Gemeinde" war inhaltlich eine geistliche Programmansage. Die Herausgeber entwarfen darin ihre Vorstellungen von „Kirche und Gemeinde" und gaben Impulse für den geistlichen Gemeindeaufbau. Dabei wurden sie unterstützt vom Herausgeber, Pfarrer Dr. Stürmer, einem Pfälzer, der sich, der Bekennenden Kirche nahe stehend, in der Nazizeit hatte beurlauben lassen, um auf dem Weingut seiner Schwiegereltern seine Dissertation zu schreiben. Eine Biographie, die uns imponierte!

Ich nahm also mit großem Elan nach dem Abitur 1954 mein Theologiestudium in Heidelberg auf. Meine Mutter und wir Brüder waren mittlerweile in die Möhlstraße gezogen, ich gehörte also zur Friedenskirche, hatte aber kaum Kontakt zu ihr. Daher wurde ich 1961 auch nicht hier ordiniert, sondern ich wählte meine frühere Gemeinde in Mühlbach, wo immer noch der Pfarrer im Amt war, der mich seinerzeit konfirmiert hatte. Es war wie eine Heimkehr, und das halbe Dorf nahm an dem großen Fest teil und freute sich, dass einer der Ihren Pfarrer geworden war und sie nicht vergessen hatte.

Zwei grundlegende Ratschläge, die ich in meinem Studium und meiner Vikariatszeit von meinen Professoren und Ausbildern bekommen hatte, habe ich immer beherzigt. Der eine hieß: Wenn du in eine neue Gemeinde kommst, ändere im ersten Jahr gar nichts und danach nur in ganz kleinen Schritten! Und der zweite: Hausbesuche sind das A und O eines guten Seelsorgers. Ich denke, dass diese Ratschläge auch in die heutige Zeit passen würden und vielleicht manche nicht erwünschte Entwicklung aufhalten könnten.

Jürgen Steinbach war bis zu seiner Pensionierung 1996 Direktor des Missionswerkes „Campus für Christus"/Deutschland. Davor war er zunächst Vikar in Pforzheim und in der Diasporagemeinde Löffingen im Hochschwarzwald gewesen, dann Pfarrer in Radolfzell am Bodensee und in Heidelberg-Ziegelhausen. Als Pfarrer i. R., „in Reichweite", wie er gerne sagt, lebte er zunächst im Kraichgau und gehört heute zur ChristusFriedenGemeinde Mannheim.

Sibylle Deffner geb. Böhme: Ach, Bayern ...!

Meine Zwillingsschwester Geeske und ich wurden am 9. Oktober 1944 in Dorfen bei Altenmark an der Alz im Chiemgau geboren. Unsere Mutter hatte hier mit unserer zwei Jahre älteren Schwester den Sommer 1943 verbracht und war, als sie im Oktober in Hannover ausgebombt worden waren, in Bayern geblieben. Unser Vater war Soldat und stationiert als Feuerwerker in einer Munitionsanstalt in der Nähe von Traunstein.

Im Sommer 1945 zog die Familie ins Münsterland, an die holländische Grenze, wo die Großeltern mütterlicherseits wohnten. Unser Vater, der Eisenwarenkaufmann war, hoffte, aufgrund der Nähe des Ruhrgebietes wieder in seinem Beruf arbeiten zu können. Das entwickelte sich jedoch nicht so, wie erwünscht, und da unsere Eltern ihren zweijährigen Aufenthalt im Chiemgau in allerbester Erinnerung hatten, beschlossen sie, nach Bayern zurückzuziehen. Das geschah 1949.

Ein Dorf mit anarchischen Zügen

Mein Vater fand eine Anstellung in Aichach in Oberbayern (heute nach der Gebietsreform Schwaben). Und unsere fünfköpfige Familie wohnte in einem kleinen Dorf, etwa 1 km von Aichach entfernt. Das hübsche Holzhaus gehörte dem Firmenchef. Es war noch vor der Währungsreform gebaut worden, wie es hieß, auf der Basis Ware gegen Ware, und hatte unter dem Fußboden im Wohnzimmer eine Besonderheit: Unter einem kleinen Teppich befand sich eine Falltür, die ein kleines Gemach verschloss. In diesem hatte sich bei Kriegsende der hohe Nazi-Führer Hermann Esser vor den Amerikanern versteckt. Esser war ein Kampfgenosse Hitlers aus den Anfängen der NSDAP. Später war er enger Vertrauter von Joseph Goebbels im Reichsministerium für Propaganda. Kein Wunder, dass die Amerikaner nach ihm suchten! Er konnte sich aber auf seine Verbindungen zur Familie des Hausbesitzers verlassen. Man verwendete dieses Versteck auch, um schwarz geschlachtete Schweine unsichtbar zu machen.

Wir alle fühlten uns sofort wohl, obwohl so ein bayerisches Dorf seine besonderen Gesetze, ja, Züge von Anarchie, hatte. Es gab z.B. eine Teilung in Ober- und Unterdorf, wobei in Ersterem die wohlhabenderen Bauern wohnten und sich Kirche und Schule befanden. Natürlich gab es den „Oberwirt", welcher der vornehmere war, und den „Unterwirt", wo die Schlägereien zahlreicher stattfanden. Wenn unsere Eltern zum Tanz gingen, etwa aus Anlass des Schützenfestes, dann verließen sie das Vergnügen zur Mitternacht. Danach fingen die Raufereien an, einmal so heftig, dass der brennende Kachelofen in der Wirtsstube umfiel. Es kam auch vor, dass die Kontrahenten aus dem Fenster des Wirtssaales auf den Hof fielen, ein Misthaufen dämpfte die Landung. Schützenbälle fanden im großen Saal im ersten Stock der Wirtshäuser statt. Vornehmere Gäste – meine Eltern gehörten offenbar zu ihnen – durften bei so einem Fest ihre Mäntel im Schlafzimmer der Wirtsleute ablegen. Dabei sahen sie, dass die Decke durch etliche Metall- und Holzstützen abgesichert war. Die Tänzer sollten ja nicht durch die Tanzfläche ins darunter liegende Schlafzimmer krachen! Meine Mutter liebte diese Tanzveranstaltungen. Sie tanzte ausgesprochen gerne, war aber mit einem Nichttänzer verheiratet und freute sich daher, wenn sie häufig aufgefordert wurde. Ganz besonders hatte es ihr ein Bauer mit dem ungewöhnlichen Vornamen Nikodemus angetan, der sie immer wieder holte und mit seinen halbhohen Nagelschuhen einen Walzer hinlegen konnte, wie sie nie vorher und nachher einen getanzt hatte.

Die Dorfbevölkerung spielte bemerkenswert gutes Bauerntheater, eine gute bayerische Tradition. Alljährlich gab es eine Aufführung, zu der auch Kinder zugelassen waren, und wir liebten es! Die Hauptrolle spielte die hübsche Tochter vom Loderer, einem großen Bauern. Für die männlichen Hauptdarsteller kam fast nur eine Familie in Frage, die „Huber-Buben". Sie waren nicht nur die feurigen Liebhaber, sondern fielen im realen Leben gleichermaßen auf wegen ihrer Wilderei und Messerstechereien. Abwechselnd saßen sie wegen dieser Delikte im Gefängnis, ohne dass die Dorfbewohner das als etwas Besonderes ansahen. Man unterhielt sich darüber, dass ein Widersacher einem der Burschen „pfeilgrad ins Messer einig'rennt" war.

Einmal schlenderte einer der Buben am Samstagnachmittag mit dem Luftgewehr an unserem Grundstück vorbei, wo unsere Haushaltshilfe im Vorgarten arbeitete. „Soll i di naufschiaßn?", wurde das junge Mädchen gefragt, und die antwortete mit „Ja"! Der Bursche legte das Gewehr an und traf mit seinem Diabologeschoss die Wade des Mädchens. Das war's. Er machte sich davon, und sie erzählte es später unserer Mutter. Entsetzt schickte diese meine große Schwester, damals neun Jahre alt, mit dem Mädchen zu einem Arzt ins nahe Aichach, um die Kugel aus der Wade entfernen zu lassen, aber stattdessen klebte ihr dieser gemütvolle Mensch ein Heftpflaster darüber, und die Kugel blieb, wo sie war.

Außenstehende wie meine Familie drangen sicher nicht in die Intimsphäre des Dorfes vor. Meine Eltern sprachen manchmal fassungslos amüsiert über bestimmte Vorkommnisse. Es gab Geheimnisse, die Fremden gegenüber nicht erwähnt wurden:
Kleinbauern, deren zahlreiche Kinderschar gleich nach dem Schulabschluss – manchmal bereits vorher – zum Arbeiten auf größere Höfe oder in die Mühlen geschickt wurde; die Mädchen gingen „in Stellung" und hatten dann keine abgeschlossene Berufsausbildung.

Es gab merkwürdige alte Frauen in abseits gelegenen Holzhäuschen oder dem Austragshäusl eines Bauernhofs. Oft waren sie verwirrt und fuchtelten mit ihren mageren Greisinnenarmen aus den niedrigen Fenstern heraus und verwünschten laut schreiend die vorbeigehenden Schulkinder. Unsere Mutter, die einmal mitbekam, wie wir vor so einem Haus gemeinsam mit anderen Kindern „Hex, Hex!" riefen, erklärte uns, soweit wir das verstehen konnten, dass die alten Frauen krank seien. Dann waren da die strickenden Zwillinge, zwei ziemlich dicke Frauen, immer gleich angezogen, d.h. in identischen Kittelschürzen, und zum Verwechseln ähnlich. Mit dem Wollknäuel in schreiend blauer Farbe unter den Arm geklemmt, gingen sie auf der Dorfstraße auf und ab und unterhielten sich. Leider freuten sie sich immer sehr, wenn sie mich mit meiner Zwillingsschwester entdeckten, und wir vermieden solche Begegnungen tunlichst. Sie wohnten in einem sog. Behelfsheim, zusammen mit einem Bruder, von dem es hieß, er schlachte und äße Hunde. Unsere große Schwester sollte einmal von ihrer Freundin zu so einer Prozedur mitgenommen werden, aber als sich der Bruder an einem Hund zu schaffen machte, ergriff sie entsetzt das Weite.

Außerdem gab es einen Pfarrer, vor dem die Kinder sich fürchteten. Wir waren evangelisch und hatten nichts mit ihm zu tun. Das war ein Glück, denn er prügelte mit dem Stock. Dieser lag im Pult, und unser Lehrer verbrannte ihn regelmäßig im Ofen. Aber es waren immer wieder neue da.

In unserem Haus wohnte auch eine junge Frau mit ihrer Tochter Angelika, die in unserem Alter war. Die Frau starb sehr früh, wie es hieß, an den Folgen von Liebschaften mit Männern, während Angelikas Vater mehrere Jahre im Gefängnis saß. Er hatte vor der Währungsreform als Bahnangestellter Güterzüge begleitet und unterwegs aus den Zügen Dinge geworfen, die er dann einsammelte und verkaufte. Angelika besaß aus dieser Beute ein weißes Mäntelchen aus Kaninchenfell und einen Roller mit Ballonreifen – von allen Dorfkindern glühend darum beneidet. Um Angelika wollte sich nach dem Tod ihrer Mutter niemand kümmern, bis mein Vater eines Tages die Großmutter aufsuchte, die mitten im Wald in einer etwas komfortableren Hütte zusammen mit einem abgetakelten Förster hauste, und ihr mitteilte, dass unsere Familie Angelika gerne aufnehmen würde. Das beschämte die Verwandtschaft offensichtlich, denn das Kind wurde dann von einer Tante zu sich geholt.

Unser Protestantisch-Sein war für uns kein Problem im Dorf. Darüber sahen die Bauern großzügig hinweg, denn wir waren ja keine „Flichtling", für die sie ein Zimmer hätten abgeben müssen. Ihre katholischen Glaubensgenossen dagegen, wenn sie aus dem Osten geflohen und mit nichts oder nur wenig gekommen waren, wurden verachtet. Wir besuchten die Grundschule mit allen vier Klassen zusammen in einem Raum. Meine ältere Schwester war in der dritten Klasse, meine Zwillingsschwester und ich wurden 1950 in die 1. Klasse eingeschult, zusammen mit fünf anderen Erstklässlern. Es gab keine Schultüten, niemand hatte so etwas; das war in dem Dorf nicht üblich. Die Jungen trugen vielfach die mit Kuhfell bespannten Soldatenrucksäcke ihrer Väter.

Sibylle, links, und Geeske am 1. Schultag

Unser Lehrer – er stammte aus der Gegend von Saaz im Sudetenland und wurde ein Freund der Familie – beherrschte das Unterrichten in einer jahrgangsübergreifenden Klasse, denn im Sudetenland waren solche Schulen gang und gäbe gewesen. Wir lernten alles, was erforderlich war, sangen zu seiner Geige „wie die Zeiserln", machten spontane Wanderungen in die Umgebung, spielten im Turnunterricht barfuß auf einer Wiese „Wer fürchtet sich vorm Schwarzen Mann", spielten in der Pause auf der (ungeteerten) Dorfstraße und fühlten uns sehr wohl.

Gefangen in der Konfession

Das änderte sich, als wir ins nahe gelegene Aichach umzogen, eine kleine Stadt mit damals 6200 Einwohnern. Dort gab es eine katholische Volksschule für Jungen, eine katholische Volksschule für Mädchen (von Armen Schulschwestern geführt) – beide mit je acht Jahrgangsklassen – und eine evangelische Volksschule mit jahrgangsübergreifenden Klassen 1-4 und 5-8. Bekenntnisschulen gab es in Bayern, gesetzlich geregelt, seit der Schulsprengel-Verordnung von 1883, und das Schulorganisationsgesetz vom 1.8.1950 bekräftigte diese Regelung, gestützt auch auf das Konkordat mit der Kurie in Rom und den Vertrag mit der Evangelisch-Lutherischen Kirche aus dem Jahr 1925. Diese Trennung nach Konfessionen wurde unerbittlich durchgeführt unter der Ägide des damaligen Kultusministers Alois Hundhammer. Dieser widersetzte sich beharrlich den Re-Education-Bemühungen der amerikanischen Besatzungsmacht. Und da er ein aufrechter Gegner des Nationalsozialismus gewesen war, im KZ Dachau gesessen hatte und danach, trotz zweier Doktortitel, eine Schuhmacherlehre abgeschlossen hatte, um selbstständig und unabhängig vom Regime den Lebensunterhalt für sich und seine Familie verdienen zu können, gelang es den Amerikanern nicht, ihre Ziele durchzusetzen.

Wir gingen also zur evangelischen Bekenntnisschule. Aber die Lehrerin, aus dem Altvatergebirge, einem Teil der Sudeten, stammend, beherrschte das Unterrichten in der jahrgangsübergreifenden Klasse nicht. Es herrschte Chaos. Wir lernten nichts; und was uns beigebracht wurde, versetzte unsere Eltern – milde ausgedrückt – in Erstaunen. Meine Zwillingsschwester und ich waren im 2. Schuljahr und lernten Grammatik mit Sätzen wie:"Die Braut ist flatterhaft.", oder „Braut und Bräutigam schnäbeln miteinander". Die Lehrerin beschimpfte die Schüler mit übelsten Worten, wenn diese über die Bänke sprangen oder es sich in der Holzkiste, die am Ofen stand, bequem gemacht hatten. Niemand hörte ihr zu; und ich, die ich anscheinend zu solchen Szenen gelacht hatte, kam laut weinend mit der unglaublichen Botschaft nach Hause, dass ich ein „Kornfeld im Bauch" hätte. Auch meine Zwillingsschwester weinte bitterlich darüber. Erst meine große Schwester konnte den Irrtum aufklären, der mich sehr beunruhigt hatte. Die Lehrerin hatte mir bescheinigt, dass ich „kein Ehrgefühl im Leib" hätte. Ehrgefühl hatte ich mit Ährenfeld verwechselt, und dann wurde ein Kornfeld daraus.

Die Situation war unerträglich, zumal der befreundete Dorflehrer festgestellt hatte, dass meine große Schwester im Rechnen nichts von dem Stoff der 4. Klasse beherrschte und daher niemals die Aufnahmeprüfung für die Oberschule bestehen würde. So beschlossen meine Eltern, etwas zu tun. Sie sammelten Unterschriften von anderen betroffenen Eltern, und mein Vater begann eine umfangreiche Korrespondenz mit dem bayerischen Kultusministerium. Gleichzeitig sprachen sie auch immer wieder bei den örtlichen Schulstellen vor. Schließlich landeten sie beim zuständigen Schulrat, in der Hoffnung, er würde ihre drei Töchter ausnahmsweise die katholische Nonnenschule besuchen lassen. Natürlich tat er das nicht, sondern las ihnen das Schulgesetz vor, das sie ja schon kannten. Etwas anderes wäre es natürlich, wenn die Kinder keiner Glaubensrichtung angehörten. Dann hätten sie die freie Auswahl bei den Schulen.

Das war's! Meine Eltern erklärten dem Schulrat, dass sie diesen Weg gehen würden. Er argumentierte pikiert, man könne doch, um eines fragwürdigen intellektuellen

Vorteils willen, den Kindern das Seelenheil nicht vorenthalten! Der evangelische Pfarrer, den sie sofort nach dem Besuch beim Schulrat aufsuchten, meinte besorgt, er könne, falls eins der Kinder stürbe, dieses nicht christlich beerdigen. Meine Mutter entgegnete ihm mit einem in der Familie oft zitierten und viel belachten Satz: „Unsere Kinder denken nicht daran zu sterben, sie müssen erst einmal das Rechnen lernen!" Das war mutig!

Und so kam es, dass wir Schwestern ein halbes, bzw. 2 1/2 Jahre „Heiden" waren, bevor wir mit dem Beginn der Gymnasialzeit wieder Mitglieder der evangelischen Kirche wurden, denn an den höheren Schulen gab es die Trennung nach Konfessionen nicht mehr. Allerdings drangsalierte uns der evangelische Pfarrer, der im Gymnasium den Religionsunterricht gab und von unserem „Heidentum" wusste, wo er konnte – die unfähige Lehrerin war aus der gleichen Gegend geflüchtet wie er.

Das Schulorganisationsgesetz regelte übrigens die Behandlung möglicher andersgläubiger Schüler penibel. Am besten war es, wenn sie im Religionsunterricht überhaupt nicht anwesend waren. Wir hatten allerdings einen langen Schulweg und konnten nur wegen einer Stunde nicht nach Hause gehen. Manchmal halfen meine Zwillingsschwester und ich der Kindergartenschwester beim Ordnen von bunten Holzklötzchen und -stäbchen oder wuschen gläserne Tintenfässer aus (langweilig!). Manchmal waren wir mit der Küchenschwester im Garten und zupften Unkraut (grässlich!). Am schönsten war es, wenn wir mangels anderer Beschäftigung im Klassenzimmer bleiben durften. Hier galt eigentlich die Regel, dass die Andersgläubigen abseits, also ganz hinten sitzen mussten und nicht zur Teilnahme am Unterricht aufgefordert werden durften. Aber ich liebte diesen Unterricht und besonders den gütigen älteren Geistlichen Rat. Also arbeitete ich eifrig mit und wusste z.B. sehr gut Bescheid über sämtliche Rituale bei der Ersten Heiligen Kommunion. Der Geistliche, der über die näheren Verhältnisse seiner Schülerinnen offenbar nicht gut informiert war, freute sich über „das kleine blonde Mädchen, das so viel wusste". Leider musste er erfahren, dass dieses Kind nicht zu der frommen

Geeske, links, und Sibylle 1951

Handlung zugelassen war. Der Geistliche starb, als ich in der vierten Klasse war. Alle Schulkinder bildeten Spalier, als der Sarg durch die Straßen geführt wurde. Laut schluchzend betete ich die katholischen Gebete mit.

Neben der Schule lag der Aichacher Friedhof, den vor allem meine Zwillingsschwester mit anderen Schülerinnen gerne nach Unterrichtsschluss aufsuchte. In der Friedhofskirche wurden nämlich nach altem Brauch die Verstorbenen aufgebahrt, und meine Schwester wusste nichts Schöneres, als sich die Dahingeschiedenen anzuschauen. Begeistert erzählte sie zu Hause in allen Einzelheiten von der Schönheit der Aufbahrung. Einmal war es eine junge Frau, die rechts und links im Arm ihre toten Zwillinge liegen hatte, ein anderes Mal ein reicher Bauer in besonders üppigem Blumenschmuck. Ich ging nur pflichtschuldig mit und mochte das eigentlich gar nicht.

Aber einmal war es auf dem Schulweg sehr lustig: Es war Markttag, und die Bauern waren mit ihrem Vieh in der Stadt. Kurz vor dem Schulhaus kam ein Bauer mit einem Ferkel daher. Zum Gaudium der anderen Männer, die alle die Tracht des Dachauer Landes trugen und aussahen wie die Bauern in den Ludwig-Thoma-Verfilmungen, nämlich mit ledernen Stiefelhosen in schwarzen hohen Stiefeln und schwarzen Jacken mit silbernen Talerknöpfen, öffnete er den Schulranzen meiner Schwester und tat so, als ob er das Ferkel da reinstopfen wollte. Das geschah auf eine so gemütlich-bayerische Art, dass wir mitlachten, das Ferkel aber leider nicht behalten durften.

Ich ging gerne in die katholische Mädchenschule, hatte katholische Freundinnen, schmückte mit ihnen Maialtäre und mochte die Lehrerinnen, die klug waren und Disziplin einforderten. So lernte ich durch die rigide bayerische Bildungspolitik ein großes Maß an Toleranz gegenüber Andersdenkenden.

Als wir 1955 nach Nürnberg zogen, damals noch weitgehend evangelisch geprägt, meldeten uns meine Eltern in der Wilhelm-Löhe-Schule an, einem Gymnasium, dessen Trägerin die Evangelische Landeskirche war. Hier war im Religionsunterricht manchmal Nachhilfe in Toleranz nötig. Meine eher zurückhaltende Zwillingsschwester konnte es einmal nicht mehr ertragen, dass die eifernde Religionslehrerin sehr herablassend über Katholiken sprach. Sie meldete sich, stand auf und sagte: „Herr, ich danke dir, dass ich nicht so bin wie jener Zöllner!"

Nach der Einschulung ihres Sohnes studierte Dr. Sibylle Deffner an der Universität Erlangen-Nürnberg Pädagogik für das Lehramt an Grund- und Hauptschulen. Sie unterrichtete vor allem an Hauptschulen in Ansbach, zuletzt als Konrektorin. Nach ihrer Pensionierung wurde sie ehrenamtliche Schöffin am Landgericht in Ansbach. Zusammen mit ihren Schwestern hat sie vor einigen Jahren für ihren Sohn, ihre Enkelin und ihre Nichten und Neffen und deren Familien die Familiengeschichte aufgeschrieben.

Elke Wormer: Ein bayerisches Kind kommt nach Mannheim

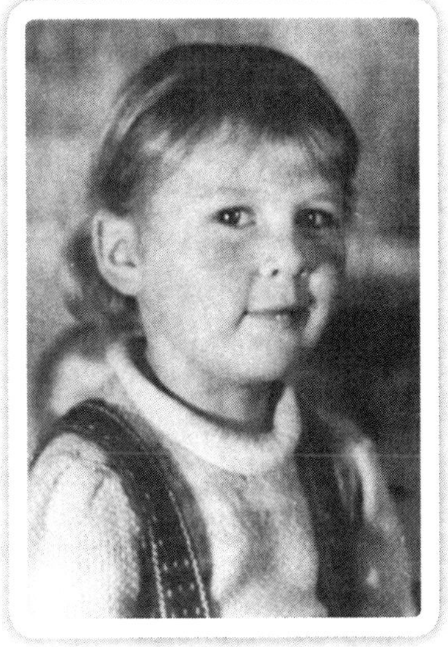

Elke, 5 Jahre alt

Ich wurde 1946 in Harthausen/Obb. geboren. Meine Mutter, eine gebürtige Wienerin, lebte während des Krieges in Berlin und betrieb mit ihrer Schwester einen Kunsthandel. Sie bewohnte eine schön ausgestattete 7-Zimmer-Wohnung. Eine ihrer schlimmsten Erinnerungen war, dass eine Brandbombe in ihre Wohnung einschlug, die sie vor der Detonation mit den Händen nach draußen warf. Als die Russen in Berlin einmarschierten, floh sie mit meiner Schwester Eva unter dramatischen Umständen nach Bayern, wo sie zunächst in Bad Aibling bei ihren Eltern unterkam. Im Krankenhaus des Nachbarortes Harthausen wurde ich dann geboren. Nach wenigen Jahren zog die Familie nach Dachau um, wo mein Vater im Lager Dachau von der US Army als Übersetzer bei Verhören eingesetzt wurde.

Durch seine Tätigkeit bei den Amerikanern erhielt er neben einer Bezahlung auch Lebensmittel und Zigaretten, sodass meine Eltern immer genug zu essen und zum Tauschen hatten. Auch meine Mutter trug zum Haushalteinkommen bei. Sie war ausgebildete Kunstmalerin und malte Ansichten von bayerischen Landschaften oder „markanten Bauernköpfen", die von den amerikanischen Soldaten gerne als Andenken gekauft wurden.

In Dachau besuchte ich auch die Volksschule. Hier fühlte ich mich sehr wohl und war eine gute Schülerin. 1956 bot sich meinem Vater eine interessante Stelle bei der eben erst gegründeten Bundeswehr in Mannheim. Er wurde eingestellt, um geheime Militär-Dokumente zu übersetzen.

Für mich bedeutete der Umzug, dass ich nur ein halbes Jahr die 4. Klasse besuchen konnte – Bayern schulte im September ein, Baden-Württemberg damals bekanntlich schon zu Ostern. Da ich eine gute Schülerin war, wurde ich in Mannheim gleich in die 5. Klasse aufgenommen. So fehlte mir ein halbes Schuljahr, und ich bestand die Aufnahmeprüfung ins Gymnasium nach der 5. Klasse nicht. Das Genick gebrochen hatte mir ein Aufsatz mit dem Thema „Was machst du mit 100 DM?" Ich hatte in meiner Naivität und Sehnsucht nach Süßem – hierfür war in der Familie kein Geld vorhanden – das gesamte Geld für Süßigkeiten ausgegeben. Daher fehlte mir, so sagte man meiner entsetzten Mutter, die für ein Gymnasium nötige Reife. Eine Wiederholungsmöglichkeit der Aufnahmeprüfung nach der 5. Klasse gab es in den staatlichen Schulen nicht. Nur das private Kurpfalz-Gymnasium ermöglichte es mir, ins Gymnasium aufgenommen zu werden. Hier war ich über viele Jahre hinweg Prima meiner Klasse. Ich machte 1966 dort das Abitur.

Dr. Elke Wormer studierte an der Universität Mannheim Jura und fand ideale Bedingungen vor. In manchen Seminaren gab es nur fünf Teilnehmer, sodass eine gute Beziehung zu den Professoren möglich war. 1974 machte sie ihr 2. Juristisches Staatsexamen und wurde Anwältin, ihr Wunschberuf. Nach einem Jahr in einer Anwaltskanzlei eröffnete sie 1975 ihre eigene Kanzlei. Das gab ihr die Möglichkeit, ihre beiden Kinder – bei ihrem Rigorosum war sie bereits hochschwanger – immer in Reichweite zu haben.

Viele Jahre, von 1989 bis 2014, saß Elke Wormer für die FDP im Mannheimer Gemeinderat. Besonders engagierte sie sich für Frauenförderung, für Kultur- und Schulpolitik.

Sie kamen nicht zurück

Heinz-Günter Kämpgen: Man musste früh Verantwortung tragen

Ich wurde am 23. Dezember 1936 in Mülheim an der Ruhr geboren. Mein Vater war Bergmann und arbeitete „unter Tage", daher war er zunächst vom Dienst an der Front befreit. Er war UK gestellt, d.h. unabkömmlich.

Im Zweiten Weltkrieg wurden zahlreiche Fachkräfte – jederzeit widerruflich – nicht in die Wehrmacht eingezogen, weil sie zur Durchführung von Verteidigungsaufgaben im Inland als unentbehrlich galten. Dazu gehörten etwa Eisenbahnbedienstete, Leute, die in der Kriegswirtschaft arbeiteten, oder auch Bergleute wie mein Vater.

Es begann 1944

Eines Tages kam er jedoch von der Schicht nach Hause und berichtete meiner Mutter von einer kleinen Unstimmigkeit, die er mit seinem Vorgesetzten gehabt hatte. Er schloss daran die Befürchtung an, dass dieser ihn wohl beim nächsten Mal, wenn die Betriebe wieder Arbeiter für die Front nennen mussten, auf die Liste setzen würde. Und so kam es auch. Mein Vater erhielt im Juli 1944 den Stellungsbefehl. Zu diesem Zeitpunkt war er 35 Jahre alt, ich war noch keine 8 Jahre, meine 36-jährige Mutter war hochschwanger. Sie bekam am 24. Juli 1944 ihren zweiten Sohn, den mein Vater nie zu Gesicht bekommen hat. Er musste sich in diesen Tagen in Oberhausen melden und erhielt anlässlich der Geburt seines Kindes keinen Urlaub. Ich kann mich erinnern, wie ich seine letzten Schritte über eine im Bau befindliche Autostraße verfolgt habe. Danach habe ich ihn nie wieder gesehen.

Mein kranker Bruder

Meine Mutter musste bald nach der Geburt meinen kleinen Bruder wieder ins Evangelische Krankenhaus in Mülheim bringen, da er an Phlegmone erkrankt war, einer eitrigen Infektion der Haut. Heute wird sie mit Antibiotika oder Penicillin erfolgreich behandelt, aber damals stand beides der Zivilbevölkerung nicht zur Verfügung. Daher mussten die zahlreichen befallenen Stellen am Körper und besonders am Hals aufgeschnitten werden. Ich kann mich noch gut an die Schreie meines Bruders erinnern. Es war nicht sicher, dass er diese Krankheit überstehen würde. Meine Mutter war nach der Geburt so schwach, dass sie ihren Sohn nicht selbst mit Muttermilch versorgen konnte. Daher fuhr meine Tante täglich nach Essen, um dort an irgendeiner zentralen Stelle Muttermilch zu holen. Das gestaltete sich jedoch zunehmend schwierig, da die Tages-Bombenangriffe, die bereits 1943 begonnen hatten, von den Alliierten 1944 beinahe ununterbrochen geflogen wurden. Da war meine Tante oft Stunden unterwegs, und wir mussten uns auch noch um sie sorgen. Mein kranker Bruder befand sich in dieser Zeit mit den anderen Patienten im Keller des Krankenhauses. Und schließlich freute ich mich mit meiner Mutter, als sie ihn endlich nach Hause holen konnte.

Letzte Lebenszeichen meines Vaters

Eine erste Karte von meinem Vater kam aus Dänemark. Das Land war bekanntlich 1940 genau wie Norwegen von Deutschland besetzt worden. Mein Vater war hierher zur Ausbildung geschickt worden. Die Hoffnung meiner Eltern, dass nach der Landung der Alliierten in der Normandie im Juni 1944 der Krieg schnell zu Ende gehen würde, hatte sich also nicht erfüllt. Es wurde im Gegenteil für unsere Familie nur noch schlimmer, denn mein Vater kam an die Ostfront. Dort hatte sich im Juni 1944 die Lage für die deutsche Wehrmacht verschlechtert, denn die Rote Armee hatte die sog. Heeresgruppe Mitte durchbrochen und damit die deutsche Front in zwei Teile geteilt. Die Russen drangen im Norden bereits nach Ostpreußen vor. Offenbar ist mein Vater in diesen Vormarsch geraten. Nach einer Information des Deutschen Roten Kreuzes, die ich 1976 erhielt, trieb die Rote Armee die deutschen Truppen vor sich her. Große Fußmärsche waren nötig mit großen Verlusten. Dabei

Blatt 2
(A 1713 31)

Zur Begründung wird ausgeführt:

Am 14. Januar 1945 traten starke Verbände der Roten Armee 50 Kilometer nördlich von Warschau am Narew bei Pultusk (Ostenburg) zu einer Offensive gegen die deutsche 2. Armee an und erzielten tiefe Einbrüche in Richtung Thorn und Bromberg. Beide Städte fielen bis zum Ende des Monats in sowjetische Hand. Innerhalb von acht Tagen drängten sowjetische Panzerkräfte auch nach Norden über Allenstein bis Elbing vor.

Anfang Februar 1945 verteidigte die deutsche 5. Jäger-Division ihre Stellungen nördlich und südlich von Neuenburg, 70 km südlich von Danzig, auf dem Westufer der Weichsel. Am 8. Februar wurde die Division aus ihren Stellungen herausgelöst und im Bahntransport in den Raum von Hammerstein, ostwärts von Neustettin, verlegt, um im Rahmen der deutschen 3. Panzer-Armee einen Angriff in die Flanke des über Arnswalde vorgehenden Gegners zu führen. Doch schon ab 10. Februar mußte die Division, die auf dem Transport befindlich war, weitergeführt werden und ostwärts von Dramburg zwischen Falkenburg und Märkisch Friedland Stellungen beziehen, um den von Süden nach Hinterpommern vorgehenden Gegner abzuwehren. Hier verteidigte sich die Division in heftigen Gefechten zehn Tage lang südlich von Falkenburg. Am 22. Februar wurden die Einheiten in den 40 Kilometer südwestlich gelegenen Abschnitt von Reetz bis zum Drage-Fluß verlegt. Nach geringer Gefechtstätigkeit ließen Ende des Monats gegnerische Truppenansammlungen hier auf einen neuen bevorstehenden Angriff schließen. Am 1. März trat die sowjetische 3. Stoß-Armee nach mehrstündigem Artilleriefeuer an und zwang die Division, nach Nordwesten in Richtung Stettin zurückzugehen.

Seit diesen Kämpfen werden zahlreiche Soldaten der 5. Jäger-Division vermißt. Viele von ihnen sind gefallen, ein Teil geriet in sowjetische Gefangenschaft.

Schon bei den Märschen in die Lager starben kranke und verwundete Kriegsgefangene, die den Strapazen nicht mehr gewachsen waren. Unzureichende Bekleidung und Verpflegung sowie ungenügende sanitäre Verhältnisse verursachten beträchtliche Verluste. Die Ungewißheit über das weitere Schicksal lähmte den Willen zum Überleben.

Nach einem Hinweis ist auch der Verschollene bei diesen Kämpfen in Gefangenschaft geraten. Auf eine Suchanfrage teilte das Sowjetische Rote Kreuz mit, daß über ihn keine Unterlagen vorhanden sind. Diese Auskunft des Sowjetischen Roten Kreuzes zwingt zu der Schlußfolgerung, daß der Verschollene bald nach seiner Gefangennahme verstorben ist, noch bevor er namentlich registriert werden konnte.

München, den 19. November 1976

DEUTSCHES ROTES KREUZ in der Bundesrepublik Deutschland SUCHDIENST MÜNCHEN

Max Heinrich
Direktor

muss mein Vater in russische Kriegsgefangenschaft geraten und wahrscheinlich darin gestorben sein. Einzelheiten in dem Schreiben schildern die unendlichen Strapazen, denen die Soldaten ausgesetzt waren. Es zeigt aber auch, wie sie von einem verbrecherischen Regime verheizt worden sind, das sich die sich abzeichnende Niederlage nicht eingestehen wollte und sinnlos immer neue Jahrgänge an die Front schickte.

Mir hat das Schicksal meines Vaters die ganzen Jahrzehnte keine Ruhe gelassen. Im Jahr 2003 habe ich es noch einmal versucht und bei der „Deutschen Dienststelle für die Benachrichtigung der nächsten Angehörigen von Gefallenen der ehemaligen deutschen Wehrmacht" in Berlin angefragt. Aber auch dort konnte man mir nicht helfen und schrieb am 5. Juni 2003: „Eine Vermissten- oder Todesmeldung liegt nicht vor." Die Vorstellung, dass mein Vater irgendwo als Namenloser begraben ist, ist nur schwer erträglich. Ich habe mir in den vielen Jahren oft gewünscht, dass das Attentat auf Hitler am 20. Juli 1944 erfolgreich gewesen wäre. Dann wäre der Krieg vielleicht zu Ende gewesen und mein Vater nicht eingezogen worden.

Meine Mutter hat ihren Mann nie für tot erklären lassen. Sie war zeitlebens davon überzeugt, dass er noch leben würde.

Angst, Hunger und Entbehrungen am Ende des Krieges und kurz danach

Das Ruhrgebiet war für die westlichen Alliierten ein besonders wichtiges Ziel für ihre „Kombinierte Bomberoffensive", die sie im Januar 1943 beschlossen hatten. Zunächst gab es nur nachts Bombenalarm, aber das war schon schlimm genug. Wir schliefen in Trainingsanzügen und hatten die gepackten Rucksäcke griffbereit neben dem Bett stehen. Es verging kaum eine Nacht, in der wir nicht in den Bunker mussten. Der Bunker war etwa 500 m von unserem Haus entfernt. Da in unserem Viertel lauter Bergleute wohnten, war er bergmännisch perfekt gebaut worden. Es ging zunächst mehrere Meter in die Tiefe, dann betrat man den eigentlichen Schutzraum, eine Art Stollen, also einen langen Gang, in dem an den Seiten Bänke mit Decken darauf aufgestellt waren. Meiner Erinnerung nach passten weit über 100 Menschen hinein. Am Stolleneingang hielten sich einige Männer auf, die dafür verantwortlich waren, den Bunker wieder zu öffnen, wenn keine Gefahr mehr drohte. Dafür schauten sie immer wieder nach draußen.

Bei den Angriffen ging es vordringlich darum, wichtige Produktionsstätten – etwa die Rüstungsindustrie oder Häfen – zu treffen, zivile Kollateralschäden sollten nach Ansicht der Amerikaner vermieden werden. Die britische Generalität sah das etwas anders. Bereits im November 1940 hatten deutsche Flugzeuge Coventry bombardiert und große Teile der Innenstadt und unersetzliche Kulturgüter zerstört. Der NS-Propagandaminister Goebbels hatte damals ein neues Wort erfunden: „coventrieren", das hieß Vernichtung einer Stadt aus der Luft. Das geschah jetzt mit den deutschen Städten, zunächst traf es die im Westen, aber zunehmend auch die im Süden und Osten.

Wenn wir wieder aus dem Bunker kamen, war stets die erste Frage: Ist die Wohnung noch ganz? Ich war da gerade acht Jahre alt, hatte aber schon die Aufgabe, mich mit um meinen kleinen Bruder zu kümmern. Wenn wir zum Bunker rannten, trug ihn meine Mutter meistens, aber ich achtete auf ihn im Bunker und passte auf unsere Rucksäcke auf. Bald kamen die Angriffe auch am Tage, und der Schulbesuch wurde eingestellt, denn oft wurde mein Heimweg von der Schule drei-, viermal unterbrochen, weil ich wegen der Bombenalarme in den nächstgelegenen Bunker – oft in irgendwelche Keller – rennen musste. Ein Spielkamerad wurde in den letzten Kriegsmonaten auf der Straße von einem Tiefflieger verfolgt, konnte sich aber in ein Haus retten. Das war also der „Totale Krieg", wie ihn der NS-Propagandaminister Goebbels im Februar 1943 in seiner berüchtigten Rede im Berliner Sportpalast beschworen hatte!

Heinz-Günter und Bruder, 1947

Nach dem Krieg waren wir gezwungen, von einer geringen Witwen- und Waisenrente zu leben. Erspartes besaßen wir nicht, Wertgegenstände, die man auf dem Schwarzen Markt gegen Naturalien eintauschen konnte, waren auch kaum vorhanden. Eines Tages sah ich meine Mutter in ihrem Kleiderschrank kramen. Dort lag in einem Fach ihre Aussteuer, auf die sie immer besonders stolz war. Die Handtücher und Servietten hatte sie akkurat zu kleinen Päckchen gestapelt und um sie rote Bändchen geschlungen. Das sah so ordentlich und frisch aus, und auch ich schaute mir das immer gerne an. Jetzt aber holte sie Etliches heraus und packte vor allem Tischwäsche in einen Koffer. Damit ging sie auf eine strapaziöse Reise in eine ländliche Gegend und hoffte, für ihre beiden Kinder Wurst, Speck und sonstige Esswaren zu bekommen. Aber die Bauern konnten sich aussuchen, was sie für wertvoll hielten. Enttäuscht kam meine Mutter zurück: Sie hatte lediglich eine Handvoll Äpfel bekommen. Wir bekamen einen Eindruck, was Hunger bedeutet.

Da die schmale Rente zum Leben nicht reichte, war meine Mutter gezwungen, nächtelang Kleider zu nähen, um damit ein zusätzliches kleines Einkommen zu bekommen. Das hielt sie einige Jahre durch, dann war sie körperlich erschöpft. Bald nach der Währungsreform lohnte es sich auch finanziell nicht mehr, denn jetzt gab es fertige Kleider zu günstigen Preisen „von der Stange" zu kaufen. Sie erreichte es, dass sie wieder in dem Kaufhaus eingestellt wurde, in dem sie schon in ihren Jugendjahren tätig gewesen war.

Schuljahre

Von einer verlässlichen Schullaufbahn konnte für Kinder meines Jahrgangs und Wohnorts zunächst keine Rede sein. Die erste Verbindung zu einer „Volksschule" hatte ich 1943 am Ossiacher See in Österreich, wohin ich mit meiner Mutter für einige Monate zur „Kinderlandverschickung" gebracht worden war. Aus dem Ruhrgebiet waren nämlich mit Beginn der Bombardierungen Mütter mit Kindern zeitweise evakuiert worden. Nach Mülheim zurückgekehrt, wurde mein Schulbesuch zwar wieder aufgenommen, fand aber wegen der ständigen Tagesangriffe ein schnelles Ende. Erst ab 1946 ging ich regelmäßig zur Schule, da war ich fast zehn Jahre alt. Das ging damals ganz vielen Kindern so, und wir mussten die Klassen 1 bis 4 in zwei Jahren durchlaufen. Da mir das Lernen leicht fiel, stellte sich die Frage, welche Schule ich nach der 4. Klasse besuchen sollte, Gymnasium oder Realschule. Schweren Herzens entschieden wir uns für die Realschule, denn das Schulgeld für diesen Schultyp war geringer als am Gymnasium, es betrug 20 DM im Monat. Das erscheint heute eine lächerlich kleine Summe, aber wenn man bedenkt, dass meine Mutter damals nur um die 300 DM im Monat verdiente, kann man sich die finanziellen Zwänge vorstellen. Allerdings gab es die Aussicht auf Schulgeldfreiheit, wenn man entsprechende Leistungen zeigte. So kam ich auf die Realschule, und am Ende jedes Schuljahres, wenn es die Versetzungszeugnisse gab, freuten sich meine Mutter und ich, wenn ich wieder für das nächste Schuljahr Schulgeldfreiheit erhielt.

Rückkehr der letzten Kriegsgefangenen

Zwischen Oktober 1955 und Januar 1956 kehrten die letzten Kriegsgefangenen aus der Sowjetunion zurück.

In Zeiten des Kalten Krieges und angesichts der Westbindung der Bundesrepublik durch die Pariser Verträge galt die Einladung von Bundeskanzler Adenauer nach Moskau als politische Sensation. Mit einer großen Delegation fuhr er im September 1955 mit dem Sonderzug in die sowjetische Hauptstadt. Sehr schnell wurde klar, dass die UdSSR mit der Bundesrepublik diplomatische Beziehungen aufnehmen wollte und als Gegenleistung die 10.000 noch in russischer Gefangenschaft lebenden deutschen Soldaten freilassen würde. Bereits im Oktober kamen die ersten 600 Heimkehrer im Lager Friedland in Hessen an, im Januar 1956 waren alle 10.000 wieder zu Hause.

In den Zeitungen und Wochenschauen der Kinos wurde begeistert über die Heimkehr der 10.000 berichtet. Meine Mutter war überzeugt, dass auch ihr Mann dabei wäre. Wir wohnten damals in einer Siedlung der Bergarbeitergesellschaft. Sie stand jedes Mal am Fenster, wenn wieder eine Gruppe Heimkehrer vorbeikam und von den Familien begrüßt wurde. Ihre Enttäuschung war unbeschreiblich, als auch mein Vater beim letzten Rücktransport nicht dabei war. Und mir brach es fast das Herz, wenn ich sie so sah.

Nach der Mittleren Reife machte Heinz-Günter Kämpgen bei Siemens & Halske in Essen eine kaufmännische Lehre. Schnell wurde man auf den begabten jungen Mann aufmerksam und eröffnete ihm alle Fördermöglichkeiten innerhalb der Firma. Nach einem Fernlehrgang in Bilanzbuchhaltung wurde er zunächst Revisor, später Abteilungsleiter. Er blieb Zeit seines Berufslebens Siemensianer. Über München, Dortmund, Südafrika und Wuppertal kam er 1985 nach Mannheim. Zunächst war er hier als Kaufmännischer Direktor der Zweigniederlassung tätig, danach fünf Jahre in Frankfurt, wo er als Sprecher der Leitung für eine der fünf Regionen in Deutschland fungierte. Das schloss auch Koordinierungsaufgaben mit der hessischen Landesregierung ein. Nach einer Strukturveränderung bei Siemens nahm er auch Aufgaben für Mannheim wahr, wo Frau und Kinder immer wohnen geblieben waren.

Elfriede-Dorit Muhle geb. Fleischer: Trotz trauriger Erlebnisse wurde ich ein froher Mensch

Ich wurde 1932 als jüngstes von vier Kindern in Frankfurt am Main geboren. Die Jahre 1933 bis 1938 würde ich als „gute" Jahre bezeichnen, die jäh unterbrochen wurden am 9. November 1938, dem Tag der sog. „Reichskristallnacht". Wir wohnten in der Nähe des Eschenheimer Turms, und an dem Tag ging ich an der Hand meiner Mutter in die Innenstadt. Da sah ich, wie durch die geschlossenen Fenster einer jüdischen Wohnung oder eines Büros auf der anderen Straßenseite Schreibtische und Schreibmaschinen herausgeworfen wurden, und auch aus dem ebenerdigen Café, das ich kannte, flogen plötzlich durch die Scheiben Tische und Stühle auf die Straße. Es hatte wohl auch einen jüdischen Besitzer. Zu diesem Zeitpunkt war die jüdische Freundin meiner neun Jahre älteren Schwester schon längst ausgewandert. Sie hatte in einer Villa gewohnt, und meine Schwester war öfter dorthin zum Spielen gegangen. Da sie aber auf mich aufpassen musste, hatten die Eltern der Freundin nichts dagegen, wenn mich meine Schwester mitnahm. Und da kriegte ich dann mit, dass die ganze Familie Spanisch lernte, da sie in ein lateinamerikanisches Land auswandern wollte.

Mein Vater, Jahrgang 1889, wurde sofort am 1. September 1939 eingezogen, obwohl er schon 50 Jahre alt war und sich im Ersten Weltkrieg als Soldat in Mazedonien mit Malaria infiziert hatte. Mein zweitältester Bruder, Jahrgang 1920, hatte sich daran angesteckt und war gestorben. Ich war Ostern 1939 in die Schule gekommen, aber bereits 1940 mussten wir das Gebäude verlassen, denn meine Schule wurde das erste Lazarett in Frankfurt. Wir wurden in die Schule der Englischen Fräulein ausgelagert, und dort erlebte ich einen Tagesangriff. Alle Kinder saßen im Schulkeller, als die Schule getroffen wurde. Da die über uns befindlichen Heißwasserrohre hätten platzen können, wurden wir mitten im Angriff auf die Straße geschickt. Ich rannte in Panik nach Hause. Durch die regelmäßigen Angriffe auf Frankfurt ab 1941 – insgesamt 75 – wurde ich ein „Kellerkind". Im Keller unseres Wohnhauses wurden Betten aufgestellt, und die ganze Hausgemeinschaft verbrachte nun viele Nächte hier unten. Obwohl bei den Einschlägen häufig der Kellerboden bebte, Staub von der Decke rieselte und man die Bomben pfeifen hören konnte, fühlte ich mich irgendwie beschützt. Vielleicht lag das an meiner Mutter und ihrer Freundin, die auch im Hause wohnte und mit ihrer Familie im Keller verbrachte. Man lag auf dem Bauch auf dem Boden: Beide Frauen beteten leise, und da schienen alle Kellerinsassen ruhiger zu werden, selbst der Mann, der immer vor Angst schrie. Nach den Angriffen hatten wir tagelang weder Strom noch Gas noch Wasser. Ein Wagen mit Wasser fuhr durch die Straßen, und wir konnten unsere Eimer füllen. An einem Ostersonntag standen wir drei Stunden an. Meine Eltern – mein Vater war wieder ausgemustert worden – gingen in die Trümmer der zerstörten Häuser und suchten Holz, um den Küchenherd heizen zu können.

1941 bekam ich in einem Kindererholungsheim, wo ich sechs Wochen war, zuerst die Windpocken und dann Scharlach, sodass ich nach Waldshut in ein Krankenhaus eingeliefert wurde, wo ich meinen 9. Geburtstag verbrachte. Nach Hause kam ich mit Lungen-Tbc. 1942 wurden wir Schulkinder evakuiert, weil die Bombenangriffe auf Frankfurt immer zahlreicher wurden. Die Eltern konnten sich nicht dagegen wehren, und so kam ich als Zehnjährige in die Nähe von Gießen zu einem

Bauern, der allerdings kein Kind aufnehmen wollte. Aber auch er wurde dazu gezwungen, und so musste ich bei diesen Leuten Bauernarbeit verrichten. Ich war ein zartes kleines Mädchen. Im Unterschied zu anderen Frankfurter Kindern, die im selben Dorf untergebracht waren, hatte ich es sehr schlecht. Als ich die Stückchen Butter, die ich von einem Bäcker bekam, sammelte, um sie meiner Mutter geben zu können, und als die Bauersfrau meinen Schatz entdeckte, nahm sie ihn mir einfach weg mit den Worten: „Friss net so viel!"

Meine Mutter wollte die schlimmen Bedingungen, unter denen ich leben musste, nicht weiter hinnehmen, vor allem, als sie hörte, dass ich in einen Tiefffliegerangriff geraten war und mich nur dadurch hatte retten können, dass ich mich in eine Ackerfurche geworfen und mein Gesicht in den Boden gepresst hatte. Sie holte mich ab und brachte mich 1944 zu Verwandten in Zeitz. Dort wurde ich gut aufgenommen und liebevoll umsorgt, ging in die Schule und wurde von keinem Bombenalarm aus dem Schlaf gerissen. Ich wurde häufig eingeladen von den Eltern meiner Klassenkameradinnen. Ich war bei den „Jungmädeln" wie alle Mädchen über zehn, rupfte auf dem Friedhof Ackerschachtelhalm, der so tief wurzelte, sammelte Papier und Knochen in der Nachbarschaft und gab alles in der Schule ab. Für das Winterhilfswerk musste ich auf der Straße sammeln, und wer etwas spendete, bekam ein kleines Figürchen. Bekanntlich hatte das Winterhilfswerk die Aufgabe, „Volksgenossen", die in bedrängten Verhältnissen lebten, mit Geld oder Sachwerten zu unterstützen.

Meine Mutter, der übrigens wegen ihrer vier Kinder das Mutterkreuz in Bronze verliehen worden war, kehrte nach Frankfurt zurück in eine Wohnung, in der es keine heilen Fensterscheiben mehr gab. Und sie tat einen Schwur: Sollte das Haus stehen bleiben und die Wohnung nicht zerstört werden, würde sie nach dem Krieg jeden aufnehmen, der keine Wohnung mehr hätte und bei ihr nachfragte.

Und sie hielt sich daran! In unserer 4-Zimmer-Wohnung mit zwei Mansarden lebten nach dem Krieg zeitweise insgesamt 15 Personen. Dazu zählten meinen Eltern und ich, zwei meiner Freundinnen, mein Bruder, der mit zwei Freunden im Frühsommer 1945 völlig verwanzt und verlaust aus der Kriegsgefangenschaft zurückgekommen war. Ich erinnere mich noch genau an seine Heimkehr. Ich spielte gerade draußen, als mein Blick auf drei zerlumpte Soldaten fiel, die die Straße heraufkamen. Ich lief aufgeregt ins Haus und rief: „Ich glaube, Erich kommt!" Bald wohnte auch mein Onkel bei uns, der sich wegen seiner Zugehörigkeit zur SS nicht in die Sowjetisch Besetzte Zone wagte, sondern in einer Nacht- und Nebelaktion seine Familie von dort geholt hatte. Für sie eine Wohnung zu finden, war ungeheuer schwer. Ich erinnere mich, wie er einmal in unserer Küche weinend auf dem Torfkasten saß, weil er nicht wusste, wo er mit Frau und Kind bleiben sollte. Da kam ein Freund meines Vaters zu Besuch, der ein Möbelgeschäft hatte, für das er eine Putzfrau zum Abstauben der Möbel suchte. Und so kam ein „Kompensationsgeschäft" zustande: Die Frau meines Onkels staubte die Möbel ab, der Möbelhändler hatte einen Freund auf dem Wohnungsamt, und dieser – vielleicht hatte er im Gegenzug ein Möbelstück erhalten – besorgte eine Wohnung im Taunus.

Die Wenigsten in unserer Wohnung hatten eine Zuzugsgenehmigung, sodass sie auch keine Lebensmittelmarken besaßen. Sie alle mussten aber irgendetwas essen, und diese Aufgabe übernahm mein Vater, der manches auf dem Schwarzen Markt besorgte. Ein halbes Pfund Butter kostete in Frankfurt damals 300 Mark, und mein Vater, der gelernter Drogist war, rührte aus Malz, das er von einer Firma in der Nähe bezog, eine Masse zusammen, aus der er Bonbons herstellte. Als er einmal in einem Ledergeschäft eine Aktentasche kaufen wollte, lachte ihn der Eigentümer nur aus: „Taschen aus Leder? Gibt es schon lange nicht mehr!" Da brachte mein Vater das Gespräch geschickt auf die Familie des Ladenbesitzers, ob er kleinere Kinder habe, ob die vielleicht mal mit etwas Süßem überrascht werden sollten? Da fiel es dem Besitzer wie Schuppen von den Augen, und er erinnerte sich plötzlich, dass er noch irgendwo im Keller eine Aktentasche liegen habe. Die holte er nun und freute sich über einige Tüten Bonbons, die ihm mein Vater in dem „Kompensationsgeschäft" gab. Am Tag nach der Währungsreform am 20. Juni 1948 war übrigens auch die Auslage dieses Ledergeschäftes wieder voller Ledersachen. Der Besitzer hatte wohl einiges im Keller gebunkert gehabt. Eine Bauersfrau in der Nähe von Frankfurt eröffnete meinem Vater sogar einen weiteren Geschäftszweig, als sie zu ihm sagte: „Wenn Sie Bonbons machen können, können Sie sicher auch Seife herstellen!" Das konnte er in der Tat, und so wechselte Seife den Besitzer im Austausch für einen Sack Kartoffeln. Aber Weihnachten 1947 wurde die Lage auch für meinen Vater schier aussichtslos. Er hatte nichts mehr zum Tauschen. Da er von seiner Schwarzmarkterfahrung wusste, dass die amerikanischen Besatzungssoldaten größtes Interesse an schönem Spielzeug hatten, fragte er mich, ob ich mich wohl von einem Teil meiner Spielsachen trennen würde, dann könnten wir alle eine Weile satt werden. Ich besaß Blechtiere zum Aufziehen, einen Puppenwagen, einen Kaufladen und ein Puppenhaus, mit allem spielte ich nicht mehr so häufig, ich war ja inzwischen 15 Jahre alt. Das alles überließ ich ihm, nur meine Puppe nicht, die ich heute noch besitze. Mein Vater konnte die Spielsachen sehr lukrativ an die Amerikaner verkaufen und erhielt dafür Esswaren im Wert von 1500 Mark!

Meine einzige Schwester war am 17. Oktober 1944, dem Geburtstag meiner Mutter, als Flakhelferin nach Berlin eingezogen worden. Als der Krieg zu Ende war, warteten wir jeden Tag auf ein Lebenszeichen von ihr. Aber nichts passierte. Weihnachten 1946 klingelte es plötzlich an unserer Wohnungstür, eine junge Frau, die sich als frühere Vorgesetzte meiner Schwester aus Wehrmachtszeiten vorstellte, wollte meine Schwester sprechen. Sie war zutiefst erschrocken, als sie hörte, dass meine Schwester noch nicht aus dem Krieg zurück war. Sie galt zwei Jahre als vermisst. Am 8. März 1947, dem 30. Hochzeitstag meiner Eltern, erhielten wir dann die erste Todesnachricht. Meine Schwester war am 24. April 1945, also zwei Wochen vor Kriegsende, in Bad Oldesloe in Schleswig-Holstein bei einem 18 Minuten dauernden Bombenangriff der Royal Air Force auf das Bahnhofsgelände des Ortes mit 705 weiteren Menschen ums Leben gekommen. Eine Luftmine hatte ihre Lunge zerrissen. Wie sich über andere ehemalige Wehrmachtshelferinnen erfahren ließ, hatten fünf Helferinnen, darunter meine Schwester, in Berlin angesichts der heranrückenden Roten Armee beschlossen, die Stadt auf der einzigen noch freien Eisenbahnroute zu verlassen, nämlich Richtung Dänemark. Dabei waren sie dann in die Bombardierung des Oldesloer Bahnhofs geraten und alle umgekommen. Da sich unter den Opfern sehr viele Flüchtlinge, Soldaten und Wehrmachtshelferinnen befanden, die nicht aus Oldesloe stammten, hatte es fast zwei Jahre gedauert, bis alle Opfer identifiziert waren und alle Angehörigen benachrichtigt werden konnten. Mein Vater machte sich sofort nach Bad Oldesloe auf, um Näheres zu erfahren. Man legte ihm einen großen Stapel Ausweise vor, unter denen auch der meiner Schwester war. Sonst war nichts mehr aus ihrem Besitz vorhanden, ihr Ring und ihre Uhr waren wohl geplündert worden, als man die geborgenen Leichen nebeneinander hingelegt hatte. Unter einer Wiese auf dem Friedhof wurden 450 Menschen beerdigt, meine Schwester wurde mit 50 anderen Wehrmachtsangehörigen in einem Massengrab bestattet. Die insgesamt 250 z.T. unbekannten Wehrmachtsangehörigen (Soldaten, Krankenschwestern) wurden in fünf Massengräbern à 50 Menschen ohne Särge auf dem Ehrenfriedhof beigesetzt. Am 4. Mai 1947 haben meine Eltern in Frankfurt eine Gedächtnis-Feierstunde für meine Schwester halten lassen mit dem Trostwort: „Wir haben jetzt einen Schatz im Himmel!" Erst als ich zusammen mit meinem Sohn vor einigen Jahren an ihrem Grab gestanden habe, hat sich meine tiefe Trauer um sie ein wenig verringert.

Wenige Wochen nachdem wir vom Tod meiner Schwester erfahren hatten, wurde ich am Palmsonntag 1947 konfirmiert. Ich trug ihr hellblaues Tanzstundenkleid, das meine Mutter schwarz gefärbt hatte, und ein Paar ihrer schwarzen Schuhe. Als Festmahl gab es Erbsensuppe.

Vielleicht habe ich die bedrückenden Jahre mit den traurigen Ereignissen in meiner Familie nur deshalb so gut überstanden, weil ich eine schöne Kindheit hatte. Wir besaßen nicht viel Geld, als Drogist konnte man keine Reichtümer anhäufen, aber in meinem Elternhaus gab es ein harmonisches Zusammenleben. Dazu trug vielleicht auch bei, dass sehr viel musiziert wurde. Wir spielten Geige, Orgel, Ziehharmonika, Gitarre, mein Vater leitete einen Chor, in dem wir Kinder mitsangen. Die Eltern lebten uns ihren christlichen Glauben vor, wodurch sie vermutlich auch ihre schwersten Schicksalsschläge, den Verlust von zwei Kindern, ertragen konnten.

Mein Berufswunsch nach der Mittleren Reife 1948 war, Organistin zu werden. Da es aber ziemlich aussichtslos war, einen Platz an der Musikhochschule Frankfurt zu bekommen, machte ich zunächst eine Ausbildung als Reformhaus-Fachkraft und bekam im Monat 29,40 DM. Ein Paar Nylonstrümpfe kostete 18 DM. Ich hatte einen engstirnigen Chef, der mir befahl zu pfeifen, wenn ich im Keller Schokolade, getrocknete Bananen oder Feigen abwiegen musste. So wollte er sicherstellen, dass ich nicht von den Waren aß! Anschließend an die Lehre besuchte ich eine Sekretärinnenschule und war danach in der Geschäftsleitung des Reformhauses (50 Mitarbeiter) verantwortlich tätig.

1951 bekam ich mein erstes Monatsgehalt, 100 DM! Ich war überglücklich, so viel Geld zu haben, und beschloss, es für einen Urlaub an der Nordsee auszugeben. Meine Freundin, der ich das erzählte, hatte ebenfalls 100 DM als Gehalt bekommen und begleitete mich. Wir fuhren per Anhalter nach Hamburg, ein netter Lkw-Fahrer freute sich, auf der langen Strecke Unterhaltung zu haben. Dort übernachteten wir bei der Bahnhofsmission für 50 Pfennige, einschließlich Frühstück! Am anderen Tag ging es weiter auf die Insel Spiekeroog, wo wir zehn wunderschöne Tage verlebten. Als das Geld alle war, fuhren wir, wieder per Anhalter, nach Frankfurt zurück.

1959 folgte ich meinem Mann nach Mannheim, wo er als Ingenieur in führender Position beim Strebelwerk arbeitete. In Mannheim absolvierte ich im Theresienkrankenhaus in der Unfall-Chirurgie ein Praktikum als Schwesternhelferin. 1961 kam unser Sohn Ralph auf die Welt.

Wenn ich auch lieber in Frankfurt geblieben wäre, so wird mir Mannheim wegen des ehemaligen Oberbürgermeisters Dr. Ludwig Ratzel doch immer im Herzen bleiben. Und das kam so. Mein Mann erlitt 1969 mit 46 Jahren einen Schlaganfall. Nach einem Jahr konnte er wieder arbeiten. 1974 ging Strebel in Konkurs. Wie sollte die Ausbildung unseres Sohnes, der das Lessinggymnasium besuchte, weitergehen, wie die Miete in der Oststadt bezahlt werden? In meiner Verzweiflung rief ich an einem Sonntagmorgen (!) den Oberbürgermeister an. Er wimmelte mich nicht ab, ich durfte ihm meine Lage schildern. Er beruhigte mich und sagte: „Kommen Sie morgen früh mit den Papieren Ihres Mannes in mein Büro. Ich werde eine Stelle für ihn finden." Das tat ich und bekam einen weiteren Tag später einen Anruf von ihm: „Ihr Mann kann übermorgen im Hochbauamt als Ingenieur anfangen." Ich finde, das ist eine unglaubliche Geschichte. Ein Oberbürgermeister hilft einer ihm völlig fremden Familie, und er delegiert es nicht an irgendwelche Referenten, sondern kümmert sich höchstpersönlich darum.

Dorit Muhle suchte ähnlich unkonventionell auch für sich eine Stelle, um einen eventuellen Rückschlag in der Gesundheit ihres Mannes auffangen zu können. Sie arbeitete zunächst bei Horten in der Verwaltung und später mehr als 20 Jahre bei einer Tageszeitung. Heute gehört sie dem Arbeitskreis zur Erhaltung der Kapelle des Theresienkrankenhauses an, hat in der Angelegenheit sogar mit Papst Franziskus korrespondiert und arbeitet ehrenamtlich bei der Mannheimer Vesperkirche mit. Immer wieder hilft sie auch älteren Menschen bei täglichen Sorgen und Problemen: einkaufen, Frühstück richten, Anträge für Anerkennung der Schwerbehinderung, für Pflegegeld oder für eine Reha ausfüllen. So gibt sie zurück, was ihr selbst Gutes geschehen ist. Ihr höchstes Glück ist aber die Familie ihres Sohnes mit den beiden Enkelkindern.

Norbert Staab: Kindheit in Mannheim-Neckarau

Mein Vater

Der „Feldzug" nach Russland begann am 22. Juni 1941. Mein Vater nahm von Beginn an daran teil. Im August 1941 wurde ich geboren. Wir wohnten in der Rheingoldstraße in Mannheim-Neckarau zur Miete. Das Haus gehörte einem Bauern, der in dieser Zeit noch eine Landwirtschaft betrieb mit Stallung und Scheune.

1943 bekam mein Vater Heimaturlaub. Es war das erste, leider auch das einzige Mal, dass er mit mir zusammen war. Obwohl erst zwei Jahre alt, blieb mir bis heute die Erinnerung an das gemeinsame Spielen auf dem Kanapee in der Küche und seine Abreise mit dem Zug, wo meine Mutter und ich ihm auf dem Bahnsteig zum Abschied zuwinkten. Er starb in russischer Kriegsgefangenschaft.

Den Brief vom 20. August 1944, in dem der Kompanieführer meiner Mutter mitteilte, dass er vermisst werde, habe ich aufgehoben. Sie solle „stark und gefasst" sein. Es bestehe die Hoffnung, dass er sich als Versprengter einem anderen Truppenteil angeschlossen habe oder aber verwundet in ein Lazarett eingeliefert worden sei. Es müsse aber auch mit dem Schlimmsten gerechnet werden, dass er „im Kampf gefallen oder in russische Gefangenschaft" geraten sei.

Meine Mutter war bei Erhalt dieser Nachricht 21 Jahre alt. Zwei Jahre musste sie mit der Ungewissheit zurechtkommen. Im Juni 1946 erhielt sie durch den Neckarauer Pfarrer die traurige Nachricht, dass mein Vater im Oktober 1944 in einem Lager bei Woroschilowgrad an Ruhr gestorben sei. Ein Mitgefangener aus Ludwigshafen hatte nach seiner Entlassung das Rote Kreuz in Kenntnis gesetzt.

Aus heutiger Sicht erscheint es seltsam – aber ich hoffte noch 1955, dass diese Nachricht ein Irrtum sein könne und mein Vater bei den letzten Kriegsgefangenen sei und plötzlich vor unserer Tür stehen werde. Erst nach dem Untergang der Sowjetunion erhielten wir letzte Gewissheit, als die Unterlagen des Kriegsgefangenenlagers eingesehen werden konnten. Wir erfuhren den genauen Todestag und den Ort der Grabstätte, in der heutigen Ukraine gelegen.

2010 suchte ich zusammen mit einem Freund, dessen Vater an der Weichsel gefallen war, die Orte der Gefangennahme und des Todes auf. Wir beide waren in einem Alter, das unseren Vätern zu erleben leider nicht vergönnt war. Uns blieb das schmerzliche Gedenken.

Mein Großvater

Bis 1949 lebten wir zu dritt in der Wohnung der Mutter meiner Mutter, meinem geliebten „Mutterle". Sie war seit 1940 verwitwet. Ihren Mann, meinen Großvater, hatten die Nationalsozialisten umgebracht. Er hatte als Teilnehmer am Ersten Weltkrieg eine Traumatisierung erlitten und eine nervliche Störung als Kriegsleiden davongetragen. Dafür erhielt er eine kleine Rente als Kriegsversehrter, die ihm 1936 von den Nazis aberkannt wurde. 1940 wurde er im Rahmen der Euthanasie nach Grafeneck in der Nähe von Reutlingen verbracht und dort sofort vergast. Zur Verschleierung der Tat erhielt meine Großmutter falsche Informationen: Der Todestag wurde verändert, der Todesort wurde nach Sonnenstein/Sachsen verlegt, und als Todesursache wurde Lungenentzündung und Kreislaufschwäche angegeben. Man habe „infolge hier herrschender Seuchengefahr" den Verstorbenen „sofort einäschern" müssen. Die Urne mit den sterblichen Überresten werde ihr auf Wunsch gebührenfrei zugestellt.

Als meine Großmutter sich 1957 bemühte, Wiedergutmachung zu erhalten, wurde der Antrag abgelehnt. Entschädigung sei nur den Opfern politischer Gegnerschaft oder Verfolgten aus Gründen der Rasse, des Glaubens oder der Weltanschauung zu gewähren. Euthanasie sei zwar Unrecht, aber dafür gebe es keine Entschädigung. Der Staat hatte ihr 1936 die Kriegsrente genommen, 1940 ihren Mann getötet, ihr aber bis zu ihrem Tod 1966 keinerlei finanzielle Entschädigungen gewährt.

Kriegszeit

Es sind die besonderen Ereignisse, die einem aus der Zeit bis zum Alter von vier Jahren in Erinnerung bleiben, oft überlagert von späteren Erzählungen der Erwachsenen. Wir waren zum Schutz vor den Bombenangriffen einmal für einige Monate in Gebweiler im Elsass und zum Kriegsende in Altheim bei Buchen. Da meine Großmutter in Neckarau bleiben musste, waren wir während der Hinterlandverschickung immer wieder mal bei ihr für einen Kurzaufenthalt. So erinnere ich mich auch an einige Bombenangriffe, als in unserem Haus die im Hof gelegene Scheune des Bauern Lämmler abbrannte und die Hausbewohner vergeblich versuchten, mittels Eimerstafette zu löschen.

Zu dieser Zeit war der Bauersfamilie ein Fremdarbeiter namens „Laci" zugewiesen, der -jedenfalls mit mir – immer lachte. Ich war ziemlich enttäuscht, als er plötzlich nicht mehr da war. Meine Mutter erzählte immer wieder von dem Entdecken des Brandtreffers, als der Bauer in den Luftschutzkeller kam und rief: „Laci, die Schoijer brennt!".

Einmal fuhr meine Mutter mit mir während der Pause zwischen zwei Bombenangriffen mit dem Fahrrad in den Bunker, vermutlich, weil sie es während des ersten Angriffs mit der Angst zu tun bekommen hatte. Nach meiner Erinnerung fuhren wir auf einer brennenden Straße. Wir wohnten in Neckarau neben der katholischen Kirche und fuhren auf der Rheingoldstraße Richtung Skagerrak-Bunker in der Steubenstraße. In Höhe des Volkshauses brannte die gesamte Straße. Später erklärte man mir, dass es sich um Phosphorbomben gehandelt hatte. Aber noch lange hatte ich mich gewundert, wieso ein steinernes Straßenpflaster brennen konnte.

Ich gehöre zu den Kriegsverletzten. Jedenfalls ging das aus einem Buch hervor, in dem ich verzeichnet war. Der Heimatverein Neckarau zeigte Ende der 1990er Jahre eine Ausstellung über Neckarau während des Krieges. Unter anderem war ein Buch ausgelegt, in dem alle Verletzungen durch Kriegshandlungen chronologisch eingetragen werden mussten. Und per Zufall war die Seite aufgeschlagen, in der ich mit einer Kopfverletzung vermerkt war. Meine Mutter wusste die Ursache. Ich war im Bunker die Treppe hinuntergefallen und hatte mir eine Kopfwunde zugezogen – die registrierte Kriegsverletzung!

Kriegsende

Das Ende des Krieges erlebte ich in Altheim. In allen Fenstern hatten die Bewohner ihre Betten ausgelegt (erst Jahre später begriff ich, dass das weiße Tücher zum Zeichen der Übergabe waren). Alle Bewohner, auch wir Kinder, standen an der Hauptstraße, und dann kamen sie – die Amerikaner in Panzern. Zum ersten Mal sah ich einen „Neger". Er steuerte einen Panzer, und der scherte zum Schrecken aller plötzlich in Richtung der Menge aus. Ein Schlenker, vermutlich ein Scherz, der aber in der angespannten Situation nicht gut ankam. Dennoch, ich hatte nicht den Eindruck, dass Gefühle der Freude oder der Angst herrschten. Meiner Mutter und meiner Tante, die mit meinem Cousin, acht Jahre alt, ebenfalls in Altheim untergebracht war, war jedenfalls nichts anzumerken.

Für beide Frauen war es selbstverständlich, sonntags in die Kirche zu gehen. In Altheim war das aber erschwert, weil es ein katholisches Dorf war und der Kirchgang zur Nachbargemeinde Sindolsheim erfolgen musste. Dazwischen war ein breiter Fluss, dessen Überquerung schwierig war. Jedenfalls beschäftigte ich mich immer wieder, beispielsweise vor dem Einschlafen, mit diesem Problem. Wie sich Jahre später herausstellte, war dieser „Fluss" ein kleiner Bach. Das zeigt aber, wie sich für ein Kind ganz andere Dimensionen ergeben als bei einem Erwachsenen.

Nach Kriegsende mussten wir wieder nach Neckarau zurück. Verkehrsmittel wie Bahn oder Bus fuhren keine. Meine Tante und meine Mutter machten sich mit uns beiden Kindern samt ihren Fahrrädern und Gepäck auf den langen Fußmarsch. In Dallau holten sie eine weitere Tante von mir ab. Sie hatte meine Cousine, ebenfalls vier Jahre alt, dabei und ein Leiterwägelchen mit einem Sarg und der Leiche der Zwillingsschwester meiner Cousine, die in Dallau an Scharlach verstorben war. Die Tante wollte, dass ihr Kind in Neckarau beerdigt würde.

An den langen Marsch Richtung Heimatort habe ich nur die Erinnerung, dass es äußerst schwierig war, den breiten Fluss (vermutlich Neckar) zu überqueren. Spätere Erzählungen ergänzten die Erinnerung: Eine intakte Brücke über den Neckar gab es nicht mehr. Der traurige Tross mit drei jungen Frauen, drei kleinen Kindern, zwei Fahrrädern, einem Leiterwagen mit Sarg, dazu etwas Reisegepäck brauchte zwei Tage, um vom Odenwald nach Neckarau zu kommen.

Zu Hause angekommen, waren wir wie viele andere auch von einer Einquartierung betroffen. Die Mietwohnung meiner Großmutter bestand aus Küche und drei Zimmern. Davon hatte sie schon zu Kriegszeiten auf behördliche Weisung ein Zimmer an eine alleinstehende Frau untervermieten müssen. Nun wurde ein zweites Zimmer beschlagnahmt und die Küche zur gemeinsamen Nutzung durch ein einquartiertes Ehepaar bestimmt. Großmutter, Mutter und ich schliefen in dem verbliebenen Zimmer, und zusammen mit dem Ehepaar Schramm hielten wir uns tagsüber in der Küche auf. Die Schramms waren Vertriebene aus Königsberg in Ostpreußen. Der Mann spielte Klarinette und bewahrte sie in unserem Küchenschrank auf.

Wie der Zufall so spielt: Das Ehepaar bekam nach einiger Zeit eine Wohnung in der Wörthstraße in Neckarau, wo ich sie des Öfteren besuchte. Als ich verheiratet war, sah ich diese Frau wieder – sie war die Schulfreundin meiner Schwiegermutter, die auch aus Königsberg stammte, und sie hatten sich in Mannheim wiedergefunden!

Kindergarten und Nähe zur katholischen Kirche

Vermutlich ab Herbst 1945 besuchte ich den ev. Kindergarten in der Luisenstraße. Straßenverkehr auf der Rheingoldstraße gab es kaum, so dass ich den Weg hin und zurück ziemlich bald allein zurücklegen konnte. Ich war gerne im Kindergarten und hatte einige Schwierigkeiten, ihn mit Beginn der Schulzeit nicht mehr besuchen zu sollen. Aber wenn man trotzdem hinging, wurde man wie immer von der „Schwester" und den „Tanten" begrüßt, und man fühlte sich weiterhin zugehörig. Die Besuche legten sich dann von allein.

Da wir neben der katholischen Kirche wohnten, konnten wir vom Küchenfenster aus die Gesänge der Gottesdienste deutlich hören. Obwohl evangelisch, konnte ich häufig gesungene Lieder mitsingen. Besonders „Schönster Herr Jesu" hörte ich gerne. Der Kirchendiener hieß Haberacker, und ich war als kleiner Junge bei dem Ehepaar, das über dem katholischen Kindergarten wohnte, häufiger Gast. Damals wurde die Glocke noch per Strick geläutet, und es war für mich eine große Freude, wenn Herr Haberacker mich läuten ließ oder ich bei der Einrichtung des Altars für den Gottesdienst mithelfen durfte.

Meine Großmutter und meine Mutter hatten schon früh einen Fernseher. Das war aber kein Gerät, sondern es war der Blick vom Schlafzimmer auf die Rheingoldstraße. Wegen der Nachbarschaft zur Kirche gab es dort vor allem an Sonn- und Feiertagen, aber auch zur Maiandachtszeit, viel zu sehen und gute Unterhaltung.
Es wurden zur Bequemlichkeit zwei Kissen auf die Fensterbänke gelegt, und dann nahmen meine Großmutter und meine Mutter Stehplatz. Mal wurde begrüßt, mal ein kurzes Gespräch geführt, manchmal wurde auch nur gewispert („Die hat's nötig..."). Für mich am interessantesten war das Eintreffen der Ordensschwestern vom St. Annaheim in der Wingertstraße. Sie kamen immer geschlossen in Zweierreihen, und am beeindruckendsten war, wenn der Zug um die Ecke kam oder über die Straße ging – wie eine Schlange sich bewegt.

Ein Festtag war für uns Fronleichnam. Wegen des frühen Glockengeläuts waren wir alle rechtzeitig am Fenster, wenn der „Himmel" mit dem Pfarrer samt Monstranz aus der Kirche kam. Aus heutiger Sicht kaum vorstellbar, wie viele Leute an der Prozession teilnahmen und wie schön die Altäre im Freien geschmückt waren. Einmal ging gerade ein Regenguss nieder, als der Pfarrer die Kirche verließ. Eiligst packte man alles zusammen und suchte Schutz in der Kirche. Schadenfreude empfand ich keine, weil ja auch mir das Zuschauen genommen war.

Spielen „auf der Gass'"

In der heutigen verkehrsreichen Zeit leider verloren gegangen ist das Spielen mit den Nachbarskindern im Freien, jedenfalls in der Großstadt.

Spätestens mit Beginn der Schulzeit, also mit sechs Jahren, hörte die Beaufsichtigung durch die Erwachsenen auf. Man kam nach der Schule nach Hause, machte seine Hausaufgaben (oder auch nicht) und verabschiedete sich nach draußen, wenn das Wetter geeignet war. Meine Mutter brauchte sich nicht um meine „Schulkarriere" zu kümmern, die Hausaufgaben machte ich allein, mütterliche Hilfe kannte ich nicht. Vermutlich hatte das mit meinem Vater zu tun, den ich mir im Himmel vorstellte, wo er mich auf Schritt und Tritt beobachtete. Und ich wollte ihm alles recht machen, er sollte stolz auf mich sein. Heute weiß ich, dass dieses Denken und Verhalten für Kriegswaisen ein typisches Muster ist. Obwohl der Vater nicht mehr da ist, ist er für das Kind allgegenwärtig, wird zum Übervater.

Meine Mutter legte Wert auf pünktliches Erscheinen zum festgesetzten Zeitpunkt. Mit Beginn der Schulzeit bekam ich eine Armbanduhr, sodass mir allenfalls die Ausrede blieb, die Uhr sei stehen geblieben. Häufig genug kam ich zu spät nach Hause, stammelte mit schlechtem Gewissen abwegige Entschuldigungen und war heilfroh, wenn die Strafpredigt glimpflich ablief. Das „Kein-Ende-finden-können", wenn es so schön ist, blieb mein Problem.

Norbert als Erstklässler

Und das Spielen mit den Freunden war halt auch schön. Oft verabredeten wir uns und gingen an den Rhein. Es gab den Freibadweg, der zu den Betontreppen eines nicht mehr existierenden Freibads im Rhein führte. Heute ist dort das Gelände des Großkraftwerks. In meiner Kindheit aber wuchsen auf dem Damm Binsen, die wir Kinder für etliches gebrauchen konnten. Es gab drei „Köpfe", das sind kleine Seen, die mit dem Rhein Verbindung hatten. Auf dem „Kopf" ließen wir Schiffchen fahren. Ich hatte zum Geburtstag einen metallenen Passagierdampfer geschenkt bekommen. Die Feder wurde aufgezogen, das Schiff ins Wasser gesetzt, und los ging's. Leider reichte die Federspannung nur bis zur Mitte des „Kopfs". Und somit war's das Ende der Herrlichkeit. Als Nichtschwimmer ohne Schiff – das bedeutete das Ende meiner Kapitänszeit. Denn ein neues Schiff gab es natürlich auch nicht.

In Neckarau wohnten zur damaligen Zeit viele Kinder. Häufig kam man spontan zusammen, besonders im Sommer, wenn die Tage lang waren und es nach dem Abendessen noch so hell war, dass man „auf die Gass" durfte. Nach meiner Erinnerung waren wir oft etwa 50 Kinder, die sich in der Wörthstraße zum Spielen trafen. Besonders häufig wurden gespielt „Schiffer, wie hoch ist das Wasser?" und „Kaiser, wie viele Schritte schenkst du mir?", beides Kinderspiele, für die man keinerlei Gerätschaften brauchte, nur die „Gass".

Der 11.11., Martini, war ein besonderer Tag für uns Kinder. Mit fünf Jahren war es ein beliebter Brauch, mit einem Nachthemd oder einem langen weißen Hemd des Vaters bekleidet auf die Straße zu gehen. Wir nannten uns „Martini-Weibel" und klingelten an den Haustüren, um Süßigkeiten zu erbitten. Den Begriff „Süßigkeiten" muss man sich anders vorstellen als heute. Schon die Menge verdiente selten den Mehrzahl-Begriff, zumeist war es ein Bonbon der Firma Ehrbar aus Neckarau, niemals etwas, das mit Schokolade in Verbindung gebracht werden konnte – Nachkriegszeit eben.

Als wir älter waren, wollten wir keine Martini-Weibel mehr sein. Jetzt waren wir als Straßenbanden organisiert, die Rheingoldstraße gegen die Schulstraße oder so ähnlich. Wer nicht zur eigenen Bande gehörte, war der Feind. Bandenkriege waren Bestandteil der Phantasie, zu Gefechten kam es nie. Aber es war schön, sich den Sieg auszumalen, und vor allem war es wichtig, zu einer Bande dazuzugehören. Viel mehr standen die Streiche im Vordergrund, die man den Älteren spielen wollte. Vieles wurde überlegt, zum Glück fehlte dann aber doch zumeist der Mut, und so blieb es bei harmlosem Klingeln an der Haustür und Weglaufen, damit man nicht erwischt wurde. Inzwischen wurde der Brauch an Martini durch das amerikanische Halloween am 31.10. abgelöst. Man staunt, wie schnell von einer Tradition gesprochen wird.

Fußball

Für uns Buben war selbstverständlich das Wichtigste der Fußball. Ich war in einer reinen Bubenklasse mit fast 50 Schülern in der Wilhelm-Wundt-Schule. Meine Mutter hätte mich lieber in der Kirchgartenschule gesehen, weil die erheblich näher lag. Aber die Rheingoldstraße war die Schulgrenze, und Ausnahmen machte die Behörde schon damals höchst selten. Für mich war das aber kein Nachteil. Denn so gab es einen langen Schulweg, immer zusammen mit Freunden, und vor allem gab es ausgefallene Stunden. Die wurden zum Fußballspielen genutzt. Genügend Spieler waren ja vorhanden. Einer unserer Mitschüler hatte einen Vater, der Fuhrunternehmer war. Er konnte es sich leisten, seinem Sohn einen Lederfußball zu schenken. Außerdem hatte er in der Rosenstraße ein Firmengrundstück zum Abstellen seiner Lastwagen, das für unsere Ballkünste ausreichend groß war. Leider waren die Spiele immer wieder so ausgeglichen, dass auf keinen Mitspieler verzichtet werden konnte. Abpfiff sollte eigentlich zur Zeit des Mittagessens sein. Aber, wer hat schon Hunger, wenn der Sieg winkt... Wer erklärt das einer Mutter, die gekocht hat und sich Sorgen macht, dass ihr Sohn satt wird?

Die zweite sonntägliche Aktivität war das Fußballspiel, nicht das eigene, sondern das Zugucken beim Spiel des VfL Neckarau. Der spielte in den ersten Nachkriegsjahren noch auf einem Sportplatz an der Altriper Fähre. Für die meisten meiner Klassenkameraden war es eine Selbstverständlichkeit, unseren VfL anzufeuern. Eintritt mussten wir nie bezahlen. Wir stellten uns vor den Eingang und warteten. Immer wieder winkte der Ordner einen Pulk von Buben durch. Irgendwann war man selbst an der Reihe. Als mein Patenonkel, der regelmäßig die Spiele des VfL besuchte, mich mal mitnahm, wies ich ihn darauf hin, dass er für mich keine Karte kaufen müsse. Erstaunt bekam ich zur Antwort: „Wenn du mit mir auf den Sportplatz gehst, wird bezahlt!“. Was für eine Verschwendung!

Es gab keinen Spieler des VfL, den wir nicht namentlich kannten, oft darüber hinaus sogar persönlich. Noch heute kann ich die meisten Spieler der damaligen Oberliga-Mannschaft namentlich aufzählen. Mittelstürmer war Willi Preschle. Er wohnte im Haus der Großmutter eines Schulkameraden in der Nähe des Großkraftwerks. Und er war der Einzige, den wir kannten, der eine Ballpumpe zum Aufblasen eines Lederfußballs hatte. Also suchten wir ihn auf, als unser Spielgerät zu wenig Luft hatte. Noch heute bin ich beeindruckt, wie selbstverständlich er uns kleinen Kickern aus der Not geholfen hat.

Ein besonderes Ereignis waren die Lokalderbys, besonders die gegen den SV Waldhof. Der war für uns Buben wie ein rotes Tuch. Am schlimmsten fanden wir den Waldhof-Stürmer Lipponer, für uns Kinder ein Synonym von Foulen und unfairem Spielen. Damals erfuhren wir zum ersten Mal das Gefühl von Genugtuung, wenn man sich so richtig aufregt und der Übeltäter am Ende seine Bestrafung (Spiel verloren) bekommt.

Der Spieler Conrad vom VfL hatte einen besonders satten Schuss. Er sollte mal einen Elfmeter treten. Da riefen die Zuschauer: „Conrad, schieß ihm ä Loch in de Bauch!“.

Eine tiefe Wunde, die mich in der Erinnerung bis heute schmerzt, verursachte bei uns der plötzliche Tod des mit Abstand besten Spielers des VfL, des Nationalspielers Fritz Balogh. Er war unser aller Idol. Von seinem Tod erfuhren wir am Montag danach in der Schule. Wie ein Lauffeuer verbreitete sich die Nachricht. Viele von uns hatten Tränen in den Augen, wir konnten es nicht fassen. An einen Unterricht war nicht zu denken. Unser Lehrer, selbst ein Fußballfreund, hatte zum Glück ein Einsehen und gab uns schulfrei. Einige Tage später waren wir Teil einer riesigen Trauergemeinde auf dem Neckarauer Friedhof. Die Schule fiel für die Trauerfeier aus. Viele Fußballgrößen waren gekommen, darunter Sepp Herberger und Spieler der späteren WM-Mannschaft mit Fritz Walter an der Spitze. Heute verwalte ich im Archiv des Neckarauer Heimatmuseums die Fotografien mit den vielen Prominenten, in meiner Erinnerung bleibend ist aber die Trauer um den für uns unfassbaren Verlust.

Verwandtschaft

Da mein Vater sechs Geschwister hatte, gab es in meiner Kindheit eine zahlreiche Verwandtschaft. Jeder Geburtstag wurde gefeiert, dazu die großen Feste Ostern und Weihnachten. Ein Telefon hatte niemand. Schriftliche Einladungen waren vermutlich zu zeitaufwendig oder zu teuer, weshalb man zu den Feiern einfach ohne besondere Einladung hinging. Noch heute habe ich alle relevanten Geburtstage im Kopf, obwohl die meisten Menschen lange nicht mehr am Leben sind.

Jeder Geburtstag lief so ab, dass man sich zur Kaffeezeit, so um 15 Uhr, einfand. Immer gab es ausreichend Kuchen, genügend für etwa 15 Personen, Kinder mit eingerechnet. Da mein Großvater gelernter Bäcker war und in seiner pfälzischen Heimat eine Bäckerei betrieben hatte, legte die gesamte Familie großen Wert auf Kuchen. Die besten Rezepte wurden regelmäßig ausgetauscht. Nie habe ich erlebt, dass irgendeine meiner Tanten einen Kuchen mitgebracht hätte – das Backen einer Vielzahl von Kuchen war das „Privileg“ der Einladenden.

Meine Mutter nahm ab ihrer Wiederverheiratung nicht mehr an den Treffen der Familie ihres verstorbenen Mannes teil. So „vertrat“ ich also alleine die Familie meines Vaters. Und da wollte ich nicht ohne Geburtstagsgeschenk dastehen.

Meine Mutter hatte als Kind gelernt, Perlendeckchen zu machen. Es wurden Glasperlen, die man im Spielwarengeschäft Hoffmann in der Breiten Straße in Mannheim kaufen konnte, zu Mustern eingefädelt. Die Deckchen waren praktisch im Haushalt als Unterlage für Töpfe, Kannen und dgl. Diese Fertigkeit hatte meine Mutter mir beigebracht, und so versorgte ich mehrere Jahre lang die gesamte Verwandtschaft mit meinen Deckchen zum Geburtstag. Eines davon habe ich sogar in die heutige Zeit hinübergerettet.

Die Geburtstagsfeier endete mit dem Abendessen. Traditionell gab es „kalt", also belegte Brote mit Wurst und Käse.

Für uns Kinder waren die Feiern Höhepunkte im Jahr. Nicht nur, weil es an Ostern und Weihnachten Geschenke gab, sondern weil die Unterhaltung meiner Onkel und Tanten für uns Kinder immer äußerst lustig war.

1949 hatte meine Mutter zum zweiten Male geheiratet. Die Familie vergrößerte sich durch die Geburt zweier Halbschwestern auf sechs. 1954 zogen wir von Neckarau weg nach Neuhermsheim in ein Siedlungshaus, das mein Stiefvater und meine Mutter unter großen Entbehrungen und mit viel Eigenarbeit gebaut hatten. Hausbau und Umzug bedeuteten für mich gleichzeitig das Ende meiner Kindheit.

1980 wurde Norbert Staab einer der beiden Geschäftsführer der Mannheimer Abendakademie und Volkshochschule, deren Rechtsform zu diesem Zeitpunkt in eine GmbH umgewandelt wurde. 1999 übernahm er bis 2007 die alleinige Leitung dieser großen Erwachsenenbildungseinrichtung. Außerdem leitete er bis 2010 die Studieninstitut Rhein-Neckar gGmbH. Zum Ende seiner Berufstätigkeit konnte er sicherstellen, dass das neue Haus in U 1 für beide Einrichtungen gebaut und langfristig angemietet wurde.

Heute ist er u.a. noch aktiv im Verein Geschichte Alt-Neckarau e.V., dessen Stellvertretender Vorsitzender er ist. Im Verein ist er verantwortlich für die Webseite, die Pressearbeit, den Einsatz der EDV und das Vereinsarchiv. Er führt Historische Rundgänge durch Neckarau und durch das Heimatmuseum des Vereins.

Wiltrud Ningel geb. Hassert: Ich hatte einen Bruder

Ich wurde 1935 in Mannheim geboren und wuchs mit drei Geschwistern, meinem Bruder Werner, Jahrgang 1927, und meinen beiden Schwestern, Jahrgang 1929 und 1941, im Stadtteil Neckarstadt auf. Unser Vater war Architekt und damals bei Bopp & Reuther in Mannheim beschäftigt.

Kriegsausbruch

Ende August 1939 waren wir in Grainau unterhalb der Zugspitze im Urlaub. Am Vormittag des 1. September saß mein Vater, der wie viele Architekten sehr gut zeichnete, auf der Wiese vor unserem Urlaubsdomizil mit seinem Zeichenblock und skizzierte die Landschaft. Ich sprang um ihn herum und pflückte dabei Blumen. Plötzlich kam mein Bruder aus dem Haus gerannt und rief: „Vater, der Krieg ist ausgebrochen!"

Sofort wurde gepackt, und noch am Nachmittag traten wir die Heimfahrt an. Wir drei Kinder saßen hinten auf der Rückbank unseres Autos, ich als Kleinste hatte nur wenig Platz, da vor mir ein Benzinkanister stand. Bei jeder Tankstelle hielt mein Vater an und ließ Benzin nachfüllen, denn es war nicht klar, ob der Treibstoff nicht sofort rationiert würde. Er wollte nicht unterwegs mit dem Auto stehenbleiben.

Als wir in Mannheim ankamen, trafen wir auf meine Großmutter, die weinend am Fenster stand und uns zurief: „Warum kommt ihr erst jetzt? Willi ist schon eingezogen worden." Willi war ihr Sohn.

Am nächsten Tag kam mein Vater am Abend nach Hause und sagte: „Ich habe mein Auto abgegeben." Es war nämlich unmittelbar nach Kriegsbeginn angeordnet worden, alle privaten Pkw für militärische Zwecke zur Verfügung zu stellen. In Mannheim wurden sie auf dem Schlossplatz gesammelt, und dorthin hatte mein Vater es auch gefahren.

Bombenangriffe

Bekanntlich war Mannheim eine der Städte, die schon früh mit vielen Bunkern ausgestattet worden waren. In unserer Nähe gab es den Ochsenpferchbunker, heute Sitz des „Marchivums", des Stadtarchivs, der 1943 fertiggestellt wurde und 1.000 Liege- und 3.000 Sitzplätze enthielt. Bei maximaler Belegung bot er 9.500 Menschen Schutz. Hier erhielt unsere Familie schon früh drei Liegeplätze in einer Zelle zugesprochen. Als wir sie das erste Mal aufsuchten, waren die Toiletten noch nicht durch Türen abgegrenzt, sodass immer Familienmitglieder „Wache" standen, wenn man sie benutzen musste. Auch meine Oma war mit in unserer Zelle, während mein Opa sich weigerte: Er wollte sein Haus nicht verlassen. Unser Vater war bei den Angriffen meist in der Firma.

In diesem Bunker haben wir auch die beiden September-Angriffe 1943 zugebracht, bei denen größte Teile der Innenstadt und etliche Vororte in Schutt und Asche gelegt wurden. Am Morgen des 6. September, als der Bunker geöffnet wurde, stand unser Vater draußen und berichtete, dass seine Schwester mit Familie auf dem Lindenhof ausgebombt sei, aber sie lebten noch.

Bei dem Großangriff am 23. September wurde auch unser Haus getroffen. Als wir morgens aus dem Bunker kamen, herrschte strahlendes Wetter. Durch Berge von Schutt und vorbei an bläulichen kleinen Flämmchen, den gefährlichen Phosphorbränden, kämpften wir uns in unsere Straße vor und standen vor unserem Haus an der Bürgermeister-Fuchs-/Ecke Erlenstraße: Eine Luftmine hatte das vordere Drittel weggefegt. Ich habe noch in Erinnerung, wie unsere Möbel einfach nach vorne auf die Straße gekippt wurden, vielleicht wollte man so die Statik der verbliebenen Decken verbessern.

Ein Ehepaar aus unserem Haus war tot, ebenso meine Freundin, die im gegenüberliegenden Haus gewohnt hatte.

Mein Vater, der in weiser Voraussicht in Hoffenheim eine Wohnung gemietet hatte, beschloss sofort, dass wir Mannheim verlassen müssten. Das wollten vermutlich auch viele andere Mannheimer, denn wir fuhren in einer völlig überfüllten OEG nach Heidelberg. Um weiterzukommen, rief mein Vater einen ihm bekannten Taxiunternehmer in Sinsheim an, den Bruder des in unserem Haus ums Leben gekommenen Mannes. Dieser fuhr uns nach Hoffenheim, das für die nächsten Jahre unser Zuhause wurde. Hier ging ich bis 1945 in die Schule, deren Rektor meiner Erinnerung nach der Vater von Dietmar Hopp, dem Mitbegründer der SAP, war.

Der Tod meines Bruders 1943

Mein am 5. November 1927 geborener Bruder Werner besuchte das Lessing-Gymnasium in Mannheim. Er muss wohl schon früh ein aufgewecktes Kind gewesen sein, denn er wurde zu früh eingeschult, saß also in einer Klasse mit lauter Jungen des Jahrgangs 1926, und als diese 1943 als Flakhelfer gemustert wurden, ließ auch er sich mustern.

Meine Mutter hatte ihm einen Brief für die Musterungskommission mitgegeben, in dem sie auf diesen Sachverhalt hinwies. Wie sich später herausstellte, hatte er diesen Brief nicht abgegeben. Er hatte wohl unbedingt bei seinen Freunden bleiben wollen. Als nämlich meine Mutter, die gelernte Schneiderin war, anlässlich meiner Konfirmation 1949 den blauen Anzug meines Bruders zu einem Kostüm für mich umarbeiten wollte, fand sie in der Innentasche des Jacketts ihren damaligen Brief.

Jeden Donnerstag fuhr meine Mutter von Hoffenheim nach Mannheim, auch um zu sehen, wie es in der Stadt aussah und wie es ihren Eltern ging. Sie wurde dabei immer von meinem Vater am Bahnhof abgeholt. An jenem Donnerstag, es war der 18. November, stand mein Vater auch am Bahnsteig, neben ihm ein höherer

Offizier der Luftwaffe. Das hatte seinen Grund: Mein Bruder war einen Tag vorher, am 17. November, bei dem Beschuss durch feindliche Flieger auf seiner Flakstellung in Oppau tödlich getroffen worden, zusammen mit einem Soldaten. Mein Bruder hatte nur wenige Tage vorher seinen 16. Geburtstag gefeiert.

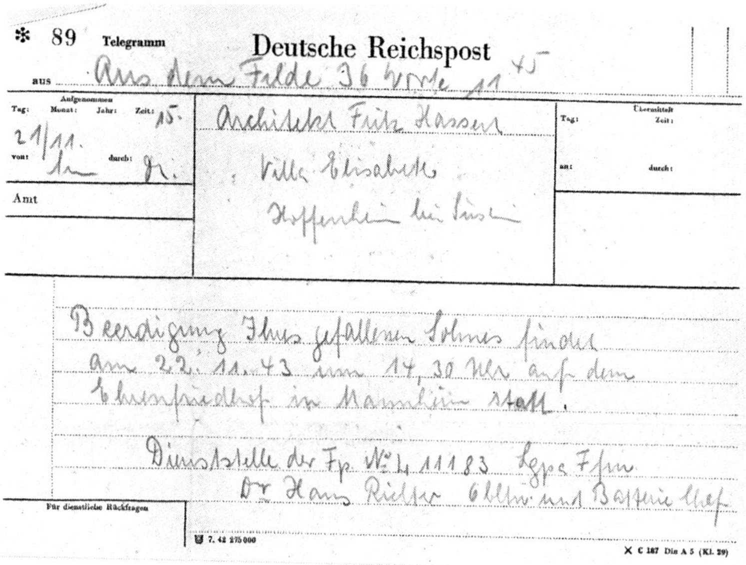

89 Telegramm Deutsche Reichspost

aus Aus dem Felde 36 Worte 11 45

Aufgenommen Tag: Monat: Jahr: Zeit: 15

21/11.

von: durch:

Amt

Architekt Fritz Hassert

Villa Elisabeth

Hoffenheim bei Sinsheim

Tag: Übermittelt Zeit:

an: durch:

Beerdigung Ihres gefallenen Sohnes findet am 22. 11. 43 um 14.30 Uhr auf dem Ehrenfriedhof in Mannheim statt.

Dienststelle der Fp. Nr. L 11183 Lgpa Ffm.

Dr Hans Richter Oblt. und Batteriechef

Für dienstliche Rückfragen

7. 42 275 000

C 187 Din A 5 (Kl. 29)

Die Beerdigung wurde von der Wehrmacht organisiert. Erhalten ist ein entsprechendes Telegramm des Batteriechefs an meine Eltern. Ihnen wurde auch ein offizielles Foto vom Trauerzug und ein weiteres von der abschließenden Zeremonie

zugesandt, auf dem deutlich die zum „deutschen Gruß" erhobenen Hände zu sehen sind.

Ich durfte an der Beerdigung nicht teilnehmen, aber deutlich ist mir die Atmosphäre in der Wohnung in Erinnerung. Alle waren versammelt, Oma, Opa, Eltern, Onkel, und alle weinten. Ich konnte es nicht mehr aushalten, nahm meine kleine Schwester an der Hand, ging mit ihr nach draußen und lief in den Gärten herum. Da kam eine Freundin der Familie, die wohl noch nichts vom Schicksal meines Bruders gehört hatte, und fragte: „Wie geht es Werner?" Und ich, offenbar völlig unter Schock stehend, antwortete: „Gut!"

Unter den Beileidsschreiben an meine Eltern, die ich alle noch besitze, befindet sich – neben herzlichen Zeilen der Familie Reuther – auch ein Brief der NS-Frauenschaft vom 25. November an meine Mutter (siehe nächste Seite).

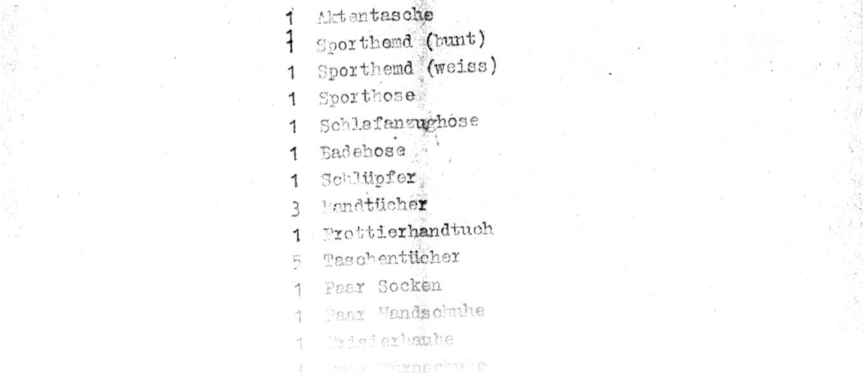

Aufstellung über den Nachlass des Lw.- Helfers Werner Hassert.

1 Aktentasche
1 Sporthemd (bunt)
1 Sporthemd (weiss)
1 Sporthose
1 Schlafanzughose
1 Badehose
1 Schlüpfer
3 Handtücher
1 Frottierhandtuch
5 Taschentücher
1 Paar Socken
1 Paar Handschuhe
1 Frisierhaube
1 Paar Turnschuhe

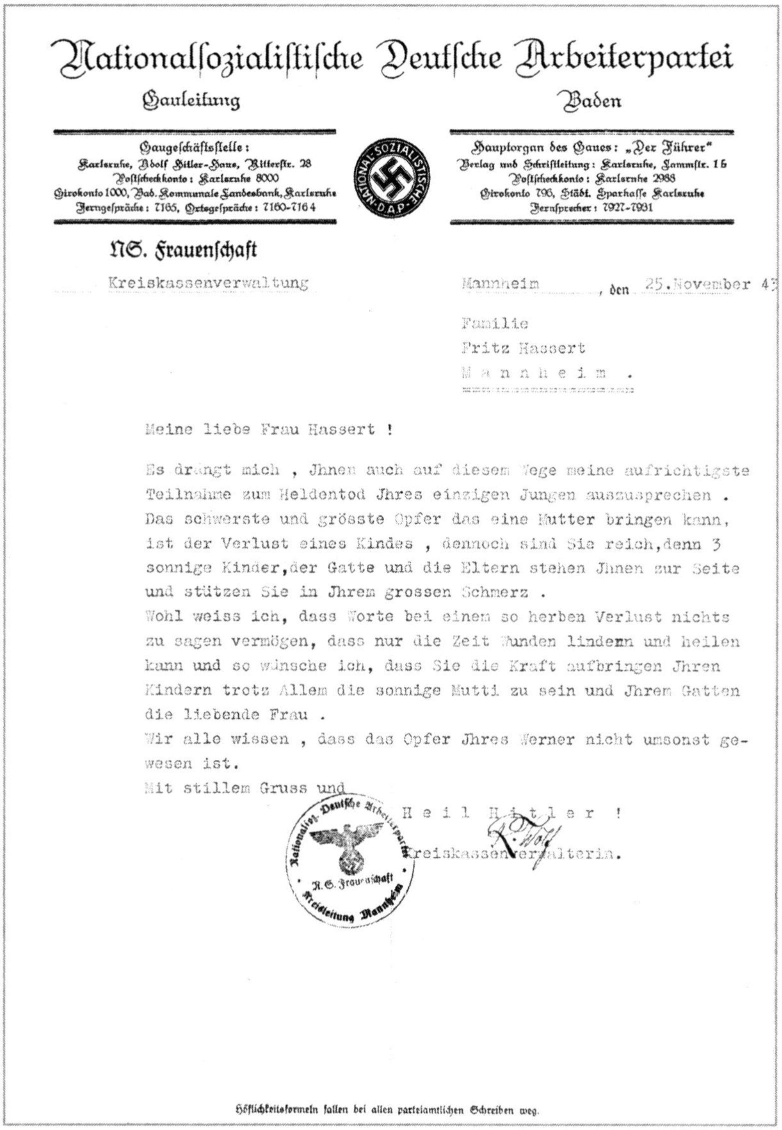

Nationalsozialistische Deutsche Arbeiterpartei

Gauleitung Baden

Gaugeschäftsstelle:
Karlsruhe, Adolf Hitler-Haus, Ritterstr. 28
Postscheckkonto: Karlsruhe 8000
Girokonto 1000, Bad. Kommunale Landesbank, Karlsruhe
Ferngespräche: 7165, Ortsgespräche: 7160-7164

Hauptorgan des Gaues: „Der Führer"
Verlag und Schriftleitung: Karlsruhe, Lammstr. 1b
Postscheckkonto: Karlsruhe 2988
Girokonto 796, Städt. Sparkasse Karlsruhe
Fernsprecher: 7927-7931

NS. Frauenschaft

Kreiskassenverwaltung

Mannheim, den 25.November 43

Familie
Fritz Hassert
M a n n h e i m .

Meine liebe Frau Hassert !

Es drängt mich , Jhnen auch auf diesem Wege meine aufrichtigste Teilnahme zum Heldentod Jhres einzigen Jungen auszusprechen . Das schwerste und grösste Opfer das eine Mutter bringen kann, ist der Verlust eines Kindes , dennoch sind Sie reich,denn 3 sonnige Kinder,der Gatte und die Eltern stehen Jhnen zur Seite und stützen Sie in Jhrem grossen Schmerz .
Wohl weiss ich, dass Worte bei einem so herben Verlust nichts zu sagen vermögen, dass nur die Zeit Wunden lindern und heilen kann und so wünsche ich, dass Sie die Kraft aufbringen Jhren Kindern trotz Allem die sonnige Mutti zu sein und Jhrem Gatten die liebende Frau .
Wir alle wissen , dass das Opfer Jhres Werner nicht umsonst gewesen ist.
Mit stillem Gruss und

H e i l H i t l e r !

Kreiskassenverwalterin.

Höflichkeitsformeln fallen bei allen parteiamtlichen Schreiben weg.

Als besonders makaber empfinde ich die Auflistung, die der Batteriechef der Übersendung des Nachlasses meines Bruders beigelegt hat. Hier ein Auszug:
Im Nachlass meines Bruders befand sich auch der kleine Taschenkalender, den er als Tagebuch in Kürzestform benutzte.

Am 23. September 1943, dem zweiten Großangriff auf Mannheimer innerhalb von zwei Wochen, notiert er: *Großangriff*, einen Tag später heißt es *zuhause, Bombenschaden* und am 25. September *10 Tage Bombenurlaub*. In dieser Zeit gab es, wie er vermerkt, *9mal Fliegeralarm*. Am 5. November, seinem 16. Geburtstag, liest man: *Geburtstag. Chef und Spieß gratulieren. Ausgang. Kino „Germanin", 20.30 h wieder in Stellung*. Am 6. November heißt es: *V(ormittag) Fußdienst. Ab 11 h Wo-*

chenendurlaub. Bei Mutter gegessen. Füllhalter gekauft. Mit OEG nach Heidelberg. Zwischen dem 11. und 13. November gibt es *Löhnungsempfang, Schulunterricht, Gewehr gereinigt, Beim Frisör, A(rbeits)stunde.* An seinem letzten Lebenstag, dem 17. November, noch ein Eintrag: *Schulunterricht, Kabelgraben ausheben, Pudding, A(rbeitsstunde).*

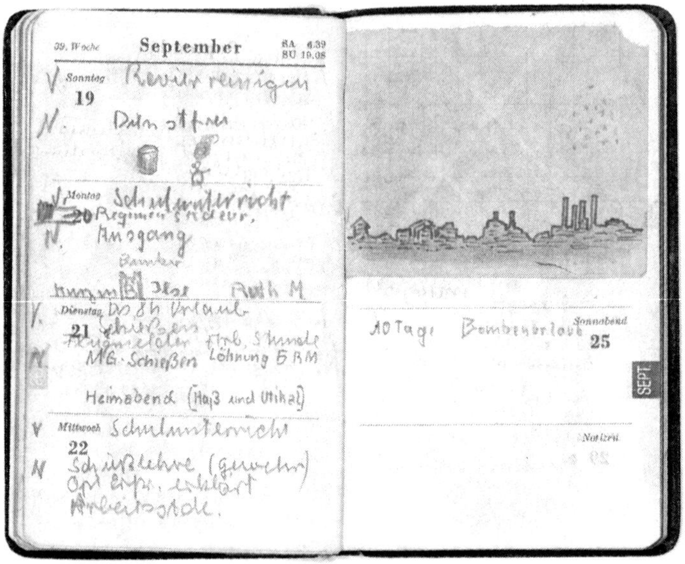

Offenbar hatte mein Bruder das Zeichentalent unseres Vaters geerbt, denn im Kalender befinden sich zwei winzige Bleistiftzeichnungen von der Stellung seiner Flak. Am 4. November, einen Tag vor seinem 16. Geburtstag, weist der Taschenkalender neben *Batterieexerzieren, Politische Tagesfragen* und *Gasunterricht* auch *Schulunterricht* auf. Da mussten die Flakhelfer wohl einen Aufsatz schreiben, den wir noch im Original besitzen und der offenbar mit dem neuen Füller geschrieben wurde. Der Aufsatz ist im Folgenden abgedruckt:

Luftwaffenhelfer im Einsatz *4.XI.43*

Es war an einem Septemberabend. Nach dem Abendessen reinigten wir wie üblich unsere Stube und gingen dann ins Bett. Der Stubendienst, der länger aufblieb als die anderen, ging noch in die Vermittlung, um sich nach Einflügen zu erkundigen. Er kam bald mit dem Bescheid zurück, daß starke britisch-nordamerikanische Fliegerverbände in das Reichsgebiet eingeflogen seien und die Spitze sich in Richtung zehn, 260 km entfernt, befinde. Wo werden sie wohl diese Nacht hinfliegen und Elend zurücklassen? Ich denke nicht weiter nach, sondern drehe mich auf die Seite und schlafe ein. Ich bin kaum eingeschlafen, da schrillt auch schon die Alarmglocke. In Windeseile springe ich aus dem Bett, kleide mich an und renne aus der Stube. Ich war in dieser Nacht als hochgesetzter Flugmelder eingeteilt und begab mich daher auf den Flugmeldestand gegenüber der Chefbaracke.

Kurze Zeit später hörte man schon von weitem Flakfeuer. Die Flugmeldungen, die während dieser Zeit durchkamen, besagten, daß die Feindmaschinen Mannheim anfliegen und wahrscheinlich mit einem Angriff zu rechnen sei. Plötzlich hörte ich Motorengeräusch. Ich meldete sofort an das Kommandogerät: „Flugzeuggeräusch in Richtung elf." Kurz danach schrie jemand: „Ziel aufgefaßt". Als die Maschine in unseren Wirkungsbereich kam, begannen wir zu schießen. Auch andere Batterien eröffneten das Feuer. Scheinwerfer flammten auf und suchten den Himmel ab. Da fielen auch schon die ersten Leuchtbomben und Leuchtraketen. Alles war taghell erleuchtet. Dann war die Hölle los. Jeder Laut ging unter in dem Krachen, Rauschen und Brummen. Die Maschine, die wir aufgefaßt hatten, wurde von den Scheinwerferkegeln ergriffen. Unsere Gruppen liegen gut. „Wenn die Maschine nur herunter käme", war aller Gedanke. Da ... Eine Stichflamme. Die Maschine fliegt brennend an uns vorbei, dreht ... Sie wird doch nicht ... Sie fliegt über uns weg nach Westen, platzt auseinander und stürzt unweit Flomersheim ab. Abschuß. Als ich mich umdrehe, sehe ich, wie es in Richtung Mannheim aussieht. Der Himmel rot, dazwischen Scheinwerferstrahlen, Leuchtbomben und abgeregneter Phosphor. Unser Kommandogerät hat inzwischen wieder aufgefaßt und schoß. Da sehe ich, wie diese Maschine auf uns zudreht. Das Brummen der Motoren wird lauter. Jetzt sind wir an der Reihe. Wir schießen so viel, wie unsere Rohre hergeben. Die Maschine ist schon fast über uns. ~~Meine Knie zittern~~. Pfeifen. Ich werfe mich hin und denke, jetzt ist es aus mit dir. Das Pfeifen geht über mich hinweg. Rrrängg. Ich stehe wieder auf. Eine neue Maschine im Anflug. Wir schießen weiter. Auf einmal kurzes Rauschen. Ich werfe mich gerade hin. Da ... Krach: Steine spritzen an Holzwände meines Standes. Durch die Ritzen sehe ich Flammen. Ich springe auf. Ungefähr sieben Meter neben mir ist eine Phosphorbombe eingeschlagen. Auch vor unserer Baracke brennt es. Also ein Reihenwurf. Ich schaue um. Tatsächlich. Noch vier brennende Stellen im freien Feld. Auch in Oppau scheint jetzt die Hölle los zu sein. Überall brennt es. Pfeifen. Verfl ... schon wieder. Ich liege flach auf den Holzbrettern des Standes. Rrrängg. Auf! Runter vom Stand. Ich schnappe mir einen Eimer. Püii – Volle Deckung – schscht – Rrängg. Weiter. Jetzt bin ich an der Brandstelle. Es sind noch mehr Kameraden da. Ihre Gesichter sind dreckverschmiert und vor Wut verzerrt. Ihre Mäntel sind dreckig und ihre Stahlhelme haben sich verschoben. Kaum habe ich zwei Eimer in die Flammen geschüttet, wieder Pfeifen. Ich will mich gerade hinwerfen, da – Krrach. Ich falle vornüber, verliere meinen Stahlhelm. Werde am Suchen durch abermaliges Pfeifen gehindert. Egal. Jetzt wird gelöscht. Als die Flammen erstickt sind, ist der Angriff am Abflauen. Jetzt habe ich erst richtig Gelegenheit, in die Gegend zu schauen. Ringsherum brennt es. In Mannheim, Ludwigshafen, in der IG, in Oppau, Friesenheim und Frankenthal. Genaueres kann man nicht erkennen, da über allem dicke Rauchschwaden liegen. Ich denke an daheim. Wenn nur nichts passiert ist. Aber wir haben ja immer Glück gehabt. Hoffentlich wird es auch diesesmal so sein. Auch vor unserer Stellung brennt es. Das Arbeitslager ist getroffen. Unser Batteriechef teilt Leute ein, die zum Löschen dorthin abkommandiert werden. Ich bin unter diesen. Als wir jedoch an das Lager kommen, sehen wir, daß nichts mehr zu retten ist. Es wird ein Mann zurückgeschickt, der fragen soll, ob wir nach Oppau dürfen. Mit der Genehmigung kommt er zurück. Wir marschieren nach Oppau und helfen beim Löschen und Retten von Möbeln. Früh um vier Uhr wollen wir wieder in Stellung zurück. Kurz vor der Stellung hören wir plötzlich dumpfes Grollen und Donner, einen Krach. 50 m vor uns wächst eine riesige Erdfontäne auf. Erdbrocken prasseln auf die Straße. Wir liegen aber schon im Straßengraben.

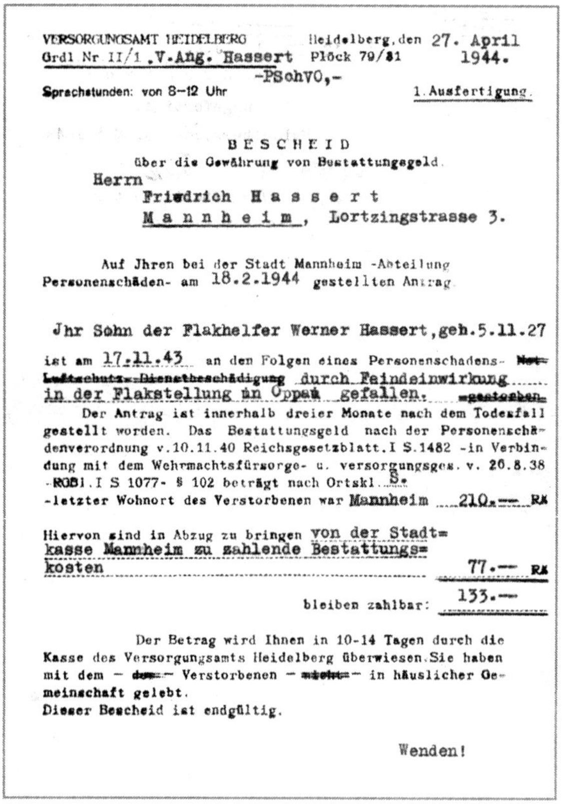
VERSORGUNGSAMT HEIDELBERG Heidelberg, den 27. April 1944.
Grdl Nr II/1 .V.Ang. Hassert Plöck 79/81
-PSchVO,-
Sprechstunden: von 8–12 Uhr 1. Ausfertigung.

BESCHEID
über die Gewährung von Bestattungsgeld.

Herrn
Friedrich Hassert
Mannheim, Lortzingstrasse 3.

Auf Jhren bei der Stadt Mannheim -Abteilung Personenschäden- am 18.2.1944 gestellten Antrag

Jhr Sohn der Flakhelfer Werner Hassert, geb. 5.11.27 ist am 17.11.43 an den Folgen eines Personenschadens- ~~Not- Luftschutz- Dienstbeschädigung~~ durch Feindeinwirkung in der Flakstellung an Oppau gefallen. ~~gestorben.~~

Der Antrag ist innerhalb dreier Monate nach dem Todesfall gestellt worden. Das Bestattungsgeld nach der Personenschädenverordnung v. 10.11.40 Reichsgesetzblatt. I S. 1482 -in Verbindung mit dem Wehrmachtsfürsorge- u. versorgungsges. v. 26.8.38 -RGBl. I S 1077- § 102 beträgt nach Ortskl. S.
-letzter Wohnort des Verstorbenen war Mannheim 210.-- RM

Hiervon sind in Abzug zu bringen von der Stadtkasse Mannheim zu zahlende Bestattungskosten 77.-- RM

bleiben zahlbar: 133.--

Der Betrag wird Ihnen in 10-14 Tagen durch die Kasse des Versorgungsamts Heidelberg überwiesen. Sie haben mit dem – ~~der~~ – Verstorbenen – ~~nicht~~ – in häuslicher Gemeinschaft gelebt.
Dieser Bescheid ist endgültig.

Wenden!

Als wir an den Trichter kamen, sahen wir, daß wir auf dem Weg nach Oppau genau drüber weg gegangen sind. Als wir dann in die Stellung kamen, waren wir hundemüde. Wir legten uns ins Bett und schliefen mit dem beruhigenden Gefühl, unsere Pflicht getan zu haben.

Bei dem beschriebenen Angriff scheint es sich um den Großangriff vom 23. September 1943 zu handeln, denn im Kalender ist bei diesem Datum eine winzig kleine Bleistiftzeichnung eingeklebt.

Im April 1944 war der Tod meines Bruders für die Militärbürokratie abgeschlossen. Meine Eltern erhielten einen Bescheid, dass ihnen eine „Elterngabe“ von 300 RM für ihr totes Kind zugebilligt würde und „Bestattungsgeld“.

Kriegsende

Wir erlebten das Kriegsende in unserer „Villa Elisabeth“ in Hoffenheim, in der wir die Wohnung gemietet hatten. Vor dem Haus befand sich ein kleines Wäldchen, in dem sich die letzten deutschen Soldaten verborgen hatten, während sich die Amerikaner von oben her bereits näherten. Der Hund Struppi, der zur Villa gehörte, hatte wohl die Bewegungen in dem Wäldchen bemerkt und bellte nun aufgeregt in diese Richtung. Er wurde von einem deutschen Soldaten erschossen. Mittlerweile waren die Amerikaner da, und es gab eine kurze Schießerei. Plötzlich schrie ein Soldat langanhaltend gellend auf. Meine Mutter wollte in die Richtung eilen, aber wir hielten sie zurück, ich klammerte mich an sie, sie wäre vermutlich in den Schusswechsel geraten. Am nächsten Tag lag der Soldat tot auf dem Feld.

Da mein Vater wie viele andere Mitglieder der NSDAP erst die „Entnazifizierung“ abwarten musste – er wurde später als „unbelastet“ eingestuft –, gingen wir zunächst nicht nach Mannheim zurück, sondern bewohnten im Schwäbischen ein gemietetes Häuschen. 1947 zogen wir wieder in die Neckarstadt. Mein Vater machte sich selbstständig und baute nicht nur unser Haus wieder auf, sondern viele andere im Stadtteil.

Er und meine Mutter haben den sinnlosen Tod ihres einzigen Sohnes nie verwunden.

Wiltrud Ningel besuchte die Höhere Handelsschule und hatte bis zur Geburt ihres ersten Kindes eine gute Stelle in einer Kohlengroßhandlung. Sie hat zwei Kinder und Enkelkinder.

Helga Neumeyer: Das Mädchen Anna

Nun, da sich mein Leben dem Ende zuneigt, möchte ich noch einmal Zeugnis ablegen von den Momentaufnahmen eines 5-jährigen Kindes während des Zweiten Weltkriegs.

Viele hier werden aufstöhnen, gequält: schon wieder ein Bericht über Krieg, Zerstörung, Tod; über das Sterben von Millionen unschuldiger Menschen. Aber eine von ihnen war ein ukrainisches Mädchen mit Namen Anna, dem ich hier ein Denkmal setzen möchte, dem endgültigen Vergessen entrissen.

Ich saß auf der Schaukel auf unserer kleinen Bleichwiese, überragt von einer mächtigen Pappel: für das Kind ein Ort des Nachdenkens, des Tagträumens über den Vater, Soldat an der Ostfront. Was immer das Schreckenswort „Front" bedeuten mochte – für mich hieß das: mein Vater war unerreichbar, weit, weit weg, in ständiger Gefahr. Vor zwei Jahren dann die Nachricht: er sei vermisst. Von da an war meine Mutter noch trauriger und weinte oft. In meiner Vorstellung aber kehrte mein Vater immer wieder heim, zerlumpt, vielleicht verwundet, aber er würde mich, mich! in seine Arme schließen und nie mehr loslassen.

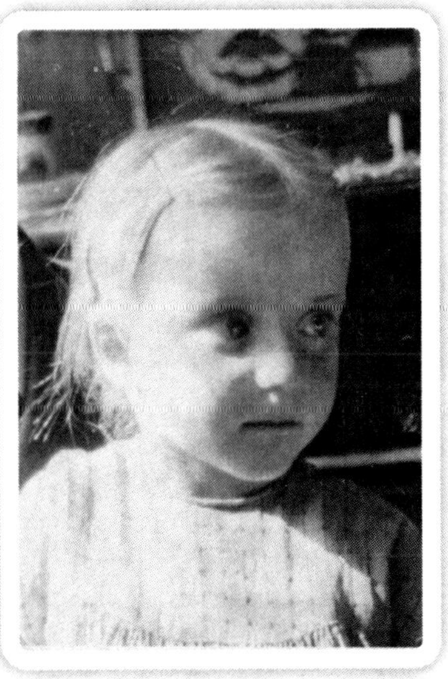

Und während ich schaukelte, mit jedem Schwung höher und höher, wünschte ich mir jetzt, gerade jetzt, mich in einen Vogel zu verwandeln und in das dichte, grüne Laub der Pappel zu fliegen, zu verschwinden, geschützt, gerettet. – Eigenartigerweise hatte ich die Vorstellung, die Bomben würden nur Häuser zerstören, aber keine Bäume.

Da dröhnte es heran, das dumpfe anschwellende, grauenvolle Brausen der feindlichen Bomber. Im gleichen Augenblick das gellende Auf und Ab der Alarmsirenen. Jetzt gab es nur noch ein Ziel: der nahe Bunker oder der Keller. Dort stürzten dann alle verbliebenen Hausbewohner zusammen; mit „Heil Hitler" oder stumm; völlig verängstigt die einen, die anderen in heroischem, scheinbar gefasstem Schweigen bis zur Entwarnung. Nachts schliefen wir nur noch im Trainingsanzug, um gleich bei Alarm in den Keller zu hasten. Die „Christbäume" – welch poetischer Ausdruck für eine todbringende Himmelsilluminierung – , die die Flieger als Markierung ihrer Bombenziele setzten, durfte ich nicht sehen, während sich die Erwachsenen am Kellerausgang drängten, um ihr Schicksal in Angst und Grauen mit den bunten Lichtern zu verknüpfen. Als dann die ersten Häuser in der Nähe in Schutt und Asche fielen, der Boden wankte unter der Wucht der Detonation, als bei der erschöpften Rückkehr aus dem Keller die Betten voller Glasscherben der zerborstenen Fenster waren, beschloss meine Mutter, ins Württembergische zu ziehen, fort aus unserer Industriezone, in ein kleines Dorf mit 30 Häusern. Dort hatten auch meine Großeltern vorübergehend Unterkunft gefunden.

Die Aufnahme der Dorfbewohner war frostig, fast feindselig. Wir waren Fremde. Wir waren unerwünscht. Meine Mutter weinte viel, meine Großeltern waren ernst und streng. Nachts tobten die Mäuse über den Dachboden und die Katzen schrien. Nachts aber wachten wir auf, wenn der Himmel glutrot war, und ich hörte das Flüstern: Stuttgart brennt. – Heilbronn brennt!

Unser Haus grenzte auf der Rückseite an Gärten, grün und üppig; seitlich stand noch eine Scheune mit ausgebautem Dachboden. Dort hauste eine kleine Gruppe verschleppter Zwangsarbeiter aus der Ukraine: junge Burschen und Mädchen, die für die hiesigen Bauern Stall- und Feldarbeit verrichten mussten. Abends versammelten sie sich dann im Hof mit ihrer Ziehharmonika, sangen ihre Heimwehlieder und unterhielten sich leise in ihrer Sprache. Ich saß auf der hölzernen Verandatreppe, sah und hörte ihnen zu und fühlte mich auf unerklärliche Weise ihnen zugehörig. Sie waren Fremde wie ich. Und dann nahm mich das Mädchen mit den blonden Zöpfen auf den Arm, wiegte sich mit mir hin und her zu den traurigen Liedern. Fortan war sie meine Anna. Und wenn ich am Tag über den kurzen Feldweg ging zum nahen Wald, um das Rauschen über mir zu hören, glaubte, mein Vater würde aus der Ferne so mit mir „sprechen", dann erzählte ich ihm von meinen Gedanken, auch von ihr, meiner großen, fremden Schwester.

Helgas Vater

Eines Tages aber – alle arbeiteten draußen auf den Feldern – flogen Tiefflieger übers Land und schossen auf alles, was sich bewegte. Es gab Tote. Eine darunter war meine Anna. Sie wurde mit den anderen Toten in einem öffentlichen Raum im Dorfzentrum aufgebahrt. Ich musste dorthin, musste! Anders konnte ich nicht glauben, dass sie nicht mehr leben sollte. Da lag sie, bleich mit gefalteten Händen, den Kopf von einem Tuch umhüllt, ein großer Splitter in ihrer Stirn. Wohin, wohin sollte ich flüchten mit meinen Tränen? Und ich rannte den Feldweg entlang in den Wald, fiel aufs Gras und weinte und weinte und weine noch heute. Der Wald rauschte wie eh und je über mir, aber er sprach nicht mehr zu mir. Und ich ahnte, ja wusste mit einem Mal, dass auch mein Vater tot war. Er würde nimmer wiederkehren. Tot, die beiden Menschen, die meinem Leben Licht und Hoffnung gegeben hatten. Der eine vergraben in russischer Erde zwischen Kursk und Orel, überwuchert längst der Hügel, verschwunden. Die andere beerdigt auf einem Dorffriedhof im Schwäbischen.

Über ein halbes Jahrhundert später kehrte ich mit meinen Kindern zurück in eine dörfliche Idylle. Sogar das Backhaus war noch erhalten, auch unser damaliges Wohnhaus gegenüber. Aber auf dem Friedhof gab es kein Grab mehr mit Annas Namen, keine Gedenktafel. Nichts. Auch sie vom Erdboden verschwunden. – Das hat mich noch einmal im Innersten erschüttert. Und so entstand in mir der Wunsch, diesem Mädchen, der einzigen freundlichen und doch so schmerzenden Erinnerung aus diesen dunklen Jahren, ein Denkmal zu setzen. Und ich bitte euch, die ihr diese Geschichte lest, sie nicht zu vergessen. (Aufgeschrieben für ihre Kinder von Helga Neumeyer, Jahrgang 1938).

Helga Neumeyer wurde nach ihrem Abitur Bibliothekarin an wissenschaftlichen Bibliotheken. Viele Jahre lebte sie mit Mann und zwei Kindern im Ausland. Kinder und Enkel wohnen in entfernt liegenden Städten, sie ist aber über E-Mail in regem Kontakt mit ihnen. Helga Neumeyer ist ehrenamtlich tätig im Kunsthaus und in der Stadtbücherei Frankenthal.

Text- und Bildquellennachweis

Zur Einleitung: Aus Adolf Hitlers Rede über die NS-Sozialisation, die er am 4. Dezember 1938 in Reichenberg im Sudetenland gehalten hat, wurde zitiert nach: Arno Klönne: Jugend im Dritten Reich. Die Hitler-Jugend und ihre Gegner. Dokumente und Analysen. Eugen Diederichs Verlag Düsseldorf, Köln 1982, S. 30.

Zum Bericht von Kurt Hauk:
Das Verbot konfessioneller Jugendarbeit wurde ebenfalls zitiert nach Klönne, S. 167.

Zum Bericht von Karla Spagerer:
Angaben über Mitglieder der Lechleiter-Gruppe wurden entnommen aus: Hermann Weber/Andreas Herbst: Deutsche Kommunisten. Biographisches Handbuch 1918 bis 1945. 2. Auflage Karl Dietz Verlag Berlin 2008, passim.

Alle anderen Einschübe in den Zeitzeugenberichten, die durch das Druckbild kenntlich gemacht worden sind, stammen jeweils passim aus:

- Lothar Gruchmann: Der Zweite Weltkrieg. dtv-Weltgeschichte des 20. Jahrhunderts. Bd. 10. München 1967.
- Thilo Vogelsang: Das geteilt Deutschland. dtv-Weltgeschichte des 20. Jahrhunderts. Bd. 11. München 2. Aufl. 1966.
- dtv-Atlas zur Weltgeschichte. Karten und chronologischer Abriss. Bd. 1: Von den Anfängen bis zur Französischen Revolution. 27. Aufl. München 1993.
- dtv-Atlas zur Weltgeschichte. Karten und chronologischer Abriss. Bd. 2: Von der Französischen Revolution bis zur Gegenwart. 28. Aufl. München 1994.
- Wikipedia.

Der größte Teil der Fotos stammt aus Privatbesitz der jeweiligen Zeitzeugen.

- Die Fotos im Bericht von Helmut Staudt stammen aus dem Archiv der Friedenskirche in Mannheim.
- Die Fotos im Bericht von Rainer Laih und das Umschlagsfoto der Straße gehen auf Originaldabzüge in seinem Besitz zurück, die Originale selbst liegen im Archiv der Stadt Mannheim (Marchivum).
- Das Foto der zerstörten Oststadt im Bericht von Karl-Heinz Trumpp stammt ebenfalls aus dem Marchivum (© MARCHIVUM KF 000551).
- Das Foto von Jakow Trofimowitsch S. aus der Ukraine, Bezirk Dnipropetrowsk stammt von Herrn Lars Nickel, Berlin.
- Die Skizze im Bericht von Elisabeth Gabrisch (Umsiedlung von Riga nach Hannover) stammt aus: Caritas Lewandowski: Meine Familie, meine Stifte und ich. Carl-Schirren-Gesellschaft e. V.
  Während die Route von Frau Lewandowski über Anklam führte, ging die von Frau Gabrisch über Kolberg, das nachträglich in die Skizze eingefügt wurde.

Über die Herausgeberin

Dr. Brigitte Hohlfeld, geb. 1942 in Hannover, verlebte ihre Kindheit und Jugend in Oberbayern und Nürnberg. Nach dem Abitur 1961 studierte sie Geschichte und Germanistik in Erlangen. Ihr Referendariat absolvierte sie in Neumarkt i. d. Oberpfalz und München und arbeitete als Realschullehrerin in Bayern, Schleswig-Holstein und seit 1973 in Baden-Württemberg, zunächst an der Johannes-Kepler-Realschule in Mannheim, von 1996 bis zu ihrer Pensionierung 2006 als Rektorin an der Tulla-Realschule. 1991 promovierte sie an der Universität Mannheim bei Hermann Weber und Gottfried Niedhart über ein Thema zur Frühgeschichte der SBZ/DDR. Seit 2007 leitet sie die Abendrealschule innerhalb der Mannheimer Abendakademie. Dem Ältestenkreis der ChristusFriedenGemeinde gehört sie seit 2007 an, seit 2014 als Vorsitzende.

Herzlichen Dank für die Unterstützung:

Stiftung Christuskirche
Kirche Christi

STADTMANNHEIM²
Kulturamt

EVANGELISCHE
LANDESKIRCHE
IN BADEN

Karin & Carl-Heinrich
ESSER
STIFTUNG